2권

해커스 KBS 한국어능력시험 으로

"똑똑" 소리나게 준비해야
목표 달성 합니다.

암기하지 마라! 전략만 적용하면 된다.

2권

전략만 알면 맞히는 파트

– 듣기·말하기, 쓰기, 창안, 읽기

문제 풀이 전략을 연습하는
대표 기출 유형 공략

전략 적용으로 실전을 대비하는
**KBS 한국어능력시험
실전모의고사**

KBS 한국어능력시험 **2주 완성**을 위한

해커스자격증 **200% 활용방법!**

KBS 한국어능력시험 핵심 요약강의
FREE

해커스자격증(pass.Hackers.com) 접속 후 로그인 ▶
상단 **[KBS한국어/글쓰기]** 클릭 ▶ **[무료강의]** 클릭하여 이용하기

모바일 자동 채점 + 성적 분석 서비스
 FREE

해커스자격증(pass.Hackers.com) 접속 후 로그인 ▶
상단 **[KBS한국어/글쓰기]** 클릭 ▶
[교재정보 → 자동채점/성적분석] 클릭하여 이용하기

듣기 영역 MP3
 FREE

해커스자격증(pass.Hackers.com) 접속 후 로그인 ▶
상단 **[KBS한국어/글쓰기]** 클릭 ▶
[교재정보 → MP3 및 부가자료] 클릭하여 이용하기

어휘 · 어법 적중 모의고사 1회분 (PDF)
인증화면 내 퀴즈 정답 입력

해커스자격증(pass.Hackers.com) 접속 후 로그인 ▶
상단 **[KBS한국어/글쓰기]** 클릭 ▶ **[교재정보 → MP3 및 부가자료]** 클릭 ▶
퀴즈 정답 입력 시 모의고사 제공

KBS 한국어능력시험 인강 10% 할인
DE3EKEACKKACE000

해커스자격증(pass.Hackers.com) 접속 후 로그인 ▶ 사이트 하단 또는 우측 **[쿠폰/수강권 등록]** 클릭 ▶
위 쿠폰번호 입력 시 쿠폰함에 자동 발급 ▶ 강의 결제 시 할인쿠폰 적용

* 쿠폰 이용 기한: 2024년 12월 31일까지(등록 후 7일 내 사용 가능)
* 쿠폰은 1회에 한해 등록 및 사용이 가능하며, 추가 발급은 불가합니다.
* 이외 쿠폰 관련 문의는 해커스 고객센터(02-537-5000)로 문의하시기 바랍니다.

2주 만에 끝내는

해커스 KBS

한국어능력시험

1권 이론편

암기만 하면 맞히는 파트
어휘, 어법, 국어 문화

해커스자격증

KBS 한국어능력시험
어떻게 준비해야 하나요?

단기간 학습을 통해 KBS 한국어능력시험에서 고득점을 받고자 하는 여러분의 바람을 알기에,
「2주 만에 끝내는 해커스 KBS 한국어능력시험」 개정판 출간을 앞두고 많은 고민이 있었습니다.

암기만 하면 맞히는 파트와 전략만 알면 맞히는 파트로 나누어 시험을 보다 철저하게 대비할 수 있도록,
기출 이론과 풀이 전략을 익히는 것부터 실전 마무리까지 2주 안에 끝낼 수 있도록,
고득점을 위해 필수로 다져야 할 영역인 어휘 · 어법은 확실하게 학습할 수 있도록,

해커스는 수많은 고민을 거듭한 끝에
자신있게 「2주 만에 끝내는 해커스 KBS 한국어능력시험」 개정판을 출간하게 되었습니다.

「2주 만에 끝내는 해커스 KBS 한국어능력시험」은

01 2013 ~ 2020년까지의 최근 8개년 출제경향을 꼼꼼하게 반영한 교재로, 암기만 하면 맞히는 파트와
    전략만 알면 맞히는 파트로 나누어 KBS 한국어능력시험에 보다 철저하게 대비할 수 있습니다.

02 출제예상문제, 실전연습문제, 실전모의고사를 단계적으로 풀어봄으로써 KBS 한국어능력시험의
    목표 등급을 2주 만에 달성할 수 있습니다.

03 KBS 한국어능력시험의 빈출 내용을 편리하게 반복 학습할 수 있는 어휘 · 어법 핵심 기출 암기
    핸드북, 시험 직전 실전 대비를 위한 실전모의고사를 무료로 제공합니다.

「2주 만에 끝내는 해커스 KBS 한국어능력시험」을 통해
KBS 한국어능력시험에 대비하는
수험생 모두 목표 등급 달성의 기쁨을 누리시기 바랍니다.

- 해커스 한국어연구소 -

차례

1권

암기만 하면 맞히는 파트

 핸드북 | 시험 직전 마무리, 어휘 · 어법 핵심 기출 암기 핸드북

2권

전략만
알면 맞히는
파트

 모의고사 | KBS 한국어능력시험 실전모의고사

고등급 공략을 위한 **이 책의 활용법**

01 최신 출제경향을 파악하고 효과적으로 학습한다!

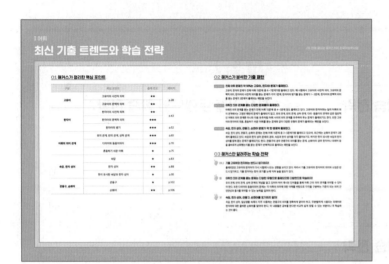

최신 기출 트렌드와 학습 전략

2013 ~ 2020년의 최근 8개년 KBS 한국어능력시험 기출문제를 바탕으로 핵심 포인트, 기출 패턴을 정리하고 학습 전략을 제시하였습니다. 이를 통해 영역별 최신 기출 트렌드를 파악할 수 있으며 해커스가 제시한 학습 전략에 따라 효과적으로 학습할 수 있습니다.

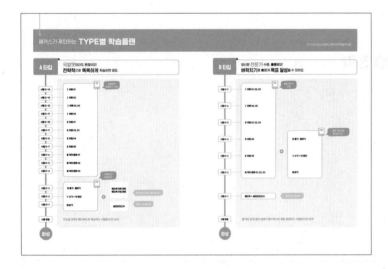

2주 완성 맞춤형 학습플랜

본 교재에서 제공하는 'TYPE별 학습플랜'에 따라 학습하면 단기간에 이론 학습 및 문제 풀이 전략 적용, 실전 마무리까지 KBS 한국어능력시험을 완벽하게 대비할 수 있습니다.

02 핵심 이론과 대표 기출 유형 풀이 전략을 체계적으로 학습한다!

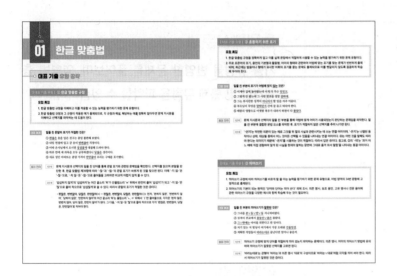

대표 기출 유형 공략

영역별 대표 기출 유형 문제를 선정하고, 각 문제에 대한 유형 특징과 풀이 전략을 상세하게 수록하였습니다. 이를 통해 풀이 전략에 따라 유형별로 최적화된 문제 풀이 연습을 할 수 있습니다.

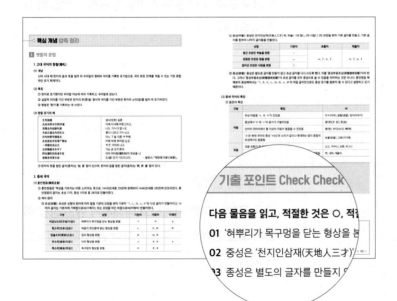

영역별 핵심 개념 압축 정리

영역별로 꼭 알아 두어야 하는 **핵심 이론**을 정리하여, 중요한 개념에 대한 이해는 물론 **심화 개념**까지 한번에 학습할 수 있습니다.

기출 포인트 Check Check

단답형 문제를 통해 본문에서 학습한 **빈출 개념**을 **확실하게 점검**할 수 있습니다.

고등급 공략을 위한 이 책의 활용법

03 출제경향이 반영된 문제와 상세한 해설로 실력을 높인다!

출제예상문제

기출 유형을 반영한 문제를 풀어보며, 영역별 출제경향 및 출제 유형을 파악할 수 있습니다.

실전연습문제

출제 가능성이 높은 예상 문제를 풀어보며, 영역별 핵심 이론과 문제 풀이 전략을 적용하는 연습을 할 수 있습니다.

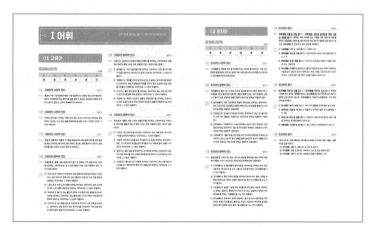

정답 및 해설

모든 문제에 대해 자세하고 이해하기 쉬운 정답 해설과 오답 분석을 수록하여 보다 꼼꼼하게 학습할 수 있습니다.

04 핵심 암기 핸드북으로 빈출 어휘·어법 개념을 완벽하게 정리한다!

어휘·어법 핵심 기출 암기 핸드북

빈출 어휘와 어법 개념뿐 아니라 **최근 기출된 어휘 및 어법 개념을** 정리하여 어휘·어법 핵심 기출 암기 핸드북에 수록하였습니다. 이를 통해 핵심 어휘 및 어법 이론을 편리하게 복습할 수 있으며 **시험 직전에 암기 여부를 빠르게 확인하며 최종 점검**할 수 있습니다.

05 실전모의고사로 실전 감각을 극대화한다!

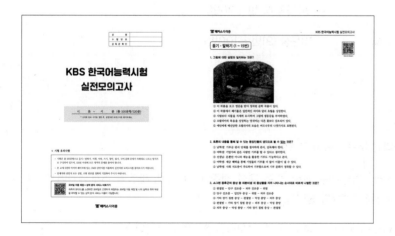

KBS 한국어능력시험 실전모의고사

최신 출제경향이 반영된 실전모의고사 1회분을 실전처럼 제한 시간 내에 풀어 보고, 2권 마지막 페이지에 수록된 OMR 답안지까지 작성해봄으로써 **실전 감각을 극대화**할 수 있습니다. 또한 실전모의고사에 대한 **해설은 해커스자격증 사이트(pass. Hackers.com)에서 무료로 확인**할 수 있습니다. 추가로, 표지의 QR코드로 **모바일 자동 채점 및 성적 분석 서비스를 이용**해 간편하게 채점하고 나의 실력이 어느 정도인지, 강점과 취약점은 무엇인지 손쉽게 파악할 수 있습니다.

집중! KBS 한국어능력시험 정보

1 KBS 한국어능력시험이란?

KBS 한국어능력시험은 우리나라를 대표하는 한국어능력 자격검정 시험으로 KBS 한국방송공사에서 실시하는 시험입니다. 국어를 아름답게 가꾸어 국어 문화를 발전시키고, 국민의 국어 사용 능력을 높이기 위한 목적으로 시행됩니다.

2 KBS 한국어능력시험의 구성

1. 출제 방식: 객관식 5지 선다형 100문항
2. 시험 시간: 10:00 ~ 12:00(총 120분, 쉬는 시간 없음)
3. 출제 영역 및 문항 수

출제 형태	출제 영역		문항 수	시험 시간
듣기 · 말하기 시험	**영역 1**	듣기 · 말하기	15문항 (1번 ~ 15번)	10:00 ~ 10:25(25분)
지필 시험	**영역 2**	어휘	15문항 (16번 ~ 30번)	10:25 ~ 12:00(95분)
	영역 3	어법	15문항 (31번 ~ 45번)	
	영역 4	쓰기	5문항 (46번 ~ 50번)	
	영역 5	창안	10문항 (51번 ~ 60번)	
	영역 6	읽기	30문항 (61번 ~ 90번)	
	영역 7	국어 문화	10문항 (91번 ~ 100번)	

3 응시 안내

응시 대상	대한민국 국적을 가진 국민이라면 누구나 응시 가능합니다.
응시 지역	서울, 인천, 수원, 고양, 부산, 울산, 창원, 대구, 광주, 전주, 대전, 청주, 춘천, 강릉, 제주 등 15개 권역에서 실시하며, 응시자는 접수 시 고사장을 선택해야 합니다.
응시 방법	KBS 한국어능력시험 홈페이지(www.klt.or.kr)에서 온라인 / 모바일 접수만 가능합니다. (방문 접수, 우편 접수 등 오프라인 접수는 실시하지 않음)

응시료	• KBS 한국어능력시험의 응시료는 33,000원입니다.
	• 자격증 및 성적표 발급 수수료는 응시료에 포함되지 않으며, 신청자에 한해 비용이 별도로 부과됩니다.
	  - 자격증 발급 수수료: 5,000원(등기 우편) *국가공인 자격증은 1급에서 4급까지 발급됩니다.
	  - 성적표 발급 수수료: 4,000원(등기 우편), 2,000원(일반 우편)

4 2024년 KBS 한국어능력시험 일정(예정)

구분	접수 기간	시험 일시	성적 발표일
제77회	2024.01.08. 09:00 ~ 2024.02.09. 18:00	2024년 2월 24일(토)	2024년 3월 7일(목)
제78회	2024.03.04. 09:00 ~ 2024.04.05. 18:00	2024년 4월 21일(일)	2024년 5월 2일(목)
제79회	2024.05.06. 09:00 ~ 2024.05.31. 18:00	2024년 6월 16일(일)	2024년 6월 27일(목)
제80회	2024.07.01. 09:00 ~ 2024.08.02. 18:00	2024년 8월 18일(일)	2024년 8월 29일(목)
제81회	2024.09.02. 09:00 ~ 2024.10.04. 18:00	2024년 10월 20일(일)	2024년 10월 31일(목)
제82회	2024.11.04. 09:00 ~ 2024.11.29. 18:00	2024년 12월 15일(일)	2024년 12월 26일(목)

*접수 마지막 날에는 지원자 폭주로 시스템이 불안정할 수 있으니 미리 접수하시기 바랍니다.

5 KBS 한국어능력시험의 활용

응시 영역	대상	활용
공무 영역	공사 지원자 및 종사자	자기 점검, 임용, 승진
군인 · 경찰 영역	경찰, 군간부 지원자 및 종사자	자기 점검, 임용, 승진
교사 · 강사 영역	자기 점검, 교원 및 강사 채용	자기 점검, 교원 및 강사 채용
청소년 영역	중 · 고등학교 학생	자기 점검, 특목고 진학 및 대입 면접
언론 영역	언론사 지원자 및 종사자	자기 점검, 채용 및 승진
직무 영역	일반 회사 지원자 및 종사자	자기 점검, 채용 및 승진
외국어 영역	국내 거주 외국인	자기 점검, 외국인 근로자 채용

*KBS 한국어능력시험은 KBS 공채부터 학교, 기관, 단체 등 많은 분야에서 적극 활용하고 있습니다. 채택기관에 대한 세부 정보는 KBS 한국어능력시험 홈페이지(www.klt.or.kr)
에서 확인할 수 있습니다.

KBS 한국어능력시험 **영역별 문제 유형**

영역 1 듣기 · 말하기 (15문항)

· 강의, 강연, 뉴스, 대화, 인터뷰, 토론 등 음성 언어 텍스트를 듣고 문제를 해결하는 유형

출제 형태

01 발표 내용을 고려할 때, 발표자의 말하기 전략으로 가장 적절한 것은?

① 조선 시대 모자를 다른 시대의 모자와 비교하여 설명한다.

② 조선 시대 모자의 차이점을 그 재료에 초점을 맞춰 설명한다.

③ 조선 시대 모자를 부르는 명칭을 명칭의 유래와 함께 설명한다.

④ 현대인들에게 익숙한 대상을 먼저 설명한 후, 익숙하지 않은 대상을 설명한다.

⑤ 조선 시대 모자를 용도별로 분류한 뒤, 사용한 계층에 따라 재분류하여 설명한다.

해설

추론적 듣기 - 말하기 전략

조선 시대 모자인 '전모, 패랭이, 유건, 탕건, 갓'이 각각 어떤 재료로 만들어졌는지를 설명하고 있으며, '유건'과 '탕건'의 차이점을 둘을 만든 재료로 드러내고 있으므로 적절한 것은 ②이다.

영역 2 어휘 (15문항)

· 고유어, 한자어, 속담, 한자 성어, 관용구, 순화어의 의미를 올바르게 알고 문제를 해결하는 유형
· 어휘의 다양한 의미 관계를 바탕으로 문제를 해결하는 유형

출제 형태

16 밑줄 친 고유어의 기본형이 지닌 의미를 바르게 풀이하지 못한 것은?

① 김 선생님께서는 아주 묵직한 분이시다. → 사람이 점잖고 무게가 있다.

② 나는 실속만 차리는 사람들과 함께 일하고 싶지 않다. → 자기의 이익을 따져 챙기다.

③ 할머니가 손자에게 생선 가시를 발라 주었다. → 뼈다귀에 붙은 살을 걷거나 가시 등을 추려 내다.

④ 비 오는 날 우산을 쓰지 않더니 동생의 몰골이 아주 구질구질하다. → 겉모양이 깨끗하지 못하고 생기가 없다.

⑤ 날씨가 건조하여 산에 난 불이 걷잡을 수 없이 번져 나갔다. → 한 방향으로 치우쳐 흘러가는 형세 등을 붙들어 잡다.

해설

고유어의 사전적 의미

'몰골이 아주 구질구질하다'에서 '구질구질하다'는 '상태나 하는 짓이 깨끗하지 못하고 구저분하다'라는 뜻이므로 답은 ④이다. 참고로, '겉모양이 깨끗하지 못하고 생기가 없다'는 고유어 '추레하다'의 의미이다.

영역 3 어법 (15문항)

- 한글 맞춤법, 표준어 규정, 외래어 표기법, 로마자 표기법과 같은 어문 규범을 적용하여 문제를 해결하는 유형
- 국어 문법을 이해하고 올바른 문장 표현을 사용하여 문제를 해결하는 유형

출제 형태

31 <보기>에 제시된 한글 맞춤법 규정의 예에 대한 설명으로 적절하지 <u>않은</u> 것은?

< 보 기 >

제30항 사이시옷은 다음과 같은 경우에 받치어 적는다.

1. 순우리말로 된 합성어로서 앞말이 모음으로 끝난 경우
   (1) 뒷말의 첫소리가 된소리로 나는 것
   (2) 뒷말의 첫소리 'ㄴ, ㅁ' 앞에서 'ㄴ' 소리가 덧나는 것
   (3) 뒷말의 첫소리 모음 앞에서 'ㄴㄴ' 소리가 덧나는 것
2. 순우리말과 한자어로 된 합성어로서 앞말이 모음으로 끝난 경우
   (1) 뒷말의 첫소리가 된소리로 나는 것
   (2) 뒷말의 첫소리 'ㄴ, ㅁ' 앞에서 'ㄴ' 소리가 덧나는 것
   (3) 뒷말의 첫소리 모음 앞에서 'ㄴㄴ' 소리가 덧나는 것

---

① '혀'와 '바늘'이 결합한 단어는 1-(1)에 따라 '혓바늘'로 적는다.
② '메'와 '나물'이 결합한 단어는 1-(2)에 따라 '멧나물'로 적는다.
③ '가외'와 '일'이 결합한 단어는 1-(3)에 따라 '가욋일'로 적는다.
④ '자리'와 '세'가 결합한 단어는 2-(1)에 따라 '자릿세'로 적는다.
⑤ '퇴'와 '마루'가 결합한 단어는 2-(2)에 따라 '툇마루'로 적는다.

해설

한글 맞춤법 규정

'가욋일[가왼닐 / 가웬닐]'은 '가외(加外) + 일'로, 순우리말과 한자어가 결합된 합성어이다. 이때 앞말이 모음 'ㅚ'로 끝나고 뒷말의 첫소리인 모음 'ㅣ' 앞에서 'ㄴㄴ' 소리가 덧나므로 한글 맞춤법 제30항 2 - (3)에 따라 사이시옷을 받쳐 적어야 한다. 따라서 답은 ③이다.

영역 4 쓰기 (5문항)

• 글쓰기 계획, 내용 생성, 내용 조직, 표현하기, 고쳐쓰기의 글쓰기 과정에 따라 문제를 해결하는 유형

출제 형태

46 글을 작성하기 위하여 계획한 내용으로 적절하지 <u>않은</u> 것은?

─────────── < 글쓰기 계획 > ───────────

- **주제:** 생태 관광의 문제점과 개선 방안
- **목적:** 생태 관광에 대한 정보 전달과 바람직한 생태 관광을 위한 노력 촉구
- **예상 독자:** 일반인
- **글의 내용**
  - 생태 관광의 개념과 목적을 소개한다. ·································· ①
  - 현재 운영되고 있는 생태 관광 프로그램을 제시한다. ·················· ②
  - 생태 관광객의 프로그램 수요를 분석한다. ·························· ③
  - 생태 관광지 개발로 인한 지역 개발 불균형 문제를 드러낸다. ············ ④
  - 생태 관광으로 인한 지방 자치 단체의 어려움과 해결 방안을 제시한다. ········ ⑤

해설

글쓰기 계획

계획된 글의 목적은 '생태 관광에 대한 정보 전달과 바람직한 생태 관광을 위한 노력 촉구'이다. 따라서 '지역 개발 불균형 문제'는 글의 목적과 관련이 없으므로 계획한 내용으로 적절하지 않은 것은 ④이다.

영역 5   **창안 (10문항)**

• 시각 자료와 조건을 통해 창의적인 내용을 생성하여 문제를 해결하는 유형

출제 형태

51 <보기>의 내용을 시각 자료로 나타내려고 할 때, 제시할 필요가 <u>없는</u> 그림은?

< 보 기 >
바이러스 확산을 막기 위해 지켜야 할 사항

• 대화 시 마스크를 착용하고 재채기가 나올 때에는 입을 손으로 가려주십시오.

• 손 씻기로 개인위생을 철저하게 지켜주시기 바랍니다.

• 타인과의 모임을 연기하고 집 밖 외출을 자제해 주시기 바랍니다.

①

②

③

④

⑤

해설

시각 자료의 이해 - 조건에 따른 시각 자료 파악
④는 문고리를 소독하여 청결을 유지해야 함을 나타내는 시각 자료로, <보기>에는 이와 관련된 내용이 없으므로 답은 ④이다.

영역 6 읽기 (30문항)

· 문예, 학술, 실용 텍스트에 사실적, 추론적, 비판적 읽기 방법을 적용하여 읽고 문제를 해결하는 유형

출제 형태

> 푸른 산이 흰 구름을 지니고 살 듯
> 내 머리 위에는 항상 푸른 하늘이 있다.
>
>
> 하늘을 향하고 산삼(山森)처럼 두 팔을 드러낼 수 있는 것이 얼마나 숭고한 일이냐.
>
>
> 두 다리는 비록 연약하지만 젊은 산맥으로 삼고
> 부절(不絶)히 움직인다는 둥근 지구를 밟았거니…….
>
>
> 푸른 산처럼 든든하게 지구를 디디고 사는 것은 얼마나 기쁜 일이냐.
>
>
> 뼈에 저리도록 생활은 슬퍼도 좋다.
> 저문 들길에 서서 푸른 별을 바라보자!
>
>
> 푸른 별을 바라보는 것은 하늘 아래 사는 거룩한 나의 일과이어니
>
> — 신석정, 「들길에 서서」

61 윗글의 특징으로 적절하지 <u>않은</u> 것은?

① 화자의 감정을 직설적으로 드러내고 있다.

② 인간의 삶의 과정을 자연물에 비유하고 있다.

③ 대립적 이미지의 시어를 통해 주제를 부각하고 있다.

④ 부정적 현실을 이상과 희망을 통해 극복하려 하고 있다.

⑤ 직유법을 사용하여 화자가 지향하는 삶의 태도를 보여주고 있다.

해설

현대 시 - 작품의 이해와 감상

자연물 '푸른 산'은 이상과 희망을 상징하는 '흰 구름'을 지닌 의지적인 존재로, 화자는 의지가 굳은 삶의 태도를 드러내기 위해 자신의 모습을 '푸른 산'에 비유하였다. 이는 인간의 삶의 과정을 자연물에 비유한 것이 아니므로 적절하지 않은 것은 ②이다.

영역 7 국어 문화 (10문항)

• 국어 생활, 국어학, 국문학에 대한 지식을 바탕으로 문제를 해결하는 유형

출제 형태

91 방송 언어에 대한 지적으로 적절하지 않은 것은?

① 시장과의 긴밀한 협의를 통해 철도 연결 사업 계획을 마련하였다. → [혀븨] 또는 [혀비]로 발음해야 한다.

② 우리나라의 가수 3명은 동시에 오리콘 차트에 진입했다. → 청자에게 새로운 정보이므로 주격 조사 '이'가 더 적절하다.

③ 장난 전화로 늦장 대응을 할 수밖에 없었다는 지자체의 입장이 거짓인 것으로 드러나며 물의를 빚고 있습니다. → '늑장'도 적절한 표현이다.

④ 이번 달 서울의 음식점 180곳을 집중 단속한 결과, 86곳이 원산지 미표기로 적발되어 과태료가 부과될 것으로 예상됩니다. → [백팔씹꼳]으로 발음한다.

⑤ 등단과 동시에 주요 인물로 떠오른 박 작가는 기성 작가들의 전철을 밟아 문학계에서 선한 영향력을 줄 수 있는 사람이 되고 싶다고 밝혔습니다. → '전철을 밟아'는 긍정적 의미에 어울리므로 적절하다.

해설

방송 언어

'전철(前轍)'은 '앞에 지나간 수레바퀴의 자국'이라는 뜻으로, 이전 사람의 그릇된 일이나 행동의 자취를 이르는 말이다. 따라서 '전철'은 의미상 부정적 표현과 호응하므로 '긍정적 의미에 어울리므로 적절하다'라는 ⑤의 설명은 적절하지 않다. 참고로, '전철을 밟아'를 '기성 작가들을 본받아' 또는 '기성 작가들을 모범으로 삼아'로 바꾸어 사용하는 것이 적절하다.

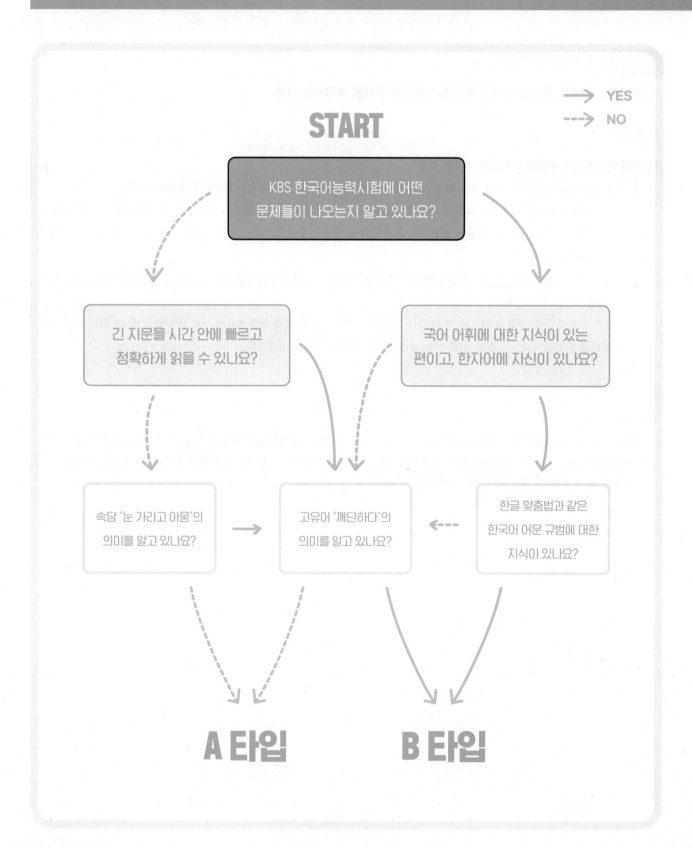

A 타입 | 기본부터 탄탄하게 다져야 하는 당신은 **국알못!**

KBS 한국어능력시험 공부를 어떻게 시작해야 할지 낯선 상황이네요. 지금은 전략적인 학습법을 통해 차근차근 국어 실력을 키우는 것이 중요합니다. 시간이 좀 걸리더라도 시험에 또 나올 내용을 확실하게 암기하며 학습하는 것이 중요하겠습니다. 20쪽의 A 타입 학습플랜에 따라 14일 동안 공부해 보세요. 또한 해커스자격증 사이트(pass.Hackers.com)의 동영상강의와 무료 학습자료를 활용하여 기본부터 차근차근 다지는 학습을 추천해요.

B 타입 | 실전 감각만 올리면 되는 당신은 **전문가!**

국어에 대한 지식과 문제 풀이 능력을 모두 갖추고 있으니, KBS 한국어능력시험 실전 감각만 키우면 바로 시험에 도전해도 되겠네요. 시험에 반드시 나오는 내용을 위주로 암기하고, 문제 풀이 전략을 간단히 살펴보는 것이 좋겠습니다. 21쪽의 B 타입 학습플랜에 따라 7일 동안 공부해 보세요. 또한 학습 시 부족한 부분은 해커스자격증 사이트(pass.Hackers.com)의 동영상강의와 무료 학습자료를 통해 보충해 보세요.

해커스가 제안하는 TYPE별 학습플랜

A 타입

국알못이라도 괜찮아요!
전략적으로 **똑똑하게** 학습하면 돼요.

시험 D-14	Ⅰ 어휘 01	**1권** 꼼꼼하게 학습하기 시작!
시험 D-13	Ⅰ 어휘 02	
시험 D-12	Ⅰ 어휘 03, 04	
시험 D-11	Ⅰ 어휘 05	
시험 D-10	Ⅱ 어법 01	
시험 D-9	Ⅱ 어법 02, 03	
시험 D-8	Ⅱ 어법 04	
시험 D-7	Ⅱ 어법 05	
시험 D-6	Ⅲ 국어 문화 01	
시험 D-5	Ⅲ 국어 문화 02	
시험 D-4	Ⅲ 국어 문화 03	

이해하고!
연습하고!

시험 D-3	Ⅳ 듣기 · 말하기	**2권**
시험 D-2	Ⅴ 쓰기 + Ⅵ 창안	핸드북 어휘 파트 핸드북 어법 파트
시험 D-1	Ⅶ 읽기	

막판 암기 굳히기 들어갑니다~

＋

실전모의고사

실전 느낌 살리고!

자신감 장전!! 핸드북으로 복습하고 시험장으로 GO!!

시험 당일

완성

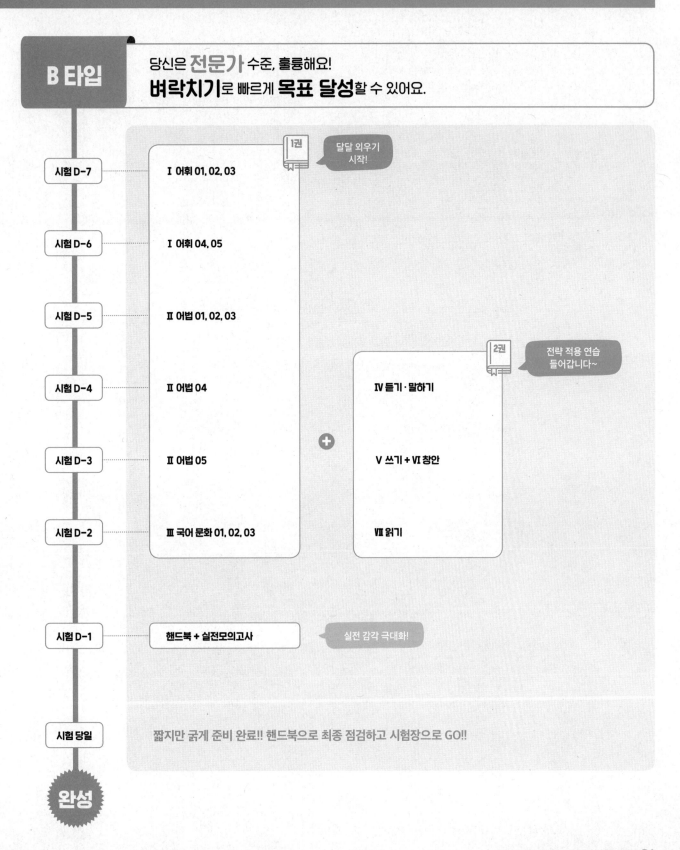

B 타입

당신은 **전문가** 수준, 훌륭해요!
벼락치기로 빠르게 **목표 달성**할 수 있어요.

시험 D-7	I 어휘 01, 02, 03	1권 달달 외우기 시작!
시험 D-6	I 어휘 04, 05	
시험 D-5	II 어법 01, 02, 03	
시험 D-4	II 어법 04	2권 전략 적용 연습 들어갑니다~ IV 듣기·말하기
시험 D-3	II 어법 05	V 쓰기 + VI 창안
시험 D-2	III 국어 문화 01, 02, 03	VII 읽기
시험 D-1	핸드북 + 실전모의고사	실전 감각 극대화!
시험 당일	짧지만 굵게 준비 완료!! 핸드북으로 최종 점검하고 시험장으로 GO!!	

완성

I 어휘

최신 기출 트렌드와 학습 전략

01 해커스가 정리한 핵심 포인트

구분	핵심 포인트	출제 빈도	페이지
고유어	고유어의 사전적 의미	★★	p.28
	고유어의 문맥적 의미	★★	
한자어	한자어의 사전적 의미	★★	p.43
	한자어의 문맥적 의미	★★★	
	한자어의 병기	★★★	p.52
어휘의 의미 관계	유의 관계, 반의 관계, 상하 관계	★★★	p.65
	다의어와 동음이의어	★★★	p.70
	혼동하기 쉬운 어휘	★	p.75
속담, 한자 성어	속담	★	p.83
	한자 성어	★★	p.88
	뜻이 유사한 속담과 한자 성어	★	p.95
관용구, 순화어	관용구	★	p.102
	순화어	★★	p.106

02 해커스가 분석한 기출 패턴

PATTERN 1 **전체 어휘 문제의 약 50%는 고유어, 한자어 문제가 출제된다.**

고유어, 한자어 문제가 전체 어휘 15문제 중 6~7문제가량 출제되고 있다. 매 시험에서 고유어의 사전적 의미, 고유어의 문맥적 의미, 한자어의 사전적 의미를 묻는 문제가 각각 1문제, 한자어의 병기를 묻는 문제가 1~2문제, 한자어의 문맥적 의미를 묻는 문제가 2문제씩 출제되는 패턴을 보인다.

PATTERN 2 **어휘의 의미 관계를 묻는 다양한 문제들이 출제된다.**

어휘의 의미 관계를 묻는 문제가 전체 어휘 15문제 중 4~5문제 정도 출제되고 있다. 고유어와 한자어와는 달리 어휘의 의미 관계에서는 고정된 패턴의 문제가 출제되지 않고, 유의 관계, 반의 관계, 상하 관계, 다의·동음이의 관계와 같은 일반적인 어휘의 의미 관계뿐 아니라 자음 유추처럼 어휘 사이의 의미 관계를 유추하여 푸는 문제가 출제되기도 한다. 또한 고유어와 한자어의 대응, 혼동하기 쉬운 어휘를 묻는 문제와 같이 다양한 유형의 문제가 출제되는 패턴을 보인다.

PATTERN 3 **속담, 한자 성어, 관용구, 순화어 문제가 약 한 문제씩 출제된다.**

속담, 한자 성어, 관용구, 순화어 문제는 전체 어휘 15문제 중 3~5문제가량 출제되고 있으며, 최근에는 순화어 문제가 2문제씩 출제되고 있다. 속담과 한자 성어 문제의 경우, 속담과 한자 성어를 각각 물어보기도 하지만 뜻이 유사한 속담과 한자 성어를 함께 묻는 문제가 출제되기도 한다. 관용구의 경우 관용구의 의미를 묻는 문제, 순화어의 경우 한자어나 외래어 등을 올바르게 순화했는지를 묻는 문제가 반복적으로 출제되는 패턴을 보인다.

03 해커스만 알려주는 학습 전략

하나 **기출 고유어와 한자어는 반드시 암기하자!**

출제되었던 고유어와 한자어가 다시 시험에 나오는 경향을 보이고 있다. 따라서 기출 고유어와 한자어의 의미와 쓰임은 반드시 암기하고, 기출 한자어는 한자 표기를 눈에 익혀 놓을 필요가 있다.

둘 **어휘의 의미 관계를 묻는 문제는 다양한 유형으로 출제되므로 다방면으로 학습하자!**

유의 관계, 반의 관계, 상하 관계의 개념을 알고 있어야 하며 제시된 단어들을 통해 어휘 간의 의미 관계를 파악할 수 있어야 한다. 또한 다의어와 동음이의어 문제는 각 어휘의 의미에 대한 이해를 바탕으로 각각을 구분하는 기준이 되는 의미 간 연관성과 품사를 파악할 수 있는 능력을 길러야 한다.

셋 **속담, 한자 성어, 관용구, 순화어를 포기하지 말자!**

속담, 한자 성어, 일상생활 속에서 자주 사용하는 관용구의 의미를 정확하게 알아야 하고, 무분별하게 사용되는 외래어와 한자어에 대한 올바른 순화어를 알아야 한다. 이 내용들은 공부를 한다면 비교적 쉽게 맞힐 수 있는 부분이니 꼭 학습하는 것이 좋다.

01 고유어

대표 기출 유형 공략

| 대표 기출 유형 | ① 고유어의 사전적 의미

유형 특징

1. 고유어의 사전적 의미를 정확하게 이해하고 이를 사용하는 능력을 평가하기 위한 문제 유형으로, 어휘 영역의 16번에 고정적으로 출제된다.

2. 기출된 고유어의 사전적 의미를 정확하게 암기하고 있으면 수월하게 해결할 수 있다.

대표 예제 '음식을 많이 먹지 못하는 사람'을 의미하는 고유어는?

① 몽니
② 우수리
③ 구나방
④ 고삭부리
⑤ 농투성이

풀이 전략

1단계 문제 지시문에 제시된 사전적 의미와 고유어라는 단서를 통해 해당 의미를 지닌 단어를 고르는 문제임을 파악한다.

2단계 '음식을 많이 먹지 못하는 사람'을 뜻하는 고유어는 '고삭부리'이므로, 답은 ④이다.

- **몽니**: 받고자 하는 대우를 받지 못할 때 내는 심술
- **우수리**: 1. 물건값을 제하고 거슬러 받는 잔돈 2. 일정한 수나 수량에 차고 남는 수나 수량
- **구나방**: 말이나 행동이 모질고 거칠고 사나운 사람을 이르는 말
- **농투성이**: '농부'를 낮잡아 이르는 말

유형 특징

1. 고유어의 의미를 고려하여 고유어를 문맥에 맞게 사용할 수 있는 능력을 평가하기 위한 문제 유형으로, 어휘 영역의 18번에 고정적으로 출제된다.

2. 고유어의 사전적 의미를 고려하여 문맥에 적절한 쓰임을 파악해야 하므로, 난도는 중상이다.

대표 예제 밑줄 친 고유어의 의미를 바르게 풀이하지 <u>못한</u> 것은?

① <u>둔덕</u>에 올라가서 경치를 구경했다. → 가운데가 솟아서 불룩하게 언덕이 진 곳
② 큰형은 회사를 다니면서도 <u>짬짬이</u> 막냇동생과 시간을 보냈다. → 짬이 나는 대로 그때그때
③ 아빠는 잠시 쉴 <u>겨를</u>도 없이 부산으로 가셨다. → 어떤 일을 하다가 생각 등을 다른 데로 돌릴 수 있는 시간적인 여유
④ 선생님께 혼이 난 이후로 <u>주눅</u>이 들어 고개를 숙이고 있었다. → 기운을 제대로 펴지 못하고 움츠러드는 태도나 성질
⑤ 나는 내게 닥친 어려움을 <u>슬기</u>로 극복하려고 한다. → 사물의 이치를 빨리 깨닫고 사물을 정확하게 처리하는 정신적 능력

풀이 전략 1단계 문맥상 밑줄 친 고유어가 적절하게 사용되었는지 파악하는 문제이다. 각 고유어의 의미를 떠올리며 문장을 읽은 후, 고유어의 쓰임과 사전적 의미가 다르게 연결된 선택지를 추려나가야 한다.

2단계 '슬기'는 '사리를 바르게 판단하고 일을 잘 처리해 내는 재능'을 의미하므로, 고유어의 의미가 바르게 풀이되지 않은 것은 ⑤이다. 참고로, '사물의 이치를 빨리 깨닫고 사물을 정확하게 처리하는 정신적 능력'은 한자어 '지혜(智慧)'의 의미이다.

1 기출 고유어

ㄱ

가납사니 빈출	쓸데없는 말을 지껄이기 좋아하는 수다스러운 사람	**갉작갉작**	날카롭고 뾰족한 끝으로 자꾸 바닥이나 거죽을 문지르는 모양 예 눈가를 새끼손가락으로 **갉작갉작** 긁는다.
가늠 빈출	① 목표나 기준에 맞고 안 맞음을 헤아려 봄. 또는 헤아려 보는 목표나 기준 예 빵 반죽을 알맞게 **가늠**을 해 보다. ② 사물을 어림잡아 헤아림 예 그 건물의 높이가 **가늠**이 안 된다.	**감돌다**	어떤 기체나 기운이 가득 차서 떠돌다. 예 온 방 안에 그윽한 차의 향기가 **감돈다**.
		감실감실	사람이나 물체, 빛 등이 먼 곳에서 자꾸 아렴풋이 움직이는 모양 예 푸른 연기가 **감실감실** 피어오른다.
가드락가드락	조금 거만스럽게 잘난 체하며 버릇없이 자꾸 구는 모양 예 그 사람은 자기 집이 부자라고 하도 **가드락가드락** 친구를 대하여 모두가 그를 꺼린다.	**감투**	벼슬이나 직위를 속되게 이르는 말 예 이사는 회장의 **감투**를 탐냈다.
가르다	물체가 공기나 물을 양옆으로 열며 움직이다. 예 참매가 바람을 **가르며** 빠르게 날아갔다.	**개평**	노름이나 내기 등에서 남이 가지게 된 몫에서 조금 얻어 가지는 공것 예 담배를 **개평**으로 주다.
가리다	자기 일을 알아서 스스로 처리하다. 예 내 동생은 자기 앞도 못 **가리는** 처지이다.	**거북하다**	마음이 어색하고 겸연쩍어 편하지 않다. 예 그를 만나는 것이 영 **거북하다**.
가뭇없이	눈에 띄지 않게 감쪽같이	**걷잡다**	한 방향으로 치우쳐 흘러가는 형세 등을 붙들어 잡다. 예 불길이 **걷잡을** 수 없이 번져 나갔다.
가탈 빈출	① 일이 순조롭게 나아가는 것을 방해하는 조건 예 내 동생이 하는 일은 **가탈**이 많이 생긴다. ② 이리저리 트집을 잡아 까다롭게 구는 일 예 수희는 모든 일에 **가탈**을 부린다.	**걸다**	음식 등이 가짓수가 많고 푸짐하다. 예 이 식당은 반찬이 **걸게** 나온다.
		걸터들이다	이것저것 가리지 않고 휘몰아 들이다.
갈마들다	서로 번갈아들다. 예 낮과 밤이 **갈마들다**.	**껑충껑충**	긴 다리를 모으고 계속 힘 있게 솟구쳐 뛰는 모양
갈무리 빈출	① 물건 등을 잘 정리하거나 간수함 ② 일을 처리하여 마무리함 예 옆 사람에게 일의 **갈무리**를 부탁했다.	**겨를** 빈출	어떤 일을 하다가 생각 등을 다른 데로 돌릴 수 있는 시간적인 여유 예 일거리가 쌓여 잠시도 쉴 **겨를**이 없다.
갈팡질팡	갈피를 잡지 못하고 이리저리 헤매는 모양	**견주다**	둘 이상의 사물을 질이나 양 등에서 어떠한 차이가 있는지 알기 위하여 서로 대어 보다. 예 친구와 암산 능력을 **견주어** 보았다.
갈피	① 겹치거나 포갠 물건의 하나하나의 사이. 또는 그 틈 ② 일이나 사물의 갈래가 구별되는 어름 예 그녀는 일의 **갈피**를 못 잡고 있다.	**결딴나다**	어떤 일이나 물건 등이 아주 망가져서 도무지 손을 쓸 수 없는 상태가 되다. 예 아이가 장난감을 집어 던져 **결딴났다**.

고깝다 (빈출)	섭섭하고 야속하여 마음이 언짢다. 예 그는 나를 **고까운** 눈으로 보았다.
고명딸	아들 많은 집의 외딸 예 조카는 **고명딸**로 태어났다.
고분고분	말이나 행동이 공손하고 부드러운 모양 예 내 동생은 나를 **고분고분** 잘 따랐다.
고삭부리	음식을 많이 먹지 못하는 사람
고즈넉하다	고요하고 아늑하다. 예 **고즈넉한** 산사
곰비임비	물건이 거듭 쌓이거나 일이 계속 일어남을 나타내는 말 예 경사스러운 일이 **곰비임비** 일어났다.
곰실곰실	작은 벌레 등이 한데 어우러져 조금씩 자꾸 굼뜨게 움직이는 모양 예 벌레가 **곰실곰실** 움직인다.
곰작곰작	몸을 둔하고 느리게 조금씩 자꾸 움직이는 모양 예 달팽이가 나뭇잎 위를 **곰작곰작** 기어간다.
곰질곰질	'몸을 계속 천천히 좀스럽게 움직이는 모양'의 준말
곰틀곰틀	몸의 한 부분을 고부리거나 비틀며 좀스럽게 자꾸 움직이는 모양 예 **곰틀곰틀** 움직이는 벌레들
괴발개발	고양이의 발과 개의 발이라는 뜻으로, 글씨를 되는대로 아무렇게나 써 놓은 모양을 이르는 말 예 내 동생은 글씨를 **괴발개발** 썼다.
구나방	말이나 행동이 모질고 거칠고 사나운 사람을 이르는 말

구년묵이	어떤 일에 오래 종사한 사람을 낮잡아 이르는 말
구리다	행동이 떳떳하지 못하고 의심스럽다. 예 그 사람이 하는 짓이 뭔가 **구리다**.
구질구질하다	① 상태나 하는 짓이 깨끗하지 못하고 구저분하다. 예 쓰레기가 쌓여 **구질구질한** 골목길 ② 날씨가 맑게 개지 못하고 비나 눈이 내려서 구저분하다. 예 **구질구질한** 날씨
국으로	제 생긴 그대로. 또는 자기 주제에 맞게 예 내가 못해서 **국으로** 있는 게 아니다.
굴레	① 말이나 소 등을 부리기 위하여 머리와 목에서 고삐에 걸쳐 얽어매는 줄 예 말에 **굴레**를 씌우다. ② 부자연스럽게 얽매이는 일을 비유적으로 이르는 말 예 삶의 **굴레**에서 벗어나고 싶다.
그득그득	분량이나 수효 등이 어떤 범위나 한도에 여럿이 다 또는 몹시 꽉 찬 모양 예 항아리마다 물이 **그득그득** 담겨 있다.
그득하다	분량이나 수효 등이 어떤 범위나 한도에 아주 꽉 찬 상태에 있다. 예 쌀독에 쌀이 **그득하다**.
기리다	뛰어난 업적이나 바람직한 정신, 위대한 사람 등을 칭찬하고 기억하다. 예 고인을 **기리는** 행사가 진행되었다.
기슭	산이나 처마 등에서 비탈진 곳의 아랫부분 예 강원도 산 **기슭**에는 비가 많이 내린다.

✔ 기출 포인트 Check Check

다음 물음을 읽고, 적절한 것은 ○, 적절하지 않은 것은 × 표시하시오.

01 고유어 '가납사니'는 '쓸데없는 말을 지껄이기 좋아하는 수다스러운 사람'을 의미한다. (○, ×)

02 고유어 '가탈'은 '섭섭하고 야속하여 마음이 언짢다'를 의미한다. (○, ×)

03 고유어 '겨를'은 '어떤 일을 하다가 생각 등을 다른 데로 돌릴 수 있는 시간적인 여유'를 의미한다. (○, ×)

정답 | **01** ○ **02** ×, 고깝다 **03** ○

깔짝깔짝	자꾸 작은 물건이나 일을 가지고 만지작거리기만 하고 좀처럼 진전을 이루지 못하는 모양 예 내 동생은 밥을 **깔짝깔짝** 먹는다.
깜냥 빈출	스스로 일을 헤아림. 또는 헤아릴 수 있는 능력
깨나다	① '잠이나 술기운 등으로 잃었던 의식을 되찾아 가다'의 준말 예 잠에서 **깨나다**. ② '어떤 생각에 깊이 빠졌다가 제정신을 차리다'의 준말 예 깊은 명상에서 **깨나다**. ③ '사회나 생활 등이 정신적 · 물질적으로 발달한 상태로 바뀌다'의 준말 예 무지에서 **깨나다**.
깨다	① 술기운 등이 사라지고 온전한 정신 상태로 돌아오다. 예 마취에서 **깨다**. ② 생각이나 지혜 등이 사리를 가릴 수 있게 되다. 예 늘 의식이 **깬** 사람이 되어야 한다. ③ 잠, 꿈 등에서 벗어나다. 또는 벗어나게 하다. 예 그만 꿈 **깨**.
깨단하다	오랫동안 생각해 내지 못하던 일 등을 어떠한 실마리로 말미암아 깨닫거나 분명히 알다. 예 드디어 **깨단한** 사실
깨닫다	사물의 본질이나 이치 등을 생각하거나 궁리하여 알게 되다. 예 잘못을 **깨닫다**.
깨우치다	깨달아 알게 하다. 예 동생의 잘못을 **깨우쳐** 주다.
께름칙하다	마음에 걸려서 언짢고 싫은 느낌이 꽤 있다.
꼬들꼬들	밥알 등이 물기가 적거나 말라서 속은 무르고 겉은 조금 굳은 상태 예 밥이 **꼬들꼬들** 말라 버렸다.
꿈적하다	몸이 둔하고 느리게 움직이다. 또는 몸을 둔하고 느리게 움직이다. 예 언니는 몸을 **꿈적하였지만** 일어나지 않았다.

낫잡다	금액, 나이, 수량, 수효 등을 계산할 때에, 조금 넉넉하게 치다. 예 경비를 **낫잡았더니** 돈이 조금 남았다.
내숭하다	겉으로는 순해 보이나 속으로는 엉큼하다.
너나들이	서로 너니 나니 하고 부르며 허물없이 말을 건넴. 또는 그런 사이
너스레	수다스럽게 떠벌려 늘어놓는 말이나 짓 예 그는 **너스레**를 떨며 사람들을 웃게 했다.
넘실넘실	해 등이 솟아오르는 모양 예 아침 해가 수평선 위로 **넘실넘실** 떠오른다.
노랑이	속이 좁고 마음 씀씀이가 아주 인색한 사람을 낮잡아 이르는 말 예 그 할아버지는 지독한 **노랑이**였다.
노릇노릇	군데군데 노르스름한 모양 예 감자전이 **노릇노릇** 익어 맛있어 보인다.
노상	언제나 변함없이 한 모양으로 줄곧 예 나는 **노상** 웃으며 인사한다.
농투성이	'농부'를 낮잡아 이르는 말 예 그는 흙 파먹고 사는 **농투성이**야.
눌어붙다	① 뜨거운 바닥에 조금 타서 붙다. 예 바닥에 고무가 **눌어붙었다**. ② 한곳에 오래 있으면서 떠나지 않다. 예 카페에 **눌어붙은** 사람들
늘비하다	질서 없이 여기저기 많이 늘어서 있거나 놓여 있다. 예 산 위에서 바라보니 집들이 **늘비하다**.
늙수그레하다	꽤 늙어 보이다. 예 선배는 참 **늙수그레하다**.
늦깎이	① 나이가 많이 들어서 승려가 된 사람 ② 나이가 많이 들어서 어떤 일을 시작한 사람 예 우리 할머니는 **늦깎이** 대학생이다. ③ 남보다 늦게 사리를 깨치는 일. 또는 그런 사람

ㄷ

다그치다	일이나 행동 등을 빨리 끝내려고 몰아치다. 예 빠르게 마무리하라고 직원들을 **다그치다**.
다닥다닥 빈출	① 자그마한 것들이 한곳에 많이 붙어 있는 모양 예 가지에 **다닥다닥** 붙은 열매를 땄다. ② 보기 흉할 정도로 지저분하게 여기저기 기운 모양 예 그녀는 옷을 **다닥다닥** 기워 입었다.
단출하다 빈출	일이나 차림차림이 간편하다. 예 옷차림이 **단출하다**.
달이다	액체 등을 끓여서 진하게 만들다. 예 엄마는 집에서 간장을 **달였다**.
달포	한 달이 조금 넘는 기간 예 어머니와 떨어진 지 **달포**가량 되었다.
당기다	① 좋아하는 마음이 일어나 저절로 끌리다. 예 나는 그 얘기를 듣고 호기심이 **당겼다**. ② 입맛이 돋우어지다. 예 식욕이 **당기다**. ③ 물건 등을 힘을 주어 자기 쪽이나 일정한 방향으로 가까이 오게 하다. 예 그물을 **당겨** 참치를 건져 올렸다.
대롱대롱	작은 물건이 매달려 가볍게 잇따라 흔들리는 모양 예 감나무에 감이 **대롱대롱** 달려 있다.
데면데면 빈출	사람을 대하는 태도가 친밀감이 없이 예사로운 모양 예 그는 누구를 만나도 **데면데면** 대한다.
도탑다	서로의 관계에 사랑이나 인정이 많고 깊다. 예 우리는 **도타운** 우정을 나누었다.

되뇌다	같은 말을 되풀이하여 말하다. 예 할아버지는 같은 말을 늘 **되뇌셨다**.
두루치기	한 사람이 여러 방면에 능통함. 또는 그런 사람 예 그녀는 못하는 것이 없는 **두루치기**다.
둔덕 빈출	가운데가 솟아서 불룩하게 언덕이 진 곳 예 강을 보기 위해 **둔덕**으로 올라갔다.
드문드문	① 시간적으로 잦지 않고 드문 모양 예 그는 **드문드문** 우리집에 들렀다. ② 공간적으로 배지 않고 사이가 드문 모양 예 은행나무가 **드문드문** 서 있다.
득달같다 빈출	잠시도 늦추지 않다. 예 어머니의 **득달같은** 불호령이 떨어졌다.
들머리	들어가는 맨 첫머리 예 겨울 **들머리**
듬성듬성	매우 드물고 성긴 모양 예 나무를 **듬성듬성** 심다.
딸각딸각	'작고 단단한 물건이 자꾸 맞부딪치는 소리'의 준말 예 주머니 속 구슬이 **딸각딸각** 소리를 낸다.

ㅁ

마루	등성이를 이루는 지붕이나 산 등의 꼭대기
마름질	옷감이나 재목 등을 치수에 맞도록 재거나 자르는 일 예 아빠는 책상을 만드느라 **마름질**을 하셨다.
막놓다	노름에서, 몇 판에 걸쳐서 잃은 돈의 액수를 합쳐서 한 번에 걸고 다시 내기를 하다.
만무방	염치가 없이 막된 사람

✔ 기출 포인트 Check Check

다음 물음을 읽고, 적절한 것은 O, 적절하지 않은 것은 × 표시하시오.

01 고유어 '득달같다'는 '잠시도 늦추지 않다'를 의미한다. (O, ×)

02 고유어 '단출하다'는 '일이나 차림차림이 간편하다'를 의미한다. (O, ×)

03 고유어 '데면데면'은 '매우 드물고 성긴 모양'을 의미한다. (O, ×)

정답 | 01 O 02 O 03 ×, 듬성듬성

모꼬지	놀이나 잔치 또는 그 밖의 일로 여러 사람이 모이는 일
모지락스럽다	보기에 억세고 모질다.
몰리다	여럿이 한곳으로 모여들다. 예 출구로만 사람들이 **몰렸다**.
못내	① 자꾸 마음에 두거나 잊지 못하는 모양 예 나는 그녀를 **못내** 그리워했다. ② 이루 다 말할 수 없이 예 꽃다발을 받고 **못내** 감격하였다.
몽니	받고자 하는 대우를 받지 못할 때 내는 심술 예 그는 **몽니**가 궂다.
무람없다	예의를 지키지 않으며 삼가고 조심하는 것이 없다. 예 동생의 **무람없는** 행동을 이해해 주세요.
무릇	대체로 헤아려 생각하건대 예 **무릇** 국가는 국민이 있어 존재한다.
무지근하다	① 뒤가 잘 안 나와서 기분이 무겁다. 예 아랫배가 **무지근하다**. ② 머리가 띵하고 무겁거나 가슴, 팔다리 등이 무엇에 눌리는 듯이 무겁다.
묵새기다	① 별로 하는 일 없이 한곳에서 오래 묵으며 날을 보내다. 예 그는 고향에서 **묵새기며** 요양하고 있다. ② 마음의 고충이나 흥분 등을 애써 참으며 넘겨 버리다. 예 슬픔을 **묵새기다**.
묵직하다	① 다소 큰 물건이 보기보다 제법 무겁다. 예 **묵직한** 바구니 ② 사람이 점잖고 무게가 있다. 예 **묵직한** 얼굴
문실문실	나무 등이 거침없이 잘 자라는 모양
뭉뚱그리다 빈출	여러 사실을 하나로 포괄하다. 예 우리의 의견을 **뭉뚱그리지** 마.
미처	아직 거기까지 미치도록 예 그가 오기 전에 **미처** 일을 끝내지 못했다.

바득바득 빈출	① 악지를 부려 자꾸 우기거나 조르는 모양 예 그 애는 **바득바득** 우겼다. ② 악착스럽게 애쓰는 모양
바락바락 빈출	성이 나서 잇따라 기를 쓰거나 소리를 지르는 모양 예 내 동생은 엄마께 **바락바락** 대들었다.
바르다	뼈다귀에 붙은 살을 걷거나 가시 등을 추려 내다. 예 엄마가 생선 가시를 **발라** 주었다.
박작거리다	많은 사람이 좁은 곳에 모여 매우 어수선하게 자꾸 움직이다. 예 공연장은 사람들로 **박작거렸다**.
발치	사물의 꼬리나 아래쪽이 되는 끝부분 예 침대 **발치**
벼랑	낭떠러지의 험하고 가파른 언덕 예 **벼랑** 끝은 위험하므로 조심해야 한다.
벼르다	어떤 일을 이루려고 마음속으로 준비를 단단히 하고 기회를 엿보다. 예 그에게 복수하려고 **벼르고** 있다.
부둑부둑	물기가 있는 물건의 거죽이 거의 말라 약간 뻣뻣하게 굳어진 모양 예 축축했던 운동화가 **부둑부둑** 말라 있었다.
부슬부슬	눈이나 비가 조용히 성기게 내리는 모양 예 봄비가 **부슬부슬** 내리다.
부추기다	감정이나 상황 등이 더 심해지도록 영향을 미치다. 예 물가 상승을 **부추기다**.
비실비실	흐느적흐느적 힘없이 자꾸 비틀거리는 모양
뻐기다	얄미울 정도로 매우 우쭐거리며 자랑하다. 예 그는 우등상을 탔다고 무척 **뻐기고** 다닌다.

ㅅ

사그라들다	삭아서 없어져 가다.
사달	사고나 탈
사르다	불에 태워 없애다. 예 불을 피워서 문서를 **살랐다**.
사리다 ^{빈출}	어떤 일에 적극적으로 나서지 않고 살살 피하며 몸을 아끼다. 예 나는 피해를 입을까 하여 몸을 **사렸다**.
사뭇 ^{빈출}	내내 끝까지 예 이번 겨울 방학은 **사뭇** 바빴다.
사부작거리다	별로 힘들이지 않고 계속 가볍게 행동하다.
살갑다	마음씨가 부드럽고 상냥하다.
살피다	형편이나 사정 등을 자세히 알아보다. 예 민심을 **살피는** 것이 정치에서 중요하다.
삼삼하다 ^{빈출}	① 음식 맛이 조금 싱거운 듯하면서 맛이 있다. 예 국물이 **삼삼하다**. ② 사물이나 사람의 생김새나 됨됨이가 마음이 끌리게 그럴듯하다. 예 얼굴이 **삼삼하게** 생기다.
새록새록	어떤 생각이나 느낌이 거듭하여 새롭게 생기는 모양 예 작년에 있었던 일이 **새록새록** 떠올랐다.
생각	어떤 일을 하고 싶어 하거나 관심을 가짐. 또는 그런 일 예 그는 술 **생각**이 났다.
섬뜩하다	갑자기 소름이 끼치도록 무섭고 끔찍하다. 예 그 이야기를 듣자마자 등골이 **섬뜩했다**.
성기다 ^{빈출}	물건의 사이가 뜨다.

성큼성큼	다리를 잇따라 높이 들어 크게 떼어 놓는 모양
손사래	어떤 말이나 사실을 부인하거나 남에게 조용히 하라고 할 때 손을 펴서 휘젓는 일
솔다	시끄러운 소리나 귀찮은 말을 자꾸 들어서 귀가 아프다. 예 그 말은 귀가 **솔도록** 들었다.
송아리	꽃이나 열매 등이 잘게 모여 달려 있는 덩어리 예 포도 **송아리**
스산하다	날씨가 흐리고 으스스하다. 예 바람이 **스산하게** 분다.
슬기 ^{빈출}	사리를 바르게 판단하고 일을 잘 처리해 내는 재능 예 **슬기**를 발휘해 문제를 해결하다.
시루	떡이나 쌀 등을 찌는 데 쓰는 둥근 질그릇 예 어머니는 **시루**에 찐 떡을 간식으로 주었다.
실랑이	서로 자기주장을 고집하며 옥신각신하는 일 예 나는 어머니와 **실랑이**를 벌였다.
실마리	일이나 사건을 풀어 나갈 수 있는 첫머리 예 사건을 해결할 **실마리**를 찾다.
싹수 ^{빈출}	어떤 일이나 사람이 앞으로 잘될 것 같은 낌새나 징조 예 그는 좋은 경찰이 될 **싹수**가 보인다.
쏠리다	마음이나 눈길이 어떤 대상에 끌려서 한쪽으로 기울어지다. 예 선거에 국민의 마음이 **쏠리다**.
쓰렁쓰렁	일을 건성으로 하는 모양 예 그는 중요한 업무도 **쓰렁쓰렁** 넘겼다.

✔ 기출 포인트 Check Check

다음 물음을 읽고, 적절한 것은 ○, 적절하지 않은 것은 × 표시하시오.

01 고유어 '바락바락'은 '악지를 부려 자꾸 우기거나 조르는 모양'을 의미한다. (○, ×)

02 고유어 '삼삼하다'는 '사물이나 사람의 생김새나 됨됨이가 마음이 끌리게 그럴듯하다'를 의미한다. (○, ×)

03 고유어 '성기다'는 '물건의 사이가 뜨다'를 의미한다. (○, ×)

정답 | 01 ×, 바득바득 02 ○ 03 ○

아귀	사물의 갈라진 부분 예 방의 문짝이 **아귀**가 잘 맞지 않아 자꾸 열린다.
아등바등	무엇을 이루려고 애를 쓰거나 우겨 대는 모양
아련하다	똑똑히 분간하기 힘들게 아렴풋하다. 예 **아련한** 추억
아롱다롱	여러 가지 빛깔의 작은 점이나 줄 등이 고르지 않고 촘촘하게 무늬를 이룬 모양
아름	두 팔을 둥글게 모아 만든 둘레 안에 들 만한 분량을 세는 단위 예 그는 장미꽃을 한 **아름** 사서 나에게 주었다.
알싸하다	매운맛이나 독한 냄새 등으로 코 속이나 혀 끝이 알알하다. 예 입 안이 **알싸하다**.
어깃장	짐짓 어기대는 행동
어슷비슷	큰 차이가 없이 서로 비슷비슷한 모양 예 그들은 눈매가 **어슷비슷** 닮았다.
어슷어슷	여럿이 다 한쪽으로 조금 비뚤어진 모양 예 **어슷어슷** 썬 풋고추
어정쩡하다	① 분명하지 않고 모호하거나 어중간하다. 　예 **어정쩡한** 태도 ② 얼떨떨하고 난처하다. 　예 두 사람 사이에서 아주 **어정쩡하다**. ③ 내심 의심스러워 꺼림하다. 　예 처음 보는 사람이 친한 척을 하니 **어정쩡하다**.
어지럽히다	물건들을 제자리에 놓지 않고 여기저기 널어 놓아 너저분하게 만들다. 예 아이들은 집 안을 온통 **어지럽혔다**.
언저리	둘레의 가 부분
얼추	어떤 기준에 거의 가깝게 예 목적지에 **얼추** 다 왔다.
얼키설키	가는 것이 이리저리 뒤섞이어 얽힌 모양 예 칡덩굴이 **얼키설키** 뒤얽혀 있다.
엉기정기 빈출	질서 없이 여기저기 벌여 놓은 모양 예 거실에 인형이 **엉기정기** 놓여 있다.
여리다	의지나 감정 등이 모질지 못하고 약간 무르다. 예 내 친구는 심성이 곱고 **여리다**.
오그라들다	형세나 형편 등이 전보다 못하게 되다. 예 빡빡한 살림이 더 **오그라들었다**.
오들오들	춥거나 무서워서 몸을 잇따라 심하게 떠는 모양 예 밖에서 한 시간이나 **오들오들** 떨었다.
오지랖	웃옷이나 윗도리에 입는 겉옷의 앞자락
올망졸망	작고 또렷한 것들이 고르지 않게 많이 벌여 있는 모양 예 작은 꽃들이 **올망졸망** 피어 있다.
옹골지다	실속이 있게 속이 꽉 차 있다. 예 돈 버는 재미가 **옹골지다**.
와들와들	춥거나 무서워서 몸을 잇따라 아주 심하게 떠는 모양 예 추워서 온몸이 **와들와들** 떨린다.
왠지	왜 그런지 모르게. 또는 뚜렷한 이유도 없이 예 그 소식을 들으니 **왠지** 마음이 불편했다.
우리다	어떤 물건을 액체에 담가 맛이나 빛깔 등의 성질이 액체 속으로 빠져나오게 하다. 예 어머니는 멸치를 **우려** 국물을 만드셨다.
우물우물	말을 시원스럽게 하지 않고 입 안에서 자꾸 중얼거리는 모양
우수리	물건값을 제하고 거슬러 받는 잔돈 예 **우수리**로 천 원을 거슬러 받았다.
을러대다 빈출	위협적인 언동으로 을러서 남을 억누르다. 예 그 남자는 모임에서 **을러대었다**.
이드거니	충분한 분량으로 만족스러운 모양 예 책장에 책이 **이드거니** 있다.
이바지	도움이 되게 함
입방아	어떤 사실을 화제로 삼아 이러쿵저러쿵 쓸데 없이 입을 놀리는 일 예 **입방아**에 오르내리다.

ㅈ

자근자근 (빈출)	조금 성가실 정도로 자꾸 은근히 귀찮게 구는 모양 예 나는 **자근자근** 그를 쫓아가며 캐물었다.
자글자글	적은 양의 액체나 기름 등이 걸쭉하게 잦아들면서 자꾸 끓는 소리. 또는 그 모양 예 양송이 수프가 **자글자글** 끓고 있다.
자못	생각보다 매우 예 선생님께서는 우리에게 **자못** 기대하신다.
자취	어떤 것이 남긴 표시나 자리 예 그녀는 요즘 들어 **자취**가 뜸했다.
잔챙이	① 여럿 가운데 가장 작고 품이 낮은 것 예 **잔챙이** 배는 값이 싸다. ② 지지리 못난 사람을 낮잡아 이르는 말
재다	참을성이 모자라 입놀림이 가볍다. 예 누나는 입이 몹시 **재다**.
재주	① 무엇을 잘할 수 있는 타고난 능력과 슬기 예 내 동생은 어릴 때부터 **재주**가 뛰어났다. ② 어떤 일에 대처하는 방도나 꾀 예 **재주**를 피워 탈출할 방도를 생각했다.
저리다	가슴이나 마음 등이 못 견딜 정도로 아프다.
저미다	마음을 몹시 아프게 하다. 예 마음을 **저미는** 그 이야기에 모두 눈물을 흘렸다.
제치다	① 거치적거리지 않게 처리하다. 예 널브러진 물건을 **제치고** 일을 시작했다. ② 일정한 대상이나 범위에서 빼다. 예 그를 **제쳐** 놓고 우리끼리 여행을 갔다. ③ 경쟁 상대보다 우위에 서다. 예 우리 팀이 상대 팀을 **제치고** 우승했다. ④ 일을 미루다. 예 내 일은 **제쳐** 두고 친구 일을 도왔다.

조곤조곤 (빈출)	성질이나 태도가 조금 은근하고 끈덕진 모양 예 선생님은 나에게 **조곤조곤** 말씀하셨다.
좀체	여간하여서는
종종걸음	발을 가까이 자주 떼며 급히 걷는 걸음
주눅 (빈출)	기운을 제대로 펴지 못하고 움츠러드는 태도나 성질 예 **주눅**이 들어 말을 잘 못한다.
주리다	제대로 먹지 못하여 배를 곯다.
즐비하다	빗살처럼 줄지어 빽빽하게 늘어서 있다. 예 길가에 차가 **즐비하다**.
지레 (빈출)	어떤 일이 일어나기 전 또는 어떤 기회나 때가 무르익기 전에 미리 예 그는 경찰차를 보고 **지레** 놀라 달아났다.
지르다	팔다리나 막대기 등을 내뻗치어 대상물을 힘껏 건드리다. 예 나뭇가지로 바닥을 쿡 **질러** 보았다.
지청구	까닭 없이 남을 탓하고 원망함 예 **지청구**는 그의 회피책이다.
지피다	아궁이나 화덕 등에 땔나무를 넣어 불을 붙이다. 예 장작불을 **지피다**.
질겅질겅	질긴 물건을 거칠게 자꾸 씹는 모양
짐짓 (빈출)	마음으로는 그렇지 않으나 일부러 그렇게 예 그녀는 알면서도 **짐짓** 모르는 척했다.

✔ 기출 포인트 Check Check

다음 물음을 읽고, 적절한 것은 ○, 적절하지 않은 것은 × 표시하시오.

01 고유어 '엉기정기'는 '질서 없이 여기저기 벌여 놓은 모양'을 의미한다. (○, ×)

02 고유어 '을러대다'는 '위협적인 언동으로 을러서 남을 억누르다'를 의미한다. (○, ×)

03 고유어 '조곤조곤'은 '조금 성가실 정도로 자꾸 은근히 귀찮게 구는 모양'을 의미한다. (○, ×)

정답 | 01 ○ 02 ○ 03 ×, 자근자근

짓무르다	① 살갗이 헐어서 문드러지다.
	예 피부가 **짓무르다**.
	② 채소나 과일 등이 너무 썩거나 무르거나 하여 푹 물크러지다.
	예 **짓무른** 배추에서 악취가 난다.
	③ 눈자위가 상하여서 핏발이 서고 눈물에 젖다.
	예 밤새 일을 하느라 **짓무른** 그의 눈
짠하다	안타깝게 뉘우쳐져 마음이 조금 언짢고 아프다.
	예 마음이 **짠하다**.
짬짜미	남모르게 자기들끼리만 짜고 하는 약속이나 수작
짬짬이	짬이 나는 대로 그때그때
	예 나는 일하면서 **짬짬이** 공부했다.
쪼개다	시간이나 돈 등을 효율적으로 쓸 수 있도록 나누다.
	예 시간을 **쪼개** 친구를 만났다.
찌릿찌릿 빈출	뼈마디나 몸의 일부가 매우 또는 자꾸 저린 느낌
	예 밤이 되니 허리가 **찌릿찌릿** 아팠다.

ㅊ

차리다 빈출	자기의 이익을 따져 챙기다.
	예 제 욕심만 **차리다**.
차지다	성질이 야무지고 까다로우며 빈틈이 없다.
청승맞다	궁상스럽고 처량하여 보기에 몹시 언짢다.
	예 **청승맞은** 울음소리
추레하다 빈출	겉모양이 깨끗하지 못하고 생기가 없다.
	예 의복 매무새가 **추레하다**.
추리다	섞여 있는 것에서 여럿을 뽑아내거나 골라내다.
	예 입을 만한 옷을 몇 벌 **추렸다**.
치근덕거리다	성가실 정도로 끈덕지게 자꾸 귀찮게 굴다.
	예 그는 그녀에게 자꾸 **치근덕거렸다**.

ㅌ

털다	자기가 가지고 있는 것을 남김없이 내다.
	예 전 재산을 **털어** 기부했다.
토닥토닥	잘 울리지 않는 물체를 잇따라 가볍게 두드리는 소리. 또는 그 모양
	예 아기를 **토닥토닥** 달래다.
트레바리	이유 없이 남의 말에 반대하기를 좋아함. 또는 그런 성격을 지닌 사람

ㅍ

| 푸지다 | 매우 많아서 넉넉하다. |
| | 예 뷔페 음식을 **푸지게** 먹었다. |

ㅎ

한들한들 빈출	가볍게 자꾸 이리저리 흔들리거나 흔들리게 하는 모양
	예 바람에 꽃들이 **한들한들** 움직였다.
해찰 빈출	일에는 마음을 두지 않고 쓸데없이 다른 짓을 함
허겁지겁	조급한 마음으로 몹시 허둥거리는 모양
	예 회사에 지각할까 봐 **허겁지겁** 달렸다.
허둥지둥	정신을 차릴 수 없을 만큼 갈팡질팡하며 다급하게 서두르는 모양
	예 **허둥지둥** 달아나다.
허릅숭이	일을 실답게 하지 못하는 사람을 낮잡아 이르는 말
허섭스레기	좋은 것이 빠지고 난 뒤에 남은 허름한 물건
	예 이삿짐을 싸고 남은 **허섭스레기**
허투루 빈출	아무렇게나 되는대로
	예 손님을 **허투루** 대접하다.
헛걸음	목적을 이루지 못하고 헛수고만 하고 가거나 옴. 또는 그런 걸음
	예 아무것도 못 사고 **헛걸음**만 하였다.

홀몸	배우자나 형제가 없는 사람 예 화재로 가족을 잃어 **홀몸**이 되었다.
화수분	재물이 계속 나오는 보물단지
후리다	그럴듯한 말로 속여 넘기다. 예 그녀는 착한 사람을 **후려** 사기를 친다.
후미지다	물가나 산길이 휘어서 굽어 들어간 곳이 매우 깊다. 예 **후미진** 바위 밑에 꽃이 피어 있다.
휘둥그레지다	놀라거나 두려워서 눈이 크고 둥그렇게 되다. 예 그 소식을 들은 그는 눈이 **휘둥그레졌다**.
휘뚜루마뚜루	이것저것 가리지 않고 닥치는 대로 마구 해치우는 모양

✔ **기출 포인트 Check Check**

다음 물음을 읽고, 적절한 것은 ○, 적절하지 않은 것은 × 표시하시오.

01 고유어 '청승맞다'는 '궁상스럽고 처량하여 보기에 몹시 언짢다'를 의미한다. (○, ×)

02 고유어 '한들한들'은 '가볍게 자꾸 이리저리 흔들리거나 흔들리게 하는 모양'을 의미한다. (○, ×)

03 고유어 '해찰'은 '좋은 것이 빠지고 난 뒤에 남은 허름한 물건'을 의미한다. (○, ×)

정답 | 01 ○ 02 ○ 03 ×, 허섭스레기

출제예상문제

01 밑줄 친 고유어의 기본형이 지닌 의미를 바르게 풀이하지 <u>못한</u> 것은?

① 김 선생님께서는 아주 <u>묵직한</u> 분이시다. → 사람이 점잖고 무게가 있다.

② 나는 실속만 <u>차리는</u> 사람들과 함께 일하고 싶지 않다. → 자기의 이익을 따져 챙기다.

③ 할머니가 손자에게 생선 가시를 <u>발라</u> 주었다. → 뼈다귀에 붙은 살을 걷거나 가시 등을 추려 내다.

④ 비 오는 날 우산을 쓰지 않더니 동생의 몰골이 아주 <u>구질구질하다</u>. → 겉모양이 깨끗하지 못하고 생기가 없다.

⑤ 날씨가 건조하여 산에 난 불이 <u>걷잡을</u> 수 없이 번져 나갔다. → 한 방향으로 치우쳐 흘러가는 형세 등을 붙들어 잡다.

02 밑줄 친 고유어의 의미를 바르게 풀이하지 <u>못한</u> 것은?

① 그 친구가 소유한 건물의 높이가 <u>가늠</u>이 안 되었다. → 사물을 어림잡아 헤아림

② 범인은 <u>자취</u>도 없이 사라졌다. → 누가 있는 줄을 짐작하여 알 만한 소리나 기색

③ 남편이 출장을 가 떨어져 지낸 지 <u>달포</u>가량 되어 간다. → 한 달이 조금 넘는 기간

④ 수지는 사업으로 성공할 것 같은 <u>싹수</u>가 보인다. → 어떤 일이나 사람이 앞으로 잘될 것 같은 낌새나 징조

⑤ 먹이를 주기 위해 소에게 <u>굴레</u>를 씌우고 목장으로 나갔다. → 말이나 소 등을 부리기 위하여 머리와 목에서 고삐에 걸쳐 얽어매는 줄

03 밑줄 친 고유어의 의미를 바르게 풀이하지 <u>못한</u> 것은?

① 어머니께서 꽃을 한 <u>아름</u> 사 오셨다. → 한데 뭉치거나 말거나 감은 덩이를 세는 단위

② 그 사람은 자기의 <u>깜냥</u>을 잘 알고 있었다. → 스스로 일을 헤아림. 또는 헤아릴 수 있는 능력

③ 사람들은 친구의 <u>너스레</u>가 재미있어서 그를 자주 보고 싶어 한다. → 수다스럽게 떠벌려 늘어놓는 말이나 짓

④ 아버지는 잘 익은 복숭아만 골라서 따고 <u>잔챙이</u>는 그대로 두라고 하셨다. → 여럿 가운데 가장 작고 품이 낮은 것

⑤ 그는 <u>개평</u>으로 얻은 것으로 겨우 버티며 살아가고 있다. → 노름이나 내기 등에서 남이 가지게 된 몫에서 조금 얻어 가지는 공것

04 밑줄 친 고유어의 쓰임이 적절하지 <u>않은</u> 것은?

① 어머니는 <u>어슷어슷</u> 누빈 옷을 딸에게 입혔다.

② 아이는 <u>우물우물</u> 큰 소리로 발표를 시작했다.

③ 동생이 만든 김치전은 <u>노릇노릇</u> 잘 익어 맛있게 보였다.

④ 아침이 되니 물에 젖었던 구두가 <u>부둑부둑</u> 말라 있었다.

⑤ 은미는 옷의 여기저기를 <u>다닥다닥</u> 기워 입을 정도로 형편이 안 좋았다.

05 밑줄 친 고유어의 쓰임이 적절하지 <u>않은</u> 것은?

① 홍수와 가뭄이 <u>갈마드니</u> 농사가 잘 될 리 없다.

② 나를 존중하는 듯한 형의 말이 <u>고깝게</u> 느껴졌다.

③ 어른들은 막냇동생의 <u>무람없는</u> 태도를 지적하였다.

④ 부조리한 정책을 담은 문서를 모아 <u>모조리</u> 살라 버렸다.

⑤ 문득 어릴 적 소꿉친구와의 잊지 못할 <u>아련한</u> 추억이 생각났다.

06 밑줄 친 고유어의 쓰임이 적절하지 <u>않은</u> 것은?

① 첫째 형은 어머니와 아버지를 힘들게 하는 <u>화수분</u>이다.

② 이번 여름 방학에는 여러 가지를 공부하다 보니 <u>사뭇</u> 바빴다.

③ 그가 하는 일마다 <u>가탈</u>을 부리는 바람에 일의 진행이 더디었다.

④ 지난주에 어머니를 도와 텃밭에서 수확한 배추의 <u>갈무리</u>를 하느라 바빴다.

⑤ <u>고명딸</u>인 나는 오빠들에 비해 할아버지와 할머니의 사랑을 넘치게 받으며 성장했다.

정답 및 해설 p.280

02 한자어

대표 기출 유형 공략

| 대표 기출 유형 | ① 한자어의 사전적 의미

유형 특징

1. 한자어의 사전적 의미를 정확하게 이해하고 이를 사용하는 능력을 평가하기 위한 문제 유형으로, 어휘 영역의 17번에 고정적으로 출제된다.

2. 문맥을 통해 의미를 유추하여 문제를 해결하는 방법도 있지만, 의미가 유사한 어휘의 뜻풀이를 제시해 오답 선택지로 구성하는 경우도 있으므로, 한자어의 사전적 의미를 정확하게 알고 있으면 훨씬 수월하게 문제를 풀 수 있다.

대표 예제 밑줄 친 한자어의 사전적 뜻풀이로 옳지 않은 것은?

① 두서(頭緖)가 없는 설명은 이해하기 힘들다. → 일의 차례나 갈피
② 개혁의 시작은 적폐(積弊)의 청산이다. → 오랫동안 쌓이고 쌓인 폐단
③ 보일러 공사 착수(着手)에 앞서 확인해야 할 사항이 몇 가지 있다. → 실제로 시행함
④ 12월 검진(檢診) 예약은 쉽지 않다. → 건강 상태와 질병의 유무를 알아보기 위하여 증상이나 상태를 살피는 일
⑤ 신문사에서 유명 가수의 마약 혐의를 보도(報道)했다. → 대중 전달 매체를 통하여 일반 사람들에게 새로운 소식을 알림. 또는 그 소식

풀이 전략 **1단계** 밑줄 친 한자어의 사전적 의미가 적절하게 제시되었는지 파악하는 문제이다. 선택지를 읽고 한자어의 의미를 파악한 후, 뜻풀이가 적절하게 연결되어 있는지 판단하며 정답을 골라나가야 한다.

2단계 '착수(着手)'의 사전적 의미는 '어떤 일에 손을 댐. 또는 어떤 일을 시작함'이므로, 한자어의 사전적 뜻풀이로 옳지 않은 것은 ③이다. 참고로, '실제로 시행함'을 뜻하는 한자어는 '실시(實施)'이다.

유형 특징

1. 문맥에 적절한 한자어를 사용하는 능력을 평가하기 위한 문제 유형으로, 어휘 영역에서 고정적으로 2문제씩 출제된다.
2. 한자어의 사전적 의미에 대한 배경지식을 바탕으로 한자어가 문맥에 적절하게 쓰였는지 파악해야 하므로, 난도가 높은 편이다.

대표 예제 **밑줄 친 한자어의 쓰임이 적절하지 <u>않은</u> 것은?**

① <u>유기(遺棄)</u> 동물 보호 기관에서 자원봉사자를 모집한다.
② 그녀는 이목구비가 <u>수려(秀麗)</u>하여 어딜 가나 인기가 많다.
③ 선생님께서 <u>주지(周知)</u>하셨던 것처럼 부정 행위자는 처벌받았다.
④ 지난달에 새로 출시된 노트북에는 최신 기술이 <u>집약(集約)</u>되어 있다.
⑤ 평론가들은 이번 영화가 김 감독의 이전 작품에 비해 한없이 부족한 수준이라고 <u>비호(庇護)</u>했다.

풀이 전략 1단계 문맥을 고려할 때, 밑줄 친 한자어가 적절하게 사용되었는지를 파악하는 문제이다. 각 한자어의 의미를 떠올린 뒤, 문장을 읽고 문맥을 파악하며 적절하지 않은 선택지를 골라야 한다.

2단계 '비호(庇護)'는 '편들어서 감싸 주고 보호함'을 의미하므로 '한없이 부족한 수준이라고 비호(庇護)했다'라고 쓰는 것은 적절하지 않다. 따라서 답은 ⑤이다.

- 유기(遺棄): 내다 버림
- 수려(秀麗): 빼어나게 아름다움
- 주지(周知): 여러 사람이 두루 앎
- 집약(集約): 한데 모아서 요약함

유형 특징

1. 의미에 맞게 한자어를 정확하게 표기하는 능력을 평가하기 위한 문제 유형이다. 매 시험에서 1 ~ 2문제씩 출제되는 만큼 비중 있게 출제되는 유형이라 할 수 있다.

2. 문장에 쓰인 한자어 표기가 적절한지, 동음이의어의 한자를 구분하여 표기했는지를 물어보기 때문에 한자어의 표기를 정확하게 알고 있어야 문제를 해결할 수 있으므로, 난도가 높은 편이다.

대표 예제 <보기>의 ㉠ ~ ㉢에 해당하는 한자로 올바르게 묶인 것은?

─〈 보 기 〉─

- ㉠ 경기 침체로 부동산 거래가 대폭 감소하였다.
- 관중들은 ㉡ 경기 규칙을 지키지 않은 선수에게 야유를 보냈다.
- 음치인 그가 악기 회사를 ㉢ 경기한다니 내게는 매우 놀라운 사실이었다.

	㉠	㉡	㉢
①	競技	景氣	經紀
②	經紀	景氣	競技
③	經紀	競技	景氣
④	景氣	經紀	競技
⑤	景氣	競技	經紀

풀이 전략

1단계 먼저, <보기>에 제시된 문장을 읽고, 한자어의 의미를 떠올린다. 그 다음, ㉠ ~ ㉢의 '경기'에 맞는 한자 표기가 연결된 선택지를 고르면 된다.

2단계 <보기>의 ㉠ ~ ㉢에 해당하는 한자를 순서대로 표기하면 '景氣 – 競技 – 經紀'이므로 답은 ⑤이다.

- ㉠ 경기(景氣: 경치 경, 기운 기): 매매나 거래에 나타나는 호황·불황 등의 경제 활동 상태
- ㉡ 경기(競技: 다툴 경, 재주 기): 일정한 규칙 아래 기량과 기술을 겨룸. 또는 그런 일
- ㉢ 경기(經紀: 다스릴 경, 벼리 기): 기업이나 사업 등을 관리하고 운영함

핵심 개념 압축 정리

1 기출 한자어

ㄱ

가관(可觀) 빈출	'꼴이 볼만하다'라는 뜻으로, 남의 언행이나 어떤 상태를 비웃는 뜻으로 이르는 말 예 그가 아부하는 꼴이 **가관**이다.
간과(看過) 빈출	큰 관심 없이 대강 보아 넘김
간구(懇求)	간절히 바람
간극(間隙)	두 가지 사건, 두 가지 현상 사이의 틈 예 이론과 현실 사이에는 엄청난 **간극**이 있다.
간발(間髮)	아주 잠시 또는 아주 적음을 이르는 말 예 **간발**의 여유도 없이 마감했다.
갈취(喝取)	남의 것을 강제로 빼앗음 예 **갈취**를 당하다.
감응(感應)	어떤 느낌을 받아 마음이 따라 움직임 예 별다른 **감응**이 없는 음악
감행(敢行)	과감하게 실행함 예 무리한 일을 **감행**하다.
강구(講究) 빈출	좋은 대책과 방법을 궁리하여 찾아내거나 좋은 대책을 세움 예 대책 **강구**
강등(降等)	등급이나 계급 등이 낮아짐. 또는 등급이나 계급 등을 낮춤 예 김 대령은 두 계급 **강등**되었다.
갱신(更新) 빈출	이미 있던 것을 고쳐 새롭게 함 예 노동법 **갱신** 문제로 협상할 예정이다.

갹출(醵出)	같은 목적을 위하여 여러 사람이 돈을 나누어 냄 예 행사 비용 **갹출**
거사(巨事)	매우 거창한 일 예 면접이라는 **거사**를 치르다.
거치(据置)	그대로 둠
검수(檢收)	물건의 규격, 수량, 품질 등을 검사한 후 물건을 받음 예 이번 달은 **검수** 기간이다.
검진(檢診)	건강 상태와 질병의 유무를 알아보기 위하여 증상이나 상태를 살피는 일 예 직업병 **검진**
게시(揭示)	여러 사람에게 알리기 위하여 내붙이거나 내걸어 두루 보게 함. 또는 그런 물건 예 선거 공고문이 **게시**되었다.
게재(揭載) 빈출	글이나 그림 등을 신문이나 잡지 등에 실음
결벽(潔癖)	유난스럽게 깨끗한 것을 좋아하는 성벽 예 **결벽**이 심하다.
결부(結付) 빈출	일정한 사물이나 현상을 서로 연관시킴
결속(結束)	뜻이 같은 사람끼리 서로 단결함 예 **결속**을 강화하다.
결재(決裁)	결정할 권한이 있는 상관이 부하가 제출한 안건을 검토하여 허가하거나 승인함 예 **결재**를 받다.

✔ **기출 포인트 Check Check**

다음 물음을 읽고, 적절한 것은 ○, 적절하지 않은 것은 × 표시하시오.

01 '큰 관심 없이 대강 보아 넘김'을 뜻하는 한자어는 '간과(看過)'이다. (○, ×)

02 한자어 '게재(揭載)'는 '여러 사람에게 알리기 위하여 내붙이거나 내걸어 두루 보게 함. 또는 그런 물건'을 뜻한다. (○, ×)

03 한자어 '결부(結付)'는 '일정한 사물이나 현상을 서로 연관시킴'을 의미한다. (○, ×)

정답 | 01 ○ 02 ×, 게시(揭示) 03 ○

결제(決濟) 빈출	일을 처리하여 끝을 냄
경계(警戒) 빈출	① 뜻밖의 사고가 생기지 않도록 조심하여 단속함 예 화재 예방 **경계**가 강화되었다. ② 옳지 않은 일이나 잘못된 일들을 하지 않도록 타일러서 주의하게 함 예 자만에 대한 **경계**를 당부하다.
경선(競選)	둘 이상의 후보가 경쟁하는 선거 예 대통령 후보 **경선**에 나서다.
경시(輕視)	대수롭지 않게 보거나 업신여김 예 생명을 **경시**해서는 안 된다.
경질 빈출 (更迭 / 更佚)	어떤 직위에 있는 사람을 다른 사람으로 바꿈 예 회사는 이번 일로 임원 **경질**을 단행했다.
계발(啓發) 빈출	슬기나 재능, 사상 등을 일깨워 줌 예 아이의 창의력 **계발**을 위해 노력 중이다.
계제(階梯) 빈출	어떤 일을 할 수 있게 된 형편이나 기회 예 나는 이번 **계제**에 이사를 갈 생각이다.
고사(苦辭)	간절히 사양함
고착(固着) 빈출	① 물건 같은 것이 굳게 들러붙어 있음 ② 어떤 상황이나 현상이 굳어져 변하지 않음 예 문화 이질화 현상의 **고착**
골몰(汨沒)	다른 생각을 할 여유도 없이 한 가지 일에만 파묻힘 예 **골몰** 끝에 정한 주제
공감(共感) 빈출	남의 감정, 의견, 주장 등에 대하여 자기도 그렇다고 느낌. 또는 그렇게 느끼는 기분 예 영화를 보며 많은 **공감**을 했다.
공상(空想)	현실적이지 못하거나 실현될 가망이 없는 것을 막연히 그리어 봄. 또는 그런 생각 예 터무니없는 **공상**
공포(公布) 빈출	일반 대중에게 널리 알림
괘념(掛念)	마음에 두고 걱정하거나 잊지 않음 예 급한 일이 있으면 **괘념** 말고 가 보게.
교정(校訂)	남의 문장 또는 출판물의 잘못된 글자나 글귀 등을 바르게 고침
교착(膠着) 빈출	어떤 상태가 굳어 조금도 변동이나 진전이 없이 머묾 예 회담이 **교착** 상태에 빠지다.

구가(謳歌)	행복한 처지나 기쁜 마음 등을 거리낌 없이 나타냄. 또는 그런 소리 예 성공의 **구가**를 듣고 싶다.
구금(拘禁)	피고인 또는 피의자를 구치소나 교도소 등에 가두어 신체의 자유를 구속하는 강제 처분
구명(究明)	사물의 본질, 원인 등을 깊이 연구하여 밝힘 예 우리는 문제를 **구명**하기 위해 노력 중이다.
구속(拘束) 빈출	행동이나 의사의 자유를 제한하거나 속박함 예 **구속**에서 벗어나다.
구축(構築) 빈출	체제, 체계 등의 기초를 닦아 세움 예 그녀는 고객들과의 관계 **구축**을 중시한다.
궁리(窮理)	마음속으로 이리저리 따져 깊이 생각함. 또는 그런 생각 예 **궁리**를 하다.
궐위(闕位)	어떤 직위나 관직 등이 빔. 또는 그런 자리 예 사장 **궐위** 후 누가 대행할 예정인가?
귀착(歸着)	의논이나 의견 등이 여러 경로를 거쳐 어떤 결론에 다다름
규탄(糾彈)	잘못이나 옳지 못한 일을 잡아내어 따지고 나무람 예 곧 **규탄** 집회가 열릴 것이다.
금도(襟度)	다른 사람을 포용할 만한 도량 예 학생들은 선생님의 **금도**에 감탄했다.
기고(起稿) 빈출	원고를 쓰기 시작함
기색(氣色)	마음의 작용으로 얼굴에 드러나는 빛 예 놀란 **기색**

ㄴ

난삽(難澁) 빈출	글이나 말이 매끄럽지 못하면서 어렵고 까다로움
난파(難破)	배가 항해 중에 폭풍우 등을 만나 부서지거나 뒤집힘 예 **난파**를 당하다.
노략(擄掠)	떼를 지어 돌아다니며 사람을 해치거나 재물을 강제로 빼앗음 예 **노략**만은 하지 마라.

노련(老鍊)	많은 경험으로 익숙하고 능란함 예 그녀는 운전 실력이 **노련**하다.
농단 (壟斷 / 隴斷)	이익이나 권리를 독차지함을 이르는 말 예 사법 **농단** 사건에 국민들이 분노했다.
누설 (漏泄 / 漏洩)	비밀이 새어 나감. 또는 그렇게 함 예 비밀을 **누설**하면 안 된다.

ㄷ

대응(對應)	어떤 일이나 사태에 맞추어 태도나 행동을 취함 예 급변하는 사태에 대한 신속한 **대응**이 필요하다.
돈독(敦篤)	도탑고 성실함 예 그와 그녀는 **돈독**한 사이이다.
동경(憧憬)	어떤 것을 간절히 그리워하여 그것만을 생각함 예 나는 그녀를 **동경**한다.
동요(動搖) 빈출	어떤 체제나 상황 등이 혼란스럽고 술렁임 예 신라 시대 말에는 골품제의 **동요**가 있었다.
동정(動靜)	일이나 현상이 벌어지고 있는 낌새 예 상황이 나아질 **동정**이 없다.
동향(動向) 빈출	① 사람들의 사고, 사상, 활동이나 일의 형세 등이 움직여 가는 방향 예 부동산 가격 **동향** ② 어떤 특정한 사람이나 사물의 낱낱의 움직임 예 용의자의 **동향**을 파악해야 한다.
두둔(斗頓)	편들어 감싸 주거나 역성을 들어 줌 예 **두둔**에 힘입다.

ㅁ

망라(網羅) 빈출	물고기나 새를 잡는 그물이라는 뜻으로, 널리 받아들여 모두 포함함을 이르는 말
매진(邁進)	어떤 일을 전심전력을 다하여 해 나감
묵인(默認) 빈출	모르는 체하고 하려는 대로 내버려둠으로써 슬며시 인정함 예 상급자의 **묵인** 아래 부정을 저지르다.
문진(問診)	의사가 환자에게 환자 자신과 가족의 병력 및 발병 시기, 경과 등을 묻는 일 예 **문진**만으로는 정확한 병명을 알기 어렵다.
물의(物議)	어떤 사람 또는 단체의 처사에 대하여 많은 사람이 이러쿵저러쿵 논평하는 상태 예 **물의**를 일으키다.
미동(微動)	약간 움직임
미수(未遂)	목적한 바를 시도하였으나 이루지 못함 예 형이 살인 **미수** 혐의로 체포되었다.

ㅂ

반려(返戾)	주로 윗사람이나 상급 기관에 제출한 문서를 처리하지 않고 되돌려줌 예 그녀가 제출한 고소장이 **반려**되었다.
반포(頒布)	세상에 널리 퍼뜨려 모두 알게 함 예 새 헌법의 **반포**
발군(拔群) 빈출	여럿 가운데에서 특별히 뛰어남 예 **발군**의 성적
발굴(發掘) 빈출	① 땅속이나 큰 덩치의 흙, 돌 더미 등에 묻혀 있는 것을 찾아서 파냄 예 유적 **발굴** ② 세상에 널리 알려지지 않거나 뛰어난 것을 찾아 밝혀냄 예 잊힌 예술가 **발굴**

✔ 기출 포인트 Check Check

다음 물음을 읽고, 적절한 것은 O, 적절하지 않은 것은 × 표시하시오.

01 한자어 '기고(起稿)'는 '원고를 쓰기 시작함'을 의미한다. (O, ×)

02 한자어 '동요(動搖)'는 '어떤 체제나 상황 등이 혼란스럽고 술렁임'이라는 의미이다. (O, ×)

03 '모르는 체하고 하려는 대로 내버려둠으로써 슬며시 인정함'을 의미하는 한자어는 '묵인(默認)'이다. (O, ×)

정답 | 01 O   02 O   03 O

발현 (빈출) (發現 / 發顯)	속에 있거나 숨은 것이 밖으로 나타나거나 그렇게 나타나게 함. 또는 그런 결과 예 자의식의 **발현**
발효(發效) (빈출)	조약, 법, 공문서 등의 효력이 나타남. 또는 그 효력을 나타냄
방관(傍觀)	어떤 일에 직접 나서서 관여하지 않고 곁에서 보기만 함 예 동생은 이 상황을 **방관**할 뿐이었다.
방만(放漫) (빈출)	맺고 끊는 데가 없이 제멋대로 풀어져 있음
방목(放牧)	가축을 놓아기르는 일 예 **방목**으로 기른 말
방역(防疫)	감염병이 발생하거나 유행하는 것을 미리 막는 일 예 **방역** 시설
방자(放恣)	어려워하거나 조심스러워하는 태도가 없이 무례하고 건방짐
방증(傍證) (빈출)	사실을 직접 증명할 수 있는 증거가 되지는 않지만, 주변의 상황을 밝힘으로써 간접적으로 증명에 도움을 줌. 또는 그 증거 예 **방증** 자료
방출(放黜)	물리쳐 내쫓음 예 그를 **방출**할 줄은 몰랐다.
배포(配布) (빈출)	신문이나 책자 등을 널리 나누어 줌 예 광고 전단 **배포**를 마쳤다.
백미(白眉) (빈출)	흰 눈썹이라는 뜻으로, 여럿 가운데에서 가장 뛰어난 사람이나 훌륭한 물건을 비유적으로 이르는 말 예 현대 소설의 **백미**이다.
변질(變質)	성질이 달라지거나 물질의 질이 변함. 또는 그런 성질이나 물질 예 냉동 보관으로 **변질**을 막을 수 있다.
병폐(病弊) (빈출)	병통과 폐단을 아울러 이르는 말 예 **병폐**를 없애다.
병행(竝行)	둘 이상의 일을 한꺼번에 행함 예 운동과 식단 관리를 **병행**할 계획이다.
보도(報道) (빈출)	대중 전달 매체를 통하여 일반 사람들에게 새로운 소식을 알림. 또는 그 소식 예 신문 **보도**를 읽다.

보루(堡壘)	적의 침입을 막기 위하여 돌이나 콘크리트 등으로 튼튼하게 쌓은 구축물 예 군인들이 **보루**를 세웠다.
보충(補充)	부족한 것을 보태어 채움 예 운동 후 수분 **보충**은 중요하다.
복기 (빈출) (復棋 / 復碁)	바둑에서, 한 번 두고 난 바둑의 판국을 비평하기 위하여 두었던 대로 다시 처음부터 놓아 봄
부과(賦課)	세금이나 부담금 등을 매기어 부담하게 함 예 취득세를 **부과**했다.
부양(扶養)	생활 능력이 없는 사람의 생활을 돌봄 예 그가 온 가족을 **부양**한다.
부연 (빈출) (敷衍 / 敷演)	이해하기 쉽도록 설명을 덧붙여 자세히 말함 예 **부연** 자료가 필요하다.
부재(不在)	그곳에 있지 않음 예 정책 **부재**와 경험 부족으로 곤란을 겪다.
부침(浮沈)	① 물 위에 떠올랐다 물속에 잠겼다 함 ② 세력 등이 성하고 쇠함을 비유적으로 이르는 말 예 당쟁으로 인한 세력의 **부침** ③ 편지가 받아 볼 사람에게 이르지 못하고 도중에서 없어짐
부흥(復興)	쇠퇴하였던 것이 다시 일어남. 또는 그렇게 되게 함 예 농업 **부흥** 정책
분간(分揀)	사물이나 사람의 옳고 그름, 좋고 나쁨 등과 그 정체를 구별하거나 가려서 앎 예 사람의 선악 **분간**은 쉽지 않다.
불명(不明)	분명하지 않음 예 소재지 **불명**
불식(拂拭)	'먼지를 떨고 훔친다'라는 뜻으로, 의심이나 부조리한 점 등을 말끔히 떨어 없앰을 이르는 말 예 그에 대한 논란이 **불식**되었다.
비등(沸騰)	물이 끓듯 떠들썩하게 일어남
비소(非笑)	남을 비방하거나 비난하여 웃음. 또는 그런 미소
비호(庇護) (빈출)	편들어서 감싸 주고 보호함 예 그녀는 경찰의 **비호**를 받았다.
빙부(聘父)	다른 사람의 장인을 이르는 말

ㅅ

사사(師事) 빈출	스승으로 섬김. 또는 스승으로 삼고 가르침을 받음
사장(死藏)	사물 등을 필요한 곳에 활용하지 않고 썩혀 둠
사족(蛇足) 빈출	'뱀을 다 그리고 나서 있지도 않은 발을 덧붙여 그려 넣는다'라는 뜻으로, 쓸데없는 군짓을 하여 도리어 잘못되게 함을 이르는 말
산실(産室) 빈출	어떤 일을 꾸미거나 이루어 내는 곳. 또는 그런 바탕 예 우리 학교를 인재 양성의 **산실**로 만들겠다.
상당(相當)	일정한 액수나 수치 등에 해당함 예 오백만 원 **상당**의 재산 피해를 입었다.
상도(商道)	상업 활동에서 지켜야 할 도덕
상쇄(相殺)	상반되는 것이 서로 영향을 주어 효과가 없어지는 일
상수(上手)	남보다 뛰어난 수나 솜씨. 또는 그런 수나 솜씨를 가진 사람 예 첫 경기부터 **상수**를 만났다.
상정(上程) 빈출	토의할 안건을 회의 석상에 내어놓음
상주(常住) 빈출	늘 일정하게 살고 있음
상환(償還)	갚거나 돌려줌 예 원금 **상환** 기일이 얼마 남지 않았다.
생경(生硬)	익숙하지 않아 어색함
서술(敍述)	사건이나 생각 등을 차례대로 말하거나 적음 예 그날의 일을 상세히 **서술**해 보아라.
선동(煽動)	남을 부추겨 어떤 일이나 행동에 나서도록 함 예 정치적 **선동**

선처(善處)	형편에 따라 잘 처리함 예 **선처**를 호소했다.
선풍(旋風) 빈출	돌발적으로 일어나 세상을 뒤흔드는 사건을 비유적으로 이르는 말 예 그의 결혼은 최대의 **선풍**이었다.
소개(疏開)	공습이나 화재 등에 대비하여 한곳에 집중되어 있는 주민이나 시설물을 분산함
소진(消盡)	점점 줄어들어 다 없어짐. 또는 다 써서 없앰
송고(送稿)	원고를 편집 담당자에게 보냄 예 이달 30일이 **송고** 마감일이다.
수납(收納)	돈이나 물품 등을 받아 거두어들임 예 병원 진료비 **수납**은 원무과에서 담당한다.
수려(秀麗) 빈출	빼어나게 아름다움
수뢰(受賂)	뇌물을 받음 예 전직 의원은 **수뢰** 혐의로 체포되었다.
수반(隨伴)	① 붙좇아서 따름 ② 어떤 일과 더불어 생김
수주(受注) 빈출	주문을 받음 예 **수주**가 줄다.
수탁(受託) 빈출	다른 사람의 의뢰나 부탁을 받음. 또는 그런 일 예 부적절한 **수탁**은 거절해라.
숙연(肅然)	고요하고 엄숙함 예 기도하는 그는 **숙연**한 얼굴이었다.
숙환(宿患)	오래 묵은 병 예 할머니는 **숙환**으로 돌아가셨다.
승복(承服) 빈출	납득하여 따름
시의(時宜)	그 당시의 사정에 알맞음. 또는 그런 요구 예 **시의**를 참작하다.

✔ 기출 포인트 Check Check

다음 물음을 읽고, 적절한 것은 ○, 적절하지 않은 것은 × 표시하시오.

01 '어려워하거나 조심스러워하는 태도가 없이 무례하고 건방짐'을 의미하는 한자어는 '방만(放漫)'이다. (○, ×)

02 '어떤 일을 꾸미거나 이루어 내는 곳. 또는 그런 바탕'을 의미하는 한자어는 '산실(産室)'이다. (○, ×)

03 한자어 '수주(受注)'는 '다른 사람의 의뢰나 부탁을 받음. 또는 그런 일'을 의미한다. (○, ×)

정답 | 01 ×, 방자(放恣) 02 ○ 03 ×, 수탁(受託)

신봉(信奉)	사상이나 학설, 교리 등을 옳다고 믿고 받듦 예 그의 그 이론에 대한 **신봉**은 신앙과도 같았다.
신수(身手) 빈출	용모와 풍채를 통틀어 이르는 말 예 신랑의 **신수**가 훤하다.
실토(實吐)	거짓 없이 사실대로 다 말함 예 범인의 **실토**를 받아 냈다.
심산(心算)	마음속으로 하는 궁리나 계획
심의(審議)	심사하고 토의함 예 국회가 법안 **심의**를 시작했다.

ㅇ

양상(樣相)	사물이나 현상의 모양이나 상태 예 소설의 시대별 **양상**
역임(歷任)	여러 직위를 두루 거쳐 지냄
연군(戀君)	임금을 그리워함
염원(念願)	마음에 간절히 생각하고 기원함. 또는 그런 것 예 **염원**을 담아 노래했다.
영애(令愛)	윗사람의 딸을 높여 이르는 말
예진(豫診)	환자의 병을 자세하게 진찰하기 전에 미리 간단하게 진찰하는 일. 또는 그렇게 하는 진찰 예 **예진** 문서를 작성했다.
왕진(往診)	의사가 병원 밖의 환자가 있는 곳으로 가서 진료함 예 **왕진**을 가다.
요람(搖籃)	사물의 발생지나 근원지를 비유적으로 이르는 말 예 유럽 문명의 **요람**
위촉(委囑)	어떤 일을 남에게 부탁하여 맡게 함 예 총장의 **위촉**으로 사업을 주관하였다.
유감(遺憾)	마음에 차지 않아 섭섭하거나 불만스럽게 남아 있는 느낌 예 **유감**으로 생각하다.
유치(誘致) 빈출	행사나 사업 등을 이끌어 들임 예 시민 단체는 후원금 **유치**를 위해 노력했다.

윤색(潤色)	사실을 과장하거나 미화함을 비유적으로 이르는 말 예 **윤색**하지 말고 진실만 말해라.
융성(隆盛)	기운차게 일어나거나 대단히 번성함 예 가문의 **융성**을 책임지다.
의혹(疑惑)	의심하여 수상히 여김. 또는 그런 마음 예 뇌물 수수 **의혹**
이첩(移牒)	받은 공문이나 통첩을 다른 부서로 다시 보내어 알림. 또는 그 공문이나 통첩
인도(引渡)	사물이나 권리 등을 넘겨줌
인멸 (湮滅 / 堙滅)	자취도 없이 모두 없어짐. 또는 그렇게 없앰
임대(賃貸) 빈출	돈을 받고 자기의 물건을 남에게 빌려줌 예 그 아파트의 **임대** 가격이 저렴하다.
임차(賃借)	돈을 내고 남의 물건을 빌려 씀
입선(入選)	출품한 작품이 심사에 합격하여 뽑힘

ㅈ

자처(自處)	자기를 어떤 사람으로 여겨 그렇게 처신함
작태(作態)	하는 짓거리 예 형은 술에 취해 몰상식한 **작태**를 벌였다.
장고(長考)	오랫동안 깊이 생각함
재고(再考)	어떤 일이나 문제 등에 대하여 다시 생각함 예 더 이상 **재고**할 가치도 없다.
재기(再起)	역량이나 능력 등을 모아서 다시 일어섬 예 **재기**의 기회를 노리다.
재원(才媛) 빈출	재주가 뛰어난 젊은 여자 예 그녀는 훌륭한 **재원**이다.
전망(展望)	앞날을 헤아려 내다봄. 또는 내다보이는 장래의 상황 예 내년 경제 성장 **전망**은 좋지 않다.
전복(顚覆)	차나 배 등이 뒤집힘 예 열차 **전복** 사고
전유(專有)	혼자 독차지하여 가짐

절호(絶好)	무엇을 하기에 기회나 시기 등이 더할 수 없이 좋음 예 **절호**의 기회
정서(情緒) 빈출	사람의 마음에 일어나는 여러 가지 감정. 또는 감정을 불러일으키는 기분이나 분위기 예 **정서**가 풍부하다.
정정(訂正)	글자나 글 등의 잘못을 고쳐서 바로잡음
정주(定住)	일정한 곳에 자리를 잡고 삶
정한(情恨)	정과 한을 아울러 이르는 말
제고(提高)	수준이나 정도 등을 끌어올림 예 능률의 **제고**
제반(諸般)	어떤 것과 관련된 모든 것
제재(制裁) 빈출	일정한 규칙이나 관습의 위반에 대하여 제한하거나 금지함. 또는 그런 조치 예 정부에 의해 **제재**를 받았다.
제정(制定)	제도나 법률 등을 만들어서 정함 예 새로운 규칙의 **제정**이 필요하다.
졸렬(拙劣)	옹졸하고 천하여 서투름
주재(主宰) 빈출	어떤 일을 중심이 되어 맡아 처리함 예 반장을 **주재**로 학교 축제를 계획했다.
주지(周知) 빈출	여러 사람이 두루 앎 예 **주지**의 사실
준거(準據)	사물의 정도나 성격 등을 알기 위한 근거나 기준 예 그들은 대회의 심사 **준거**를 발표했다.
준동(準同)	어떤 표준과 같음
준동(蠢動)	'벌레 등이 꿈적거린다'라는 뜻으로, 불순한 세력이나 보잘것없는 무리가 법석을 부림을 이르는 말

준수(遵守) 빈출	전례나 규칙, 명령 등을 그대로 좇아서 지킴 예 안전 수칙 **준수**
증편(增便) 빈출	정기적인 교통편의 횟수를 늘림 예 설 당일에는 지하철을 **증편** 운행한다.
지지(支持)	어떤 사람이나 단체 등의 주의·정책·의견 등에 찬동하여 이를 위하여 힘을 씀. 또는 그 원조 예 그는 대중의 전폭적인 **지지**를 얻었다.
지향(志向)	어떤 목표로 뜻이 쏠리어 향함. 또는 그 방향이나 그쪽으로 쏠리는 의지 예 높은 학벌 **지향**
진단(診斷)	의사가 환자의 병 상태를 판단하는 일 예 독감 **진단**을 받다.
진수(眞髓) 빈출	사물이나 현상의 가장 중요하고 본질적인 부분 예 그 작품은 사실주의 소설의 **진수**이다.
진열(陳列)	여러 사람에게 보이기 위하여 물건을 죽 벌여 놓음 예 상품 **진열**
진척(進陟) 빈출	일이 목적한 방향대로 진행되어 감 예 빠른 **진척**을 보이다.
질곡(桎梏)	몹시 속박하여 자유를 가질 수 없는 고통의 상태를 비유적으로 이르는 말 예 **질곡**을 견디다.
징집(徵集)	병역 의무자를 현역에 복무할 의무를 부과하여 불러 모음 예 동생은 **징집** 대상이다.
징후(徵候)	겉으로 나타나는 낌새 예 폭우가 내릴 **징후**가 보인다.

✔ 기출 포인트 Check Check

다음 물음을 읽고, 적절한 것은 ○, 적절하지 않은 것은 × 표시하시오.

01 한자어 '임대(賃貸)'는 '돈을 내고 남의 물건을 빌려 씀'을 의미한다. (○, ×)

02 한자어 '제재(制裁)'는 '전례나 규칙, 명령 등을 그대로 좇아서 지킴'을 의미한다. (○, ×)

03 한자어 '진수(眞髓)'는 '사물이나 현상의 가장 중요하고 본질적인 부분'을 의미한다. (○, ×)

정답 | 01 ×, 임차(賃借) 02 ×, 준수(遵守) 03 ○

ㅊ

차출(差出)	어떤 일을 시키기 위하여 인원을 선발하여 냄 예 의료진 봉사 인력 **차출**
착상(着想)	어떤 일이나 창작의 실마리가 되는 생각이나 구상 등을 잡음. 또는 그 생각이나 구상 예 동생의 **착상**은 늘 새롭다.
착수(着手) 빈출	어떤 일에 손을 댐. 또는 어떤 일을 시작함 예 작업 **착수**
찬동(贊同)	어떤 행동이나 견해 등이 옳거나 좋다고 판단하여 그에 뜻을 같이함 예 가족들의 **찬동**을 얻는 데 성공했다.
찰나(刹那)	어떤 일이나 사물 현상이 일어나는 바로 그때 예 아기가 넘어지려는 **찰나**에 어머니가 잡았다.
창궐(猖獗) 빈출	못된 세력이나 전염병 등이 세차게 일어나 걷잡을 수 없이 퍼짐
창달(暢達) 빈출	거침없이 쑥쑥 뻗어 나감. 또는 그렇게 되게 함 예 민족 문화의 **창달**
천착(穿鑿) 빈출	어떤 원인이나 내용 등을 따지고 파고들어 알려고 하거나 연구함 예 세밀한 관찰과 **천착**을 거듭하다.
초록(抄錄)	필요한 부분만을 뽑아서 적음. 또는 그런 기록 예 논문의 **초록**을 영문으로 작성하다.
촉탁(囑託) 빈출	일을 부탁하여 맡김 예 **촉탁**이 들어오다.
총체(總體)	있는 것들을 모두 하나로 합친 전부 또는 전체 예 학교생활 **총체**를 평가하는 제도
추대(推戴) 빈출	윗사람으로 떠받듦 예 임원들의 **추대**로 그는 회장이 되었다.
추돌(追突) 빈출	자동차나 기차 등이 뒤에서 들이받음 예 출근길에 **추돌** 사고가 있었다.
추모(追慕)	죽은 사람을 그리며 생각함 예 **추모**의 물결
추방(追放)	일정한 지역이나 조직 밖으로 쫓아냄 예 그는 감염병 예방법을 위반해 **추방**되었다.
추서(追敍) 빈출	죽은 뒤에 관등을 올리거나 훈장 등을 줌 예 훈장 **추서**
추인(追認)	지나간 사실을 소급하여 추후에 인정함

추출(抽出)	전체 속에서 어떤 물건, 생각, 요소 등을 뽑아 냄
축출(逐出) 빈출	쫓아내거나 몰아냄 예 강제 **축출**
출현(出現) 빈출	나타나거나 또는 나타나서 보임 예 새로운 계급의 **출현**
치부(恥部) 빈출	남에게 드러내고 싶지 않은 부끄러운 부분 예 친구의 **치부**를 목격했다.
칠갑(漆甲)	물건의 겉면에 다른 물질을 흠뻑 칠하여 바름 예 흙 **칠갑**
칩거(蟄居) 빈출	나가서 활동하지 않고 집 안에만 틀어박혀 있음 예 **칩거** 생활을 하다.

ㅌ

타결(妥結)	의견이 대립된 양편에서 서로 양보하여 일을 마무름 예 노사 협약 **타결**
특기(特記)	특별히 다루어 기록함. 또는 그런 기록 예 취미를 **특기** 사항에 적다.

ㅍ

파격(破格)	일정한 격식을 깨뜨림. 또는 그 격식 예 **파격**을 구사하다
파장(波長)	파동에서, 같은 위상을 가진 서로 이웃한 두 점 사이의 거리
패기(霸氣)	어떤 어려운 일이라도 해내려는 굳센 기상이나 정신 예 나는 마라톤 초반에 **패기**가 넘쳤다.
패륜(悖倫)	인간으로서 마땅히 하여야 할 도리에 어그러짐. 또는 그런 현상 예 그것은 **패륜** 범죄이다.
팽배 (澎湃 / 彭湃)	어떤 기세나 사조 등이 매우 거세게 일어남 예 긴장감이 **팽배**했다.
표백(漂白)	종이나 피륙 등을 바래거나 화학 약품으로 탈색하여 희게 함

품평(品評)	물건이나 작품의 좋고 나쁨을 평함 예 보석 전문가들의 **품평**
피폐(疲弊)	지치고 쇠약하여짐 예 심신의 **피폐**

ㅎ

함구(緘口)	'입을 다문다'라는 뜻으로, 말하지 않음을 이르는 말 예 사람들 모두 그 사건에 대해 **함구**했다.
항진(亢進)	기세나 기능 등이 높아짐
행간(行間)	글에 직접적으로 나타나 있지 않으나 그 글을 통하여 나타내려고 하는 숨은 뜻을 비유적으로 이르는 말 예 **행간**의 뜻을 파악하다.
향수(鄕愁)	고향을 그리워하는 마음이나 시름 예 어린 시절에 대한 **향수**
화혼(華婚)	남의 결혼을 아름답게 이르는 말 예 **화혼**을 축하합니다.
확장(擴張)	범위, 규모, 세력 등을 늘려서 넓힘 예 내년에 사업군을 **확장**하기로 결정하였다.
확진(確診)	확실하게 진단을 함. 또는 그 진단 예 **확진**을 위한 검사를 하다.
환담(歡談)	정답고 즐겁게 서로 이야기함. 또는 그런 이야기 예 대통령들의 **환담**은 우호적인 분위기였다.
활약(活躍)	활발히 활동함 예 반장의 **활약** 덕에 체육대회에서 우승했다.
회자(膾炙) 빈출	회와 구운 고기라는 뜻으로, 칭찬을 받으며 사람의 입에 자주 오르내림을 이르는 말

회의(懷疑)	의심을 품음. 또는 마음속에 품고 있는 의심 예 끝없는 **회의**와 의심
효험(效驗)	일의 좋은 보람. 또는 어떤 작용의 결과 예 이 약은 **효험**이 뛰어나다.
훈훈(薰薰)	날씨나 온도가 견디기 좋을 만큼 더움
흠모(欽慕)	기쁜 마음으로 공경하며 사모함 예 나는 어머니를 **흠모**한다.
힐난(詰難)	트집을 잡아 거북할 만큼 따지고 듦

✔ 기출 포인트 Check Check

다음 물음을 읽고, 적절한 것은 ○, 적절하지 않은 것은 × 표시하시오.

01 한자어 '창달(暢達)'은 '거침없이 쑥쑥 뻗어 나감. 또는 그렇게 되게 함'을 의미한다. (○, ×)

02 한자어 '추대(推戴)'는 '윗사람으로 떠받듦'을 의미한다. (○, ×)

03 한자어 '칩거(蟄居)'는 '나가서 활동하지 않고 집 안에만 틀어박혀 있음'을 의미한다. (○, ×)

정답 | 01 ○ 02 ○ 03 ○

기출 한자어의 병기

1. 동음이의 한자어의 병기

ㄱ

구분	한자어(훈, 음)	의미
결정	決定(결정할 **결**, 정할 **정**)	행동이나 태도를 분명하게 정함. 또는 그렇게 정해진 내용 예 그 사안에 대한 **결정**을 했다.
	結晶(맺을 **결**, 밝을 **정**)	① 원자, 이온, 분자 등이 규칙적으로 일정한 법칙에 따라 배열되고, 외형도 대칭 관계에 있는 몇 개의 평면으로 둘러싸여 규칙 바른 형체를 이룸. 또는 그런 물질 ② 애써 노력하여 보람 있는 결과를 이루는 것이나 그 결과를 비유적으로 이르는 말 예 이 작품은 화가의 오랜 노력의 **결정**이다.
경기	景氣(경치 **경**, 기운 **기**) 빈출	매매나 거래에 나타나는 호황·불황 등의 경제 활동 상태 예 **경기** 부양 정책
	經紀(다스릴 **경**, 벼리 **기**)	일정한 포부를 가지고 어떤 일을 조직적으로 계획하여 처리함
	競技(다툴 **경**, 재주 **기**) 빈출	일정한 규칙 아래 기량과 기술을 겨룸. 또는 그런 일 예 **경기** 규칙을 잘 이해하는 것이 중요하다.
	驚起(놀랄 **경**, 일어날 **기**) 빈출	놀라서 일어남. 또는 놀라게 하여 일으킴
고수	固守(굳을 **고**, 지킬 **수**) 빈출	차지한 물건이나 형세 등을 굳게 지킴 예 우리 반은 전교 상위권 **고수**가 목표이다.
	高手(높을 **고**, 손 **수**) 빈출	① 바둑이나 장기 등에서 수가 높음. 또는 그런 사람 예 그는 최연소 **고수**였다. ② 어떤 분야나 집단에서 기술이나 능력이 매우 뛰어난 사람
	鼓手(북 **고**, 손 **수**) 빈출	북이나 장구 등을 치는 사람 예 누나는 소리꾼이었고, 동생은 **고수**였다.
공과	工科(장인 **공**, 품등 **과**)	대학에서, 공업 생산에 필요한 과학 기술을 전공하는 학과를 통틀어 이르는 말
	公課(공변될 **공**, 시험할 **과**)	국가나 공공 단체가 국민에게 부과하는 금전상의 부담이나 육체적인 일 예 그는 **공과**를 담당하는 부서의 공무원이다.
	功過(공 **공**, 지날 **과**)	공로와 과실을 아울러 이르는 말 예 **공과**를 논하다.
공사	工事(장인 **공**, 일 **사**)	토목이나 건축 등의 일 예 신축 **공사**를 끝내다.
	公私(공변될 **공**, 사사로울 **사**)	공공의 일과 사사로운 일을 아울러 이르는 말 예 일할 때는 **공사**를 명확히 구분해 줘.
	公社(공변될 **공**, 모일 **사**)	국가적 사업을 수행하기 위하여 설립된 공공 기업체의 하나
공포	公布(공변될 **공**, 베 **포**)	일반 대중에게 널리 알림
	空砲(빌 **공**, 대포 **포**)	대상을 위협하기 위하여 실탄을 넣고 공중이나 다른 곳을 향하여 하는 총질
	恐怖(두려울 **공**, 두려울 **포**)	두렵고 무서움 예 갑자기 **공포**를 느꼈다.
과정	過程(지날 **과**, 길 **정**)	일이 되어 가는 경로 예 아이의 성장 **과정**
	課程(공부할 **과**, 한도 **정**)	해야 할 일의 정도
교사	校舍(학교 **교**, 집 **사**)	학교의 건물 예 저것은 신입생 전용 **교사**이다.
	敎唆(가르칠 **교**, 부추길 **사**)	남을 꾀거나 부추겨서 나쁜 짓을 하게 함

구제	救濟(구원할 **구**, 건널 **제**) [빈출]	자연적인 재해나 사회적인 피해를 당하여 어려운 처지에 있는 사람을 도와줌 [예] 수해 이재민 **구제**
	舊製(옛 **구**, 지을 **제**)	옛적에 만듦. 또는 그런 물건
	驅除(몰 **구**, 덜 **제**)	해충 등을 몰아내어 없앰 [예] 기생충 **구제**
기수	旗手(기 **기**, 손 **수**)	행사 때 대열의 앞에 서서 기를 드는 일을 맡은 사람 [예] 운동회 **기수**는 누구냐?
	機首(틀 **기**, 머리 **수**)	비행기의 앞부분 [예] 기류가 급변하자 기장은 **기수**를 위로 향하게 했다.
	騎手(말탈 **기**, 손 **수**)	경마에서 말을 타는 사람 [예] 내가 응원하던 **기수**가 경기에서 이겼다.

ㄷ

구분	한자어(훈, 음)	의미
동기	同氣(같을 **동**, 기운 **기**) [빈출]	형제와 자매, 남매를 통틀어 이르는 말 [예] **동기**끼리 사이좋게 지내다.
	同期(같을 **동**, 기약할 **기**) [빈출]	① 같은 시기. 또는 같은 기간 　[예] 6월 중 수출 실적은 전년 **동기** 대비 32.5%가 증가했다. ② 같은 시기에 같은 곳에서 교육이나 강습을 함께 받은 사람 　[예] 대학 **동기**인 그와 나는 노년에 접어든 지금까지도 절친한 사이이다.
	動機(움직일 **동**, 틀 **기**) [빈출]	어떤 일이나 행동을 일으키게 하는 계기 [예] 이 시를 쓰게 된 **동기**는 특별하지 않다.

ㅂ

구분	한자어(훈, 음)	의미
보수	保守(보전할 **보**, 지킬 **수**)	새로운 것이나 변화를 적극적으로 받아들이기보다는 전통적인 것을 옹호하며 유지하려 함 [예] **보수** 진영
	報酬(갚을 **보**, 갚을 **수**)	일한 대가로 주는 돈이나 물품 [예] 이 회사는 **보수**가 높다.
	補修(기울 **보**, 닦을 **수**)	건물이나 시설 등의 낡거나 부서진 것을 손보아 고침 [예] 육교 **보수** 작업이 시급하다.
부정	不正(아닐 **부**, 바를 **정**)	올바르지 않거나 옳지 못함 [예] **부정** 선거
	父情(아버지 **부**, 뜻 **정**)	자식에 대한 아버지의 정
	否定(아닐 **부**, 정할 **정**)	그렇지 않다고 단정하거나 옳지 않다고 반대함 [예] 나는 그녀의 침묵의 의미가 긍정인지, **부정**인지 알 수 없었다.

✔ 기출 포인트 Check Check

다음 물음을 읽고, 적절한 것은 ○, 적절하지 않은 것은 × 표시하시오.

01 '놀라서 일어남. 또는 놀라게 하여 일으킴'은 '경기(驚起)'로 표기한다. (○, ×)

02 '북이나 장구 등을 치는 사람'은 '고수(固守)'로 표기한다. (○, ×)

03 '어떤 일이나 행동을 일으키게 하는 계기'는 '동기(動機)'로 표기한다. (○, ×)

정답 | 01 ○　02 ×, 鼓手　03 ○

ㅅ

구분	한자어(훈, 음)	의미
사주	四柱(넉 **사**, 기둥 **주**)	사람이 태어난 연월일시의 네 간지. 또는 이에 근거하여 사람의 길흉화복을 알아보는 점 예 새해가 되면 **사주**를 본다.
	使嗾(부릴 **사**, 부추길 **주**)	남을 부추겨 좋지 않은 일을 시킴 예 그는 경쟁 업체의 **사주**를 받아 회사 기밀을 유출했다.
	社主(모일 **사**, 주인 **주**)	회사나 결사의 주인
수령	受領(받을 **수**, 거느릴 **령**)	돈이나 물품을 받아들임 예 반품 및 교환은 물품 **수령** 후 3일 안에만 가능합니다.
	首領(머리 **수**, 거느릴 **령**)	한 당파나 무리의 우두머리 예 나는 **수령**으로 선출되었다.
	樹齡(나무 **수**, 나이 **령**)	나무의 나이 예 200년 **수령**의 올리브 나무에 꽃이 피었다.
수리	水利(물 **수**, 이로울 **리**)	식용, 관개용, 공업용 등으로 물을 이용하는 일 예 논은 **수리** 시설 근처에 있어야 한다.
	修理(닦을 **수**, 다스릴 **리**) 빈출	고장 나거나 허름한 데를 손보아 고침
	數理(셈 **수**, 다스릴 **리**)	수학의 이론이나 이치 예 그 가설은 **수리**에 어긋난다.
수정	水晶(물 **수**, 밝을 **정**)	무색투명한 석영의 하나
	受精(받을 **수**, 찧을 **정**)	암수의 생식 세포가 하나로 합쳐져 접합자가 됨. 또는 그런 현상
	修正(닦을 **수**, 바를 **정**) 빈출	바로잡아 고침 예 향후 목표에 근본적인 **수정**을 가하다.

ㅇ

구분	한자어(훈, 음)	의미
양식	良識(어질 **양**, 알 **식**)	뛰어난 식견이나 건전한 판단 예 **양식**이 있다면 그리 행동하지 않았을걸.
	樣式(모양 **양**, 법 **식**)	일정한 모양이나 형식 예 사유서 **양식**
	糧食(양식 **양**, 먹을 **식**)	생존을 위하여 필요한 사람의 먹을거리 예 아직 **양식**이 가득하다.
유지	有志(있을 **유**, 뜻 **지**)	마을이나 지역에서 명망 있고 영향력을 가진 사람 예 지역 **유지**
	維持(바 **유**, 가질 **지**) 빈출	어떤 상태나 상황을 그대로 보존하거나 변함없이 계속하여 지탱함 예 질서 **유지**
	遺志(남길 **유**, 뜻 **지**)	죽은 사람이 살아서 이루지 못하고 남긴 뜻 예 **유지**를 저버리다.

ㅈ

구분	한자어(훈, 음)	의미
장기	長技(길 **장**, 재주 **기**)	가장 잘하는 재주 예 내 **장기**는 성대모사이다.
	長期(길 **장**, 기약할 **기**)	긴 기간
	臟器(오장 **장**, 그릇 **기**)	내장의 여러 기관 예 **장기** 기증 서약서를 제출하였다.

전기	前期(앞 전, 기약할 기)	① 일정 기간을 몇 개로 나눈 첫 시기 예 고려 **전기**의 귀족들은 많은 특권을 누렸다. ② 앞의 시기. 특히 앞의 결산기를 이른다. 예 **전기** 지출액
	傳記(전할 전, 기록할 기)	한 사람의 일생 동안의 행적을 적은 기록 예 유관순 **전기**를 읽다.
	轉機(구를 전, 틀 기)	전환점이 되는 기회나 시기 예 그 일을 **전기**로 인생이 바뀌었다.
정체	停滯(머무를 정, 막힐 체) 빈출	사물이 발전하거나 나아가지 못하고 한자리에 머물러 그침 예 인권 의식 **정체**
	政體(정사 정, 몸 체)	국가의 통치 형태
	正體(바를 정, 몸 체)	참된 본디의 형체 예 **정체**를 감추다.
제재	制裁(억제할 제, 마를 재) 빈출	일정한 규칙이나 관습의 위반에 대하여 제한하거나 금지함. 또는 그런 조치 예 아무런 **제재**를 받지 않았다.
	題材(제목 제, 재목 재)	예술 작품이나 학술 연구의 바탕이 되는 재료
조수	助手(도울 조, 손 수)	어떤 책임자 밑에서 지도를 받으면서 그 일을 도와주는 사람 예 그는 나의 **조수**다.
	鳥獸(새 조, 짐승 수)	새와 짐승을 아울러 이르는 말
	潮水(조수 조, 물 수)	① 아침에 밀려들었다가 나가는 바닷물 ② 달, 태양 등의 인력에 의하여 주기적으로 높아졌다 낮아졌다 하는 바닷물 예 **조수** 간만의 차

ㅊ

구분	한자어(훈, 음)	의미
추천	追薦(쫓을 추, 드릴 천)	죽은 사람의 넋의 괴로움을 덜고 명복을 축원하려고 선근 복덕을 닦아 그 공덕을 회향함
	推薦(옮길 추, 드릴 천)	어떤 조건에 적합한 대상을 책임지고 소개함 예 교수 **추천**으로 이력서를 제출했다.

ㅍ

구분	한자어(훈, 음)	의미
풍조	風潮(바람 풍, 조수 조)	시대에 따라 변하는 세태 예 학벌 중시 **풍조**
	風調(바람 풍, 고를 조)	① 바람이 순조롭게 붊 ② 시가 등의 가락

✔ 기출 포인트 Check Check

다음 물음을 읽고, 적절한 것은 ○, 적절하지 않은 것은 × 표시하시오.

01 '수정'을 '修正'으로 표기하면 '바로잡아 고침'이라는 의미이다. (○, ×)

02 '질서 유지'에서 '유지'의 한자어 표기는 '維持'이다. (○, ×)

03 '制裁'로 표기하는 '제재'는 '일정한 규칙이나 관습의 위반에 대하여 제한하거나 금지함. 또는 그런 조치'를 뜻한다. (○, ×)

정답 | **01** ○ **02** ○ **03** ○

2. 그 외 한자어의 병기

ㄱ

格式 격식 (격식 격, 법 식)	격에 맞는 일정한 방식 예 **격식**에 맞는 옷을 입어라.
見積 견적 (볼 견, 쌓을 적)	어떤 일을 하는 데 필요한 비용 등을 미리 어림잡아 계산함. 또는 그런 계산 예 이사 **견적**이 얼마나 나왔니?
決濟 결제 빈출 (결정할 결, 건널 제)	증권 또는 대금을 주고받아 매매 당사자 사이의 거래 관계를 끝맺는 일 예 **결제** 자금은 얼마지?
競走 경주 (다툴 경, 달릴 주)	사람, 동물, 차량 등이 일정한 거리를 달려 빠르기를 겨루는 일. 또는 그런 경기 예 **경주** 우승 상금
境地 경지 빈출 (지경 경, 땅 지)	학문, 예술, 인품 등에서 일정한 특성과 체계를 갖춘 독자적인 범주나 부분 예 세계적인 **경지**의 예술가
公知 공지 (공변될 공, 알 지)	세상에 널리 알림 예 시험 결과 **공지**

ㄴ

來訪 내방 (올 내, 찾을 방)	만나기 위하여 찾아옴 예 손님의 **내방**을 받다.

ㄷ

到來 도래 (다다를 도, 올 래)	어떤 시기나 기회가 닥쳐옴 예 민주주의의 **도래**
突發 돌발 (갑자기 돌, 필 발)	뜻밖의 일이 갑자기 일어남 예 **돌발** 상황이 발생했다.
動搖 동요 빈출 (움직일 동, 흔들릴 요)	어떤 체제나 상황 등이 혼란스럽고 술렁임 예 증권가의 **동요**

同化 동화 (같을 동, 될 화)	성질, 양식, 사상 등이 다르던 것이 서로 같게 됨 예 감정의 **동화**가 일어나다.
登記 등기 (오를 등, 기록할 기)	우편물 특수 취급의 하나. 우체국에서 우편물의 안전한 송달을 보증하기 위하여 우편물의 인수·배달 과정을 기록한다. 예 서류를 **등기**로 보냈다.

ㅂ

發付 발부 (필 발, 줄 부)	증명서 등을 발행하여 줌 예 압수 수색 영장의 **발부**를 요청하다.
發進 발진 (필 발, 나아갈 진)	출발하여 나아감. 주로, 엔진의 힘으로 배나 비행기 등이 기지에서 출발하는 것을 이른다.
發現 발현 빈출 (필 발, 나타날 현)	속에 있거나 숨은 것이 밖으로 나타나거나 그렇게 나타나게 함. 또는 그런 결과 예 창의성의 **발현**
病魔 병마 (병들 병, 마귀 마)	'병'을 악마에 비유하여 이르는 말 예 **병마**를 의인화한 소설
病弊 병폐 빈출 (병들 병, 폐단 폐)	병통과 폐단을 아울러 이르는 말 예 사회의 **병폐**를 타파하다.
保留 보류 (보전할 보, 머무를 류)	어떤 일을 당장 처리하지 않고 나중으로 미루어 둠 예 **보류** 결정을 내리다.
逢變 봉변 (만날 봉, 변할 변)	뜻밖의 변이나 망신스러운 일을 당함. 또는 그 변 예 **봉변**을 당하다.
崩壞 붕괴 (무너질 붕, 무너질 괴)	무너지고 깨어짐 예 **붕괴** 위험

秘密 비밀 (숨길 비, 빽빽할 밀)	숨기어 남에게 드러내거나 알리지 말아야 할 일 예 우리끼리의 **비밀**이야.	召喚 소환 (부를 소, 부를 환)	법원이 피고인, 증인, 변호인, 대리 인 등의 소송 관계인에게 소환장을 발부하여, 공판 기일이나 그 밖의 일정한 일시에 법원 또는 법원이 지 정한 장소에 나올 것을 명령하는 일 예 검찰 **소환**에 성실히 임하라.

ㅅ

死境 사경 (죽을 사, 지경 경)	죽을 지경. 또는 죽음에 임박한 경지 예 **사경**을 헤매다.	修了 수료 빈출 (닦을 수, 마칠 료)	일정한 학과를 다 배워 끝냄 예 석사 과정 **수료**
思考 사고 (생각 사, 상고할 고)	생각하고 궁리함 예 창의적 **사고**는 많은 지식에서 비롯 된다.	受發 수발 (받을 수, 필 발)	받음과 보냄 예 공문서 **수발**
削除 삭제 (깎을 삭, 덜 제)	깎아 없애거나 지워 버림 예 신상 기록 **삭제**	收拾 수습 (거둘 수, 주울 습)	어수선한 사태를 거두어 바로잡음 예 사고를 **수습**했다.
商街 상가 (장사 상, 거리 가)	상점들이 죽 늘어서 있는 거리 예 지하 **상가**	授與 수여 (줄 수, 줄 여)	증서, 상장, 훈장 등을 줌 예 공로상 **수여**
想念 상념 빈출 (생각 상, 생각할 념)	마음속에 품고 있는 여러 가지 생각 예 그녀는 **상념**에 빠진 얼굴이었다.	順延 순연 (순할 순, 끌 연)	차례로 기일을 늦춤
相異 상이 (서로 상, 다를 이)	서로 다름 예 **상이**한 견해	信念 신념 (믿을 신, 생각 념)	굳게 믿는 마음 예 그의 **신념**은 굉장히 강하다.
相衝 상충 (서로 상, 찌를 충)	맞지 않고 서로 어긋남 예 **상충**된 의견		

ㅇ

成員 성원 (이룰 성, 인원 원)	회의 성립에 필요한 인원 예 모든 **성원**이 회의에 참석했다.	逆情 역정 (거스를 역, 뜻 정)	몹시 언짢거나 못마땅하여서 내는 성 예 나는 그에게 **역정**을 부렸다.
疏忽 소홀 (트일 소, 소홀히 할 홀)	대수롭지 않고 예사로움. 또는 탐탁 하지 않고 데면데면함 예 범인이 감시 **소홀**을 틈타 도주했다.	研磨 연마 (갈 연, 갈 마)	학문이나 기술 등을 힘써 배우고 닦 음 예 학문 **연마**

✔ **기출 포인트 Check Check**

다음 물음을 읽고, 적절한 것은 ○, 적절하지 않은 것은 × 표시하시오.

01 '창의성의 발현'에서 '발현'의 한자어 표기는 '發現'이다. (○, ×)

02 '마음속에 품고 있는 여러 가지 생각'을 의미하는 '상념'의 한자어 표기는 '遺棄'이다. (○, ×)

03 '수료'를 '修了'로 표기하면 '일정한 학과를 다 배워 끝냄'을 의미한다. (○, ×)

정답 | 01 ○ 02 ×, 想念 03 ○

演奏 연주 (펼 연, 아릴 주)	악기를 다루어 곡을 표현하거나 들려주는 일 예 피리 **연주**
領袖 영수 (거느릴 영, 소매 수)	여러 사람 가운데 우두머리 예 경제계의 여러 **영수**가 모였다.
壅塞 옹색 (막을 옹, 막힐 색)	형편이 넉넉하지 못하여 생활에 필요한 것이 없거나 부족함. 또는 그런 형편
渦中 와중 (소용돌이 와, 가운데 중)	일이나 사건 등이 시끄럽고 복잡하게 벌어지는 가운데 예 시장이 혼잡하던 **와중**에 딸을 놓쳤다.
用役 용역 (쓸 용, 부릴 역)	물질적 재화의 형태를 취하지 않고 생산과 소비에 필요한 노무를 제공하는 일 예 경비와 청소를 **용역**으로 하다.
韻致 운치 (운 운, 이를 치)	고상하고 우아한 멋 예 창밖 풍경은 **운치**가 있다.
僞裝 위장 (거짓 위, 꾸밀 장)	본래의 정체나 모습이 드러나지 않도록 거짓으로 꾸밈. 또는 그런 수단이나 방법 예 **위장** 전입
遺棄 유기 빈출 (남길 유, 버릴 기)	내다 버림
隱蔽 은폐 (숨을 은, 가릴 폐)	덮어 감추거나 가리어 숨김
議決 의결 (의논할 의, 결정할 결)	의논하여 결정함. 또는 그런 결정 예 국무 회의 **의결**을 거쳐 적임자가 선출될 예정이다.
引用 인용 (끌 인, 쓸 용)	남의 말이나 글을 자신의 말이나 글 속에 끌어 씀 예 **인용** 조사는 '라고'와 '고'이다.

 ㅈ

刺戟 자극 (찌를 자, 창 극)	어떠한 작용을 주어 감각이나 마음에 반응이 일어나게 함. 또는 그런 작용을 하는 사물 예 형의 성적에 **자극**을 받았다.
自慢 자만 (스스로 자, 게으를 만)	자신이나 자신과 관련 있는 것을 스스로 자랑하며 뽐냄 예 **자만**은 독과 다름없다.
作黨 작당 (지을 작, 무리 당)	떼를 지음. 또는 무리를 이룸 예 그들은 **작당**을 해서 친구를 괴롭혔다.
潛跡 잠적 (잠길 잠, 발자취 적)	종적을 아주 숨김 예 용의자의 **잠적**으로 수사가 난항을 겪고 있다.
將來 장래 빈출 (장차 장, 올 래)	다가올 앞날 예 **장래** 걱정에 잠이 안 온다.
適齡 적령 (맞을 적, 나이 령)	어떤 표준이나 규정에 알맞은 나이 예 취학 **적령**
轉嫁 전가 (구를 전, 떠넘길 가)	잘못이나 책임을 다른 사람에게 넘겨씌움 예 책임 **전가**
展示 전시 (펼 전, 보일 시)	여러 가지 물품을 한곳에 벌여 놓고 보임 예 졸업 작품 **전시**가 언제라고 했지?
節次 절차 (마디 절, 버금 차)	일을 치르는 데 거쳐야 하는 순서나 방법 예 **절차**에 따라 일을 진행하였다.
淨水 정수 (깨끗할 정, 물 수)	물을 깨끗하고 맑게 함. 또는 그 물 예 **정수** 과정을 거친 물
提示 제시 (끌 제, 보일 시)	검사나 검열 등을 위하여 물품을 내어 보임 예 소지품 **제시**
主演 주연 (주인 주, 펼 연)	연극이나 영화에서 주인공 역을 맡아 연기하는 일. 또는 그렇게 하는 사람 예 **주연**으로 발탁되다.

主唱 주창 (주인 주, 부를 창)	주의나 사상을 앞장서서 주장함 예 그는 나의 **주창**에 반대하였다.		徵收 징수 (부를 징, 거둘 수)	나라, 공공 단체, 지주 등이 돈, 곡 식, 물품 등을 거두어들임 예 세금 **징수**

中和 중화 (가운데 중, 화목할 화)	① 서로 다른 성질을 가진 것이 섞 여 각각의 성질을 잃거나 그 중 간의 성질을 띠게 함. 또는 그런 상태 예 여야 주장의 **중화** ② 서로 성질이 다른 물질이 융합하 여 각각 그 특징이나 작용을 잃 음. 또는 그런 일
指數 지수 (가리킬 지, 셈 수)	물가나 임금 등과 같이, 해마다 변 화하는 사항을 알기 쉽도록 보이기 위해 어느 해의 수량을 기준으로 잡 아 100으로 하고, 그것에 대한 다 른 해의 수량을 비율로 나타낸 수치
指示 지시 (가리킬 지, 보일 시)	일러서 시킴. 또는 그 내용 예 **지시**에 따르다.
地軸 지축 (땅 지, 굴대 축)	대지의 중심 예 **지축**을 뒤흔들다.
智慧 지혜 (지혜 지, 슬기로울 혜)	사물의 이치를 빨리 깨닫고 사물을 정확하게 처리하는 정신적 능력 예 성현의 **지혜**를 깨닫다.
眞相 진상 (참 진, 서로 상)	사물이나 현상의 거짓 없는 모습이 나 내용 예 **진상**을 규명하다.
秩序 질서 (차례 질, 차례 서)	혼란 없이 순조롭게 이루어지게 하 는 사물의 순서나 차례 예 **질서**를 바로잡다.
質疑 질의 (바탕 질, 의심할 의)	의심나거나 모르는 점을 물음 예 선생님께서는 수업이 끝나면 **질의**를 받으셨다.

ㅊ

請託 청탁 (청할 청, 부탁할 탁)	청하여 남에게 부탁함 예 그로부터 **청탁**을 받았다.
追從 추종 (쫓을 추, 좇을 종)	남의 뒤를 따라서 좇음 예 그는 컴퓨터 분야에서는 타의 **추종** 을 불허한다.
祝賀 축하 (빌 축, 하례할 하)	'남의 좋은 일을 기뻐하고 즐거워한 다'라는 뜻으로 인사함. 또는 그런 인사 예 **축하** 파티를 열다.
出市 출시 빈출 (날 출, 시장 시)	상품이 시중에 나옴. 또는 상품을 시 중에 내보냄 예 우리 회사는 새 제품 **출시**를 앞두고 있다.

ㅍ

派遣 파견 (갈래 파, 보낼 견)	일정한 임무를 주어 사람을 보냄 예 그는 **파견** 나온 사람이다.

✔ 기출 포인트 Check Check

다음 물음을 읽고, 적절한 것은 ○, 적절하지 않은 것은 × 표시하시오.

01 '장래'를 '將來'로 표기하면 '다가올 앞날'을 의미한다. (○, ×)

02 '취학 적령'에서 '적령'의 한자어 표기는 '適齡'이다. (○, ×)

03 '出市'로 표기하는 '출시'는 '우리 회사는 새 제품 출시를 앞두고 있다'처럼 쓸 수 있다. (○, ×)

정답 | 01 ○ 02 ○ 03 ○

출제예상문제

01 밑줄 친 한자어의 사전적 뜻풀이로 옳지 않은 것은?

① 경주(傾注)해야 실수하지 않을 수 있다. → 힘이나 정신을 한곳에만 기울임

② 아버지께서는 낯선 사람은 늘 경계(警戒)하라고 말씀하셨다. → 뜻밖의 사고가 생기지 않도록 조심하여 단속함

③ 정부에서는 육아 휴직 활성화 정책과 어린이집 확충 정책을 병행(並行) 실시한다고 밝혔다. → 둘 이상의 일을 한꺼번에 행함

④ 경찰서로 달려온 교통사고 가해자의 부모는 피해자에게 선처(善處)를 부탁했다. → 지은 죄나 잘못한 일에 대하여 꾸짖거나 벌하지 않고 덮어 줌

⑤ 이 소설의 백미(白眉)는 주인공의 심리를 묘사한 부분이다. → '흰 눈썹'이라는 뜻으로, 여럿 가운데에서 가장 뛰어난 사람이나 훌륭한 물건을 비유적으로 이르는 말

02 밑줄 친 한자어가 문맥에 어울리지 않는 것은?

① 그녀는 발군(拔群)의 노래 실력을 뽐내며 대회에서 우승했다.

② 준공(竣工)된 지 1년이 지난 박물관이 드디어 다음 달에 개관한다.

③ 형의 사기 행각은 요즘까지도 사람들의 입을 통해 회자(膾炙)되고 있다.

④ 선배는 동기의 방자(放恣)한 언행을 지적하며 당장 교수님께 사과드리라고 말했다.

⑤ 김 박사는 이번에 발견된 중세 유물로 중세인의 의식주 생활을 구명(究明)할 계획이다.

03 밑줄 친 한자어의 쓰임이 적절한 것은?

① 그는 내가 이 사건의 주동자라고 간파(看破)하고 있다.

② 나는 어려움에서 벗어나기를 강구(講究)한다고 기도했다.

③ 공적인 일과 사적인 일을 구분(區分)하는 것은 매우 중요하다.

④ 아무도 예상하지 못했던 그녀의 출현(出現)은 우리를 매우 기쁘게 했다.

⑤ 장학금 특혜 의혹의 종식(終熄)을 위해 장학금 선정 기준을 명확히 밝힐 필요가 있다.

04 밑줄 친 말의 한자 병기가 잘못된 것은?

① 나이테를 보면 수령(樹齡)을 짐작할 수 있다.

② 어머니는 동생이 초행길에 봉변(逢變)을 당할까 염려하셨다.

③ 2020년 임대료를 동결(凍結)하기로 결정했다는 안내 문자가 왔다.

④ 임금 수준의 시간적, 장소적 변동을 나타내는 것은 임금 지수(指數)이다.

⑤ 정부는 이번 사건에 대한 문책으로 총리 경질(硬質)을 단행하기로 결정하였다.

05 밑줄 친 말의 한자 병기가 잘못된 것은?

① 내일부터 로마 시대 미술품을 전시(展示)한다.

② 그는 그곳 유지(有志)에게 청탁을 한 혐의로 수사를 받고 있다.

③ 우리 학교에서는 공과(工科) 졸업생들의 취업률이 가장 높다고 한다.

④ 사회 전반에 황금만능주의 풍조(風調)가 만연해 있는 것은 문제이다.

⑤ 퇴직하신 후에 아버지께서는 유난히 우리에게 역정(逆情)을 많이 내신다.

06 <보기>의 ㉠ ~ ㉢에 해당하는 한자로 올바르게 묶인 것은?

─────〈 보기 〉─────

• 성탄절을 맞아 ㉠ 시가는 사람들로 북적거렸다.

• 이번 명절에는 ㉡ 시가를 먼저 가기로 결정했다.

• 그 도자기는 ㉢ 시가로 4천만 원 정도 한다고 했다.

	㉠	㉡	㉢
①	媤家	市街	市價
②	市價	市街	媤家
③	市價	媤家	市街
④	市街	媤家	市價
⑤	市街	市價	媤家

정답 및 해설 p.281

03 어휘의 의미 관계

대표 기출 유형 공략

| 대표 기출 유형 | ① 유의 관계, 반의 관계, 상하 관계

유형 특징

1. 어휘의 의미 관계 중 '유의 관계, 반의 관계, 상하 관계'의 개념과 유형, 예시를 이해하고 이를 적용하는 능력을 평가하기 위한 문제 유형이다.

2. 세부 출제 유형으로는 문법적 지식을 학습한 것을 바탕으로 푸는 유형과 <보기>에 제시된 설명을 바탕으로 어휘의 의미 관계를 추론하여 푸는 유형이 있다. 특히 <보기>를 이해한 후 이를 선지에 적용하는 문제는 주어진 시간 안에 어휘의 의미 관계에 대한 문법적 지식을 바탕으로 <보기>를 분석하는 능력을 요구하므로 난도는 중상 수준이다.

대표 예제 다음 단어 중 '정도 반의어'에 해당하지 <u>않는</u> 것은?

① 덥다 : 춥다   ② 쉽다 : 어렵다

③ 알다 : 모르다   ④ 좋다 : 나쁘다

⑤ 뜨겁다 : 차갑다

풀이 전략

1단계 반의 관계의 유형을 이해하고 이를 바탕으로 제시된 어휘의 의미 관계를 파악할 수 있는지 확인하는 문제이다. 반의 관계의 유형 중 정도(등급) 반의어의 개념을 떠올리며 선택지의 반의어가 이에 해당하는 예시인지 판단하면 된다.

2단계 정도(등급) 반의어는 정도성을 가지는 척도에서 대립하는 두 단어를 말하며, 두 단어를 동시에 부정할 수 있다. 이를 참고할 때, ①, ②, ④, ⑤는 '덥지도 않고 춥지도 않다', '쉽지도 않고 어렵지도 않다', '좋지도 않고 나쁘지도 않다', '뜨겁지도 않고 차갑지도 않다'처럼 두 단어를 동시에 부정할 수 있으므로 정도(등급) 반의어에 해당한다. 하지만 ③은 '알다'와 '모르다'를 동시에 부정한 '알지도 않고 모르지도 않다'라는 표현이 성립하지 않으므로 '알다 : 모르다'는 정도(등급) 반의어에 해당하지 않는다. 참고로, '알다'와 '모르다'는 어떤 지식이나 기능을 가지고 있는가에 대하여 상호 배타성을 띠는 상보 반의어이다.

유형 특징

1. 다의어, 동음이의어의 특징을 알고 각각을 구분할 수 있는 능력을 평가하기 위한 문제 유형이다.

2. 다의어, 동음이의어의 품사나 활용 등과 관련된 문제, 제시된 어휘가 다의어인지 동음이의어인지를 묻는 문제가 출제되므로 다의어와 동음이의어의 특징과 구분 기준을 학습해 두면 수월하게 풀 수 있다.

대표 예제 <보기>의 ㉠ ~ ㉤ 중 다른 것과 의미 사이의 관련이 <u>없는</u> 것은?

〈 보 기 〉

- 남동생은 그네에서 떨어져 ㉠<u>머리</u>를 다쳤다.
- 할머니의 ㉡<u>머리</u>가 많이 기셔서 미용실에 모시고 갔다.
- 그가 우리 학교의 ㉢<u>머리</u>가 되기에는 아쉬운 점이 많았다.
- 오늘 들어온 후원금 중 가장 큰 ㉣<u>머리</u>는 최 회장님 것이었다.
- 어릴 적부터 언니는 ㉤<u>머리</u>가 남달라 어른들이 기대하는 유망주였다.

① ㉠   ② ㉡   ③ ㉢   ④ ㉣   ⑤ ㉤

풀이 전략

1단계 문제 지시문에서 '다른 것과 의미 사이의 관련'이라는 말을 통해 다의어와 동음이의어를 구분하는 문제임을 파악한다. 다의어와 동음이의어의 구분 기준을 떠올리며 <보기>의 예시에 적용해 보면 된다.

2단계 ㉠, ㉡, ㉢, ㉤의 '머리'는 다의어로 의미 사이의 관련이 있다. 하지만 ㉣의 '머리'는 '덩어리를 이룬 수량의 정도를 나타내는 말'로, 다른 단어와 글자의 소리는 서로 같으나 뜻이 다른 동음이의어이다. 따라서 ㉣의 '머리'는 ㉠, ㉡, ㉢, ㉤의 '머리'와 의미 사이의 관련이 없으므로 답은 ④이다.

유형 특징

1. 발음이나 형태, 뜻이 유사하여 혼동하기 쉬운 어휘를 문맥에 맞게 사용하는 능력을 평가하는 문제 유형이다.
2. 혼동되는 어휘들은 기본형을 파악하면 그 의미를 떠올리는 것이 훨씬 수월하므로, 문제에 제시된 단어의 기본형을 먼저 파악한 뒤 해당 어휘 의미를 고려할 때 어떤 문맥에서 사용되면 적절할지 생각하며 풀면 도움이 된다.

대표 예제 ㉠ ~ ㉢에 들어갈 단어의 기본형을 바르게 짝 지은 것은?

─────〈 보 기 〉─────

- 할아버지는 평생을 의학 연구에 몸을 (㉠).
- 동생이 전역 후에는 부모님 속을 그만 (㉡) 바란다.
- 그는 생수 한 병을 단번에 (㉢) 손등으로 입을 닦았다.

	㉠	㉡	㉢

① 바치다 - 썩이다 - 들이켜다
② 바치다 - 썩히다 - 들이켜다
③ 받치다 - 썩히다 - 들이키다
④ 받치다 - 썩이다 - 들이켜다
⑤ 받치다 - 썩이다 - 들이키다

풀이 전략 **1단계** 먼저 <보기>와 선택지에 제시된 단어를 통해 발음이 유사한 어휘의 의미를 구분하여 <보기>의 문맥에 맞는 단어의 기본형을 찾는 문제임을 파악한다. 그 후 ㉠, ㉡, ㉢에 제시된 '바치다, 받치다', '썩이다, 썩히다', '들이켜다, 들이키다'의 의미를 떠올리며 <보기>의 문장에 대입하여 적절성을 검토하면 된다.

2단계 ㉠ ~ ㉢에 들어갈 단어의 기본형을 바르게 짝 지은 것은 '바치다 - 썩이다 - 들이켜다'이므로, 답은 ①이다.

- ㉠ **바치다**: 무엇을 위하여 모든 것을 아낌없이 내놓거나 쓰다.
- ㉡ **썩이다**: 걱정이나 근심 등으로 마음이 몹시 괴로운 상태가 되게 만들다.
- ㉢ **들이켜다**: 물이나 술 등의 액체를 단숨에 마구 마시다.

1 유의 관계

1. 개념

말소리는 다르지만 서로 비슷한 의미를 지니고 있는 단어들 간의 관계를 유의 관계라고 하며, 유의 관계에 있는 단어들을 유의어라고 한다.

2. 특징

단어 간에 다음과 같은 관계가 나타나는 경우에도 의미가 서로 비슷하면 유의 관계에 해당한다.

(1) 고유어와 한자어, 외래어가 섞여 쓰인다. 예 가락 - 선율 - 멜로디, 아내 - 처 - 와이프

(2) 높임법이 발달하여 있다. 예 너 - 자네 - 당신 - 댁 - 제군, 이름 - 성명 - 존함 - 함자

(3) 감각어가 발달하여 있다. 예 노랗다 - 노르스름하다 - 노릇하다 - 노리끼리하다 - 노르무레하다

(4) 금기 때문에 생기기도 하였다. 예 변소 - 화장실, 죽다 - 돌아가다

3. 기출 유의어

구분	유의어	구분	유의어
1	개울 : 시내	4	경계(境界) : 접경(接境)
2	말미 : 사이 : 짬	5	규탄(糾彈) : 성토(聲討)
3	가리다 : 은폐(隱蔽)하다	6	분류(分類) : 분석(分析)

🎯 **심화이론 공략**

동의 관계

말소리는 다르지만 뜻이 같거나 매우 비슷한 단어들 간의 관계를 동의 관계라고 하며, 동의 관계에 있는 단어들은 동의어라고 한다. 이처럼 동의 관계에 있는 단어가 유의 관계를 묻는 문제의 선지로 출제되기도 한다.

구분	동의어	구분	동의어	구분	동의어
1	겨를 : 틈	4	금침(衾枕) : 이부자리와 베개	7	임야(林野) : 숲과 들
2	눈가 : 눈언저리	5	애증(愛憎) : 사랑과 미움	-	-
3	고적(鼓笛) : 북과 피리	6	어패(魚佩) : 물고기와 조개	-	-

✓ **기출 포인트 Check Check**

다음 물음을 읽고, 적절한 것은 ○, 적절하지 않은 것은 × 표시하시오.

01 '죽다'와 '돌아가다'는 높임법에 영향을 받아 생긴 유의 관계의 단어들이다. (○, ×)

02 '가리다'와 유의 관계에 있는 단어는 '은폐(隱蔽)하다'이다. (○, ×)

03 '분류(分類)'와 '분석(分析)'은 유의 관계에 있는 단어들이다. (○, ×)

정답 | **01** ×, 금기 **02** ○ **03** ○

고유어와 한자어의 대응

유사한 의미로 쓰이는 고유어와 한자어를 대응시키는 문제가 출제되기도 한다.

1. 명사

구분	고유어 : 한자어	구분	고유어 : 한자어
1	가운뎃손가락 : 중지(中指)	8	손가락 : 수지(手指)
2	군말 : 췌언(贅言) 빈출	9	약손가락 : 무명지(無名指)
3	뒤통수 : 후두(後頭)	10	엄지손가락 : 무지(拇指)
4	무릎뼈 : 슬개골(膝蓋骨)	11	잔말 : 세설(細說) 빈출
5	빈말 : 허언(虛言) 빈출	12	집게손가락 : 식지(食指)
6	뼈마디 : 관절(關節)	13	허리뼈 : 요추(腰椎)
7	새끼손가락 : 계지(季指)	14	혼잣말 : 독언(獨言) 빈출

2. 동사, 형용사

구분	고유어 : 한자어	구분	고유어 : 한자어
1	거르다 : 여과(濾過)하다	12	쓰다 : 착용(着用)하다
2	그만두다 : 중지(中止)하다	13	어리석다 : 우매(愚昧)하다
3	끊어지다 : 단절(斷切)되다	14	입다 : 착용(着用)하다
4	놓다 : 가설(架設)하다	15	잇다 : 연결(連結)하다
5	뒤돌아보다 : 회고(回顧)하다	16	차다 : 착용(着用)하다
6	뒤집히다 : 전복(顚覆)되다	17	찾다 : 탐색(探索)하다
7	똑같다 : 동일(同一)하다	18	크게(크다) : 대강(大綱)
8	벗다 : 면(免)하다	19	크다 : 거대(巨大)하다
9	불쌍하다 : 측은(惻隱)하다	20	크다 : 발전(發展)하다
10	신다 : 착용(着用)하다	21	크다 : 성장(成長)하다
11	싣다 : 탑재(搭載)하다	-	-

2 반의 관계

1. 개념

의미가 서로 짝을 이루어 대립하는 단어들 간의 관계를 반의 관계라고 하며, 반의 관계에 있는 말들을 반의어라고 한다.

2. 유형

(1) **상보 반의어**: 양분적 대립 관계에 있어 상호 배타적인 영역을 가지는 반의어이다. 상보 반의 관계에 있는 두 단어는 일정한 의미 영역을 온전히 나눠 가지며 동일한 의미 영역 안에는 중간 항과 같은 다른 단어가 존재하지 않는다.

　　예 남자 : 여자 → 중간 항이 존재하지 않는 상보 반의어이다.

(2) **정도 반의어(등급 반의어)**: 정도성을 가지는 척도에서 대립하는 두 단어를 말한다. 정도 반의어는 상보 반의어와 달리 두 단어를 동시에 부정할 수 있으며, 두 단어 사이에 중간 항이 존재한다.

　　예 뜨겁다 : 차갑다 → 그 사이에 '따뜻하다, 미지근하다'와 같이 중간 항이 존재하는 정도 반의어이다.

(3) **방향 반의어**: 두 단어가 상대적 관계를 형성하면서 의미상 대칭을 이루는 경우이다.

　　예 가다 : 오다 → 서로 반대 방향으로의 이동을 나타내는 방향 반의어이다.

3. 기출 반의어

구분	반의어	구분	반의어
1	남성 : 여성	12	나쁘다 : 좋다 빈출
2	남편 : 아내	13	내리다 : 오르다
3	더하기 : 빼기	14	넓다 : 좁다 빈출
4	생물 : 무생물	15	덥다 : 춥다 빈출
5	오른쪽 : 왼쪽	16	뜨겁다 : 차갑다
6	참 : 거짓	17	무겁다 : 가볍다
7	합격 : 불합격	18	벗다 : 입다
8	형 : 아우	19	붙이다 : 자르다
9	기쁘다 : 슬프다 빈출	20	살다 : 죽다 빈출
10	길다 : 짧다	21	있다 : 없다 빈출
11	깊다 : 얕다	22	주다 : 받다

✓ 기출 포인트 Check Check

다음 물음을 읽고, 적절한 것은 ○, 적절하지 않은 것은 × 표시하시오.

01 고유어 '빈말'과 의미가 유사해 대응시킬 수 있는 한자어는 '독언(獨言)'이다. (○, ×)

02 '기쁘다'와 '슬프다'는 반의어이다. (○, ×)

03 '넓다'와 '좁다'는 반의어이다. (○, ×)

정답 | 01 ×, 허언(虛言) 02 ○ 03 ○

23	크다 : 작다	38	눌변(訥辯) : 달변(達辯) 빈출
24	가명(假名) : 실명(實名)	39	단축(短縮) : 연장(延長)
25	가산(加算) : 감산(減算)	40	동의(同議) : 이의(異議)
26	가중(加重) : 경감(輕減)	41	방화범(放火犯) : 소방관(消防官)
27	감소(減少) : 증가(增加) 빈출	42	배척(排斥) : 포용(包容)
28	감퇴(減退) : 증진(增進)	43	소집(召集) : 해산(解散)
29	강등(降等) : 승진(昇進 / 陞進)	44	수축(收縮) : 이완(弛緩)
30	개강(開講) : 종강(終講)	45	승리(勝利) : 패배(敗北)
31	개선(改善) : 개악(改惡)	46	승전(勝戰) : 패전(敗戰)
32	개전(開戰) : 종전(終戰)	47	영겁(永劫) : 찰나(刹那)
33	거역(拒逆) : 순종(順從)	48	진보(進步) : 퇴보(退步)
34	격감(激減) : 급증(急增)	49	축소(縮小) : 확대(擴大) 빈출
35	광의(廣義) : 협의(狹義)	50	폐쇄(閉鎖) : 개방(開放)
36	기혼(旣婚) : 미혼(未婚)	51	폭서(暴暑) : 혹한(酷寒)
37	농후(濃厚) : 희박(稀薄)	-	-

3 상하 관계

1. 개념

한 단어의 의미가 다른 단어의 의미를 포함하거나 다른 단어의 의미에 포함되는 관계를 상하 관계라고 한다.

2. 상위어(상의어)와 하위어(하의어)

(1) **상위어(상의어)**: 일반적인 의미를 가지는 의미의 범위가 넓은 단어로, 다른 단어의 뜻을 포함하는 단어이다. 상위어는 일반적이고 포괄적인 의미를 지닌다. 예 과일

(2) **하위어(하의어)**: 특수한 의미를 가지는 의미의 범위가 좁은 단어로, 다른 단어의 의미에 포함되는 단어이다. 하위어는 개별적이고 한정적인 의미를 지닌다. 예 귤, 딸기, 사과, 포도

3. 기출 상하 관계

구분	상위어 : 하위어	구분	상위어 : 하위어
1	가구 : 장롱	7	교사 : 부장 교사
2	가옥 : 초가집	8	구름 : 적란운 빈출
3	개암나무 : 개암	9	국경일 : 삼일절, 한글날
4	곰 : 능소니	10	국세(國稅) : 소득세
5	공무원(公務員) : 경찰관(警察官)	11	그릇 : 방짜
6	관악기 : 단소	12	꽃 : 백합

13	꿩 : 꺼병이	30	열대 저기압 : 태풍
14	닭 : 병아리	31	예술 : 문학, 무용, 음악
15	말 : 망아지	32	웃옷 : 마고자
16	모자 : 휘양	33	원소 : 질소
17	무기 : 칼	34	윗옷 : 블라우스
18	문구 : 칼	35	음악 : 성악
19	발효 식품 : 된장	36	자식 : 여식(女息)
20	벚나무 : 버찌	37	조류 : 비둘기
21	보석 : 진주	38	천재(天災) : 지진
22	뽕나무 : 오디	39	치자나무 : 치자
23	사군자 : 대나무	40	칼 : 과도, 회칼
24	생물 : 동물	41	포유류 : 늑대
25	수사법 : 반어법	42	품사 : 관형사(冠形詞)
26	식물 : 야생식물	43	품사 : 조사(助詞)
27	실수 : 유리수	44	학교 : 중학교
28	언론사 : 방송국	45	현악기 : 첼로
29	언어학 : 음성학	46	호랑이 : 개호주

🎯 심화이론 공략

자음 유추

제시된 3개의 어휘에 공통적으로 들어갈 자음을 유추하는 문제가 출제되기도 한다.

▶ (㉠)멋 : (㉠)대답 : (㉠)치레 → '멋, 대답, 치레' 앞에 공통적으로 들어갈 어휘는 '겉-'이므로 ㉠에 들어가야 할 자음자는 'ㄱ'임을 유추할 수 있다.

✔ 기출 포인트 Check Check

다음 물음을 읽고, 적절한 것은 ○, 적절하지 않은 것은 × 표시하시오.

01 '적란운'의 의미를 포함하는 단어는 '구름'이다. (○, ×)

02 '비둘기'가 하위어로 속할 수 있는 상위어는 '포유류'이다. (○, ×)

03 '칼'과 '문구' 중 개별적이고 한정적인 의미를 지니는 단어는 '문구'다. (○, ×)

정답 | 01 ○ 02 ×, 조류 03 ×, 칼

4 다의어와 동음이의어

1. 다의어

(1) 개념

하나의 단어가 두 가지 이상의 관련된 의미를 지닌 경우를 다의 관계라 하고, 다의 관계에 있는 단어들을 다의어라고 한다.

(2) 특징

① 단어가 지닌 여러 의미 중에서 기본적이고 핵심적인 의미인 '중심적 의미'와 이로부터 확장된 하나 이상의 '주변적 의미'들을 가지고 있으며, 이 의미들은 서로 관련이 있다.

② 다의어는 사전에서 한 단어 아래 「1」, 「2」 등으로 뜻이 제시되며, 한 단어로 취급한다.

> 예 날다
> 「1」 【…에】【…으로】【…을】 공중에 떠서 어떤 위치에서 다른 위치로 움직이다.
> 「2」 어떤 물체가 매우 빨리 움직이다.
> 「3」 【…에서】【…으로】 '달아나다'를 속되게 이르는 말

2. 동음이의어

(1) 개념

두 가지 이상의 단어가 소리는 동일하나 의미가 서로 다른 경우를 동음이의 관계라 하고, 동음이의 관계에 있는 단어들을 동음이의어라고 한다.

(2) 특징

① 우연히 발음이 동일한 단어로, 의미들 사이에 서로 관련이 없다.

② 동음이의어는 사전에서 별개의 표제어로 수록된다.

> 예 • 배¹ 명 사람이나 동물의 몸에서 위장, 창자, 콩팥 등의 내장이 들어 있는 곳으로 가슴과 엉덩이 사이의 부위
> • 배² 명 사람이나 짐 등을 싣고 물 위로 떠다니도록 나무나 쇠 등으로 만든 물건
> • 배³ 명 배나무의 열매

3. 다의어와 동음이의어의 구별: 의미적 관련성

다의어는 중심적 의미에서 주변적 의미들이 확장되었으므로 의미들 간의 관련성이 있다. 하지만, 동음이의어는 우연히 소리가 동일할 뿐, 의미적 관련성이 전혀 없다. 따라서 두 단어 사이에 공통적인 의미가 있는지, 두 단어의 어원이 동일한지에 따라 다의어와 동음이의어를 구별할 수 있다.

4. 기출 다의어와 동음이의어

(1) 다의어

다의어	의미
감사하다	통 고맙게 여기다. 예 나는 친구에게 도와준 것에 **감사했다**. 형 고마운 마음이 있다. 예 참 **감사한** 말씀이지만 사양하겠습니다.
나다	통 • 신체 표면이나 땅 위에 솟아나다. 예 이마에 뽀루지가 **났다**. • 신문, 잡지 등에 어떤 내용이 실리다. 예 기사가 신문에 **나다**. • 흥미, 짜증, 용기 등의 감정이 일어나다. 예 나는 그 일에 도전하기도 전에 겁이 **났다**.

낮다	형 • 높낮이로 잴 수 있는 수치나 정도가 기준이 되는 대상이나 보통 정도에 미치지 못하는 상태에 있다. 예 경제 불황이 심화되어 작년보다 취업률이 **낮다**. • 품위, 능력, 품질 등이 바라는 기준보다 못하거나 보통 정도에 미치지 못하는 상태에 있다. 예 품질이 **낮은** 제품
넘다	동 일정한 시간, 시기, 범위 등에서 벗어나 지나다. 예 치료가 3주가 **넘게** 걸렸다.
놓다	동 • 계속해 오던 일을 그만두고 하지 않다. 예 건강이 좋지 않아 일을 **놓고** 있다. • 논의의 대상으로 삼다. 예 강의실 배정 방법을 **놓고** 주장이 나뉘었다. • 빨리 가도록 힘을 더하다. 예 동구 밖으로 줄달음을 **놓다**.
늦다	동 정해진 때보다 지나다. 예 그는 약속 시간에 항상 **늦는다**. 형 • 기준이 되는 때보다 뒤져 있다. 예 시계가 오 분 **늦게** 간다. • 시간이 알맞을 때를 지나 있다. 또는 시기가 한창인 때를 지나 있다. 예 **늦은** 점심 • 곡조, 동작 등의 속도가 느리다. 예 그는 다른 사람보다 서류 작성이 **늦다**.
못하다	보동 앞말이 뜻하는 행동에 대하여 그것이 이루어지지 않거나 그것을 이룰 능력이 없음을 나타내는 말 예 속이 쓰려 음식을 먹지 **못하다**. 보형 앞말이 뜻하는 상태에 미치지 않음을 나타내는 말 예 음식 맛이 좋지 **못하다**.
보다 빈출	동 • 눈으로 대상의 존재나 형태적 특징을 알다. 예 잡지에서 난생처음 **보는** 단어를 발견하였다. • 음식상이나 잠자리 등을 채비하다. 예 할아버지의 이부자리를 **봐** 드렸다. • 어떤 일을 당하거나 겪거나 얻어 가지다. 예 이익을 **보다**. 보동 • 어떤 행동을 시험 삼아 함을 나타내는 말 예 말을 들어 **보다**. • 어떤 일을 경험함을 나타내는 말 예 그런 책은 읽어 **본** 적이 없다. • 앞말이 뜻하는 행동을 하고 난 후에 뒷말이 뜻하는 사실을 새로 깨닫게 되거나, 뒷말이 뜻하는 상태로 됨을 나타내는 말 예 한참 보채고 **보니** 주위가 조용해졌다. • 앞말이 뜻하는 행동을 하는 과정에서 뒷말이 뜻하는 사실을 새로 깨닫게 되거나, 뒷말이 뜻하는 상태로 됨을 나타내는 말 예 오래 살다 **보니** 이런 좋은 일도 있네. 보형 • 앞말이 뜻하는 행동이나 상태를 추측하거나 어렴풋이 인식하고 있음을 나타내는 말 예 열차가 도착했나 **보다**. • 앞말이 뜻하는 상태가 뒷말의 이유나 원인이 됨을 나타내는 말 예 중대한 사안이다 **보니** 혼자 결정할 수가 없다.
부수다	• 단단한 물체를 여러 조각이 나게 두드려 깨뜨리다. 예 돌을 잘게 **부수다**. • 만들어진 물건을 두드리거나 깨뜨려 못 쓰게 만들다. 예 자물쇠를 **부수다**.
붓다	동 • 액체나 가루 등을 다른 곳에 담다. 예 어제 먹던 국에 물을 **붓고** 다시 끓였다. • 모종을 내기 위하여 씨앗을 많이 뿌리다. 예 모판에 볍씨를 **붓다**. • 불입금, 이자, 곗돈 등을 일정한 기간마다 내다. 예 적금이 만기되어 새로운 적금을 **붓다**.
빌다	동 • 바라는 바를 이루게 하여 달라고 신이나 사람, 사물 등에 간청하다. 예 소녀는 하늘에 소원을 **빌었다**. • 잘못을 용서하여 달라고 호소하다. 예 엄마께 용서를 **빌었다**.

✔ 기출 포인트 Check Check

다음 물음을 읽고, 적절한 것은 ○, 적절하지 않은 것은 × 표시하시오.

01 다의어와 동음이의어 중 단어의 의미 간 연관성이 없는 것은 '동음이의어'이다. (○, ×)

02 '자물쇠를 부수다'의 '부수다'는 '만들어진 물건을 두드리거나 깨뜨려 못 쓰게 만들다'라는 의미이다. (○, ×)

03 '오래 살다 보니 이런 좋은 일도 있네', '말을 들어 보다'에서 '보다'는 보조 형용사이다. (○, ×)

정답 | 01 ○　02 ○　03 ×, 보조 동사

빠지다 빈출	동 • 박힌 물건이 제자리에서 나오다. 예 책상 다리에서 못이 **빠지다**. • 속에 있는 액체나 기체 또는 냄새 등이 밖으로 새어 나가거나 흘러 나가다. 예 맥주에서 김이 **빠지다**. • 그릇이나 신발 등의 밑바닥이 떨어져 나가다. 예 운동화 밑창이 **빠졌는지** 비가 오면 물이 샌다. • 남이나 다른 것에 비해 뒤떨어지거나 모자라다. 예 그의 실력은 절대로 다른 경쟁자들에게 **빠지지** 않는다.
살다	동 • 불 등이 타거나 비치고 있는 상태에 있다. 예 잿더미에 불씨가 아직 **살아** 있다. • 본래 가지고 있던 색깔이나 특징 등이 그대로 있거나 뚜렷이 나타나다. 예 개성이 **살아** 있는 글 • 움직이던 물체가 멈추지 않고 제 기능을 하다. 예 바닥에 떨어뜨린 휴대 전화가 아직 **살아** 있다.
살피다	동 • 두루두루 주의하여 자세히 보다. 예 사방을 **살피다**. • 형편이나 사정 등을 자세히 알아보다. 예 민심을 **살피다**. • 자세히 따지거나 헤아려 보다.
소화하다	• 섭취한 음식물을 분해하여 영양분을 흡수하기 쉬운 형태로 변화시키다. • 주어진 일을 해결하거나 처리하다. 예 어려운 주제를 무리 없이 **소화해** 내다. • 어떤 대상을 일정한 장소에 수용하다. 예 오만 명 이상을 **소화할** 수 있는 종합 경기장 • 상품이나 채권 등의 매매에서 요구되는 물량을 만족시키다. 예 추석 택배 물량을 **소화할** 수 없다. • 배운 지식이나 기술 등을 충분히 익혀 자기 것으로 만들다. 예 그는 새로운 발레 동작도 빠르게 **소화한다**.
쓰다	동 • 어떤 일을 하는 데에 재료나 도구, 수단을 이용하다. 예 수염을 깎는 데 전기면도기를 **쓴다**. • 어떤 말이나 언어를 사용하다. 예 그는 항상 존댓말을 **쓴다**.
않다	보동 앞말이 뜻하는 행동을 부정하는 뜻을 나타내는 말 예 쓰레기를 치우지 **않고** 쌓아 두었다. 보형 앞말이 뜻하는 상태를 부정하는 뜻을 나타내는 말 예 일이 생각만큼 쉽지 **않다**.
얼굴	명 • 눈, 코, 입이 있는 머리의 앞면 예 복면으로 **얼굴**을 가리다. • 주위에 잘 알려져서 얻은 평판이나 명예. 또는 체면 예 어머니의 **얼굴**을 세워드리기 위해 열심히 했다. • 어떤 심리 상태가 나타난 형색 예 기쁨에 충만한 **얼굴** • 어떤 분야에 활동하는 사람 예 한국 문학의 새 **얼굴** • 어떤 사물의 진면목을 단적으로 보여 주는 대표적 표상 예 녹차는 보성의 **얼굴**이다.
울다	• 짐승, 벌레, 바람 등이 소리를 내다. 예 늑대 **우는** 소리 • 물체가 바람 등에 흔들리거나 움직여 소리가 나다. 예 전깃줄이 바람에 **운다**.
일다	동 • 없던 현상이 생기다. 예 논란이 **일다**. • 희미하거나 약하던 것이 왕성하여지다. 예 꺼져가던 불길이 **일어** 주변이 밝아졌다. • 겉으로 부풀거나 위로 솟아오르다. 예 손톱 주위에 거스러미가 **일어** 불편하다.
있다 빈출	동 얼마의 시간이 경과하다. 예 이틀만 **있으면** 크리스마스이다. 형 • 사람, 동물, 물체 등이 실제로 존재하는 상태이다. 예 날지 못하는 새도 **있다**. • 어떤 일이 이루어지거나 벌어질 계획이다. 예 좋은 일이 **있다**. • 어떤 일을 이루거나 어떤 일이 발생하는 것이 가능함을 나타내는 말 예 언제든지 사고가 발생할 수 **있다**. • 개인이나 물체의 일부분이 일정한 범위나 전체에 포함된 상태이다. 예 이 가방에는 손잡이가 **있다**. • 일정한 관계를 가진 사람이 존재하는 상태이다. 예 나는 남편과 딸이 **있다**. • 사람이 어떤 지위나 역할로 존재하는 상태이다. 예 그녀는 외국계 기업의 부장으로 **있다**.
줄다	동 • 물체의 길이나 넓이, 부피 등이 본디보다 작아지다. 예 빨래를 했더니 옷이 **줄었다**. • 수나 분량이 본디보다 적어지거나 무게가 덜 나가게 된다. 예 작년보다 입학 정원이 **줄었다**.
치다 빈출	동 • 바람이 세차게 불거나 비, 눈 등이 세차게 뿌리다. 예 폭풍우가 **치는** 바람에 배가 출항하지 못하고 있다. • 서리가 몹시 차갑게 내리다. 예 된서리가 **치는** 바람에 농작물이 다 얼어 버렸다.

크다 〈빈출〉	혬 • 사람이나 사물의 외형적 길이, 넓이, 높이, 부피 등이 보통 정도를 넘다. 예 그는 몸집이 매우 **크다**. • 일의 규모, 범위, 정도, 힘 등이 대단하거나 강하다. 예 그녀는 씀씀이가 **크다**. • 소리가 귀에 거슬릴 정도로 강하다. 예 **큰** 소리로 떠들지 마라. • 몸이나 마음으로 느끼는 어떤 일의 영향, 충격 등이 보통 정도를 넘다. 예 그 소식에 **큰** 상처를 받았다. • 가능성 등이 많다. 동 • 동식물이 몸의 길이가 자라다. 예 밥을 주지 않으면 강아지가 **크지** 못한다. • 사람이 자라서 어른이 되다. 예 착하고 바르게 **커** 주어서 고맙구나.
하다 〈빈출〉	보통 • 앞말이 뜻하는 행동을 하거나 앞말이 뜻하는 상태가 되는 것이 필요함을 나타내는 말 예 주방은 늘 청결해야 **한다**. • 앞말이 뜻하는 행동이나 상태를 의도하거나 바람을 나타내는 말 예 시험이 끝난 후에 영화를 보려고 **했지만** 피곤해서 보지 않았다. • 앞말이 뜻하는 행동을 일단 긍정하거나 강조함을 나타내는 말 예 비행기가 참 빨리 가기도 **한다**. • 앞말의 사실이 뒷말의 이유나 근거가 됨을 나타내는 말 예 눈도 오고 **해서** 일찍 귀가했다. • 앞말이 뜻하는 행동을 습관처럼 하거나 앞말이 뜻하는 상황이 반복되어 일어남을 나타내는 말 예 이곳은 가끔 홍수가 나곤 **한다**. 보형 앞말이 뜻하는 상태를 일단 긍정하거나 강조함을 나타내는 말 예 생선이 참 싱싱하기도 **하다**.
흐르다	동 • 시간이나 세월이 지나가다. 예 십 년이 **흘렀다**. • 어떤 한 방향으로 치우쳐 쏠리다. 예 그의 말은 이상한 쪽으로 **흘렀다**. • 전기나 가스 등이 선이나 관을 통하여 지나가다. 예 전기가 **흐를** 수 있으니 전봇대 근처에는 가지 마라.

(2) 동음이의어

구분	의미
누르다	• 누르다¹: 자신의 감정이나 생각을 밖으로 드러내지 않고 참다. 예 그는 화를 **누르지** 못하고 버럭 소리를 질렀다. • 누르다²: 황금이나 놋쇠의 빛깔과 같이 다소 밝고 탁하다. 예 **누른** 잎
뜨다 〈빈출〉	• 뜨다¹: 착 달라붙지 않아 틈이 생기다. 예 벽에 잘못 붙인 종이가 **떴다**. • 뜨다³: 다른 곳으로 가기 위하여 있던 곳에서 다른 곳으로 떠나다. 예 도시에 정착하기 위해 시골을 **떴다**.
먹다	• 먹다¹: 귀나 코가 막혀서 제 기능을 하지 못하게 되다. 또는 그렇게 되게 하다. 예 귀가 **먹다**. • 먹다²: 음식 등을 입을 통하여 배 속에 들여보내다. 예 김치를 **먹다**.
멀다	• 멀다¹: 시력이나 청력 등을 잃다. 예 사고로 눈이 **멀다**. • 멀다²: 거리가 많이 떨어져 있다. 예 고향으로 가는 길은 **멀기도** 했다.
묻다	• 묻다¹: 가루, 풀, 물 등이 그보다 큰 다른 물체에 들러붙거나 흔적이 남게 되다. 예 손에 기름이 **묻다**. • 묻다³: 어떠한 일에 대한 책임을 따지다. 예 관계자에게 책임을 **묻다**.
바르다	• 바르다¹: 풀칠한 종이나 헝겊 등을 다른 물건의 표면에 고루 붙이다. 예 벽지를 벽에 **바르다**. • 바르다³: 말이나 행동 등이 사회적인 규범이나 사리에 어긋나지 않고 들어맞다. 예 마음가짐이 **바르다**.

✔ **기출 포인트 Check Check**

다음 물음을 읽고, 적절한 것은 ○, 적절하지 않은 것은 × 표시하시오.

01 '이틀만 있으면 크리스마스이다'의 '있다'는 형용사이다. (○, ×)

02 '소리가 귀에 거슬릴 정도로 강하다'라는 의미의 '크다'는 동사이다. (○, ×)

03 '벽에 잘못 붙인 종이가 떴다'의 '뜨다'는 '착 달라붙지 않아 틈이 생기다'의 의미이다. (○, ×)

정답 | 01 ×, 동사 02 ×, 형용사 03 ○

베다	• 베다¹: 누울 때, 베개 등을 머리 아래에 받치다. 예 무릎을 **베다**. • 베다²: 날이 있는 연장 등으로 무엇을 끊거나 자르거나 가르다. 예 낫으로 벼를 **베다**.
부상	• 부상³(扶桑): 해가 뜨는 동쪽 바다 • 부상⁵(負傷): 몸에 상처를 입음 예 **부상**을 당하다. • 부상⁶(浮上): 어떤 현상이 관심의 대상이 되거나 어떤 사람이 훨씬 좋은 위치로 올라섬 • 부상⁷(副賞): 본상에 딸린 상금이나 상품 예 **부상**으로 시계를 받다. • 부상⁹(富商): 밑천이 넉넉한 부유한 상인
어리다	• 어리다¹: 어떤 현상, 기운, 추억 등이 배어 있거나 은근히 드러나다. 예 얼굴에 슬픔이 **어리다**. • 어리다³: 나이가 적다. 예 나는 **어린** 시절을 시골에서 보냈다.
익다	• 익다¹: 불이나 볕을 오래 쬐거나 뜨거운 물에 담가서 살갗이 빨갛게 되다. 예 한낮의 햇볕에 얼굴이 **익었다**. • 익다²: 여러 번 겪어 설지 않다.
전문	• 전문²(全文): 어떤 글에서 한 부분도 빠지거나 빼지 않은 전체 예 헌법 **전문** • 전문⁸(專門/顓門): 어떤 분야에 상당한 지식과 경험을 가지고 오직 그 분야만 연구하거나 맡음. 또는 그 분야 예 **전문** 경영인 • 전문¹⁰(傳聞): 다른 사람을 통하여 전하여 들음. 또는 그런 말 • 전문¹²(電文): 전보의 내용이 되는 글 예 **전문**을 보내다. • 전문¹⁷(轉聞): 다른 사람을 거쳐 간접으로 들음 예 아버지는 딸이 미국으로 입양되었다는 **전문**을 들었다.
지르다	• 지르다²: 불을 붙이다. 예 논둑에 불을 **지르다**. • 지르다³: 목청을 높여 소리를 크게 내다. 예 학생들은 소리를 **질렀다**.
짜다 빈출	• 짜다¹: 계획이나 일정 등을 세우다. 예 학업 계획을 **짜다**. • 짜다²: 누르거나 비틀어서 물기나 기름 등을 빼내다. 예 치약을 **짜다**.
차다 빈출	• 차다¹: 감정이나 기운 등이 가득하게 되다. 예 실의에 **차다**. • 차다⁴: 몸에 닿은 물체나 대기의 온도가 낮다. 예 겨울 날씨가 매우 **차다**.
치다 빈출	• 치다⁵: 막이나 그물, 발 등을 펴서 벌이거나 늘어뜨리다. 예 커튼을 **치니** 방이 어두워졌다. • 치다⁷: 가축이나 가금 등을 기르다. 예 할아버지는 돼지를 **쳐서** 번 돈으로 살아 간다. • 치다¹⁰: 셈을 맞추다. 예 적어도 한 개당 오백 원을 **쳐야** 손해를 안 본다.

(3) 다의어 및 동음이의어로 쓰이는 어휘

① 다의어와 동음이의어의 관계

동음이의어	들다¹ 빈출	동 • 밖에서 속이나 안으로 향해 가거나 오거나 하다. 예 사랑에 **들다**. • 빛, 볕, 물 등이 안으로 들어오다. 예 꽃은 해가 잘 **드는** 데 심어야 한다. • 수면을 취하기 위한 장소에 가거나 오다. 예 너무 졸려서 잠자리에 일찍 **들었다**. • 물감, 색깔, 물기, 소금기가 스미거나 배다. 예 음식에 간이 제대로 **들다**. • 어떤 범위나 기준, 또는 일정한 기간 안에 속하거나 포함되다. 예 반에서 5등 안에 **들다**. • 안에 담기거나 그 일부를 이루다. 예 그 글에는 이런 내용이 **들어** 있다. • 어떤 물건이나 사람이 좋게 받아들여지다. 예 눈에 **드는** 물건 • 과일, 음식의 맛 등이 익어서 알맞게 되다. 예 여름이 되자 복숭아가 맛이 알맞게 **들었다**.	다의어
	들다³	날이 날카로워 물건이 잘 베어지다. 예 낫이 안 **들어** 벼를 베는 데 힘이 든다.	
	들다⁴ 빈출	동 • 아래에 있는 것을 위로 올리다. 예 손을 **들다**. • 설명하거나 증명하기 위하여 사실을 가져다 대다. 예 예를 **들다**.	다의어

② 다의어 및 동음이의어로 쓰이는 기출 어휘

구분	어휘	구분	어휘
1	명 다리¹ : 명 다리² 빈출	4	동 맞다¹ : 동 맞다² 빈출
2	명 연발¹(延發) : 명 연발²(連發)	5	형 쟁쟁(琤琤)하다² : 형 쟁쟁(錚錚)하다⁴
3	동 달다³ : 동 달다⁴ 빈출	-	–

5 혼동하기 쉬운 기출 어휘

1. 발음이 유사한 어휘

구분	의미
걷잡다	한 방향으로 치우쳐 흘러가는 형세 등을 붙들어 잡다. 예 불길이 **걷잡을** 수 없이 번져 나갔다.
겉잡다	겉으로 보고 대강 짐작하여 헤아리다. 예 대기 손님이 많아 **겉잡아도** 두 시간은 기다려야 한다.
나다	인물이 배출되다. 예 어머니는 우리 집에 천재가 **났다면서** 좋아하셨다.
낫다	병이나 상처 등이 고쳐져 본래대로 되다. 예 병이 씻은 듯이 **나았다**.
낳다	어떤 결과를 이루거나 가져오다. 예 좋은 결과를 **낳다**.
다르다	비교가 되는 두 대상이 서로 같지 않다. 예 나는 너와 **다르다**.
달다	안타깝거나 조마조마하여 마음이 몹시 조급해지다. 예 애가 **달아서** 어쩔 줄을 모른다.
대다 빈출	차, 배 등의 탈것을 멈추어 서게 하다. 예 항구에 배를 **대다**.
데다	불이나 뜨거운 기운으로 말미암아 살이 상하다. 또는 그렇게 하다. 예 팔이 불에 **데다**.
들르다	지나는 길에 잠깐 들어가 머무르다. 예 집에 가는 길에 가게에 **들르다**.
들리다	사람이나 동물의 감각 기관을 통해 소리가 알아차려지다. 예 하루 종일 비 오는 소리가 **들렸다**.
들이다	집 안에서 부릴 사람을 고용하다. 예 어머니가 힘들어 하셔서 집에 가정부를 **들였다**.
들이켜다	물이나 술 등의 액체를 단숨에 마구 마시다. 예 나는 주스를 허겁지겁 **들이켰다**.
들이키다	안쪽으로 가까이 옮기다. 예 사람이 다닐 수 있도록 발을 **들이켜라**.

✓ 기출 포인트 Check Check

다음 물음을 읽고, 적절한 것은 ○, 적절하지 않은 것은 × 표시하시오.

01 '실의에 차다'와 '겨울 날씨가 매우 차다'의 '차다'는 동음이의어이다. (○, ×)

02 '커튼을 치다'와 '한 개당 백 원으로 치다'의 '치다'는 다의어이다. (○, ×)

03 '대다'는 '불이나 뜨거운 기운으로 말미암아 살이 상하다'라는 의미의 어휘이다. (○, ×)

정답 | 01 ○ 02 ×, 동음이의어 03 ×, 데다

띄다	'남보다 훨씬 두드러지다'의 준말 예 빨간 지붕이 눈에 **띄는** 집
띠다	빛깔이나 색채 등을 가지다. 예 붉은빛을 **띤** 장미
붇다	분량이나 수효가 많아지다. 예 개울물이 **붇다.**
불다	유행, 풍조, 변화 등이 일어나 휩쓸다. 예 사무실에 영어 회화 바람이 **불다.**
붓다 빈출	살가죽이나 어떤 기관이 부풀어 오르다. 예 다래끼로 눈이 **부었다.**
붙다	실력 등이 더 생겨 늘다. 예 자신감이 **붙어** 더 열심히 하게 되었다.
빌다	남의 물건을 공짜로 달라고 호소하여 얻다. 예 사람들에게 밥을 **빌러** 다니다.
빌리다	일정한 형식이나 이론, 또는 남의 말이나 글 등을 취하여 따르다. 예 성인의 말씀을 **빌려** 설교하다.
새다	어떤 소리가 일정 범위에서 빠져나가거나 바깥으로 소리가 들리다. 예 말소리가 대문 밖으로 **새어** 나왔다.
세다	머리카락이나 수염 등의 털이 희어지다. 예 머리가 허옇게 **세다.**
이르다	어떤 장소나 시간에 닿다. 예 약속 장소에 **이르다.**
일다	희미하거나 약하던 것이 왕성하여지다. 예 갑자기 호기심이 **일었다.**
차비	'채비'의 원말
채비	어떤 일이 되기 위하여 필요한 물건, 자세 등이 미리 갖추어져 차려지거나 그렇게 되게 함. 또는 그 물건이나 자세 예 출근 **채비**

2. 뜻이 유사한 어휘

구분	의미
그리다	연필, 붓 등으로 어떤 사물의 모양을 그와 닮게 선이나 색으로 나타내다. 예 그림을 **그리다.**
새기다	글씨나 형상을 파다. 예 비석에 비문을 **새기다.**
맞다	외부로부터 어떤 힘이 가해져 몸에 해를 입다. 예 어머니께 매를 **맞았다.**
벌다	못된 짓을 하여 벌 받을 일을 스스로 청하다. 예 매를 **벌다.**
묵다	일정한 곳에서 나그네로 머무르다. 예 딸의 집에서 일주일 동안 **묵었다.**
보다	음식상이나 잠자리 등을 채비하다. 예 손님 주무실 자리를 **봐** 드려라.

3. 표기상 틀리기 쉬운 어휘

구분	의미
가자미	넙칫과와 붕넙칫과의 넙치가자미, 동백가자미, 참가자미, 목탁가자미, 줄가자미 등을 통틀어 이르는 말
가재미	'가자미'의 잘못
끄르다	맺은 것이나 맨 것을 풀다. 예 신발 끈을 **끄르다**.
끌르다	'끄르다'의 잘못
먹이다	매 등을 맞히다. 예 머리에 알밤을 **먹이다**.
멕이다	'먹이다'의 잘못
아기	어린 젖먹이 아이 예 **아기**를 돌보다.
애기	'아기'의 잘못
으기다	'이기다'의 잘못
이기다	짓찧어 다지다. 예 마늘을 **이겨** 찌개에 넣었다.
아지랑이	주로 봄날 햇빛이 강하게 쬘 때 공기가 공중에서 아른아른 움직이는 현상 예 한낮의 **아지랑이**
아지랭이	'아지랑이'의 잘못

✓ **기출 포인트 Check Check**

다음 물음을 읽고, 적절한 것은 ○, 적절하지 않은 것은 × 표시하시오.

01 '다래끼로 눈이 부었다'에서 '부었다'의 기본형은 '붇다'이다. (○, ×)

02 '머리에 알밤을 멕이다'에서 '멕이다' 표기는 적절하다. (○, ×)

03 '아지랑이'와 '아지랭이' 중 맞는 표기는 '아지랑이'이다. (○, ×)

정답 | **01** ×, 붓다 **02** ×, 먹이다 **03** ○

01 다음 중 한자어와 고유어의 대응으로 적절하지 <u>않은</u> 것은?

① 언니는 다리를 떠는 버릇이 <u>고착(固着)되어[굳어져]</u> 곤란하다고 말했다.

② 친구와 나는 10년을 알고 지낸 <u>돈독(敦篤)한[도타운]</u> 사이여서 서로를 신뢰한다.

③ 그녀는 오른쪽 가슴에 <u>패용(佩用)한[단]</u> 명찰을 가리키며 자신의 이름을 소개했다.

④ 그는 불순 세력을 마을에서 <u>축출(逐出)하기[가려내기]</u> 위해 밤낮으로 온 동네를 감시했다.

⑤ 과학 시간에 나무가 이산화탄소를 <u>흡수(吸收)하여[빨아들여]</u> 산소를 만드는 과정을 배웠다.

02 반의어 중 역의 관계와 역행 관계에 해당하는 예를 바르게 제시한 것은?

	역의 관계	역행 관계
①	'남편'과 '아내'	'있다'와 '없다'
②	'남편'과 '아내'	'입다'와 '벗다'
③	'남편'과 '아내'	'살다'와 '죽다'
④	'입다'와 '벗다'	'있다'와 '없다'
⑤	'입다'와 '벗다'	'남편'과 '아내'

03 단어 간의 의미 관계를 고려할 때, <보기>의 ㉠과 ㉡에 들어갈 수 있는 말을 바르게 짝 지은 것은?

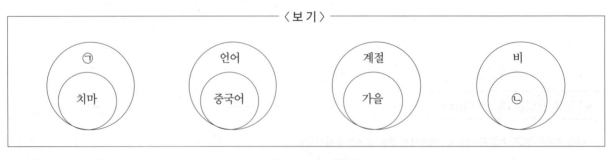

〈 보 기 〉

㉠ / 치마   언어 / 중국어   계절 / 가을   비 / ㉡

	㉠	㉡		㉠	㉡
①	하의	토우(土雨)	②	윗옷	강우(強雨)
③	윗옷	토우(土雨)	④	하의	강우(強雨)
⑤	표의	강우(強雨)			

04 <보기>의 빈칸에 공통으로 들어갈 단어의 기본형으로 가장 적절한 것은?

─〈 보 기 〉─

• 내일 함박눈이 (   ) 하니 지하철을 이용하여 출근해야겠다.

• 음주 운전을 한 야구 선수에게 구단은 경기 출전 금지 조치를 (   ).

• 지난 주에 누나가 앞마당으로 옮겨 심은 꽃이 벌써 뿌리를 (   ) 잘 자란다.

① 맞다   ② 치다

③ 일다   ④ 마르다

⑤ 내리다

05 밑줄 친 두 말의 의미 관계가 '동음이의(同音異義)'에 해당하지 <u>않는</u> 것은?

① 땡볕에 살이 <u>익다</u>. / 마을의 풍토에 <u>익다</u>.

② 엄마의 무릎을 <u>베다</u>. / 떡을 한입에 <u>베다</u>.

③ 깍두기가 맛이 <u>들다</u>. / 등산 동호회를 <u>들다</u>.

④ 지하철이 사람들로 가득 <u>차다</u>. / 축구공을 <u>차다</u>.

⑤ 우리나라 대표팀이 영국 대표팀을 <u>누르다</u>. / 나뭇잎이 <u>누르다</u>.

06 ㉠~㉢에 들어갈 단어의 기본형을 바르게 짝 지은 것은?

─〈 보 기 〉─

• 작은방에서 동생의 노랫소리가 (㉠   ) 나온다.

• 고구마와 감자를 잘게 (㉡   ) 샌드위치를 만들었다.

• 야식을 먹고 잤더니 얼굴이 (㉢   ) 거의 다른 사람 같았다.

	㉠	㉡	㉢		㉠	㉡	㉢
①	새다 - 이기다 - 붇다			②	세다 - 이기다 - 붓다		
③	새다 - 이기다 - 붓다			④	세다 - 으기다 - 붇다		
⑤	새다 - 으기다 - 붓다						

정답 및 해설 p.282

04 속담, 한자 성어

대표 기출 유형 공략

| 대표 기출 유형 | ① 속담

유형 특징

1. 속담과 그 의미를 정확하게 알고 있는지, 알고 있는 의미를 바탕으로 속담을 적절하게 사용할 수 있는지를 평가하기 위한 문제 유형이다.

2. 속담의 의미를 파악하는 문제와 속담의 문맥적 쓰임을 파악하는 문제 모두 기출되었던 속담이 다시 출제되는 경향이 있으므로 기출 속담과 그 의미를 암기해 두면 쉽게 풀 수 있다.

대표 예제 **속담을 사용한 표현이 적절하지 않은 것은?**

① 새로운 분야에서 성공하기 위해서는 '언 손 불기'라는 말처럼 많은 노력을 해야만 한다.

② 다른 사람의 행동을 비판 없이 모방하는 행동은 '눈 감고 따라간다'라는 말 그 자체이다.

③ '동냥은 못 줘도 쪽박은 깨지 마라'라고 하던데 너는 왜 나를 방해하지 못해서 안달이 났니.

④ 다섯이나 모였는데 이야기하는 사람은 둘밖에 없으니 나머지 셋은 '꾸어다 놓은 보릿자루'나 다름없다.

⑤ 도둑질을 해 놓고 선행을 베풀 목적이었다고 변명하는 것은 '닭 잡아먹고 오리 발 내놓기'로 설명할 수 있다.

풀이 전략

1단계 문제 지시문을 통해 속담이 문맥에 적절하게 사용되었는지를 묻는 문제임을 알 수 있다. 학습한 내용을 바탕으로 각 속담의 의미를 떠올린 뒤, 선택지에서 의미에 맞게 쓰였는지 판단하며 적절하지 않은 선택지를 고르면 된다.

2단계 '언 손 불기'는 부질없는 짓을 비유적으로 이르는 말이다. 따라서 많은 노력을 해야만 새로운 분야에서 성공할 수 있다는 ①과 같은 내용과는 어울리지 않는다.

- 눈 감고 따라간다: 아무 생각 없이 맹목적으로 뒤따르는 것을 비유적으로 이르는 말
- 동냥은 못 줘도 쪽박은 깨지 마라: 남을 도와주지는 못할망정 방해는 하지 말라는 말
- 꾸어다 놓은 보릿자루: 여럿이 모여 이야기하는 자리에서 아무 말도 하지 않고 한옆에 가만히 있는 사람을 비유적으로 이르는 말
- 닭 잡아먹고 오리 발 내놓기: 옳지 못한 일을 저질러 놓고 엉뚱한 수작으로 속여 넘기려 하는 일을 비유적으로 이르는 말

유형 특징

1. 한자 성어의 의미를 정확하게 알고 있는지를 평가하기 위한 문제 유형이다.

2. 기출된 한자 성어를 위주로 학습한다면, 한자 성어와 의미를 연결하여 수월하게 풀 수 있으므로 난도는 평이한 편이다.

대표 예제 다음 중 "윗사람에게 충성을 다하는 자신의 노력을 낮추어 이르는 말"이라는 의미의 사자성어는?

① 견마지로(犬馬之勞)

② 공전절후(空前絶後)

③ 등화가친(燈火可親)

④ 오비이락(烏飛梨落)

⑤ 후안무치(厚顔無恥)

풀이 전략

1단계 문제 지시문에 제시된 의미에 맞는 한자 성어를 고르는 문제이다. 제시된 뜻풀이와 선택지의 한자 성어가 일치하는지 파악하며 적절하지 않은 선택지를 지워 나간다.

2단계 '견마지로(犬馬之勞)'는 개나 말 정도의 하찮은 힘이라는 뜻으로, 윗사람에게 충성을 다하는 자신의 노력을 낮추어 이르는 말이다. 따라서 답은 ①이다.

- 공전절후(空前絶後): 이전에도 없었고 앞으로도 없음
- 등화가친(燈火可親): '등불을 가까이할 만하다'라는 뜻으로, 서늘한 가을밤은 등불을 가까이 하여 글 읽기에 좋음을 이르는 말
- 오비이락(烏飛梨落): '까마귀 날자 배 떨어진다'라는 뜻으로, 아무 관계도 없이 한 일이 공교롭게도 때가 같아 억울하게 의심을 받거나 난처한 위치에 서게 됨을 이르는 말
- 후안무치(厚顔無恥): 뻔뻔스러워 부끄러움이 없음

유형 특징

1. 속담과 한자 성어의 의미를 파악하고, 이를 통해 속담과 한자 성어의 관계를 파악하는 문제 유형이다.
2. 속담과 한자 성어 각각의 의미를 정확하게 알고 서로 대응시킬 줄 알아야 하므로, 기출된 속담과 한자 성어 위주로 대응하는 연습을 해보면 실제 문제를 푸는 데 도움이 된다.

대표 예제 속담 '언 발에 오줌 누기'와 의미가 유사한 사자성어로 가장 적절한 것은?

① 간담상조(肝膽相照)
② 동족방뇨(凍足放尿)
③ 방약무인(傍若無人)
④ 촌철살인(寸鐵殺人)
⑤ 호연지기(浩然之氣)

풀이 전략 1단계 제시된 속담과 의미가 유사한 한자 성어를 찾는 문제이다. 따라서 속담 '언 발에 오줌 누기'와 의미가 유사한 한자 성어를 찾으면 된다.

2단계 속담 '언 발의 오줌 누기'는 '언 발을 녹이려고 오줌을 누어 봤자 효력이 별로 없다'라는 뜻으로, 임시변통은 될지 모르나 그 효력이 오래가지 못할 뿐만 아니라 결국에는 사태가 더 나빠짐을 비유적으로 이르는 말이다. 따라서 이와 유의 관계에 있는 한자 성어는 '잠시 동안만 효력이 있을 뿐 효력이 바로 사라짐'을 비유적으로 이르는 말인 '동족방뇨(凍足放尿)'이다. 따라서 답은 ②이다.

- 간담상조(肝膽相照): 서로 속마음을 털어놓고 친하게 사귐
- 방약무인(傍若無人): 곁에 사람이 없는 것처럼 아무 거리낌 없이 함부로 말하고 행동하는 태도가 있음
- 촌철살인(寸鐵殺人): '한 치의 쇠붙이로도 사람을 죽일 수 있다'라는 뜻으로, 간단한 말로도 남을 감동하게 하거나 남의 약점을 찌를 수 있음을 이르는 말
- 호연지기(浩然之氣): 1. 하늘과 땅 사이에 가득 찬 넓고 큰 원기 2. 거침없이 넓고 큰 기개

○ 핵심 개념 압축 정리

1 기출 속담

┐

가난이 소 아들이라	소처럼 죽도록 일해도 가난에서 벗어날 수 없음을 이르는 말
가난한 양반 씻나락 주무르듯	'가난한 양반이 털어먹자니 앞날이 걱정스럽고 그냥 두자니 당장 굶는 일이 걱정되어서 볍씨만 한없이 주무르고 있다'라는 뜻으로, 어떤 일에 닥쳐 우물쭈물하기만 하면서 선뜻 결정을 내리지 못하고 있는 모양을 이르는 말
가는 말에 채찍질 빈출	① 열심히 하고 있는데도 더 빨리하라고 독촉함을 비유적으로 이르는 말 ② 형편이나 힘이 한창 좋을 때라도 더욱 마음을 써서 힘써야 함을 비유적으로 이르는 말
가는 손님은 뒤꼭지가 예쁘다	손님 대접하기가 어려운 터에 손님이 속을 알아주어 빨리 돌아가니 고맙게 여긴다는 것을 비유적으로 이르는 말
가는 토끼 잡으려다 잡은 토끼 놓친다	'산돼지를 잡겠다고 욕심을 부리던 나머지 집돼지를 잘못 간수한 탓으로 잃어버리게 되었다'라는 뜻으로, 지나치게 욕심을 부리다가 이미 차지한 것까지 잃어버리게 됨을 비유적으로 이르는 말
가는[가던] 날이 장날 빈출	일을 보러 가니 공교롭게 장이 서는 날이라는 뜻으로, 어떤 일을 하려고 하는데 뜻하지 않은 일을 공교롭게 당함을 비유적으로 이르는 말
가랑비에 옷 젖는 줄 모른다	'가늘게 내리는 비는 조금씩 젖어 들기 때문에 여간해서도 옷이 젖는 줄을 깨닫지 못한다'라는 뜻으로, 아무리 사소한 것이라도 그것이 거듭되면 무시하지 못할 정도로 크게 됨을 비유적으로 이르는 말
가물에 콩(씨) 나듯	'가뭄에는 심은 콩이 제대로 싹이 트지 못하여 드문드문 난다'라는 뜻으로, 어떤 일이나 물건이 어쩌다 하나씩 드문드문 있는 경우를 비유적으로 이르는 말
갈수록 태산[수미산 / 심산](이라)	갈수록 더욱 어려운 지경에 처하게 되는 경우를 비유적으로 이르는 말
개 머루[약과] 먹듯	① 참맛도 모르면서 바삐 먹어 치우는 것을 이르는 말 ② 내용이 틀리거나 말거나 일을 건성건성 날려서 함을 비유적으로 이르는 말 ③ 뜻도 모르면서 아는 체함을 이르는 말
개밥에 도토리	'개는 도토리를 먹지 않기 때문에 밥 속에 있어도 먹지 않고 남긴다'라는 뜻에서, 따돌림을 받아서 여럿의 축에 끼지 못하는 사람을 비유적으로 이르는 말
게도 구럭도 다 잃었다[놓쳤다]	'게는 잡지도 못하고 가지고 갔던 구럭까지 잃었다'라는 뜻으로, 무슨 일을 하려다가 아무 소득도 얻지 못하고 도리어 손해만 봄을 이르는 말

✔ 기출 포인트 Check Check

다음 물음을 읽고, 적절한 것은 ○, 적절하지 않은 것은 × 표시하시오.

01 '어떤 일을 하려고 하는데 뜻하지 않은 일을 공교롭게 당함을 비유적으로 이르는 말'은 속담 '가는 날이 장날'이다. (○, ×)

02 속담 '가는 말에 채찍질'은 '열심히 하고 있는데도 더 빨리하라고 독촉함을 비유적으로 이르는 말'이다. (○, ×)

03 속담 '갈수록 태산'은 '갈수록 더욱 어려운 지경에 처하게 되는 경우를 비유적으로 이르는 말'이다. (○, ×)

정답 | 01 ○ 02 ○ 03 ○

고양이 목에 방울 달기[단다]	실행하기 어려운 것을 공연히 의논함을 이르는 말
금강산 구경도 식후경이라	아무리 재미있는 일이라도 배가 불러야 흥이 나지 배가 고파서는 아무 일도 할 수 없음을 비유적으로 이르는 말
기침에 재채기	① 어려운 일이 공교롭게 계속됨을 비유적으로 이르는 말 ② 일마다 공교롭게도 방해가 끼어 낭패를 보게 됨을 비유적으로 이르는 말
꾸어다 놓은 보릿자루[빗자루] 빈출	여럿이 모여 이야기하는 자리에서 아무 말도 하지 않고 한옆에 가만히 있는 사람을 비유적으로 이르는 말
꿀 먹은 벙어리(요 침 먹은 지네)	속에 있는 생각을 나타내지 못하는 사람을 비유적으로 이르는 말

ㄴ

낙숫물이 댓돌을 뚫는다	작은 힘이라도 꾸준히 계속하면 큰일을 이룰 수 있음을 비유적으로 이르는 말
낫 놓고 기역 자도 모른다 빈출	'기역 자 모양으로 생긴 낫을 보면서도 기역 자를 모른다'라는 뜻으로, 아주 무식함을 비유적으로 이르는 말
내 손에 장을 지지겠다	손톱에 불을 달아 장을 지지게 되면 그 고통이라는 것은 이루 말할 수 없는 것인데 그런 모진 일을 담보로 하여 자기가 옳다는 것을 장담할 때 하는 말
누워서 떡 먹기	하기가 매우 쉬운 것을 비유적으로 이르는 말
눈 가리고 아웅 빈출	① '얕은수로 남을 속이려 한다'라는 말 ② 실제로 보람도 없을 일을 공연히 형식적으로 하는 체하며 부질없는 짓을 함을 비유적으로 이르는 말
눈 감고 따라간다	아무 생각 없이 맹목적으로 뒤따르는 것을 비유적으로 이르는 말
눈 뜨고 코 베어 갈 세상[인심]	눈을 멀쩡히 뜨고 있어도 코를 베어 갈 만큼 세상인심이 고약하다는 말
눈먼 놈이 앞장선다	못난이가 남보다 먼저 나댐을 비유적으로 이르는 말
눈에 콩깍지가 씌었다	앞이 가리어 사물을 정확하게 보지 못함을 비유적으로 이르는 말

ㄷ

다 된 농사에 낫 들고 덤빈다 빈출	일이 다 끝난 뒤에 쓸데없이 참견하고 나섬을 비유적으로 이르는 말
다 된 죽에 코 빠졌다 빈출	거의 다 된 일을 망쳐 버리는 주책없는 행동을 비유적으로 이르는 말
닫는 말에도 채를 친다	① '기세가 한창 좋을 때 더 힘을 가한다'라는 말 ② '힘껏 하는데도 자꾸 더 하라고 한다'라는 말
달면 삼키고 쓰면 뱉는다	옳고 그름이나 신의를 돌보지 않고 자기의 이익만 꾀함을 비유적으로 이르는 말
닭 잡아먹고 오리 발 내놓기	옳지 못한 일을 저질러 놓고 엉뚱한 수작으로 속여 넘기려 하는 일을 비유적으로 이르는 말
도둑질을 해도 손발[눈]이 맞아야 한다	'무슨 일이든지 두 편에서 서로 뜻이 맞아야 이루어질 수 있다'라는 말
도토리 키 재기	① 정도가 고만고만한 사람끼리 서로 다툼을 이르는 말 ② 비슷비슷하여 견주어 볼 필요가 없음을 이르는 말
동냥은 못 줘도 쪽박은 깨지 마라	남을 도와주지는 못할망정 방해는 하지 말라는 말

마른논에 물 대기	일이 매우 힘들거나 힘들여 해 놓아도 성과가 없는 경우를 이르는 말
믿는 도끼에 발등 찍힌다	잘되리라고 믿고 있던 일이 어긋나거나 믿고 있던 사람이 배반하여 오히려 해를 입음을 비유적으로 이르는 말

ㅂ

바늘구멍으로 하늘 보기 빈출	'조그만 바늘구멍으로 넓디넓은 하늘을 본다'라는 뜻으로, 전체를 포괄적으로 보지 못하는 매우 좁은 소견이나 관찰을 비꼬는 말
발 없는 말이 천 리 간다	'말은 비록 발이 없지만 천 리 밖까지도 순식간에 퍼진다'라는 뜻으로, 말을 삼가야 함을 비유적으로 이르는 말
벼룩의 간을[선지를] 내먹는다	① 하는 짓이 몹시 잘거나 인색함을 비유적으로 이르는 말 ② 어려운 처지에 있는 사람에게서 금품을 뜯어냄을 비유적으로 이르는 말
붉고 쓴 장	'빛이 좋아서 맛있을 듯한 간장이 쓰다'라는 뜻으로, 겉모양은 그럴듯하게 좋으나 실속은 흉악하여 안팎이 서로 다름을 비유적으로 이르는 말
비 온 뒤에 땅이 굳어진다 빈출	'비에 젖어 질척거리던 흙도 마르면서 단단하게 굳어진다'라는 뜻으로, 어떤 시련을 겪은 뒤에 더 강해짐을 비유적으로 이르는 말
빈대 잡으려고 초가삼간 태운다 빈출	손해를 크게 볼 것을 생각지 않고 자기에게 마땅치 않은 것을 없애려고 그저 덤비기만 하는 경우를 비유적으로 이르는 말
빛 좋은 개살구	겉보기에는 먹음직스러운 빛깔을 띠고 있지만 맛은 없는 개살구라는 뜻으로, 겉만 그럴듯하고 실속이 없는 경우를 비유적으로 이르는 말
뺑덕어멈 외상 빚 걸머지듯	빚을 잔뜩 걸머지고 헤어나지 못하는 모양을 비유적으로 이르는 말

ㅅ

사공이 많으면 배가 산으로 간다[올라간다]	'여러 사람이 저마다 제 주장대로 배를 몰려고 하면 결국에는 배가 물로 못 가고 산으로 올라간다'라는 뜻으로, 주관하는 사람 없이 여러 사람이 자기주장만 내세우면 일이 제대로 되기 어려움을 비유적으로 이르는 말
사흘 굶어 도둑질 아니 할 놈 없다	아무리 착한 사람이라도 몹시 궁하게 되면 못하는 짓이 없게 됨을 비유적으로 이르는 말
서울 (가서) 김 서방 찾는다[찾기]	'넓은 서울 장안에 가서 주소도 모르고 덮어놓고 김 서방을 찾는다'라는 뜻으로, 주소도 이름도 모르고 무턱대고 막연하게 사람을 찾아가는 경우를 비유적으로 이르는 말

✔ 기출 포인트 Check Check

다음 물음을 읽고, 적절한 것은 ○, 적절하지 않은 것은 ✕ 표시하시오.

01 속담 '낫 놓고 기역 자도 모른다'는 '아주 무식함을 비유적으로 이르는 말'이다. (○, ✕)

02 '일이 다 끝난 뒤에 쓸데없이 참견하고 나섬을 비유적으로 이르는 말'은 속담 '다 된 죽에 코 빠졌다'이다. (○, ✕)

03 '어떤 시련을 겪은 뒤에 더 강해짐을 비유적으로 이르는 말'은 속담 '비 온 뒤에 땅이 굳어진다'이다. (○, ✕)

정답 | 01 ○ 02 ✕, 다 된 농사에 낫 들고 덤빈다 03 ○

석새짚신에 구슬 감기	'거칠게 만든 하찮은 물건에 고급스러운 물건을 사용한다'라는 뜻으로, 격에 어울리지 않는 모양이나 차림새를 비유적으로 이르는 말
선무당이 사람 잡는다[죽인다]	'의술에 서투른 사람이 치료해 준다고 하다가 사람을 죽이기까지 한다'라는 뜻으로, 능력이 없어서 제구실을 못하면서 함부로 하다가 큰일을 저지르게 됨을 비유적으로 이르는 말
소 닭 보듯 (닭 소 보듯)	서로 무심하게 보는 모양을 비유적으로 이르는 말
소 뒷걸음질 치다 쥐 잡기	'소가 뒷걸음질 치다가 우연히 쥐를 잡게 되었다'라는 뜻으로, 우연히 공을 세운 경우를 비유적으로 이르는 말
소 잃고 외양간 고친다 빈출	'소를 도둑맞은 다음에서야 빈 외양간의 허물어진 데를 고치느라 수선을 떤다'라는 뜻으로, 일이 이미 잘못된 뒤에는 손을 써도 소용이 없음을 비꼬는 말
손 안 대고 코 풀기	'손조차 사용하지 않고 코를 푼다'라는 뜻으로, 일을 힘 안 들이고 아주 쉽게 해치움을 비유적으로 이르는 말
송도 말년의 불가사리라	'고려 말에 불가사리라는 괴물이 나타나 못된 짓을 많이 하였으나 죽이지 못하였다'라는 이야기에서 나온 말로, 몹시 무지하고 못된 짓을 하는 자를 비유적으로 이르는 말
수박 겉 핥기	'맛있는 수박을 먹는다는 것이 딱딱한 겉만 핥고 있다'라는 뜻으로, 사물의 속 내용은 모르고 겉만 건드리는 일을 비유적으로 이르는 말
숭어가 뛰니까 망둥이도 뛴다	① 남이 한다고 하니까 분별없이 덩달아 나섬을 비유적으로 이르는 말 ② 제 분수나 처지는 생각하지 않고 잘난 사람을 덮어놓고 따름을 비유적으로 이르는 말
싼 것이 비지떡[갈치자반]	값이 싼 물건은 품질도 그만큼 나쁘게 마련이라는 말
썩어도 준치	본래 좋고 훌륭한 것은 비록 상해도 그 본질에는 변함이 없음을 비유적으로 이르는 말

ㅇ

아는 것이 병[탈]	① 정확하지 못하거나 분명하지 않은 지식은 오히려 걱정거리가 될 수 있음을 이르는 말 ② '아무것도 모르면 차라리 마음이 편하여 좋으나, 무엇이나 좀 알고 있으면 걱정거리가 많아 도리어 해롭다'라는 말
아닌 밤중에 홍두깨 (내밀듯)	별안간 엉뚱한 말이나 행동을 함을 비유적으로 이르는 말
아랫돌 빼서 윗돌 괴고 윗돌 빼서 아랫돌 괴기	일이 몹시 급하여 임시변통으로 이리저리 둘러맞추어 일함을 비유적으로 이르는 말
아비만 한 자식 없다	① 자식이 부모에게 아무리 잘해도 부모가 자식 생각하는 것만은 못함을 이르는 말 ② 자식이 아무리 훌륭하게 되더라도 부모만큼은 못함을 이르는 말
앉아 주고 서서 받는다	빌려주기는 쉬우나 돌려받기는 어려움을 비유적으로 이르는 말
언 발에 오줌 누기 빈출	'언 발을 녹이려고 오줌을 누어 봤자 효력이 별로 없다'라는 뜻으로, 임시변통은 될지 모르나 그 효력이 오래가지 못할 뿐만 아니라 결국에는 사태가 더 나빠짐을 비유적으로 이르는 말
언 손 불기	부질없는 짓을 비유적으로 이르는 말
오뉴월에도 남의 일은 손이 시리다	① 남의 일은 힘들지 않은 일도 하기 싫고 고되다는 말 ② 남의 일을 하기 싫어서 건들건들하는 모양을 비난조로 이르는 말
우물에 가 숭늉 찾는다 빈출	모든 일에는 질서와 차례가 있는 법인데 일의 순서도 모르고 성급하게 덤빔을 비유적으로 이르는 말
우물에 든 고기	빠져나올 수 없는 곤경에 처하여서 마지막 운명만을 기다리고 있는 처지를 비유적으로 이르는 말

ㅈ

자기 얼굴[낯]에 침 뱉기 [빈출]	'남을 해치려고 하다가 도리어 자기가 해를 입게 된다'라는 것을 비유적으로 이르는 말
제 논에 물 대기 [빈출]	자기에게만 이롭도록 일을 하는 경우를 비유적으로 이르는 말

ㅊ

책력 보아 가며 밥 먹는다	'매일 밥을 먹을 수가 없어 책력을 보아 가며 좋은 날만을 택하여 밥을 먹는다'라는 뜻으로, 가난하여 끼니를 자주 거른다는 말
처삼촌 뫼에 벌초하듯	일에 정성을 들이지 않고 마지못하여 건성으로 함을 비유적으로 이르는 말
초록은 동색	풀색과 녹색은 같은 색이라는 뜻으로, 처지가 같은 사람들끼리 한패가 되는 경우를 비유적으로 이르는 말
춘향이네 집 가는 길 같다	'이 도령이 남의 눈을 피해서 골목길로 춘향이네를 찾아가는 길과 같다'라는 뜻으로, 길이 꼬불꼬불하고 매우 복잡한 경우를 비유적으로 이르는 말

ㅍ

평안 감사도 저 싫으면 그만이다	아무리 좋은 일이라도 당사자의 마음이 내키지 않으면 억지로 시킬 수 없음을 비유적으로 이르는 말

ㅎ

하룻강아지 범 무서운 줄 모른다	철없이 함부로 덤비는 경우를 비유적으로 이르는 말
한 손으로는 손뼉을 못 친다	상대가 없이 혼자서는 싸움이 되지 않는다는 말
호랑이 굴에 가야 호랑이 새끼를 잡는다	뜻하는 성과를 얻으려면 그에 마땅한 일을 하여야 함을 비유적으로 이르는 말
호랑이에게 물려 가도 정신만 차리면 산다	'아무리 위급한 경우를 당하더라도 정신만 똑똑히 차리면 위기를 벗어날 수가 있다'라는 말

✔ 기출 포인트 Check Check

다음 물음을 읽고, 적절한 것은 ○, 적절하지 않은 것은 × 표시하시오.

01 '일이 이미 잘못된 뒤에는 손을 써도 소용이 없음을 비꼬는 말'은 속담 '소 잃고 외양간 고친다'이다. (○, ×)

02 속담 '우물에 가 숭늉 찾는다'는 '별안간 엉뚱한 말이나 행동을 함을 비유적으로 이르는 말'이다. (○, ×)

03 '처지가 같은 사람들끼리 한패가 되는 경우를 비유적으로 이르는 말'은 속담 '초록은 동색'이다. (○, ×)

정답 | **01** ○ **02** ×, 아닌 밤중에 홍두깨 (내밀듯) **03** ○

ㄱ

간담상조(肝膽相照)	서로 속마음을 털어놓고 친하게 사귐
감개무량(感慨無量)	마음속에서 느끼는 감동이나 느낌이 끝이 없음. 또는 그 감동이나 느낌
감언이설(甘言利說) 빈출	귀가 솔깃하도록 남의 비위를 맞추거나 이로운 조건을 내세워 꾀는 말
거두절미(去頭截尾)	① 머리와 꼬리를 잘라 버림 ② 어떤 일의 요점만 간단히 말함
건곤일척(乾坤一擲)	'주사위를 던져 승패를 건다'라는 뜻으로, 운명을 걸고 단판걸이로 승부를 겨룸을 이르는 말
견강부회(牽強附會) 빈출	이치에 맞지 않는 말을 억지로 끌어 붙여 자기에게 유리하게 함
견리사의(見利思義)	눈앞의 이익을 보면 의리를 먼저 생각함
견마지로(犬馬之勞) 빈출	개나 말 정도의 하찮은 힘이라는 뜻으로, 윗사람에게 충성을 다하는 자신의 노력을 낮추어 이르는 말
견문발검(見蚊拔劍)	'모기를 보고 칼을 뺀다'라는 뜻으로, 사소한 일에 크게 성내어 덤빔을 이르는 말
견물생심(見物生心)	어떠한 실물을 보게 되면 그것을 가지고 싶은 욕심이 생김
견원지간(犬猿之間)	개와 원숭이의 사이라는 뜻으로, 사이가 매우 나쁜 두 관계를 비유적으로 이르는 말
결초보은(結草報恩) 빈출	죽은 뒤에라도 은혜를 잊지 않고 갚음을 이르는 말
경천동지(驚天動地)	'하늘을 놀라게 하고 땅을 뒤흔든다'라는 뜻으로, 세상을 몹시 놀라게 함을 비유적으로 이르는 말
고분지탄(鼓盆之歎 / 鼓盆之嘆)	아내의 죽음을 한탄함을 비유적으로 이르는 말
고식지계(姑息之計) 빈출	우선 당장 편한 것만을 택하는 꾀나 방법. 한때의 안정을 얻기 위하여 임시로 둘러맞추어 처리하거나 이리저리 주선하여 꾸며 내는 계책을 이른다.
고육지계(苦肉之計)	자기 몸을 상해 가면서까지 꾸며 내는 계책이라는 뜻으로, 어려운 상태를 벗어나기 위해 어쩔 수 없이 꾸며 내는 계책을 이르는 말
고장난명(孤掌難鳴) 빈출	① '외손뼉만으로는 소리가 울리지 않는다'라는 뜻으로, 혼자의 힘만으로 어떤 일을 이루기 어려움을 이르는 말 ② 맞서는 사람이 없으면 싸움이 일어나지 않음을 이르는 말
곡학아세(曲學阿世) 빈출	바른길에서 벗어난 학문으로 세상 사람에게 아첨함
공전절후(空前絕後)	이전에도 없었고 앞으로도 없음
과유불급(過猶不及)	'정도를 지나침은 미치지 못함과 같다'라는 뜻으로, 중용이 중요함을 이르는 말
관포지교(管鮑之交) 빈출	관중과 포숙의 사귐이란 뜻으로, 우정이 아주 돈독한 친구 관계를 이르는 말
교각살우(矯角殺牛) 빈출	'소의 뿔을 바로잡으려다가 소를 죽인다'라는 뜻으로, 잘못된 점을 고치려다가 그 방법이나 정도가 지나쳐 오히려 일을 그르침을 이르는 말
교언영색(巧言令色)	아첨하는 말과 알랑거리는 태도
교학상장(教學相長)	'가르치고 배움으로써 성장한다'라는 뜻으로, 스승과 제자가 가르치고 배우는 과정에서 서로 성장함을 이르는 말

구밀복검(口蜜腹劍)	'입에는 꿀이 있고 배 속에는 칼이 있다'라는 뜻으로, 말로는 친한 듯하나 속으로는 해칠 생각이 있음을 이르는 말
구사일생(九死一生)	'아홉 번 죽을 뻔하다 한 번 살아난다'라는 뜻으로, 죽을 고비를 여러 차례 넘기고 겨우 살아남을 이르는 말
구우일모(九牛一毛)	아홉 마리의 소 가운데 박힌 하나의 털이란 뜻으로, 매우 많은 것 가운데 극히 적은 수를 이르는 말
권토중래(捲土重來) 빈출	① '땅을 말아 일으킬 것 같은 기세로 다시 온다'라는 뜻으로, 한 번 실패하였으나 힘을 회복하여 다시 쳐들어옴을 이르는 말 ② 어떤 일에 실패한 뒤에 힘을 가다듬어 다시 그 일에 착수함을 비유하여 이르는 말
금과옥조(金科玉條)	금이나 옥처럼 귀중히 여겨 꼭 지켜야 할 법칙이나 규정
기고만장(氣高萬丈)	① 펄펄 뛸 만큼 대단히 성이 남 ② 일이 뜻대로 잘될 때, 우쭐하여 뽐내는 기세가 대단함
기호지세(騎虎之勢)	호랑이를 타고 달리는 형세라는 뜻으로, 이미 시작한 일을 중도에서 그만둘 수 없는 경우를 비유적으로 이르는 말

ㄴ

난공불락(難攻不落)	공격하기가 어려워 쉽사리 함락되지 않음
난상공론(爛商公論)	여러 사람이 모여서 충분히 의논함. 또는 그런 의논
난형난제(難兄難弟)	'누구를 형이라 하고 누구를 아우라 하기 어렵다'라는 뜻으로, 두 사물이 비슷하여 낫고 못함을 정하기 어려움을 이르는 말
낭중지추(囊中之錐) 빈출	주머니 속의 송곳이라는 뜻으로, 재능이 뛰어난 사람은 숨어 있어도 저절로 사람들에게 알려짐을 이르는 말
내우외환(內憂外患)	나라 안팎의 여러 가지 어려움
노발대발(怒發大發)	몹시 노하여 펄펄 뛰며 성을 냄
노심초사(勞心焦思)	몹시 마음을 쓰며 애를 태움
누란지위(累卵之危)	층층이 쌓아 놓은 알의 위태로움이라는 뜻으로, 몹시 아슬아슬한 위기를 비유적으로 이르는 말

✔ 기출 포인트 Check Check

다음 물음을 읽고, 적절한 것은 ○, 적절하지 않은 것은 × 표시하시오.

01 한자 성어 '견강부회(牽強附會)'는 '이치에 맞지 않는 말을 억지로 끌어 붙여 자기에게 유리하게 함'을 뜻한다. (○, ×)

02 '우정이 아주 돈독한 친구 관계를 이르는 말'은 한자 성어 '관포지교(管鮑之交)'이다. (○, ×)

03 한자 성어 '노발대발(怒發大發)'은 '몹시 노하여 펄펄 뛰며 성을 냄'이라는 의미이다. (○, ×)

정답 | 01 ○ 02 ○ 03 ○

다기망양(多岐亡羊) 빈출	① '갈림길이 많아 잃어버린 양을 찾지 못한다'라는 뜻으로, 두루 섭렵하기만 하고 전공하는 바가 없어 끝내 성취하지 못함을 이르는 말 ② 방침이 많아서 도리어 갈 바를 모름
다문박식(多聞博識)	보고 들은 것이 많고 아는 것이 많음
단기지계(斷機之戒)	학문을 중도에서 그만두면 짜던 베의 날을 끊는 것처럼 아무 쓸모 없음을 경계한 말
당구풍월(堂狗風月)	'서당에서 기르는 개가 풍월을 읊는다'라는 뜻으로, 그 분야에 대하여 경험과 지식이 전혀 없는 사람이라도 오래 있으면 얼마간의 경험과 지식을 가짐을 이르는 말
당랑거철(螳螂拒轍) 빈출	제 역량을 생각하지 않고, 강한 상대나 되지 않을 일에 덤벼드는 무모한 행동거지를 비유적으로 이르는 말
대기만성(大器晚成)	'큰 그릇을 만드는 데는 시간이 오래 걸린다'라는 뜻으로, 크게 될 사람은 늦게 이루어짐을 이르는 말
독수공방(獨守空房)	① 혼자서 지내는 것 ② 아내가 남편 없이 혼자 지내는 것
동문서답(東問西答)	물음과는 전혀 상관없는 엉뚱한 대답
동족방뇨(凍足放尿)	언 발에 오줌 누기라는 뜻으로, 잠시 동안만 효력이 있을 뿐 효력이 바로 사라짐을 비유적으로 이르는 말
등화가친(燈火可親)	'등불을 가까이할 만하다'라는 뜻으로, 서늘한 가을밤은 등불을 가까이 하여 글 읽기에 좋음을 이르는 말

만경창파(萬頃蒼波)	만 이랑의 푸른 물결이라는 뜻으로, 한없이 넓고 넓은 바다를 이르는 말
만고절색(萬古絕色)	세상에 비길 데 없이 뛰어난 미인
망년지교(忘年之交)	나이에 거리끼지 않고 허물없이 사귄 벗
망양보뢰(亡羊補牢) 빈출	'양을 잃고 우리를 고친다'라는 뜻으로, 이미 어떤 일을 실패한 뒤에 뉘우쳐도 아무 소용이 없음을 이르는 말
망양지탄(亡羊之歎 / 亡羊之嘆)	'갈림길이 매우 많아 잃어버린 양을 찾을 길이 없음을 탄식한다'라는 뜻으로, 학문의 길이 여러 갈래여서 한 갈래의 진리도 얻기 어려움을 이르는 말
망운지정(望雲之情)	자식이 객지에서 고향에 계신 어버이를 생각하는 마음
맥수지탄(麥秀之歎 / 麥秀之嘆)	고국의 멸망을 한탄함을 이르는 말
면종복배(面從腹背)	겉으로는 복종하는 체하면서 내심으로는 배반함
명약관화(明若觀火)	불을 보듯 분명하고 뻔함
명재경각(命在頃刻)	거의 죽게 되어 곧 숨이 끊어질 지경에 이름
목불식정(目不識丁) 빈출	'아주 간단한 글자인 '丁' 자를 보고도 그것이 '고무래'인 줄을 알지 못한다'라는 뜻으로, 아주 까막눈임을 이르는 말
묘항현령(猫項懸鈴)	'쥐가 고양이 목에 방울을 단다'라는 뜻으로, 실행할 수 없는 헛된 논의를 이르는 말
무사가답(無辭可答)	사리가 옳아 감히 무어라고 대답할 말이 없음

묵묵부답(默默不答)	잠자코 아무 대답도 하지 않음
문경지교(刎頸之交)	서로를 위해서라면 목이 잘린다 해도 후회하지 않을 정도의 사이라는 뜻으로, 생사를 같이할 수 있는 아주 가까운 사이, 또는 그런 친구를 이르는 말

ㅂ

박장대소(拍掌大笑)	손뼉을 치며 크게 웃음
반포지효(反哺之孝) 빈출	까마귀 새끼가 자라서 늙은 어미에게 먹이를 물어다 주는 효라는 뜻으로, 자식이 자란 후에 어버이의 은혜를 갚는 효성을 이르는 말
방약무인(傍若無人) 빈출	곁에 사람이 없는 것처럼 아무 거리낌 없이 함부로 말하고 행동하는 태도가 있음
배은망덕(背恩忘德)	남에게 입은 은덕을 저버리고 배신하는 태도가 있음
백가쟁명(百家爭鳴) 빈출	많은 학자나 문화인 등이 자기의 학설이나 주장을 자유롭게 발표하여, 논쟁하고 토론하는 일
백의종군(白衣從軍)	벼슬 없이 군대를 따라 싸움터로 감
부창부수(夫唱婦隨)	남편이 주장하고 아내가 이에 잘 따름. 또는 부부 사이의 그런 도리
부화뇌동(附和雷同) 빈출	줏대 없이 남의 의견에 따라 움직임
불치하문(不恥下問)	손아랫사람이나 지위나 학식이 자기만 못한 사람에게 모르는 것을 묻는 일을 부끄러워하지 않음

ㅅ

사필귀정(事必歸正)	모든 일은 반드시 바른길로 돌아감
삼삼오오(三三五五)	서너 사람 또는 대여섯 사람이 떼를 지어 다니거나 무슨 일을 함. 또는 그런 모양
삼순구식(三旬九食)	'삼십 일 동안 아홉 끼니밖에 먹지 못한다'라는 뜻으로, 몹시 가난함을 이르는 말
설상가상(雪上加霜)	'눈 위에 서리가 덮인다'라는 뜻으로, 난처한 일이나 불행한 일이 잇따라 일어남을 이르는 말
성동격서(聲東擊西)	'동쪽에서 소리를 내고 서쪽에서 적을 친다'라는 뜻으로, 적을 유인하여 이쪽을 공격하는 체하다가 그 반대쪽을 치는 전술을 이르는 말
수불석권(手不釋卷) 빈출	손에서 책을 놓지 않고 늘 글을 읽음
수수방관(袖手傍觀)	'팔짱을 끼고 보고만 있다'라는 뜻으로, 간섭하거나 거들지 않고 그대로 버려둠을 이르는 말

✔ 기출 포인트 Check Check

다음 물음을 읽고, 적절한 것은 ○, 적절하지 않은 것은 × 표시하시오.

01 한자 성어 '망양보뢰(亡羊補牢)'는 '이미 어떤 일을 실패한 뒤에 뉘우쳐도 아무 소용이 없음을 이르는 말'이다. (○, ×)

02 '자식이 객지에서 고향에 계신 어버이를 생각하는 마음'을 의미하는 한자 성어는 '망운지정(望雲之情)'이다. (○, ×)

03 '줏대 없이 남의 의견에 따라 움직임'을 의미하는 한자 성어는 '백가쟁명(百家爭鳴)'이다. (○, ×)

정답 | **01** ○ **02** ○ **03** ×, 부화뇌동(附和雷同)

수어지교(水魚之交)	물이 없으면 살 수 없는 물고기와 물의 관계라는 뜻으로, 아주 친밀하여 떨어질 수 없는 사이를 비유적으로 이르는 말
수주대토(守株待兔) 빈출	한 가지 일에만 얽매여 발전을 모르는 어리석은 사람을 비유적으로 이르는 말
숙맥불변(菽麥不辨)	'콩인지 보리인지를 구별하지 못한다'라는 뜻으로, 사리 분별을 못하고 세상 물정을 잘 모름을 이르는 말
식자우환(識字憂患)	학식이 있는 것이 오히려 근심을 사게 됨

ㅇ

애이불비(哀而不悲)	① 슬프지만 겉으로는 슬픔을 나타내지 않음 ② 슬프기는 하나 비참하지는 않음
양두구육(羊頭狗肉)	'양의 머리를 걸어 놓고 개고기를 판다'라는 뜻으로, 겉보기만 그럴듯하게 보이고 속은 변변하지 않음을 이르는 말
어로불변(魚魯不辨) 빈출	'어(魚) 자와 노(魯) 자를 구별하지 못한다'라는 뜻으로, 아주 무식함을 비유적으로 이르는 말
여리박빙(如履薄氷)	'살얼음을 밟는 것과 같다'라는 뜻으로, 아슬아슬하고 위험한 일을 비유적으로 이르는 말
연하고질(煙霞痼疾)	자연의 아름다운 경치를 몹시 사랑하고 즐기는 성벽
염화미소(拈華微笑)	말로 통하지 않고 마음에서 마음으로 전하는 일
오비삼척(吾鼻三尺)	내 코가 석 자라는 뜻으로, 자기 사정이 급하여 남을 돌볼 겨를이 없음을 이르는 말
오비이락(烏飛梨落) 빈출	'까마귀 날자 배 떨어진다'라는 뜻으로, 아무 관계도 없이 한 일이 공교롭게도 때가 같아 억울하게 의심을 받거나 난처한 위치에 서게 됨을 이르는 말
오십보백보(五十步百步)	조금 낫고 못한 정도의 차이는 있으나 본질적으로는 차이가 없음을 이르는 말
오월동주(吳越同舟)	서로 적의를 품은 사람들이 한자리에 있게 된 경우나 서로 협력하여야 하는 상황을 비유적으로 이르는 말
우공이산(愚公移山) 빈출	'우공이 산을 옮긴다'라는 뜻으로, 어떤 일이든 끊임없이 노력하면 반드시 이루어짐을 이르는 말
우문현답(愚問賢答)	어리석은 질문에 대한 현명한 대답
우유부단(優柔不斷)	어물어물 망설이기만 하고 결단성이 없음
우이독경(牛耳讀經)	쇠귀에 경 읽기라는 뜻으로, 아무리 가르치고 일러 주어도 알아듣지 못함을 이르는 말
위편삼절(韋編三絶)	'공자가 주역을 즐겨 읽어 책의 가죽끈이 세 번이나 끊어졌다'라는 뜻으로, 책을 열심히 읽음을 이르는 말
유만부동(類萬不同)	① 비슷한 것이 많으나 서로 같지는 않음 ② 정도에 넘침. 또는 분수에 맞지 않음
유비무환(有備無患)	미리 준비가 되어 있으면 걱정할 것이 없음
이심전심(以心傳心)	마음과 마음으로 서로 뜻이 통함
이전투구(泥田鬪狗)	① 진흙탕에서 싸우는 개라는 뜻으로, 강인한 성격의 함경도 사람을 이르는 말 ② 자기의 이익을 위하여 비열하게 다툼을 비유적으로 이르는 말
이합집산(離合集散)	헤어졌다가 만나고 모였다가 흩어짐

익자삼우(益者三友)	사귀어서 자기에게 도움이 되는 세 가지의 벗
인명재각(人命在刻)	'사람의 목숨이 경각에 달려 있다'라는 뜻으로, 몹시 위급함을 이르는 말
일구이언(一口二言)	'한 입으로 두 말을 한다'라는 뜻으로, 한 가지 일에 대하여 말을 이랬다저랬다 함을 이르는 말
일면지교(一面之交)	한 번 만나 본 정도의 친분
일장춘몽(一場春夢)	한바탕의 봄꿈이라는 뜻으로, 헛된 영화나 덧없는 일을 비유적으로 이르는 말
일취월장(日就月將) 빈출	나날이 다달이 자라거나 발전함

ㅈ

자가당착(自家撞着) 빈출	같은 사람의 말이나 행동이 앞뒤가 서로 맞지 않고 모순됨
자문자답(自問自答)	스스로 묻고 스스로 대답함
자승자박(自繩自縛)	'자기의 줄로 자기 몸을 옭아 묶는다'라는 뜻으로, 자기가 한 말과 행동에 자기 자신이 옭혀 곤란하게 됨을 비유적으로 이르는 말
작심삼일(作心三日)	'단단히 먹은 마음이 사흘을 가지 못한다'라는 뜻으로, 결심이 굳지 못함을 이르는 말
적반하장(賊反荷杖)	'도둑이 도리어 매를 든다'라는 뜻으로, 잘못한 사람이 아무 잘못도 없는 사람을 나무람을 이르는 말
전대미문(前代未聞)	이제까지 들어 본 적이 없음
전도유망(前途有望)	앞으로 잘될 희망이 있음
전무후무(前無後無)	이전에도 없었고 앞으로도 없음
전인미답(前人未踏)	① 이제까지 그 누구도 가 보지 못함 ② 이제까지 그 누구도 손을 대어 본 일이 없음
전전긍긍(戰戰兢兢)	몹시 두려워서 벌벌 떨며 조심함
절차탁마(切磋琢磨) 빈출	'옥이나 돌 등을 갈고 닦아서 빛을 낸다'라는 뜻으로, 부지런히 학문과 덕행을 닦음을 이르는 말
절치부심(切齒腐心)	몹시 분하여 이를 갈며 속을 썩임
조삼모사(朝三暮四)	간사한 꾀로 남을 속여 희롱함을 이르는 말
조족지혈(鳥足之血)	새 발의 피라는 뜻으로, 매우 적은 분량을 비유적으로 이르는 말
좌불안석(坐不安席)	'앉아도 자리가 편안하지 않다'라는 뜻으로, 마음이 불안하거나 걱정스러워서 한군데에 가만히 앉아 있지 못하고 안절부절못하는 모양을 이르는 말

✔ 기출 포인트 Check Check

다음 물음을 읽고, 적절한 것은 ○, 적절하지 않은 것은 × 표시하시오.

01 '자기의 이익을 위하여 비열하게 다툼을 비유적으로 이르는 말'은 한자 성어 '이전투구(泥田鬪狗)'이다. (○, ×)

02 '같은 사람의 말이나 행동이 앞뒤가 서로 맞지 않고 모순됨'을 뜻하는 한자 성어는 '자가당착(自家撞着)'이다. (○, ×)

03 한자 성어 '절차탁마(切磋琢磨)'는 '부지런히 학문과 덕행을 닦음을 이르는 말'이다. (○, ×)

정답 | 01 ○ 02 ○ 03 ○

좌정관천(坐井觀天) 빈출	'우물 속에 앉아서 하늘을 본다'라는 뜻으로, 사람의 견문이 매우 좁음을 이르는 말
주경야독(晝耕夜讀)	'낮에는 농사짓고, 밤에는 글을 읽는다'라는 뜻으로, 어려운 여건 속에서도 꿋꿋이 공부함을 이르는 말
주마가편(走馬加鞭) 빈출	'달리는 말에 채찍질한다'라는 뜻으로, 잘하는 사람을 더욱 장려함을 이르는 말
주마간산(走馬看山) 빈출	'말을 타고 달리며 산천을 구경한다'라는 뜻으로, 자세히 살피지 않고 대충대충 보고 지나감을 이르는 말
지록위마(指鹿爲馬)	① 윗사람을 농락하여 권세를 마음대로 함을 이르는 말 ② 모순된 것을 끝까지 우겨서 남을 속이려는 짓을 비유적으로 이르는 말

ㅊ

천우신조(天佑神助)	하늘이 돕고 신령이 도움. 또는 그런 일
청출어람(靑出於藍)	'쪽에서 뽑아낸 푸른 물감이 쪽보다 더 푸르다'라는 뜻으로, 제자나 후배가 스승이나 선배보다 나음을 비유적으로 이르는 말
촌철살인(寸鐵殺人) 빈출	'한 치의 쇠붙이로도 사람을 죽일 수 있다'라는 뜻으로, 간단한 말로도 남을 감동하게 하거나 남의 약점을 찌를 수 있음을 이르는 말

ㅌ

토사구팽(兔死狗烹)	'토끼가 죽으면 토끼를 잡던 사냥개도 필요 없게 되어 주인에게 삶아 먹히게 된다'라는 뜻으로, 필요할 때는 쓰고 필요 없을 때는 야박하게 버리는 경우를 이르는 말

ㅍ

파경지탄(破鏡之歎 / 破鏡之嘆)	깨어진 거울 조각을 들고 하는 탄식이라는 뜻으로, 부부의 이별을 서러워하는 탄식을 이르는 말
파란만장(波瀾萬丈)	사람의 생활이나 일의 진행이 여러 가지 곡절과 시련이 많고 변화가 심함
포복절도(抱腹絶倒) 빈출	배를 그러안고 넘어질 정도로 몹시 웃음
포의지교(布衣之交)	베옷을 입고 다닐 때의 사귐이라는 뜻으로, 벼슬을 하기 전 선비 시절에 사귐. 또는 그렇게 사귄 벗을 이르는 말
풍수지탄(風樹之歎 / 風樹之嘆) 빈출	효도를 다하지 못한 채 어버이를 여읜 자식의 슬픔을 이르는 말
풍전등화(風前燈火)	① 바람 앞의 등불이라는 뜻으로, 사물이 매우 위태로운 처지에 놓여 있음을 비유적으로 이르는 말 ② 사물이 덧없음을 비유적으로 이르는 말

ㅎ

하석상대(下石上臺) 빈출	'아랫돌 빼서 윗돌 고고 윗돌 빼서 아랫돌 괸다'라는 뜻으로, 임시변통으로 이리저리 둘러맞춤을 이르는 말
학수고대(鶴首苦待)	학의 목처럼 목을 길게 빼고 간절히 기다림
허장성세(虛張聲勢)	실속은 없으면서 큰소리치거나 허세를 부림

허허실실(虛虛實實)	허를 찌르고 실을 꾀하는 계책
형설지공(螢雪之功) _{빈출}	반딧불·눈과 함께 하는 노력이라는 뜻으로, 고생을 하면서 부지런하고 꾸준하게 공부하는 자세를 이르는 말
호가호위(狐假虎威) _{빈출}	남의 권세를 빌려 위세를 부림
호연지기(浩然之氣)	① 하늘과 땅 사이에 가득 찬 넓고 큰 원기 ② 거침없이 넓고 큰 기개
혼정신성(昏定晨省) _{빈출}	'밤에는 부모의 잠자리를 보아 드리고 이른 아침에는 부모의 밤새 안부를 묻는다'라는 뜻으로, 부모를 잘 섬기고 효성을 다함을 이르는 말
화룡점정(畫龍點睛)	무슨 일을 하는 데에 가장 중요한 부분을 완성함을 비유적으로 이르는 말
화사첨족(畫蛇添足)	'뱀을 다 그리고 나서 있지도 않은 발을 덧붙여 그려 넣는다'라는 뜻으로, 쓸데없는 군짓을 하여 도리어 잘못되게 함을 이르는 말
환골탈태(換骨奪胎)	① '뼈대를 바꾸어 끼고 태를 바꾸어 쓴다'라는 뜻으로, 고인의 시문의 형식을 바꾸어서 그 짜임새와 수법이 먼저 것보다 잘되게 함을 이르는 말 ② 사람이 보다 나은 방향으로 변하여 전혀 딴사람처럼 됨
후래삼배(後來三杯)	술자리에 뒤늦게 온 사람에게 권하는 석 잔의 술
후안무치(厚顏無恥)	뻔뻔스러워 부끄러움이 없음
흥진비래(興盡悲來)	'즐거운 일이 다하면 슬픈 일이 닥쳐온다'라는 뜻으로, 세상일은 순환되는 것임을 이르는 말

3 뜻이 유사한 기출 속담과 한자 성어

1	가재는 게 편	모양이나 형편이 서로 비슷하고 인연이 있는 것끼리 서로 잘 어울리고, 사정을 보아주며 감싸 주기 쉬움을 비유적으로 이르는 말
	유유상종(類類相從)	같은 무리끼리 서로 사귐
2	기침에 재채기	① 어려운 일이 공교롭게 계속됨을 비유적으로 이르는 말 ② 일마다 공교롭게도 방해가 끼어 낭패를 보게 됨을 비유적으로 이르는 말
	설상가상(雪上加霜)	'눈 위에 서리가 덮인다'라는 뜻으로, 난처한 일이나 불행한 일이 잇따라 일어남을 이르는 말

✓ 기출 포인트 Check Check

다음 물음을 읽고, 적절한 것은 ○, 적절하지 않은 것은 × 표시하시오.

01 한자 성어 '주마간산(走馬看山)'은 '잘하는 사람을 더욱 장려함을 이르는 말'이다. (○, ×)

02 '배를 그러안고 넘어질 정도로 몹시 웃음'을 뜻하는 한자 성어는 '포복절도(抱腹絶倒)'이다. (○, ×)

03 '남의 권세를 빌려 위세를 부림'을 뜻하는 한자 성어는 '호가호위(狐假虎威)'이다. (○, ×)

정답 | **01** ×, 주마가편(走馬加鞭) **02** ○ **03** ○

3	낫 놓고 기역 자도 모른다	'기역 자 모양으로 생긴 낫을 보면서도 기역 자를 모른다'라는 뜻으로, 아주 무식함을 비유적으로 이르는 말
	어로불변(魚魯不辨) 빈출	'어(魚) 자와 노(魯) 자를 구별하지 못한다'라는 뜻으로, 아주 무식함을 비유적으로 이르는 말
4	도토리 키 재기	① 정도가 고만고만한 사람끼리 서로 다툼을 이르는 말 ② 비슷비슷하여 견주어 볼 필요가 없음을 이르는 말
	오십보백보(五十步百步)	조금 낫고 못한 정도의 차이는 있으나 본질적으로는 차이가 없음을 이르는 말
5	백지장도 맞들면 낫다	'쉬운 일이라도 협력하여 하면 훨씬 쉽다'라는 말
	고장난명(孤掌難鳴) 빈출	① '외손뼉만으로는 소리가 울리지 않는다'라는 뜻으로, 혼자의 힘만으로 어떤 일을 이루기 어려움을 이르는 말 ② 맞서는 사람이 없으면 싸움이 일어나지 않음을 이르는 말
6	빈대 잡으려고 초가삼간 태운다 빈출	손해를 크게 볼 것을 생각지 않고 자기에게 마땅치 않은 것을 없애려고 그저 덤비기만 하는 경우를 비유적으로 이르는 말
	교각살우(矯角殺牛) 빈출	'소의 뿔을 바로잡으려다가 소를 죽인다'라는 뜻으로, 잘못된 점을 고치려다가 그 방법이나 정도가 지나쳐 오히려 일을 그르침을 이르는 말
7	소 잃고 외양간 고친다 빈출	'소를 도둑맞은 다음에서야 빈 외양간의 허물어진 데를 고치느라 수선을 떤다'라는 뜻으로, 일이 이미 잘못된 뒤에는 손을 써도 소용이 없음을 비꼬는 말
	망양보뢰(亡羊補牢) 빈출	'양을 잃고 우리를 고친다'라는 뜻으로, 이미 어떤 일을 실패한 뒤에 뉘우쳐도 아무 소용이 없음을 이르는 말
8	수박 겉 핥기	'맛있는 수박을 먹는다는 것이 딱딱한 겉만 핥고 있다'라는 뜻으로, 사물의 속 내용은 모르고 겉만 건드리는 일을 비유적으로 이르는 말
	주마간산(走馬看山) 빈출	'말을 타고 달리며 산천을 구경한다'라는 뜻으로, 자세히 살피지 않고 대충대충 보고 지나감을 이르는 말
9	숭어가 뛰니까 망둥이도 뛴다	① 남이 한다고 하니까 분별없이 덩달아 나섬을 비유적으로 이르는 말 ② 제 분수나 처지는 생각하지 않고 잘난 사람을 덮어놓고 따름을 비유적으로 이르는 말
	부화뇌동(附和雷同) 빈출	줏대 없이 남의 의견에 따라 움직임
10	십 년이면 강산[산천]도 변한다	세월이 흐르게 되면 모든 것이 다 변하게 됨을 비유적으로 이르는 말
	상전벽해(桑田碧海)	'뽕나무밭이 변하여 푸른 바다가 된다'라는 뜻으로, 세상일의 변천이 심함을 비유적으로 이르는 말
11	언 발에 오줌 누기 빈출	'언 발을 녹이려고 오줌을 누어 봤자 효력이 별로 없다'라는 뜻으로, 임시변통은 될지 모르나 그 효력이 오래가지 못할 뿐만 아니라 결국에는 사태가 더 나빠짐을 비유적으로 이르는 말
	고식지계(姑息之計) 빈출	우선 당장 편한 것만을 택하는 꾀나 방법. 한때의 안정을 얻기 위하여 임시로 둘러맞추어 처리하거나 이리저리 주선하여 꾸며 내는 계책을 이른다.
	하석상대(下石上臺) 빈출	'아랫돌 빼서 윗돌 괴고 윗돌 빼서 아랫돌 괸다'라는 뜻으로, 임시변통으로 이리저리 둘러맞춤을 이르는 말
12	제 논에 물 대기 빈출	자기에게만 이롭도록 일을 하는 경우를 비유적으로 이르는 말
	견강부회(牽強附會) 빈출	이치에 맞지 않는 말을 억지로 끌어 붙여 자기에게 유리하게 함

13	책력 보아 가며 밥 먹는다	'매일 밥을 먹을 수가 없어 책력을 보아 가며 좋은 날만을 택하여 밥을 먹는다'라는 뜻으로, 가난하여 끼니를 자주 거른다는 말
	삼순구식(三旬九食)	'삼십 일 동안 아홉 끼니밖에 먹지 못한다'라는 뜻으로, 몹시 가난함을 이르는 말
14	하룻강아지 범 무서운 줄 모른다	철없이 함부로 덤비는 경우를 비유적으로 이르는 말
	당랑거철(螳螂拒轍) 빈출	제 역량을 생각하지 않고, 강한 상대나 되지 않을 일에 덤벼드는 무모한 행동거지를 비유적으로 이르는 말

✔ 기출 포인트 Check Check

다음 물음을 읽고, 적절한 것은 ○, 적절하지 않은 것은 × 표시하시오.

01 한자 성어 '교각살우(矯角殺牛)'와 뜻이 유사한 속담은 '빈대 잡으려고 초가삼간 태운다'이다. (○, ×)

02 속담 '언 발에 오줌 누기'와 의미가 유사한 한자 성어로는 '고식지계(姑息之計)'와 '하석상대(下石上臺)'가 있다. (○, ×)

03 한자 성어 '당랑거철(螳螂拒轍)'과 의미가 유사한 속담은 '하룻강아지 범 무서운 줄 모른다'이다. (○, ×)

정답 | **01** ○ **02** ○ **03** ○

출제예상문제

01 '함정에 든 범'과 의미가 가장 유사한 속담은?

① 아는 것이 병

② 개밥에 도토리

③ 우물에 든 고기

④ 제 논에 물 대기

⑤ 하늘 아래 첫 동네

02 '효'의 의미를 내포하고 있는 한자 성어를 모두 고른 것으로 적절한 것은?

〈 보 기 〉

ㄱ. 반포지효(反哺之孝)　　ㄴ. 혼정신성(昏定晨省)　　ㄷ. 감언이설(甘言利說)　　ㄹ. 경천동지(驚天動地)

① ㄱ, ㄴ

② ㄷ, ㄹ

③ ㄱ, ㄴ, ㄷ

④ ㄱ, ㄷ, ㄹ

⑤ ㄱ, ㄴ, ㄷ, ㄹ

03 다음 중 '어떤 일이든 끊임없이 노력하면 반드시 이루어짐을 이르는 말'이라는 의미의 사자성어는?

① 만경창파(萬頃蒼波)

② 부창부수(夫唱婦隨)

③ 설상가상(雪上加霜)

④ 우공이산(愚公移山)

⑤ 천재일우(千載一遇)

04 '우선 당장 편한 것만을 택하는 꾀나 방법'이라는 의미를 지닌 사자성어는?

① 거두절미(去頭截尾)

② 고식지계(姑息之計)

③ 곡학아세(曲學阿世)

④ 면종복배(面從腹背)

⑤ 어로불변(魚魯不辨)

05 다음 중 '가갸 뒷다리도 모른다'와 의미가 가장 유사한 것은?

① 기고만장(氣高萬丈)

② 누란지위(累卵之危)

③ 목불식정(目不識丁)

④ 유비무환(有備無患)

⑤ 허장성세(虛張聲勢)

06 다음 중 '바늘구멍으로 하늘 보기'와 의미가 가장 유사한 것은?

① 권토중래(捲土重來)

② 동온하정(冬溫夏凊)

③ 수주대토(守株待兔)

④ 와신상담(臥薪嘗膽)

⑤ 좌정관천(坐井觀天)

정답 및 해설 p.283

05 관용구, 순화어

대표 기출 유형 공략

| 대표 기출 유형 | ① 관용구

유형 특징

1. 관용구의 의미를 정확하게 알고 있는지를 평가하기 위한 문제 유형이다.
2. 기출된 관용구를 그 의미와 함께 꼼꼼하게 암기하는 것이 문제를 푸는 데 도움이 된다.

대표 예제 다음 관용구의 의미가 적절하지 <u>않은</u> 것은?

① '손을 끊다' → 교제나 거래 등을 중단하다.
② '발이 닳다' → 매우 분주하게 많이 다니다.
③ '머리를 쥐어짜다' → 몹시 애를 써서 궁리하다.
④ '귀에 딱지가 앉다' → 소리가 날카롭고 커서 듣기에 괴롭다.
⑤ '가슴이 뜨끔하다' → 자극을 받아 마음이 깜짝 놀라거나 양심의 가책을 받다.

풀이 전략 **1단계** 문제 지시문을 통해 관용구의 의미가 적절한지 묻는 문제임을 파악한다.

2단계 학습한 관용구와 그 의미를 떠올리며 관용구와 제시된 의미가 적절하게 연결되었는지 대조하면서 선택지를 읽어 나간다. '귀에 딱지가 앉다'는 '같은 말을 여러 번 듣다'를 뜻하므로 의미가 적절하지 않은 것은 ④이다. 참고로, '소리가 날카롭고 커서 듣기에 괴롭다'는 관용구 '귀가 따갑다'의 의미이다.

유형 특징

1. 외래어, 외국어를 우리말로 바르게 다듬은 순화어를 파악할 수 있는지를 묻는 문제 유형이다.

2. 한자어 순화어, 외래어(영어, 일본어) 순화어가 출제되는 경우가 많으므로, 기출된 순화 대상이 되는 외래어나 외국어 등을 다듬은 말(순화어)과 연결 지어 암기하면 쉽게 해결할 수 있다.

대표 예제

밑줄 친 단어를 바르게 순화하지 못한 것은?

① 새로 생긴 가게에서 파는 <u>고로케</u>(→ 크로켓)가 맛있다.

② 나는 <u>꼬붕</u>(→ 부하)으로 삼은 친구에게 내가 할 일을 시켰다.

③ 배가 고팠지만 <u>앙꼬</u>(→ 팥소) 없는 찐빵은 먹고 싶지 않았다.

④ 어머니는 대문 앞에 놓여 있는 <u>바께쓰</u>(→ 물통)를 가져오라고 하셨다.

⑤ 그는 여기저기 떠돌아다니며 일거리를 찾는 <u>노가다</u>(→ 공사판 노동자)이다.

풀이 전략

1단계 문제 지시문을 통해 밑줄 친 순화 대상어가 바르게 순화됐는지 판단하는 문제임을 파악한다.

2단계 선택지의 밑줄 친 외래어가 올바르게 순화되었는지 암기한 내용을 떠올리며 읽어 나간다. '바께쓰'는 '한 손으로 들 수 있도록 손잡이를 단 들통'이라는 말로, '양동이, 들통'으로 순화하는 것이 적절하다. 따라서 밑줄 친 단어를 바르게 순화하지 못한 것은 ④이다.

○ 핵심 개념 압축 정리

1 기출 관용구

관용구	의미
가방끈(이) 길다	많이 배워 학력이 높다.
가슴(을) 펴다	굽힐 것 없이 당당하다.
가슴을 찢다	슬픔이나 분함 때문에 가슴이 째지는 듯한 고통을 주다.
가슴이 뜨끔하다	자극을 받아 마음이 깜짝 놀라거나 양심의 가책을 받다.
간도 쓸개도 없다	용기나 줏대 없이 남에게 굽히다.
경종을 울리다 빈출	잘못이나 위험을 미리 경계하여 주의를 환기시키다.
공기가 팽팽하다	분위기가 몹시 긴장되어 있다.
굴레 벗은 말[망아지 / 송아지]	① 거칠게 행동하는 사람을 이르는 말 ② 구속이나 통제에서 벗어나 몸이 자유로움을 이르는 말
귀(가) 아프다	너무 여러 번 들어서 듣기가 싫다.
귀가 가렵다[간지럽다] 빈출	남이 제 말을 한다고 느끼다.
귀에 딱지가 앉다	같은 말을 여러 번 듣다.
귀에 못이 박히다	같은 말을 여러 번 듣다.
기(가) 차다	하도 어이가 없어 말이 나오지 않다.
기름을 끼얹다	감정이나 행동을 부추겨 정도를 심하게 만들다.
길을 열다	방도를 찾아내거나 마련하다.
김이 식다	재미나 의욕이 없어지다.
깨가 쏟아지다	몹시 아기자기하고 재미가 나다.
나발(을) 불다	터무니없이 과장하여 말을 하다.
날(을) 받다	어떤 일에 대비하여 미리 날을 정하다.
낯을 못 들다	창피하여 남을 떳떳이 대하지 못하다.
놓아기른 망아지 (놀듯)	들에 풀어놓고 기른 말 새끼 또는 그 노는 모양이라는 뜻으로, 교양이 없고 막돼먹은 사람 또는 그런 행동을 비유적으로 이르는 말
눈(을) 뒤집다	주로 좋지 않은 일에 열중하여 제정신을 잃다.
눈물이 앞서다	말을 하지 못하고 눈물을 먼저 흘리다.
눈을 거치다	글 등을 검토하거나 분별하다.
눈이 곤두서다	화가 나서 눈에 독기가 오르다.
다리(를) 놓다	일이 잘되게 하기 위하여 둘 또는 여럿을 연결하다.

달(이) 차다 <small>빈출</small>	아이를 배어 낳을 달이 되다.
돌(을) 던지다 <small>빈출</small>	남의 잘못을 비난하다.
마른침을 삼키다	몹시 긴장하거나 초조해하다.
막을 열다[올리다]	무대의 공연이나 어떤 행사를 시작하다.
막을[막이] 내리다	무대의 공연이나 어떤 행사를 마치다.
막이 오르다	무대의 공연이나 어떤 행사가 시작되다.
막차를 타다	끝나 갈 무렵에 뒤늦게 뛰어들다.
말(이)[말(도)] 아니다	사정이나 형편 등이 몹시 어렵거나 딱하다.
말꼬리(를) 잡다	남의 말 가운데서 잘못 표현된 부분의 약점을 잡다.
머리를 쥐어짜다	몹시 애를 써서 궁리하다.
무대에 서다	공연에 참가하다.
물 만난[얻은] 고기	어려운 지경에서 벗어나 크게 활약할 판을 만난 처지를 이르는 말
물 찬 제비	① 물을 차고 날아오른 제비처럼 몸매가 아주 매끈하여 보기 좋은 사람을 비유하여 이르는 말 ② 동작이 민첩하고 깔끔하여 보기 좋은 행동을 함을 비유적으로 이루는 말
물로 보다	사람을 하찮게 보거나 쉽게 생각하다.
물에 물 탄 것 같다	아무 맛도 없고 싱겁다.
물에 빠진 생쥐	물에 흠뻑 젖어 몰골이 초췌한 모양을 비유적으로 이르는 말
바닥을 기다	정도나 수준이 형편없다.
바람을 일으키다	사회적으로 많은 사람에게 영향을 미치다.
발(을) 구르다	매우 안타까워하거나 다급해하다.
발꿈치를 물리다	은혜를 베풀어 준 상대로부터 뜻밖에 해를 입다.
발이 닳다	매우 분주하게 많이 다니다.
밥 구경을 못 하다	밥을 전혀 먹지 못하고 굶다.
범의 어금니	없어서는 안 될 매우 요긴한 것
벽(을) 쌓다	서로 사귀던 관계를 끊다.
별이 보이다	충격을 받아서 갑자기 정신이 아득하고 어지럽다.

✔ 기출 포인트 Check Check

다음 물음을 읽고, 적절한 것은 ○, 적절하지 않은 것은 × 표시하시오.

01 관용구 '귀가 가렵다'는 '너무 여러 번 들어서 듣기가 싫다'라는 의미이다. (○, ×)

02 관용구 '달이 차다'는 '아이를 배어 낳을 달이 되다'라는 의미이다. (○, ×)

03 '남의 잘못을 비난하다'라는 의미의 관용구는 '돌을 던지다'이다. (○, ×)

정답 | 01 ×, 귀가 아프다 02 ○ 03 ○

봉(을) 잡다	'상상 속에서만 존재하는 진귀한 봉황을 잡는다'라는 뜻으로, 매우 귀하고 훌륭한 사람이나 일을 얻음을 비유적으로 이르는 말
불(을) 보듯 뻔하다[훤하다]	앞으로 일어날 일이 의심할 여지가 없이 아주 명백하다.
비행기(를) 태우다	남을 지나치게 칭찬하거나 높이 추어올려 주다.
사람 죽이다	너무 힘겨운 경우를 당하여 매우 힘들고 고달프다.
사람(을) 잡다	사람을 극심한 곤경에 몰아넣다.
산통(을) 깨다	다 잘되어 가던 일을 이루지 못하게 뒤틀다.
살(을) 붙이다	바탕에 여러 가지를 덧붙여 보태다.
살이 끼다	사람이나 물건 등을 해치는 불길한 기운이 들러붙다.
상투(를) 잡다 빈출	가장 높은 시세에 주식을 매입하다.
상투(를) 틀다 빈출	총각이 장가들어 어른이 되다.
생사람(을) 잡다	아무 잘못이나 관계가 없는 사람을 헐뜯거나 죄인으로 몰다.
서릿발(을) 이다	머리카락이 하얗게 세다.
서릿발(이) 치다	기세가 매우 매섭고 준엄하다.
서릿발을 맞다	권력 등 외부의 힘에 의하여 피해나 손해를 입다.
서릿발이 서다	① 땅거죽에 가늘고 긴 얼음 줄기의 묶음이 생기다. ② 서릿발처럼 준엄하고 매서운 기운이 있다.
서막을 올리다	어떤 일이 시작되다.
속(을) 긁다	남의 속이 뒤집히게 비위를 살살 건드리다.
속(을) 차리다	지각 있게 처신하다.
손(을) 거치다	① 어떤 사람을 경유하다. ② 어떤 사람의 노력으로 손질되다.
손(을) 끊다	교제나 거래 등을 중단하다.
손(을) 나누다	① 서로 헤어지다. ② 일을 여럿이 나누어 하다.
손(을) 씻다[털다]	부정적인 일이나 찜찜한 일에 대하여 관계를 청산하다.
손(이) 떨어지다	일이 끝나다.
손(이) 뜨다	일하는 동작이 매우 굼뜨다.
술이 술을 먹다	취할수록 자꾸 더 술을 마시다.
아귀(가) 맞다	앞뒤가 빈틈없이 들어맞다.
아귀(를) 맞추다	일정한 기준에 들어맞게 하다.
억지 춘향(이)	억지로 어떤 일을 이루게 하거나 어떤 일이 억지로 겨우 이루어지는 경우를 비유적으로 이르는 말
온실 속의 화초	어려움이나 고난을 겪지 않고 그저 곱게만 자란 사람을 비유적으로 이르는 말
입이 밭다[짧다]	음식을 심하게 가리거나 적게 먹다.

자라목(이) 되다	사물이나 기세 등이 움츠러들다.
장단(을) 맞추다	남의 기분이나 비위를 맞추기 위하여 말이나 행동을 하다.
장단(이) 맞다	같이 일하는 데에 있어 서로 잘 조화되다.
주머니가 가볍다	가지고 있는 돈이 적다.
주판(을) 놓다	어떤 일에 대하여 이해득실을 계산하다.
죽을 쑤다	어떤 일을 망치거나 실패하다.
줄(을) 대다	자신에게 이익이 될 만한 사람과 관계를 맺다.
줄(을) 타다	힘이 될 만한 사람과 관계를 맺어 그 힘을 이용하다.
지휘봉을 잡다	어떤 무리나 조직의 우두머리가 되다.
출사표를 던지다	경기, 경쟁 등에 참가 의사를 밝히다.
치(를) 떨다	몹시 분해하거나 지긋지긋해하다.
침 발라 놓다 빈출	자기 소유임을 표시하다.
침(을) 놓다[주다]	강하게 알리거나 요구를 나타내면서 꼼짝 못 하게 하다.
침이 마르다	다른 사람이나 물건에 대하여 거듭해서 말하다.
코(를) 빠뜨리다	못 쓰게 만들거나 일을 망치다.
코가 꿰이다	약점이 잡히다.
코가 높다	잘난 체하고 뽐내는 기세가 있다.
태깔(이) 나다	맵시 있는 태도가 보이다.
토(를) 달다	어떤 말 끝에 그 말에 대하여 덧붙여 말하다.
파리(를) 날리다	영업이나 사업 등이 잘 안되어 한가하다.
피(를) 토하다	격렬한 의분을 터뜨리다.
피가 마르다	몹시 괴롭거나 애가 타다.
혀(가) 굳다	놀라거나 당황하여 말을 잘하지 못하다.

✓ 기출 포인트 Check Check

다음 물음을 읽고, 적절한 것은 ○, 적절하지 않은 것은 × 표시하시오.

01 '총각이 장가들어 어른이 되다'라는 의미의 관용구는 '상투를 잡다'이다. (○, ×)

02 관용구 '손을 거치다'는 '어떤 사람의 노력으로 손질되다'라는 의미이다. (○, ×)

03 '자기 소유임을 표시하다'라는 의미의 관용구는 '침 발라 놓다'이다. (○, ×)

정답 | 01 ×, 상투를 틀다 02 ○ 03 ○

1. 한자어 순화어

구분	순화 대상어	순화어	구분	순화 대상어	순화어
1	가검물(可檢物)	검사물	24	사계(斯界)	그 방면, 이 방면, 그 분야, 이 분야, 해당 분야
2	가료(加療) 빈출	치료, 고침, 병 고침	25	상위(相違)하다	다르다, 서로 다르다
3	간선 도로(幹線道路)	주요 도로	26	수순(手順) 빈출	순서, 절차, 차례
4	감안(勘案) 빈출	생각, 고려, 참작	27	수피(樹皮)	나무껍질
5	고수부지(高水敷地) 빈출	둔치	28	시말서(始末書) 빈출	경위서
6	고참(古參)	선임, 선임자, 선참, 선참자	29	시합(試合)	겨루기
7	관장(管掌)하다	관리하다, 담당하다, 맡다, 맡아 보다, 처리하다	30	양식(樣式)	서식
8	괄목(刮目)하다	놀랄 만하다	31	익월(翌月)	다음 달
9	구좌(口座)	계좌	32	익일(翌日)	다음 날, 이튿날
10	납득(納得) 빈출	이해	33	입회(立會)	참여, 참관
11	노견(路肩) 빈출	갓길	34	잔반(殘飯) 빈출	남은 밥, 음식 찌꺼기
12	노변(路邊) 빈출	길가	35	전횡(專橫)	독선적 행위, 마음대로 함
13	답신(答申)	대답	36	제척(除斥)	뺌, 제외
14	대체(代替)하다	바꾸다	37	주말(朱抹)하다	붉은 줄로 지우다, 붉은 선으로 지우다
15	만개(滿開)	활짝 핌	38	지득(知得)하다	알게 되다, 알다
16	망년회(忘年會) 빈출	송년 모임, 송년회	39	착수(着手)	시작
17	매점(買占) 빈출	사재기	40	청탁(請託)	부탁
18	모포(毛布)	담요	41	체차(遞次)로	차례로, 차례차례로
19	미연(未然)에	미리	42	최촉(催促)	재촉, 독촉
20	방화(邦畫)	국산 영화	43	칠부(七分)바지	칠푼 바지
21	별첨(別添)	따로 붙임	44	해태(懈怠)하다	게을리하다, 제때 하지 않다
22	분기(分岐)하다	갈라지다, 나누어지다	45	호출(呼出)	부름
23	빈사(瀕死)	다 죽음, 반죽음	46	흑태(黑太) 빈출	검정콩

2. 외래어 순화어

구분	순화 대상어	순화어	구분	순화 대상어	순화어
1	가불	임시 지급, 선지급	21	도비라	속표지
2	가오	얼굴, 체면	22	디스카운트(discount) 빈출	에누리, 할인
3	갤러리(gallery)	그림 방, 화랑	23	땡땡이	물방울
4	갭(gap)	틈, 차이, 간격	24	라운지(lounge)	휴게실
5	고로케	크로켓	25	레시피(recipe) 빈출	조리법
6	곤색	감청색, 감색	26	로드 맵(road map)	이행안, 단계별 이행안
7	곤조	본성, 심지, 근성	27	론칭쇼 (launching show) 빈출	신제품 발표회
8	구루마	수레, 달구지	28	르포(reportage)	현지 보고, 보고 기사, 현장 보고, 현장 보고서
9	그랑프리(grand prix)	대상, 최우수상	29	리메이크(remake)	재구성, 원작 재구성
10	기스	흠, 흠집	30	리플(reply)	댓글
11	꼬붕	부하	31	모찌	떡
12	노가다 빈출	공사판 노동자, 노동자	32	몸뻬	일 바지, 왜바지
13	노하우(knowhow)	비법, 기술, 비결, 방법	33	무데뽀 빈출	막무가내
14	뉘앙스(nuance) 빈출	어감, 말맛, 느낌	34	무빙워크 (moving sidewalk) 빈출	자동길
15	다대기 빈출	다짐, 다진 양념	35	미디어(media)	매체
16	다라이	대야, 큰 대야, 함지, 함지박	36	바께쓰 빈출	양동이, 들통
17	닭도리탕	닭볶음탕	37	바이어(buyer)	구매자, 수입상
18	데드라인(deadline) 빈출	한계선, 최종 한계, 마감, 기한	38	바캉스(vacance)	휴가, 여름휴가
19	데뷔(début) 빈출	등단, 등장, 첫등장, 첫무대, 첫등단	39	발레파킹 (valet parking) 빈출	대리주차
20	데생(dessin)	소묘	40	버킷 리스트(bucket list)	소망 목록

✔ 기출 포인트 Check Check

다음 물음을 읽고, 적절한 것은 ○, 적절하지 않은 것은 × 표시하시오.

01 한자어 '고수부지(高水敷地)'의 순화어는 '둔치'이다. (○, ×)

02 '순서, 절차, 차례'로 순화하는 한자어는 '감안(勘案)'이다. (○, ×)

03 외래어 '뉘앙스'는 '어조'로 순화할 수 있다. (○, ×)

정답 | 01 ○ 02 ×, 수순(手順) 03 ×, 어감 / 말맛 / 느낌

41	베스트(best)	전력, 최선, 최고	64	장르(genre)	분야, 갈래
42	베테랑(vétéran)	숙련자, 노련자	65	저널(journal)	언론, 시보
43	벤치 클리어링 (bench clearing)	몸싸움, 집단 몸싸움, 선수단 몸싸움	66	지라시 (빈출)	선전지, 낱장 광고
44	사시미 (빈출)	생선회	67	추리닝	운동복
45	샘플(sample)	보기, 본보기, 표본	68	카파라치(carparazzi)	교통 신호꾼
46	소보로빵	곰보빵	69	캐릭터(character)	개성, 특성
47	쇼부	흥정, 결판	70	캐스팅 보트(casting vote)	결정권, 결정표
48	스크린 도어 (screen door) (빈출)	안전문	71	케이스(case)	경우, 상자
49	스타일리스트(stylist)	맵시가꿈이	72	콤비(combination)	짝
50	신드롬(syndrome)	증후군	73	콤플렉스(complex)	열등감, 욕구 불만, 강박 관념
51	아나고	붕장어	74	콩쿠르(competition)	경연 대회
52	앙꼬	팥소	75	쿠사리 (빈출)	핀잔
53	앰뷸런스(ambulance)	구급차	76	크레인(crane)	기중기
54	언론 플레이(言論 play)	여론몰이	77	킬힐(kill heel)	까치발구두, 키높이 구두
55	오픈하다(open--)	열다, 개장하다, 개업하다, 개관하다, 개막하다	78	타입(type)	모양, 유형
56	옵서버(observer)	참관인	79	트렌드(trend)	유행, 경향
57	와일드하다(wild--)	거칠다	80	팁(tip) (빈출)	도움말, 봉사료
58	위트(wit)	재치, 기지	81	팝업 창(pop-up 窓) (빈출)	알림창
59	유도리	여유, 여유분, 융통, 융통성, 늘품	82	플래카드(placard) (빈출)	펼침막, 현수막
60	이북(e-book)	전자책	83	핀트(pint)	초점
61	인센티브(incentive)	성과급, 유인책, 특전	84	필터(filter)	거르개, 여과기, 여과지
62	인저리 타임(injury time)	추가 시간	85	히든카드(hidden card)	숨긴 패, 비책
63	인터체인지(interchange)	나들목	-		-

🎯 심화이론 **공략**

2020년에 새로 추가된 국립국어원 다듬은 말

국립국어원에서는 보도 자료를 통해 새로운 순화 대상어와 순화어를 발표하고 있다. 일상에서 자주 쓰이는 외래어나 외국어의 순화어가 출제되는 경향이 있으므로, 새로 추가된 순화 대상어와 순화어를 익혀 두면 도움이 된다.

구분	순화 대상어	순화어	구분	순화 대상어	순화어
1	디엠 (DM←direct message)	쪽지	4	케어 푸드(care food)	돌봄식, 돌봄 음식
2	롱 코비드(long Covid)	코로나 감염 후유증	5	쿠키 영상(cookie 映像)	부록 영상
3	벌크 업(bulk up)	근육 키우기	-	-	

✔ 기출 포인트 Check Check

다음 물음을 읽고, 적절한 것은 O, 적절하지 않은 것은 × 표시하시오.

01 외래어 '콤플렉스'는 '강박 관념'으로 순화할 수 있다. (O, ×)

02 외래어 '팁'의 순화어는 '요령'이다. (O, ×)

03 '현수막'은 외래어 '플래카드'의 순화어이다. (O, ×)

정답 | **01** O **02** ×, 도움말 / 봉사료 **03** O

출제예상문제

01 관용구의 의미가 적절하지 <u>않은</u> 것은?

① '코를 떼다' → 무안을 당하거나 핀잔을 맞다.

② '땀을 들이다' → 몸을 시원하게 하여 땀을 없애다.

③ '돌을 던지다' → 남을 꾀거나 해치려고 수단을 쓰다.

④ '다리를 놓다' → 일이 잘되게 하기 위하여 둘 또는 여럿을 연결하다.

⑤ '장단을 맞추다' → 남의 기분이나 비위를 맞추기 위하여 말이나 행동을 하다.

02 관용구의 의미가 적절하지 <u>않은</u> 것은?

① '바닥을 기다' → 정도나 수준이 형편없다.

② '기가 차다' → 하도 어이가 없어 말이 나오지 않다.

③ '줄을 타다' → 시대의 풍조나 형세에 맞게 처신하다.

④ '산통을 깨다' → 다 잘되어 가던 일을 이루지 못하게 뒤틀다.

⑤ '물 만난 고기' → 어려운 지경에서 벗어나 크게 활약할 판을 만난 처지를 이르는 말

03 <보기>에 제시된 외래어의 순화어가 적절한 것끼리 바르게 묶은 것은?

───── 〈 보 기 〉 ─────

ㄱ. 핀트(pint) → 초점

ㄴ. 바이어(buyer) → 소비자

ㄷ. 인터체인지(interchange) → 교차로

ㄹ. 디스카운트(discount) → 에누리, 할인

ㅁ. 히든카드(hidden card) → 숨긴 패, 비책

① ㄱ, ㄴ, ㄹ

② ㄱ, ㄷ, ㄹ

③ ㄱ, ㄹ, ㅁ

④ ㄴ, ㄹ, ㅁ

⑤ ㄷ, ㄹ, ㅁ

04 밑줄 친 일본어식 표현을 바르게 수정하지 <u>못한</u> 것은?

① 연탄을 가득 실은 <u>구루마</u>(→ 수레)를 끌고 언덕을 올라갔다.

② 지하철 입구에서 <u>지라시</u>(→ 낱장 광고)를 나눠 주고 있었다.

③ 은지는 아무 계획 없이 <u>무데뽀</u>(→ 막무가내)로 영국을 떠났다.

④ 오랜만에 <u>모찌</u>(→ 떡)가 먹고 싶어 동생에게 사오라고 부탁했다.

⑤ <u>사시미</u>(→ 회칼)는 길 건너 가게에서 파는 것이 가장 품질이 좋다.

05 <보기>에 제시된 단어를 바르게 순화한 것끼리 묶은 것은?

〈 보 기 〉

ㄱ. 청탁(請託) → 부탁

ㄴ. 시말서(始末書) → 전말서

ㄷ. 모포(毛布) → 오래된 가게

ㄹ. 잔반(殘飯) → 남은 밥, 음식 찌꺼기

ㅁ. 망년회(忘年會) → 송년 모임, 송년회

① ㄱ, ㄴ, ㄹ

② ㄱ, ㄹ, ㅁ

③ ㄴ, ㄷ, ㄹ

④ ㄴ, ㄹ, ㅁ

⑤ ㄷ, ㄹ, ㅁ

06 제시된 한자어의 순화어를 바르게 나타내지 <u>못한</u> 것은?

① 고참(古參) → 선임

② 시합(試合) → 겨루기

③ 홀대(忽待) → 푸대접

④ 매점(買占) → 독점 판매

⑤ 방화(邦畫) → 국산 영화

정답 및 해설 p.284

어휘 실전연습문제

01 밑줄 친 고유어 용언의 기본형이 지닌 의미를 바르게 풀이하지 <u>못한</u> 것은?

① 친구는 전교 1등을 했다며 엄청 <u>뻐기고</u> 다닌다. → 얄미울 정도로 매우 우쭐거리며 자랑하다.

② 할머니께서 <u>삼삼한</u> 고등어구이를 반찬으로 내어 주셨다. → 음식 맛이 조금 싱거운 듯하면서 맛이 있다.

③ 지하철이 갑자기 멈추는 바람에 사람들의 몸은 모두 앞으로 <u>쏠렸다</u>. → 물체가 기울어져 한쪽으로 몰리다.

④ 남자는 이번 일로 불이익을 받을까 봐 몸을 <u>사리는</u> 눈치였다. → 어떤 일에 직접 나서서 관여하지 않고 곁에서 보기만 하다.

⑤ 우리 가족은 항상 식사 후에 녹차를 따뜻한 물에 <u>우려</u> 마셨다. → 어떤 물건을 액체에 담가 맛이나 빛깔 등의 성질이 액체 속으로 빠져나오게 하다.

02 밑줄 친 고유어의 쓰임이 적절하지 <u>않은</u> 것은?

① 우리 아이들에 대한 기대가 <u>자못</u> 컸다.

② 나는 시험을 치기도 전에 <u>지레</u> 겁이 났다.

③ 형은 군대를 가기 전에 머리를 <u>바투</u> 깎았다.

④ 길 줄 알았던 이번 휴가도 <u>노상</u> 끝나가고 있었다.

⑤ 누나는 그 사건이 일어난 것을 알면서도 <u>짐짓</u> 처음 듣는 척했다.

03 밑줄 친 한자어의 사전적 뜻풀이로 옳지 <u>않은</u> 것은?

① 유년 시절 나는 아버지의 <u>구속(拘束)</u>으로부터 해방되고 싶었다. → 드나들지 못하도록 일정한 곳에 가둠

② 우리 시에서는 환경 정화 시설을 <u>유치(誘致)</u>하는 데에 힘을 쏟고 있다. → 행사나 사업 등을 이끌어 들임

③ 협상은 오랜 논의를 거쳐 합의 단계에 이르렀으므로 곧 <u>타결(妥結)</u>될 것이다. → 의견이 대립된 양편에서 서로 양보하여 일을 마무름

④ 문학계의 연구 <u>동향(動向)</u>을 알면 논문 주제를 선정하는 데 수월할 것이다. → 사람들의 사고, 사상, 활동이나 일의 형세 등이 움직여 가는 방향

⑤ 어머니는 <u>정서(情緒)</u>가 불안한 사람처럼 계속해서 다리를 떠셨다. → 사람의 마음에 일어나는 여러 가지 감정. 또는 감정을 불러일으키는 기분이나 분위기

04 밑줄 친 한자어가 문맥에 어울리지 <u>않는</u> 것은?

① 처음 하는 일이었지만 <u>패기(霸氣)</u>가 넘쳤다.

② 연말이어서 그런지 <u>수납(收納)</u> 창구에 사람들이 유독 많았다.

③ 내 집 마련을 위해 돈이 생길 때마다 <u>천착(穿鑿)</u>하게 저축하고 있다.

④ 언니는 무슨 <u>심산(心算)</u>인지 갑자기 공과 대학에 입학하겠다고 말했다.

⑤ 아버지는 경제 <u>부흥(復興)</u> 정책을 실천하는 사람에게 투표한다고 하셨다.

05 밑줄 친 한자어의 쓰임이 적절한 것은?

① 우리 오빠의 인터뷰가 사내 잡지에 게시(揭示)되었다.

② 그녀는 3.1 운동 선동(煽動) 인물이라는 이유로 체포되었다.

③ 그 수학 문제는 수식이 난삽(難澁)하여 이해하기가 어려웠다.

④ 우리 문화를 보존(保存)하기 위해서는 인식 변화가 선행되어야 한다.

⑤ 그는 자신의 결벽(潔癖)을 증명하기 위해서라면 목숨도 바칠 수 있다고 했다.

06 밑줄 친 말의 한자 병기가 잘못된 것은?

① 아버지께서 낡은 의자를 수리(修理)해 주셨다.

② 정부는 국민들에게 새로운 헌법을 공포(公布)했다.

③ 반품은 상품 수령(受領) 후 일주일 안으로만 가능하다.

④ 폭설로 인한 교통사고로 도로 정체(政體)가 계속되고 있다.

⑤ 재산세나 전기료, 상하수도 요금은 모두 공과(公課) 영역에 속한다.

07 <보기>의 ㉠~㉢에 해당하는 한자로 올바르게 묶인 것은?

━━━━━ 〈 보 기 〉 ━━━━━

• 전국적으로 홍수 피해 ㉠ 구제 사업을 시작하였다.

• 이 시의 ㉡ 구제는 '동백잎에 빛나는 마음'이었다.

• ㉢ 구제 가방을 사고 싶다는 친구와 함께 동묘 시장에 왔다.

	㉠	㉡	㉢
①	舊題	救濟	舊製
②	驅除	救濟	舊題
③	驅除	舊題	救濟
④	救濟	驅除	舊題
⑤	救濟	舊題	舊製

08 '세로 2번'에 들어갈 단어와 유사한 의미를 지니는 말로 적절한 것은?

1	2		5
	3	4	

<가로 열쇠>

1. 어떤 일이나 사태에 맞추어 태도나 행동을 취함. 빠른 ○○

3. 시궁의 바닥. 또는 그 속.

<세로 열쇠>

4. 마음속으로 이리저리 따져 깊이 생각함. 또는 그런 생각. 골똘히 ○○하다.

5. 남의 노래를 흉내 내는 일. ○○ 대회.

① 감시(監視)　　② 괄시(恝視)

③ 순시(巡視)　　④ 좌시(坐視)

⑤ 주시(注視)

09 단어 간의 의미 관계를 고려할 때, <보기>의 ⊙과 ⓒ에 들어갈 수 있는 말을 바르게 짝 지은 것은?

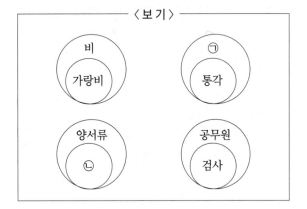

	⊙	ⓒ
①	감각(感覺)	코끼리
②	오감(五感)	코끼리
③	교감(交感)	코끼리
④	감각(感覺)	개구리
⑤	오감(五感)	개구리

10 <보기>에 제시된 두 단어의 의미 관계와 다른 것은?

〈 보 기 〉

화사첨족(畫蛇添足) : 뱀

① 견마지심(犬馬之心) : 개
② 교각살우(矯角殺牛) : 소
③ 양두구육(羊頭狗肉) : 양
④ 묘항현령(猫項懸鈴) : 원숭이
⑤ 용호상박(龍虎相搏) : 호랑이

11 <보기>의 ⓐ와 ⓑ에 들어갈 자음자를 유추하여 바르게 짝 지은 것은?

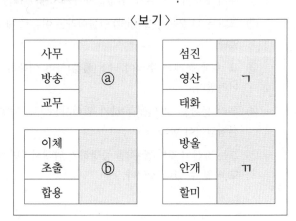

	ⓐ	ⓑ
①	ㅅ	ㅈ
②	ㅅ	ㅎ
③	ㅈ	ㅎ
④	ㅈ	ㅅ
⑤	ㅎ	ㅈ

12 <보기>의 빈칸에 공통으로 들어갈 단어의 기본형으로 가장 적절한 것은?

〈 보 기 〉

• 허리를 꼿꼿이 (   ) 앉아라.
• 우리 학급의 규율을 (   ) 시간이 필요하다.
• 피해를 최소화하기 위해 폭설에 대한 대비책을 (   ) 한다.

① 늦추다　　　　　② 흐르다
③ 빠지다　　　　　④ 살피다
⑤ 세우다

13 <보기>의 ㉠ ~ ㉤ 중 나머지와 품사가 다른 것은?

> ── 〈 보 기 〉 ──
>
> • 우리 아기는 참 빨리 자기도 ㉠한다.
> • 동생이 병원에 안 가려 ㉡하니 곤란했다.
> • 비도 오고 ㉢해서 오늘은 일찍 집에 들어왔다.
> • 백화점에서 본 가방이 예쁘긴 ㉣한데 가격이 비쌌다.
> • 나는 퇴근 후에 영화를 보려고 ㉤했지만, 피곤해서 보지 못했다.

① ㉠

② ㉡

③ ㉢

④ ㉣

⑤ ㉤

15 밑줄 친 말을 바르게 순화하지 못한 것은?

① 익일(→ 다음 날)이면 그 편지가 도착할 것이다.

② 등교 시간을 늦추는 것에 학생 대다수(→ 대부분)가 동의했다.

③ 이 문제를 해결하는 데 가장 긴요한(→ 요긴한) 것은 협력이다.

④ 갑자기 차가 고장나는 바람에 노견(→ 갓길)에 설 수밖에 없었다.

⑤ 내 동생은 손재주가 특이해서(→ 독특해서) 필요한 물건을 직접 만들어 사용한다.

14 속담 '백지장도 맞들면 낫다'와 의미가 유사한 한자 성어로 적절한 것은?

① 고장난명(孤掌難鳴)

② 구우일모(九牛一毛)

③ 유만부동(類萬不同)

④ 주경야독(晝耕夜讀)

⑤ 풍수지탄(風樹之嘆)

정답 및 해설 p.284

Ⅱ 어법

Ⅱ 어법
최신 기출 트렌드와 학습 전략

01 해커스가 정리한 핵심 포인트

구분	핵심 포인트	출제 빈도	페이지
한글 맞춤법	한글 맞춤법 규정	★★★	p.123
	혼동하기 쉬운 표기	★★	p.134
	띄어쓰기	★★	p.138
	문장 부호	★★	p.142
표준어 규정	표준어 사정 원칙	★★	p.154
	표준 발음법	★★	p.159
외래어 표기법과 로마자 표기법	외래어 표기법	★★	p.170
	로마자 표기법	★★	p.176
국어 문법의 이해	말소리	★★	p.186
	단어	★★	p.189
	문장	★★	p.200
올바른 문장 표현	문장 성분의 호응 · 생략	★★	p.211
	중의적 표현	★★	p.213
	번역 투 표현	★	p.216
	기타	★	p.218

02 해커스가 분석한 기출 패턴

PATTERN 1 **'한국어 어문 규범'과 관련해 '한글 맞춤법 규정', '표준어 규정', '외래어 표기법과 로마자 표기법'이 출제된다.**

한국어 어문 규범에 대한 문제는 전체 어법 15문제 중 약 10문제가 출제될 정도로 비중이 높다. 주로 규정 자체에 대한 내용보다는 각 규정을 토대로 주어진 예시에 적용하는 문제가 출제된다.

PATTERN 2 **국어 문법은 주로 '말소리, 단어, 문장'에서 출제된다.**

주로 말소리, 단어, 문장 단원에서 각 이론을 바탕으로 하여 선택지에 제시된 예시의 적절성을 묻는 문제가 출제된다. 최근 현대 문법의 출제 비중은 어법 영역에서 줄어들고, 국어 문화 영역에서 늘어나는 추세이다. 또한 말소리 단원은 표준 발음법과, 단어와 문장 단원은 문법 개념과 함께 물어보는 문제가 출제되기도 한다.

PATTERN 3 **'올바른 문장 표현'에 대한 문제는 약 세 문제가 출제된다.**

문장 성분의 호응·생략, 문장의 중의성 등을 파악하여 문장 표현의 적절성을 판단하는 문제가 매회 3문제 내외로 출제된다. 번역 투 표현(영어, 일본어)에 대한 문제도 드물게 출제되며, 피동 표현, 접속 부사의 적절성 등을 묻는 문제가 출제되기도 한다.

03 해커스만 알려주는 학습 전략

✌️ **하나** **기출 한국어 어문 규범과 기출 예시를 숙지하고, 많은 예시에 적용해 보자!**

한글 맞춤법 규정과 표준어 규정은 출제되었던 규정이 시험에 다시 나오는 경향이 있으며, 한국어 어문 규범과 함께 제시된 예가 선택지로 구성되곤 한다. 따라서 기출 예시를 정리해 암기하고, 다양한 예시에 적용하는 연습을 해두면 한국어 어문 규범과 관련된 문제에 대비할 수 있다.

✌️ **둘** **주로 출제되는 국어 문법 개념과 예시를 확실히 이해하자!**

현대 국어 문법과 관련하여 말소리, 단어, 문장 단원에서 자주 출제되는 이론은 정해져 있으므로, 교재 내 빈출 표시된 기출 예시와 함께 익혀두는 것이 중요하다. 어법 영역의 출제 비중은 줄어들고 있으나, 국어 문화 영역에서도 말소리, 단어, 문장 단원에 대한 문제가 출제되므로 국어 문화 영역의 현대 문법 이론과 연계하여 학습하면 두 영역을 모두 충분하게 대비할 수 있다.

✌️ **셋** **올바른 문장의 다양한 예를 익히고, 중의적 의미를 지닌 기출 어휘를 정리하자!**

교재의 올바른 문장 표현의 예시를 통해 누락된 문장 성분이나 중의적인 표현이 없는지 판단하는 학습을 해야 한다. 특히 고유어와 한자어가 함께 쓰여 중의적 의미를 지니게 되는 표현은 기출 표현이 반복 출제되므로, 꼭 암기하는 것이 중요하다. 간혹 출제되는 번역 투 표현도 교재를 통해 정리해 두어야 한다. 또한 피동 표현이나 접속 부사 등 문장 표현과 관련된 다른 요소도 알아두어야 한다.

01 한글 맞춤법

○ 대표 기출 유형 공략

| 대표 기출 유형 | ① 한글 맞춤법 규정

유형 특징

1. 한글 맞춤법 규정을 이해하고 이를 적용할 수 있는 능력을 평가하기 위한 문제 유형이다.

2. 한글 맞춤법 규정과 그 규정이 적용된 예가 출제되므로, 각 규정과 해설, 해당하는 예를 정확히 알아두면 문제 지시문을 이해하고 선택지를 파악하는 데 도움이 된다.

대표 예제 | **밑줄 친 준말의 표기가 적절한 것은?**

① 편잖은 옷을 입은 친구는 종일 불편해 보였다.

② 내일 면접에 입고 갈 옷이 변변잖아 걱정이다.

③ 이따 은사님께서 오시면 섭섭잖게 대접해 드려야 한다.

④ 하루 만에 세 과목을 모두 공부하겠다니 당잖은 생각이다.

⑤ 새로 생긴 아파트는 분양 가격이 만만잖아 우리는 구매를 포기했다.

풀이 전략 | **1단계** 문제 지시문과 선택지의 밑줄 친 단어를 통해 준말 표기와 관련된 문제임을 확인한다. 선택지를 읽으며 본말을 판단한 후, 한글 맞춤법 제39항에 따라 '-잖-'과 '-찮-'의 준말 표기가 바르게 된 것을 찾으면 된다. 이때 '-지 않-'은 '-잖-'으로, '-치 않-'은 '-찮-'으로 줄어듦을 고려하면 비교적 어렵지 않게 풀 수 있다.

2단계 '섭섭하지 않게'의 '섭섭하지'는 어간 끝소리 '하'가 안울림소리 'ㅂ' 뒤에서 완전히 줄어 '섭섭지'가 되고 '-지 않-'은 '잖'으로 줄여 적으므로 '섭섭잖게'로 쓸 수 있다. 따라서 준말의 표기가 적절한 것은 ③이다.

- 편잖은, 변변잖아, 당잖은, 만만잖아(×) → 편찮은, 변변찮아, 당찮은, 만만찮아(○): 먼저, '편하지 않은', '변변하지 않아', '당하지 않은', '만만하지 않아'의 어간 끝소리 '하'는 울림소리 'ㄴ, ㅇ' 뒤에서 'ㅏ'만 줄어들므로, 각각은 '편치 않은, 변변치 않아, 당치 않은, 만만치 않아'가 된다. 그 다음, '-치 않-'은 '찮'으로 줄여 적으므로 각각 '편찮은, 변변찮아, 당찮은, 만만찮아'로 적어야 한다.

| 대표 기출 유형 | ② 혼동하기 쉬운 표기

유형 특징

1. 한글 맞춤법 규정을 정확하게 알고 이를 실제 문장에서 적절하게 사용할 수 있는 능력을 평가하기 위한 문제 유형이다.

2. 주로 표준어의 표기, 용언의 기본형과 활용형, 어미의 형태와 관련하여 어법에 맞는 표기를 찾는 문제가 빈번하게 출제되며, 최근에는 발음이나 형태가 유사한 어휘의 표기를 묻는 문제도 출제되므로 이를 헷갈리지 않도록 꼼꼼하게 학습해 두어야 한다.

대표 예제 **밑줄 친 부분의 표기가 어법에 맞지 않는 것은?**

① 이제야 집에 돌아왔는데 이게 다 무슨 <u>일일꼬</u>.

② 그렇게 안 봤는데 그 사람 발표를 정말 <u>잘하데</u>.

③ 그는 부지런한 성격이 <u>아니어서</u> 할 일을 자주 미룬다.

④ 부모님이 무엇을 <u>말하던지</u> 간에 잘 듣고 따라야 한다.

⑤ 태풍의 영향으로 어젯밤 폭우가 내려서 하천이 다 <u>불었다</u>.

풀이 전략 **1단계** 문제 지시문과 선택지의 밑줄 친 부분을 통해 어법에 맞게 어미가 사용되었는지 판단하는 문제임을 파악한다. 밑줄 친 부분에 결합한 문법 요소를 파악한 후, 표기가 적절하지 않은 선택지를 추려 나가면 된다.

2단계 '-던지'는 막연한 의문이 있는 채로 그것을 뒤 절의 사실과 관련시키는 데 쓰는 연결 어미이며, '-든지'는 나열된 동작이나 상태, 대상들 중에서 어느 것이든 선택될 수 있음을 나타내는 연결 어미이다. ④는 어떤 것을 말해도 따라야 한다는 의미이기 때문에 '-든지'를 사용하는 것이 적절하다. 따라서 답은 ④이다. 참고로, ②의 '-데'는 '과거 어느 때에 직접 경험하여 알게 된 사실을 현재의 말하는 장면에 그대로 옮겨 와서 말함'을 나타내는 종결 어미이다.

| 대표 기출 유형 | ③ 띄어쓰기

유형 특징

1. 띄어쓰기 규정에 따라 띄어쓰기를 바르게 할 줄 아는 능력을 평가하기 위한 문제 유형으로, 어법 영역의 34번 문항에 고정적으로 출제된다.

2. 띄어쓰기의 기본이 되는 원칙인 '단어와 단어는 띄어 쓴다' 외에 조사, 의존 명사, 보조 용언, 고유 명사나 전문 용어에 관한 띄어쓰기 규정을 다양한 예시와 함께 학습해 두는 것이 필요하다.

대표 예제 **밑줄 친 부분의 띄어쓰기가 잘못된 것은?**

① 그녀를 <u>본∨둥∨만∨둥</u> 지나쳐버렸다.

② 성적이 전교에서 <u>꼴등인∨줄은</u> 몰랐다.

③ <u>그∨딴</u>에는 아이를 위한다고 한 일이다.

④ 저기 있는 저 빌딩이 여기에서 가장 오래된 <u>건물일걸</u>.

⑤ 계획한 작업들이 <u>바라는대로</u> 끝난다면 얼마나 좋을까.

풀이 전략 **1단계** 띄어쓰기 규정에 맞게 단어를 적절하게 띄어 썼는지 파악하는 문제이다. 의존 명사, 어미의 띄어쓰기 방법에 유의하며 띄어쓰기가 잘못된 선택지를 고르면 된다.

2단계 '바라는대로'는 관형어 '바라는'과 의존 명사 '대로'의 구성이므로 '바라는∨대로'처럼 각각을 띄어 써야 한다. 따라서 띄어쓰기가 잘못된 것은 ⑤이다.

유형 특징

1. 한글 맞춤법의 문장 부호 규정을 정확히 알고 이를 실제로 적용할 수 있는 능력을 평가하기 위한 문제 유형으로, 출제 범위는 규정 내 24개의 문장 부호이다.

2. 일상에서 사용하는 문장 부호뿐 아니라 자주 쓰이지 않는 문장 부호도 출제되므로, 문장 부호의 명칭과 쓰임새를 정확하게 학습해 두어야 한다.

대표 예제 문장 부호의 쓰임에 관한 설명으로 적절하지 <u>않은</u> 것은?

	문장 부호	규정 설명
①	……	문장이나 글의 일부를 생략할 때 줄임표를 쓴다.
②	.	아라비아 숫자만으로 연월일을 표시할 때 마침표를 쓴다.
③	( )	우리말 표기와 원어 표기를 아울러 보일 때 소괄호를 쓴다.
④	:	원문에 대한 이해를 돕기 위해 설명이나 논평 등을 덧붙일 때 쌍점을 사용한다.
⑤	< >	소제목, 그림이나 노래와 같은 예술 작품의 제목, 상호, 법률, 규정 등을 나타낼 때 홑화살괄호를 사용한다.

풀이 전략

[1단계] 문장 부호의 쓰임을 묻는 문제이다. '줄임표, 마침표, 소괄호, 쌍점, 홑화살괄호'의 쓰임을 떠올린 후 틀린 설명을 고르면 된다.

[2단계] 쌍점(:)은 표제 다음에 해당 항목을 들거나 설명을 붙일 때 사용하는 문장 부호이므로 적절하지 않은 것은 ④이다. 참고로, 원문에 대한 이해를 돕기 위해 설명이나 논평 등을 덧붙일 때 사용하는 문장 부호는 대괄호([ ])이다.

핵심 개념 압축 정리

1 기출 한글 맞춤법 규정

1. 소리에 관한 것

(1) 된소리

① 제5항

> 한 단어 안에서 뚜렷한 까닭 없이 나는 된소리는 다음 음절의 첫소리를 된소리로 적는다.
>
> 1. 두 모음 사이에서 나는 된소리
>
> | | | | | |
> |---|---|---|---|---|
> | 소쩍새 | 어깨 | 오빠 | 으뜸 | 아끼다 |
> | 기쁘다 | 깨끗하다 | 어떠하다 | 해쓱하다 | 가끔 |
> | 거꾸로 | 부썩 | 어찌 | 이따금 | |
>
> 2. 'ㄴ, ㄹ, ㅁ, ㅇ' 받침 뒤에서 나는 된소리
>
> | | | | |
> |---|---|---|---|
> | 산뜻하다 | 잔뜩 | 살짝 | 훨씬 |
> | 담뿍 | 움찔 | 몽땅 | 엉뚱하다 |
>
> 다만, 'ㄱ, ㅂ' 받침 뒤에서 나는 된소리는, 같은 음절이나 비슷한 음절이 겹쳐 나는 경우가 아니면 된소리로 적지 않는다.
>
> | | | | |
> |---|---|---|---|
> | 국수 | 깍두기 | 딱지 | 색시 |
> | 싹둑(~싹둑) | 법석 | 갑자기 | 몹시 |

(2) 구개음화

① 제6항

> 'ㄷ, ㅌ' 받침 뒤에 종속적 관계를 가진 '-이(-)'나 '-히-'가 올 적에는 그 'ㄷ, ㅌ'이 'ㅈ, ㅊ'으로 소리 나더라도 'ㄷ, ㅌ'으로 적는다. (ㄱ을 취하고, ㄴ을 버림)
>
> | ㄱ | ㄴ | ㄱ | ㄴ | ㄱ | ㄴ |
> |---|---|---|---|---|---|
> | 맏이 | 마지 | 같이 | 가치 | 걷히다 | 거치다 |
> | 해돋이 | 해도지 | 끝이 | 끄치 | 닫히다 | 다치다 |
> | 굳이 | 구지 | 핥이다 | 할치다 | 묻히다 | 무치다 |

✔ 기출 포인트 Check Check

다음 물음을 읽고, 적절한 것은 ○, 적절하지 않은 것은 × 표시하시오.

01 한글 맞춤법 제5항에 따라 두 모음 사이에서 나는 된소리, 'ㄴ, ㄹ, ㅁ, ㅇ' 받침 뒤에서 나는 된소리는 된소리로 표기한다. (○, ×)

02 한글 맞춤법 제5항에 따라 '싹둑'은 [싹뚝]으로 소리 나므로 '싹뚝'으로 적는다. (○, ×)

03 한글 맞춤법 제6항에 따라 '해돋이'는 [해도지]로 소리 나더라도 '해돋이'로 적는다. (○, ×)

정답 | 01 ○ 02 ×, 싹둑 03 ○

ㄱ	ㄴ	ㄱ	ㄴ
벼훑이	벼훌치	샅샅이	샅싸치

(3) 두음 법칙

① 제10항

한자음 '녀, 뇨, 뉴, 니'가 단어 첫머리에 올 적에는, 두음 법칙에 따라 '여, 요, 유, 이'로 적는다. (ㄱ을 취하고, ㄴ을 버림)

ㄱ	ㄴ	ㄱ	ㄴ	ㄱ	ㄴ
여자(女子)	녀자	요소(尿素)	뇨소	이토(泥土)	니토
연세(年歲)	년세	유대(紐帶)	뉴대	익명(匿名)	닉명

다만, 다음과 같은 의존 명사에서는 '냐, 녀' 음을 인정한다.

냥(兩)	냥쭝(兩-)	년(年)(몇 년)

붙임1 단어의 첫머리 이외의 경우에는 본음대로 적는다.

남녀(男女)	당뇨(糖尿)	결뉴(結紐)	은닉(隱匿)

붙임2 접두사처럼 쓰이는 한자가 붙어서 된 말이나 합성어에서, 뒷말의 첫소리가 'ㄴ' 소리로 나더라도 두음 법칙에 따라 적는다.

신여성(新女性)	공염불(空念佛)	남존여비(男尊女卑)

붙임3 둘 이상의 단어로 이루어진 고유 명사를 붙여 쓰는 경우에도 **붙임2** 에 준하여 적는다.

한국여자대학	대한요소비료회사

제10항과 관련된 기출 어휘

요도

② 제11항 (빈출)

한자음 '랴, 려, 례, 료, 류, 리'가 단어의 첫머리에 올 적에는, 두음 법칙에 따라 '야, 여, 예, 요, 유, 이'로 적는다. (ㄱ을 취하고, ㄴ을 버림)

ㄱ	ㄴ	ㄱ	ㄴ	ㄱ	ㄴ
양심(良心)	량심	예의(禮儀)	례의	유행(流行)	류행
역사(歷史)	력사	용궁(龍宮)	룡궁	이발(理髮)	리발

다만, 다음과 같은 의존 명사는 본음대로 적는다.

리(里): 몇 리냐?	리(理): 그럴 리가 없다.

붙임1 단어의 첫머리 이외의 경우에는 본음대로 적는다.

개량(改良)	선량(善良)	수력(水力)	협력(協力)
사례(謝禮)	혼례(婚禮)	와룡(臥龍)	쌍룡(雙龍)
하류(下流)	급류(急流)	도리(道理)	진리(眞理)

다만, 모음이나 'ㄴ' 받침 뒤에 이어지는 '렬, 률'은 '열, 율'로 적는다. (ㄱ을 취하고 ㄴ을 버림)

ㄱ	ㄴ	ㄱ	ㄴ	ㄱ	ㄴ
나열(羅列)	나렬	비율(比率)	비률	진열(陳列)	진렬
치열(齒列)	치렬	실패율(失敗率)	실패률	선율(旋律)	선률
비열(卑劣)	비렬	분열(分裂)	분렬	전율(戰慄)	전률
규율(規律)	규률	선열(先烈)	선렬	백분율(百分率)	백분률

붙임2 외자로 된 이름을 성에 붙여 쓸 경우에도 본음대로 적을 수 있다.

신립(申砬)	최린(崔麟)	채륜(蔡倫)	하륜(河崙)

붙임3 준말에서 본음으로 소리 나는 것은 본음대로 적는다.

국련(국제 연합)	한시련(한국 시각 장애인 연합회)

붙임4 접두사처럼 쓰이는 한자가 붙어서 된 말이나 합성어에서, 뒷말의 첫소리가 'ㄴ' 또는 'ㄹ' 소리로 나더라도 두음 법칙에 따라 적는다.

역이용(逆利用)	연이율(年利率)	열역학(熱力學)	해외여행(海外旅行)

붙임5 둘 이상의 단어로 이루어진 고유 명사를 붙여 쓰는 경우나 십진법에 따라 쓰는 수(數)도 **붙임4**에 준하여 적는다.

서울여관	신흥이발관	육천육백육십육(六千六百六十六)

🔍 제11항과 관련된 기출 어휘

강렬	건폐율	발열	시청률	열력	용적률
정렬	직렬	취업률	치사율	확률	

✓ 기출 포인트 Check Check

다음 물음을 읽고, 적절한 것은 ○, 적절하지 않은 것은 × 표시하시오.

01 한글 맞춤법 제10항에 따라 한자어 '연세(年歲)'는 한자음으로는 '년세'이지만 두음 법칙을 적용해 '연세'로 적는다. (○, ×)

02 한글 맞춤법 제11항에 따를 때, '백분률(百分率)'이 규정에 맞는 표기이다. (○, ×)

03 '몇 리', '그럴 리'의 의존 명사 '리'는 한글 맞춤법 제11항의 예외이므로 본음대로 표기한다. (○, ×)

정답 | 01 ○ 02 ×, 백분율 03 ○

(4) 겹쳐 나는 소리

① 제13항

한 단어 안에서 같은 음절이나 비슷한 음절이 겹쳐 나는 부분은 같은 글자로 적는다. (ㄱ을 취하고, ㄴ을 버림)

ㄱ	ㄴ	ㄱ	ㄴ
딱딱	딱닥	유유상종(類類相從)	유류상종
쌕쌕	쌕색	누누이(屢屢-)	누루이
씩씩	씩식	꼿꼿하다	꼿곳하다
똑딱똑딱	똑닥똑닥	놀놀하다	놀롤하다
쓱싹쓱싹	쓱삭쓱삭	눅눅하다	눙눅하다
연연불망(戀戀不忘)	연련불망	밋밋하다	민밋하다
싹싹하다	싹삭하다	쌉쌀하다	쌉살하다
씁쓸하다	씁슬하다	짭짤하다	짭잘하다

🔍 제13항과 관련된 기출 어휘

ㄱ	ㄴ
노노 갈등(勞勞葛藤)	노로 갈등

2. 형태에 관한 것

(1) 접미사가 붙어서 된 말

① 제20항 빈출

명사 뒤에 '-이'가 붙어서 된 말은 그 명사의 원형을 밝히어 적는다.

1. 부사로 된 것

곳곳이	낱낱이	몫몫이	살살이	앞앞이	집집이

2. 명사로 된 것

곰배팔이	바둑이	삼발이	애꾸눈이	육손이	절뚝발이 / 절름발이

붙임 '-이' 이외의 모음으로 시작된 접미사가 붙어서 된 말은 그 명사의 원형을 밝히어 적지 않는다.

꼬락서니	끄트머리	모가치	바가지	바깥	사타구니
싸라기	이파리	지붕	지푸라기	짜개	

② 제21항 빈출

명사나 혹은 용언의 어간 뒤에 자음으로 시작된 접미사가 붙어서 된 말은 그 명사나 어간의 원형을 밝히어 적는다.

1. 명사 뒤에 자음으로 시작된 접미사가 붙어서 된 것

값지다	홑지다	넋두리	빛깔	옆댕이	잎사귀

2. 어간 뒤에 자음으로 시작된 접미사가 붙어서 된 것

낚시	늙정이	덮개	뜯게질	갉작갉작하다	갉작거리다
뜯적거리다	뜯적뜯적하다	굵다랗다	굵직하다	깊숙하다	넓적하다
높다랗다	늙수그레하다	얽죽얽죽하다			

다만, 다음과 같은 말은 소리대로 적는다.

(1) 겹받침의 끝소리가 드러나지 않는 것

할짝거리다	널따랗다	널찍하다	말끔하다	말쑥하다	말짱하다
실쭉하다	실큼하다	얄따랗다	얄팍하다	짤따랗다	짤막하다
실컷					

(2) 어원이 분명하지 않거나 본뜻에서 멀어진 것

넙치	올무	골막하다	납작하다

③ 제23항

'-하다'나 '-거리다'가 붙는 어근에 '-이'가 붙어서 명사가 된 것은 그 원형을 밝히어 적는다.(ㄱ을 취하고, ㄴ을 버림)

ㄱ	ㄴ	ㄱ	ㄴ	ㄱ	ㄴ
깔쭉이	깔쭈기	배불뚝이	배불뚜기	오뚝이	오뚜기
꿀꿀이	꿀꾸리	삐죽이	삐주기	코납작이	코납자기
눈깜짝이	눈깜짜기	살살이	살사리	푸석이	푸서기
더펄이	더퍼리	쌕쌕이	쌕쌔기	홀쭉이	홀쭈기

붙임 '-하다'나 '-거리다'가 붙을 수 없는 어근에 '-이'나 또는 다른 모음으로 시작되는 접미사가 붙어서 명사가 된 것은 그 원형을 밝히어 적지 않는다.

개구리	귀뚜라미	기러기	깍두기	꽹과리	날라리
누더기	동그라미	두드러기	딱따구리	매미	부스러기
뻐꾸기	얼루기	칼싹두기			

✔ 기출 포인트 Check Check

다음 물음을 읽고, 적절한 것은 ○, 적절하지 않은 것은 × 표시하시오.

01 한글 맞춤법 제13항에 따라 한 단어 안에서 같은 음절이나 비슷한 음절이 겹쳐 나는 부분은 다른 글자로 적는다. (○, ×)

02 한글 맞춤법 제13항에 따를 때, '노노 갈등(勞勞葛藤)'과 '노로 갈등(勞勞葛藤)' 중 맞는 표기는 '노로 갈등'이다. (○, ×)

03 한글 맞춤법 제20항에 따라 명사 '곳곳' 뒤에 '-이'가 결합한 부사는 '곳곳이'로 적는다. (○, ×)

정답 | 01 ×, 같은 글자로 적는다. 02 ×, 노노 갈등 03 ○

④ 제25항 빈출

'-하다'가 붙는 어근에 '-히'나 '-이'가 붙어서 부사가 되거나, 부사에 '-이'가 붙어서 뜻을 더하는 경우에는 그 어근이나 부사의 원형을 밝히어 적는다.

1. '-하다'가 붙는 어근에 '-히'나 '-이'가 붙는 경우

급히	꾸준히	도저히	딱히	어렴풋이	깨끗이

붙임 '-하다'가 붙지 않는 경우에는 소리대로 적는다.

갑자기	반드시(꼭)	슬며시

2. 부사에 '-이'가 붙어서 역시 부사가 되는 경우

곰곰이	더욱이	생긋이	오뚝이	일찍이	해죽이

🔍 제25항과 관련된 기출 어휘

나란히	뚜렷이	말끔히	무던히

(2) 합성어 및 접두사가 붙은 말

① 제29항 빈출

끝소리가 'ㄹ'인 말과 딴 말이 어울릴 적에 'ㄹ' 소리가 'ㄷ' 소리로 나는 것은 'ㄷ'으로 적는다.

반짇고리(바느질~)	사흗날(사흘~)	삼짇날(삼질~)	섣달(설~)
숟가락(술~)	이튿날(이틀~)	잗주름(잘~)	푿소(풀~)
섣부르다(설~)	잗다듬다(잘~)	잗다랗다(잘~)	

② 제30항 빈출

사이시옷은 다음과 같은 경우에 받치어 적는다.

1. 순우리말로 된 합성어로서 앞말이 모음으로 끝난 경우

(1) 뒷말의 첫소리가 된소리로 나는 것

고랫재	귓밥	나룻배	나뭇가지	냇가	댓가지
뒷갈망	맷돌	머릿기름	모깃불	못자리	바닷가
뱃길	볏가리	부싯돌	선짓국	쇳조각	아랫집
우렁잇속	잇자국	잿더미	조갯살	찻집	쳇바퀴
킷값	핏대	햇볕	혓바늘		

(2) 뒷말의 첫소리 'ㄴ, ㅁ' 앞에서 'ㄴ' 소리가 덧나는 것

멧나물	아랫니	텃마당	아랫마을	뒷머리
잇몸	깻묵	냇물	빗물	

(3) 뒷말의 첫소리 모음 앞에서 'ㄴㄴ' 소리가 덧나는 것

| 도리깻열 | 뒷윷 | 두렛일 | 뒷일 | 뒷입맛 |
| 베갯잇 | 욧잇 | 깻잎 | 나뭇잎 | 댓잎 |

2. 순우리말과 한자어로 된 합성어로서 앞말이 모음으로 끝난 경우

(1) 뒷말의 첫소리가 된소리로 나는 것

귓병	머릿방	뱃병	봇둑	사잣밥
샛강	아랫방	자릿세	전셋집	찻잔
찻종	촛국	콧병	탯줄	텃세
핏기	햇수	횟가루	횟배	

(2) 뒷말의 첫소리 'ㄴ, ㅁ' 앞에서 'ㄴ' 소리가 덧나는 것

| 곗날 | 제삿날 | 훗날 | 툇마루 | 양칫물 |

(3) 뒷말의 첫소리 모음 앞에서 'ㄴㄴ' 소리가 덧나는 것

| 가욋일 | 사삿일 | 예삿일 | 훗일 |

3. 두 음절로 된 다음 한자어

| 곳간(庫間) | 셋방(貰房) | 숫자(數字) | 찻간(車間) | 툇간(退間) | 횟수(回數) |

🔍 제30항과 관련된 기출 어휘

낙숫물	날갯죽지	노잣돈	등굣길	만둣국	배춧잎
부챗살	북엇국	소싯적	아랫돌	양잿물	이야깃거리
일숫돈	장밋빛	저잣거리	허드렛일	혼잣말	

✔ 기출 포인트 Check Check

다음 물음을 읽고, 적절한 것은 ○, 적절하지 않은 것은 × 표시하시오.

01 한글 맞춤법 제25항에 따라 부사 '급히'의 어근은 '-하다'가 붙는 어근이므로 원형을 밝혀 적어야 한다. (○, ×)

02 '숟가락'은 끝소리가 'ㄹ'인 말과 딴 말이 어울릴 적에 'ㄹ' 소리가 'ㄷ' 소리로 나므로 'ㄷ'으로 적는 예에 해당한다. (○, ×)

03 순우리말 '이'와 '자국'이 합쳐져 합성어가 될 때는 한글 맞춤법 제30항에 따라 '이자국'으로 표기한다. (○, ×)

정답 | **01** ○ **02** ○ **03** ×, 잇자국

(3) 준말

① 제32항

단어의 끝모음이 줄어지고 자음만 남은 것은 그 앞의 음절에 받침으로 적는다.

본말	준말	본말	준말
기러기야	기럭아	가지고, 가지지	갖고, 갖지
어제저녁	엊저녁	디디고, 디디지	딛고, 딛지
어제그저께	엊그저께	-	-

🔍 **제32항과 관련된 기출 어휘**

본말	준말
가지가지	갖가지

② 제35항 빈출

모음 'ㅗ, ㅜ'로 끝난 어간에 '-아 / -어, -았- / -었-'이 어울려 'ㅘ / ㅝ, ㅘㅆ / ㅝㅆ'으로 될 적에는 준 대로 적는다.

본말	준말	본말	준말	본말	준말	본말	준말
꼬아	꽈	꼬았다	꽜다	보아	봐	보았다	봤다
쏘아	쏴	쏘았다	쐈다	두어	둬	두었다	뒀다
수어	숴	수었다	쉈다	주어	줘	주었다	줬다

붙임1 '놓아'가 '놔'로 줄 적에는 준 대로 적는다.

붙임2 'ㅚ' 뒤에 '-어, -었-'이 어울려 'ㅙ, ㅙㅆ'으로 될 적에도 준 대로 적는다.

본말	준말	본말	준말	본말	준말	본말	준말
괴어	괘	괴었다	괬다	되어	돼	되었다	됐다
뵈어	봬	뵈었다	뵀다	쇠어	쇄	쇠었다	쇘다
쐬어	쐐	쐬었다	쐤다	-	-	-	-

③ 제39항 빈출

어미 '-지' 뒤에 '않-'이 어울려 '-잖-'이 될 적과 '-하지' 뒤에 '않-'이 어울려 '-찮-'이 될 적에는 준 대로 적는다.

본말	준말	본말	준말	본말	준말	본말	준말
그렇지 않은	그렇잖은	만만하지 않다	만만찮다	적지 않은	적잖은	변변하지 않다	변변찮다

제39항과 관련된 기출 어휘

본말	준말	본말	준말
귀찮지 않다	귀찮잖다	마땅하지 않다	마땅찮다
당하지 않다	당찮다	수월하지 않다	수월찮다
두렵지 않다	두렵잖다	시원하지 않다	시원찮다 / 션찮다
섭섭하지 않다	섭섭잖다	편안하지 않다	편안찮다
점잖지 않다	점잖잖다	하지 않다	하찮다

④ 제40항 빈출

어간의 끝음절 '하'의 'ㅏ'가 줄고 'ㅎ'이 다음 음절의 첫소리와 어울려 거센소리로 될 적에는 거센소리로 적는다.

본말	준말	본말	준말	본말	준말
간편하게	**간편케**	다정하다	다정타	**연구하도록**	연구토록
정결하다	정결타	가하다	가타	흔하다	흔타

붙임 1 'ㅎ'이 어간의 끝소리로 굳어진 것은 받침으로 적는다.

않다	않고	않지	않든지	그렇다	그렇고
그렇지	그렇든지	아무렇다	아무렇고	아무렇지	아무렇든지
어떻다	어떻고	어떻지	어떻든지	이렇다	이렇고
이렇지	이렇든지	저렇다	저렇고	저렇지	저렇든지

붙임 2 어간의 끝음절 '하'가 아주 줄 적에는 준 대로 적는다.

본말	준말	본말	준말	본말	준말
거북하지	**거북지**	넉넉하지 않다	넉넉지 않다	생각하건대	**생각건대**
못하지 않다	못지않다	생각하다 못해	생각다 못해	섭섭하지 않다	섭섭지 않다
깨끗하지 않다	**깨끗지 않다**	익숙하지 않다	**익숙지 않다**	-	-

붙임 3 다음과 같은 부사는 소리대로 적는다.

결단코	결코	기필코	무심코	아무튼	요컨대
정녕코	필연코	하마터면	하여튼	한사코	

✔ 기출 포인트 Check Check

다음 물음을 읽고, 적절한 것은 ○, 적절하지 않은 것은 × 표시하시오.

01 한글 맞춤법 제32항에 따라 '어제저녁'의 준말은 '엊저녁'으로 적는다. (○, ×)

02 한글 맞춤법 제35항에 따라 어간 '괴-'에 '-었-'이 결합한 '괴었다'는 '괬다'로 줄여 적을 수 있다. (○, ×)

03 한글 맞춤법 제39항을 따를 때, '마땅하지 않다'를 줄여 적으면 '마땅잖다'가 된다. (○, ×)

정답 | 01 ○ 02 ○ 03 ×, 마땅찮다

본말	준말	본말	준말	본말	준말	본말	준말
단언하건대	단언컨대	달성하게	달성케	사임하고자	사임코자	청하건대	청컨대

3. 그 밖의 것

(1) 한자어의 본음 표기와 속음 표기의 구별

① 제52항

한자어에서 본음으로도 나고 속음으로도 나는 것은 각각 그 소리에 따라 적는다.

본음으로 나는 것	속음으로 나는 것	본음으로 나는 것	속음으로 나는 것
승낙(承諾)	수락(受諾), 쾌락(快諾), 허락(許諾)	오륙십(五六十)	오뉴월, 유월(六月)
만난(萬難)	곤란(困難), 논란(論難)	목재(木材)	모과(木瓜)
안녕(安寧)	의령(宜寧), 회령(會寧)	십일(十日)	시방정토(十方淨土), 시왕(十王), 시월(十月)
분노(忿怒)	대로(大怒), 희로애락(喜怒哀樂)	팔일(八日)	초파일(初八日)
토론(討論)	의논(議論)	-	-

제52항과 관련된 기출 어휘

분란(紛亂)	위난(危難)	환난(患難)	환란(患亂)

(2) 어미의 구별

① 제53항

다음과 같은 어미는 예사소리로 적는다. (ㄱ을 취하고, ㄴ을 버림)

ㄱ	ㄴ	ㄱ	ㄴ	ㄱ	ㄴ
-(으)ㄹ거나	-(으)ㄹ꺼나	-(으)ㄹ지니라	-(으)ㄹ찌니라	-(으)ㄹ수록	-(으)ㄹ쑤록
-(으)ㄹ걸	-(으)ㄹ껄	-(으)ㄹ지라도	-(으)ㄹ찌라도	-(으)ㄹ진저	-(으)ㄹ찐저
-(으)ㄹ게	-(으)ㄹ께	-(으)ㄹ지어다	-(으)ㄹ찌어다	-(으)ㄹ시	-(으)ㄹ씨
-(으)ㄹ세	-(으)ㄹ쎄	-(으)ㄹ지언정	-(으)ㄹ찌언정	-올시다	-올씨다
-(으)ㄹ세라	-(으)ㄹ쎄라	-(으)ㄹ진대	-(으)ㄹ찐대	-(으)ㄹ지	-(으)ㄹ찌

다만, 의문을 나타내는 다음 어미들은 된소리로 적는다.

-(으)ㄹ까?	-(으)ㄹ꼬?	-(스)ㅂ니까?	-(으)리까?	-(으)ㄹ쏘냐?

(3) '-더라, -던'과 '-든지'의 구별

① 제56항 빈출

'-더라, -던'과 '-든지'는 다음과 같이 적는다.

1. 지난 일을 나타내는 어미는 '-더라, -던'으로 적는다. (ㄱ을 취하고, ㄴ을 버림)

ㄱ	ㄴ	ㄱ	ㄴ
지난겨울은 몹시 춥더라.	지난겨울은 몹시 춥드라.	그 사람 말 잘하던데!	그 사람 말 잘하든데!
깊던 물이 얕아졌다.	깊든 물이 얕아졌다.	얼마나 놀랐던지 몰라.	얼마나 놀랐든지 몰라.
그렇게 좋던가?	그렇게 좋든가?		

2. 물건이나 일의 내용을 가리지 않는 뜻을 나타내는 조사와 어미는 '(-)든지'로 적는다. (ㄱ을 취하고, ㄴ을 버림)

ㄱ	ㄴ	ㄱ	ㄴ
배든지 사과든지 마음대로 먹어라.	배던지 사과던지 마음대로 먹어라.	가든지 오든지 마음대로 해라.	가던지 오던지 마음대로 해라.

🔎 제56항과 관련된 기출 어휘

• 제56항 1과 관련된 기출 어휘

ㄱ	ㄴ	ㄱ	ㄴ	ㄱ	ㄴ
더웠던	더웠든	여행하던 중에	여행하든 중에	잘하더라고	잘하드라고
정겨웠었던지	정겨웠었든지	힘들던지	힘들든지	-	-

• 제56항 2와 관련된 기출 어휘

ㄱ	ㄴ	ㄱ	ㄴ
가든지 말든지	가던지 말던지	그리든	그리던
떡을 먹든가 빵을 먹든가	떡을 먹던가 빵을 먹던가	모자란다든지	모자란다던지
볶음밥이든 짜장면이든	볶음밥이던 짜장면이던	오든지 말든지	오던지 말던지

✓ 기출 포인트 Check Check

다음 물음을 읽고, 적절한 것은 ○, 적절하지 않은 것은 × 표시하시오.

01 한글 맞춤법 제52항에 따라 한자어 '困難'은 '곤난'으로 적는다. (○, ×)

02 한글 맞춤법 제56항 1에 따를 때, '지난겨울은 몹시 춥더라 / 춥드라' 중 맞는 표기는 '춥더라'이다. (○, ×)

03 한글 맞춤법 제56항 2에 따를 때, '여기 오든지 말든지 / 오던지 말던지' 중 맞는 표기는 '오던지 말던지'이다. (○, ×)

정답 | **01** ×, 곤란 **02** ○ **03** ×, 오든지 말든지

2 기출 혼동하기 쉬운 표기

1. 의미에 따라 구별하여 표기하는 단어

구분		의미	예
1	갈다	이미 있는 사물을 다른 것으로 바꾸다.	창을 열고 실내 공기를 **갈았다**.
	가르다	승부나 등수 등을 서로 겨루어 정하다.	경기 시작 무렵에 터진 골이 이날의 승부를 **갈랐다**.
	가리다²	보이거나 통하지 못하도록 막다.	시야를 **가리다**.
	가리다³	잘잘못이나 좋은 것과 나쁜 것 등을 따져서 분간하다.	흑백을 **가리다**.
	갈리다	단단한 물건에 문질러져 잘게 부숴지거나 단단한 물건 사이에 넣어져 으깨지다.	고기가 너무 잘게 **갈렸다**.
2	난도	어려움의 정도	이번 시험은 **난도**가 낮다.
	난이도	어려움과 쉬움의 정도	시험 문제의 **난이도**를 조정하기가 쉽지 않다.
3	느리다	어떤 일이 이루어지는 과정이나 기간이 길다.	그 환자는 회복이 **느린** 편이다.
	늘리다	시간이나 기간을 길게 하다.	공사 기간을 일주일 더 **늘렸다**.
	늘이다¹	본디보다 더 길어지게 하다.	엿가락을 **늘이다**.
	늘이다²	아래로 길게 처지게 하다.	주렴을 **늘이다**.
4	들르다	지나는 길에 잠깐 들어가 머무르다.	출근하면서 편의점에 **들렀다**.
	들리다	귀신이나 넋 등이 덮치다.	그녀는 신이 **들렸다**.
5	들이켜다 빈출	물이나 술 등의 액체를 단숨에 마구 마시다.	그는 목이 마르다며 물을 벌컥벌컥 **들이켰다**.
	들이키다 빈출	안쪽으로 가까이 옮기다.	사람이 다닐 수 있도록 발을 **들이켜라**.
6	들추다	숨은 일, 지난 일, 잊은 일 등을 끄집어내어 드러나게 하다.	남의 사생활을 **들추다**.
	들치다	물건의 한쪽 끝을 쳐들다.	동생은 커튼을 **들치며** 구석구석 청소하였다.
7	떠벌리다	이야기를 과장하여 늘어놓다.	그는 매일 자신의 아들이 대단하다고 **떠벌렸다**.
	떠벌이다	굉장한 규모로 차리다.	그는 사업을 **떠벌여** 놓고 곤욕을 치르고 있다.
8	맞추다	서로 떨어져 있는 부분을 제자리에 맞게 대어 붙이다.	문짝에 문틀을 **맞추다**.
	맞히다	어떤 좋지 않은 일을 당하게 하다.	엄마는 아이를 야단을 **맞히고** 힘들어 하셨다.
9	매기다	일정한 기준에 따라 사물의 값이나 등수 등을 정하다.	사과의 등급은 크기와 색깔 등에 따라 **매겨진다**.
	메기다	두 편이 노래를 주고받고 할 때 한편이 먼저 부르다.	내가 앞소리를 **메기면**, 친구가 뒷소리를 **메기었다**.
10	무난하다	별로 어려움이 없다.	예심을 **무난하게** 통과하다.
	문안하다	웃어른께 안부를 여쭈다.	아버지께 **문안하다**.
11	물다	갚아야 할 것을 치르다.	오빠는 친구에게 빌린 돈을 **물어** 주었다.
	물리다	사거나 바꾼 물건을 원래 임자에게 도로 주고 돈이나 물건을 되찾다.	나는 백화점에서 구입한 옷과 가방을 모두 **물렸다**.

12	부수다	단단한 물체를 여러 조각이 나게 두드려 깨뜨리다.	돌을 잘게 **부수다**.
	부시다	빛이나 색채가 강렬하여 마주 보기가 어려운 상태에 있다.	햇빛에 눈이 **부시다**.
13	부치다	① 편지나 물건 등을 일정한 수단이나 방법을 써서 상대에게로 보내다. ② 어떤 문제를 다른 곳이나 다른 기회로 넘기어 맡기다. ③ 어떤 일을 거론하거나 문제 삼지 않는 상태에 있게 하다. ④ 원고를 인쇄에 넘기다.	① 편지를 **부치다**. ② 정부는 중요 정책을 국민 투표에 **부쳤다**. ③ 회의 내용을 극비에 **부치다**. ④ 접수된 원고를 편집하여 인쇄에 **부쳤다**.
	붙이다	겨루는 일 등을 서로 어울려 시작하게 하다.	두 회사를 경쟁을 **붙이다**.
14	불고하다	돌아보지 않다.	염치 **불고하고** 다시 이 자리에 섰다.
	불구하다	얽매여 거리끼지 않다.	많이 아픔에도 **불구하고** 일하러 나갔다.
15	비추다	빛을 내는 대상이 다른 대상에 빛을 보내어 밝게 하다.	손전등을 방 안에 **비추다**.
	비치다	얼굴이나 눈치 등을 잠시 또는 약간 나타내다.	너무 바빠서 집에 얼굴을 **비칠** 시간도 없다.
16	빗기다	머리털을 빗 등으로 가지런히 고르게 하다.	여왕은 시녀에게 머리를 **빗겼다**.
	빗다	머리털을 빗 등으로 가지런히 고르다.	내 동생의 머리를 **빗어** 묶어 주었다.
17	삭이다	기침이나 가래 등을 잠잠하게 하거나 가라앉히다.	생강차는 기침을 **삭이는** 데 좋다.
	삭히다 (빈출)	김치나 젓갈 등의 음식물을 발효시켜 맛이 들게 하다.	밥을 **삭혀** 끓인 감주
18	삼키다	웃음, 눈물, 소리 등을 억지로 참다.	주변이 조용해 웃음을 **삼켰다**.
19	썩다	걱정이나 근심 등으로 마음이 몹시 괴로운 상태가 되다.	집 나간 아들 때문에 속이 무척 **썩는다**.
	썩이다	걱정이나 근심 등으로 마음이 몹시 괴로운 상태가 되게 만들다.	이제 부모 속 좀 작작 **썩여라**.
20	운명	사람의 목숨이 끊어짐	언니는 해외에서 할아버지의 **운명** 소식을 들었다.
	유명	저승과 이승을 아울러 이르는 말	그 사람은 교통사고로 **유명**을 달리했다.
21	이르다¹	어떤 장소나 시간에 닿다.	모임 장소에 **이르러** 전화를 하였다.
	이르다²	무엇이라고 말하다.	친구에게 사 와야 할 것을 **일러** 주었다.
22	인재	재주가 아주 뛰어난 사람	올해 신입생들은 우리 학과의 **인재**로 불린다.
	재원	재주가 뛰어난 젊은 여자	그녀는 두 번 보기 힘든 **재원**이다.

✓ 기출 포인트 Check Check

다음 물음을 읽고, 적절한 것은 ○, 적절하지 않은 것은 × 표시하시오.

01 '물을 벌컥벌컥 ㉠'에서 ㉠에 들어갈 말은 '들이키다'이다. (○, ×)

02 '술을 만들기 위해 곡식을 ㉡'에서 ㉡에 들어갈 말은 '삭히다'이다. (○, ×)

03 '손전등을 방 안에 ㉢'에서 ㉢에 들어갈 말은 '비추다'이다. (○, ×)

정답 | 01 ×, 들이켜다 02 ○ 03 ○

23	임대	돈을 받고 자기의 물건을 남에게 빌려줌	**임대** 조건이 좋다.
	임차	돈을 내고 남의 물건을 빌려 씀	**임차** 계약서를 작성했다.
24	임부	아이를 밴 여자	**임부**는 크게 놀라는 일에 주의해야 한다.
	임산부	임부와 산부를 아울러 이르는 말	**임산부** 배려석은 비워 두세요.
25	젓다	짐승이 꼬리를 흔든다.	우리 집 강아지는 나를 보면 꼬리를 **저었다**.
	젖다	① 물이 배어 축축하게 되다. ② 어떤 영향을 받아 몸에 배다.	① 비를 맞아 홀딱 **젖었다**. ② 그는 아직도 구시대적 사상에 **젖어** 있었다.
26	제재	일정한 규칙이나 관습의 위반에 대하여 제한하거나 금지함. 또는 그런 조치	정부로부터 아무런 **제재**를 받지 않았다.
	제제	논증하여야 할 명제	오늘 수업에서는 이 **제제**에 대해 논증할 것이다.
27	조르다	다른 사람에게 차지고 끈덕지게 무엇을 자꾸 요구하다.	나는 친구에게 만나달라고 **졸랐다**.
	조리다 ^{빈출}	양념을 한 고기나 생선, 채소 등을 국물에 넣고 바짝 끓여서 양념이 배어들게 하다.	멸치와 고추를 간장에 **조렸다**.
	졸이다 ^{빈출}	① 찌개, 국, 한약 등의 물을 증발시켜 분량을 적어지게 하다. ② 속을 태우다시피 초조해하다.	① 찌개를 **졸이다**. ② 합격자 발표 전이라 애간장을 **졸였다**.
28	지그시	① 슬며시 힘을 주는 모양 ② 조용히 참고 견디는 모양	① 눈을 **지그시** 감다. ② 아픔을 **지그시** 참다.
	지긋이	나이가 비교적 많아 듬직하게	그는 나이가 **지긋이** 들어 보인다.
29	천상	하늘 위	**천상**에서 내려온 선녀
	천생	타고난 것처럼 아주	우리 누나는 **천생** 가수이다.
30	축적	지식, 경험, 자금 등을 모아서 쌓음. 또는 모아서 쌓은 것	도서관은 지식 **축적**의 보고이다.
	축척	지도에서의 거리와 지표에서의 실제 거리와의 비율	지도에는 **축척**이 표시되어 있다.
31	한참	시간이 상당히 지나는 동안	**한참**을 기다렸는데, 친구는 오지 않았다.
	한창	어떤 일이 가장 활기 있고 왕성하게 일어나는 때. 또는 어떤 상태가 가장 무르익은 때	**한창** 인기 있는 책이라 그런지 계속 품절이다.
32	햇볕	해가 내리쬐는 기운	밖으로 나가 **햇볕**을 쬐다.
	햇빛	해의 빛	우리 집은 **햇빛**이 잘 든다.
33	확정	일을 확실하게 정함	이번 시험 일자가 아직 **확정**이 안 되었다.
	획정	경계 등을 명확히 구별하여 정함	개발 구역 **획정** 발표

2. 표기상 주의해야 하는 단어

구분	바른 표기(○)	틀린 표기(×)	구분	바른 표기(○)	틀린 표기(×)
1	개펄, 갯벌	갯펄	25	메밀	모밀
2	건넌방	건너방	26	밑동	밑둥
3	게거품	개거품	27	밥심	밥힘
4	괜스레 빈출	괜시리	28	별의별 빈출	별에별
5	구슬리다	구스르다	29	부조(扶助)	부주
6	귀띔	귀뜸	30	부항(附缸)	부황
7	귓불	귓볼	31	불리다	불리우다
8	금세	금새	32	뻘게지다	뻘개지다
9	깨치다	깨이다	33	서슴지	서슴치
10	꺼메지다	꺼매지다	34	설렁탕	설농탕
11	끄떡없다 빈출	끄덕없다	35	성대모사(聲帶模寫)	성대묘사
12	내디뎠다, 내디디었다	내딛었다	36	소맷귀	소매깃
13	내로라하다	내노라하다	37	숙맥	쑥맥
14	눌은밥	누른밥	38	십상(十常)	쉽상
15	닦달 / 닦달하다 빈출	닥달 / 닥달하다	39	쌀뜨물	쌀뜻물
16	단출하다 빈출	단촐하다	40	쓰잘머리	쓰잘데기, 쓰잘대기
17	달리다	딸리다	41	씻나락	씨나락
18	덤터기 빈출	덤테기, 덤태기	42	앳되다	애띠다
19	돌부리	돌뿌리	43	야반도주(夜半逃走) 빈출	야밤도주
20	동고동락(同苦同樂)	동거동락	44	어물쩍 빈출	어물적, 어물쩡
21	뒤처지다	뒤쳐지다	45	어이없다 빈출	어의없다
22	뒤치다꺼리 빈출	뒤치닥꺼리	46	어저께	어저깨
23	마뜩잖다	마뜩찮다	47	어쭙잖다 빈출	어줍잖다
24	막냇동생	막내동생	48	언질(言質)	언지

✓ 기출 포인트 Check Check

다음 물음을 읽고, 적절한 것은 ○, 적절하지 않은 것은 × 표시하시오.

01 '괜스레'와 '괜시리' 중 바른 표기는 '괜스레'이다. (○, ×)

02 '단출하다'와 '단촐하다' 중 바른 표기는 '단촐하다'이다. (○, ×)

03 '덤터기'와 '덤태기' 중 바른 표기는 '덤태기'이다. (○, ×)

정답 | 01 ○ 02 ×, 단출하다 03 ×, 덤터기

49	얻다(어디에다)	어따	62	중구난방(衆口難防)	중구남방
50	에게	에게, 애게	63	찌개	찌게
51	엔간한 빈출	왠간한, 엥간한	64	창난/창난젓 빈출	창란/창란젓
52	우려먹다	울궈먹다	65	초승달	초생달
53	우유갑 빈출	우유곽	66	켕기다	캥기다
54	욱여넣다	우겨넣다	67	파투(破鬪) 빈출	파토
55	움큼	웅큼	68	패악(悖惡)	폐악
56	웬만히	웬간히	69	하마터면 빈출	하마트면
57	육개장	육게장	70	핼쑥하다	핼쓱하다
58	일부러	일부로	71	황당무계(荒唐無稽)	황당무개
59	장아찌	짱아찌	72	횡격막(橫膈膜/橫隔膜)	횡경막
60	절체절명(絕體絕命)	절대절명(絕對絕命)	73	흐리멍덩하다	흐리멍텅하다
61	죔죔	잼잼	74	희한하다(稀罕하다) 빈출	희안하다

3 기출 띄어쓰기

1. 띄어쓰기 규정

(1) 조사

① 제41항 빈출

> 조사는 그 앞말에 붙여 쓴다.
>
> | 꽃이 | 꽃마저 | 꽃밖에 | 꽃에서부터 | 꽃으로만 |
> |------|--------|--------|-----------|---------|
> | 꽃이나마 | 꽃이다 | 꽃입니다 | 꽃처럼 | 어디까지나 |
> | 거기도 | 멀리는 | 웃고만 | | |

🔍 제41항 관련 기출 어휘

고기는커녕	나만큼	누구하고	마음대로	밥은커녕
보이는구먼그래	빨리는커녕	큰 것대로		

(2) 의존 명사, 단위를 나타내는 명사 및 열거하는 말 등

① 제42항 빈출

> 의존 명사는 띄어 쓴다.
>
> | 아는 것이 힘이다. | 나도 할 수 있다. | 먹을 만큼 먹어라. |
> |------------------|------------------|------------------|
> | 아는 이를 만났다. | 네가 뜻한 **바**를 알겠다. | 그가 떠난 지가 오래다. |

🔍 제42항 관련 기출 어휘

괴로움 **따위**	내 **딴**에는	낼 **뿐**이었다.	닥치는 **대로**	두 시간 **만**에	먹든지 **간**에
만 원 **남짓**	많은 **만치**	먹는 **둥** 마는 **둥**	복종할 **뿐**	사는 **데**는	사라질 **뿐**
싫었을 **뿐**	어쩔 **줄**	예쁠 **뿐**만	자기 **나름**의	저녁 **무렵**	전쟁 **통**에
회사 **측**	10년 **차**에				

🎯 **심화이론 공략**

구별해서 써야 하는 의존 명사와 용언의 어미

-ㄹ 걸 / -ㄹ걸	-ㄹ 걸	'-ㄹ 것을'의 준말일 때는 의존 명사이므로 앞말과 띄어 쓴다. 예 먹을∨걸 가져오자.
	-ㄹ걸	'후회'나 '추측'의 의미를 나타낼 때는 어미이므로 앞말과 붙여 쓴다. 예 진작 운동을 시작할걸.
-ㄴ 데 / -ㄴ데	-ㄴ 데	'일, 것, 경우' 등의 의미를 나타낼 때는 의존 명사이므로 앞말과 띄어 쓴다. 예 그녀를 설득하는∨데 몇 주가 걸렸다.
	-ㄴ데	전제를 제시할 때는 어미이므로 앞말과 붙여 쓴다. 예 시장에 가는데 뭐 사다 줄까?
지 / -ㄴ지 빈출	지	용언의 관형사형 뒤에서 경과한 시간을 나타낼 때는 의존 명사이므로 앞말과 띄어 쓴다. 예 그와 교제한∨지 일 년이 지났다.
	-ㄴ지	막연한 의문이 있는 채로 그것을 뒤 절의 사실이나 판단과 관련시킬 때는 어미이므로 앞말과 붙여 쓴다. 예 동생이 얼마나 부지런한지 매일 새벽 운동을 나간다.
-ㄹ지 빈출		추측에 대한 막연한 의문이 있는 채로 그것을 뒤 절의 사실이나 판단과 관련시킬 때는 어미이므로 앞말과 붙여 쓴다. 예 여행을 갈지 이야기 중이다.

② 제43항

> 단위를 나타내는 명사는 띄어 쓴다.
>
> | | | | | | |
> |---|---|---|---|---|---|
> | 한 개 | 차 한 대 | 금 서 돈 | 소 한 마리 | 옷 한 벌 | 열 살 |
> | 조기 한 손 | 연필 한 자루 | 버선 한 죽 | 집 한 채 | 신 두 켤레 | 북어 한 쾌 |
>
> 다만, 순서를 나타내는 경우나 숫자와 어울리어 쓰이는 경우에는 붙여 쓸 수 있다.
>
> | | | | | | |
> |---|---|---|---|---|---|
> | 두시 삼십분 오초 | 제일과 | 삼학년 | 육층 | 1446년 10월 9일 | |
> | 2대대 | 16동 502호 | 제1실습실 | 80원 | 10개 | 7미터 |

✔ **기출 포인트 Check Check**

다음 물음을 읽고, 적절한 것은 ○, 적절하지 않은 것은 × 표시하시오.

01 한글 맞춤법 제42항을 따를 때, '두 시간∨만에'와 '두 시간만에' 중 맞는 표기는 '두 시간만에'이다. (○, ×)

02 '그와 교제한∨지/교제한지 일 년이 되었다'에서 맞는 표기는 '교제한지'이다. (○, ×)

03 '창난젓'과 '창란젓' 중 바른 표기는 '창난젓'이다. (○, ×)

정답 | 01 ×, 두 시간∨만에 02 ×, 교제한∨지 03 ○

③ 제45항 〈빈출〉

두 말을 이어 주거나 열거할 적에 쓰이는 다음의 말들은 띄어 쓴다.

국장 겸 과장	열 내지 스물	청군 대 백군	책상, 걸상 등이 있다
이사장 및 이사들	사과, 배, 귤 등등	사과, 배 등속	부산, 광주 등지

④ 제46항 〈빈출〉

단음절로 된 단어가 연이어 나타날 적에는 붙여 쓸 수 있다.

좀더 큰것	이말 저말	한잎 두잎

🔍 제46항 관련 기출 어휘

십 리도 못 가	단음절로 된 단어가 연이어 나타나더라도 모두 붙여 쓸 수 있는 것은 아니다. '십 리도 못 가'에서의 '못'은 뒷말 '가'를 먼저 꾸미는 것이어서 앞말과 묶이기 어렵다.

(3) 보조 용언

① 제47항 〈빈출〉

보조 용언은 띄어 씀을 원칙으로 하되, 경우에 따라 붙여 씀도 허용한다. (ㄱ을 원칙으로 하고, ㄴ을 허용함)

ㄱ	ㄴ
불이 꺼져 **간다**.	불이 꺼져**간다**.
내 힘으로 막아 **낸다**.	내 힘으로 막아**낸다**.
어머니를 도와 **드린다**.*	어머니를 도와**드린다**.
그릇을 깨뜨려 **버렸다**.	그릇을 깨뜨려**버렸다**.
비가 올 **듯하다**.	비가 올**듯하다**.
그 일은 할 **만하다**.	그 일은 할**만하다**.
일이 될 **법하다**.	일이 될**법하다**.
비가 올 **성싶다**.	비가 올**성싶다**.
잘 아는 **척한다**.	잘 아는**척한다**.

* '도와 드리다'는 '표준국어대사전'에 따르면 '도와드리다'로 붙여 써야 한다. 이는 '도와주다'를 한 단어로 처리한 것에 맞추어 동일하게 처리하고자 함이다.

다만, 앞말에 조사가 붙거나 앞말이 합성 용언인 경우, 그리고 중간에 조사가 들어갈 적에는 그 뒤에 오는 보조 용언은 띄어 쓴다.

잘도 놀아만 **나는구나**!	책을 읽어도 보고…….	네가 덤벼들어 **보아라**.
이런 기회는 다시없을 **듯하다**.	그가 올 듯도 **하다**.	잘난 체를 **한다**.

🔍 제47항 관련 기출 어휘

원칙	허용
들어 보다	들어보다

(4) 고유 명사 및 전문 용어

① 제48항

성과 이름, 성과 호 등은 붙여 쓰고, 이에 덧붙는 호칭어, 관직명 등은 띄어 쓴다.

| 김양수(金良洙) | 서화담(徐花潭) | 채영신 씨 | 최치원 선생 | 박동식 박사 | 충무공 이순신 장군 |

다만, 성과 이름, 성과 호를 분명히 구분할 필요가 있을 경우에는 띄어 쓸 수 있다.

| 남궁억 / 남궁 억 | 독고준 / 독고 준 | 황보지봉(皇甫芝峰) / 황보 지봉 |

🔍 제48항 관련 기출 어휘

| 김 여사 | 이한별 사장 |

2. 띄어쓰기 관련 기출 어휘

제시된 단어가 복합어(합성어, 파생어)인 경우 하나의 단어이므로 붙여 쓰고, 복합어가 아닌 경우 하나의 단어가 아니므로 띄어 써야 한다.

(1) 붙여 쓰는 단어

합성어 빈출	수학여행, 안전지대, 안전사고, 학교생활, 국가대표, 윤리의식
파생어	급회전, 꿈결, 반죽음, 사업차, 시간가량, 제주산, 한바탕, 한가득, 한동안, 한사람

(2) 띄어 쓰는 단어

경기∨부양	경쟁∨관계	공공∨기관	과민∨반응
마감∨시간	반사∨신경	사후∨관리	상생∨협력
주의∨사항	증강∨현실	질병∨관리	출근∨시간
취미∨생활	협력∨업체		

✔ **기출 포인트 Check Check**

다음 물음을 읽고, 적절한 것은 ○, 적절하지 않은 것은 × 표시하시오.

01 한글 맞춤법 제48항을 따를 때, '채영신씨'의 띄어쓰기는 적절하다. (○, ×)

02 '윤리의식'은 '윤리'와 '의식'을 띄어 '윤리∨의식'으로 표기한다. (○, ×)

03 한글 맞춤법 제47항에 따라 보조 용언 '듯하다'는 본용언과 띄어 쓸 수도 있고, 붙여 쓸 수도 있다. (○, ×)

정답 | **01** ×, 채영신∨씨 **02** ×, 윤리의식 **03** ○

4 기출 문장 부호

1. 문장 부호 규정

(1) 마침표(.) 빈출

> 1. 서술, 명령, 청유 등을 나타내는 문장의 끝에 쓴다.
>
> | 젊은이는 나라의 기둥입니다. | 제 손을 꼭 잡으세요. |
>
> **붙임1** 직접 인용한 문장의 끝에는 쓰는 것을 원칙으로 하되, 쓰지 않는 것을 허용한다.(ㄱ을 원칙으로 하고, ㄴ을 허용함)
>
> | ㄱ | ㄴ |
> | --- | --- |
> | 그는 "지금 바로 떠나자."라고 말하며 서둘러 짐을 챙겼다. | 그는 "지금 바로 떠나자"라고 말하며 서둘러 짐을 챙겼다. |
>
> **붙임2** 용언의 명사형이나 명사로 끝나는 문장에는 쓰는 것을 원칙으로 하되, 쓰지 않는 것을 허용한다.(ㄱ을 원칙으로 하고, ㄴ을 허용함)
>
> | ㄱ | ㄴ |
> | --- | --- |
> | 목적을 이루기 위하여 몸과 마음을 다하여 애를 씀. | 목적을 이루기 위하여 몸과 마음을 다하여 애를 씀 |
>
> 다만, 제목이나 표어에는 쓰지 않음을 원칙으로 한다.
>
> | 압록강은 흐른다 | 꺼진 불도 다시 보자 | 건강한 몸 만들기 |
>
> 2. 아라비아 숫자만으로 연월일을 표시할 때 쓴다.
>
> | 1919. 3. 1. | 10. 1. ~ 10. 12. |
>
> 3. 특정한 의미가 있는 날을 표시할 때 월과 일을 나타내는 아라비아 숫자 사이에 쓴다.
>
> | 3.1 운동 | 8.15 광복 |
>
> **붙임** 이때는 마침표 대신 가운뎃점을 쓸 수 있다.
>
> | 3·1 운동 | 8·15 광복 |
>
> 4. 장, 절, 항 등을 표시하는 문자나 숫자 다음에 쓴다.
>
> | 가. 인명 | ㄱ. 머리말 | Ⅰ. 서론 | 1. 연구 목적 |
>
> **붙임** '마침표' 대신 '온점'이라는 용어를 쓸 수 있다.

(2) 물음표(?) 빈출

> 1. 의문문이나 의문을 나타내는 어구의 끝에 쓴다.
>
> | 점심 먹었어? | 뭐라고? |

| 붙임1 | 한 문장 안에 몇 개의 선택적인 물음이 이어질 때는 맨 끝의 물음에만 쓰고, 각 물음이 독립적일 때는 각 물음의 뒤에 쓴다. |

| 너는 중학생이냐, 고등학생이냐? | 너는 여기에 언제 왔니? 어디서 왔니? 무엇하러* 왔니? |

* '무엇하러'는 '표준국어대사전'에 따르면 '무엇 하러'로 띄어 써야 한다.

| 붙임2 | 의문의 정도가 약할 때는 물음표 대신 마침표를 쓸 수 있다. |

| 도대체 이 일을 어쩐단 말이냐. | 이것이 과연 내가 찾던 행복일까. |

다만, 제목이나 표어에는 쓰지 않음을 원칙으로 한다.

| 역사란 무엇인가 | 아직도 담배를 피우십니까 |

2. 특정한 어구의 내용에 대하여 의심, 빈정거림 등을 표시할 때, 또는 적절한 말을 쓰기 어려울 때 소괄호 안에 쓴다.

| 우리와 의견을 같이할 사람은 최 선생(?) 정도인 것 같다. | 30점이라, 거참 훌륭한(?) 성적이군. |

3. 모르거나 불확실한 내용임을 나타낼 때 쓴다.

| 최치원(857~?)은 통일 신라 말기에 이름을 떨쳤던 학자이자 문장가이다. |

(3) 느낌표(!) 빈출

1. 감탄문이나 감탄사의 끝에 쓴다.

| 이거 정말 큰일이 났구나! | 어머! |

| 붙임 | 감탄의 정도가 약할 때는 느낌표 대신 쉼표나 마침표를 쓸 수 있다. |

| 어, 벌써 끝났네. | 날씨가 참 좋군. |

2. 특별히 강한 느낌을 나타내는 어구, 평서문, 명령문, 청유문에 쓴다.

| 청춘! 이는 듣기만 하여도 가슴이 설레는 말이다. | 이야, 정말 재밌다! |
| 지금 즉시 대답해! | 앞만 보고 달리자! |

✔ 기출 포인트 Check Check

다음 물음을 읽고, 적절한 것은 ○, 적절하지 않은 것은 × 표시하시오.

01 물음표(?)는 모르거나 불확실한 내용을 나타낼 때도 쓸 수 있다. (○, ×)

02 마침표(.)는 제목이나 표어에는 쓰지 않는 것이 원칙이다. (○, ×)

03 감탄의 정도가 약할 때는 느낌표 대신 마침표를 쓸 수 있다. (○, ×)

정답 | 01 ○ 02 ○ 03 ○

3. 물음의 말로 놀람이나 항의의 뜻을 나타내는 경우에 쓴다.

이게 누구야!	내가 왜 나빠!

4. 감정을 넣어 대답하거나 다른 사람을 부를 때 쓴다.

네!	네, 선생님!	흥부야!	언니!

(4) 쉼표(,) 빈출

1. 같은 자격의 어구를 열거할 때 그 사이에 쓴다.

> 근면, 검소, 협동은 우리 겨레의 미덕이다.

다만, (가) 쉼표 없이도 열거되는 사항임이 쉽게 드러날 때는 쓰지 않을 수 있다.

> 아버지 어머니께서 함께 오셨어요.　　　　네 돈 내 돈 다 합쳐 보아야 만 원도 안 되겠다.

(나) 열거할 어구들을 생략할 때 사용하는 줄임표 앞에는 쉼표를 쓰지 않는다.

> 광역시: 광주, 대구, 대전……

2. 짝을 지어 구별할 때 쓴다.

> 닭과 지네, 개와 고양이는 상극이다.

3. 이웃하는 수를 개략적으로 나타낼 때 쓴다.

> 5, 6세기　　　　　　6, 7, 8개

4. 열거의 순서를 나타내는 어구 다음에 쓴다.

> 첫째, 몸이 튼튼해야 한다.　　　　마지막으로, 무엇보다 마음이 편해야 한다.

5. 문장의 연결 관계를 분명히 하고자 할 때 절과 절 사이에 쓴다.

> 콩 심은 데 콩 나고, 팥 심은 데 팥 난다.

6. 같은 말이 되풀이되는 것을 피하기 위하여 일정한 부분을 줄여서 열거할 때 쓴다.

> 여름에는 바다에서, 겨울에는 산에서 휴가를 즐겼다.

7. 부르거나 대답하는 말 뒤에 쓴다.

> 지은아, 이리 좀 와 봐.　　　　네, 지금 가겠습니다.

8. 한 문장 안에서 앞말을 '곧', '다시 말해' 등과 같은 어구로 다시 설명할 때 앞말 다음에 쓴다.

> 책의 서문, 곧 머리말에는 책을 지은 목적이 드러나 있다.

9. 문장 앞부분에서 조사 없이 쓰인 제시어나 주제어의 뒤에 쓴다.

> 돈, 돈이 인생의 전부이더냐?   그 사실, 넌 알고 있었지?

10. 한 문장에 같은 의미의 어구가 반복될 때 앞에 오는 어구 다음에 쓴다.

> 그의 애국심, 몸을 사리지 않고 국가를 위해 헌신한 정신을 우리는 본받아야 한다.

11. 도치문에서 도치된 어구들 사이에 쓴다.

> 이리 오세요, 어머님.   다시 보자, 한강수야.

12. 바로 다음 말과 직접적인 관계에 있지 않음을 나타낼 때 쓴다.

> 철원과, 대관령을 중심으로 한 강원도 산간 지대에 예년보다 일찍 첫눈이 내렸습니다.

13. 문장 중간에 끼어든 어구의 앞뒤에 쓴다.

> 나는, 솔직히 말하면, 그 말이 별로 탐탁지 않아.

붙임1 이때는 쉼표 대신 줄표를 쓸 수 있다.

> 나는 ― 솔직히 말하면 ― 그 말이 별로 탐탁지 않아.

붙임2 끼어든 어구 안에 다른 쉼표가 들어 있을 때는 쉼표 대신 줄표를 쓴다.

> 이건 내 것이니까 ― 아니, 내가 처음 발견한 것이니까 ― 절대로 양보할 수 없다.

14. 특별한 효과를 위해 끊어 읽는 곳을 나타낼 때 쓴다.

> 내가, 정말 그 일을 오늘 안에 해낼 수 있을까?   이 전투는 바로 우리가, 우리만이, 승리로 이끌 수 있다.

15. 짧게 더듬는 말을 표시할 때 쓴다.

> 선생님, 부, 부정행위라니요? 그런 건 새, 생각조차 하지 않았습니다.

붙임 '쉼표' 대신 '반점'이라는 용어를 쓸 수 있다.

✔ 기출 포인트 Check Check

다음 물음을 읽고, 적절한 것은 ○, 적절하지 않은 것은 × 표시하시오.

01 도치문에서 도치된 어구들 사이에 쓰는 문장 부호는 쉼표(,)이다. (○, ×)

02 쉼표(,)는 부르거나 대답하는 말 뒤에 쓸 수 있다. (○, ×)

03 쉼표(,)를 '반점'이라고 부를 수 있다. (○, ×)

정답 | 01 ○ 02 ○ 03 ○

(5) 가운뎃점(·) 빈출

> 1. 열거할 어구들을 일정한 기준으로 묶어서 나타낼 때 쓴다.
>
> > 지금의 경상남도 · 경상북도, 전라남도 · 전라북도, 충청남도 · 충청북도 지역을 예부터 삼남이라 일러 왔다.
>
> 2. 짝을 이루는 어구들 사이에 쓴다.
>
> > 한(韓) · 이(伊) 양국 간의 무역량이 늘고 있다.　　　　우리는 그 일의 참 · 거짓을 따질 겨를도 없었다.
>
> 다만, 이때는 가운뎃점을 쓰지 않거나 쉼표를 쓸 수도 있다.
>
> > 한(韓) 이(伊) 양국 간의 무역량이 늘고 있다.　　　　우리는 그 일의 참 거짓을 따질 겨를도 없었다.
>
> 3. 공통 성분을 줄여서 하나의 어구로 묶을 때 쓴다.
>
> > 상 · 중 · 하위권　　　　금 · 은 · 동메달　　　　통권 제54 · 55 · 56호
>
> **붙임**　이때는 가운뎃점 대신 쉼표를 쓸 수 있다.
>
> > 상, 중, 하위권　　　　금, 은, 동메달　　　　통권 제54, 55, 56호

(6) 쌍점(:) 빈출

> 1. 표제 다음에 해당 항목을 들거나 설명을 붙일 때 쓴다.
>
> > 일시: 2014년 10월 9일 10시　　　　올림표(#): 음의 높이를 반음 올릴 것을 지시한다.
>
> 2. 희곡 등에서 대화 내용을 제시할 때 말하는 이와 말한 내용 사이에 쓴다.
>
> > 김 과장: 난 못 참겠다.　　　　아들: 아버지, 제발 제 말씀 좀 들어 보세요.
>
> 3. 시와 분, 장과 절 등을 구별할 때 쓴다.
>
> > 오전 10:20(오전 10시 20분)　　　　두시언해 6:15(두시언해 제6권 제15장)
>
> 4. 의존 명사 '대'가 쓰일 자리에 쓴다.
>
> > 65:60(65 대 60)　　　　청군:백군(청군 대 백군)
>
> **붙임**　쌍점의 앞은 붙여 쓰고 뒤는 띄어 쓴다. 다만, 3과 4에서는 쌍점의 앞뒤를 붙여 쓴다.

(7) 빗금(/) _{빈출}

1. 대비되는 두 개 이상의 어구를 묶어 나타낼 때 그 사이에 쓴다.

> 먹이다/먹히다   남반구/북반구

2. 기준 단위당 수량을 표시할 때 해당 수량과 기준 단위 사이에 쓴다.

> 100미터/초   1,000원/개

3. 시의 행이 바뀌는 부분임을 나타낼 때 쓴다.

> 산에 / 산에 / 피는 꽃은 / 저만치 혼자서 피어 있네

다만, 연이 바뀜을 나타낼 때는 두 번 겹쳐 쓴다.

> 산에는 꽃 피네 / 꽃이 피네 / 갈 봄 여름 없이 / 꽃이 피네 // 산에 / 산에 / 피는 꽃은 / 저만치 혼자서 피어 있네

> **붙임** 빗금의 앞뒤는 1과 2에서는 붙여 쓰며, 3에서는 띄어 쓰는 것을 원칙으로 하되 붙여 쓰는 것을 허용한다. 단, 1에서 대비되는 어구가 두 어절 이상인 경우에는 빗금의 앞뒤를 띄어 쓸 수 있다.

(8) 작은따옴표(' ') _{빈출}

1. 인용한 말 안에 있는 인용한 말을 나타낼 때 쓴다.

> 그는 "여러분! '시작이 반이다.'라는 말 들어 보셨죠?"라고 말하며 강연을 시작했다.

2. 마음속으로 한 말을 적을 때 쓴다.

> 나는 '일이 다 틀렸나 보군.'하고 생각하였다.

✔ 기출 포인트 Check Check

다음 물음을 읽고, 적절한 것은 ○, 적절하지 않은 것은 × 표시하시오.

01 빗금(/)은 시의 행이 바뀔 때는 한 번, 연이 바뀔 때는 두 번 쓴다. (○, ×)

02 짝을 이루는 어구들 사이에는 쉼표(,)와 가운뎃점(·)을 모두 쓸 수 있다. (○, ×)

03 시와 분, 장과 절 등을 구별할 때 빗금(/)을 쓴다. (○, ×)

정답 | 01 ○ 02 ○ 03 ×, 쌍점(:)

(9) 소괄호(( )) 빈출

> 1. 주석이나 보충적인 내용을 덧붙일 때 쓴다.
>
> > 니체(독일의 철학자)의 말을 빌리면 다음과 같다.
>
> 2. 우리말 표기와 원어 표기를 아울러 보일 때 쓴다.
>
> > 기호(嗜好), 자세(姿勢)　　　　　　　　커피(coffee), 에티켓(étiquette)
>
> 3. 생략할 수 있는 요소임을 나타낼 때 쓴다.
>
> > 광개토(대)왕은 고구려의 전성기를 이끌었던 임금이다.
>
> 4. 희곡 등 대화를 적은 글에서 동작이나 분위기, 상태를 드러낼 때 쓴다.
>
> > 현우: (가쁜 숨을 내쉬며) 왜 이렇게 빨리 뛰어?
>
> 5. 내용이 들어갈 자리임을 나타낼 때 쓴다.
>
> > 우리나라의 수도는 (　　　)이다.
>
> 6. 항목의 순서나 종류를 나타내는 숫자나 문자 등에 쓴다.
>
> > 사람의 인격은 (1) 용모, (2) 언어, (3) 행동, (4) 덕성 등으로 표현된다.

(10) 대괄호([ ]) 빈출

> 1. 괄호 안에 또 괄호를 쓸 필요가 있을 때 바깥쪽의 괄호로 쓴다.
>
> > 어린이날이 새로 제정되었을 당시에는 어린이들에게 경어를 쓰라고 하였다.[윤석중 전집(1988), 70쪽 참조]
>
> 2. 고유어에 대응하는 한자어를 함께 보일 때 쓴다.
>
> > 나이[年歲]　　　　　　　낱말[單語]　　　　　　　손발[手足]
>
> 3. 원문에 대한 이해를 돕기 위해 설명이나 논평 등을 덧붙일 때 쓴다.
>
> > 그것[한글]은 이처럼 정보화 시대에 알맞은 과학적인 문자이다.

(11) 겹화살괄호(《 》) 빈출

> 책의 제목이나 신문 이름 등을 나타낼 때 쓴다.
>
> > 윤동주의 유고 시집인 ≪하늘과 바람과 별과 시≫에는 31편의 시가 실려 있다.
>
> 붙임 겹화살괄호 대신 큰따옴표를 쓸 수 있다.
>
> > 윤동주의 유고 시집인 "하늘과 바람과 별과 시"에는 31편의 시가 실려 있다.

(12) 줄표(—) [빈출]

> 제목 다음에 표시하는 부제의 앞뒤에 쓴다.

> > 이번 토론회의 제목은 '역사 바로잡기 — 근대의 설정 —'이다.

> 다만, 뒤에 오는 줄표는 생략할 수 있다.

> > 이번 토론회의 제목은 '역사 바로잡기 — 근대의 설정'이다.

> **붙임** 줄표의 앞뒤는 띄어 쓰는 것을 원칙으로 하되, 붙여 쓰는 것을 허용한다.

(13) 붙임표(-) [빈출]

> 1. 차례대로 이어지는 내용을 하나로 묶어 열거할 때 각 어구 사이에 쓴다.

> > 멀리뛰기는 도움닫기-도약-공중 자세-착지의 순서로 이루어진다.

> 2. 두 개 이상의 어구가 밀접한 관련이 있음을 나타내고자 할 때 쓴다.

> > 드디어 서울-북경의 항로가 열렸다.   원-달러 환율   남한-북한-일본 삼자 관계

(14) 숨김표(○, ×) [빈출]

> 1. 금기어나 공공연히 쓰기 어려운 비속어임을 나타낼 때, 그 글자의 수효만큼 쓴다.

> > 배운 사람 입에서 어찌 ○○○/×××란 말이 나올 수 있느냐?

> 2. 비밀을 유지해야 하거나 밝힐 수 없는 사항임을 나타낼 때 쓴다.

> > 1차 시험 합격자는 김○영, 이○준, 박○순/김×영, 이×준, 박×순 등 모두 3명이다.

✔ 기출 포인트 Check Check

다음 물음을 읽고, 적절한 것은 ○, 적절하지 않은 것은 × 표시하시오.

01 두 개 이상의 어구가 밀접한 관련이 있음을 나타낼 때는 줄표(—)를 쓴다. (○, ×)

02 제목 다음에 표시하는 부제의 앞뒤에는 붙임표(-)를 쓴다. (○, ×)

03 금기어나 공공연히 쓰기 어려운 비속어임을 나타내기 위해 숨김표 (○, ×)를 쓸 때는 그 글자의 수효만큼 써야 한다. (○, ×)

정답 | **01** ×, 붙임표(-) **02** ×, 줄표(—) **03** ○

출제예상문제

01 <보기>에 제시된 한글 맞춤법 규정의 예에 대한 설명으로 적절하지 <u>않은</u> 것은?

─── 〈 보 기 〉───

제30항 사이시옷은 다음과 같은 경우에 받치어 적는다.

1. 순우리말로 된 합성어로서 앞말이 모음으로 끝난 경우

   (1) 뒷말의 첫소리가 된소리로 나는 것

   (2) 뒷말의 첫소리 'ㄴ, ㅁ' 앞에서 'ㄴ' 소리가 덧나는 것

   (3) 뒷말의 첫소리 모음 앞에서 'ㄴㄴ' 소리가 덧나는 것

2. 순우리말과 한자어로 된 합성어로서 앞말이 모음으로 끝난 경우

   (1) 뒷말의 첫소리가 된소리로 나는 것

   (2) 뒷말의 첫소리 'ㄴ, ㅁ' 앞에서 'ㄴ' 소리가 덧나는 것

   (3) 뒷말의 첫소리 모음 앞에서 'ㄴㄴ' 소리가 덧나는 것

① '혀'와 '바늘'이 결합한 단어는 1-(1)에 따라 '혓바늘'로 적는다.

② '메'와 '나물'이 결합한 단어는 1-(2)에 따라 '멧나물'로 적는다.

③ '가외'와 '일'이 결합한 단어는 1-(3)에 따라 '가욋일'로 적는다.

④ '자리'와 '세'가 결합한 단어는 2-(1)에 따라 '자릿세'로 적는다.

⑤ '퇴'와 '마루'가 결합한 단어는 2-(2)에 따라 '툇마루'로 적는다.

02 <보기>에 제시된 한글 맞춤법 규정의 예에 해당하지 <u>않는</u> 것은?

─── 〈 보 기 〉───

[한글 맞춤법 제29항] 끝소리가 'ㄹ'인 말과 딴 말이 어울릴 적에 'ㄹ' 소리가 'ㄷ'으로 나는 것은 'ㄷ'으로 적는다.

① 삼짇날   ② 숟가락

③ 이튿날   ④ 곧이듣다

⑤ 반짇고리

03 밑줄 친 단어의 표기가 바른 것은?

① 아이는 <u>널판지</u>로 만든 장난감 성을 가장 좋아한다.

② 서 있지도 못할 정도로 지쳤지만 힘을 내 걸음을 <u>내딛었다</u>.

③ 영화 '<u>장미빛</u> 인생'은 죽기 전에 꼭 한 번 봐야 할 영화이다.

④ 고집부리는 사람을 적당히 <u>구슬러</u> 보내는 것은 쉬운 일이 아니다.

⑤ 저 친구는 끼니를 걱정할 만큼 형편이 어려운데도 <u>어쭙잖게</u> 외제차를 산다더라.

04 밑줄 친 단어의 표기가 바른 것은?

① <u>뇌졸증</u>과 중풍은 다른 질병이므로 구별해야 한다.

② 쌀알을 세게 문질러서 씻으니 맑은 <u>쌀뜻물</u>이 생긴다.

③ 물을 붓고 끓인 구수한 <u>눌은밥</u>을 먹으니 속이 편하다.

④ <u>별에별</u> 걱정을 해대느라 아침까지 잠을 이루지 못했다.

⑤ 동생이 고구마에 <u>실증</u>을 내는 바람에 오늘은 감자를 먹었다.

05 밑줄 친 부분의 띄어쓰기가 <u>잘못된</u> 것은?

① 마약을 밀매한 혐의로 <u>구속∨영장</u>을 신청했다.

② 선생님께서는 <u>역사∨의식</u>을 가질 것을 강조하셨다.

③ 약사가 되기 위해 <u>국가∨고시</u>에 응시하여 합격하였다.

④ 중학교 2학년 때 <u>수학여행</u>으로 간 곳이 바로 경주였다.

⑤ 정부는 고용 안정을 위한 <u>후속∨조치</u>를 즉시 추진할 것을 주문했다.

06 문장 부호 규정에 대한 설명이 <u>잘못된</u> 것은?

	문장 부호	규정 설명	예시
①	가운뎃점 (·)	열거할 어구들을 일정한 기준으로 묶어서 나타낼 때 쓴다.	오늘부터 민호 · 경현, 은영 · 혜지가 서로 짝이 되었다.
②	대괄호 ([ ])	괄호 안에 또 괄호를 쓸 필요가 있을 때 바깥쪽의 괄호로 쓴다.	어제 행사 때 한 명[김영희(대리)]만 빼고 모두 참석했다.
③	홑낫표 (「」)	소제목, 그림이나 노래와 같은 예술 작품의 제목, 상호, 법률, 규정 등을 나타낼 때 쓴다.	회사 옆 건물에는 「아름다운 사람들」이라고 쓴 간판이 걸렸다.
④	쌍점 (:)	표제 다음에 해당 항목을 들거나 설명을 붙일 때 쓴다.	올림표(#): 음의 높이를 반음 올릴 것을 지시한다.
⑤	빗금 (/)	차례대로 이어지는 내용을 하나로 묶어 열거할 때 각 어구 사이에 쓴다.	멀리뛰기는 도움닫기/도약/공중 자세/착지의 순서로 이루어진다.

정답 및 해설 p.287

02 표준어 규정

대표 기출 유형 공략

| 대표 기출 유형 | ① **표준어 사정 원칙**

유형 특징

1. 표준어 사정 원칙에 맞는 표준어를 알고 있는지를 평가하기 위한 문제 유형으로, 자주 쓰지 않는 표준어나 자주 쓰이지만 비표준어인 단어가 출제되므로 난도는 높은 편이다.

2. 기출된 표준어가 반복 출제되는 경향이 있으므로 기출 어휘를 암기하고, 자주 헷갈리는 표준어나 표준어처럼 쓰이는 비표준어에 대해 학습하는 것으로 대비할 수 있다.

대표 예제 밑줄 친 말이 표준어가 아닌 것은?

① 친구는 유난히 소설책에 사족을 못 쓴다.
② 날이 더워서 시원한 모밀 국수가 먹고 싶다.
③ 내 취향은 단 초콜릿이 아니라 쌉싸래한 초콜릿이다.
④ 카페의 사람들은 갑자기 내리는 장대비에 걱정하는 눈치였다.
⑤ 오빠의 얼굴이 해쓱한 것을 보니 아프기는 많이 아픈 모양이었다.

풀이 전략 **1단계** 문제 지시문을 통해 선택지의 밑줄 친 단어가 표준어인지 판단하는 문제임을 알 수 있다. 먼저 암기한 내용을 바탕으로 '사족, 모밀, 쌉싸래한, 장대비, 해쓱한'이 표준어인지 파악한 뒤, 비표준어인 것을 고르면 된다.

2단계 '모밀'은 '마디풀과의 한해살이풀'의 열매인 '메밀'의 잘못이다. 따라서 표준어가 아닌 것은 ②의 '모밀'이다.

- **사족**: 짐승의 네발. 또는 네발 가진 짐승. 참고로, 관용구 '사족(을) 못 쓰다'는 '무슨 일에 반하거나 혹하여 꼼짝 못 하다'라는 의미이다.
- **쌉싸래하다**: 조금 쓴 맛이 있는 듯하다.
- **장대비**: 장대처럼 굵고 거세게 좍좍 내리는 비
- **해쓱하다**: 얼굴에 핏기나 생기가 없어 파리하다.

유형 특징

1. 표준 발음법 규정을 알고 이에 맞게 발음할 수 있는 능력을 평가하기 위한 문제 유형이다.

2. 자주 출제되는 표준 발음법 규정, 복수 표준 발음법 등을 학습하고, 특히 어법 영역의 음운 변동 현상과 연계하여 학습하는 것이 도움이 된다.

대표 예제

<보기>에 따라 발음한 것으로 <u>잘못된</u> 것은?

─〈 보 기 〉─

[표준 발음법 제17항] 받침 'ㄷ, ㅌ(ㄾ)'이 조사나 접미사의 모음 'ㅣ'와 결합되는 경우에는, [ㅈ, ㅊ]으로 바꾸어서 뒤 음절 첫소리로 옮겨 발음한다.

① 굳이[구지]   ② 밭이[바치]
③ 쇠붙이[쇠부치]   ④ 여닫이[여:다지]
⑤ 홑이불[호치불]

풀이 전략

1단계 문제 지시문과 <보기>를 통해 표준 발음법 제17항에 해당하는 사례를 묻는 문제임을 알 수 있다. 해당 규정이 구개음화를 다루고 있는 점을 고려하여, '굳이, 밭이, 쇠붙이, 여닫이, 홑이불' 중 받침 'ㄷ, ㅌ'이 'ㅈ, ㅊ'으로 바뀌지 않는 것을 찾으면 된다.

2단계 '홑이불'의 발음은 [혼니불]이다. 따라서 '홑이불'은 표준 발음법 제17항에 해당하는 사례가 아니므로 답은 ⑤이다. 참고로, '홑이불'은 표준 발음법 제29항에 해당하는 사례이며, [홑이불] → [홑니불] → [혼니불]의 과정을 거쳐 발음된다.

- 굳이[구지](○): 동사 '굳다'의 어근 '굳-'의 받침 'ㄷ'이 부사 파생 접미사 '-이'와 결합하며 [ㅈ]으로 발음된다.

- 밭이[바치](○): 명사 '밭'의 받침 'ㅌ'이 조사 '이'와 결합하며 [ㅊ]으로 발음된다.

- 쇠붙이[쇠부치/쉐부치], 여닫이[여:다지](○): 동사 '붙다'의 어근 '붙-'과 동사 '닫다'의 어근 '닫-'의 받침 'ㅌ, ㄷ'이 명사 파생 접미사 '-이'과 결합하며 각각 [ㅊ]과 [ㅈ]으로 발음된다.

1 기출 표준어 사정 원칙

1. 표준어 사정 원칙

(1) 발음 변화에 따른 표준어 규정(자음)

① 제3항 `빈출`

다음 단어들은 거센소리를 가진 형태를 표준어로 삼는다. (ㄱ을 표준어로 삼고, ㄴ을 버림)

ㄱ	ㄴ	ㄱ	ㄴ
끄나풀	끄나불	살-쾡이	삵-괭이
나팔-꽃	나발-꽃	칸	간
녘	녁	털어-먹다	떨어-먹다
부엌	부억	-	

② 제7항 `빈출`

수컷을 이르는 접두사는 '수-'로 통일한다. (ㄱ을 표준어로 삼고, ㄴ을 버림)

ㄱ	ㄴ	ㄱ	ㄴ
수-꿩	수-퀑 / 숫-꿩	수-사돈	숫-사돈
수-나사	숫-나사	수-소	숫-소
수-놈	숫-놈	수-은행나무	숫-은행나무

다만 1. 다음 단어에서는 접두사 다음에서 나는 거센소리를 인정한다. 접두사 '암-'이 결합되는 경우에도 이에 준한다.
(ㄱ을 표준어로 삼고, ㄴ을 버림)

ㄱ	ㄴ	ㄱ	ㄴ
수-캉아지	숫-강아지	수-탕나귀	숫-당나귀
수-캐	숫-개	수-톨쩌귀	숫-돌쩌귀
수-컷	숫-것	수-퇘지	숫-돼지
수-키와	숫-기와	수-평아리	숫-병아리
수-탉	숫-닭	-	

다만 2. 다음 단어의 접두사는 '숫-'으로 한다. (ㄱ을 표준어로 삼고, ㄴ을 버림)

ㄱ	ㄴ	ㄱ	ㄴ
숫-양	수-양	숫-쥐	수-쥐
숫-염소	수-염소	-	

🔍 **제7항 관련 기출 어휘**

표준어	비표준어	표준어	비표준어
수-고양이	수-코양이	암-탕나귀	암-당나귀
수-벌	수-펄	암-평아리	암-병아리
암-캉아지	암-강아지	–	

(2) 발음 변화에 따른 표준어 규정(모음)

① 제10항

다음 단어는 모음이 단순화한 형태를 표준어로 삼는다.(ㄱ을 표준어로 삼고, ㄴ을 버림)

ㄱ	ㄴ	ㄱ	ㄴ
괴팍-하다	괴팍-하다 / 괴팩-하다	온-달	왼-달
-구면	-구면	**으레**	**으례**
미루-나무	**미류-나무**	케케-묵다	켸켸-묵다
미륵	미력	**허우대**	**허위대**
여느	**여늬**	허우적-허우적	허위적-허위적

② 제12항

'웃-' 및 '윗-'은 명사 '위'에 맞추어 '윗-'으로 통일한다.(ㄱ을 표준어로 삼고, ㄴ을 버림)

ㄱ	ㄴ	ㄱ	ㄴ	ㄱ	ㄴ
윗-넓이	웃-넓이	윗-머리	웃-머리	윗-세장	웃-세장
윗-눈썹	웃-눈썹	윗-목	웃-목	윗-수염	웃-수염
윗-니	웃-니	윗-몸	웃-몸	윗-입술	웃-입술
윗-당줄	웃-당줄	윗-바람	웃-바람	**윗-잇몸**	웃-잇몸
윗-덧줄	웃-덧줄	윗-배	웃-배	윗-자리	웃-자리
윗-도리	웃-도리	윗-벌	웃-벌	윗-중방	웃-중방
윗-동아리	웃-동아리	윗-변	웃-변	–	
윗-막이	웃-막이	윗-사랑	웃-사랑	–	

✔ 기출 포인트 Check Check

다음 물음을 읽고, 적절한 것은 ○, 적절하지 않은 것은 × 표시하시오.

01 표준어 규정 제3항에 따라 '나발꽃'과 '나팔꽃' 중 거센소리를 가진 '나팔꽃'을 표준어로 삼는다. (○, ×)

02 표준어 규정 제7항에 따라 '꿩'에는 수컷을 이르는 접두사로 '수-'가 붙는다. (○, ×)

03 표준어 규정 제10항에 따라 '으레'와 '으례' 중 모음이 단순화된 '으레'를 표준어로 삼는다. (○, ×)

정답 | 01 ○ 02 ○ 03 ○

다만 1. 된소리나 거센소리 앞에서는 '위-'로 한다.(ㄱ을 표준어로 삼고, ㄴ을 버림)

ㄱ	ㄴ	ㄱ	ㄴ	ㄱ	ㄴ
위-짝	웃-짝	위-층	웃-층	위-팔	웃-팔
위-쪽	웃-쪽	위-치마	웃-치마	-	
위-채	웃-채	위-턱	웃-턱	-	

다만 2. '아래, 위'의 대립이 없는 단어는 '웃-'으로 발음되는 형태를 표준어로 삼는다.(ㄱ을 표준어로 삼고, ㄴ을 버림)

ㄱ	ㄴ	ㄱ	ㄴ	ㄱ	ㄴ
웃-국	윗-국	웃-돈	윗-돈	웃-어른	윗-어른
웃-기	윗-기	웃-비	윗-비	웃-옷	윗-옷

(3) 발음 변화에 따른 표준어 규정(준말)

① 제14항

준말이 널리 쓰이고 본말이 잘 쓰이지 않는 경우에는, 준말만을 표준어로 삼는다. (ㄱ을 표준어로 삼고, ㄴ을 버림)

ㄱ	ㄴ	ㄱ	ㄴ	ㄱ	ㄴ
귀찮다	귀치않다	뱀	배암	솔개	소리개
김	기음	뱀-장어	배암-장어	**온-갖**	온-가지
똬리	또아리	빔	비음	**장사-치**	장사-아치
무	무우	샘	새암	-	
미다	무이다	생-쥐	새앙-쥐	-	

② 제16항

준말과 본말이 다 같이 널리 쓰이면서 준말의 효용이 뚜렷이 인정되는 것은, 두 가지를 다 표준어로 삼는다. (ㄱ은 본말이며, ㄴ은 준말임)

ㄱ	ㄴ	ㄱ	ㄴ
거짓-부리	거짓-불	석새-삼베	석새-베
노을	놀	시-누이	시-뉘/시-누
막대기	막대	오-누이	오-뉘/오-누
망태기	망태	외우다	외다
머무르다	머물다*	이기죽-거리다	이죽-거리다
서두르다	**서둘다***	찌꺼기	찌끼
서투르다	서툴다*		-

* 모음 어미가 연결될 때에는 준말의 활용형을 인정하지 않음

2. 기출 표준어

(1) 단수 표준어

구분	표준어	비표준어	구분	표준어	비표준어
1	가랑이	가랭이	21	애달프다	애닯다
2	개다리소반	개다리밥상	22	어쭙잖다	어줍잖다
3	거의	거진*	23	억지	어거지
4	게검스럽다 `빈출`	게걸스럽다*	24	우레 `빈출`	우뢰*
5	고봉밥	높은밥	25	우수리 `빈출`	덤*
6	구레나룻 `빈출`	구렛나루	26	으레	으례, 의례*
7	단벌	홑벌*	27	이파리	잎파리
8	도긴개긴	도찐개찐	28	인제	인전*
9	동안	딴*	29	자리끼	자릿물
10	똬리	또아리*	30	재떨이	재털이
11	마냥	만양*	31	절다 `빈출`	쩔다
12	먼지떨이	먼지털이, 떨채, 터리개, 털이개	32	종지	종주*
13	메밀	모밀	33	지레	즈레
14	버리다	배리다*	34	지르다	찌르다*
15	베개	비개*	35	짐짓	진짓
16	벼르다	별르다	36	촉촉이	촉촉히
17	부항단지	뜸단지	37	총각무	알타리무
18	사달	사단*	38	트림	트름
19	사뭇	사못	39	파투	파토*
20	숙맥	쑥맥	-	-	-

* 표시한 단어는 의미에 따라 비표준어이거나 하나의 표준어로 인정될 수 있다(각각 대응하는 표준어와 같은 의미로 사용할 때에는 비표준어에 해당함).

✔ **기출 포인트 Check Check**

다음 물음을 읽고, 적절한 것은 ○, 적절하지 않은 것은 × 표시하시오.

01 '개다리소반'과 '개다리밥상' 중 표준어는 '개다리소반'이다. (○, ×)

02 '구레나룻'과 '구렛나루' 중 표준어는 '구렛나루'이다. (○, ×)

03 두 단어가 같은 의미로 쓰일 때, '우수리'와 '덤' 중 표준어는 '우수리'이다. (○, ×)

정답 | 01 ○ 02 ×, 구레나룻 03 ○

그 외 기출 단수 표준어

구분	표준어	구분	표준어	구분	표준어	구분	표준어
1	가락지	12	꼬랑지	23	묵은지	34	욕지기
2	갑갑하다	13	나발	24	봉지	35	이제야
3	강냉이	14	도리어	25	비계	36	자맥질
4	거저 빈출	15	뒤치다꺼리	26	빈털터리	37	적잖이
5	거지반 빈출	16	딴은	27	생떼	38	주야장천
6	경기	17	때리다	28	수월찮이	39	쥘부채
7	고샅	18	떼춤	29	숫제	40	짬짜미
8	구린내	19	마뜩이	30	아리다	41	째리다
9	근근이	20	마파람	31	어처구니	42	추스르다
10	긴가민가하다	21	매기다	32	얼추	43	풀무
11	꺼림칙하다	22	목물	33	오붓이	-	-

(2) 복수 표준어

구분	표준어	구분	표준어
1	거슴츠레하다 빈출 / 게슴츠레하다	8	다달이 / 매달
2	구리다 / 쿠리다	9	복사뼈 / 복숭아뼈
3	굽신거리다 / 굽실거리다	10	얼결 / 얼떨결
4	나침반 / 나침판	11	우레 / 천둥
5	남사스럽다 / 남세스럽다	12	작달비 / 장대비
6	넝쿨 / 덩굴	13	진작 / 진즉
7	늑장 / 늦장	14	툴툴거리다 / 툴툴대다

(3) 본말과 준말이 모두 표준어로 인정되는 단어

구분	표준어
1	내일 / 낼

3. 새로 추가된 기출 표준어

구분	연도	기존	추가	의미
1	2018	치켜세우다	추켜세우다	① 옷깃이나 신체 일부 등을 위로 가뜬하게 올려 세우다. ② 정도 이상으로 크게 칭찬하다.

2	2016	까다롭다	까탈스럽다	• 까다롭다: ① 조건 등이 복잡하거나 엄격하여 다루기에 순탄하지 않다. ② 성미나 취향 등이 원만하지 않고 별스럽게 까탈이 많다. • 까탈스럽다: ① 조건, 규정 등이 복잡하고 엄격하여 적응하거나 적용하기에 어려운 데가 있다. ② 성미나 취향 등이 원만하지 않고 별스러워 맞춰 주기에 어려운 데가 있다.
3	2014	꾀다	꼬시다	• 꾀다: 그럴듯한 말이나 행동으로 남을 속이거나 부추겨서 자기 생각대로 끌다. • 꼬시다: '꾀다'를 속되게 이르는 말
4	2011	간질이다	간지럽히다	살갗을 문지르거나 건드려 간지럽게 하다.

I O휘 II 어법 III 국어 문화 2주 만에 끝내는 해커스 KBS 한국어능력시험

2 기출 표준 발음법

1. 표준 발음법

(1) 자음과 모음

① 제5항 (빈출)

'ㅑ ㅐ ㅕ ㅖ ㅘ ㅙ ㅛ ㅝ ㅞ ㅠ ㅢ'는 이중 모음으로 발음한다.

다만 1. 용언의 활용형에 나타나는 '저, 쩌, 쳐'는 [저, 쩌, 처]로 발음한다.

가지어 → 가져[가저]	찌어 → 쪄[쩌]	다치어 → 다쳐[다처]

다만 2. '예, 례' 이외의 'ㅖ'는 [ㅔ]로도 발음한다.

계집[계:집 / 게:집]	계시다[계:시다 / 게:시다]	시계[시계 / 시게](時計)
연계[연계 / 연게](連繫)	메별[메별 / 메별](袂別)	개폐[개폐 / 개페](開閉)
혜택[혜:택 / 헤:택](惠澤)	지혜[지혜 / 지헤](智慧)	

다만 3. 자음을 첫소리로 가지고 있는 음절의 'ㅢ'는 [ㅣ]로 발음한다.

늴리리	닁큼	무늬	띄어쓰기	씌어
틔어	희어	희떱다	희망	유희

다만 4. 단어의 첫음절 이외의 '의'는 [ㅣ]로, 조사 '의'는 [ㅔ]로 발음함도 허용한다.

주의[주의 / 주이]	협의[혀븨 / 혀비]	우리의[우리의 / 우리에]	강의의[강:의의 / 강:이에]

✔ 기출 포인트 Check Check

다음 물음을 읽고, 적절한 것은 O, 적절하지 않은 것은 × 표시하시오.

01 표준 발음법 제5항에 따라 '찌어'가 줄어든 '쪄'는 [쪄]로 발음한다. (O, ×)

02 표준 발음법 제5항에 따라 '늴리리'는 [릴리리]와 [늴리리] 모두로 발음할 수 있다. (O, ×)

03 표준 발음법 제5항에 따라 '우리의'는 [우리의]와 [우리에] 모두로 발음할 수 있다. (O, ×)

정답 | **01** ×, [쩌] **02** ×, [닐리리] **03** O

02 표준어 규정 핵심 개념 압축 정리 **159**

제5항 관련 기출 어휘

의사[의사]　　국회의원[구쾨의원 / 구퀘의원]　　민주주의[민주주의 / 민주주이]　　자본주의의[자본주의의 / 자본주의에]

(2) 음의 길이

① 제6항 빈출

모음의 장단을 구별하여 발음하되, 단어의 첫음절에서만 긴소리가 나타나는 것을 원칙으로 한다.

(1) 눈보라[눈:보라]	말씨[말:씨]	밤나무[밤:나무]
많다[만:타]	멀리[멀:리]	벌리다[벌:리다]
(2) 첫눈[천눈]	참말[참말]	쌍동밤[쌍동밤]
수많이[수:마니]	눈멀다[눈멀다]	떠벌리다[떠벌리다]

다만, 합성어의 경우에는 둘째 음절 이하에서도 분명한 긴소리를 인정한다.

반신반의[반:신바:늬 / 반:신바:니]	재삼재사[재:삼재:사]

붙임 용언의 단음절 어간에 어미 '-아/-어'가 결합되어 한 음절로 축약되는 경우에도 긴소리로 발음한다.

보아 → 봐[봐:]	기어 → 겨[겨:]	되어 → 돼[돼:]	두어 → 둬[둬:]	하여 → 해[해:]

다만, '오아 → 와, 지어 → 져, 찌어 → 쪄, 치어 → 쳐' 등은 긴소리로 발음하지 않는다.

제6항 관련 기출 어휘

건축(建築)[건:축]　　　　양쪽[양:쪽]　　　　영원히[영:원히]　　　　바래다[바:래다]

② 제7항

긴소리를 가진 음절이라도, 다음과 같은 경우에는 짧게 발음한다.

1. 단음절인 용언 어간에 모음으로 시작된 어미가 결합되는 경우

감다[감:따] ― 감으니[가므니]	밟다[밥:따] ― 밟으면[발브면]
신다[신:따] ― 신어[시너]	알다[알:다] ― 알아[아라]

다만, 다음과 같은 경우에는 예외적이다.

끌다[끌:다] ― 끌어[끄:러]	떫다[떨:따] ― 떫은[떨:븐]	벌다[벌:다] ― 벌어[버:러]
썰다[썰:다] ― 썰어[써:러]	없다[업:따] ― 없으니[업:쓰니]	

2. 용언 어간에 피동, 사동의 접미사가 결합되는 경우

감다[감:따] ― 감기다[감기다]	꼬다[꼬:다] ― 꼬이다[꼬이다]	밟다[밥:따] ― 밟히다[발피다]

다만, 다음과 같은 경우에는 예외적이다.

끌리다[끌:리다]	벌리다[벌:리다]	없애다[업:쌔다]

붙임 다음과 같은 복합어에서는 본디의 길이에 관계없이 짧게 발음한다.

밀 - 물	썰 - 물	쏜 - 살 - 같이*	작은 - 아버지

* 이를 '쏜살같-이'로 분석한다고 생각할 수 있으나, 고시본대로 둔다.

(3) 받침의 발음

① 제10항 빈출

겹받침 'ㄳ', 'ㄵ', 'ㄼ, ㄽ, ㄾ', 'ㅄ'은 어말 또는 자음 앞에서 각각 [ㄱ, ㄴ, ㄹ, ㅂ]으로 발음한다.

넋[넉]	넋과[넉꽈]	앉다[안따]	여덟[여덜]	넓다[널따]
외곬[외골]	핥다[할따]	값[갑]	없다[업ː따]	

다만, '밟-'은 자음 앞에서 [밥]으로 발음하고, '넓-'은 다음과 같은 경우에 [넙]으로 발음한다.

(1) 밟다[밥ː따]	밟소[밥ː쏘]	밟지[밥ː찌]
밟는[밥ː는 → 밤ː는]	밟게[밥ː께]	밟고[밥ː꼬]
(2) 넓 - 죽하다[넙쭈카다]	넓 - 둥글다[넙뚱글다]	

🔍 **제10항 관련 기출 어휘**

삯[삭]	짧다[짤따]	짧다고[짤따고]

② 제14항

겹받침이 모음으로 시작된 조사나 어미, 접미사와 결합되는 경우에는, 뒤엣것만을 뒤 음절 첫소리로 옮겨 발음한다. (이 경우, 'ㅅ'은 된소리로 발음함)

넋이[넉씨]	앉아[안자]	닭을[달글]	젊어[절머]	곬이[골씨]	핥아[할타]
읊어[을퍼]	값을[갑쓸]	없어[업ː써]			

🔍 **제14항 관련 기출 어휘**

닭은[달근]	몫은[목쓴]	앉은[안즌]	젊은[절믄]

✔ **기출 포인트 Check Check**

다음 물음을 읽고, 적절한 것은 ○, 적절하지 않은 것은 × 표시하시오.

01 표준 발음법 제6항에 따라 '건축'은 [건ː축]으로 발음한다. (○, ×)

02 '밟다'는 표준 발음법 제10항에 따라 [발ː따]로 발음한다. (○, ×)

03 표준 발음법 제14항에 따라 '닭은'은 [달근]으로 발음한다. (○, ×)

정답 | **01** ○ **02** ×, [밥ː따] **03** ○

③ 제15항 _{빈출}

받침 뒤에 모음 'ㅏ, ㅓ, ㅗ, ㅜ, ㅟ' 들로 시작되는 실질 형태소가 연결되는 경우에는, 대표음으로 바꾸어서 뒤 음절 첫소리로 옮겨 발음한다.

밭 아래[바다래]	늪 앞[느밥]	젖어미[저더미]	맛없다[마덥따]
겉옷[거돋]	헛웃음[허두슴]	꽃 위[꼬뒤]	

다만, '맛있다, 멋있다'는 [마싣따], [머싣따]로도 발음할 수 있다.

붙임 겹받침의 경우에는, 그중 하나만을 옮겨 발음한다.

넋 없다[너겁따]	닭 앞에[다가페]	값어치[가버치]	값있는[가빈는]

🔍 제15항 관련 기출 어휘

숲 앞[수밥]

(4) 음의 동화

① 제18항 _{빈출}

받침 'ㄱ(ㄲ, ㅋ, ㄳ, ㄺ), ㄷ(ㅅ, ㅆ, ㅈ, ㅊ, ㅌ, ㅎ), ㅂ(ㅍ, ㄼ, ㄿ, ㅄ)'은 'ㄴ, ㅁ' 앞에서 [ㅇ, ㄴ, ㅁ]으로 발음한다.

먹는[멍는]	국물[궁물]	깎는[깡는]	키읔만[키응만]
몫몫이[몽목씨]	긁는[긍는]	흙만[흥만]	닫는[단는]
짓는[진ː는]	옷맵시[온맵씨]	있는[인는]	맞는[만는]
젖멍울[전멍울]	쫓는[쫀는]	꽃망울[꼰망울]	붙는[분는]
놓는[논는]	잡는[잠는]	밥물[밤물]	앞마당[암마당]
밟는[밤ː는]	읊는[음는]	없는[엄ː는]	

붙임 두 단어를 이어서 한 마디로 발음하는 경우에도 이와 같다.

책 넣는다[챙넌는다]	흙 말리다[흥말리다]	옷 맞추다[온맏추다]
밥 먹는다[밤멍는다]	값 매기다[감매기다]	

🔍 제18항 관련 기출 어휘

낯익은[난니근]	뇌수막염[뇌수망념]

② 제20항 _{빈출}

'ㄴ'은 'ㄹ'의 앞이나 뒤에서 [ㄹ]로 발음한다.

(1) 난로[날ː로]	신라[실라]	천리[철리]	광한루[광ː할루]	대관령[대ː괄령]
(2) 칼날[칼랄]	물난리[물랄리]	줄넘기[줄럼끼]	할는지[할른지]	

붙임 첫소리 'ㄴ'이 'ㅀ', 'ㄾ' 뒤에 연결되는 경우에도 이에 준한다.

닳는[달른]	뚫는[뚤른]	핥네[할레]

다만, 다음과 같은 단어들은 'ㄹ'을 [ㄴ]으로 발음한다.

의견란[의:견난]	임진란[임:진난]	생산량[생산냥]	결단력[결딴녁]
공권력[공꿘녁]	동원령[동:원녕]	상견례[상견녜]	횡단로[횡단노]
이원론[이:원논]	입원료[이붠뇨]	구근류[구근뉴]	

제20항 관련 기출 어휘

별난[별란]

(5) 경음화

① 제24항 빈출

어간 받침 'ㄴ(ㄵ), ㅁ(ㄻ)' 뒤에 결합되는 어미의 첫소리 'ㄱ, ㄷ, ㅅ, ㅈ'은 된소리로 발음한다.

신고[신:꼬]	껴안다[껴안따]	앉고[안꼬]	얹다[언따]
삼고[삼:꼬]	더듬지[더듬찌]	닮고[담:꼬]	젊지[점:찌]

다만, 피동, 사동의 접미사 '-기-'는 된소리로 발음하지 않는다.

안기다	감기다	굶기다	옮기다

제24항 관련 기출 어휘

보듬지[보듬찌]

② 제28항 빈출

표기상으로는 사이시옷이 없더라도, 관형격 기능을 지니는 사이시옷이 있어야 할(휴지가 성립되는) 합성어의 경우에는, 뒤 단어의 첫소리 'ㄱ, ㄷ, ㅂ, ㅅ, ㅈ'을 된소리로 발음한다.

문-고리[문꼬리]	눈-동자[눈똥자]	신-바람[신빠람]	산-새[산쌔]
손-재주[손째주]	길-가[길까]	물-동이[물똥이]	발-바닥[발빠닥]
굴-속[굴:쏙]	술-잔[술짠]	바람-결[바람껼]	그믐-달[그믐딸]
아침-밥[아침빱]	잠-자리[잠짜리]	강-가[강까]	초승-달[초승딸]
등-불[등뿔]	창-살[창쌀]	강-줄기[강쭐기]	

✔ 기출 포인트 Check Check

다음 물음을 읽고, 적절한 것은 ○, 적절하지 않은 것은 × 표시하시오.

01 표준 발음법 제18항에 따라 '낯익은'과 '뇌수막염'은 [난니근]과 [뇌수망념]으로 발음한다. (○, ×)

02 '공권력'은 표준 발음법 제20항에 따라 [공꿜력]으로 발음한다. (○, ×)

03 '닮고'는 표준 발음법 제24항에 따라 [담:꼬]로 발음한다. (○, ×)

정답 | 01 ○ 02 ×, [공꿘녁] 03 ○

(6) 음의 첨가

① 제29항 빈출

합성어 및 파생어에서, 앞 단어나 접두사의 끝이 자음이고 뒤 단어나 접미사의 첫음절이 '이, 야, 여, 요, 유'인 경우에는, 'ㄴ' 음을 첨가하여 [니, 냐, 녀, 뇨, 뉴]로 발음한다.

솜-이불[솜ː니불]	홑-이불[혼니불]	막-일[망닐]
삯-일[상닐]	맨-입[맨닙]	꽃-잎[꼰닙]
내복-약[내ː봉냑]	한-여름[한녀름]	남존-여비[남존녀비]
신-여성[신녀성]	색-연필[생년필]	직행-열차[지캥녈차]
늑막-염[능망념]	콩-엿[콩녇]	담-요[담ː뇨]
눈-요기[눈뇨기]	영업-용[영엄뇽]	식용-유[시굥뉴]
백분-율[백뿐뉼]	밤-윷[밤ː뉻]	

다만, 다음과 같은 말들은 'ㄴ' 음을 첨가하여 발음하되, 표기대로 발음할 수 있다.

이죽-이죽[이중니죽 / 이주기죽]	야금-야금[야금냐금 / 야그먀금]
검열[검ː녈 / 거ː멸]	욜랑-욜랑[욜랑뇰랑 / 욜랑욜랑]
금융[금늉 / 그뮹]	

붙임1 'ㄹ' 받침 뒤에 첨가되는 'ㄴ' 음은 [ㄹ]로 발음한다.

들-일[들ː릴]	솔-잎[솔립]	설-익다[설릭따]
물-약[물략]	불-여우[불려우]	서울-역[서울력]
물-엿[물렫]	휘발-유[휘발류]	유들-유들[유들류들]

붙임2 두 단어를 이어서 한 마디로 발음하는 경우에도 이에 준한다.*

한 일[한닐]	옷 입다[온닙따]	서른여섯[서른녀섣]
3 연대[삼년대]	먹은 엿[머근녇]	할 일[할릴]
잘 입다[잘립따]	스물여섯[스물려섣]	1 연대[일련대]
먹을 엿[머글렫]		

* 예시어 중 '서른여섯[서른녀섣]', '스물여섯[스물려섣]'을 한 단어로 보느냐 두 단어로 보느냐에 대하여 논란의 여지가 있으나, 여기에서는 고시본에서 제시한 대로 두기로 한다.

다만, 다음과 같은 단어에서는 'ㄴ(ㄹ)' 음을 첨가하여 발음하지 않는다.

6·25[유기오]	3·1절[사밀쩔]	송별-연[송ː벼련]
등-용문[등용문]		

🔎 제29항 관련 기출 어휘

낯익은[난니근]	뇌수막염[뇌수망념]	눈약[눈냑]
늦여름[는녀름]	이글이글[이글리글 / 이그리글]	콩잎[콩닙]

② 제30항

사이시옷이 붙은 단어는 다음과 같이 발음한다.

1. 'ㄱ, ㄷ, ㅂ, ㅅ, ㅈ'으로 시작하는 단어 앞에 사이시옷이 올 때는 이들 자음만을 된소리로 발음하는 것을 원칙으로 하되, 사이시옷을 [ㄷ]으로 발음하는 것도 허용한다.

냇가[내:까 / 낻:까]	샛길[새:낄 / 샏:낄]	빨랫돌[빨래똘 / 빨랟똘]	콧등[코뜽 / 콛뜽]
깃발[기빨 / 긷빨]	대팻밥[대:패빱 / 대:팯빱]	햇살[해쌀 / 핻쌀]	뱃속[배쏙 / 밷쏙]
뱃전[배쩐 / 밷쩐]	고갯짓[고개찓 / 고갣찓]		

2. 사이시옷 뒤에 'ㄴ, ㅁ'이 결합되는 경우에는 [ㄴ]으로 발음한다.

콧날[콛날 → 콘날]	아랫니[아랟니 → 아랜니]	툇마루[퇻:마루 → 퇸:마루]
뱃머리[밷머리 → 밴머리]		

2. 사이시옷 뒤에 '이' 음이 결합되는 경우에는 [ㄴㄴ]으로 발음한다.

베갯잇[베갣닏 → 베갠닏]	깻잎[깯닙 → 깬닙]	나뭇잎[나묻닙 → 나문닙]
도리깻열[도리깯녈 → 도리깬녈]	뒷윷[뒫:늇 → 뒨:늇]	

🔍 제30항 관련 기출 어휘

뒷일[뒨:닐]

2. 그 외의 기출 표준 발음

(1) 복수 표준 발음

구분	어휘	구분	어휘
1	관건(關鍵)[관건 / 관껀]	4	안간힘[안깐힘 / 안간힘] [빈출]
2	밤이슬[밤니슬 / 바미슬]	5	의기양양[의:기양양 / 의:기양냥]
3	순이익[순니익 / 수니익]	6	효과[효:과 / 효:꽈] [빈출]

(2) 기타 표준 발음

구분	어휘	구분	어휘	구분	어휘
1	대구(對句)[대:꾸]	4	시구(詩句)[시꾸]	7	절약[저략]
2	명구(名句)[명꾸]	5	월요일[워료일]	-	-
3	문구(文句)[문꾸]	6	절구(絕句)[절구]	-	-

✔ 기출 포인트 Check Check

다음 물음을 읽고, 적절한 것은 ○, 적절하지 않은 것은 × 표시하시오.

01 '내복약'은 표준 발음법 제29항에 따라 앞말이 자음으로 끝나는 합성어이므로 '약'에 'ㄴ' 음을 첨가하여 [내:봉냑]으로 발음한다. (○, ×)

02 '유들유들'을 [유들류들]로 발음하는 이유는 'ㄹ' 받침 뒤에 'ㄴ'이 첨가되기 때문이다. (○, ×)

03 '야금야금'은 [야금냐금]과 [야그먀금]으로 발음할 수 있다. (○, ×)

정답 | 01 ○ 02 ○ 03 ○

출제예상문제

01 밑줄 친 말이 표준어가 <u>아닌</u> 것은?

① 새벽에 내린 비로 길이 <u>촉촉히</u> 젖어 있다.

② 간장을 담을 <u>종지</u>를 찾기 위해 찬장을 뒤졌다.

③ <u>괜스레</u> 마음이 떨리는 것을 보니 봄이 오는 모양이다.

④ 아이는 사탕을 사 오라는 심부름을 <u>빠릿빠릿하게</u> 잘 해냈다.

⑤ <u>이제야</u> 그가 나를 속였음을 깨닫다니 원통한 마음이 들었다.

02 밑줄 친 말이 표준어가 <u>아닌</u> 것은?

① 할아버지 댁을 뒤덮고 있는 담쟁이 <u>넝쿨</u>은 매우 근사하다.

② 우리 부부는 <u>아옹다옹</u>하면서도 행복한 나날을 보내고 있다.

③ 요즘 너무 잘 먹어서 그런지 살이 쪄서 얼굴까지 <u>두루뭉실</u>해졌다.

④ 그는 <u>허우대</u>만 컸지 겁이 많아서 내가 그를 지켜주어야 할 지경이다.

⑤ 공기가 <u>후텁지근하다</u> 보니 창문을 열어도 시원한 바람이 불지 않는다.

03 <보기>의 ㉠과 ㉡에 들어갈 말로 적절하지 <u>않은</u> 것은?

〈 보 기 〉

현지: 저번에 표준어 규정 제7항을 배우면서 수컷을 이르는 접두사는 '수-'로 통일한다는 걸 알았잖아. 예시엔 뭐가 있었지?

윤아: 아, 거기에는 [㉠](이)가 있었어.

현지: 맞아, 그랬지. 그리고 접두사로 '수-' 말고 '숫-'이 결합해야 하는 단어들도 있었던 거 같은데. 기억나?

윤아: 음, 그건 [㉡](이)가 있었던 거 같은데. 한번 확인해 볼까?

① ㉠: 수벌

② ㉠: 수은행나무

③ ㉡: 숫양

④ ㉡: 숫돼지

⑤ ㉡: 숫염소

04 제시된 단어의 발음을 바르게 나타낸 것끼리 나열한 것은?

① 곪다[곰:따], 뚫다[뚤따]

② 섧다[설:따], 얽다[얼따]

③ 긁다[극따], 닮다[담:따]

④ 낡다[낙따], 떫다[떱:따]

⑤ 묽다[물따], 엷다[엽:따]

05 <보기>와 같이 발음되지 <u>않는</u> 것은?

─── 〈 보 기 〉───

[표준 발음법 제24항] 어간 받침 'ㄴ(ㄵ), ㅁ(ㄻ)' 뒤에 결합되는 어미의 첫소리 'ㄱ, ㄷ, ㅅ, ㅈ'은 된소리로 발음한다.

① 굵고

② 얹다

③ 껴안다

④ 옮기다

⑤ 더듬지

06 <보기 1>에 해당하는 예를 <보기 2>에서 모두 고른 것은?

─── 〈 보 기 1 〉───

[표준 발음법 제14항] 겹받침이 모음으로 시작된 조사나 어미, 접미사와 결합되는 경우에는, 뒤엣것만을 뒤 음절 첫소리로 옮겨 발음한다. (이 경우, 'ㅅ'은 된소리로 발음함)

─── 〈 보 기 2 〉───

| ㉠ 곬을 | ㉡ 삯을 | ㉢ 여덟을 | ㉣ 끓으니 | ㉤ 없으니 | ㉥ 훑으니 |

① ㉠, ㉡

② ㉢, ㉣

③ ㉠, ㉡, ㉤, ㉥

④ ㉠, ㉡, ㉢, ㉤, ㉥

⑤ ㉠, ㉡, ㉢, ㉣, ㉤, ㉥

정답 및 해설 p.288

03 외래어 표기법과 로마자 표기법

대표 기출 유형 공략

| 대표 기출 유형 | ① 외래어 표기법

유형 특징

1. 외래어 표기법 규정을 알고 구체적인 예시에 적용할 수 있는 능력을 평가하기 위한 문제 유형이다.

2. 대체로 국가명이나 지명, 인명 표기 문제가 출제되지만 외래어 표기법 기본 원칙이나 일반 용어의 외래어 표기를 묻기도 한다. 최근에는 일상에서 사용하는 외래어에 외래어 표기법 규정을 적용하는 문제의 출제 빈도가 높아지고 있으므로 외래어 표기법 규정과 그 예를 익히고, 일반 용어를 외래어 표기법 규정에 적용하는 연습을 하는 것이 도움이 된다.

대표 예제 | **외래어 표기법이 옳지 <u>않은</u> 것은?**

① 싱가포르
② 콜롬비아
③ 포르투칼
④ 아랍에미리트
⑤ 우즈베키스탄

풀이 전략 | **1단계** 국명을 외래어 표기법에 맞게 쓸 수 있는지를 묻는 문제이다. 선택지를 읽고 규범과 다르게 적힌 표기를 찾으면 된다.

2단계 '포르투갈'은 'portugal'로, 외래어 표기법 19절 제1항에 따라 'g'는 'a' 앞에서 'ㄱ'으로 적으므로 '포르투칼'이 아닌 '포르투갈'로 적어야 한다. 따라서 답은 ③이다.

유형 특징

1. 로마자 표기법 규정을 알고 구체적인 예시에 적용할 수 있는 능력을 평가하기 위한 문제 유형이다.

2. 로마자 표기법 세부 규정을 이해한 후, 인명, 지명, 문화재명 등에 대한 로마자 표기를 중심으로 로마자 표기법 조항과 그 예를 알아 두면 문제를 수월하게 풀 수 있다.

대표 예제 **로마자 표기법이 맞는 것은?**

① 좋고 jotko
② 알약 allyak
③ 굳히다 gudhida
④ 비빔밥 bibimbbap
⑤ 왕십리 wangsibni

풀이 전략

1단계 선택지에 제시된 로마자 표기가 바르게 되었는지를 묻는 문제이다. 로마자는 표준 발음에 따라 표기하므로, '좋고, 알약, 굳히다, 비빔밥, 왕십리'의 표준 발음을 먼저 떠올려 본 후, 각 글자에 대응하는 로마자를 대응시키며 풀면 된다.

2단계 '알약'의 표준 발음은 [알략]이다. 국어의 로마자 표기법 제2장 제2항 붙임2에 따라 'ㄹㄹ'은 'll'로 적으므로 로마자 표기는 'allyak'이다. 따라서 로마자 표기법이 맞는 것은 ②이다.

핵심 개념 압축 정리

1 기출 외래어 표기법

1. 외래어 표기법 규정

(1) 표기의 기본 원칙

> **제1항** 외래어는 국어의 현용 24 자모만으로 적는다.
>
> **제2항** 외래어의 1 음운은 원칙적으로 1 기호로 적는다.
>
> **제3항** 받침에는 'ㄱ, ㄴ, ㄹ, ㅁ, ㅂ, ㅅ, ㅇ'만을 쓴다.
>
> **제4항** 파열음 표기에는 된소리를 쓰지 않는 것을 원칙으로 한다.
>
> **제5항** 이미 굳어진 외래어는 관용을 존중하되, 그 범위와 용례는 따로 정한다.

(2) 표기 세칙 - 영어의 표기

① 제1항 무성 파열음([p], [t], [k])

> 1. 짧은 모음 다음의 어말 무성 파열음([p], [t], [k])은 받침으로 적는다.
>
> | | | |
> |---|---|---|
> | gap[gæp] 갭 | cat[kæt] 캣 | book[buk] 북 |
>
> 2. 짧은 모음과 유음·비음([l], [r], [m], [n]) 이외의 자음 사이에 오는 무성 파열음([p], [t], [k])은 받침으로 적는다.
>
> | | | |
> |---|---|---|
> | apt[æpt] 앱트 | setback[setbæk] 셋백 | act[ækt] 액트 |
>
> 3. 위 경우 이외의 어말과 자음 앞의 [p], [t], [k]는 '으'를 붙여 적는다.
>
> | | | |
> |---|---|---|
> | stamp[stæmp] 스탬프 | cape[keip] 케이프 | nest[nest] 네스트 |
> | part[pɑːt] 파트 | desk[desk] 데스크 | make[meik] 메이크 |
> | apple[æpl] 애플 | mattress[mætris] 매트리스 | sickness[siknis] 시크니스 |
> | chipmunk[tʃipmʌŋk] 치프멍크 | | |

② 제2항 유성 파열음([b], [d], [g])

> 어말과 모든 자음 앞에 오는 유성 파열음은 '으'를 붙여 적는다.
>
> | | | |
> |---|---|---|
> | bulb[bʌlb] 벌브 | land[lænd] 랜드 | zigzag[zigzæg] 지그재그 |
> | lobster[lɔbstə] 로브스터* | kidnap[kidnæp] 키드냅 | signal[signəl] 시그널 |

*제124차 외래어 심의회 결정에 따라 '로브스터'와 함께 '랍스터'를 복수 표기로 인정함

③ 제3항 마찰음([s], [z], [f], [v], [θ], [ð], [ʃ], [ʒ])

> 1. 어말 또는 자음 앞의 [s], [z], [f], [v], [θ], [ð]는 '으'를 붙여 적는다.
>
> | | | |
> |---|---|---|
> | mask[mɑːsk] 마스크 | jazz[dʒæz] 재즈 | graph[græf] 그래프 |
> | olive[ɔliv] 올리브 | thrill[θril] 스릴 | bathe[beið] 베이드 |
>
> 2. 어말의 [ʃ]는 '시'로 적고, 자음 앞의 [ʃ]는 '슈'로, 모음 앞의 [ʃ]는 뒤따르는 모음에 따라 '샤', '섀', '셔', '셰', '쇼', '슈', '시'로 적는다.
>
> | | | |
> |---|---|---|
> | flash[flæʃ] 플래시 | shrub[ʃrʌb] 슈러브 | shark[ʃɑːk] 샤크 |
> | shank[ʃæŋk] 섕크 | fashion[fæʃən] 패션 | sheriff[ʃerif] 셰리프 |
> | shopping[ʃɔpiŋ] 쇼핑 | shoe[ʃuː] 슈 | shim[ʃim] 심 |
>
> 3. 어말 또는 자음 앞의 [ʒ]는 '지'로 적고, 모음 앞의 [ʒ]는 'ㅈ'으로 적는다.
>
> | | |
> |---|---|
> | mirage[mirɑːʒ] 미라지 | vision[viʒən] 비전 |

④ 제4항 파찰음([ts], [dz], [ʧ], [dʒ])

> 1. 어말 또는 자음 앞의 [ts], [dz]는 '츠', '즈'로 적고, [ʧ], [dʒ]는 '치', '지'로 적는다.
>
> | | | |
> |---|---|---|
> | Keats[kiːts] 키츠 | odds[ɔdz] 오즈 | switch[switʃ] 스위치 |
> | bridge[bridʒ] 브리지 | Pittsburgh[pitsbəːg] 피츠버그 | hitchhike[hitʃhaik] 히치하이크 |
>
> 2. 모음 앞의 [tʃ], [dʒ]는 'ㅊ', 'ㅈ'으로 적는다.
>
> | | |
> |---|---|
> | chart[tʃɑːt] 차트 | virgin[vəːdʒin] 버진 |

⑤ 제5항 비음([m], [n], [ŋ])

> 1. 어말 또는 자음 앞의 비음은 모두 받침으로 적는다.
>
> | | | |
> |---|---|---|
> | steam[stiːm] 스팀 | corn[kɔːn] 콘 | ring[riŋ] 링 |
> | lamp[læmp] 램프 | hint[hint] 힌트 | ink[iŋk] 잉크 |

✔ **기출 포인트 Check Check**

다음 물음을 읽고, 적절한 것은 ○, 적절하지 않은 것은 × 표시하시오.

01 'book[buk]'의 [k]는 어말의 자음이므로 'ㅋ'으로 표기한다. (○, ×)

02 'mask[mɑːsk]'의 [s]는 자음 앞에 오므로 '으'를 붙여 '스'로 표기한다. (○, ×)

03 'chart[tʃɑːt]'의 [tʃ]는 모음 앞에 오므로 'ㅊ'으로 적는다. (○, ×)

정답 | 01 ×, ㄱ 02 ○ 03 ○

2. 모음과 모음 사이의 [ŋ]은 앞 음절의 받침 'ㅇ'으로 적는다.

> hanging[hæŋiŋ] 행잉   longing[lɔŋiŋ] 롱잉

⑥ 제6항 유음([l])

1. 어말 또는 자음 앞의 [l]은 받침으로 적는다.

> hotel[houtel] 호텔   pulp[pʌlp] 펄프

2. 어중의 [l]이 모음 앞에 오거나, 모음이 따르지 않는 비음([m], [n]) 앞에 올 때에는 'ㄹㄹ'로 적는다. 다만, 비음([m], [n]) 뒤의 [l]은 모음 앞에 오더라도 'ㄹ'로 적는다.

> slide[slaid] 슬라이드   film[film] 필름   helm[helm] 헬름
> swoln[swouln] 스월른   Hamlet[hæmlit] 햄릿   Henley[henli] 헨리

⑦ 제7항 장모음

장모음의 장음은 따로 표기하지 않는다.

> team[tiːm] 팀   route[ruːt] 루트

⑧ 제8항 중모음([ai], [au], [ei], [ɔi], [ou], [auə])

중모음은 각 단모음의 음가를 살려서 적되, [ou]는 '오'로, [auə]는 '아워'로 적는다.

> time[taim] 타임   house[haus] 하우스   skate[skeit] 스케이트
> oil[ɔil] 오일   boat[bout] 보트   tower[tauə] 타워

⑨ 제9항 반모음([w], [j])

1. [w]는 뒤따르는 모음에 따라 [wə], [wɔ], [wou]는 '워', [wa]는 '와', [wæ]는 '왜', [we]는 '웨', [wi]는 '위', [wu]는 '우'로 적는다.

> word[wəːd] 워드   want[wɔnt] 원트   woe[wou] 워
> wander[wandə] 완더   wag[wæg] 왜그   west[west] 웨스트
> witch[witʃ] 위치   wool[wul] 울

2. 자음 뒤에 [w]가 올 때에는 두 음절로 갈라 적되, [gw], [hw], [kw]는 한 음절로 붙여 적는다.

> swing[swiŋ] 스윙   twist[twist] 트위스트   penguin[peŋgwin] 펭귄
> whistle[hwisl] 휘슬   quarter[kwɔːtə] 쿼터

3. 반모음 [j]는 뒤따르는 모음과 합쳐 '야', '얘', '여', '예', '요', '유', '이'로 적는다. 다만, [d], [l], [n] 다음에 [jə]가 올 때에는 각각 '디어', '리어', '니어'로 적는다.

yard[jɑːd] 야드	yank[jæŋk] 얭크	yearn[jəːn] 연
yellow[jelou] 옐로	yawn[jɔːn] 욘	you[juː] 유
year[jiə] 이어	Indian[indjən] 인디언	battalion[bətæljən] 버탤리언
union[juːnjən] 유니언		

⑩ 제10항 복합어

1. 따로 설 수 있는 말의 합성으로 이루어진 복합어는 그것을 구성하고 있는 말이 단독으로 쓰일 때의 표기대로 적는다.

cuplike[kʌplaik] 컵라이크	bookend[bukend] 북엔드	headlight[hedlait] 헤드라이트
touchwood[tʌtʃwud] 터치우드	sit-in[sitin] 싯인	bookmaker[bukmeikə] 북메이커
flashgun[flæʃgʌn] 플래시건	topknot[tɔpnɔt] 톱놋	

2. 원어에서 띄어 쓴 말은 띄어 쓴 대로 한글 표기를 하되, 붙여 쓸 수도 있다.

Los Alamos[lɔsæləmous] 로스 앨러모스 / 로스앨러모스	top class[tɔpklæs] 톱 클래스 / 톱클래스

(3) 인명, 지명 표기의 원칙

① 표기 원칙

제1항 외국의 인명, 지명의 표기는 제1장*, 제2장**, 제3장***의 규정을 따르는 것을 원칙으로 한다.

제2항 제3장***에 포함되어 있지 않은 언어권의 인명, 지명은 원지음을 따르는 것을 원칙으로 한다.

Ankara 앙카라	Gandhi 간디

제3항 원지음이 아닌 제3국의 발음으로 통용되고 있는 것은 관용을 따른다.

Hague 헤이그	Caesar 시저

제4항 고유 명사의 번역명이 통용되는 경우 관용을 따른다.

Pacific Ocean 태평양	Black Sea 흑해

*표기의 기본 원칙, **표기 일람표, ***표기 세칙

✔ **기출 포인트 Check Check**

다음 물음을 읽고, 적절한 것은 ○, 적절하지 않은 것은 × 표시하시오.

01 'route[ruːt]'는 장음임을 드러내기 위해 '루우트'로 표기한다. (○, ×)

02 반모음 [j]는 뒤따르는 모음과 합쳐 적으므로 'yank[jæŋk]'는 '얭크'로 적는다. (○, ×)

03 'bookmaker[bukmeikə]'는 따로 설 수 있는 말로 이루어진 복합어이므로 '북메이커'로 적는다. (○, ×)

정답 | 01 ×, 루트 02 ○ 03 ○

② 바다, 섬, 강, 산 등의 표기 세칙

제1항 바다는 '해(海)'로 통일한다.

홍해	발트해	아라비아해

제2항 우리나라를 제외하고 섬은 모두 '섬'으로 통일한다.

타이완섬	코르시카섬	(우리나라: 제주도, 울릉도)

제3항 한자 사용 지역(일본, 중국)의 지명이 하나의 한자로 되어 있을 경우, '강', '산', '호', '섬' 등은 겹쳐 적는다.

온타케산(御嶽)	주장강(珠江)	도시마섬(利島)	하야카와강(早川)	위산산(玉山)

제4항 지명이 산맥, 산, 강 등의 뜻이 들어 있는 것은 '산맥', '산', '강' 등을 겹쳐 적는다.

Rio Grande 리오그란데강 Mont Blanc 몽블랑산	Monte Rosa 몬테로사산 Sierra Madre 시에라마드레산맥

2. 기출 외래어의 바른 표기

구분	바른 표기(○)	틀린 표기(×)	구분	바른 표기(○)	틀린 표기(×)
1	가톨릭	카톨릭, 카돌릭, 캐톨릭	17	바지(barge)	베어지
2	규슈 빈출	큐슈	18	백파이프	빽파이프
3	냅킨	내프킨	19	베네수엘라 빈출	베네주엘라, 베너수엘라, 베네쥬엘라
4	노즐	노쯜	20	샐러드	쌜러드, 사라다, 샐럿
5	데님	디님	21	샤머니즘	샤마니즘, 샤아머니즘, 샤야마니즘, 셔머니즘
6	뎅기	뎅귀, 덴그	22	스태프	스탭, 스탶
7	랑데부	랑데뷰, 레덴쯔보우스	23	스탠퍼드	스탠포드
8	레모네이드	레먼레이드, 레몬에이드	24	심벌	씸벌
9	렌터카	랜터카, 렌타카, 렌트카	25	심포지엄 빈출	심포지움, 씸포지엄, 씸포지움
10	링거 빈출	닝겔, 링어, 링게르, 링겔	26	싱가포르 빈출	싱가폴, 씽가포르, 씽가폴
11	마네킹	메니킨, 마네퀸	27	아랍에미리트	아랍에미레이트
12	말레이시아 빈출	말레이시야, 말레이지아	28	아이티	하이티
13	매사추세츠	메사추세츠	29	악센트	엑센트
14	메커니즘	매커니즘, 메카니즘	30	알고리즘	앨고리즘, 알고리슴, 앨고리슴
15	무함마드, 마호메트	모하멧, 무하마드, 마호멧, 마호멧트	31	알코올	알코홀, 알콜, 앨코올, 앨코홀
16	바비큐	바베큐	32	앙케트	앙케이트, 앙케에트

33	액셀러레이터	악셀러레이트	49	쿠알라룸푸르	콸라룸푸르
34	앰뷸런스 빈출	앰뷰런스, 앰블런스, 앰브런스, 앰블란스, 앰뷰란스	50	크로켓	크로케, 크로케트
35	양곤	양건, 앙곤, 얀곤	51	크리스털	크리스탈
36	에티오피아 빈출	이디오피아	52	클라리넷	클레리넷, 클라리네트, 클레어리넷
37	엘리자베스	엘리자베쓰	53	타이베이	타이페이
38	옌벤 빈출	엔벤	54	타깃	타겟, 타기트, 타게트
39	옥스퍼드	옥스포드	55	트럼펫	트럼페트, 트룸펫, 트럼핏
40	우즈베키스탄	우즈베끼스딴	56	트롬본	트롬보운, 트람본, 트람보네
41	조지아	지오르지아	57	페미니즘	피미니즘
42	카디건	캐어디건, 가디건	58	포르투갈 빈출	포르추갈, 폴투갈
43	카레	커리	59	푸껫	푸케트, 푸켓, 푸켓트
44	카스텔라	캐스텔라	60	플루트	프루트, 플룻, 플룻트, 플루우트, 플루옷
45	카탈로그	카다로그	61	피에로	삐에로
46	카페라테	까뻬라테, 까뻬라떼, 까페라테, 카페라떼	62	하버드	하바드
47	케임브리지	캠브리지	63	호찌민 빈출	호치민, 오치민, 호쉬민, 오쉬민
48	콜롬비아	컬롬비아, 콜럼비아	64	휴머니즘	휴매니즘, 후머니즘, 휴우머니즘

🎯 **심화이론 공략**

의미에 따라 표기가 달라지는 경우

컷(cut)	한 번의 연속 촬영으로 찍은 장면을 이르는 말
커트(cut)	미용을 목적으로 머리를 자르는 일. 또는 그 머리 모양
타입(type)	어떤 부류의 형식이나 형태
타이프(type)	손가락으로 글자판의 키를 눌러 종이에 글자를 찍는 기계 타자기

✔ **기출 포인트 Check Check**

다음 물음을 읽고, 적절한 것은 ○, 적절하지 않은 것은 × 표시하시오.

01 '말레이시아, 말레이시야, 말레이지아' 중 바른 표기는 '말레이시아'이다. (○, ×)

02 '심포지엄, 심포지움, 씸포지엄, 씸포지움' 중 바른 표기는 '심포지움'이다. (○, ×)

03 '앰뷰런스'는 틀린 표기이므로 바르게 표기하기 위해서는 '앰블란스'로 적어야 한다. (○, ×)

정답 | **01** ○ **02** ×, 심포지엄 **03** ×, 앰뷸런스

2 기출 로마자 표기법

1. 로마자 표기법 규정

(1) 표기의 기본 원칙

제1항 국어의 로마자 표기는 국어의 표준 발음법에 따라 적는 것을 원칙으로 한다.

제2항 로마자 이외의 부호는 되도록 사용하지 않는다.

(2) 표기 일람

① 제1항

모음은 다음 각호와 같이 적는다.

1. 단모음

ㅏ	ㅓ	ㅗ	ㅜ	ㅡ	ㅣ	ㅐ	ㅔ	ㅚ	ㅟ
a	eo	o	u	eu	i	ae	e	oe	wi

2. 이중 모음

ㅑ	ㅕ	ㅛ	ㅠ	ㅒ	ㅖ	ㅘ	ㅙ	ㅝ	ㅞ	ㅢ
ya	yeo	yo	yu	yae	ye	wa	wae	wo	we	ui

붙임1 'ㅢ'는 'ㅣ'로 소리 나더라도 ui로 적는다.

광희문 Gwanghuimun

붙임 2 장모음의 표기는 따로 하지 않는다.

② 제2항

자음은 다음 각호와 같이 적는다.

1. 파열음

ㄱ	ㄲ	ㅋ	ㄷ	ㄸ	ㅌ	ㅂ	ㅃ	ㅍ
g, k	kk	k	d, t	tt	t	b, p	pp	p

2. 파찰음

ㅈ	ㅉ	ㅊ
j	jj	ch

3. 마찰음

ㅅ	ㅆ	ㅎ
s	ss	h

4. 비음

ㄴ	ㅁ	ㅇ
n	m	ng

5. 유음

ㄹ
r, l

> **붙임1**　'ㄱ, ㄷ, ㅂ'은 모음 앞에서는 'g, d, b'로, 자음 앞이나 어말에서는 'k, t, p'로 적는다. ([ ] 안의 발음에 따라 표기함)

구미 Gumi	영동 Yeongdong	백암 Baegam	옥천 Okcheon
합덕 Hapdeok	호법 Hobeop	월곶[월곧] Wolgot	벚꽃[벋꼳] beotkkot
한밭[한받] Hanbat			

> **붙임2**　'ㄹ'은 모음 앞에서는 'r'로, 자음 앞이나 어말에서는 'l'로 적는다. 단, 'ㄹㄹ'은 'll'로 적는다.

구리 Guri	설악 Seorak	칠곡 Chilgok	임실 Imsil
울릉 Ulleung	대관령[대괄령] Daegwallyeong		

(3) 표기상의 유의점

① 제1항

> 음운 변화가 일어날 때에는 변화의 결과에 따라 다음 각호와 같이 적는다.
>
> 1. 자음 사이에서 동화 작용이 일어나는 경우
>
> | | | |
> |---|---|---|
> | 백마[뱅마] Baengma | 신문로[신문노] Sinmunno | 종로[종노] Jongno |
> | 왕십리[왕심니] Wangsimni | 별내[별래] Byeollae | 신라[실라] Silla |
>
> 2. 'ㄴ, ㄹ'이 덧나는 경우
>
> | | |
> |---|---|
> | 학여울[항녀울] Hangnyeoul | 알약[알략] allyak |
>
> 3. 구개음화가 되는 경우
>
> | | | |
> |---|---|---|
> | 해돋이[해도지] haedoji | 같이[가치] gachi | 굳히다[구치다] guchida |

✔ 기출 포인트 Check Check

다음 물음을 읽고, 적절한 것은 ○, 적절하지 않은 것은 × 표시하시오.

01 '월곶'은 로마자 표기법 제2항에 따라 'Wolgot'으로 표기한다. (○, ×)

02 '대관령'은 로마자 표기법 제2항에 따라 'Daegwanryeong'으로 표기한다. (○, ×)

03 '신문로'는 비음 동화의 결과 [신문노]로 발음하므로 'Sinmunno'로 표기한다. (○, ×)

정답 | **01** ○　**02** ×, Daegwallyeong　**03** ○

4. 'ㄱ, ㄷ, ㅂ, ㅈ'이 'ㅎ'과 합하여 거센소리로 소리 나는 경우

좋고[조코] joko	놓다[노타] nota
잡혀[자펴] japyeo	낳지[나치] nachi

다만, 체언에서 'ㄱ, ㄷ, ㅂ' 뒤에 'ㅎ'이 따를 때에는 'ㅎ'을 밝혀 적는다.

묵호(Mukho)	집현전(Jiphyeonjeon)

붙임 된소리되기는 표기에 반영하지 않는다.

압구정 Apgujeong	낙동강 Nakdonggang
죽변 Jukbyeon	낙성대 Nakseongdae
합정 Hapjeong	팔당 Paldang
샛별 saetbyeol	울산 Ulsan

② 제2항

발음상 혼동의 우려가 있을 때에는 음절 사이에 붙임표(-)를 쓸 수 있다.

중앙 Jung-ang	반구대 Ban-gudae
세운 Se-un	해운대 Hae-undae

③ 제3항

고유 명사는 첫 글자를 대문자로 적는다.

부산 Busan	세종 Sejong

④ 제4항

인명은 성과 이름의 순서로 띄어 쓴다. 이름은 붙여 쓰는 것을 원칙으로 하되 음절 사이에 붙임표(-)를 쓰는 것을 허용한다. (( ) 안의 표기를 허용함)

민용하 Min Yongha (Min Yong-ha)	송나리 Song Nari (Song Na-ri)

1. 이름에서 일어나는 음운 변화는 표기에 반영하지 않는다.

한복남 Han Boknam (Han Bok-nam)	홍빛나 Hong Bitna (Hong Bit-na)

2. 성의 표기는 따로 정한다.

⑤ 제5항

'도, 시, 군, 구, 읍, 면, 리, 동'의 행정 구역 단위와 '가'는 각각 'do, si, gun, gu, eup, myeon, ri, dong, ga'로 적고, 그 앞에는 붙임표(-)를 넣는다. 붙임표(-) 앞뒤에서 일어나는 음운 변화는 표기에 반영하지 않는다.

충청북도 Chungcheongbuk-do	제주도 Jeju-do
의정부시 Uijeongbu-si	양주군 Yangju-gun
도봉구 Dobong-gu	신창읍 Sinchang-eup
삼죽면 Samjuk-myeon	인왕리 Inwang-ri
당산동 Dangsan-dong	봉천 1동 Bongcheon 1(il)-dong
종로 2가 Jongno 2(i)-ga	퇴계로 3가 Toegyero 3(sam)-ga

붙임 '시, 군, 읍'의 행정 구역 단위는 생략할 수 있다.

청주시 Cheongju	함평군 Hampyeong	순창읍 Sunchang

⑥ 제6항 _{빈출}

자연 지물명, 문화재명, 인공 축조물명은 붙임표(-) 없이 붙여 쓴다.

남산 Namsan	속리산 Songnisan
금강 Geumgang	독도 Dokdo
경복궁 Gyeongbokgung	무량수전 Muryangsujeon
연화교 Yeonhwagyo	극락전 Geungnakjeon
안압지 Anapji	남한산성 Namhansanseong
화랑대 Hwarangdae	불국사 Bulguksa
현충사 Hyeonchungsa	독립문 Dongnimmun
오죽헌 Ojukheon	촉석루 Chokseongnu
종묘 Jongmyo	다보탑 Dabotap

⑦ 제7항

인명, 회사명, 단체명 등은 그동안 써 온 표기를 쓸 수 있다.

✔ **기출 포인트 Check Check**

다음 물음을 읽고, 적절한 것은 ○, 적절하지 않은 것은 × 표시하시오.

01 '압구정'은 [압꾸정]으로 발음하므로 'Apggujeong'으로 표기한다. (○, ×)

02 '해운대'는 발음상의 혼동을 방지하기 위해 'Hae-undae'로 표기할 수 있다. (○, ×)

03 '촉석루'는 문화재명이므로 붙임표를 붙여 'Chokseong-nu'로 표기한다. (○, ×)

정답 | **01** ×, Apgujeong **02** ○ **03** ×, Chokseongnu

⑧ 제8항

학술 연구 논문 등 특수 분야에서 한글 복원을 전제로 표기할 경우에는 한글 표기를 대상으로 적는다. 이 때 글자 대응은 제2장*을 따르되 'ㄱ, ㄷ, ㅂ, ㄹ'은 'g, d, b, l'로만 적는다. 음가 없는 'ㅇ'은 붙임표(-)로 표기하되 어두에서는 생략하는 것을 원칙으로 한다. 기타 분절의 필요가 있을 때에도 붙임표(-)를 쓴다.

집 jib	짚 jip	밖 bakk	값 gabs
붓꽃 buskkoch	먹는 meogneun	독립 doglib	문리 munli
물엿 mul-yeos	굳이 gud-i	좋다 johda	가곡 gagog
조랑말 jolangmal	없었습니다 eobs-eoss-seubnida		

*표기 일람

2. 로마자의 바른 표기

1	가로수길	Garosugil	23	만수리 마을	Mansuri maeul
2	가야곡면	Gayagok-myeon	24	명동	Myeong-dong
3	가좌 3동	Gajwa 3(sam)-dong	25	무등산	Mudeungsan
4	갈말읍	Galmal-eup	26	보신각	Bosingak
5	강강술래 빈출	Ganggangsullae	27	봉의산	Bonguisan
6	강남대로	Gangnam-daero	28	부석면	Buseok-myeon
7	경천사 십층 석탑	Gyeongcheonsa sipcheung seoktap	29	북한산	Bukhansan
8	계룡산	Gyeryongsan	30	비빔밥	bibimbap
9	광안리 빈출	Gwangalli	31	서종	Seo-jong
10	광장시장	Gwangjang Market	32	세종로	Sejong-ro
11	구좌읍	Gujwa-eup	33	속초	Sokcho
12	낙산	Naksan	34	송빛나	Song Bitna
13	낙지전골	nakji-jeongol	35	숙정문 빈출	Sukjeongmun
14	낙화암	Nakhwaam	36	숭례문 빈출	Sungnyemun
15	널뛰기	neolttwigi	37	식혜	sikhye
16	덕유산	Deogyusan	38	신선로 빈출	sinseollo
17	돈의문	Donuimun	39	신안	Sinan
18	돌솥비빔밥	dolsot-bibimbap	40	양촌면	Yangchon-myeon
19	동성로 1가	Dongseongno 1(il)-ga	41	여의도	Yeouido
20	뒷골길	Dwitgol-gil	42	연날리기	Yeonnalligi
21	땅따먹기	Ttangttameokgi	43	영일대	Yeongildae
22	떡볶이	tteokbokki	44	영천시	Yeongcheon-si

45	욕지도	Yokjido	57	청량리	Cheongnyangni
46	위례성길	Wiryeseong-gil	58	축령산	Chungnyeongsan
47	윷놀이	Yunnori	59	충장로 4가	Chungjangno 4(sa)-ga
48	을밀대	Eulmildae	60	탕수육	tangsuyuk
49	을지로 2가	Euljiro 2(i)-ga	61	태종대	Taejongdae
50	의창구	Uichang-gu	62	팔달로 3가	Paldallo 3(sam)-ga
51	잡채덮밥	japchae-deopbap	63	평창군	Pyeongchang-gun
52	종로 5가	Jongno 5-ga	64	한강	Hangang River
53	종로구	Jongno-gu	65	한강공원	Hangang Park
54	창덕궁	Changdeokgung	66	협재	Hyeopjae
55	철판구이	cheolpan-gui	67	회현리	Hoehyeon-ri
56	첨성대	Cheomseongdae	68	흥인지문 빈출	Heunginjimun

✔ 기출 포인트 Check Check

다음 물음을 읽고, 적절한 것은 ○, 적절하지 않은 것은 × 표시하시오.

01 '신선로'는 'sinseonro'로 표기한다. (○, ×)

02 '식혜'는 'sikhye'로 표기한다. (○, ×)

03 '종로 5가'는 'Jongno 5-ga'로 표기한다. (○, ×)

정답 | **01** ×, sinseollo **02** ○ **03** ○

출제예상문제

01 국명의 외래어 표기가 맞는 것은?

① 하이티

② 조지아

③ 뉴질란드

④ 베네주엘라

⑤ 콸라룸푸르

02 외래어 표기가 <u>틀린</u> 것은?

① 자켓

② 가톨릭

③ 앙케트

④ 심포지엄

⑤ 앰뷸런스

03 외래어 표기로 가장 적절한 것은?

① 노쯜

② 내프킨

③ 바비큐

④ 사라다

⑤ 휴매니즘

04 로마자 표기가 <u>틀린</u> 것은?

① 가좌로 Gajwaro

② 팔달로 Paldalro

③ 퇴계로 Toegyero

④ 중앙로 Jungangno

⑤ 충장로 Chungjangno

I 어휘
II 어법
III 국어 문화
2주 만에 끝내는 해커스 KBS 한국어능력시험

05 로마자 표기가 <u>틀린</u> 것은?

① 식혜 sikhye

② 욕지도 Yokjido

③ 꽃빵 kkotppang

④ 낙지전골 nakji-jeongol

⑤ 철판구이 cheolpan-kui

06 국어의 로마자 표기법 규정에 대한 설명으로 적절하지 <u>않은</u> 것은?

① 된소리되기는 표기에 반영하지 않는다.

② 고유 명사는 첫 글자를 대문자로 적는다.

③ 'ㅢ'는 'ㅣ'로 소리 나더라도 eui로 적는다.

④ 이름에서 일어나는 음운 변화는 표기에 반영하지 않는다.

⑤ 자연 지물명, 문화재명, 인공 축조물명은 붙임표(-) 없이 붙여 쓴다.

정답 및 해설 p.289

04 국어 문법의 이해

대표 기출 유형 공략

| 대표 기출 유형 | ① 말소리

유형 특징

1. 현대 국어 문법 중 말소리와 관련된 문제로, 국어의 음운 체계와 음운 변동 현상을 정확히 이해하고 있는지를 평가하기 위한 문제 유형이다.

2. 주로 음운 변동 현상에 대한 문제가 출제되나, 간혹 특정 음운이 포함된 단어를 찾는 문제가 출제되기도 한다. 그러므로 음운 변동의 세부 유형인 교체, 첨가, 탈락, 축약의 개념과 그 예, 음운 분류 기준 등 말소리와 관련된 이론을 확실하게 학습해 두는 것이 중요하다.

대표 예제   '유음화'가 일어나지 <u>않는</u> 것은?

    ① 달나라   ② 물난리
    ③ 상견례   ④ 인력거
    ⑤ 줄넘기

풀이 전략   **1단계**   문제 지시문을 통해 음운 변동 중 교체에 해당하는 유음화를 묻는 문제임을 파악한다. 선택지의 단어를 발음해 보고 이때 어떤 음운 변동 현상이 적용되었는지 파악한다.

                     2단계   '상견례'는 '견'의 받침 'ㄴ'의 영향으로 '례'의 첫소리 'ㄹ'이 [ㄴ]으로 발음되는 'ㄹ'의 'ㄴ' 되기('ㄹ'의 비음화)가 일어나 [상견녜]로 발음한다. 따라서 유음화가 일어나지 않는 것은 ③이다.

| 대표 기출 유형 | ② 단어

유형 특징

1. 현대 국어 문법 중 단어와 관련된 문제로, 단어 형성 방식, 품사 분류 등과 관련된 개념을 활용할 수 있는 능력을 평가하기 위한 문제 유형이다.

2. 파생어와 합성어, 품사의 분류, 관형사·용언·조사 등 품사별 쓰임을 묻는 문제가 출제되므로 평소 단어 형성 방법과 품사 분류 기준, 품사별 특성 등을 학습해 두면 비교적 쉽게 문제에 접근할 수 있다.

대표 예제 통사적 합성어에 해당하지 않는 것은?

① 눈물   ② 덮밥   ③ 앞뒤   ④ 첫사랑   ⑤ 돌아가다

풀이 전략

1단계 통사적 합성어를 정확하게 이해하고 있는지 묻는 문제이다. '눈물, 덮밥, 앞뒤, 첫사랑, 돌아가다'의 어근 결합 방식이 우리말의 일반적인 문장 배열 방식을 따르고 있는지를 파악하며 통사적 합성어가 아닌 것을 찾아 나가면 된다.

2단계 '덮밥'은 동사 '덮다'의 어간 '덮-'과 명사 '밥'이 결합하여 만들어진 합성어이다. 용언의 어간 '덮-'이 관형사형 어미 '-(으)ㄴ' 없이 명사 '밥'을 수식해 우리말의 일반적인 문장 배열 방식에 어긋나므로 비통사적 합성어에 해당한다. 따라서 답은 ②이다.

| 대표 기출 유형 | ③ 문장

유형 특징

1. 현대 국어 문법 중 문장과 관련된 문제로, 문장의 짜임이나 높임·피동 표현 등의 문법 요소와 관련된 지식을 정확히 알고 적용할 수 있는 능력을 평가하기 위한 문제 유형이다.

2. 특히 피동·높임 표현, 서술어의 자릿수 등에 대한 문제가 자주 출제되므로, 피동·높임 표현 방법과 서술어가 필요로 하는 문장 성분에 대한 이론을 익혀 두어야 문제를 수월하게 풀 수 있다.

대표 예제 밑줄 친 말이 '피동사'로 쓰인 경우가 아닌 것은?

① 먹구름이 걷히자 푸른 하늘이 드러났다.
② 졸업한 누나에게 꽃바구니를 안겨 주었다.
③ 다섯 갈래로 갈린 줄을 다시 하나로 이었다.
④ 포장지에 돌돌 말린 것이 무엇인지 궁금했다.
⑤ 한 시간째 택시가 잡히지 않아서 결국 버스를 탔다.

풀이 전략

1단계 문제 지시문을 통해 피동사의 쓰임을 알고 있는지 평가하기 위한 문제임을 파악한다. 사동 접사와 피동 접사의 형태가 같은 경우가 있으므로 밑줄 친 동사에 결합한 접사가 무엇인지 판단한 후 피동사로 쓰인 경우를 고르면 된다.

2단계 '안겨'는 동사 '안다'의 어간 '안-'에 사동 접사 '-기-'가 결합해 '두 팔로 감싸게 하거나 그렇게 하여 품 안에 있게 하다'라는 의미의 사동사 '안기다'가 된 후 '안기다'의 어간 '안기-'에 연결 어미 '-어'가 결합한 것이므로 답은 ②이다.

1 말소리

1. 국어의 음운 체계

(1) 자음

① 개념: 목청을 통과한 공기의 흐름이 막히거나 구강의 통로가 좁아져 목이나 입안에서 장애를 받으면서 나는 소리를 말한다.

② 분류

㉠ 조음 위치에 따른 분류

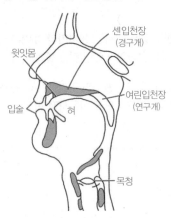

구분	개념	예
입술소리(양순음)	두 입술 사이에서 나는 소리	ㅂ, ㅃ, ㅍ, ㅁ
잇몸소리(치조음)	혀끝이 윗잇몸에 닿아서 나는 소리	ㄷ, ㄸ, ㅌ, ㅅ, ㅆ, ㄴ, ㄹ
센입천장소리 (경구개음)	혓바닥과 센입천장 사이에서 나는 소리	ㅈ, ㅉ, ㅊ
여린입천장소리 (연구개음)	혀의 뒷부분과 여린입천장 사이에서 나는 소리	ㄱ, ㄲ, ㅋ, ㅇ
목청소리(후음)	목청 사이에서 나는 소리	ㅎ

㉡ 조음 방법에 따른 분류

구분		개념	예
안울림 소리	파열음	허파에서 나오는 공기의 흐름을 일단 막았다가, 그 막은 자리를 터뜨리면서 내는 소리	ㅂ, ㅃ, ㅍ, ㄷ, ㄸ, ㅌ, ㄱ, ㄲ, ㅋ
	파찰음	허파에서 나오는 공기를 막았다가 서서히 터뜨리면서 마찰을 일으켜 내는, 즉 파열음과 마찰음의 두 가지 성질을 모두 가지고 있는 소리	ㅈ, ㅉ, ㅊ
	마찰음	입안이나 목청 사이의 통로를 좁히고, 공기를 그 좁은 틈 사이로 내보내 마찰을 일으키면서 내는 소리	ㅅ, ㅆ, ㅎ
울림 소리	비음	입안의 통로를 막고, 코로 공기를 내보내면서 내는 소리	ㅁ, ㄴ, ㅇ
	유음	혀끝을 윗잇몸에 댄 채 공기를 그 양옆으로 흘려보내면서 내는 소리	ㄹ

③ 국어의 자음 체계

조음 방법		조음 위치	입술소리 (양순음)	잇몸소리 (치조음)	센입천장소리 (경구개음)	여린입천장소리 (연구개음)	목청소리 (후음)
안울림 소리	파열음	예사소리	ㅂ	ㄷ		ㄱ	
		된소리	ㅃ	ㄸ		ㄲ	
		거센소리	ㅍ	ㅌ		ㅋ	
	파찰음	예사소리			ㅈ		
		된소리			ㅉ		
		거센소리			ㅊ		

안울림 소리	마찰음	예사소리		ㅅ			ㅎ
		된소리		ㅆ			
울림소리	비음		ㅁ	ㄴ		ㅇ	
	유음			ㄹ			

(2) 모음

① 개념: 허파에서 나오는 공기가 장애를 받지 않고 입 안에서 공명되어 나오는 소리를 말한다.

② 단모음: 발음할 때 입술이나 혀가 고정되어 움직이지 않는 모음으로, 'ㅏ, ㅐ, ㅓ, ㅔ, ㅗ, ㅚ, ㅜ, ㅟ, ㅡ, ㅣ'의 10개가 있다.

혀의 위치 혀의 높이　入술의 모양	전설모음		후설모음	
	평순모음	원순모음	평순모음	원순모음
고모음(폐모음)	ㅣ	ㅟ	ㅡ	ㅜ
중모음	ㅔ	ㅚ	ㅓ	ㅗ
저모음(개모음)	ㅐ		ㅏ	

③ 이중 모음: 발음할 때 입술이나 혀가 움직이는 모음으로, 반모음과 단모음이 결합하여 이루어진다. 'ㅑ, ㅒ, ㅕ, ㅖ, ㅘ, ㅙ, ㅛ, ㅝ, ㅞ, ㅠ, ㅢ'의 11개가 있다.

상향 이중 모음	ㅣ[j] + 단모음	ㅑ, ㅕ, ㅛ, ㅠ, ㅒ, ㅖ
	ㅗ/ㅜ[w] + 단모음	ㅘ, ㅙ, ㅝ, ㅞ
하향 이중 모음	단모음 + ㅣ[j]	ㅢ

④ 반모음: 음성의 성질로 보면 모음과 비슷하지만 반드시 다른 모음에 붙어야 발음될 수 있는, 홀로 쓰이지 못하는 모음을 말한다. 반모음에는 'ㅣ[j]'와 'ㅗ/ㅜ[w]'가 있다.

2. 음운의 변동

(1) 교체(대치): 원래의 음운이 다른 음운으로 바뀌는 현상

① 음절의 끝소리 규칙 빈출 : 'ㄱ, ㄴ, ㄷ, ㄹ, ㅁ, ㅂ, ㅇ'의 7자음만이 음절의 끝소리(받침이 되는 소리)로 발음되는 현상이다.

받침(끝소리)	발음	예	받침(끝소리)	발음	예
ㄱ, ㄲ, ㅋ	[ㄱ]	박[박], 밖[박], 부엌[부억]	ㄹ	[ㄹ]	말[말]
ㄴ	[ㄴ]	간[간]	ㅁ	[ㅁ]	밤[밤]
ㄷ, ㅌ, ㅅ, ㅆ, ㅈ, ㅊ, ㅎ	[ㄷ]	낟[낟:], 낱[낟:], 낫[낟], 났[낟], 낮[낟], 낯[낟], 히읗[히읃]	ㅂ, ㅍ	[ㅂ]	법[법], 무릎[무릅]
			ㅇ	[ㅇ]	방[방]

✔ 기출 포인트 Check Check

다음 물음을 읽고, 적절한 것은 ○, 적절하지 않은 것은 × 표시하시오.

01 국어의 자음은 조음 방법에 따라 파열음, 파찰음, 마찰음, 비음, 유음으로 나눌 수 있다. (○, ×)

02 모음 'ㅢ'는 상향 이중 모음이다. (○, ×)

03 음절의 끝소리 규칙에 따르면 '밖'은 [박]으로 발음된다. (○, ×)

정답 | **01** ○ **02** ×, 하향 이중 모음 **03** ○

② 비음화 빈출 : 비음이 아닌 자음 'ㄱ, ㄷ, ㅂ'이 비음 'ㄴ, ㅁ'을 만나 비음 'ㅇ, ㄴ, ㅁ'으로 발음되는 현상이다.

  예 국물[궁물], 맏물[만물], 밥물[밤물]

③ 유음화 빈출 : 'ㄴ'이 'ㄹ'의 앞이나 뒤에서 'ㄹ'로 변하는 현상이다.

  ㉠ 순행적 유음화: [ㄹ]+[ㄴ]→[ㄹ]+[ㄹ] 예 달나라[달라라], 실내[실래]

  ㉡ 역행적 유음화: [ㄴ]+[ㄹ]→[ㄹ]+[ㄹ] 예 광한루[광:할루]

④ 구개음화 빈출 : 끝소리가 'ㄷ, ㅌ'인 형태소가 모음 'ㅣ'나 반모음 'ㅣ'로 시작되는 형식 형태소를 만나 구개음 [ㅈ], [ㅊ]으로 바뀌는 현상이다. 예 미닫이[미:다지], 여닫이[여:다지], 해돋이[해도지], 굳히다[구치다], 밭이[바치], 쇠붙이[쇠부치 / 쉐부치]

⑤ 모음 조화 빈출 : 앞 음절과 뒤 음절의 모음이 서로 같은 종류끼리 어울리려는 경향으로, 'ㅏ, ㅗ' 등의 양성 모음은 양성 모음끼리, 'ㅓ, ㅜ' 등의 음성 모음은 음성 모음끼리 어울리는 현상이다. 예 글썽글썽, 모락모락, 버럭버럭, 알록달록

⑥ 된소리되기(경음화) 빈출

  ㉠ 안울림소리와 안울림소리가 만날 때, 뒤의 예사소리(평음)가 된소리(경음)로 바뀐다. 예 덮개[덥깨], 역도[역또]

  ㉡ 용언 어간의 끝소리가 'ㄴ, ㅁ'일 때, 뒤의 예사소리가 된소리로 바뀐다. 예 닮고[담:꼬], 신고[신:꼬]

  ㉢ 받침이 'ㄼ, ㄾ'인 용언 어간 또는 관형사형 어미 '-(으)ㄹ' 뒤에서 예사소리는 된소리로 바뀐다. 예 넓게[널께], 할 것을[할꺼슬]

  ㉣ 한자어에서 'ㄹ' 받침 뒤에 연결되는 'ㄷ, ㅅ, ㅈ'은 된소리로 바뀐다. 예 갈등(葛藤)[갈뜽], 몰상식(沒常識)[몰쌍식], 일시(日時)[일씨]

⑦ 'ㅣ' 모음 역행 동화(움라우트): 앞 음절의 [ㅏ, ㅓ, ㅗ, ㅜ](후설 모음)가 뒤 음절 'ㅣ'(전설 모음)에 이끌려서 전설 모음 [ㅐ, ㅔ, ㅚ, ㅟ]로 변하는 현상이다. 예 고기[괴기], 먹여라[멕여라], 아기[애기], 어미[에미]

🎯 심화이론 공략

교체 현상과 관련된 음운 변동 더 알아보기

1. 연구개음화: 연구개음이 아닌 소리 'ㄷ, ㅂ, ㄴ, ㅁ'이 연구개음 'ㄱ, ㄲ, ㅇ'을 만나 연구개음 'ㅇ'으로 발음되는 현상이다. 표준 발음법 제21항에 따라 표준 발음으로 인정되지 않는다. 예 감기→[강:기]

2. 양순음화: 양순음이 아닌 소리 'ㄴ, ㄷ'이 양순음 'ㅁ, ㅂ'을 만나 양순음 'ㅂ, ㅃ, ㅍ, ㅁ'으로 발음되는 현상이다. 표준 발음법 제21항에 따라 표준 발음으로 인정되지 않는다. 예 문법→[뭄뻡], 신비→[심비]

(2) 축약: 두 개의 음운이나 음절이 하나의 음운이나 음절로 합쳐지는 현상

① 자음 축약(거센소리되기) 빈출 : 'ㄱ, ㄷ, ㅂ, ㅈ'과 'ㅎ'이 만나 'ㅋ, ㅌ, ㅍ, ㅊ'이 되는 현상이다.

  예 끊기다[끈키다], 좋고[조:코], 넓히다[널피다], 잡히다[자피다], 젖히다[저치다]

(3) 탈락: 두 음운이 이어질 때 그중 한 음운이 완전히 사라져 소리 나지 않는 현상

① 자음군 단순화 빈출 : 음절 끝에 겹받침이 올 때, 둘 중 한 자음이 탈락하는 현상이다. 이때 앞에 있는 자음이 탈락하는 경우도 있고, 뒤에 있는 자음이 탈락하는 경우도 있다.

받침	발음		예
ㄳ, ㄵ, ㄽ, ㄾ, ㅀ, ㅄ	첫째 자음이 발음됨		몫[목], 앉다[안따], 외곬[외골 / 웨골], 핥다[할따], 곯리다[골리다], 없다[업:따]
ㄻ, ㄿ	둘째 자음이 발음됨		젊다[점:따], 읊다[읍따]
ㄺ	원칙: 둘째 자음 [ㄱ]으로 발음됨		까닭[까닥], 늙다[늑따], 맑다[막따], 흙[흑]
	예외: 용언의 어간 말음인 경우 'ㄱ' 앞에서 [ㄹ]로 발음함		늙게[늘께], 맑게[말께]
ㄺ, ㄼ	원칙: 첫째 자음 [ㄹ]로 발음됨		여덟[여덜], 넓다[널따], 엷다[열:따]
	ㄼ	예외 • '밟-'의 'ㄼ'은 자음 앞에서 [ㅂ]로 발음됨 • '넓-'의 'ㄼ'은 '넓죽하다, 넓둥글다'와 같은 파생어나 합성어의 경우 [ㅂ]으로 발음됨	• 밟다[밥:따], 밟소[밥:쏘] • 넓죽하다[넙쭈카다], 넓둥글다[넙뚱글다], 넓적다리[넙쩍따리]

(4) 첨가: 두 음운이 만날 때 새로운 음운이 덧붙는 현상

① 'ㄴ' 첨가: 앞말이 자음으로 끝나고, 뒷말이 모음 'ㅣ'나 반모음 'ㅣ'로 시작하는 합성어나 파생어에서 뒷말의 첫소리에 'ㄴ' 음이 덧붙는 현상이다.

⊙ 앞말: 실질 형태소(어근)와 형식 형태소(접미사) 모두 가능하며 특별한 제약이 없다.

ⓒ 뒷말: 실질 형태소(어근) 또는 한자어 계열의 접미사여야만 한다.

구분	예
실질 형태소 + 실질 형태소	콩엿[콩녇], 집일[짐닐]
실질 형태소 + 한자어 계열의 접미사	영업용[영엄뇽], 식용유[시굥뉴]
형식 형태소 + 실질 형태소	맨입[맨닙]

※ 'ㄴ' 첨가는 1권 어법 영역의 164~165쪽 표준 발음법 제29항, 제30항과 연계하여 함께 학습하세요.

2 단어

1. 형태소와 단어

(1) 형태소

① 개념: 최소 의미 단위로, 더 이상 쪼갤 수 없는 가장 작은 말의 단위이다.

② 종류

구분		종류	예 장미가 매우 좋다.
자립성의 유무		자립 형태소(홀로 쓰일 수 있는 형태소)	장미, 매우
		의존 형태소(홀로 쓰일 수 없는 형태소)	가, 좋-, -다
실질적 의미의 유무		실질 형태소(실질적인 뜻을 지닌 형태소)	장미, 매우, 좋-
		형식 형태소(문법적인 뜻을 지닌 형태소)	가, -다

> **✦ 심화이론 공략**
>
> **이형태**
>
> 1. 개념: 의미와 기능이 같은 하나의 형태소이지만, 다른 형태를 가지고 있는 형태소를 말한다.
>
> 2. 종류
> (1) 음운론적 이형태: 자음, 모음 같은 음운론적 조건에 의해 형태의 교체를 보이는 것
>   예 주격 조사 '이/가', 목적격 조사 '을/를', 부사격 조사 '로/으로', 명령형 어미 '어라/아라'
> (2) 형태론적 이형태: 특정 단어 뒤에서만 형태의 교체를 보이는 것
>   예 '하다' 뒤에서의 명령형 어미 '어라/아라'의 형태는 '여라'로 실현됨

> **✔ 기출 포인트 Check Check**
>
> **다음 물음을 읽고, 적절한 것은 ○, 적절하지 않은 것은 × 표시하시오.**
>
> **01** 'ㄱ, ㄷ, ㅂ, ㅈ'이 'ㅎ'과 만나 'ㅋ, ㅌ, ㅍ, ㅊ'으로 발음되는 현상을 자음 축약이라고 한다. (○, ×)
>
> **02** '여덟'은 자음군 단순화에 따라 [여덥]으로 발음한다. (○, ×)
>
> **03** '맨입'은 'ㄴ' 첨가 현상에 따라 [맨닙]으로 발음한다. (○, ×)
>
> 정답 | **01** ○ **02** ×, [여덜] **03** ○

(2) **단어**: 뜻을 지니고 홀로 설 수 있는 말의 단위로, 문장 내에서 자립하여 쓰일 수 있는 말이나 자립할 수 있는 형태소에 붙어서 쉽게 분리될 수 있는 말을 가리킨다.

2. 품사

(1) **개념**: 단어들을 성질이 공통된 것끼리 모아 갈래를 지어 놓은 것이다.

(2) **품사 분류 기준**

① 형태: 단어의 형태 변화 여부에 따른 분류로, 문장 속에서 형태 변화가 있는지(가변어), 없는지(불변어)에 따라 분류한다.

② 기능: 단어가 문장 속에서 어떤 기능을 하느냐에 따라 체언, 수식언, 관계언, 용언, 독립언으로 분류한다.

③ 의미: 단어가 갖는 의미적 특성에 따른 분류이다. 이때 의미는 개별 단어의 어휘적 의미가 아닌 형식적 의미로, '명사, 대명사, 수사, 관형사, 부사, 조사, 동사, 형용사, 감탄사'로 분류한다.

(3) **체언** - 명사, 대명사, 수사

① 명사

㉠ 개념: 구체적이거나 추상적인 대상의 이름을 나타내는 단어이다.

㉡ 종류

구분	종류	개념	예
사용 범위	고유 명사	특정한 사람이나 사물에 붙인 이름	서울, 한강
	보통 명사	일반적인 사물의 이름	학교, 책상
자립성의 유무	자립 명사	관형어의 꾸밈없이도 쓰일 수 있는 명사	하늘, 사랑
	의존 명사	반드시 관형어의 꾸밈을 받아야만 쓰일 수 있는 명사	바, 것
감정 표현 능력의 유무	유정 명사	사람이나 동물을 가리키는 명사	사람, 말
	무정 명사	식물이나 무생물을 가리키는 명사	꽃, 바다
손으로 만질 수 있는지의 여부	구체 명사	손으로 만질 수 있는 구체적인 모습을 나타내는 명사	책, 의자
	추상 명사	손으로 만질 수 없는 추상적인 개념을 나타내는 명사	사랑, 희망

🎯 심화이론 공략

단위성 의존 명사

관	무게의 단위. 한 관은 한 근의 열 배로 3.75kg에 해당한다. 예 고구마 두 **관**	뼘	길이의 단위. 비교적 짧은 길이를 잴 때 쓴다. 한 뼘은 엄지손가락과 다른 손가락을 한껏 벌린 길이이다. 예 두 **뼘**
근	무게의 단위. 한 근은 고기나 한약재의 무게를 잴 때는 600그램에 해당하고, 과일이나 채소 등의 무게를 잴 때는 한 관의 10분의 1로 375그램에 해당한다. 예 돼지고기 한 **근**	장	길이의 단위. 한 장은 한 자의 열 배로 약 3미터에 해당한다.
길	길이의 단위. 한 길은 여덟 자 또는 열 자로 약 2.4미터 또는 3미터에 해당한다. 예 만 **길**	척	길이의 단위. 1척은 한 치의 열 배로 약 30.3cm에 해당한다. 예 이십 **척** 너비
되	부피의 단위. 곡식, 가루, 액체 등의 부피를 잴 때 쓴다. 한 되는 한 말의 10분의 1, 한 홉의 열 배로 약 1.8리터에 해당한다. 예 보리 두 **되**	치	길이의 단위. 한 치는 한 자의 10분의 1 또는 약 3.03cm에 해당한다. 예 세 **치** 혀

말	부피의 단위. 곡식, 액체, 가루 등의 부피를 잴 때 쓴다. 한 말은 한 되의 열 배로 약 18리터에 해당한다. 예 수수 두 **말**	홉	부피의 단위. 곡식, 가루, 액체 등의 부피를 잴 때 쓴다. 한 홉은 한 되의 10분의 1로, 약 180ml에 해당한다. 예 쌀 서 **홉**

② 대명사

　㉠ 개념: 사람이나 사물의 이름을 대신 가리켜 이르는 말이다.

　㉡ 종류

　　ⓐ 인칭 대명사

구분		높임말	예사말(예사 낮춤)	낮춤말(아주 낮춤)
1인칭		없음	나, 우리(들)	저, 저희(들)
2인칭		그대, 당신, 여러분	자네	너, 너희(들)
3인칭	근칭(이)	이분	이이	이자
	중칭(그)	그분	그이	그자
	원칭(저)	저분	저이	저자
미지칭			누구	
부정칭			누구, 아무, 아무개	
재귀칭		당신	자기	저, 저희(들)

　　ⓑ 지시 대명사

구분	예
사물	이것, 그것, 저것, 무엇 등
장소	여기, 거기, 저기, 어디 등

③ 수사

　㉠ 개념: 사물의 수량이나 순서를 가리키는 단어이다.

　㉡ 종류

구분	개념	예
양수사	사물의 수량을 나타내는 수사	하나, 서넛, 일, 이
서수사	사물의 순서를 나타내는 수사	첫째, 서너째, 제일, 제이

✔ 기출 포인트 Check Check

다음 물음을 읽고, 적절한 것은 ○, 적절하지 않은 것은 × 표시하시오.

01 품사는 형태, 기능, 의미에 따라 분류할 수 있다. (○, ×)

02 의존 명사는 관형어의 꾸밈을 받아야만 쓰일 수 있는 명사로 '바, 것' 등이 있다. (○, ×)

03 사람이나 사물의 이름을 대신 가리켜 이르는 말을 명사라고 한다. (○, ×)

정답 | 01 ○　02 ○　03 ×, 대명사

④ 체언의 특징

　　㉠ 문장에서 단독으로 주어가 될 수 있다.

　　㉡ 조사와 결합하여 격을 표시할 수 있다.

　　㉢ 형태가 변하지 않는 불변어이다.

(4) 관계언 - 조사 _{빈출}

① 개념: 체언 뒤에 붙어서 다른 말과의 문법적 관계를 나타내거나 특별한 뜻을 더해 주는 역할을 하는 단어이다.

② 종류

　㉠ 격 조사: 체언이나 체언 구실을 하는 말 뒤에 붙어, 그 말이 문장 안에서 일정한 자격을 갖추도록 하여 주는 조사이다.

구분	종류	예
주격 조사	이/가, 께서, 에서, 서	• 내**가** 간다. • 어머니**께서** 책을 보신다. • 정부**에서** 장학금을 주었다.
목적격 조사	을/를	책**을** 보다.
보격 조사	이/가(이때 '이/가'는 '되다', '아니다' 앞에 온다.)	나는 더 이상 소년**이** 아니다.
서술격 조사	이다	나는 학생**이다**.
관형격 조사	의	동생**의** 장난감
부사격 조사	에, 에게, 에서, (으)로, (으)로서, (으)로써, 와/과, 처럼, 만큼 등	가뭄**으로** 과일이 비싸다.
호격 조사	아, 야, 이여	길동**아**.

　㉡ 접속 조사: 두 단어를 같은 자격으로 이어 주는 조사이다.

종류	예
와/과	나는 그 친구**와** 끝까지 함께 가기로 했다.
하고	동생**하고** 나하고 만든 꽃밭
(이)랑	너**랑** 나

　㉢ 보조사: 앞의 말에 붙어서 특별한 의미를 더해 주는 조사로, '은/는, 만, 도, 까지, 마저' 등이 있다.

> **🎯 심화이론 공략**
>
> **보조사 '도'의 의미**
>
> 1. 둘 이상의 대상이나 사태를 똑같이 아우름을 나타내는 경우 예 아기가 눈**도** 코**도** 다 예쁘다.
> 2. 극단적인 경우까지 양보하여, 다른 경우는 더 말할 필요도 없이 그러하다는 뜻을 나타내는 경우
>   예 한순간**도** 마음을 놓지 못한다.
> 3. 양보하여도 마찬가지로 허용됨을 나타내는 경우 예 당장 힘드시면 다음 주까지**도** 좋습니다.

③ 관계언의 특징

　㉠ 주로 체언과 결합하지만, 관형사와 감탄사 외의 모든 품사에 두루 붙기도 한다.

　㉡ 자립성은 없지만, 분리성이 강하므로 단어로 취급한다.

　㉢ 서술격 조사 '이다'를 제외한 나머지 조사는 활용하지 않는다.

(5) 용언 - 동사, 형용사

① 동사

㉠ 개념: 사람이나 사물의 동작이나 작용을 나타내는 단어이다.

㉡ 종류

구분	개념	예
자동사	움직임이나 작용이 주어에만 관련되는 동사	숨다
타동사	움직임이 목적어에 미치는 동사로, 목적어를 필요로 하는 동사	널다, 줍다, 심다

② 형용사

㉠ 개념: 사람이나 사물의 성질을 나타내는 단어이다.

㉡ 종류

구분	개념	예
성상 형용사	주체의 속성이나 성질을 나타내는 형용사	가엾다, 아름답다
지시 형용사	지시성을 나타내는 형용사	이러하다, 그러하다

③ 용언의 특징

㉠ 형태 변화(활용)를 하며, 이를 통해 여러 가지 문장 성분으로 사용되기도 한다.

㉡ 부사어의 수식을 받는다.

④ 동사와 형용사의 구분

㉠ 의미상으로 주어의 동작을 나타내면 동사이고, 성질이나 상태를 나타내면 형용사이다.

　　예 • 보다: 동작을 나타냄 → 동사　　　　　• (맛이) 달다: 성질을 나타냄 → 형용사

㉡ 기본형이 현재 시제 선어말 어미 '-는-/-ㄴ-', 관형사형 어미 '-는'과 결합할 수 있으면 동사이고, 결합할 수 없으면 형용사이다. 예 • 빛맞다: 빛맞 + -는(○) → 동사　• 걸맞다: 걸맞 + -는(×) → 형용사

㉢ '의도'를 뜻하는 어미 '-려'나 '목적'을 뜻하는 어미 '-러'와 함께 쓰일 수 있으면 동사이고, 그렇지 않으면 형용사이다.

　　예 • 때리 + -려(○) → 동사　　• 아름다우 + -려(×) → 형용사　　• 사 + -러(○) → 동사　　• 예쁘 + -러(×) → 형용사

㉣ 명령형 어미 '-아라/-어라', 청유형 어미 '-자'와 결합할 수 있으면 동사이고, 그렇지 않으면 형용사이다.

　　예 • 일어나라(○) → 동사　　• 깨끗해라(×) → 형용사　　• 읽자(○) → 동사　　• 새롭자(×) → 형용사

⑤ 용언의 어간과 어미

㉠ 개념: 어간이란 용언이 활용할 때 변하지 않는 부분이고, 어미는 용언의 어간을 제외한 나머지 부분으로 용언이 활용할 때 변하는 부분을 말한다.

㉡ 어간의 특징

　ⓐ 용언 기본형의 어간과 어근은 일치하는 경우도 있다. 예 '잡다'의 '잡-'은 어간이면서 어근이다.

　ⓑ 어근에 접사가 붙어 어간이 되기도 한다. 예 '밝히다'의 어간 '밝히-'는 어근 '밝-'에 접사 '-히-'가 붙었다.

✔ 기출 포인트 Check Check

다음 물음을 읽고, 적절한 것은 ○, 적절하지 않은 것은 × 표시하시오.

01 '책을 보다'에서 '을'은 목적격 조사이다. (○, ×)

02 앞말에 붙어 특별한 의미를 더해주는 조사는 접속 조사이다. (○, ×)

03 사람이나 사물의 성질, 상태를 나타내는 말은 형용사이다. (○, ×)

정답 | 01 ○　02 ×, 보조사　03 ○

ⓒ 어미의 종류

ⓐ 어말 어미: 용언은 끝맺는 위치에 놓이는 어미이다.

- 종결 어미: 문장의 끝에 와서 문장을 종결시키는 어미이다.

구분	기능	어미	예
평서형	설명	-다, -네, -(으)오, -습니다	내가 간**다**.
의문형	물음	-느냐, -오(소), -(으)ㅂ니까, -니	언제 가**니**?
명령형	행동을 요구	-아라/-어라, -게, -(으)오, -(으)십시오	어서 가**거라**.
청유형	행동을 권유	-자, -세, -(으)ㅂ시다	빨리 가**자**.
감탄형	감탄	-(는)구나, -(는)구려	날씨가 좋**구나**.

- 연결 어미: 문장이나 단어를 연결시키는 어미이다.

구분	기능	어미	예
대등적 연결 어미	나열	-고, -(으)며	비가 오**고**, 바람이 분다.
	상반	-(으)나, -지만	생긴건 밉**지만**, 맛은 있다.
종속적 연결 어미	원인, 이유	-니, -아서 / -어서, -느라고, -(으)니까, -(으)므로	날씨가 좋**아서** 산책을 했다.
	목적, 의도	-(으)러, -(으)려고	너에게 주**려고** 책을 샀다.
	양보	-(으)ㄴ들, -더라도	누가 하**더라도** 어려울 것이다.
보조적 연결 어미	본용언과 보조 용언의 연결	-아 / -어, -게, -지, -고	마음껏 자**고** 싶다.

- 전성 어미: 용언이 명사, 관형사, 부사의 역할을 할 수 있도록 용언의 서술 기능을 또 다른 기능으로 바꾸어 주는 어미이다.

구분	어미	예
명사형 전성 어미	-(으)ㅁ, -기	실컷 **잠**
관형사형 전성 어미	-(으)ㄴ, -는, -(으)ㄹ, -던	**탈** 것, **놀** 것
부사형 전성 어미	-게, -도록, -ㄹ수록 등	빠르**게** 먹**도록**

ⓑ 선어말 어미: 어말 어미 앞자리에 들어가는 어미이다.

> 🎯 **심화이론 공략**
>
> **선어말 어미 '-겠-'의 기능**
>
> 1. 미래의 시제를 나타내는 기능
> 2. 양태(화자의 태도 즉, 추측, 의지, 가능성 등)의 의미를 표시하는 기능
>   - 예 · 이 정도 비면 결항되**겠**다. → 추측　　　　　　　　 · 겨울까지 운전면허를 따**겠**다. → 의지
> 3. 현재의 사건이나 과거의 사건을 추측하는 기능
>   - 예 · 지금쯤 제주도에는 봄이 왔**겠**다. → 현재의 사건 추측　　 · 좋은 자리는 벌써 매진이 되었**겠**다. → 과거의 사건 추측

⑥ 용언의 활용 빈출

㉠ 규칙 활용: 어간과 어미가 결합하는 과정에서 어간과 어미 모두 형태 변화가 없는 활용이거나, 보편적 음운 규칙으로 형태 변화가 설명되는 활용이다.

구분	개념과 특징	예
'—' 탈락 규칙	두 개의 모음이 이어질 때, 어간의 모음 '—'가 탈락	담그 + 아 → 담가
'ㄹ' 탈락 규칙	자음 'ㄴ, ㅂ, ㅅ' 및 '-(으)오, -(으)ㄹ' 앞에서 어간의 'ㄹ' 받침이 탈락	• 울 + 니 → 우니 • 날 + 는 → 나는
모음 조화 규칙	양성 모음은 양성 모음끼리, 음성 모음은 음성 모음끼리 나타남	살아라, 꺾어라
매개 모음 '으' 첨가	두 개 이상의 자음이 이어지면, 매개 모음인 '으'를 사이에 첨가	적 + ㄴ → 적은

㉡ 불규칙 활용: 용언이 활용할 때 어간과 어미의 기본 형태가 달라지는 경우로, 보편적 음운 규칙으로 설명할 수 없는 형태 변화를 하는 활용이다.

ⓐ 어간이 바뀌는 경우

구분	바뀜의 양상	불규칙 활용 예	규칙 활용 예
'ㅅ' 불규칙	어간 끝소리 'ㅅ'이 모음 어미 앞에서 탈락	• 긋 + 어 → 그어 • 붓 + 어 → 부어	벗 + 어 → 벗어
'ㅂ' 불규칙	어간 끝소리 'ㅂ'이 모음 어미 앞에서 '-오- / -우-'로 바뀜	곱 + 아 → 고와	잡 + 아 → 잡아
'ㄷ' 불규칙	어간 끝소리 'ㄷ'이 모음 어미 앞에서 'ㄹ'로 바뀜	• 묻[問] + 어 → 물어 • 일컫 + 어 → 일컬어	묻[埋] + 어 → 묻어
'ㄹ' 불규칙	어간 끝소리 '르'가 모음 어미 앞에서 'ㄹㄹ'로 바뀜	흐르 + 어 → 흘러	따르 + 아 → 따라
'우' 불규칙	어간 끝소리 '우'가 모음 어미 앞에서 탈락 ('우' 불규칙 활용을 하는 것은 '푸다' 하나뿐이다.)	푸 + 어 → 퍼	주 + 어 → 줘

ⓑ 어미가 바뀌는 경우

구분	바뀜의 양상	불규칙 활용 예	규칙 활용 예
'여' 불규칙	'하-' 뒤에 오는 어미 '-아/-어'가 '-여'로 바뀜	공부하 + 어 → 공부하여	가만있 + 어 → 가만있어
'러' 불규칙	어간이 '르'로 끝나는 일부 용언에서 어미 '-어'가 '-러'로 바뀜	이르[至] + 어 → 이르러	치르 + 어 → 치러
'오' 불규칙	'달-/다-'의 명령형 어미가 '-오'로 바뀜	달다: 달 + 아 → 다오	주 + 어라 → 주어라

ⓒ 어간과 어미가 모두 바뀌는 경우

구분	바뀜의 양상	불규칙 활용 예	규칙 활용 예
'ㅎ' 불규칙	'ㅎ'으로 끝나는 어간에 모음으로 시작하는 어미가 오면 'ㅎ'이 없어지고 어미도 바뀜	파랗 + 아 → 파래	좋 + 아 → 좋아

※ 용언의 활용은 한글 맞춤법 제18항과 연계하여 함께 학습하세요.

🎯 **심화이론 공략**

본용언과 보조 용언의 관계

1. 개념

  (1) 본용언: 문장의 주체를 주되게 서술하면서 보조 용언의 도움을 받는 용언

  (2) 보조 용언: 본용언과 연결되어 그것의 뜻을 보충하는 역할을 하는 용언

  예 엄마가 아끼는 접시를 **깨 먹다**. → '깨 먹다'에서 '깨다'는 본용언, '먹다'는 보조 용언이므로 '깨다'와 '먹다'는 본용언과 보조 용언의 관계

(6) 수식언 – 관형사, 부사

① 관형사

  ㉠ 개념: 체언을 꾸며 주는 단어이다.

  ㉡ 종류

구분	개념	예
성상 관형사	체언의 성질이나 상태를 꾸며주는 관형사	**갖은** 재료, **다른** 옷, **새** 국면, **한** 학교, **헌** 집
지시 관형사	체언을 가리키는 관형사	**이** 사람, **저** 선생님
수 관형사	수량과 순서를 나타내는 관형사	**한** 사람, 배 **두** 척

  ㉢ 특징

    ⓐ 형태가 고정되어 있어 활용하지 않는다.

    ⓑ 조사와 결합할 수 없다.

    ⓒ 주로 명사를 수식하지만 수사와 대명사도 수식할 수 있다.

② 부사

  ㉠ 개념: 주로 용언이나 문장을 꾸며 주는 단어이다.

  ㉡ 종류: 문장의 한 성분을 꾸며 주는 '성분 부사'와 뒤에 오는 문장을 꾸미거나 문장과 문장을 이어주는 '문장 부사'가 있다.

구분		개념	예
성분 부사	성상 부사	'이렇게'의 의미로 문장의 한 성분을 수식하며 일반 부사, 의성 부사, 의태 부사가 있음	조용히, 부지런히
	지시 부사	장소, 시간, 앞에 나온 말을 지시하는 부사	이리, 그리
	부정 부사	용언의 의미를 부정하는 부사	못, 아니, 안
문장 부사	양태 부사	화자의 태도를 표시하는 부사	과연, 결코
	접속 부사	단어와 단어 또는 문장과 문장을 이어 주는 부사	그리고, 그러나

  ㉢ 특징

    ⓐ 형태가 고정되어 있어 활용하지 않는다.

    ⓑ 부사는 격 조사와 결합할 수 없지만, 보조사와는 결합할 수 있다.

    ⓒ 용언, 관형사, 다른 부사, 문장 전체를 꾸밀 수 있다.

(7) 독립언 - 감탄사

　① 개념: 감정을 넣어 말하는 이의 놀람, 느낌, 부름이나 대답을 나타내는 단어이다.

　② 종류

구분	예	구분	예
감정 감탄사	아, 아차, 아하, 아이코 등	**호응 감탄사**	여보, 여보세요, 예, 그래
의지 감탄사	자, 에라, 글쎄, 천만에 등	**입버릇 감탄사**	뭐, 아, 저, 응

　③ 특징

　　㉠ 조사가 붙지 않으며 활용하지 않는다.

　　㉡ 문장에서의 위치가 비교적 자유롭다.

3. 단어의 형성

(1) 어근과 접사

　① 어근: 형태소가 결합하여 단어를 형성할 때 실질적인 의미를 나타내는 부분이다.

　② 접사: 어근에 붙어 그 뜻을 제한하는 부분이다. 빈출

　　㉠ 위치에 따른 분류

구분	개념	예
접두사	어근 앞에 오는 접사	**덧** + 신, **헛** + 되다
접미사	어근 뒤에 오는 접사	날 + **개**, 높 + **이**, 비밀 + **리**, 얼 + **음**

　　㉡ 기능에 따른 분류

구분	개념	예
한정적 접사	뜻만 첨가해 주는 접사	**맨** + 손, 달 + **맞이**
지배적 접사	품사를 바꾸어 주는 접사	많 + **이**, 크 + **기**

✔ **기출 포인트 Check Check**

다음 물음을 읽고, 적절한 것은 ○, 적절하지 않은 것은 × 표시하시오.

01 '파랑 + 아 → 파래'는 'ㅎ' 불규칙으로 설명할 수 있다. (○, ×)

02 수식언에는 관형사와 부사가 있다. (○, ×)

03 어미는 어근에 붙어 그 뜻을 제한하는 부분이다. (○, ×)

정답 | **01** ○　**02** ○　**03** ×, 접사

직접 구성 성분

1. 개념: 언어를 층위를 두고 분석할 때, 일차적으로 분석되는 성분이다. 우선 단어의 뜻을 바탕으로 크게 두 성분으로 구분하고, 이를 다시 세부 성분으로 분석하는 방법이다.

① '뜨개질'은 동사 '뜨다'의 어근 '뜨-'에 접미사 '-개'가 결합한 파생어 '뜨개'에 접미사 '-질'이 붙어 만들어진 파생어이다.

② '코웃음'은 동사 '웃다'의 어근 '웃-'에 접미사 '-음'이 결합한 파생어 '웃음'에 명사 '코'가 붙어 만들어진 합성어이다.

(2) 단일어와 복합어

① 단일어: 하나의 어근만으로 이루어진 단어를 말한다. 예 하늘, 꽃

② 복합어: 둘 이상의 어근이 결합하거나 어근과 접사가 결합하여 이루어진 단어를 말한다.

㉠ 파생어: 실질 형태소인 어근과 형식 형태소인 접사가 결합하여 이루어진 단어이다. (빈출)

ⓐ 접두 파생어: 접두사와 어근이 결합하여 파생어를 만드는 방법인 '접두 파생법'에 의해 만들어진 단어이다. 접두사가 결합해 만들어진 파생어의 품사는 어근의 품사와 대부분 일치한다.

접두사	의미	예
개-	'야생 상태의' 또는 '질이 떨어지는', '흡사하지만 다른'의 뜻을 더하는 접두사	개떡
덧-	'거듭된' 또는 '겹쳐 신거나 입는'의 뜻을 더하는 접두사	덧신
맨-	'다른 것이 없는'의 뜻을 더하는 접두사	맨손
올-	'생육 일수가 짧아 빨리 여무는'의 뜻을 더하는 접두사	올벼
헛-	'이유 없는', '보람 없는'의 뜻을 더하는 접두사	헛되다
호-	'중국에서 들여온'의 뜻을 더하는 접두사	호떡
홀-	'짝이 없이 혼자뿐인'의 뜻을 더하는 접두사	홀몸

🎯 심화이론 공략

접두사 '새-/시-', '샛-/싯-'

접두사 '새-, 시-, 샛-, 싯-'은 모두 의미가 같지만, 결합할 수 있는 어근의 문법 정보가 각각 다르다. 이에 따라 각각이 결합한 파생어의 적절성을 묻는 문제가 출제된다.

접두사	의미	결합하는 어근	예
새-	'매우 짙고 선명하게'의 뜻을 더하는 접두사	어두음이 된소리나 거센소리 또는 'ㅎ'이고 첫음절의 모음이 'ㅏ, ㅗ'인 색채를 나타내는 일부 형용사	새까맣다, 새빨갛다, 새뽀얗다
시-		어두음이 된소리나 거센소리 또는 'ㅎ'이고 첫음절의 모음이 'ㅓ, ㅜ'인 색채를 나타내는 일부 형용사	시꺼멓다, 시뻘겋다, 시뿌옇다, 시퍼렇다
샛-		어두음이 유성음이고 첫음절의 모음이 'ㅏ, ㅗ'인 색채를 나타내는 일부 형용사	샛노랗다, 샛말갛다
싯-		어두음이 유성음이고 첫음절의 모음이 'ㅓ, ㅜ'인 색채를 나타내는 형용사	싯누렇다, 싯멀겋다

ⓑ 접미 파생어: 어근과 접미사가 결합하여 파생어를 만드는 방법인 '접미 파생법'에 의해 만들어진 단어이다. 한정적 접미사가 결합하여 만들어진 파생어의 품사는 어근의 품사와 대부분 일치하지만, 지배적 접미사와 결합하여 만들어진 파생어의 품사는 대개 어근의 품사와 다르다.

• 어근 + 한정적 접미사

접미사	의미	예
-남	'남자'의 뜻을 더하는 접미사	이혼**남**
-발	'기세' 또는 '힘'의 뜻을 더하는 접미사	말**발**
-보	'그것을 특성으로 지닌 사람'의 뜻을 더하는 접미사	꾀**보**
-유	'식용 기름'의 뜻을 더하는 접미사	올리브**유**
-족	'민족'의 뜻을 더하는 접미사	만주**족**
-주	'술'의 뜻을 더하는 접미사	과실**주**
-기-		신**기**다
-우-	'사동'의 뜻을 더하는 접미사	돋**우**다
-이-		붙**이**다
-히-		묻**히**다

• 어근 + 지배적 접미사

접미사	의미	예
-개	'그러한 행위를 하는 간단한 도구'의 뜻을 더하고 명사를 만드는 접미사	날**개**
-롭다	'그러함' 또는 '그럴 만함'의 뜻을 더하고 형용사를 만드는 접미사	가소**롭다**, 경이**롭다**
-ㅁ/-음	명사를 만드는 접미사	얼**음**, 잠
-이		높**이**
-보	'그러한 행위를 특성으로 지닌 사람'의 뜻을 더하고 명사를 만드는 접미사	먹**보**, 울**보**
-이	부사를 만드는 접미사	낱낱**이**, 빨**리**
-히		대단**히**
-하다	동사를 만드는 접미사	공부**하다**, 근거**하다**, 기반**하다**

✔ **기출 포인트 Check Check**

다음 물음을 읽고, 적절한 것은 ○, 적절하지 않은 것은 × 표시하시오.

01 파생어는 어근과 접사가 결합하여 이루어진 단어이다. (○, ×)

02 어근 '꺼멓다'에는 접두사 '시-'와 '새-' 중 '시-'가 결합한다. (○, ×)

03 '가소롭다'는 단일어이다. (○, ×)

정답 | 01 ○ 02 ○ 03 ×, 파생어

ⓛ 합성어: 실질 형태소인 어근이 둘 이상 결합하여 이루어진 단어이다. ^{빈출}

ⓐ 의미 범주에 따른 분류

구분	개념	예
대등 합성어	어근이 대등하게 결합하여 본래의 뜻을 유지하는 합성어	논밭, 앞뒤
종속 합성어	한쪽의 어근이 다른 한쪽의 어근을 수식하는 합성어	구름떡, 쇠망치, 할미꽃
융합 합성어	어근들이 하나로 융합하여 새로운 의미를 나타내는 합성어	연세(年歲)

ⓑ 형성 방법에 따른 분류

구분	개념	예
통사적 합성어	우리말의 일반적인 단어 배열법과 일치하는 합성어	또다시, 첫사랑
비통사적 합성어	우리말의 일반적인 단어 배열법과 일치하지 않는 합성어	덮밥

3 문장

1. 문장과 문장 성분

(1) 개념

① 문장: 생각이나 감정을 완결된 내용으로 표현하는 최소의 단위로 독립적인 언어 형식이다.

> **🎯 심화이론 공략**
>
> **'어절'과 '음절'**
>
> 1. 어절은 문장을 구성하는 각각의 마디로, 문장 성분의 최소 단위이자 띄어쓰기의 단위이다. 예 그가, 운다
> 2. 음절은 하나의 종합된 음의 느낌을 주는 말소리의 단위이다. 몇 개의 음소로 이루어지며, 모음은 단독으로 한 음절이 되기도 한다. 예 그, 가, 운, 다

② 문장 성분: 문장을 이루는 각 요소로, 크게 주성분, 부속 성분, 독립 성분으로 나뉜다.

구분	개념
주성분	문장에서 필수적으로 필요한 성분 → 주어, 서술어, 목적어, 보어
부속 성분	주성분을 꾸며서 뜻을 더하여 주는 성분 → 관형어, 부사어
독립 성분	문장 구성과 직접적인 관련 없이 따로 떨어져 존재하는 성분 → 독립어

(2) 주성분

① 주어

㉠ 개념: 서술어가 나타내는 동작 또는 상태나 성질의 주체가 되는 문장 성분으로, 우리말에서 대개 문장의 첫머리에 위치한다.

㉡ 특징

ⓐ 주어가 생략되거나 아예 없는 문장도 있다. 예 공부를 했다. (주어 생략) / 불이야! (주어가 분명하지 않음)

ⓑ 다른 성분에 영향을 주기도 한다. 예 어머니께서 용돈을 주시었다. (높임 표현의 사용)

② 서술어

㉠ 개념: 주어의 동작 또는 상태나 성질을 서술하는 문장 성분으로, 우리말은 서술어가 문장에서 중심 역할을 하기 때문에 서술어의 성격에 따라 필요한 문장 성분의 수가 달라진다.

ⓒ 서술어의 자릿수: 주어, 목적어, 보어, 부사어 중에서 서술어의 성격에 따라 필수적으로 요구되는 문장 성분의 수를 말한다.

    ⓐ 한 자리 서술어: 주어 하나만 필요로 하는 서술어이다. 예 아이가 **운다**. / 하늘이 **맑다**.

| 주어 | + | 서술어(자동사, 형용사) |

    ⓑ 두 자리 서술어: 주어 이외에 또 하나의 필수적 문장 성분을 요구하는 서술어이다.
        예 그림이 실물과 **같다**. / 영희가 의사가 **되다**.

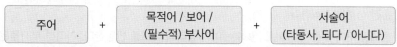

| 주어 | + | 목적어 / 보어 / (필수적) 부사어 | + | 서술어 (타동사, 되다 / 아니다) |

    ⓒ 세 자리 서술어: 주어 이외에 두 개의 필수적 문장 성분을 요구하는 서술어이다. 예 나는 동생에게 옷을 **주었다**.

| 주어 | + | 목적어 | + | 부사어 | + | 서술어 |

③ 목적어

    ㉠ 개념: 타동사로 된 서술어의 동작이나 행동의 대상을 나타내는 문장 성분이다.

    ㉡ 특징

        ⓐ 목적어의 생략이 가능하다. 예 A: 약은 먹었니? B: 응, 먹었어. (목적어 '약을' 생략)

        ⓑ 목적격 조사를 생략하거나 보조사로 대체하는 것이 가능하다. 예 선생님은 **교직만** 강조하신다.

④ 보어: 서술어 '되다', '아니다'의 필수 성분 역할을 하는 문장 성분으로, 서술어의 의미를 보충해 주는 구실을 한다.

    예 물이 **얼음이** 되었다. / 누나는 **미혼이** 아니다.

(3) 부속 성분 `빈출`

① 관형어

    ㉠ 개념: 체언으로 된 주어, 서술어, 목적어, 보어 앞에서 이를 수식하는 문장 성분이다.

    ㉡ 특징

        ⓐ 부사어는 단독으로 쓰일 수 있지만, 관형어는 체언 없이 단독으로 쓰일 수 없다. 예 이게 그 과제니? 응, 그. (×)

        ⓑ 반드시 체언 앞에만 놓인다. 예 그 옷 / 새 옷

🎯 심화이론 **공략**

관형사와 관형어의 구분 `빈출`

관형사는 품사의 한 종류이며, 관형어는 문장 성분 중의 하나이다.
예 그 두 낡은 집은 강가에 있었다. → 관형사는 '그'와 '두'이며, 관형어는 '그', '두', '낡은'이다.

② 부사어

    ㉠ 개념: 용언, 관형어, 부사어, 문장 전체 등을 수식하는 문장 성분이다.

✔️ 기출 포인트 Check Check

다음 물음을 읽고, 적절한 것은 ○, 적절하지 않은 것은 × 표시하시오.

01 서술어의 성격에 따라 필수적으로 요구되는 문장 성분의 수를 주성분의 자릿수라고 한다. (○, ×)

02 문장의 부속 성분에는 관형어와 부사어가 있다. (○, ×)

03 관형사는 품사이고, 관형어는 문장 성분이다. (○, ×)

정답 | 01 ×, 서술어의 자릿수 **02** ○ **03** ○

ⓒ 특징

ⓐ 보조사를 취할 수 있다. 예 **몹시도** 덥다.

ⓑ 자리를 비교적 자유롭게 옮길 수 있다. 단, 다른 부사어나 관형어, 체언을 꾸밀 때에는 자리 이동이 어려우며, 부정 부사어(안, 못)는 자리를 옮기지 않는다.

ⓒ 관형어와 달리 주어진 문맥 속에서 단독으로 쓰일 수 있다.

ⓒ 종류

ⓐ 성분 부사어: 다른 문장 성분을 수식한다.

ⓑ 문장 부사어: 문장 전체를 꾸며 주는 부사어로, 말하는 이의 심리적 태도를 반영한다. 이러한 부사들은 특별한 말과 호응을 이루는 경우가 많다.

ⓒ 접속 부사어: 문장을 이어 주는 기능을 한다.

- 문장 접속 부사: 그러나, 그리고, 그러므로 등
- 단어 접속 부사: 및 등

(4) 독립 성분 - 독립어

① 개념: 문장 내의 다른 성분들과 직접적인 관련이 없는 문장 성분이다.

② 특징: 독립어를 생략해도 문장은 완전히 성립된다. 예 (아!) 드디어 우리가 기다리던 방학이 왔다.

2. 문장의 짜임

(1) 홑문장: '주어 - 서술어'의 관계가 한 번 성립하는 문장이다. 예 누나는 누나의 방식대로 문제를 푼다.

(2) 겹문장: '주어 - 서술어'의 관계가 두 번 이상 성립하는 문장이다. `빈출`

① 안은문장과 안긴문장: 다른 문장 속에 들어가 하나의 성분처럼 쓰이는 홑문장을 안긴문장이라 하며, 이 홑문장을 포함한 문장을 안은문장이라고 한다. 안긴문장은 크게 '명사절, 관형절, 부사절, 서술절, 인용절'로 나뉜다.

㉠ 명사절을 안은 문장: 명사절은 명사형 어미 '-(으)ㅁ, -기'가 붙어서 만들어진다.

예 • **그녀가 마을 사람들을 속였음**이 밝혀졌다. (주어)　　• **언니가 게으른 사람임**을 모두가 안다. (목적어)
　　• 지금은 **우리가 학교에 가기**에 아직 이르다. (부사어)

㉡ 관형절을 안은 문장: 관형절은 관형사형 어미 '-(으)ㄴ, -는, -(으)ㄹ, -던'이 붙어서 만들어진다.

예 이 책은 내가 (**읽은 / 읽는 / 읽을 / 읽던**) 책이다.

ⓐ 관계 관형절: 관형절의 수식을 받는 체언이 관형절의 한 성분이 되는 경우로, 수식받는 체언과 관형절 내의 성분이 동일하여 관형절 내의 성분이 생략된다.

예 형이 **쓴** 시를 낭송했다 → '형이 (시를) 쓰다'라는 문장이 관형절로 안겨 있으며, 관형절 내의 성분 중 수식받는 체언과 동일한 요소인 '시를'은 생략된다.

ⓑ 동격 관형절: 관형절의 수식을 받는 체언이 관형절의 **한** 성분이 아니라 관형절 전체의 내용을 **받아 주는** 경우로, 관형절 자체가 수식을 받는 체언과 동일한 의미를 가졌기 때문에 관형절에 생략되는 성분이 없다.

예 나는 **그가 결혼했다는** 소식을 들었다. → 관형절 '그가 결혼했다는'과 관형절의 꾸밈을 받는 체언 '소식'이 동격 관계에 있다.

㉢ 부사절을 안은 문장: 부사절은 '-이, -게, -도록, -ㄹ수록' 등에 의하여 절 전체가 부사어의 역할을 하며, 서술어를 수식하는 기능을 한다.

예 친구는 **욕심이 많게** 생겼다. / 고양이가 **기척도 없이** 다가왔다. / 철수는 **손에 땀이 나도록** 물건을 쥐었다. / 길이 **비가 와서** 질다.

㉣ 서술절을 안은 문장: '주어 + (주어 + 서술어)'의 구성을 취한다. (특정한 절 표시가 따로 없음)

예 그는 **팔이 길다**. / 할아버지께서는 **마음이 넓으시다**.

㉤ 인용절을 안은 문장: 다른 사람의 말을 인용한 내용이 절의 형식으로 안기는 것으로, 주어진 문장을 그대로 직접 인용할 때에는 직접 인용 조사 '라고'가 붙고, 말하는 사람의 표현으로 바꾸어서 간접 인용할 때에는 간접 인용 조사 '고'가 붙는다.

예 • 직접 인용절: 영주는 **"무슨 일이야?"**라고 말했다.
　　• 간접 인용절: 그들은 **모두가 평등한 존재라고** 말했다.

② 이어진문장: 둘 이상의 홑문장이 어떤 의미 관계로 이어지느냐에 따라 대등하게 이어진 문장과 종속적으로 이어진 문장으로 나뉜다.

　㉠ 대등하게 이어진 문장: 앞 절과 뒤 절이 대등한 관계로 결합한 문장이다.

기능	연결 어미	예
나열	-고, -(으)며	싹이 나고, 꽃이 핀다.
대조	-(으)나, -지만	그는 죽었으나, 예술은 살아 있다.
선택	-거나, -든지	점심에 밥을 먹든지 빵을 먹어라.

　㉡ 종속적으로 이어진 문장: 앞 절과 뒤 절의 의미가 대등하지 못하고 종속적인 문장이다.

기능	연결 어미	예
조건, 가정	-(으)면, -거든, -더라면	이 모자가 좋으면, 네가 가져라.
이유, 원인	-아서 / -어서, -(으)므로, -(으)니까	현지는 돈이 생겨서, 무척 기뻐했다.
의도	-(으)려고, -고자	너에게 주려고, 나는 선물을 샀다.

3. 기출 문법 요소

(1) **종결 표현**: 종결 어미에 따라 문장의 종류가 평서문, 의문문, 명령문, 청유문, 감탄문으로 나뉜다.

구분	설명	종결 표현	예
평서문	단순하게 진술하는 문장 표현	-ㅂ니다, -네, -(ㄴ)다, -아 / -어	밥을 먹다.
의문문	질문하며 대답을 요구하는 문장 표현	-ㅂ니까, -는가, -(느)냐	밥은 먹었느냐?
명령문	듣는 이가 어떤 행동을 하기를 요구하는 문장 표현	-십시오, -구려, -게, -아라 / -어라	밥을 먹어라.
청유문	듣는 이에게 어떤 행동을 같이 할 것을 요청하는 문장 표현	-ㅂ시다, -세, -자	밥을 먹자.
감탄문	말하는 이의 느낌을 표현하는 문장 표현	-(는)구려, -(는)구먼, -(는)구나	밥을 먹는구나!

🎯 심화이론 공략

청유문의 세부 유형

청유문은 서술어의 행동을 화자와 청자가 공동으로 하도록 권유하는 것인데, 간혹 청자나 화자만 행하기를 바랄 때도 쓰인다.

예・ **공동으로 하도록 권유하는 경우**: 같이 연극 보러 가자.
　・ **청자만 행하기를 바라는 경우**: (반장이 떠드는 친구에게) 조용히 좀 하자.
　・ **화자만 행하기를 바라는 경우**: (숙제를 다 한 친구가 귀찮게 말을 걸 때) 숙제 좀 합시다.

✔ 기출 포인트 Check Check

다음 물음을 읽고, 적절한 것은 ○, 적절하지 않은 것은 × 표시하시오.

01 겹문장은 '주어 - 서술어'의 관계가 두 번 이상 성립하는 문장이다. (○, ×)

02 '이 책은 내가 읽는 책이다'는 부사절을 안은 문장이다. (○, ×)

03 '현지는 돈이 생겨서 무척 기뻤다'는 종속적으로 이어진 문장이다. (○, ×)

정답 | **01** ○　**02** ×, 관형절을 안은 문장　**03** ○

(2) 높임 표현

① 상대 높임법: 말하는 이가 듣는 이를 높이거나 낮추어 말하는 방법이며 종결 표현으로 실현된다. 격식체와 비격식체가 있다.

   ⊙ 격식체: 의례적으로 쓰며 표현이 직접적이고 단정적이다. 또한 격식을 차려서 딱딱한 느낌을 준다.

구분	평서법	의문법	명령법	청유법	감탄법
아주 높임 하십시오체	• 갑니다 • 가십니다	• 갑니까? • 가십니까?	가십시오	가십시다	-
예사 높임 하오체	가(시)오	가(시)오?	• 가(시)오 • 가구려	갑시다	가는구려
예사 낮춤 하게체	• 가네 • 감세	• 가는가? • 가나?	가게	가세	가는구먼
아주 낮춤 해라체	간다	• 가냐? • 가니?	• 가(거)라 • 가렴 • 가려무나	가자	가는구나

   ⓒ 비격식체: 표현이 부드러워 편하고 친숙한 느낌을 준다.

구분	평서법	의문법	명령법	청유법	감탄법
두루 높임 해요체	가요	가요?	가(세/셔)요	가(세/셔)요	가(세/셔)요
두루 낮춤 해체(반말)	• 가 • 가지	• 가? • 가지?	• 가 • 가지	• 가 • 가지	• 가 • 가지

② 주체 높임법 _{빈출}

   ⊙ 개념: 서술의 주체(주어)를 높이는 방법으로, 말하는 이보다 서술의 주체가 나이나 사회적 지위 등이 상위자일 때 사용한다.

   ⓒ 주체 높임의 실현 방법

      ⓐ 선어말 어미 '-(으)시-'를 통해 실현한다. 예 아버지께서 책을 보**신**다.

      ⓑ 일부 특수 어휘를 통해 실현한다. 예 계시다, 잡수시다, 주무시다, 돌아가시다

   ⓒ 압존법: 문장의 주체가 말하는 이보다는 높지만 듣는 이보다는 낮아, 그 주체를 높이지 못하는 어법이다. 압존법은 가족 간이나 사제간과 같이 사적인 관계에서 적용되고, 직장에서 쓰는 것은 어색하다.

     예 할머니, 어머니는 방금 나갔어요.

   ⓔ 간접 높임

      ⓐ 주체를 간접적으로 높이는 표현법으로, 높여야 할 대상의 신체 부분이나 성품, 심리, 개인적 소유물에 '-(으)시-'를 붙여 표현한다. 예 선생님의 말씀이 옳으**십**니다. / 교장 선생님은 눈이 밝으**시**다.

      ⓑ '있다'의 주체 높임 표현은 '-(으)시-'가 붙은 '있으시다'와 특수 어휘 '계시다'가 있는데, 이 둘의 쓰임은 같지 않다.

        예 • 박 부장님께서는 별장에서 쉬고 **계셨**다.   • 형님께서는 고민거리가 **있으시**다. → '있으시다'는 간접 높임에만 쓰인다.

③ 객체 높임법 _{빈출}

   ⊙ 개념: 목적어나 부사어가 지시하는 대상, 즉 서술의 객체를 높이는 방법이다.

   ⓒ 객체 높임의 실현 방법: 서술의 대상(목적어나 부사어)을 높이는 어휘(드리다, 모시다, 여쭙다, 뵙다, 찾아뵙다 등)와 조사 '께' 등을 사용하여 실현한다. 예 나는 교수님께 궁금한 것을 **여쭤보았**다. / 과장님을 **모시**고 거래처에 간다.

(3) 시간 표현

① 동작상: 발화시를 기준으로 동작이 일어나는 모습을 표현하는 것이다.

   ⊙ 완료상: 동작이 완료되었거나 동작의 결과가 지속되고 이어지는 것을 표시하는 것으로, 보조 용언 '-어 버리다', 연결 어미 '-고서'로 완료상을 나타낸다. 예 나는 밥을 다 **먹고서** 학교에 갔다.

ⓛ 진행상 **빈출** : 동작의 지속을 표시하는 것으로, 보조 용언 '-고 있다, -어 가다', 연결 어미 '-면서'로 진행상을 나타낸다.

　　　예 조카가 책을 보고 있다. / 동생이 놀이터에서 놀고 있다.

▶ 완료상과 진행상의 두 가지 의미 모두로 해석되는 경우도 있다. **예** 동생이 인형을 안고 있다.

(4) 피동 표현 **빈출**

① 능동과 피동: 동작이나 행위를 누가 하느냐에 따라 능동과 피동으로 나눌 수 있다.

　ⓐ 능동(能動): 주어가 동작을 제 힘으로 하는 것이다. **예** 독수리가 쥐를 잡다. / 동생이 종이를 찢었다.

　ⓑ 피동(被動): 주어가 다른 주체에 의해서 동작을 당하게 되는 것이다. **예** 쥐가 독수리에게 잡히다. / 종이가 동생에게 찢겼다.

② 능동문이 피동문으로 바뀔 경우

　ⓐ 능동문의 주어가 피동문의 부사어가 된다.

　ⓑ 능동문의 목적어는 피동문의 주어가 된다.

　ⓒ 피동문의 부사어에는 '에게 / 에' 외에 '~에 의해(서)'가 붙기도 한다.

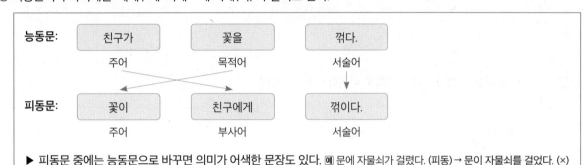

▶ 피동문 중에는 능동문으로 바꾸면 의미가 어색한 문장도 있다. **예** 문에 자물쇠가 걸렸다. (피동) → 문이 자물쇠를 걸었다. (×)

③ 종류

　ⓐ 파생적 피동문: 파생 접사에 의한 피동문으로, 능동사의 어간에 피동 접미사 '-이-, -히-, -리-, -기-'나 '-되다'를 붙여서 만든다.

　　예 ・-이-: 임금이 깎**이**다.　　　　・-히-: 쌀가마가 쥐에게 갉**혔**다.　　　　・-리-: 우렛소리에 천지가 흔들**린**다.
　　　　・-기-: 고슴도치가 주인에게 안**기**다.　　・-되다: 이 일은 그 사건과 관계**된다**.

　ⓑ 통사적 피동문: '-어지다, -게 되다'에 의해서 만들어진다. **예** 새로운 말이 **만들어진**다. / 곧 사실이 드러나**게 되다**.

✔ 기출 포인트 Check Check

다음 물음을 읽고, 적절한 것은 ○, 적절하지 않은 것은 × 표시하시오.

01 주체 높임은 선어말 어미 '-(으)시-'나 일부 특수 어휘를 통해 실현된다. (○, ×)

02 '조카가 책을 보고 있다'는 완료상을 나타낸다. (○, ×)

03 주어가 다른 주체에 의해 동작을 당하게 되는 것을 표현한 문장을 피동문이라 한다. (○, ×)

정답 | 01 ○　02 ×, 진행상　03 ○

출제예상문제

01 다음 중 음운 변동 전후의 음운의 개수 변화가 '국물'과 같은 것은?

① 값   ② 낚시   ③ 맏형   ④ 콩엿   ⑤ 흙먼지

02 <보기>의 밑줄 친 발음에 대한 이해로 적절하지 <u>않은</u> 것은?

〈 보 기 〉

ㄱ. 차도를 <u>넓히니</u> 차량 통행이 원활해졌다.

ㄴ. 고양이가 문을 <u>긁는</u> 소리에 잠에서 깼다.

ㄷ. 내가 시를 완벽히 외워 <u>읊으니</u> 모두가 놀랐다.

ㄹ. 형이 외갓집을 좋아하는 이유는 <u>흙담</u> 때문이다.

ㅁ. 어머니는 우는 동생을 무릎에 <u>앉히고</u> 달래셨다.

① ㄱ: '넓히니'는 거센소리되기에 의해 [널피니]로 발음된다.

② ㄴ: '긁는'은 자음군 단순화와 비음화에 의해 [긍는]으로 발음된다.

③ ㄷ: '읊으니'는 음절의 끝소리 규칙에 의해 [을프니]로 발음된다.

④ ㄹ: '흙담'은 자음군 단순화와 된소리되기에 의해 [흑땀]으로 발음된다.

⑤ ㅁ: '앉히고'는 거센소리되기에 의해 [안치고]로 발음된다.

03 ㄱ ~ ㄹ 중 조사 '로'가 어떤 일의 원인이나 이유를 나타내는 격 조사로 쓰인 것을 모두 고른 것은?

〈 보 기 〉

ㄱ. 이천시와 여주시는 특히 쌀로 유명하다.

ㄴ. 사소한 오해로 인해 큰 다툼이 발생했다.

ㄷ. 무리를 했는지 어젯밤에는 몸살로 고생했다.

ㄹ. 시험에 합격해서 시골 학교에 교사로 일하게 되었다.

① ㄱ, ㄹ   ② ㄴ, ㄷ   ③ ㄴ, ㄹ   ④ ㄱ, ㄴ, ㄷ   ⑤ ㄱ, ㄷ, ㄹ

04 다음 밑줄 친 부분 중 어미 활용의 오류에 해당하는 것은?

① 등굣길에 편의점에 <u>들려</u> 우유를 샀다.

② 철새 떼가 하늘을 <u>날으는</u> 모습이 장관이다.

③ 대문을 <u>잠구고</u> 나왔는지 기억이 나지 않는다.

④ 잃어버린 지갑을 찾으려고 밤새 거리를 <u>헤매였다.</u>

⑤ 화창하게 <u>개인</u> 날씨에 공원은 인산인해를 이루었다.

05 서술절을 안은 문장에 해당하는 것은?

① 형은 생각이 깊다.

② 곰이 사람이 되었다.

③ 이것은 내 휴대폰이다.

④ 동생은 생선을 싫어한다.

⑤ 선생님의 목소리가 좋다.

06 <보기>의 대화에 나타난 높임 표현을 분석한 내용으로 적절하지 <u>않은</u> 것은?

─────────〈 보 기 〉─────────

수현: 민아야, 오늘 너희 집에 놀러가도 돼? 오늘 엄마가 늦게 오신대. ·················· ㉠

민아: 응. 그럼. 그런데 지금 할머니께서 우리 집에 계시는데 괜찮아? ················· ㉡

수현: 아, 정말? 편찮으셔서 오신 거야? ······································· ㉢

민아: 그건 아니고, 할머니 댁이랑 우리 집이랑 머니까 오랜만에 놀러 오신 거야. ·········· ㉣

수현: 그렇구나. 내가 가도 할머니께서 걱정하시진 않겠지?

민아: 당연하지. 아, 참. 얼마 전에 내가 지팡이를 사드렸는데. '할머니, 지팡이가 엄청 멋있으시네요'하고 한마디만 해줘. ··· ㉤

수현: 그래! 그럼 이따 끝나고 너희 반으로 갈게.

① 수현은 ㉠에서 '오신대'를 통해 엄마를 높이고 있다.

② 민아는 ㉡에서 조사 '께서'를 통해 할머니를 높이고 있다.

③ 수현은 ㉢에서 '편찮으시다'를 사용해 민아의 할머니를 높이고 있다.

④ 민아는 ㉡과 ㉣에서 '계시는데', '오신'의 '-시-'를 통해 할머니를 높이고 있다.

⑤ 민아가 ㉤에서 '멋있으시네요'라고 하며 궁극적으로 높이고자 하는 대상은 할머니이다.

정답 및 해설 p.290

05 올바른 문장 표현

대표 기출 유형 공략

| 대표 기출 유형 | ① 문장 성분의 호응·생략

유형 특징

1. 문장에서 문장 성분들이 자연스럽게 연결되어 있는지나, 문장이 필수적인 문장 성분을 모두 갖추고 있는지를 판단할 수 있는 능력을 평가하기 위한 문제 유형이다.

2. 문장 성분 간의 호응을 묻는 문제는 주로 주어, 목적어, 부사어와 서술어의 호응, 수식어와 피수식어의 호응과 관련되어 출제되므로, 선택지의 문장을 읽고 각 문장 성분 간의 관계를 생각하며 문제에 접근하는 것이 중요하다.

3. 문장 성분의 생략을 묻는 문제는 주어, 목적어, 부사어, 서술어가 생략된 문장의 적절성을 파악해야 하므로, 서술어가 필요로 하는 문장 성분에 주목해 선택지를 분석하는 연습과 접속 조사로 연결된 주어나 목적어 등을 고려해 문제를 푸는 연습이 도움이 된다.

대표 예제　**문장 표현이 가장 자연스러운 것은?**

① 하얀 뭉게구름이 마치 솜사탕 같았다.
② 그 친구를 못마땅하게 생각한 건 비단 오늘뿐이다.
③ 성공의 경험은 우리에게 기쁨과 자존감을 길러준다.
④ 오빠는 예쁜 혜영이의 언니와 순식간에 사랑에 빠졌다.
⑤ 신문을 활용한 그 작가의 시에는 비문학이 접목되어 있다.

풀이 전략　**1단계**　문장 성분 간의 관계를 파악하고 문법적으로 올바른 문장을 찾는 문제이다. 주어와 서술어의 관계, 부사어와 서술어의 호응, 서술어의 생략, 수식어의 범위, 부사어의 생략 등에 주목하며 어색하지 않은 선택지를 선택하면 된다.

2단계　'마치'는 서술어 '같다, 양하다'나, 조사 '처럼, 듯, 듯이'와 호응하는 부사이므로 '하얀 뭉게구름이 마치 솜사탕 같았다'라는 문장은 자연스럽다. 따라서 답은 ①이다.

- 비단 오늘뿐이다(×) → 비단 오늘뿐이 아니다(○): 부사 '비단'은 부정하는 말과 어울려 쓰이므로 긍정 표현 '~이다'가 아닌 '~이 아니다'로 고쳐 써야 한다.

- 기쁨과 자존감을 길러준다(×) → 기쁨을 주고 자존감을 길러준다(○): 서술어 '길러준다'는 목적어 '자존감을'에만 호응하므로 목적어 '기쁨을'과 호응할 수 있는 '주고'와 같은 서술어를 추가해야 한다.

- 오빠는 예쁜 혜영이의 언니(×) → 오빠는 예쁜 혜영이의, 언니와(○), 오빠는 혜영이의 예쁜 언니와(○): 혜영이가 예쁜 것인지, 혜영이의 언니가 예쁜 것인지 의미가 모호한 문장이므로 쉼표를 사용하거나 어순을 바꾸어 중의성을 해소해야 한다.

- 비문학이 접목되어 있다(×) → 문학과 비문학이 접목되어 있다(○): 서술어 '접목되어'가 요구하는 필수적 부사어가 생략되어 자연스럽지 않은 문장이므로 '문학과'와 같은 부사어를 추가해야 한다.

유형 특징

1. 여러 의미로 해석되어 언어 생활의 혼란을 초래하는 문장을 파악할 수 있는 능력을 평가하기 위한 문제 유형이다.

2. 단어 측면에서는 고유어와 한자어의 의미가 중복되는 경우가 주로 출제되므로 고유어와 의미가 유사한 한자어를 대응시켜 학습하면 도움이 된다.

3. 문장 측면에서는 부정 표현, 수식 범위, 비교 구문, 사동 표현이나 동작상 등으로 인해 중의성이 발생하므로 두 가지 이상의 의미로 해석될 여지가 없는지 꼼꼼히 살펴보아야 한다.

대표 예제 **다음 중 중복 표현이 없는 문장은?**

① 대체할 대안이 없다고 포기하는 것은 옳지 않다.
② 뇌리를 스치는 아이디어를 놓치기 전에 얼른 메모했다.
③ 삼촌은 남은 여생을 소외 계층을 위해 살겠다고 하셨다.
④ 친구는 이야기를 그럴싸하게 꾸미고 조작해 모두를 속였다.
⑤ 학교로 가는 길을 알 수 없어서 지나가는 행인에게 물어보았다.

풀이 전략 **1단계** 중복 표현이 쓰이지 않은 문장을 선택하는 문제이다. 선택지를 읽으면서 의미가 유사한 단어에 표시하며 중복 표현이 없는 문장을 추려나가면 된다.

2단계 '뇌리를 스치는 아이디어를 놓치기 전에 얼른 메모했다'에는 한자어 '뇌리(腦裏)'와 의미가 중복되는 단어가 사용되지 않았으므로 중의성을 띠지 않는다. 따라서 답은 ②이다.

- 대체할 대안: '다른 것으로 대신하다'라는 의미의 동사 '대체(代替)하다'와 '어떤 안을 대신하는 안'이라는 의미의 명사 '대안(代案)'의 '대신하다[代]'라는 의미가 중복된다.

- 남은 여생: 동사 '남다'와 '앞으로 남은 인생'이라는 의미의 명사 '여생(餘生)'의 '남다[餘]'라는 의미가 중복된다.

- 꾸미고 조작해: 동사 '꾸미다'와 '어떤 일을 사실인 듯이 꾸며 만들다'라는 의미의 동사 '조작(造作)하다'의 '꾸미다[造]'라는 의미가 중복된다.

- 지나가는 행인: '어디를 거치거나 통과하여 가다', '어떤 사람이나 사물과 같은 대상물의 주위를 지나쳐 가다'라는 의미의 동사 '지나가다'와 '길을 가는 사람'이라는 의미의 명사 '행인(行人)'의 '가다[行]'라는 의미가 중복된다.

유형 특징

1. 번역 투 표현을 어법에 맞는 우리말 표현으로 수정할 수 있는 능력을 평가하기 위한 문제 유형이다. 기출 번역 투 표현이 반복 출제되는 경향이 강하므로 난도는 평이한 편이다.

2. '~을 가지다', '~에 다름 아니다' 등 자주 출제되는 번역 투 표현을 올바르게 바꾼 우리말 표현을 정리하며 학습하는 것이 중요하다.

대표 예제 **밑줄 친 번역 투의 문장을 잘못 고친 것은?**

① 그 여자는 고운 머릿결을 가지고 있다. → 머릿결이 곱다

② 언론은 민간 항공기를 격추시킨 그의 만행을 비판했다. → 격추한

③ 이 도로는 야생동물이 자주 나와서 통행에 주의해야 한다. → 주의가 요구된다.

④ 건강하게 살고 싶다면 짜고 매운 음식을 자제해야 할 필요가 있다. → 자제해야 한다.

⑤ 친구의 말에 의하면 담임 선생님께서 이번 달 말에 결혼하신다고 한다. → 말에 따르면

풀이 전략 **1단계** 번역 투 표현을 적절한 우리말 표현으로 바꾸는 문제이다. 선택지의 밑줄 친 부분에 번역 투 표현이 사용되었는지 확인한 후 수정된 표현을 대입해보고 적절하지 않은 것을 정답으로 고르면 된다.

2단계 '~가 요구되다'는 영어의 'be required of ~'를 직역한 표현이다. 따라서 '주의해야 한다'를 '주의가 요구된다'로 바꾸는 것은 적절하지 않으므로 답은 ③이다.

| 대표 기출 유형 | ④ 기타

유형 특징

1. 문장 성분의 호응·생략, 중의적 표현 외에 국어의 문장을 어색하게 만드는 문장 표현 방식에 대해 알고 있는지를 평가하기 위한 문제 유형으로, 문장에서 부적절하거나 불필요한 표현을 찾으면 되므로 난도는 평이한 편이다.

2. 이중 피동, 불필요한 사동 표현, 관형화·명사화 구성의 남용 등 문맥상 의미보다는 제시된 문장이 어법에 맞는지를 판단하는 문제가 출제되므로 각각의 개념과 적절한 표현을 알아두어야 한다.

대표 예제 **다음 중 어법에 맞는 문장은?**

① 오래전 사람들에게 잊힌 줄 알았던 노래가 요즘 다시 유행하고 있다.

② 남자 친구를 소개시켜주겠다던 친구는 세 시간째 연락이 되지 않았다.

③ 창의력 향상과 공감 능력 개발은 자녀가 있는 사람들의 주된 화두이다.

④ 지역 불균형 문제 해소를 위해서는 관련 기관의 적극적인 논의가 필요하다.

⑤ 침몰한 배에서 발굴한 유물은 신기하게도 원형이 완전히 보존되어져 있었다.

풀이 전략 **1단계** 문제 지시문을 통해 어법에 맞는 표현이 쓰인 문장을 찾는 문제임을 파악한다. 선택지를 읽으며 이중 피동, 부적절한 사동 표현, 명사화 구성의 남용 등 문법적으로 잘못된 문장을 지워나가며 정답을 고르면 된다.

2단계 '잊히다'는 '한번 알았던 것이 기억에서 없어지다'라는 뜻으로, '잊다'의 피동사이다. 따라서 적절한 피동 표현이 사용되었으므로 답은 ①이다.

○ 핵심 개념 압축 정리

1 문장 성분의 호응·생략

1. 문장 성분 간의 호응

(1) 주어와 서술어의 호응 빈출

> 예 제가 내일 할 말은 친구들과 사이좋게 지내고 **싶습니다.** (×)
>
> → 제가 내일 할 말은 친구들과 사이좋게 **지내고 싶다는 것입니다.** (○)

▶ 주어 '말은'과 서술어 '싶습니다'의 호응이 어색하다. 서술어를 '싶다는 것입니다'로 고쳐 쓰는 것이 자연스럽다.

> 예 현재의 교육 정책은 앞으로 손질이 **불가피할 전망입니다.** (×)
>
> → 현재의 교육 정책은 앞으로 손질이 **불가피할 것으로 전망됩니다.** (○)
>
> → 현재의 교육 정책은 앞으로 손질이 **불가피할 것으로 전문가들은 전망합니다.** (○)

▶ 주어 '교육 정책은'과 서술어 '불가피할 전망입니다'의 호응이 어색하다. '전망이다'는 주어 '교육 정책은'과 호응하도록 피동사 '전망되다'로 고쳐 쓰거나, '전망' 행위의 주체인 '전문가들을'을 추가하고 이와 호응하는 능동사 '전망하다'를 사용하는 것이 자연스럽다.

(2) 목적어와 서술어의 호응 빈출

> 예 자기의 **강점과 약점을 보완하는** 사람만이 성공할 수 있다. (×)
>
> → 자기의 **강점을 살리고 약점을 보완하는** 사람만이 성공할 수 있다. (○)

▶ 목적어 '강점과'과 서술어 '보완하는'의 의미상 호응이 어색하다. 목적어에 호응하는 서술어를 추가하여 '강점을 살리고 약점은 보완하는'으로 고쳐 쓰는 것이 적절하다.

> 예 대회의 주최는 **상장과 트로피를** 참가자 전원에게 **부여하는** 것으로 문제를 해결했다. (×)
>
> → 대회의 주최는 **상장과 트로피를** 참가자 전원에게 **수여하는** 것으로 문제를 해결했다. (○)

▶ 목적어 '상장과 트로피를'과 서술어 '부여하는'의 의미상 호응이 어색하다. 목적어에 호응하는 서술어를 '수여하는'으로 고쳐 쓰는 것이 적절하다.

✔ **기출 포인트 Check Check**

다음 물음을 읽고, 적절한 것은 ○, 적절하지 않은 것은 × 표시하시오.

01 '제가 내일 할 말은 친구들과 사이좋게 지내고 싶습니다'는 주어와 서술어의 호응이 어색한 문장이다. (○, ×)

02 '상장과 트로피를 수여하다'는 목적어와 서술어의 호응이 적절한 문장이다. (○, ×)

03 '강점과 약점을 보완하다'는 목적어 '강점과'와 서술어 '보완하다'의 호응이 적절하지 않은 문장이다. (○, ×)

정답 | 01 ○ 02 ○ 03 ○

(3) 부사어와 서술어의 호응 `빈출`

① 당위의 서술어와 호응하는 말

> 예 학생은 **모름지기** 진취성을 가질 **따름이다.** (×)
>
> → 학생은 **모름지기** 진취성을 **가져야 한다.** (○)

▶ 부사어 '모름지기, 당연히, 마땅히, 반드시'는 당위의 서술어인 '~해야 한다'와 주로 호응한다.

② 가정의 형태와 호응하는 말

> 예 아내는 **비록** 사소한 **것이어서** 남편과 의논한다. (×)
>
> → 아내는 **비록** 사소한 **것일지라도** 남편과 의논한다. (○)

▶ 부사어 '비록'은 가정의 형태인 '~ㄹ지라도 / ~지만 / ~더라도 / ~어도'와 주로 호응한다.

③ 부정의 서술어와 호응하는 말

> 예 공원에 핀 꽃이 **여간 아름다웠다.** (×)
>
> → 공원에 핀 꽃이 **여간 아름답지 않았다.** (○)

▶ 부사어 '여간, 결코, 도무지, 비단, 전혀'는 부정의 서술어인 '~ 아니다'와 주로 호응한다.

> 예 나는 **절대** 그의 주장에 **동의한다.** (×)
>
> → 나는 **절대** 그의 주장에 **동의할 수 없다.** (○)

▶ 부사어 '절대'는 부정의 서술어인 '~해서는 안 된다 / ~ 없다 / 않다'와 주로 호응한다.

> 예 은수는 동생이 물건을 망가뜨려도 **좀처럼 화를 내었다.** (×)
>
> → 은수는 동생이 물건을 망가뜨려도 **좀처럼 화를 내지 않았다.** (○)

▶ 부사어 '좀처럼'은 부정의 서술어인 '~ 않았다'와 주로 호응한다.

(4) 수식어와 피수식어의 호응

> 예 학생들이 **교육 정책에 접근하고 참여할 수 있는** 사회가 되어야 한다. (×)
>
> → 학생들이 **교육 정책에 접근할 수 있고, 그것을 결정하는 데 참여할 수 있는** 사회가 되어야 한다. (○)

▶ 피수식어 '사회'를 꾸며 주는 수식 어구의 구성 방법이 달라 호응을 이루지 못하고 있다. 수식 어구의 구성 방법을 유사하게 수정하여 수식어와 피수식어가 호응을 이룰 수 있도록 해야 한다.

2. 문장 성분의 생략 `빈출`

(1) 주어의 생략

> 예 그 잡지는 독자층이 늘지 않고 **제자리 상태에 머무르고 있다.** (×)
>
> → 그 잡지는 독자층이 늘지 않고 **구독률이 제자리 상태에 머무르고 있다.** (○)

▶ 서술부 '제자리 상태에 머무르고 있다'에 호응하는 주어가 생략되어 문장의 의미가 명확하지 않다. '구독률이'와 같은 주어를 넣어야 한다.

(2) 목적어의 생략 [빈출]

> 예 그녀는 세계적으로 유명한 작가이고, **닮고 싶어 하는** 사람도 많다. (×)
>
> → 그녀는 세계적으로 유명한 작가이고, **그녀를 닮고 싶어 하는** 사람도 많다. (○)

▶ 서술부 '닮고 싶어 하는'에 호응하는 목적어가 생략되어 문장의 의미가 명확하지 않다. '그녀를'과 같은 목적어를 넣어야 한다.

(3) 부사어의 생략

> 예 유럽을 중심으로 광범위하게 분포하였던 무스티에 문화는 **르발루아 문화가 섞인** 것이다.
>
> → 유럽을 중심으로 광범위하게 분포하였던 무스티에 문화는 **아슈르 문화와 르발루아 문화가 섞인** 것이다. (○)

▶ 서술어 '섞이다'는 필수적 부사어를 요구하나, '섞이다'와 호응하는 부사어가 생략되어 문장의 의미가 명확하지 않다. '아슈르 문화와'와 같은 부사어를 넣어야 한다.

(4) 서술어의 생략 [빈출]

> 예 아무리 생각해 봐도 우리가 다른 사람을 제치고 **결승전 티켓** 가능성은 희박하다. (×)
>
> → 아무리 생각해 봐도 우리가 다른 사람을 제치고 **결승전 티켓을 구할** 가능성은 희박하다. (○)

▶ 목적어인 '결승전 티켓을'에 호응하는 서술어가 생략되어 있으므로 '구할'과 같은 서술어를 넣어야 한다.

2 중의적 표현

1. 의미가 중복된 단어

1	가까이 접근(接近) [빈출]	11	남은 여생(餘生) [빈출]	21	미리 예매(豫買) [빈출]
2	가사(家事) 일 [빈출]	12	널리 보급(普及)	22	미리 예측(豫測) [빈출]
3	간략히 약술(略述)	13	뇌리(腦裏) 속	23	분명히 명기(明記)
4	갑자기 돌변(突變)	14	대체할 대안(對案)	24	분명히 명시(明示) [빈출]
5	거의 대부분(大部分) [빈출]	15	돌이켜 회고(回告)	25	빛나는 각광(脚光) [빈출]
6	공기를 환기(換氣) [빈출]	16	머리카락 삭발(削髮)	26	새로운 신곡(新曲)
7	과반수(過半數) 이상 [빈출]	17	먼저 선수(先手) [빈출]	27	숨어 있는 복병(伏兵)
8	과반수(過半數)를 넘는	18	먼저 선취점(先取點)	28	싹의 발아(發芽)
9	근(近) 오년 가까이 [빈출]	19	미리 예고(豫告)	29	앞에서 이끌고 선도(先導)
10	꾸며 낸 조작(造作) [빈출]	20	미리 예단(豫斷)	30	여러 가지 다양(多樣)한 [빈출]

✔ 기출 포인트 Check Check

다음 물음을 읽고, 적절한 것은 ○, 적절하지 않은 것은 × 표시하시오.

01 부사어 '절대'는 긍정의 서술어와 주로 호응한다. (○, ×)

02 '공기를 환기(換氣)'에서 '공기'와 '기(氣)'의 의미가 중복된다. (○, ×)

03 '먼저 선수(先手)'에서 '먼저'와 '수(手)'의 의미가 중복된다. (○, ×)

정답 | 01 ×, 부정의 서술어 02 ○ 03 ×, 선(先)

31	오래된 숙원(宿願) 빈출	35	이미 예고(豫告) 빈출	39	푸른 창공(蒼空) 빈출
32	요약(要約)하고 간추리기	36	참된 진리(眞理)	40	함께 공존(共存)
33	울며 통곡(痛哭 / 慟哭) 빈출	37	청결(淸潔)하고 깨끗하다	41	행인(行人)이 지나가다
34	원고를 투고(投稿)	38	최후(最後)의 마지막	-	-

2. 문장의 중의성

(1) **개념**: 한 문장이 두 가지 이상의 의미를 나타내는 특성을 중의성이라고 하며, 중의성을 띤 문장을 중의문이라고 한다.

(2) **종류**

① 부정 표현에 따른 중의성 빈출

> 예 동호회 사람들이 약속 장소에 **다 오지 않았다**. (×)
> → 동호회 사람들이 약속 장소에 **다는** 오지 않았다. (일부는 오고 일부는 오지 않았다.) (○)
> → 동호회 사람들이 약속 장소에 **다 오지는** 않았다. (일부는 오고 일부는 오지 않았다.) (○)
> → 동호회 사람들이 약속 장소에 **아직 아무도 오지 않았다**. (한 사람도 오지 않았다.) (○)

▶ 동호회 사람들이 일부는 오고 일부는 오지 않은 것인지, 한 사람도 오지 않은 것인지 분명하지 않은 문장이다.

> 예 나는 어제 소설책을 **읽지 않았다**. (×)
> → 나는 어제 소설책을 읽지 않고 **시집을 읽었다.** (○)
> → 나는 어제 소설책을 읽지 않았고, **다른 사람이 소설책을 읽었다.** (○)

▶ 내가 소설책이 아닌 다른 것을 읽은 것인지, 내가 아닌 다른 사람이 소설책을 읽은 것인지 분명하지 않은 문장이다.

② 수식 범위에 따른 중의성 빈출

> 예 선생님은 **웃으면서 들어오는 학생을** 반겨 주었다. (×)
> → **웃으면서 들어오는 학생을** 선생님이 반겨 주었다. (학생이 웃다.) (○)
> → **선생님은, 웃으면서 들어오는 학생을** 반겨 주었다. (학생이 웃다.) (○)
> → **선생님은 웃으면서, 들어오는 학생을** 반겨 주었다. (선생님이 웃다.) (○)

▶ 학생이 웃은 것인지, 선생님이 웃은 것인지 분명하지 않은 문장이다.

> 예 형은 어제 **예쁜 주희의 친구와** 만났다. (×)
> → 형은 어제 **예쁜 주희의, 친구와** 만났다. (주희가 예쁘다.) (○)
> → 형은 어제 **주희의 예쁜 친구와** 만났다. (주희의 친구가 예쁘다.) (○)
> → 형은 어제 **예쁜, 주희의 친구와** 만났다. (주희의 친구가 예쁘다.) (○)

▶ 주희가 예쁜 것인지, 주희의 친구가 예쁜 것인지 분명하지 않은 문장이다.

③ 조사 '와/과'의 연결 관계에 따른 중의성 빈출

> 예 할머니께서 **사과와 귤 두 개를** 사 오셨다. (×)
> → 할머니께서 **사과와 귤을 각각 두 개씩** 사 오셨다. (○)
> → 할머니께서 **사과 한 개와 귤 한 개를** 사 오셨다. (○)
> → 할머니께서 **사과 한 개와 귤 두 개를** 사 오셨다. (○)

▶ 사과 두 개와 귤 두 개인지, 사과 한 개와 귤 한 개인지, 사과 한 개와 귤 두 개인지 분명하지 않은 문장이다.

예 지혜는 공원에서 **예지와 효주를** 만났다. (×)

→ 지혜는 공원에서 **예지와 함께 효주를** 만났다. (○)

→ 지혜는 공원에서 **예지와 함께 있는 효주를** 만났다. (○)

→ 지혜는 공원에서 **예지를 만나고, 그 다음에 효주를** 만났다. (○)

▶ 지혜와 예지가 함께 효주를 만난 것인지, 예지와 효주가 함께 있는데 지혜가 가서 만난 것인지, 지혜가 예지와 효주 둘 모두를 각각 만난 것인지 분명하지 않다.

④ 비교 구문의 중의성 `빈출`

예 **남편은 나보다 운동을** 더 좋아한다. (×)

→ 남편은 **나를 좋아하기보다는** 운동을 더 좋아한다. (○)

→ 남편은 **내가 운동을 좋아하는 것보**다 더 운동을 좋아한다. (○)

▶ 나와 운동 자체를 비교하는 것인지, 남편이 운동을 좋아하는 정도와 내가 운동을 좋아하는 정도를 비교하는 것인지 분명하지 않은 문장이다.

⑤ '의'를 포함한 명사구의 중의성 `빈출`

예 **이것은 우리 어머니의 사진이** 아니다. (×)

→ 이것은 **우리 어머니를 찍은 사진이** 아니다. (○)

→ 이것은 **우리 어머니가 찍은 사진이** 아니다. (○)

→ 이것은 **우리 어머니가 소유한 사진이** 아니다. (○)

▶ 어머니를 찍은 사진이 아니라는 것인지, 어머니가 직접 찍은 사진이 아니라는 것인지, 어머니가 소유한 사진이 아니라는 것인지 분명하지 않은 문장이다.

⑥ 어휘의 중의성 `빈출`

예 **배에 문제가** 생겼다. (×)

→ **선박에 문제가** 생겼다. (○)

→ **과수원의 배에 문제가** 생겼다. (○)

→ **과식을 하더니 기어코 배에 문제가** 생겼다. (○)

▶ 선박 '배'인지, 과일 '배'인지, 신체 부위 '배'인지 의미가 분명하지 않은 문장으로, 동음이의어에 의한 중의성을 띤다.

✔ **기출 포인트 Check Check**

다음 물음을 읽고, 적절한 것은 ○, 적절하지 않은 것은 × 표시하시오.

01 '푸른 창공(蒼空)'은 '푸르다'와 '공(空)'의 의미가 중복된다. (○, ×)

02 '형은 어제 예쁜 주희의 친구와 만났다'는 수식 범위에 따른 중의성이 발생한 문장이다. (○, ×)

03 '지혜는 공원에서 예지와 효주를 만났다'는 조사 '와'의 연결 관계에 따른 중의성이 발생한 문장이다. (○, ×)

정답 | 01 ×, 창(蒼) 02 ○ 03 ○

⑦ 관용적 표현에 따른 중의성

> 예 나는 **귀가 아팠다.** (×)
> → 나는 귀에 공을 맞아서 **귀가 아팠다.** (○)
> → 나는 매일 잔소리를 들어 **귀가 아팠다.** (○)

▶ 신체 일부인 귀가 아프다는 것인지, 관용적 표현 '귀가 아프다'가 사용된 것인지 분명하지 않은 문장이다. 참고로, 관용구 '귀가 아프다'는 '너무 여러 번 들어서 듣기가 싫다'라는 의미이다.

⑧ 사동 표현에 따른 중의성

> 예 조카가 삼촌에게 과자를 **먹였다.** (×)
> → 조카가 삼촌에게 과자를 **먹게 했다.** (○)
> → 조카가 **직접** 삼촌에게 과자를 **먹였다.** (○)

▶ 조카가 삼촌으로 하여금 과자를 먹도록 한 것인지, 조카가 직접 삼촌의 입에 과자를 넣어 먹인 것인지 분명하지 않은 문장이다. 참고로, 이는 사동사에 의해 실현되는 단형 사동이 직접 사동의 의미와 간접 사동의 의미를 모두 지니기 때문에 발생하는 중의성이다.

⑨ 동작상에 따른 중의성

> 예 동생이 교복을 **입고 있다.** (×)
> → 동생이 교복을 **입는 중이다.** (○)
> → 동생이 교복을 **입은 상태이다.** (○)

▶ 동생이 교복을 입는 행위가 진행 중인지, 동생이 교복을 입은 행위가 완료되어 교복을 다 입은 상태가 지속되고 있는 것인지 분명하지 않은 문장이다.

3 번역 투 표현 빈출

1. 영어 번역 투 표현

> 예 아버지는 **동생으로부터** 온 편지를 읽으셨다. (×)
> → 아버지는 **동생에게서** 온 편지를 읽으셨다. (○)

▶ '~으로부터'는 영어의 'from ~'을 직역한 표현이다. 이는 우리말 '~에게서'로 바꿔 써야 한다.

> 예 5월에는 행사 개최를 위한 **회의를 가질** 예정입니다. (×)
> → 5월에는 행사 개최를 위한 **회의를 할** 예정입니다. (○)

▶ '~(을)를 갖다'는 영어의 'have a ~'를 직역한 표현이다. 이는 우리말 '~(을)를 하다', '~(이)가 있다' 등으로 바꿔 써야 한다.

> 예 물리학은 **가장 어려운 학문 중의 하나이다.** (×)
> → 물리학은 **가장 어려운 학문이다.** (○)

▶ '가장 ~ 중의 하나'는 영어의 'one of the most ~'를 직역한 표현이다. 이는 우리말 '가장 ~이다'로 바꿔 써야 한다.

> 예 우리가 가는 식당은 육교 근처에 **위치해 있습니다.** (×)
> → 우리가 가는 식당은 육교 근처에 **있습니다.** (○)

▶ '~에 위치하다'는 영어의 'be located in ~'을 직역한 표현이다. 이는 우리말 '~에 있다'로 바꿔 써야 한다.

> 예 차 조심하는 것은 **아무리 강조해도 지나치지 않는다**. (×)
>> → 언제나 차 조심을 **해야 한다**. (○)
>> → 차 조심하는 것은 **강조할 만하다**. (○)
>> → 차 조심하는 것은 **아무리(늘) 강조해도 지나침이 없다**. (○)

▶ '아무리 ~해도 지나치지 않는다'는 영어의 'It is not too much to ~'를 직역한 표현이다. 이는 우리말 '~ 해야 한다', '~ 강조할 만하다', '~ 지나침이 없다'로 바꿔 써야 한다.

> 예 김 연구가는 이번 박람회**를 통해** 한국의 맛을 널리 알리고 싶다고 말했다. (×)
>> → 김 연구가는 이번 박람회**로** 한국의 맛을 널리 알리고 싶다고 말했다. (○)
>> → 김 연구가는 이번 박람회**에서** 한국의 맛을 널리 알리고 싶다고 말했다. (○)

▶ '~을(를) 통해'는 영어의 'through ~'를 직역한 표현이다. 이는 우리말 '~에', '~에서', '~(으)로' 등으로 바꿔 써야 한다.

> 예 오늘 내가 할 일은 **열 개의 사다리를** 책장마다 놓는 것이다. (×)
>> → 오늘 내가 할 일은 **사다리 열 개를** 책장마다 놓는 것이다. (○)

▶ '~의 ~'는 영어의 '~ of ~'를 직역한 표현이다. 이는 직역한 표현을 생략하거나 우리말 어법에 맞게 어순을 바꾸는 등 표현을 풀어서 서술하는 것이 적절하다.

> 예 새로 발표된 방침**에 의해** 12월부터는 새벽 1시 이후에 한강 출입이 금지된다. (×)
>> → 새로 발표된 방침**으로** 12월부터는 새벽 1시 이후에 한강 출입이 금지된다. (○)

▶ '~에 의해', '~에 의한'은 영어의 'by ~'를 직역한 표현이다. 이는 우리말 '~(으)로', '~에게', '~한테' 등으로 바꿔 써야 한다.

> 예 소설**에 대한** 그의 태도는 매우 진지하다. (×)
>> → 소설**을 대하는** 그의 태도는 매우 진지하다. (○)

▶ '~에 대한', '~에 대하여'는 영어의 'about ~'을 직역한 표현이다. 이는 우리말 '~을(를) 대하는'으로 바꿔 써야 한다.

> 예 고양이를 키우는 데는 마리당 최소 20㎡ 이상의 공간**이 요구된다**. (×)
>> → 고양이를 키우는 데는 마리당 최소 20㎡ 이상의 공간**이 있어야 한다**. (○)

▶ '~이/가 요구되다'는 영어의 'be required of ~'를 직역한 표현이다. 이는 우리말 '~해야 한다' 등으로 바꿔 써야 한다.

> 예 높이 올라간 **롤러코스터가 사람들을 두려움에 떨게 했다**. (×)
>> → **사람들은 높이 올라간 롤러코스터를 두려워했다**. (○)

▶ 사물과 같은 무생물을 주어로 한 문장을 직역한 표현이다. 한국어에서는 사람을 주어로 한 주동·능동 표현이 자연스러운 문장으로 받아들여지므로 문장의 주어를 사물에서 사람으로 고쳐 써야 한다.

✔ 기출 포인트 Check Check

다음 물음을 읽고, 적절한 것은 ○, 적절하지 않은 것은 × 표시하시오.

01 '동생으로부터 온 편지'에는 영어 'from'을 직역한 표현이 사용되었으므로, '동생에게서 온 편지'로 바꿔 써야 한다. (○, ×)

02 '회의를 갖다'는 영어 'have a meeting'을 직역한 표현이므로 '회의를 하다'로 바꿔 써야 한다. (○, ×)

03 '조카가 삼촌에게 과자를 먹였다'는 사동 표현에 따른 중의성이 발생한 문장이다. (○, ×)

정답 | 01 ○ 02 ○ 03 ○

2. 일본어 번역 투 표현

> 예 그 회사는 IT 업계의 선두 주자에 **다름이 아니다**. (×)
> → 그 회사는 IT 업계의 선두 주자나 **다름없다**. (○)
> → 그 회사는 IT 업계의 선두 주자라 **할 만하다**. (○)

▶ '~에 다름 아니다'는 일본어를 그대로 직역한 표현이다. 이는 우리말 '~(이)나/과 다름없다'로 바꿔 써야 하고, '~라 할 만하다'로도 고쳐 쓸 수 있다.

> 예 그의 영화는 항상 새로운 시도를 한다는 점에서 주목**에 값한다**. (×)
> → 그의 영화는 항상 새로운 시도를 한다는 점에서 주목**할 만하다**. (○)

▶ '~에 값한다'는 일본어를 그대로 직역한 표현이다. 이는 우리말 '~할 만하다'로 바꿔 써야 한다.

> 예 이번 행사에 **있어서** 가장 중요한 것은 고객 유치 방안입니다. (×)
> → 이번 행사**에서** 가장 중요한 것은 고객 유치 방안입니다. (○)

▶ '~에 있어서'는 일본어를 그대로 직역한 표현이다. 이는 우리말 '~에', '~에서'로 바꿔 써야 한다.

4 기타

1. 피동 표현의 적절성 파악 〈빈출〉

(1) **개념**: 피동 접사(-이- / -히- / -리- / -기- / -되다)와 통사적 피동 표현인 '-어지다', '-게 되다'를 중복해서 사용하거나, 통사적 피동 표현을 중복해 사용한 '-어지게 되다'를 사용하는 것은 적절하지 않다.

> 예 김 교수는 **잊혀진** 역사에 주목하고 있다. (×)
> → 김 교수는 **잊힌** 역사에 주목하고 있다. (○)

▶ '잊다'의 피동사 '잊히다'와 통사적 피동 표현인 '-어지다'가 중복 사용되어 적절하지 않은 문장이다.

> 예 여러 번의 수리 끝에 에어컨이 **작동되게 되었다**. (×)
> → 여러 번의 수리 끝에 에어컨이 **작동되었다**. (○)

▶ 피동 접사 '-되다'와 통사적 피동 표현인 '-게 되다'가 중복 사용되어 적절하지 않은 문장이다.

> 예 대기가 건조한 탓에 태풍은 우리나라에 상륙하자마자 열대성 고기압으로 **약화되어졌다**. (×)
> → 대기가 건조한 탓에 태풍은 우리나라에 상륙하자마자 열대성 고기압으로 **약화되었다**. (○)

▶ 피동 접사 '-되다'와 통사적 피동 표현인 '-어지다'가 중복 사용되어 적절하지 않은 문장이다.

2. 사동 표현의 적절성 파악

(1) **개념**: 주동 표현 '-하다'를 사용할 수 있는 문장에 사동 접사 '-시키다'를 사용해 불필요한 사동 표현을 쓰는 것은 적절하지 않다.

> 예 타협의 여지가 없는 사람을 **설득시키는** 건 참 힘든 일이다. (×)
> → 타협의 여지가 없는 사람을 **설득하는** 건 참 힘든 일이다. (○)

▶ '설득하다'는 '-시키다'를 사용하지 않고 '설득하다' 자체만으로 자연스러운 의미 전달이 가능하므로 적절하지 않은 문장이다.

3. 관형화 구성의 남용 파악 ^{빈출}

(1) 개념: 관형화 구성이란 '의', '~에 대한', '~에 의한' 등을 사용하여 만든 어구를 의미한다. 이때 관형어를 여러 개 연결하면 문장이 어색해질 수 있으므로, 문장을 적절하게 끊어서 사용해야 한다. 또한 관형사형 어미는 뒤의 명사를 수식하여 의미를 한정하므로 의미의 수식 여부가 적절한지 확인해야 한다.

> 예 이 수술은 후유증이 없는 안전한 고도의 정밀한 수술이다. (×)
>
> → 이 수술은 고도로 정밀하여 후유증이 없고 안전하다. (○)

▶ '후유증이 없는', '안전한', '고도의', '정밀한'이란 관형어가 연속적으로 '수술'을 꾸미고 있어 문장이 어색한 경우이므로, '고도로 정밀하여 후유증이 없고 안전하다'와 같이 풀어쓰는 것이 더 자연스럽다.

4. 명사화 구성의 남용 파악 ^{빈출}

(1) 개념: 명사화 구성이란 명사 기능을 하도록 만든 어구를 의미한다. 이때 과도하게 명사구를 나열하면 문장이 어색해지므로, 서술어로 풀어 쓰는 것이 자연스러울 때에는 명사의 의미를 서술어를 사용하여 표현해야 한다.

> 예 겨울이 되면 수도관 동파 방지 대책 마련에 철저를 기해야 한다. (×)
>
> → 겨울이 되면 수도관 동파를 방지할 대책을 마련하는 데 철저해야 한다. (○)
>
> → 겨울이 되면 수도관 동파를 방지할 대책을 마련하는 데 철저를 기해야 한다. (○)

▶ 연속적으로 명사화된 표현 '수도관 동파 방지 대책 마련'이 쓰여 문장이 어색한 경우이다. 이때 '동파 방지 대책 마련'은 서술어로 풀어쓰는 것이 더 자연스러우므로, '동파를 방지할 대책을 마련하는'이라는 문장으로 수정해야 한다.

5. 접속 부사 사용의 적절성 파악 ^{빈출}

(1) 개념: 접속 부사란 앞의 체언이나 문장의 뜻을 뒤의 체언이나 문장에 이어 주면서 뒤의 말을 꾸며 주는 부사를 의미한다. 이때 접속 부사의 사용이 적절하지 않으면 문장이 자연스럽게 연결되지 않으므로, 글의 흐름에 맞는 접속 부사를 사용해야 한다.

> 예 태풍은 수자원을 공급해 여름철 물 부족 현상을 해소해 주며, 지구의 남쪽과 북쪽의 온도를 유지할 수 있게 해주고, 플랑크톤을 분해해 바다 생태계를 활성화시키는 등 많은 이점이 있다. **그리고** 우리가 태풍을 걱정하는 것은 태풍이 가져올 피해 때문이다. (×)
>
> → 태풍은 수자원을 공급해 여름철 물 부족 현상을 해소해 주며, 지구의 남쪽과 북쪽의 온도를 유지할 수 있게 해주고, 플랑크톤을 분해해 바다 생태계를 활성화시키는 등 많은 이점이 있다. **그러나** 우리가 태풍을 걱정하는 것은 태풍이 가져올 피해 때문이다. (○)

▶ 접속 부사 '그리고'의 사용이 어색한 경우이다. 이를 '그러나'와 같이 역접의 의미를 가진 접속 부사로 고쳐야 자연스러운 문장이 된다.

✔ 기출 포인트 Check Check

다음 물음을 읽고, 적절한 것은 ○, 적절하지 않은 것은 × 표시하시오.

01 '잊혀진 역사'에서 '잊혀진'은 피동 표현이 중복 사용되었으므로 '잊힌'으로 고쳐 써야 한다. (○, ×)

02 '수도관 동파 방지 마련 대책'은 관형화 구성이 남용된 문장이다. (○, ×)

03 '~에 있어서'는 일본어를 그대로 직역한 표현이므로 '~에' 또는 '~에서'로 바꿔 써야 한다. (○, ×)

정답 | **01** ○ **02** ×, 명사화 구성이 남용된 문장 **03** ○

출제예상문제

01 어법에 맞고 자연스러운 문장은?

> ─〈 보 기 〉─
>
> ① 피톤치드는 나무와 식물이 만들어 내는 휘발성 물질로, 해충이나 곰팡이에 버티고 저항하는 역할을 한다. ② 또한 피톤치드는 소나무나 편백나무가 밀집된 숲에서 풍부한 음이온과 상쾌한 냄새가 나게 한다. ③ 그뿐 아니라 숲속의 총부유세균량이 숲 바깥보다 적은 것을 통해 피톤치드가 항균 효과도 있음을 알 수 있다. ④ 한편, 숲의 산소음이온 농도는 cc당 939 ~ 1,291개로, 도시는 이에 한참 못 미치는 80 ~ 150개이다. ⑤ 산소음이온 현상은 녹색식물의 광합성 과정이나 물이 다른 물이나 물체에 마찰되어질 때 발생하는 현상이다.

02 다음 중 문장 성분의 호응이 가장 자연스러운 문장은?

① 아빠가 오시기 전 미처 청소를 끝냈다.

② 친구는 술과 여행을 다니며 휴가를 만끽하고 있었다.

③ 문제의 해결책은 사태를 객관적으로 보지 못했다는 것이다.

④ 우리는 곁에 있는 사람들의 소중함을 가볍게 생각해서는 안 된다.

⑤ 겨울철 독감을 예방하는 방법은 외출 후 손을 철저히 씻어야 한다.

03 표현의 중의성을 해소한 것으로 적절하지 <u>않은</u> 것은?

① 그 남자는 어제 버스를 타지 않았다. → 어제 그 남자는 버스를 안 탔다.

② 담임 선생님께서 안경을 쓰고 있다. → 담임 선생님께서 안경을 쓴 상태이다.

③ 사촌 형이 드디어 손을 씻었다. → 사촌 형이 드디어 깨끗한 물에 손을 씻었다.

④ 나는 공원에서 수지와 민희를 만났다. → 나와 수지가 공원에서 민희를 만났다.

⑤ 이번 모의고사에서 몇 문제 풀지 못했다. → 이번 모의고사에서 몇 문제밖에 풀지 못했다.

04 중복 표현이 포함된 문장이 <u>아닌</u> 것은?

① 생일에 연극을 보기 위해 표를 미리 예매했다.

② 오랜 숙원이던 저축액 천 만원 달성이 머지 않았다.

③ 남편이 가사 일을 돌보지 않으면 집은 금방 엉망이 된다.

④ 만일의 경우에 대비하기 위해 여행자 보험에 가입하였다.

⑤ 활짝 만개한 벚꽃 아래에서 친구와 도시락을 나눠 먹었다.

05 중복 표현이 포함된 문장이 <u>아닌</u> 것은?

① 근 3년 가까이 걸리지 않던 감기에 걸렸다.

② 어머니의 소원은 아침마다 가족들과 식사하는 것이다.

③ 초록은 논문의 내용을 간략하게 약술해 놓은 부분이다.

④ 푸른 창공에 찬란하게 빛나는 별이 호수에 담겨 있었다.

⑤ 텁텁한 실내 공기를 환기하기 위해 창문을 활짝 열었다.

06 밑줄 친 번역 투의 표현을 <u>잘못</u> 고친 것은?

① 참새는 우리나라에서 가장 흔하게 보이는 <u>새 중의 하나이다</u>. → 새이다.

② <u>누구로부터</u> 그 이야기를 들었는지 모르지만 그건 낭설이다. → 누구에게서

③ 우리 집에서 버스로 30분이 걸리는 <u>곳에 위치한</u> 식당의 음식은 맛있다. → 곳에 있는

④ 오늘 오후에 이곳에서 다채로운 <u>행사를 가질 계획입니다</u>. → 행사를 주선할 예정입니다.

⑤ 안전사고 예방을 위해 수칙을 준수하는 것은 <u>아무리 강조해도 지나치지 않다</u>. → 매우 중요하다.

정답 및 해설 p.291

어법 실전연습문제

01 밑줄 친 단어의 표기가 적절한 것은?

① 학교에서 내가 물건을 훔쳤다는 <u>덤테기</u>를 썼다.

② 사촌 동생의 얼굴을 닦아 주면서 <u>눈꼽</u>도 같이 떼어 주었다.

③ 어느 날 갑자기 민수 아버지는 가족을 데리고 <u>야밤도 주</u>를 했다.

④ 막내동생인 그녀는 나이가 들어도 철부지와 같은 모습이 남아 있다.

⑤ 자원 낭비를 방지하기 위해 우리는 <u>우유갑</u> 재활용 캠페인을 하고 있다.

02 <보기>의 밑줄 친 부분에 들어갈 단어로 적절하지 않은 것은?

〈 보 기 〉

한글 맞춤법 제23항 '-하다'나 '-거리다'가 붙는 어근에 '-이'가 붙어서 명사가 된 것은 그 원형을 밝히어 적는다.

[붙임] '-하다'나 '-거리다'가 붙을 수 없는 어근에 '-이'나 또는 다른 모음으로 시작되는 접미사가 붙어서 명사가 된 것은 그 원형을 밝히어 적지 않는다.

예 _____

---

① 매미

② 갑자기

③ 개구리

④ 기러기

⑤ 얼루기

03 밑줄 친 부분의 띄어쓰기가 잘못된 것은?

① 박 회장은 오후에 참석한 회의에서 <u>중간∨보고</u>를 받았다.

② 아들은 어려서부터 늘 식물 <u>백과사전</u>을 옆에 끼고 살았다.

③ 원서 <u>마감∨시간</u>이 다 되어 가니 서둘러 제출하시기 바랍니다.

④ 사촌 누나는 대학교 졸업 후 <u>중소기업</u>에 들어갔다는 소식을 전해왔다.

⑤ 이 회사에는 <u>돌발∨상황</u>이 발생했을 때 대응하는 팀이 별도로 존재한다.

04 밑줄 친 말이 표준어가 아닌 것은?

① 할머니께 <u>가락지</u>를 선물해 드렸다.

② 민수는 업무를 <u>재까닥</u> 처리하는 인재이다.

③ 동생에게 <u>먼지떨이</u>를 사오라고 심부름을 시켰다.

④ 그녀는 <u>주책바가지</u>라도 말이 헤픈 사람은 아니다.

⑤ 이번 주 친구 결혼식에 참석할 때에 <u>부주</u>할 돈을 챙겨 갔다.

05 <보기>의 밑줄 친 다음 단어의 예로 적절하지 <u>않은</u> 것은?

---〈 보 기 〉---

표준어 사정 원칙 제7항

수컷을 이르는 접두사는 '수-'로 통일한다.
다만, 다음 단어에서는 접두사 다음에서 나는 거센소리를 인정한다. 접두사 '암-'이 결합되는 경우에도 이에 준한다.

---

① 수큉　　　　　② 수캐

③ 암키와　　　　④ 암톨쩌귀

⑤ 암평아리

06 어법에 맞고 자연스러운 문장은?

---

　① 내년부터 전면 시행되어지는 중학교 자유학기제 도입에 맞춰 경기도가 전국 지자체 중 최초로 에너지교육 프로그램 교과과정을 지원한다. ② 올해 자유학기제 시범 도입 대상인 도내 51개 중학교 총 6,961명의 학생을 대상으로 '에너지 프로젝트 1331' 교과과정을 지원한다고 밝혔다. ③ '에너지 프로젝트 1331'은 미래 세대인 중학생들에게 '에너지에 대한 올바른 이해, 에너지와 진로 연계' 등을 탐구하게 하는 교과과정이다. ④ 일주일에 2시간씩 학생들의 자유학기제 선택 프로그램으로 활용될 이번 교과과정은 의(衣), 식(食), 주(住) 등 4개 단원으로 구성하였다. ⑤ 특히, 학생들에게 에너지 관련 주제들을 균형 잡힌 시각에서 살펴보고 첨단 에너지 기술이 활용될 자신들의 삶을 미리 예측할 수 있는 좋은 기회가 될 것으로 보인다.

---

07 다음 중 중의적으로 해석되지 <u>않는</u> 문장은?

① 그는 내가 선물한 파란색 넥타이를 매고 있었다.

② 어머니께서 할머니의 초상화를 화랑에 전시하셨다.

③ 장난꾸러기인 형은 누나와 함께 나를 놀리곤 하였다.

④ 그녀는 짐을 든 채 문에 들어서는 우리에게 인사하였다.

⑤ 공연장은 어마어마한 관객의 함성으로 들썩들썩하였다.

08 문장 표현이 가장 자연스러운 것은?

① 그다지 그 동료는 협조적이다.

② 사람이라면 마땅히 생명을 존중할 뿐이다.

③ 정치인은 자신의 권력을 절대로 남용해야 한다.

④ 비록 작은 것을 함께 나눈다는 게 중요한 것이다.

⑤ 그녀가 나와 함께하는 것이 딱히 싫다고 한 것은 아니다.

09 ㄱ ~ ㄹ 중 자음 동화의 과정에서 겪는 변화가 ⓐ에 해당하는 단어로 적절한 것을 모두 고르면?

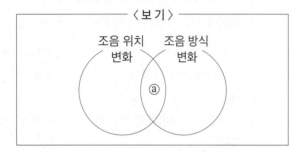

〈 보 기 〉

ㄱ. 각막　　　　　ㄴ. 갇히다
ㄷ. 관리　　　　　ㄹ. 미닫이

① ㄱ, ㄷ
② ㄴ, ㄷ
③ ㄴ, ㄹ
④ ㄱ, ㄷ, ㄹ
⑤ ㄱ, ㄴ, ㄷ, ㄹ

10 〈보기〉의 특성을 모두 설명할 수 있는 단어로 적절한 것은?

〈 보 기 〉
• 어근과 어근이 결합해 형성됨
• 결합한 어근은 국어의 문장 구성 방식과 동일한 방식으로 배열됨

① 덧신
② 접칼
③ 돌다리
④ 만주족
⑤ 먹거리

11 〈보기〉에서 '홑문장'인 것만을 모두 고른 것은?

〈 보 기 〉
ㄱ. 시골집은 마당이 넓다.
ㄴ. 아버지의 다리가 길다.
ㄷ. 아주머니는 키가 작다.
ㄹ. 영수는 반장이 아니다.

① ㄱ, ㄷ
② ㄱ, ㄹ
③ ㄴ, ㄹ
④ ㄱ, ㄴ, ㄷ
⑤ ㄴ, ㄷ, ㄹ

12 문장 부호 규정에 대한 설명이 잘못된 것은?

문장 부호	규정 설명	예시
① 대괄호 ([ ])	원문에 대한 이해를 돕기 위해 설명이나 논평 등을 덧붙일 때 쓴다.	그것[한글]은 그 어느 것보다도 과학적인 문자이다.
② 숨김표 (○, ×)	비밀을 유지해야 하거나 밝힐 수 없는 사항임을 나타낼 때 쓴다.	최종 합격자는 최○지, 박○훈 등 모두 2명이다.
③ 작은따옴표 (' ')	말이나 글을 직접 인용할 때 쓴다.	나는 '어, 광훈이 아니냐?' 하는 소리에 깜짝 놀랐다.
④ 줄표 (—)	제목 다음에 표시하는 부제의 앞뒤에 쓴다.	김 교수는 '올바른 언어생활 — 인터넷 용어 사용의 자제'라는 주제로 특강할 예정이다.
⑤ 느낌표 (!)	감탄문이나 감탄사의 끝에 쓴다.	정말 잘 됐다!

13 복수 표준 발음이 인정되는 예가 <u>아닌</u> 것은?

① 불법[불법 / 불뻡]

② 몰염치[몰렴치 / 모렴치]

③ 연이율[연니율 / 여니율]

④ 안간힘[안깐힘 / 안간힘]

⑤ 인기척[인끼척 / 인기척]

14 외래어 표기가 맞는 것은?

① 삿뽀로

② 호찌민

③ 타이페이

④ 헤이룽장

⑤ 이디오피아

15 국어의 로마자 표기가 <u>틀린</u> 것은?

① 별내 Byeollae

② 청주시 Cheongju-si

③ 신창읍 Sinchang-eup

④ 종로2가 Jongno 2(i)-ga

⑤ 가야곡면 Gayagongmyeon

정답 및 해설 p.292

Ⅲ 국어 문화

최신 기출 트렌드와 학습 전략

01 해커스가 정리한 핵심 포인트

구분	핵심 포인트	출제 빈도	페이지
국어 생활	일상어	★★★	p.232
	표준 언어 예절	★★	p.236
	방송 언어	★★★	p.238
국어학	옛말의 문법	★★★	p.250
	현대 문법	★★★	p.254
	현대 국어사전의 활용	★★	p.254
	남북한의 언어	★★★	p.255
	순화어, 신어	★★★	p.256
국문학	작가	★★★	p.262
	작품	★★★	p.265
	문학 이론	★★	p.270

02 해커스가 분석한 기출 패턴

PATTERN 1 **국어 생활 문제는 약 1~3문제씩 출제된다.**

과거에는 평균 3~4문제씩 출제될 정도로 비중이 높았던 국어 생활은 회차를 거듭할수록 그 비중이 줄어드는 추세이다. 국어 생활에서는 '일상어(표준어와 방언), 방송 언어'가 주로 출제되며, '표준 언어 예절'이나 '일상어(주제별 어휘)'에 대한 문제도 종종 출제된다. 최근에는 '만요'에 대한 문제가 새롭게 출제되면서 출제 범위가 점점 다양해지고 있다.

PATTERN 2 **국어학 문제가 가장 많이 출제된다.**

국어학은 국어 문화 10문제 중 4~5문제가 출제될 정도로 출제 비중이 가장 높다. 특히 '현대 문법'을 묻는 문제가 가장 많이 출제되며, '옛말의 문법(중세 국어, 근대 국어)' 문제도 매회 출제된다. 또한 '남북한의 언어'에 대해 묻는 문제가 거의 매회 출제되고 있으며, 현대 국어사전을 활용한 문제나 순화어, 신어 등을 묻는 문제가 드물게 출제된다.

PATTERN 3 **국문학 문제 출제 비중이 늘고 있다.**

국문학은 국어 문화 10문제 중 3~5문제씩 매회 출제되고 있으며, 출제 비중이 낮았던 과거와 달리 최근 들어 출제 비중이 높아졌다. 국문학에서는 특히 '작가, 작품'에 대해 묻는 문제가 주로 출제되며, '갈래'에 대한 문제도 출제된 적이 있다. 또한 이를 혼합해 '작가와 작품' 또는 '작품과 갈래'에 대해 묻는 문제가 출제되기도 했다. 한편, 최근에는 '문학 이론'을 묻는 문제가 새롭게 출제되기 시작하였다.

03 해커스만 알려주는 학습 전략

✌️ **하나** **기출 표준어와 방언 어휘를 암기하고 방송 언어의 특징을 알아두면, 국어 생활 문제는 대비 가능하다!**

기출 표준어와 방언 어휘는 시험에 다시 나오는 경향을 보이므로, 기출 표준어와 방언을 의미와 함께 암기하는 것이 중요하다. 또한 '방송 언어'의 특징을 이해하고, 방송과 같은 매체에서 적절한 표현이나 발음 등이 무엇인지 정리해야 한다. 이외의 '표준 언어 예절'이나 '주제별 어휘'의 출제 빈도는 낮지만 시험에 출제된 내용을 중심으로 정리하면 좋다. 특히 '표준 언어 예절'은 'Ⅱ 어법 영역 올바른 문장 표현' 부분과, '주제별 어휘'는 'Ⅰ 어휘 영역'과 연계 학습하는 것을 추천한다. 마지막으로, 만요와 관련된 문제는 주어진 만요 자료를 잘 분석하면 되므로 평소에 다양한 자료를 분석하는 연습을 해 두면 좋다.

✌️ **둘** **국어학 문제가 가장 많이 출제되는 만큼 현대 문법과 옛말의 문법에 대해 꼼꼼하게 학습하자!**

국어학에서는 '현대 문법'과 '옛말의 문법'의 출제 비중이 가장 높은 만큼, 국어학적 지식을 이해하고 꼼꼼하게 학습하는 것이 중요하다. 특히 '옛말의 문법'은 빈출 개념이 반복 출제되는 경향을 보이므로, 기출된 이론과 예시를 중점적으로 살펴보아야 한다. 또한 'Ⅱ 어법 영역 국어 문법의 이해' 부분과 연계 학습하는 것을 추천한다. 한편, '현대 국어사전의 활용'이나 '순화어, 신어' 등은 출제 빈도는 낮지만 출제된 적이 있는 이론은 다시 출제될 수도 있으므로 본 교재에 정리된 기출 이론을 바탕으로 한번쯤 정리하는 것이 필요하다.

🖐️ **셋** **자주 출제되는 작가 및 작품의 특징을 알아두고, 문학 이론을 이해하자!**

출제되었던 작가 또는 작품이 시험에 다시 나오는 경향을 보이므로, 본 교재를 활용하여 기출 작가 및 작품의 특징을 잘 정리해 두는 것이 필요하다. 또한 최근 들어 출제되기 시작한 문학 감상의 관점, 문학의 미적 범주, 시나리오 용어, 객관적 상관물과 같은 '문학 이론'을 묻는 문제가 출제되고 있으니, 이를 눈여겨보아야 한다.

01 국어 생활

대표 기출 유형 공략

| 대표 기출 유형 | ① 일상어

유형 특징

1. 표준어와 방언을 구분하거나 주제별 어휘, 전문어와 은어 등과 같은 어휘를 알고 있는지를 평가하기 위한 문제 유형이다.

2. 일상어에서는 표준어와 방언을 구분하는 문제가 가장 많이 출제되었으므로 기출된 표준어에 대응하는 방언을 학습해 둘 필요가 있다. 또한 주제별 어휘 등도 간혹 출제되므로 기출 어휘를 중심으로 잘 정리해 두어야 한다.

대표 예제 **<보기>의 ⊙ ~ ⓜ에 대한 설명으로 적절하지 <u>않은</u> 것은?**

─────────〈 보 기 〉─────────

• 그는 매일 울어 ⊙ 눈두덩이 부었다.
• 섬에서 추방된 사람들은 ⓛ 비렁뱅이가 되었다.
• 안 하던 운동을 오랜만에 했더니 ⓔ 삭신이 쑤시고 결렸다.
• 자꾸 말썽 부리면 ⓒ 에비한테 혼나니 얌전히 있으라고 말했다.
• 장마로 인해 옷이 다 젖은 ⓜ 꼬라지가 볼품없어서 숨고 싶었다.

① ⊙: '눈알을 덮는, 위아래로 움직이는 살갗'이라는 의미의 표준어이다.

② ⓛ: '거지'를 낮잡아 이르는 말이라는 의미의 표준어이다.

③ ⓔ: '몸의 근육과 뼈마디'라는 의미의 표준어이다.

④ ⓒ: '아이들에게 무서운 가상적인 존재나 물건'이라는 의미의 표준어이다.

⑤ ⓜ: '겉으로 보이는 사물의 모양'을 낮잡아 이르는 방언이다.

풀이 전략 **1단계** <보기>의 밑줄 친 단어들이 표준어인지 방언인지를 구분하고, 그 사전적 의미의 적절성을 평가하는 문제이다. <보기>에 제시된 문장과 선택지를 하나씩 읽으며 사전적 의미가 맞는지 확인한 후, 표준어 또는 방언의 구분이 적절한지 판단하면 된다.

2단계 '눈두덩'은 '눈언저리의 두두룩한 곳'이라는 의미의 표준어이므로 답은 ①이다. 참고로, '눈알을 덮는, 위아래로 움직이는 살갗'은 표준어 '눈꺼풀'의 의미이다.

| 대표 기출 유형 | ② **표준 언어 예절**

유형 특징

1. 일상생활에서 지켜야 하는 언어 예절을 올바르게 사용할 수 있는 능력을 평가하기 위한 문제 유형이다.

2. 상황과 언어 표현이 함께 제시되므로 조문, 감사, 축하, 퇴임, 위로 등의 상황에 적합한 언어 예절을 익혀두면 보다 수월하게 풀 수 있다.

대표 예제 **다음 상황에서 건넬 수 있는 인사말로 적절하지 않은 것은?**

① (신년 모임에서 제자에게) 소원 성취하게.
② (조카의 돌잔치에서 조카에게) 건강하게 자라라.
③ (형제상을 당한 선배에게) 그래도 호상(好喪)입니다.
④ (출산한 친구의 배우자에게) 순산하셨다니 반갑습니다.
⑤ (입원한 회사 동료의 병실에 들어가서) 좀 어떠십니까?

풀이 전략

1단계 문제 지시문을 통해 각 상황에 적절한 인사말이 쓰였는지 판단하는 문제임을 파악한다. 표준 언어 예절을 고려하여, 사용된 어휘나 종결 어미가 상황에 적합한지 파악하며 정답을 추려 나가면 된다.

2단계 문상객끼리가 아닌 문상객이 상주에게 '호상(好喪)입니다'라고 말하는 것은 예의에 어긋나는 표현이므로 답은 ③이다.

| 대표 기출 유형 | ③ **방송 언어**

유형 특징

1. 방송 언어의 올바른 쓰임을 알고 있는지 평가하기 위한 문제 유형으로, 국어 문화 영역의 93번에 주로 출제된다.

2. 주로 스포츠, 사회 일반, 정치, 외교 등에 관한 뉴스나 신문 보도 자료에 사용된 표현이 방송 언어에 적합한지 판단하는 문제가 출제된다. 방송 언어는 언어 규범에 맞는 정확하고 객관적인 표현을 사용하는 것이 원칙임을 기억해 두면 문제 풀이에 도움이 된다.

대표 예제 **방송 언어에 대한 지적으로 틀린 것은?**

① 반도체 산업에서 100억 불 이상 수출 목표를 달성할 것으로 보이다. → 보편적인 표현인 '달러'로 쓰는 것이 적절하다.
② 태풍 피해를 복구하던 인부들은 떠밀려 온 제방에 깔려 사망했습니다. → '떠밀려 온 제방과 함께'가 더 적절한 표현이다.
③ 영국과 프랑스 등에서 온 작품들은 오는 7일부터 사전 예약자들한테 공개됩니다. → '사전 예약자들에게'가 더 적절한 표현이다.
④ 오늘부터 합격자에 대한 사전 연수가 진행되고 있습니다. → "합격자 사전 연수를 진행하고 있습니다."라고 바꿔야 적절한 표현이다.
⑤ 은행 잔고 100만원이 꿈이던 미국 20대 청년이 복권 당첨으로 8천 800억 원을 받게 되었습니다. → 일본식 표현인 '잔고'보다는 '잔액'으로 쓰는 것이 더 적절하다.

풀이 전략

1단계 밑줄 친 방송 언어를 수정한 표현의 적절성을 평가하는 문제이다. 선택지를 읽고 올바른 조사 사용, 번역 투 표현 등에 초점을 맞춰 각 문장을 분석하며 틀린 표현을 고르면 된다.

2단계 '떠밀려 온 제방과 함께'로 고쳐 쓴 '인부들은 떠밀려 온 제방과 함께 사망했습니다'는 영어의 'with ~'를 직역한 표현인 '~와/과 함께'가 쓰였으며, 사물인 '제방'과 '사람이 죽다'라는 의미의 동사 '사망하다'는 호응하지 못하므로 기존의 '떠밀려 온 제방에 깔려'가 더 적절한 표현이다. 따라서 방송 언어에 대한 지적으로 틀린 것은 ②이다.

1 일상어

1. 표준어와 방언

표준어는 한 나라에서 공용어로 쓰는 규범으로서의 언어를 의미하고, 방언은 한 언어에서, 사용 지역 또는 사회 계층에 따라 분화된 말의 체계를 의미한다.

(1) 표준어와 방언의 대응

구분	표준어	방언	구분	표준어	방언
1	가, 가장자리	가생이	23	도리어	되려
2	가깝다	가찹다 빈출	24	뒷박	되빼지, 됫바가치, 뎀박 등
3	가래톳	가래멍어리, 가라지, 다리낌	25	두드러기	두더기, 두드리기, 두디기 등
4	가르마 빈출	가늠베, 가래미, 가리페 등	26	똬리	똥아리, 똥애미, 똬뱅이 등
5	가위	가새 빈출	27	뜨습다	따시다, 뜨시다
6	갈고리	갈쿠리	28	마루	동마리, 마리, 마리청 등
7	거죽	걱적, 겁죽	29	마수걸이	초망
8	고뿔 빈출	행불	30	마을	마실
9	고샅	고삿, 고샇	31	만들다	맹글다
10	구린내 빈출	꾸렁내, 꾸릉내, 꿀내 등	32	매무새	걸태
11	국수	국시	33	멸치	며루치
12	그을음	끄름 빈출	34	바위	바우
13	기껏	기끈, 네나, 네동 등	35	벌충	볼충
14	꼬락서니	꼬라지 빈출	36	벼	나락 빈출
15	꾸러미	꺼리미, 꾸럼지, 끄리미 등	37	봉지	봉다리 빈출
16	냅다	내웁다, 냅대	38	부대	푸대
17	노끈	내끈, 노나끈, 노깡이 등	39	부러 빈출	부로
18	누이	누, 누우, 누부 등	40	부엌	정지 빈출
19	눈두덩	눈두덕 빈출	41	비렁뱅이 빈출	거렁배이
20	다듬이	다디미	42	뽀루지	꼬드락지, 꼬무락지, 보포레미 등
21	다래끼 빈출	눈사바리, 눈다랏, 눈대지비 등	43	사내아이	머스마
22	덩굴	넝굴, 넝쿠랭이, 던풀 등	44	샌님	시안님

45	생채기	흥체기	54	이제	인저
46	수고하다	욕보다 빈출	55	일부러	우정
47	숙맥 빈출	숙매기	56	자리끼	물끼, 자리깃
48	아버지	아배	57	주발	주바리
49	어처구니	얼척	58	터럭	터렁구, 터려구, 터루기
50	여우	여시	59	풀무	불매, 불무, 불미 등
51	오지랖	오주락	60	할머니	할매
52	우수리 빈출	끝다리, 나투리, 주리 등	61	함지박	도고리, 모랭기, 함배기
53	으레	의렐, 으레이	62	-	-

(2) 표준어에 대응하는 방언이 없는 경우

구분	표준어	구분	표준어	구분	표준어	구분	표준어
1	가리	6	따라지 빈출	11	사리	16	주눅
2	까불리다	7	뜨락	12	삭신	17	짜장 빈출
3	깜냥	8	만날 빈출	13	숫제	-	-
4	달음질	9	면구스럽다	14	식겁 빈출	-	-
5	당최	10	묵은지	15	에비	-	-

2. 주제별 어휘

(1) 바둑과 관련된 어휘

어휘	의미	어휘	의미
국면 (局面)	바둑이나 장기에서, 반면의 형세를 이르는 말 (반면(盤面): 바둑에서 덤을 셈하지 않은 상태)	자충수 (自充手)	바둑에서, 자충이 되는 수 (자충(自充): 바둑에서, 자기가 놓은 돌로 자기의 수를 줄이는 일)
대마 (大馬)	바둑에서, 많은 점으로 넓게 자리를 잡은 말	포석 (布石)	바둑에서, 중반전의 싸움이나 집 차지에 유리하도록 초반에 돌을 벌여 놓는 일

✔ 기출 포인트 Check Check

다음 물음을 읽고, 적절한 것은 ○, 적절하지 않은 것은 × 표시하시오.

01 '가찹다'는 '가깝다'의 방언이다. (○, ×)

02 '부러'와 '따라지'는 방언이다. (○, ×)

03 '만날'과 '짜장'은 대응하는 방언이 없는 표준어이다. (○, ×)

정답 | 01 ○   02 ×, 표준어   03 ○

(2) 여성에게만 한정되어 사용하는 한자어

어휘	의미	어휘	의미
규수(閨秀)	남의 집 처녀를 정중하게 이르는 말	묘령(妙齡)	스무 살 안팎의 여자 나이
노파(老婆)	늙은 여자	질부(姪婦)	조카의 아내를 이르거나 부르는 말

(3) 나이를 이르는 한자어

어휘	의미	어휘	의미
지학(志學)	열다섯 살을 달리 이르는 말	고희(古稀)	고래로 드문 나이란 뜻으로, 일흔 살을 이르는 말
약관(弱冠)	스무 살을 달리 이르는 말	종심(從心)	일흔 살을 달리 이르는 말
이립(而立)	서른 살을 달리 이르는 말	미수(米壽)	여든여덟 살을 달리 이르는 말
불혹(不惑) 빈출	마흔 살을 달리 이르는 말	백수(白壽)	아흔아홉 살
이순(耳順) 빈출	예순 살을 달리 이르는 말	-	-

(4) 토착화되어 사용되는 한자어

어휘	의미	어휘	의미
대통령 (大統領)	외국에 대하여 국가를 대표하는 국가의 원수	치매 빈출 (癡呆)	대뇌 신경 세포의 손상 등으로 말미암아 지능, 의지, 기억 등이 지속적·본질적으로 상실되는 병
반지 (半指 / 斑指)	장식으로 손가락에 끼는 고리	태풍 빈출 (颱風)	북태평양 서남부에서 발생하여 아시아 대륙 동부로 불어오는, 폭풍우를 수반한 맹렬한 열대 저기압
전쟁 (戰爭)	국가와 국가, 또는 교전 단체 사이에 무력을 사용하여 싸움	학교 (學校)	일정한 목적·교과 과정·설비·제도 및 법규에 의하여 계속적으로 학생에게 교육을 실시하는 기관

(5) 어원이 신체와 관련된 어휘

어휘	의미	어휘	의미
미주알	항문을 이루는 창자의 끝부분	슬하	무릎의 아래라는 뜻으로, 어버이나 조부모의 보살핌 아래
비견	'앞서거나 뒤서지 않고 어깨를 나란히 한다'라는 뜻으로, 낫고 못할 것이 없이 정도가 서로 비슷하게 함을 이르는 말	-	-

(6) 동일 한자의 반복으로 형성된 어휘

어휘	의미	어휘	의미
암암(暗暗)	기억에 남는 것이 눈앞에 아른거리는 듯함	자자(藉藉)	여러 사람의 입에 오르내려 떠들썩함

3. 전문어와 은어

(1) 전문어: 특정한 전문 분야에서 주로 사용하는 용어

어휘	의미	어휘	의미
반대 신문식 토론	상대 토론자에게 질문을 하여 상대편의 주장을 반박하는 방식의 토론	유도신문	증인을 신문하는 사람이 희망하는 답변을 암시하면서, 증인이 무의식중에 원하는 대답을 하도록 꾀어 묻는 일

(2) 은어: 어떤 계층이나 부류의 사람들은 다른 사람들이 알아듣지 못하도록 자기네 구성원들끼리만 빈번하게 사용하는 말

어휘	의미	어휘	의미
심	산삼	도치	산돼지

🎯 심화이론 공략

만요(漫謠)

일제강점기의 유행가인 만요(漫謠)의 내용 및 형식상 특징을 묻는 문제, 만요에 사용된 개별 어휘의 의미를 묻는 문제가 출제된다.

▶ 일제강점기에 발흥한 만요(漫謠)는 익살과 해학을 담은 우스개 노래로서 일명 코믹송(comic song)으로 불린다. 만요는 당시 일본에서 들어온 희극갈래인 만담(漫談)속에 불려진 삽입가요의 형태로 존재하거나 독립적인 노래로서 음반으로 발매되었다. 당시의 시대상황에서 웃음을 유발시킬 수 있는 요소를 포착한 가요로서 이러한 희극적 정서는 만문(漫文), 만화(漫畵), 만시(漫詩) 등에 공통적으로 나타난다.

※ 출처: 한국학중앙연구회, 한국민족문화대백과사전

✔ 기출 포인트 Check Check

다음 물음을 읽고, 적절한 것은 ○, 적절하지 않은 것은 × 표시하시오.

01 '태풍(颱風)'과 '치매(癡呆)'는 토착화되어 사용되는 한자어이다. (○, ×)

02 한자어 '불혹(不惑)'은 마흔 살을 이르는 말이다. (○, ×)

03 한자어 '이순(耳順)'은 예순 한 살을 이르는 말이다. (○, ×)

정답 | **01** ○ **02** ○ **03** ×, 예순 살

2 표준 언어 예절

1. 일상생활의 인사말

(1) 문상할 때 빈출

> 예 삼가 조의를 표합니다. / 얼마나 슬프십니까? / 뭐라 드릴 말씀이 없습니다. / 고인의 명복을 빕니다.

▶ 문상객끼리는 몰라도 문상객이 상주에게 '호상(好喪)입니다'라고 말하는 것은 예의가 아니다.

(2) 연말연시 빈출

> 예 한 해 동안 보살펴 주셔서 고맙습니다.

▶ 송년 인사에서 감사의 마음이나 고마움을 표현할 때에는 과거형 표현보다 현재형 표현을 사용하는 것이 따뜻한 마음을 전할 수 있는 정감 있는 표현이다.

> 예 올 한 해도 행복하게 지내십시오.

▶ 세배를 할 때 '절 받으세요', '앉으세요'와 같이 명령조의 말을 하는 것은 어른에 대한 예의가 아니며 절 받는 어른의 기분을 상하게 할 수 있다. 또한 세배는 원칙적으로 절하는 자체가 인사이기 때문에 어른에게 '새해 복 많이 받으십시오'와 같은 말을 할 필요는 없다.

(3) 정년 퇴임

> 예 축하합니다. / 경축합니다. / 그동안 애 많이 쓰셨습니다. / 벌써 정년이시라니 아쉽습니다.

▶ '일을 하느라고 힘을 들이고 애를 쓰다'를 의미하는 '수고하다'는 동료나 아랫사람에게 쓰는 말이므로 윗사람에게 쓰지 않는 것이 바람직하다.

(4) 고희연

> 예 내내 건강하시기 바랍니다.

(5) 결혼 축하

본인에게	(결혼을, 혼인을) 경축합니다. / (결혼을, 혼인을) 축하합니다.
부모에게	경축합니다. / 축하합니다. / 얼마나 기쁘십니까?

(6) 소개할 때

① 자신을 소개할 때

자기를 소개할 때	⊙ 인사: 안녕하십니까?/처음 뵙겠습니다.
	ⓒ 이름 말하기: 저는 ○○○입니다.
	ⓒ 상황에 맞는 말
	ⓔ 끝인사: 고맙습니다.
두 사람이 만났을 때, 자신을 남에게 소개할 때	• 처음 뵙겠습니다. (저는) ○○○입니다. • 인사드리겠습니다. (저는) ○○○입니다.

| 여러 사람 앞에서 자기를
소개할 때 | • 처음 뵙겠습니다. ○○○입니다.
• 안녕하십니까? ○○○입니다. |
| 자기의 성씨나 본관을
소개할 때 | ○가(哥), ○○[본관] ○가(哥)
▶ 남의 성을 말할 때는 '○씨(氏)', '○○[본관] ○씨(氏)'라 한다. |

② 중간에서 다른 사람을 소개할 때

자신을 직접 상대방에게 소개할 때와는 달리 중간에서 다른 사람을 소개할 때는 누구를 먼저 소개하느냐 하는 것이 문제가 된다. 이에 대하여 다음과 같은 기준을 따른다.

㉠ 친소 관계를 따져 자기와 가까운 사람을 먼저 소개한다.

   예 (아버지와 선생님 사이에서 서로 인사하도록 하는 경우) 아버지를 선생님에게 먼저 소개함

㉡ 손아랫사람을 손윗사람에게 먼저 소개한다.

   예 아래 직원을 상사에게 먼저 소개함

㉢ 남성을 여성에게 먼저 소개한다.

㉣ ㉠ ~ ㉢의 상황이 섞여 있을 때에는 ㉠, ㉡, ㉢의 순서로 적용한다.

2. 경어법 빈출

간접 높임에서는 '-시-'를 올바르게 사용해야 한다.

> 예 • 말씀하신 물건은 **없으십니다.** (×) ➔ 말씀하신 물건은 **없습니다.** (○)
> • (패스트푸드점 등에서) 손님, **포장이세요?** (×) ➔ 손님, **포장해 드릴까요?** (○)
> • 7만원에서 10퍼센트 할인해 6만 3천원 **되시겠습니다.** (×) ➔ 7만원에서 10퍼센트 할인해 6만 3천원**입니다.** (○)

▶ 간접 높임이란 높여야 할 대상의 심리, 신체 부분, 소유물, 성품과 같이 주어와 밀접한 관계를 맺고 있는 대상을 통하여 주어를 간접적으로 높이는 방법이다. 이러한 간접 높임 표현에서 불필요한 '-시-'나 주체 높임 특수 어휘 '계시다' 등을 사용하지 않도록 주의해야 한다.

3. 호칭어와 지칭어

호칭어는 상대방을 직접 부르는 말이며, 지칭어는 그 사람을 가리켜 이르는 말이다.

구분	의미
가친(家親)	남에게 자기 아버지를 높여 이르는 말
매제(妹弟)	손아래 누이의 남편을 이르거나 부르는 말
부친(父親)	'아버지'를 정중히 이르는 말
선친(先親)	남에게 돌아가신 자기 아버지를 이르는 말

✔ 기출 포인트 Check Check

다음 물음을 읽고, 적절한 것은 ○, 적절하지 않은 것은 × 표시하시오.

01 송년 인사에서는 '한 해 동안 보살펴 주셔서 고맙습니다'처럼 현재형 표현을 사용하는 것이 좋다. (○, ×)

02 간접 높임은 높여야 할 대상의 심리, 소유물 등을 높임으로써 주어를 간접적으로 높이는 것이다. (○, ×)

03 돌아가신 자기 아버지는 '가친(家親)'으로 지칭해야 한다. (○, ×)

정답 | 01 ○ 02 ○ 03 ×, 선친(先親)

시누이	남편의 누나나 여동생
안사돈	딸의 시어머니나 며느리의 친정어머니를 양편 사돈집에서 서로 이르거나 부르는 말
엄친(嚴親)	남에게 자기 아버지를 높여 이르는 말
올케 빈출	오빠의 아내를 이르는 말
처남(妻男)	자기보다 나이가 적은, 아내의 손위 남자 형제를 이르거나 부르는 말

③ 방송 언어

1. 조사의 적절한 쓰임 빈출

> 예 우리나라 가수 3명은 오리콘 차트에 동시에 진입했습니다. (×) ➜ 우리나라 가수 3명이 오리콘 차트에 동시에 진입했습니다. (○)

▶ 보조사 '은/는'은 이전에 언급된 적 있는 구정보와 함께 쓰는 것이 적절하므로 청자에게 새로운 정보를 말할 때는 주격조사 '이/가'를 써야 한다.

> 예 영국과 프랑스 등에서 온 작품들은 오는 7일부터 사전 예약자들한테 공개됩니다. (×) ➜ 영국과 프랑스 등에서 온 작품들은 오는 7일부터 사전 예약자들에게 공개됩니다. (○)

▶ '한테'는 '에게'보다 구어적 의미가 강하므로 부사격 조사 '에게'를 쓰는 것이 더 자연스럽다.

2. 어휘의 적절한 쓰임

> 예 코로나19 바이러스에 감염된 것으로 알려진 한국 교민은 급히 현지 대학 병원의 응급실로 후송되었습니다. (×) ➜ 코로나19 바이러스에 감염된 것으로 알려진 한국 교민은 급히 현지 대학 병원의 응급실로 이송되었습니다. (○)

▶ '다른 데로 옮겨 보냄'을 의미하는 '이송'을 사용하는 것이 적절하다. 참고로, '후송'은 '적군과 맞대고 있는 지역에서 부상자, 전리품, 포로 등을 후방으로 보냄'을 의미한다.

> 예 등단과 동시에 주요 인물로 떠오른 박 작가는 기성 작가들의 전철을 밟아 문학계에서 선한 영향력을 줄 수 있는 사람이 되고 싶다고 밝혔습니다. (×) ➜ 등단과 동시에 주요 인물로 떠오른 박 작가는 기성 작가들을 본받아 문학계에서 선한 영향력을 줄 수 있는 사람이 되고 싶다고 밝혔습니다. (○) 빈출

▶ '전철'은 '앞에 지나간 수레바퀴의 자국'이라는 뜻으로, 이전 사람의 그릇된 일이나 행동의 자취를 이르는 말이다. 따라서 부정적 의미일 때만 '전철을 밟다'를 사용하는 것이 적절하다.

3. 문장 성분의 적절한 위치 빈출

> 예 양국 외교부 대변인은 향후 협상이 타결되기 위해서는 쉬운 것부터 합의해야 할 것이라고 밝혔습니다. (×) ➜ 향후 협상이 타결되기 위해서는 쉬운 것부터 합의해야 할 것이라고 양국 외교부 대변인은 밝혔습니다. (○)

▶ 주어와 서술어의 사이가 멀기 때문에 서술어 '밝혔습니다' 바로 앞에 주어 '양국 외교부 대변인은'이 위치하는 것이 더 적절하다.

예 오늘 새벽 3시 50분쯤 강원도 고성에서 산불이 나 **6시간 만에 꺼졌습니다. 이 불로 인근 주민 세 명이 중상을 입었습니다.** (×)
→ 오늘 새벽 3시 50분쯤 강원도 고성에서 산불이 나 **인근 주민 세 명이 중상을 입었습니다. 불은 6시간 만에 꺼졌습니다.** (○)

▶ 방송에서는 일이나 사건의 순서에 따라 보도하는 것이 적절하므로, 화재 발생으로 인한 피해를 언급한 후 진화되었다는 소식을 전하는 것이 적절하다.

4. 간접 화법의 쓰임 빈출

방송 언어에서 직접 화법은 극히 제한적으로 사용되는 것으로, 간접 화법으로 표현하는 것이 적절하다.

예 23일, 신인 연기자상을 받은 배우 B 씨는 **"누구든 서로 응원하고 싶을 정도로 힘든 이 시기에 연기로 힘을 줄 수 있는 배우가 되고 싶다."라고 말했습니다.** (×) → 23일, 신인 연기자상을 받은 배우 B 씨는 **누구든 서로 응원하고 싶을 정도로 힘든 이 시기에 연기로 힘을 줄 수 있는 배우가 되고 싶다고 말했습니다.** (○)

5. 발음

방송 언어에서는 발음을 정확하게 사용해야 한다.

예 시민 단체의 수거 결과 바닷가[**바다:까 / 바닫:까**]에 버려지는 쓰레기 중 가장 많은 것은 담배꽁초로, 전체 쓰레기의 50% 이상을 차지합니다. (×) → 시민 단체의 수거 결과 **바닷가[바다까 / 바닫까]**에 버려지는 쓰레기 중 가장 많은 것은 담배꽁초로, 전체 쓰레기의 50% 이상을 차지합니다. (○)

예 이번 달 서울의 음식점 180곳[**배겨든곧**]을 집중 단속한 결과, 86곳이 원산지 미표기로 적발되어 과태료가 부과될 것으로 예상됩니다. (×) → 이번 달 서울의 음식점 **180곳[백팔씹꼳]**을 집중 단속한 결과, 86곳이 원산지 미표기로 적발되어 과태료가 부과될 것으로 예상됩니다. (○) 빈출

6. 의성어, 의태어의 쓰임

방송 언어에서는 '사람이나 사물의 소리를 흉내 낸 말'인 의성어와 '사람이나 사물의 모양이나 움직임을 흉내 낸 말'인 의태어 사용을 자제하는 것이 적절하다.

예 오랜만에 학교로 등교한 아이들로 학교가 **복닥복닥** 붐비고 있습니다. (×) → 오랜만에 학교로 등교한 아이들로 학교가 붐비고 있습니다. (○)

✔ 기출 포인트 Check Check

다음 물음을 읽고, 적절한 것은 ○, 적절하지 않은 것은 × 표시하시오.

01 '우리나라 가수 3명은 오리콘 차트에 동시에 진입했습니다.'라는 문장 표현은 올바르다. (○, ×)

02 '전철'은 이전 사람의 그릇된 일이나 행동의 자취를 뜻하므로, 부정적인 문맥에 사용해야 한다. (○, ×)

03 방송 언어에서는 직접 화법보다 간접 화법을 사용하는 경향이 있다. (○, ×)

정답 | **01** ×, 3명이 **02** ○ **03** ○

출제예상문제

01 <보기>의 ㉠ ~ ㉤에 대한 설명으로 적절하지 <u>않은</u> 것은?

〈 보기 〉

- 나는 내 ㉠깜냥을 잘 알고 있다.
- 우리 할머니는 ㉡고뿔에 들어 고생 중이다.
- 가을이 되니 논에는 누렇게 익은 ㉢나락이 많았다.
- 어릴 적 어머니는 ㉣함지박을 머리에 이고 시장에 다녀오곤 하셨다.
- ㉤다래끼는 수면이 부족하거나 더러운 손으로 눈을 자주 만지면 생기기 쉽다.

① ㉠: '스스로 일을 헤아림. 또는 헤아릴 수 있는 능력'이라는 의미의 표준어이다.

② ㉡: '주로 바이러스로 말미암아 걸리는 호흡 계통의 병'이라는 의미의 표준어이다.

③ ㉢: '볏과의 한해살이풀'이라는 의미의 방언이다.

④ ㉣: '통나무의 속을 파서 큰 바가지같이 만든 그릇'이라는 의미의 방언이다.

⑤ ㉤: '속눈썹의 뿌리에 균이 들어가 눈시울이 발갛게 붓고 곪아서 생기는 작은 부스럼'이라는 의미의 표준어이다.

02 밑줄 친 말 중 '바둑'에서 유래한 한자어와 관련 <u>없는</u> 것은?

① 3월 중반(中盤)이 넘었는데도 이곳은 아직도 눈이 내린다.

② 두 나라는 평화적 수교 수립으로 중대한 국면(局面)을 맞았다.

③ 그가 내 사업에 훈수(訓手)를 드는 바람에 기분이 안 좋아졌다.

④ 그에게는 고육지책이었지만 결국 자충수(自充手)를 두는 꼴이었다.

⑤ 최 선수는 상대 선수의 집중적인 견제(牽制)에도 세 골이나 넣었다.

03 다음은 문학 교과서 속 인물들의 화행을 분석하여 표로 나타낸 것이다. <보기>의 (가), (나)에 대한 분석으로 옳은 것은?

〈 보 기 〉

(가) 여성 화자의 동년배에 대한 상대높임 표현

	하십시오	하오	해요	하게	해	해라	비고
:남성	4	3	9		23	15	1949년 이전
:여성		1	4		17	3	
:남성			1		15	1	1950년 이후
:여성				1	71	14	
계	4	4	14	1	126	33	

(나) 남성 화자의 동년배에 대한 상대높임 표현

	하십시오	하오	해요	하게	해	해라	비고
:남성	43	6	33	58	113	6	1949년 이전
:여성	9	6	11		50	8	
:남성	3	3	6	5	85	38	1950년 이후
:여성		4	2		22	1	
계	55	19	52	63	270	53	

① '하게체'는 여성 화자와 남성 화자 모두 가장 적게 사용한다.

② 여성 화자와 남성 화자 모두 동년배에 대해 '해라체'를 사용하는 비율이 가장 높다.

③ 1950년 이후 여성 화자와 남성 화자는 동년배에 대해 '해체'를 가장 많이 사용한다.

④ 1949년 이전 남성 화자가 '하십시오체'를 사용하는 비율은 남성 동년배보다 여성 동년배가 더 많다.

⑤ 1949년 이전 남성 화자가 여성 동년배에 대해 '해라체'를 사용하는 것보다 1950년 이후에 사용하는 것이 더 많다.

04 가정에서의 호칭어와 지칭어의 쓰임으로 적절하지 <u>않은</u> 것은?

① (오빠의 아내에게) 새언니, 같이 저녁 먹어요.

② (아내에게 아내의 남동생을) 매부는 아직인가?

③ (부모님께 여동생의 남편을) 매제는 잠깐 편의점에 갔어요.

④ (자신의 언니에게 남편의 누나를) 시누이가 올해 서른이에요.

⑤ (가족 모임에서 딸의 시아버지에게) 바깥사돈은 요새 어떤 책을 읽으십니까?

05 <보기>를 참고할 때, 우리말의 언어 예절에 대한 설명으로 적절하지 <u>않은</u> 것은?

〈 보 기 〉

언어생활에서 대화 상대를 존중하고 배려하는 마음을 갖는 것으로 언어의 표현 방식이 사회적으로 관습화된 것을 '언어 예절'이라 한다. 특히 언어생활 중 인사말은 마주 대하거나 헤어질 때 예를 표하기 위해 하는 말이나 행동으로, 상황에 맞는 적절한 말을 골라 하며 언어 예절을 지키는 것이 중요하다.

① "절 받으세요."는 명령문이므로 윗사람에게 세배를 하기 전에 말하는 것은 적절한 예의가 아니다.

② "건강하십시오."는 윗사람의 생일을 진심으로 축하할 때 사용하는 표현이므로 적절한 생일 축하 예절이다.

③ "수고하십시오."는 본인과 나이나 지위가 같거나 낮은 사람에게 쓰는 말이므로 윗사람에게는 쓰지 않는 것이 바람직하다.

④ 문상에 가서 상주에게 "얼마나 망극하십니까?"라고 하는 것은 부모상에 한하며 상주와 문상객의 나이가 지긋할 때만 쓸 수 있다.

⑤ 신년 인사에서 윗사람에게 "오래오래 사세요."라고 하는 것은 화자의 의도와 다르게 윗사람이 서글픔을 느끼게 할 수 있으므로 피하는 것이 바람직하다.

06 방송 언어에 대한 지적으로 적절하지 <u>않은</u> 것은?

① 시장과의 긴밀한 <u>협의</u>를 통해 철도 연결 사업 계획을 마련하였다. → [혀븨] 또는 [혀비]로 발음해야 한다.

② 우리나라의 가수 3명<u>은</u> 오리콘 차트에 동시에 진입했다. → 청자에게 새로운 정보이므로 주격 조사 '이'가 더 적절하다.

③ 장난 전화로 <u>늑장</u> 대응을 할 수밖에 없었다는 지자체의 입장이 거짓인 것으로 드러나며 물의를 빚고 있습니다. → '늑장'도 적절한 표현이다.

④ 이번 달 서울의 음식점 <u>180곳</u>을 집중 단속한 결과, 86곳이 원산지 미표기로 적발되어 과태료가 부과될 것으로 예상됩니다. → [백팔썹꼳]으로 발음한다.

⑤ 등단과 동시에 주요 인물로 떠오른 박 작가는 기성 작가들의 <u>전철을 밟아</u> 문학계에서 선한 영향력을 줄 수 있는 사람이 되고 싶다고 밝혔습니다. → '전철을 밟아'는 긍정적 의미에 어울리므로 적절하다.

대표 기출 유형 공략

| 대표 기출 유형 | ① 옛말의 문법 - 중세 국어

유형 특징

1. 중세 국어의 조사, 어미 등의 쓰임을 알고 구체적인 예시에 적용할 수 있는 능력을 평가하기 위한 문제 유형이다.
2. <보기>의 설명을 주어진 예시에 적용하거나 중세 국어에 관한 문법 지식을 활용하는 문제가 출제되므로 학습한 중세 국어 문법 지식을 떠올리며 <보기>의 설명을 활용하면 문제를 수월하게 해결할 수 있다.

대표 예제 목적격 조사가 적절하게 사용된 것을 모두 고른 것은?

〈 보기 〉

ㄱ. 奚琴(해금) + 올
ㄴ. 梨花(이화) + 을
ㄷ. 精舍(정사) + 롤
ㄹ. 香油(향유) + 를

① ㄱ, ㄷ
② ㄱ, ㄹ
③ ㄷ, ㄹ
④ ㄱ, ㄴ, ㄷ
⑤ ㄴ, ㄷ, ㄹ

풀이 전략

1단계 중세 국어 목적격 조사의 쓰임을 묻는 문제이다. 목적격 조사 '올, 을, 롤, 를'이 쓰이는 환경을 떠올리며, ㄱ ~ ㄹ에 대입해 목적격 조사가 적절하게 쓰였는지 판단하면 된다.

2단계 목적격 조사가 적절하게 사용된 것은 ㄷ과 ㄹ이므로 답은 ③이다.

- ㄷ. **精舍(정사) + 롤**: 精舍(정사)의 끝 음절 '사'는 받침이 없고 양성 모음 'ㅏ'가 쓰였으므로 목적격 조사로 '롤'을 쓰는 것은 적절하다.
- ㄹ. **香油(향유) + 를**: 香油(향유)의 끝 음절 '유'는 받침이 없고 음성 모음 'ㅠ'가 쓰였으므로 목적격 조사로 '를'을 쓰는 것은 적절하다.

유형 특징

1. 근대 국어에 대한 문법적 지식을 이해하고, 실제 사례에 적용할 수 있는 능력을 평가하기 위한 문제 유형이다.

2. 근대 신문의 광고, 기사, 만평 등을 분석해 근대 국어의 특징을 파악하는 문제가 출제된다. 주로 근대 국어의 음운, 표기법, 조사나 어미, 중세 국어와 비교했을 때 달라진 음운이나 표기법 등을 묻는 문제가 출제되므로 이를 알아두면 자료와 선택지를 분석하는 데 도움이 된다.

대표 예제 <보기>의 근대 신문 기사에 대한 설명으로 적절하지 <u>않은</u> 것은?

① 7종성법이 사용되고 있다.

② 모음조화가 파괴된 양상을 보인다.

③ 끊어적기가 완성된 모습을 보인다.

④ 어두에 ㅅ계 합용 병서가 쓰이고 있다.

⑤ 주격 조사 '이, 가'를 모두 찾을 수 있다.

풀이 전략

1단계 근대 신문을 통해 근대 국어의 특징을 파악하는 문제이다. 선택지에 제시된 '7종성법, 모음조화, 끊어적기, ㅅ계 합용 병서, 주격 조사 '이, 가''라는 특징을 뒷받침 할 수 있는 예를 <보기>에서 찾으면 된다.

2단계 '죠흔', '만히'에서 이어적기를 하고 있으므로 끊어적기가 완성된 모습을 보인다는 설명은 적절하지 않다. 따라서 답은 ③이다.

※ 출처: 국립중앙박물관, http://www.museum.go.kr

유형 특징

1. 현대 국어와 관련된 문법 지식을 알고 적용할 수 있는 능력을 평가하기 위한 문제 유형이다.

2. 말소리, 단어, 문장과 관련된 현대 국어 문법 전반에서 문제가 출제되므로 Ⅱ 어법 영역과 연계하여 관련된 내용을 학습해두면 도움이 된다.

대표 예제 <보기>의 ⊙과 ⓒ의 품사와 문장 성분을 바르게 짝 지은 것은?

─────〈 보 기 〉─────

⊙ 옛날 사진을 보니 ⓒ 즐거운 기억 하나가 떠올랐다.

	⊙	ⓒ
①	명사, 부사어	동사, 부사어
②	명사, 관형어	형용사, 관형어
③	명사, 관형어	형용사, 부사어
④	관형사, 관형어	동사, 서술어
⑤	관형사, 부사어	관형사, 관형어

풀이 전략

1단계 <보기>의 '옛날'과 '즐거운'의 품사와 문장 성분을 찾는 문제이다. 먼저 품사의 특징을 바탕으로 '옛날, 즐거운'의 품사를 파악한 후 문장에서 '옛날, 즐거운'이 어떤 역할을 하는지를 토대로 문장 성분을 판단한다.

2단계 '옛날'은 명사이자 관형어이고, '즐거운'은 형용사이자 관형어이므로 답은 ②이다.

• **옛날**: 형태가 고정되어 있고 조사를 덧붙여 격을 표시할 수 있으므로 품사는 '명사'이다. 또한 문장 내에서 명사 '사진'을 수식하고 있으므로 문장 성분은 '관형어'이다.

• **즐거운**: '즐겁다'의 어간 '즐겁-'에 관형사형 어미 '-(으)ㄴ'이 결합한 것이다. '즐겁다'는 '마음에 거슬림이 없이 흐뭇하고 기쁘다'라는 상태를 나타내고, 현재 시제 선어말 어미 '-는-'과 결합이 불가능하므로 품사는 '형용사'이다. 또한 문장 내에서 명사 '기억'을 수식하고 있으므로 문장 성분은 '관형어'이다.

유형 특징

1. 국어사전의 정보를 파악하거나 수정 범주에 맞게 수정이 이루어졌는지를 판단할 수 있는 능력을 평가하기 위한 문제 유형으로, 수정 전과 후를 비교하면 쉽게 풀 수 있으므로 난도는 낮은 편이다.

2. 국어사전에서 제시되는 표제어, 어원, 발음, 문법 정보, 품사, 뜻풀이, 용례에 대한 정보를 수정하는 문제가 주로 출제되므로 각각을 표기하는 방법과 그것들이 의미하는 바를 학습해 두면 문제 해석이 수월해진다.

대표 예제 다음은 표준국어대사전의 수정 내용이다. ㄱ ~ ㄹ 중, '수정 범주'를 바르게 제시한 것끼리 묶은 것은?

표제 항	수정 전	수정 후	수정 범주	
교과¹(教科)	[교:과]	[교:과 / 교:꽈]	발음	… ㄱ
-네⁶	「1」 ((몇몇 명사 뒤에 붙어))	「1」 ((몇몇 명사 또는 대명사 뒤에 붙어))	문법 정보	… ㄴ
공친왕	공친-왕	공-친왕	어원	… ㄷ
탐스럽다	마음이 몹시 끌리도록 보기에 소담스러운 데가 있다	가지거나 차지하고 싶은 마음이 들 정도로 보기가 좋고 끌리는 데가 있다	뜻풀이	… ㄹ

① ㄱ, ㄹ
② ㄴ, ㄹ
③ ㄱ, ㄴ, ㄹ
④ ㄱ, ㄷ, ㄹ
⑤ ㄴ, ㄷ, ㄹ

풀이 전략

1단계 제시된 국어사전 표제 항의 수정 전과 수정 후를 비교하여 수정 범주를 바르게 제시하고 있는지 묻는 문제이다. 국어사전 정보를 학습한 내용을 바탕으로 ㄱ ~ ㄹ 중, '발음', '문법 정보', '어원', '뜻풀이'의 수정이 올바르게 된 것을 고르면 된다.

2단계 수정 범주가 바르게 제시된 것은 ㄱ '교과', ㄴ '-네⁶', ㄹ '탐스럽다'이므로 답은 ③이다.

- ㄱ: '교과¹(教科)'의 발음이 [교:과]에서 [교:과]와 [교:꽈]를 모두 허용하는 방향으로 바뀌었으므로 수정 범주가 '발음'인 것은 적절하다.
- ㄴ: '-네⁶'와 결합하는 단어가 '몇몇 명사'에서 '몇몇 명사 또는 대명사'로 바뀌었으므로 수정 범주가 '문법 정보'인 것은 적절하다.
- ㄹ: '탐스럽다'의 의미가 '마음이 몹시 끌리도록 보기에 소담스러운 데가 있다'에서 '가지거나 차지하고 싶은 마음이 들 정도로 보기가 좋고 끌리는 데가 있다'로 바뀌었으므로 수정 범주가 '뜻풀이'인 것은 적절하다.

유형 특징

1. 남북한의 언어의 특징을 알고 있는지 평가하기 위한 문제 유형이다.

2. 북한 교양 서적, 그림책, 교과서, 국어사전과 같이 북한 언어의 특징을 나타내는 자료를 보고 표준어나 띄어쓰기 등의 맞춤법 측면에서 남북한 언어가 어떤 차이가 있는지 비교하는 문제가 출제된다. 따라서 제시된 북한어 자료와 현재 우리가 사용하는 국어 표현을 비교하면서 문제를 해결해 나가면 된다.

대표 예제 다음은 남북한의 언어를 비교한 표이다. 적절하지 <u>않은</u> 것은?

	남한	북한
①	햇님	해님
②	반환점	귀환점
③	네∨마리	네마리
④	뛰어가던	뛰여가던
⑤	멈춰∨섰습니다	멈춰섰습니다

풀이 전략

1단계 선택지로 제시된 예시를 통해 남북한 언어의 특징을 비교하는 문제이다. 북한어의 띄어쓰기와 개별 어휘의 표기상 특징을 떠올리며 제시된 예시가 적절하게 쓰였는지 판단하면 된다.

2단계 '해님'은 '해를 인격화하여 높이거나 다정하게 이르는 말'을 의미하는 것으로, 명사 '해'에 '그 대상을 인격화하여 높임'의 뜻을 더하는 접미사 '-님'이 결합한 파생어이다. 북한에서는 '해'와 '님' 사이에 사이시옷을 표기하지 않으며, 남한에서도 북한과 같이 '해님'을 표준어로 삼고 있으므로, 남북한의 언어를 비교한 것으로 적절하지 않은 것은 ① 이다.

유형 특징

1. 순화어, 신어의 개념을 알고 순화 대상어를 적절한 순화어로 수정할 수 있는지나 신어가 만들어지는 원리를 알고 있는지를 평가하기 위한 문제 유형이다.

2. 순화어 문제의 경우 실제 어휘를 순화하는 문제가 출제되므로 실생활에서 사용하는 외래어를 다듬은 순화어를 세부적으로 학습하는 것이 도움이 된다. 또한, 신어 문제의 경우 <보기>에 주어진 신어의 형성 방식을 통해 생성된 신어의 적절성을 판단해야 하므로 신어의 형성 원리를 알아 두면 쉽게 적용할 수 있다.

대표 예제 다음은 신어의 생성 원리를 분석한 것이다. 적절하지 <u>않은</u> 것은?

─〈 보 기 〉─

(가) 간고등어, 누리꾼
(나) 도시농부, 주말족
(다) 새싹채소, 자동길
(라) 골몰이, 땅테크
(마) 드럼세탁기, 투잡족

① (가)는 고유어와 고유어가 결합한 것으로, 고유어 접두사가 고유어 어근에 붙은 것이다.
② (나)는 한자어와 한자어가 결합한 것으로, 각각 합성어와 파생어의 예시로 들 수 있다.
③ (다)는 한자어와 고유어가 결합한 것으로, 고유어는 앞에 있을 수도, 뒤에 있을 수도 있다.
④ (라)는 외래어와 고유어가 결합한 것으로, 둘 모두 영어 단어가 사용되었다.
⑤ (마)는 외래어와 한자어가 결합한 것으로, 둘 모두 '외래어 + 한자어'의 순서로 되어 있다.

풀이 전략 ┃1단계┃ <보기>에 제시된 단어의 신어 형성 방법을 파악하는 문제이다. (가) ~ (마)에 대한 설명을 읽고, 결합한 단어의 어종과 어근, 결합 방식에 대한 설명이 맞는지 판단하며 정답을 추려 나가면 된다.

┃2단계┃ (가)의 '간고등어, 누리꾼'은 고유어와 고유어가 결합한 것은 맞지만 '간고등어'는 명사 '간'과 '고등어'가 결합한 단어이며, '누리꾼'은 명사 '누리'와 접미사 '꾼'이 결합한 단어이므로 고유어 접두사가 고유어 어근에 붙은 것이라는 설명은 적절하지 않다. 따라서 답은 ①이다.

1 옛말의 문법

1. 고대 국어의 향찰(鄕札)

(1) 개념

신라 시대 때 한자의 음과 뜻을 빌려 와 우리말의 형태와 의미를 기록한 표기법으로, 국어 문장 전체를 적을 수 있는 가장 종합적인 표기 체계이다.

(2) 특징

① 한자로 표기했지만 우리말 어순에 따라 기록하고, 우리말로 읽는다.

② 실질적 의미를 가진 부분은 한자의 뜻(훈)을, 형식적 의미를 가진 부분은 한자의 소리(음)를 빌려 와 표기하였다.

③ 향찰은 '향가'를 기록하는 데 쓰였다.

(3) 향찰 표기의 예

生死路隱 此矣有阿米次肹伊遣 吾隱去內如辭叱都 毛如云遣去內尼叱古 於內秋察早隱風未 此矣彼矣浮良落尸葉如 一等隱枝良出古 去奴隱處毛冬乎丁 阿也彌陀刹良逢乎吾 道修良待是古如	생사(生死) 길흔 이에 이샤매 머믓그리고, 나는 가ᄂ다 말ㅅ도 몯다 니르고 가ᄂ닛고. 어느 ᄀ술 이른 ᄇᄅ매 이에 뎌에 ᄠ러딜 닙ᄀᆫ. ᄒᄃᆞᆫ 가지라 나고 가논 곧 모ᄃᆞ론뎌. 아야 미타찰(彌陀刹)아 맛보올 나 도(道) 닷가 기드리고다. 　　　　　　　- 월명사, 「제망매가(祭亡妹歌)」

① 한자의 뜻을 빌린 글자(훈차)는 '如, 尸' 등이 있으며, 한자의 음을 빌린 글자(음차)는 '阿, 伊, 遣' 등이 있다.

2. 중세 국어

(1) 훈민정음(訓民正音)

① 훈민정음은 '백성을 가르치는 바른 소리'라는 뜻으로, 1443년(세종 25년)에 창제되어 1446년(세종 28년)에 반포되었다. 훈민정음의 글자는 초성 17자, 중성 11자로 총 28자로 만들어졌다.

② 제자 원리

㉠ 초성(初聲): 초성은 상형의 원리에 따라 발음 기관의 모양을 본떠 기본자 'ㄱ, ㄴ, ㅁ, ㅅ, ㅇ'의 다섯 글자가 만들어지고, 나머지 글자는 기본자에 가획함으로써(가획자), 또는 모양을 약간 바꿈으로써(이체자) 만들어졌다.

구분	상형	기본자	가획자	이체자
어금닛소리[牙音(아음)]	혀뿌리가 목구멍을 닫는 형상을 본뜸	ㄱ	ㅋ	ㆁ
혓소리[舌音(설음)]	혀끝이 윗잇몸에 닿는 형상을 본뜸	ㄴ	ㄷ, ㅌ	ㄹ
입술소리[脣音(순음)]	입의 형상을 본뜸	ㅁ	ㅂ, ㅍ	
잇소리[齒音(치음)]	이의 형상을 본뜸	ㅅ	ㅈ, ㅊ	ㅿ
목소리[喉音(후음)]	목구멍의 형상을 본뜸	ㅇ	ㆆ, ㅎ	

ⓛ 중성(中聲): 중성은 천지인삼재(天地人三才) 즉, 하늘(ㆍ)과 땅(ㅡ)과 사람(ㅣ)의 모양을 본떠 기본 글자를 만들고, 기본 글자를 합하여 나머지 글자들을 만들었다.

상형	기본자	초출자	재출자
둥근 모양은 하늘을 본뜸	ㆍ		
편평한 모양은 땅을 본뜸	ㅡ	ㅗ, ㅏ, ㅜ, ㅓ	ㅛ, ㅑ, ㅠ, ㅕ
일어선 모양은 사람을 본뜸	ㅣ		

ⓒ 종성(終聲): 종성은 별도로 글자를 만들지 않고 초성 글자를 다시 쓰도록 했다. 이를 '종성부용초성(終聲復用初聲)'이라 한다. 그러나 '종성부용초성(終聲復用初聲)'이 초성 글자를 모두 종성으로 쓸 수 있음을 의미하는 것은 아니다. 훈민정음 해례본의 종성해에서는 'ㄱ, ㆁ, ㄷ, ㄴ, ㅂ, ㅁ, ㅅ, ㄹ'의 여덟 글자만으로도 종성 표기를 충분히 할 수 있다고 설명하고 있기 때문이다.

(2) 중세 국어의 특징

① 음운의 특징

구분	특징	예
자음	유성 마찰음 'ㅿ, ㅸ, ㅇ'이 있었음	아ᅀᆞ(아우), 글ᄫᆞᆯ(글월), ᅀᅡᅀᅵ(아우가)
	종성에서 'ㄷ'과 'ㅅ'의 음가가 구별되었음	몯(못)[不, 釘], 못[池]
	단어의 첫머리에서 둘 이상의 자음이 발음될 수 있었음	ᄠᅳᆮ(뜻), ᄡᅳ다(쓰다), ᄢᅢ(때)
	'ㆁ'은 현대 국어의 종성 'ㅇ[ŋ]'과 소리가 같으나 현대와는 달리 음절의 초성에서도 발음됨	바ᅌᅩᆯ(방울), 그ᅌᅦ(거기에)
모음	모음 조화가 잘 지켜지는 편임	소ᄂᆞᆫ, 자ᄫᆞ니, 브른, 머그니
	'ㆎ, ㅐ, ㅔ'는 현대 국어와 달리 글자의 모양대로 이중 모음으로 발음됨	ᄢᅵ, 내히, 게을이

🎯 **심화이론 공략**

'ㅸ'(순경음 비읍)의 변화 양상

15세기 중반부터 'ㅸ'은 환경에 따라 '반모음 w(ㅗ/ㅜ)'로 바뀌거나 탈락하였다.

- **'ㅸ' 뒤에 'ㅏ' 또는 'ㅓ'가 오는 경우:** 'ㅸ'이 '반모음 w(ㅗ/ㅜ)'로 바뀐다. 예 글ᄫᆞᆯ > 글왈, 더ᄫᅥ > 더워
- **'ㅸ' 뒤에 'ㆍ' 또는 'ㅡ'가 오는 경우:** 'ㅸ'이 'ㆍ' 또는 'ㅡ'와 합쳐져 'ㅗ'나 'ㅜ'로 바뀐다. 예 치ᄫᆞ니 > 치우니
- **'ㅸ' 뒤에 파생 접미사 '-이'가 오는 경우:** 'ㅸ'이 탈락한다. 예 갓가ᄫᅵ > 갓가이

✔ **기출 포인트 Check Check**

다음 물음을 읽고, 적절한 것은 O, 적절하지 않은 것은 × 표시하시오.

01 '혀뿌리가 목구멍을 닫는 형상을 본뜬 기본자'는 'ㄱ'이다. (O, ×)

02 중성은 '천지인삼재(天地人三才)'를 본떠 기본자를 만들고, 이를 합하여 나머지 글자를 만들었다. (O, ×)

03 종성은 별도의 글자를 만들지 않고, 초성 글자를 다시 쓰도록 했다. (O, ×)

정답 | 01 O 02 O 03 O

② 조사의 특징

　　㉠ 주격 조사

주격 조사	실현 환경	예
이	자음으로 끝나는 체언 뒤	스미(심 + 이)
ㅣ	'ㅣ' 모음 이외의 모음으로 끝난 체언 뒤	내(나 + ㅣ)
∅	'ㅣ' 모음으로 끝난 체언 뒤	불휘(불휘 + ∅)

　　㉡ 목적격 조사

목적격 조사	실현 환경	예
올	선행 체언의 끝음절이 양성 모음이면서 자음으로 끝나는 체언인 경우	五白올(五白 + 올)
을	선행 체언의 끝음절이 음성 모음이면서 자음으로 끝나는 체언인 경우	光名을(光名 + 을)
롤	선행 체언의 끝음절이 양성 모음이면서 모음으로 끝나는 체언인 경우	法化롤(法化 + 롤)
를	선행 체언의 끝음절이 음성 모음이면서 모음으로 끝나는 체언인 경우	香油를(香油 + 를)

　　㉢ 관형격 조사

관형격 조사	실현 환경	예
이	선행 체언이 유정명사이면서 양성 모음으로 끝나는 경우	사스미(사슴 + 이)
의	선행 체언이 유정명사이면서 음성 모음으로 끝나는 경우	거부븨(거붑 + 의)
ㅅ	선행 체언이 무정명사이거나 존경 대상일 경우	부텻(부텨 + ㅅ)

　　㉣ 부사격 조사

　　　ⓐ 처소 부사격 조사 빈출

부사격 조사	실현 환경	예
애	선행 체언의 끝음절에 양성 모음이 사용된 경우	ㅂ르매(ㅂ룸 + 애), 象頭山애(象頭山 + 애)
에	선행 체언의 끝음절에 음성 모음이 사용된 경우	慶興에(慶興 + 에), 法에(法 + 에), 후에(후 + 에)
예	선행 체언의 끝음절에 'ㅣ'나 반모음 'ㅣ'가 사용된 경우	萬 里예(萬 里 + 예), 代예(代 + 예)

　　　ⓑ 도구의 부사격 조사

부사격 조사	실현 환경	예
오로	'ㄹ'을 제외한 자음 뒤, 선행 체언이 양성 모음으로 끝나는 경우	소느로(손 + 오로)
으로	'ㄹ'을 제외한 자음 뒤, 선행 체언이 음성 모음으로 끝나는 경우	쑤므로(쑴 + 으로)
로	'ㄹ'이나 모음 뒤	눈믈로(눈믈 + 로)

　　　ⓒ 비교 부사격 조사(접속 조사)

부사격 조사	실현 환경	예
와	선행 체언이 모음이나 'ㄹ'로 끝나는 경우	나모와(나모 + 와)
과	선행 체언이 자음으로 끝나는 경우	입과(입 + 과)

ⓔ 보조사

보조사	실현 환경	예
ᄋᆞᆫ	선행 체언이 양성 모음이면서 자음으로 끝나는 경우	사ᄅᆞᆷᄋᆞᆫ(사ᄅᆞᆷ + ᄋᆞᆫ)
은	선행 체언이 음성 모음이면서 자음으로 끝나는 경우	ᄠᅳᆮ은(ᄠᅳᆮ + 은)
ᄂᆞᆫ	선행 체언이 양성 모음이면서 모음으로 끝나는 경우	천하ᄂᆞᆫ(천하 + ᄂᆞᆫ)
는	선행 체언이 음성 모음이면서 모음으로 끝나는 경우	누구는(누구 + 는)

③ 어미의 특징

㉠ 높임 선어말 어미

구분	형태		사용 조건	예
주체 높임	-(으)시-	-시-	자음 앞에서	가시고
		-샤-	모음 앞에서	가샤딕(← 가샤오딕)
객체 높임 빈출	-ᄉᆞᆸ-	-ᄉᆞᆸ-	'ㄱ, ㅂ, ㅅ, ㅎ' 뒤	막ᄉᆞᆸ거늘
		-ᄌᆞᆸ-	'ㄷ, ㅌ, ㅈ, ㅊ' 뒤	듣ᄌᆞᆸ게
		-ᅀᆞᆸ-	'ㄴ, ㄹ, ㅁ' 또는 모음 뒤	보ᅀᆞᆸ게
상대 높임	-(으)이-	-이-	평서형	ᄒᆞᄂᆞ이다
		-잇-	의문형	ᄒᆞᄂᆞ잇가

㉡ 회상 선어말 어미

형태		사용 조건	예
-더-	-더-	주어가 2인칭이나 3인칭일 때 실현	ᄒᆞ더이다(← ᄒᆞ- + -더- + -이- + -다)
	-다-	주어가 1인칭일 때 실현	롱담ᄒᆞ다라(← 롱담 + ᄒᆞ- + -더- + -오- + -다)
	-러-	주어가 2인칭이나 3인칭일 때, '이다'와 '아니다'의 어간 뒤나 선어말 어미 '-(으)리' 뒤에 실현	나ᅀᆞ가리러라 (← 나ᅀᆞ가- + -리- + -더- + -다)
	-라-	주어가 1인칭일 때, '이다'와 '아니다'의 어간 뒤에 실현	夫人돌히라니 (← 夫人 + 돌ᄒᆞ + 이- + -더- + -오- + -니)

3. 근대 국어

(1) 근대 국어의 특징

① 방점의 소실: 16세기 후반부터 동요를 보이던 성조가 근대 국어 시기에 이르자 완전히 사라졌다. 동남 방언에는 오늘날까지 성조가 남아있으며, 상성(上聲)은 대체로 장음(長音)으로 변하였다.

② 문자의 소실: 'ㆆ, ㅿ, ㆁ'이 사라지는 등 문자 체계에 변화가 생겼다.

③ 음운 아래 아(ㆍ)의 소실: 후기 중세 국어 시기에 두 번째 음절에서부터 소실되기 시작한 아래 아는 근대 국어 시기에 들어 첫 번째 음절에서도 소실되었다. 단, 표기에는 계속 남아 한글 맞춤법 통일안(1933)에 의해 폐지될 때까지 쓰였다.

> **🎯 심화이론 공략**
>
> **아래 아의 변천 과정**
> 'ㆍ'(아래 아)의 소멸은 크게 두 번에 걸쳐 일어난다.
>
> | 시기 | 환경 | 설명 | 예 |
> |---|---|---|---|
> | 16세기 | 비어두 | 비어두의 'ㆍ'가 'ㅡ'로 합류 | 말ᄆᆡ > 말믜 |
> | 18세기 | 어두 | 어두의 'ㆍ'가 'ㅏ'에 합류 | ᄂᆞᆷ > 남 |

④ 한글 사용의 확대: 한글로 쓴 소설 문학이 대중에게 인기를 모으고, 한글을 사용하던 계층의 사회 참여가 활발해지며 한글 사용의 폭이 확대되었다.

⑤ 개화기에 이르러 한글 사용이 확대됨에 따라 문장 구성 방식이 현대와 거의 비슷하게 변화하였다.

(2) 근대 국어의 표기 `빈출`

구분	표기의 특징	구분	표기의 특징
1	아래 아(ㆍ)의 사용 예 사ᄅᆞᆷ, 업는	7	'ㄹㄹ'형 활용이 'ㄹㄴ'으로 나타남 예 길너라
2	모음 조화 파괴의 심화 예 해를, 글ᄌᆞ를, 쟝수는	8	재음소화 표기가 나타남 예 십흔이는
3	'ㄱ, ㄴ, ㄹ, ㅁ, ㅂ, ㅅ, ㅇ'의 7개 자음만을 받침으로 활용하여 표기[7종성법 적용] 예 엇시니, 잇서야	9	구개음화 현상 예 제일
4	'ㅅ'계 합용 병서 사용 예 ᄭᅳᆺ히는, 싹싹	10	주격 조사 '가'의 사용 예 게일씨가
5	끊어적기의 확대 예 사ᄅᆞᆷ이, 제맛이닛가	11	과거형 어미 '-앗- / -엇-'의 사용 예 일여낫다
6	명사형 어미 '-기'가 활발히 쓰임 예 긴요ᄒᆞ기	-	-

※ 현대 문법 이론은 1권 어법 영역의 186쪽 '04 국어 문법의 이해'와 연계하여 함께 학습하세요.

2 현대 국어사전의 활용

1. 표제어 등록 순서

국어사전에는 단어를 이루고 있는 글자의 순서대로 단어가 수록되어 있다. 예 개나리 → 계명성 → 과실 → 그네

첫 자음자	ㄱ, ㄲ, ㄴ, ㄷ, ㄸ, ㄹ, ㅁ, ㅂ, ㅃ, ㅅ, ㅆ, ㅇ, ㅈ, ㅉ, ㅊ, ㅋ, ㅌ, ㅍ, ㅎ
모음자	ㅏ, ㅐ, ㅑ, ㅒ, ㅓ, ㅔ, ㅕ, ㅖ, ㅗ, ㅘ, ㅙ, ㅚ, ㅛ, ㅜ, ㅝ, ㅞ, ㅟ, ㅠ, ㅡ, ㅢ, ㅣ
끝 자음자	ㄱ, ㄲ, ㄳ, ㄴ, ㄵ, ㄶ, ㄷ, ㄹ, ㄺ, ㄻ, ㄼ, ㄽ, ㄾ, ㄿ, ㅀ, ㅁ, ㅂ, ㅄ, ㅅ, ㅆ, ㅇ, ㅈ, ㅊ, ㅋ, ㅌ, ㅍ, ㅎ

2. 국어사전 정보 파악 빈출

국어사전에서 파악할 수 있는 정보는 '표제어 및 품사, 발음, 활용형, 의미와 용례, 문형 정보, 문법 정보, 어원'이다.

구분	설명	국어사전 예시
표제어 및 품사	• 사전에서 표제어는 가장 먼저 나타나며, 표제어 옆의 1~2의 정보를 통해 '흐리다'의 동음이의 관계임을 나타냄 • 표제어 옆에 품사 정보를 나타냄	흐리다¹ 동 흐리다² 형
발음	표제어의 발음을 나타냄	흐리다¹ 발음 [흐리다]
활용	• 용언의 경우, 활용 형태를 나타내 줌 • 각 활용형의 발음도 알 수 있음	흐리다² 흐리어[흐리어/흐리여], 흐리니[흐리니]
의미와 용례	• 단어의 의미와 용례가 함께 제시됨 • 다의어일 경우, 「1」, 「2」 등으로 뜻이 제시됨	「1」 기억력이나 판단력 등이 분명하지 않다. ¶그는 판단력이 흐리다 : 「7」 불빛이 밝게 비치지 못하다. ¶형광등이 오래돼 불빛이 흐리다.
문형 정보	문형 정보를 나타내 줌	【…을】
문법 정보	문법 정보를 나타내 줌	((일부 형용사 어근 뒤에 붙어))
어원	표제어 관련하여 어원 정보를 보여줌	< 흐리우다<월석>←흐리-+-우-

3 남북한의 언어

1. 남북한의 언어 차이 빈출

(1) 표기 규칙의 차이

남한 표준어	북한 문화어
• 두음 법칙을 인정함 예 냉면, 역사주의, 이해, 내일	• 두음 법칙을 인정하지 않음 예 랭면, 력사주의, 리해, 래일
• 사이시옷을 표기함 예 빗자루	• 사이시옷을 표기하지 않음 예 비자루
• 의존 명사를 띄어 씀 예 들 수, 할 수, 두 개, 가는 줄	• 의존 명사를 띄어 쓰지 않음 예 들수, 할수, 두개, 가는줄
• 본용언과 보조 용언을 띄어 쓰는 것이 원칙이나, 붙여 쓸 수도 있음 예 지켜 나갈 / 지켜나갈	• 본용언과 보조 용언을 붙여 씀 예 지켜나갈
• 모음 조화를 지키지 않는 경우가 있음 예 아름다웠습니다.	• 모음 조화를 지킴 예 아름다왔습니다.
• 인용 부호로 " "을 사용 예 "맴맴"	• 인용 부호로 《 》을 사용 예 《맴맴》

✔ 기출 포인트 Check Check

다음 물음을 읽고, 적절한 것은 ○, 적절하지 않은 것은 × 표시하시오.

01 근대 국어에서 받침은 'ㄱ, ㄴ, ㄹ, ㅁ, ㅂ, ㅅ, ㅇ'의 7개만 사용해 표기한다. (○, ×)

02 근대 국어 시기부터 주격 조사 '가'가 사용되었다. (○, ×)

03 국어사전을 통해 파악할 수 있는 정보는 표제어, 품사, 문형 정보, 어원 정보 등이 있다. (○, ×)

정답 | 01 ○ 02 ○ 03 ○

(2) 띄어쓰기의 차이

구분	남한	북한	구분	남한	북한
1	근심∨어린	근심어린	9	새집	새∨집
2	꼬마∨곰	꼬마곰	10	어느∨날	어느날
3	나무∨밑	나무밑	11	여러∨가지	여러가지
4	노래∨부르고	노래부르고	12	우리나라	우리∨나라
5	독만∨한	독만한	13	우리말	우리∨말
6	독특하기∨때문이다	독특하기때문이다	14	이룩하고야∨말	이룩하고야말
7	문루∨안	문루안	15	쟁반∨같은	쟁반같은
8	맵시∨있다	맵시있다	-	–	–

(3) 개별 어휘 표기의 차이

구분	남한	북한	구분	남한	북한
1	고기양	고기량	6	띄어쓰기	띄여쓰기
2	괜찮다	일없다 빈출	7	러시아어	로씨야어
3	국수양	국수량	8	마라톤	마라손
4	기역	기윽	9	반환점	귀환점
5	된디귿, 쌍디귿	된디읃	10	혼쭐	혼쌀

(4) "ㅖ" 발음의 차이

구분	남한	북한
어문 규정	'ㅑ, ㅒ, ㅕ, ㅖ, ㅘ, ㅙ, ㅛ, ㅝ, ㅞ, ㅠ, ㅢ'는 이중 모음으로 발음한다. 다만, '예, 례' 이외의 'ㅖ'는 [ㅔ]로도 발음한다.	'ㄱ, ㄹ, ㅎ' 뒤에 있는 《ㅖ》는 각각 [ㅔ]로 발음한다.
예	• 차례[차례]	• 차례[차례]

4 순화어, 신어

1. 기출 순화어

(1) 외래어 순화어

구분	외래어	순화어	구분	외래어	순화어
1	QR 코드	정보 무늬	7	마블링	결지방
2	네티즌 빈출	누리꾼	8	마인드맵	생각그물
3	대합실 빈출	맞이방, 기다리는 곳	9	머스트 해브	필수품
4	데스크 빈출	부서장, 취재 책임자, 책상	10	멀티탭 빈출	모둠꽂이, 모둠전원꽂이
5	랜드마크	마루지, 상징물, 상징 건물, 대표 건물	11	메모리 빈출	기억 장치
6	리콜	결함 보상, 결함 보상제	12	미션	임무, 중요 임무

13	보드 마커 빈출	칠판펜	24	오픈 마켓 빈출	열린 시장, 열린 장터
14	보이스 피싱	사기 전화	25	웨딩플래너 빈출	결혼설계사
15	빅 리그	최상위연맹	26	정크 푸드	부실음식, 부실식품
16	삐까뻔쩍 빈출	번쩍번쩍	27	카메라맨 빈출	사진사, 사진기사
17	선루프 빈출	지붕창	28	트러블	말썽, 충돌, 고장, 문제점, 불화
18	스케줄	일정, 일정표, 계획, 계획표, 시간표	29	패딩 빈출	누비옷
19	스팸 메일 빈출	쓰레기 편지	30	패스 빈출	통과, 합격
20	슬로 푸드	정성 음식	31	피크 타임	절정기, 한창, 한탕 때
21	시건장치 빈출	잠금장치, 자물쇠 장치	32	하이브리드 카	복합동력차
22	아이콘	상징, 상징물, 그림 단추	33	헤드셋 빈출	통신 머리띠
23	얼리 어답터	앞선 사용자	-	-	-

(2) 기타 순화어

구분	순화 대상	순화어	구분	순화 대상	순화어
1	미망인 빈출	고 ○○○의 부인, 고 ○○○씨의 부인	4	정상인	비장애인
2	언도	선고	5	차압	압류, 잡아둠
3	장애우	장애인	6	학부형 빈출	학부모

2. 기출 신어

(1) 개념: 새로 생긴 말 또는 새로 귀화한 외래어를 말한다.

(2) 생성 원리에 따른 신어의 예

생성 원리	예	생성 원리	예
고유어 + 고유어	도우미, 먹거리, 불닭	한자어 + 한자어	대리운전, 반려동물
고유어 + 한자어	꽃미남, 새집증후군, 공갈젖꼭지	외래어 + 한자어	고시텔, 소개팅 빈출, 컴맹
고유어 + 외래어	목폴라, 올빼미투어, 클릭질	-	-

✔ 기출 포인트 Check Check

다음 물음을 읽고, 적절한 것은 ○, 적절하지 않은 것은 × 표시하시오.

01 외래어 '데스크'의 순화어는 '부서장, 취재 책임자, 책상'이다. (○, ×)

02 '학부형'을 순화하여 '학부모'로 쓴다. (○, ×)

03 신어 '소개팅'은 외래어와 외래어의 결합으로 만들어진 단어이다. (○, ×)

정답 | 01 ○ 02 ○ 03 ×, 외래어와 한자어의 결합

출제예상문제

01 <보기>의 ㄱ ~ ㄷ 중 중세 국어의 부사격 조사가 바르게 실현된 것을 고른 것은?

〈 보 기 〉

ㄱ. 中듕國귁애(듕귁 + 애)

ㄴ. 십리예(십리 + 예)

ㄷ. 뿌메(쓰- + -움 + 에)

① ㄱ   ② ㄱ, ㄴ   ③ ㄱ, ㄷ

④ ㄴ, ㄷ   ⑤ ㄱ, ㄴ, ㄷ

02 <보기>의 설명을 참고할 때, 밑줄 친 '-겠-'이 ㉠에 해당하지 <u>않는</u> 것은?

〈 보 기 〉

국어의 선어말 어미 '-겠-'은 동사와 형용사의 어간, 서술격 조사 '이다'와 결합하여 다양한 의미로 사용된다. 미래의 일이나 추측뿐 아니라 주체의 의지, 가능성이나 능력, ㉠완곡하게 말하는 태도를 표현하거나, 헤아리거나 따져 보면 그렇게 된다는 뜻을 나타내는 데서 그 여러 쓰임을 확인할 수 있다.

① 노래를 꺼도 괜찮<u>겠</u>습니까?

② 이제 10분 뒤에 문을 열<u>겠</u>습니다.

③ 어쩌죠, 다음에 다시 찾아오<u>겠</u>어요?

④ 이제부터 내가 그 책을 읽어도 되<u>겠</u>어?

⑤ 한 시간 뒤에 깨워주시면 감사하<u>겠</u>습니다.

03 <보기>에 제시된 국어사전 정보에서 파악할 수 <u>없는</u> 것은?

〈 보 기 〉

이르다¹ 통【…에】 [이르러, 이르니]

「1」 어떤 장소나 시간에 닿다. ¶ 열시에 이르러서야 약속 장소에 도착했다.

「2」 어떤 정도나 범위에 미치다. ¶ 그의 예술성이 완성 단계에 이르렀다.

<니르다

① 어원   ② 용례   ③ 문법 정보

④ 문형 정보   ⑤ 활용 형태

04 다음은 남북한의 언어를 비교한 표이다. 적절하지 않은 것은?

	남한	북한
①	내년	래년
②	인사말	인사말
③	잊을∨수	잊을수
④	어둑새벽	어뜩새벽
⑤	가족∨밖에	가족밖에

05 <보기>에서 설명하는 우리말 다듬기의 사례로 적절하지 않은 것은?

〈 보 기 〉

국어 순화란 바람직한 국어 생활을 위해 규범에 어긋나는 말을 바로 잡고, 외래적인 요소를 제거해 국어를 순수하고 바르게 사용하기 위해 개선하고 순화하는 것을 말한다.

올바르게 사용하기 위해 우리말을 다듬는 방법으로는 첫째, 어법에 맞지 않는 말을 어법에 맞게 바꿔 쓰는 것이 있다. 둘째, 일본식 표현이나 어휘, 서양 외래어나 외국어를 고유어로 바꿔 써야 한다. 셋째, 어려운 말을 쉬운 말로 바꿔 쓰는 것도 우리 말 다듬기의 한 예가 된다.

① '그을은'을 '그은'으로 다듬어 사용한다.

② '쿠사리'를 '핀잔'으로 다듬어 사용한다.

③ '시건장치'를 '잠금장치'로 다듬어 사용한다.

④ '마인드맵'을 '생각지도'로 다듬어 사용한다.

⑤ '대합실'을 '기다리는 곳'으로 다듬어 사용한다.

06 <보기>의 근대 신문 기사에 대한 설명으로 적절하지 않은 것은?

〈 보 기 〉

하ᄂᆞ님쩨셔 내신 사름이어늘 엇지 사름이
사름을 사름으로 대졉지 안코 즘승과 ᄀᆞᆺ치
대졉ᄒᆞ야 사다가 붓일 도리가 잇스리요 이
런 풍속이 우리 나라에 잇고는 텬북을 밧
기는서로히 반다시 텬북을 목슘과 저산보다 더
나 괴로히 이 공쇽을 업셰야 사름 된 즁분스
쥼히 넉이고 의리를 먼쳐 못ᄒᆞ겟다 더
싸화 괴로히 남방을 익이고 그 좋톄들을
을 ᄒᆞᆯ겟다 호고 의리라 다문 이 일뿐 아니
ㅎ여 주엇는지라 다문 이 일뿐 아니
요 이 나라에셔 의리로 쥬쟝을 삼고 동안율
량파 권리 상에 모든 일들을 런리와 명쳐
에 합당ᄒᆞ게 ᄆᆞᆫ든 일들을 런리와 인졍
로 련북을 밧아 지금이 나락가 부 ᄒᆞ고
샹파 권리 샹에 지금이 나락가 부 ᄒᆞ고
셰계에 메일이요 화평호 복을 누리기도
셰계에 메일이라요 이 나라 사름들이 그 좋토

① 아래아(ㆍ)를 찾아볼 수 있다.

② 끊어적기와 이어적기가 모두 사용된다.

③ 거듭적기 표기가 사용된 예를 찾을 수 있다.

④ 구개음화가 반영되지 않은 표기를 찾을 수 없다.

⑤ 중세 국어 때 쓰이던 'ㆆ, ㆁ, ㅿ'을 찾을 수 없다.

정답 및 해설 p.296

03 국문학

○ 대표 기출 유형 공략

| 대표 기출 유형 | ① 작가

유형 특징

1. 작가의 생애, 작품 정보, 평전 등 작가의 특징적인 설명을 통해 해당하는 작가를 찾을 수 있는지 평가하기 위한 문제 유형이다.

2. 고전·현대 작가가 고루 출제되며 작가를 유추할 수 있는 정보로는 작품, 평전 등의 자료가 제시되므로 작가의 생애나 대표 작품, 작품 경향을 알아 두면 수월하게 풀 수 있다.

대표 예제　<보기>에서 설명하고 있는 작품을 쓴 작가는?

─────〈 보 기 〉─────

　　이 소설은 1930년대 팽배한 황금 열풍을 바탕으로 당시 농촌의 열악한 환경과 구조적 모순을 사실적으로 표현한 작품이다. 가난하고 무지하지만 성실한 농민이던 주인공 영식은 콩밭에 묻힌 금을 캐러 가자는 수재의 거짓말에 속아 한 해 농사뿐 아니라 자신의 밭까지 모두 망치고 만다. 제목에는 이처럼 금을 얻기는커녕 콩을 수확할 밭까지 모두 잃은 반어적인 상황이 반영되어 있다.

① 김동인
② 김유정
③ 이광수
④ 채만식
⑤ 황순원

풀이 전략　**1단계**　소설에 대한 설명을 보고 작가를 고르는 문제이다. <보기>에서 '1930년대, 반어적인 상황'처럼 작가를 유추할 수 있는 시대적 배경과 표현 방식에 주목해 <보기>에서 설명하고 있는 작품의 작가를 추론하면 된다.

　　　　　　2단계　<보기>에서 설명하고 있는 작품은 김유정의 소설 '금 따는 콩밭'이므로 답은 ②이다. 참고로, 김유정은 1930년대 농촌과 도시의 인간상을 반어적 상황과 특유의 해학적인 문제를 통해 표현했으며 주요 작품으로는 '봄·봄', '만무방', '동백꽃' 등이 있다.

| 대표 기출 유형 | ② 작품

유형 특징

1. 작품의 갈래, 내용, 소재 등에 대한 설명을 바탕으로 작품명을 고를 수 있는지를 평가하기 위한 문제 유형이다.
2. 고전·현대 문학 작품이 출제되는데 특정 작품이 반복적으로 나오는 경향이 있으므로, 자주 기출되는 작품을 중심으로 그 특징을 정리해 두면 문제를 쉽게 해결할 수 있다.

대표 예제 | <보기>의 설명을 참고할 때, 「흥부전(興夫傳)」을 개작한 신소설로 적절한 것은?

─〈 보 기 〉─

고전 소설 「별주부전」은 훗날 「토의 간(兔의 肝)」으로 개작되었다.

① 「강상련(江上蓮)」
② 「구마검(驅魔劍)」
③ 「화세계(花世界)」
④ 「연의 각(燕의 脚)」
⑤ 「화의 혈(花의 血)」

풀이 전략 |

1단계 고전 소설 「별주부전」이 신소설 「토의 간(兔의 肝)」으로 개작되었다는 설명을 바탕으로 「흥부전(興夫傳)」을 개작한 신소설을 선택지에서 찾으면 되는 문제임을 파악한다.

2단계 「흥부전(興夫傳)」의 개작 신소설은 「연의 각(燕의 脚)」이므로 답은 ④이다.

| 대표 기출 유형 | ③ 문학 이론

유형 특징

1. 문학 이론을 알고 이를 작품에 적용할 수 있는 능력을 평가하기 위한 문제 유형이다.
2. 문학의 감상(비평) 방법, 문학의 미적 범주, 표현 방법, 장르의 특징 등이 출제되므로 문학 전반에 대한 기본적인 이론적 지식을 익혀 두는 것이 중요하다.

대표 예제 | 다음 중 절대론적 관점에서 문학 작품을 분석한 내용으로 적절하지 <u>않은</u> 것은?

① 주어진 운명에 순응하는 화자의 태도가 드러난다.
② 시각적 이미지를 중심으로 겨울밤 농촌의 모습을 표현하고 있다.
③ 표면적 화자가 아닌 이면적 화자가 자신의 정서를 드러내고 있다.
④ 비유법을 사용하여 '사랑'이라는 소재를 생동감 있게 표현하고 있다.
⑤ 절망에 빠진 독자가 이 작품을 읽음으로써 열정과 희망을 갖게 되었다.

풀이 전략 |

1단계 문학 감상 방법 중 절대론적 관점이 적용되지 않은 것을 고르는 문제이다. 문학의 감상(비평)방법에는 절대론, 표현론, 효용론, 반영론이 있으므로 선택지에 적용된 감상 방법이 그중 무엇인지 판단하고 절대론적 관점이 반영되지 않은 것을 선택하면 된다.

2단계 '절대론적 관점'은 문체, 운율, 구성 등 작품 내부적인 요소를 중심으로 작품을 해석하는 관점이다. 하지만 ⑤는 작품을 읽은 후 생각을 바꾸게 된 계기로 받아들였다는 독자의 반응에 초점을 두고 문학 작품을 분석하고 있으므로 효용론적 관점에 해당한다. 따라서 답은 ⑤이다.

1 작가

1. 고전 문학 작가와 특징

작가	특징

윤선도	• 생애 및 시대: 1587년(선조 20) ~ 1671년(현종 12), 조선 시대
	• 특징 - 조선 중기의 문신이자 시조 작가
	    - 당쟁으로 인해 여러 차례 벽지에서 유배 생활을 하였음
	    - 대표적인 작품으로 「어부사시사(漁父四時詞)」, 「산중신곡(山中新曲)」이 있음

정약용	• 생애 및 시대: 1762년(영조 38) ~ 1836년(헌종 2), 조선 시대
	• 특징 - 조선 정조 때의 문인이자 실학자
	    - 호는 다산(茶山) 또는 여유당(與猶堂)
	    - 민족의 삶의 현실을 사실적으로 그려낸 작품을 많이 썼음
	    - 대표적인 작품으로 「보리타작[打麥行]」, 「탐진촌요(耽津村謠)」, 「유배지에서 보낸 편지」가 있음

2. 현대 문학 작가와 특징

작가	특징

이광수	• 출생 및 생애: 1892년 3월 4일 ~ 1950년 10월 25일
	• 특징 - 소설가이자 언론인으로 최남선과 함께 1910년대 2인 문단 시대를 열었음
	    - 남녀 간의 애정 문제나 삼각관계를 다루는 등 대중적 면모를 보이면서 계몽주의 세계관을 잘 담아 내었음
	    - 「무정」에서 인칭 대명사 '그'를 사용해 문학사에서 중요한 의의를 가짐
	    - 대표적인 작품으로 「흙」, 「어린 벗에게」, 「유정」, 「소년의 비애」 등이 있음

전영택 ^{빈출}	• 출생 및 생애: 1894년 1월 18일 ~ 1968년 1월 16일
	• 특징 - 동인지 ≪창조≫의 창간 동인이며, 창간호에 「혜선의 사」를 발표하며 데뷔함
	    - 일제 강점기의 사회적 문제와 이로 인해 영향을 받은 개인의 삶을 다룬 소설을 창작함
	    - 대표적인 작품으로 「화수분」, 「소」 등이 있음

염상섭 ^{빈출}	• 출생 및 생애: 1897년 8월 30일 ~ 1963년 3월 14일
	• 특징 - 1921년 ≪개벽≫에 「표본실의 청개구리」를 발표하며 등단함
	    - 작품 활동 초기에는 자연주의 계열의 소설을 창작하였으나 후기에는 사실주의 계열의 소설을 창작하였으며,
	     개인 각성과 그것을 통해 인간성이 해방되는 것에 관심을 둠
	    - 대표적인 작품으로 「표본실의 청개구리」, 「만세전」, 「삼대」 등이 있음

현진건 ^{빈출}	• 출생 및 생애: 1900년 8월 9일 ~ 1943년 4월 25일
	• 특징 - 1920년 ≪개벽≫에 「희생화」를 발표하며 등단하였으며, 동인지 ≪백조≫ 창간 동인임
	    - 주로 사실주의·단편소설에 기반을 두고 있으며 자신의 체험을 바탕으로 한 소설, 현실의 문제를 고발한 소
	     설, 역사적 사실을 바탕으로 민족 의식을 드러낸 소설 등 다양한 작품을 창작하였음
	    - 대표적인 작품으로 「빈처」, 「운수 좋은 날」, 「B 사감과 러브레터」 등이 있음

김동인	• 출생 및 생애: 1900년 10월 2일 ~ 1951년 1월 5일
	• 특징 - 동인지 ≪창조≫에 「약한 자의 슬픔」을 발표하였고, 1920년대 중반에 계급 문학이 전개되자 이에 반대하는 순
	     수 문학 운동을 펼쳤음
	    - 사실주의적 수법과 문장의 혁신을 바탕으로 작품 활동을 하였음
	    - 대표적인 작품으로 「감자」, 「태형」, 「배따라기」, 「광염 소나타」, 「붉은 산」 등이 있음

최서해	• 출생 및 생애: 1901년 1월 21일 ~ 1932년 7월 9일 • 특징 - 가난한 농민들의 삶을 통해 일제 강점기 농촌의 사회적·계급적 문제를 폭로하였고, 자신이 체험한 밑바닥 　　　 생활을 바탕으로 하여 문학 작품을 창작하며 신경향파의 기수로서 활동함 　　　 - 대표적인 작품으로 「탈출기」, 「홍염」 등이 있음
나도향	• 출생 및 생애: 1902년 3월 30일 ~ 1926년 8월 26일 • 특징 - 동인지 《백조》의 창간 동인이며, 1922년 창간호에 「젊은이의 시절」을 발표 　　　 - 작품 활동 초기에는 감상적·퇴폐적·환상적·낭만적 경향을 띤 소설을 창작하였으나, 이후 농촌의 모습을 　　　 객관적·사실적으로 드러낸 소설을 창작하였음 　　　 - 대표적인 작품으로 「벙어리 삼룡이」, 「물레방아」, 「뽕」 등이 있음
채만식 _{빈출}	• 출생 및 생애: 1902년 6월 17일 ~ 1950년 6월 11일 • 특징 - 1924년 단편 소설 「새길로」로 문단에 데뷔한 후 300편에 가까운 희곡, 수필, 소설 등을 썼음 　　　 - 일제 강점기, 지식인의 고뇌, 사회의 부조리와 갈등을 사실적으로 묘사하면서 풍자의 수법을 활용하여 날카 　　　 로운 역사의식을 보여줌 　　　 - 대표적인 작품으로 「레디메이드 인생」, 「치숙」, 「태평천하」, 「미스터 방(方)」 등이 있음
주요섭 _{빈출}	• 출생 및 생애: 1902년 11월 24일 ~ 1972년 11월 14일 • 특징 - 1921년 ≪매일신보≫에 「깨어진 항아리」를 발표하며 등단함 　　　 - 휴머니즘을 기반에 두고 하층 계급의 삶과 당대 사회 현실을 그린 소설을 창작함 　　　 - 대표적인 작품으로 「사랑손님과 어머니」, 「추운 밤」 등이 있음
이태준 _{빈출}	• 출생 및 생애: 1904년 ~ ? • 특징 - 1925년 ≪시대일보≫에 「오몽녀」를 발표하며 데뷔하였고 구인회의 일원이며, 1939년부터 문예지 ≪문장≫ 　　　 을 주관하였음 　　　 - 근대 사회에서 소외된 인물들이 느끼는 허무와 좌절, 일상 속 개인의 자아 성찰을 통해 근대 사회의 문제와 　　　 모순을 부각함 　　　 - 대표적인 작품으로 「달밤」, 「복덕방」, 「패강랭」 등이 있음
김유정 _{빈출}	• 출생 및 생애: 1908년 1월 11일 ~ 1937년 3월 29일 • 특징 - 1935년 ≪조선일보≫ 신춘문예에 「소낙비」가, ≪중외일보≫에 「노다지」가 당선되며 등단하였음 　　　 - 1930년대 농촌을 배경으로 하여 현실 비판 의식을 해학적으로 드러내는 농촌 소설들을 발표하였음 　　　 - 대표적인 작품으로 「소낙비」, 「금 따는 콩밭」, 「동백꽃」, 「만무방」 등이 있음
김정한	• 출생 및 생애: 1908년 9월 26일 ~ 1996년 11월 28일 • 특징 - 1936년 ≪조선일보≫ 신춘문예에 「사하촌」이 당선되며 등단함 　　　 - 일제 강점기 농촌의 사회적·구조적 모순을 고발하고 농민들의 현실 저항 의식을 그리는 데 관심을 둠 　　　 - 대표적인 작품으로 「사하촌」, 「모래톱 이야기」, 「인간단지」 등이 있음
박태원	• 출생 및 생애: 1910년 1월 17일 ~ 1986년 7월 10일 • 특징 - 구인회의 일원으로, 근대 도시를 배경으로 한 모더니즘 소설을 창작함 　　　 - 실험적인 표현 기법을 시도한 소설, 세태 풍속을 묘사한 소설, 작가 본인의 체험에 기반한 소설 등 다양한 작 　　　 품을 창작함 　　　 - 대표적인 작품으로 「소설가 구보 씨의 일일」, 「천변풍경」 등이 있음

✔ 기출 포인트 Check Check

다음 물음을 읽고, 적절한 것은 ○, 적절하지 않은 것은 × 표시하시오.

01 「빈처」, 「운수 좋은 날」의 작품을 쓴 작가는 '염상섭'이다. (○, ×)

02 '주요섭'은 휴머니즘을 바탕으로 당대 사회 현실을 그린 소설을 창작하였다. (○, ×)

03 「금 따는 콩밭」, 「동백꽃」의 작품을 쓴 작가는 '김유정'이다. (○, ×)

정답 | 01 ×, 현진건　02 ○　03 ○

백석 빈출	• 출생 및 생애: 평안북도 정주, 1912년 7월 1일 ~ 1996년 1월 • 특징 - 토속적인 언어로 서민들의 삶을 현실적으로 표현해, 민족 공동체의 정서를 시에 담아냄 - 대표적인 작품으로 「여승(女僧)」, 「남신의주 유동 박시봉방」 등이 있음

황순원 빈출	• 출생 및 생애: 1915년 3월 26일 ~ 2000년 9월 14일
	• 특징 - 1931년 《동광(東光)》에 시 「나의 꿈」을 발표하여 등단하였음
	    - 한국인의 한 등을 다루며 한국인의 근원적 정신과 연관된 시대·사회적 문제에 접근함
	    - 대표적인 작품으로 「목넘이 마을의 개」, 「소나기」, 「학」 등이 있음

서정주	• 출생 및 생애: 1915년 5월 18일 ~ 2000년 12월 24일
	• 특징 - 호는 미당(未當)으로, 1936년 《동아일보》 신춘문예에 「벽」이 당선되어 등단함
	    - 초기 작품에서는 인간의 원죄 의식을 주로 다루었으나, 후기 작품에서는 불교 사상, 샤머니즘 등 동양 사상
	      을 다룸
	    - 대표적인 작품으로 「국화 옆에서」, 「귀촉도」, 「자화상」, 「추천사」, 「화사」 등이 있음

함세덕	• 출생 및 생애: 1915년 5월 23일 ~ 1950년 6월 29일 • 특징 - 극작가로, 서정성이 강하면서도 사실적인 희곡을 썼으며 광복 후에는 사회주의 이데올로기 희곡을 썼음 - 대표적인 작품으로 「동승」, 「산적」, 「태백산맥」 등이 있음
강소천	• 출생 및 생애: 1915년 9월 16일 ~ 1963년 5월 6일 • 특징 : 아동 문학가로, 대표적인 작품으로 「호박꽃 초롱」, 「꿈을 찍는 사진관」 등이 있음

윤동주 빈출	• 출생 및 생애: 북간도 명동촌, 1917년 12월 30일 ~ 1945년 2월 16일
	• 특징 - 1941년 연희전문학교를 졸업하고 19편의 시를 묶은 자선 시집을 발간하려 했으나 실패하고, 3부를 남긴 것
	    이 사후에 『하늘과 바람과 별과 시』로 간행되었음
	    - 대표적인 작품으로 「자화상」, 「소년」, 「눈 오는 지도」, 「또 다른 고향」, 「길」, 「별 헤는 밤」 등이 있음

강신재	• 출생 및 생애: 1924년 5월 8일 ~ 2001년 5월 12일
	• 특징 - 1949년 《문예》에 「얼굴」과 「정순이」를 차례로 발표하며 등단함
	    - 작품 활동 초기에는 남녀 관계를 다룬 소설을 창작했으나, 1960년대부터 사회 문제를 다룬 소설을 창작하
	      였음
	    - 대표적인 작품으로 「젊은 느티나무」, 「절벽」, 「이 찬란한 슬픔을」 등이 있음

최인훈 빈출	• 출생 및 생애: 1936년 4월 13일 ~ 2018년 7월 23일 • 특징 - 1959년 《자유문학》에 「GREY 구락부 전말기」, 「라울전(傳)」이 안수길에 의해 추천됨으로써 문단에 등단함 - 대표적인 작품으로 「광장」, 「회색인」 등이 있음

이청준	• 출생 및 생애: 1939년 8월 9일 ~ 2008년 7월 31일
	• 특징 - 1965년 ≪사상계≫ 신인문학상에 「퇴원」이 당선되며 등단함
	    - 인간관계에서 발생하는 불합리한 현실의 문제를 관념적이고 상징적인 표현을 사용해 드러냄
	    - 대표적인 작품으로 「병신과 머저리」, 「소문의 벽」, 「당신들의 천국」 등이 있음

김승옥 빈출	• 출생 및 생애: 1941년 12월 23일 ~
	• 특징 - 1962년 《한국일보》 신춘문예에 「생명연습」이 당선되며 등단함
	    - 꿈과 낭만을 박탈당한 개인의 억압되고 위축된 의식, 소시민적인 생활양식에 관심을 가짐
	    - 대표적인 작품으로 「무진기행」, 「서울 1964년 겨울」, 「누이를 이해하기 위하여」 등이 있음

한강	• 출생 및 생애: 1970년 11월 27일 ~ • 특징 - 1994년 서울신문 신춘문예에 「붉은 닻」이 당선되어 등단하였음 - 대표적인 작품으로 「채식주의자」, 「몽고반점」 등이 있음

2 작품

1. 고전 산문

작품	내용
경설	• 갈래: 한문 수필, 설(設) • 주제: 대상의 본질을 파악하는 통찰력과 상황에 맞는 처세술의 중요성 • 특징: 이규보의 작품으로, 거사와 손이 '거울'에 대해 나누는 대화와 '거울'의 상징적 의미를 통해 주제 의식을 형상화함
뇌설	• 갈래: 한문 수필, 설(設) • 주제: 자기반성과 질책 수용을 통한 수양의 중요성 • 특징: 이규보의 작품으로, 일상생활에서 겪은 일화를 통해 얻은 깨달음을 제시하고 있음
슬견설	• 갈래: 한문 수필, 설(設) • 주제: 편견 없이 대상의 본질을 파악해야 함, 모든 생명은 동등한 가치를 지님 • 특징: 이규보의 작품으로, '나'와 손이 개와 이의 죽음에 대해 나누는 대화를 통해 교훈을 제시하며 '정반합(正反合)'의 구조로 논리를 전개함
이옥설	• 갈래: 한문 수필, 설(設) • 주제: 잘못을 깨닫고 고쳐 나가는 태도의 중요성 • 특징: 이규보의 작품으로, 퇴락한 행랑채를 고치며 느낀 바를 의미 유추와 확장을 통해 사람의 삶과 나라의 정치에 적용하며 내용을 전개함
차마설	• 갈래: 한문 수필, 설(設) • 주제: 소유에 대한 집착을 경계하고 무소유·안분지족적 삶을 지향 • 특징: 이곡의 작품으로, 말을 빌려 탄 개인적인 경험에서 얻은 깨달음을 유추의 방식으로 일반화하여 소유에 대한 깨달음과 성찰을 이끌어 냄
이생규장전 ^{빈출}	• 갈래: 한문 소설, 전기 소설, 명혼 소설 • 주제: 죽음을 초월한 남녀 간의 사랑 • 특징: 금오신화(金鰲新話)에 실린 다섯 편 중 하나로 전반부는 이생에서 남녀 간의 사랑을 다루고, 후반부는 죽은 여자와 산 남자의 사랑을 다루는 전기적 요소가 강한 소설임
심생전	• 갈래: 한문 소설, 애정 소설, 전(傳) • 주제: 신분 차로 인한 남녀의 비극적인 사랑 • 특징 - 이옥의 작품으로, 심생과 소녀의 비극적인 사랑, 두 사람의 사랑에 대한 작가의 평으로 구성되며 당대 신분제에 대한 비판이 드러남 　　　 - 자유연애 사상, 여성 의식 성장, 신분 질서 동요, 중인층의 성장과 같은 조선 후기의 사회 모습이 반영되어 있음

✔ 기출 포인트 Check Check

다음 물음을 읽고, 적절한 것은 ○, 적절하지 않은 것은 × 표시하시오.

01 「목넘이 마을의 개」, 「소나기」의 작품을 쓴 작가는 '황순원'이다. (○, ×)

02 연희전문학교 졸업 후 자선 시집을 발간하려 했으나, 실패하여 사후에 시집이 간행된 작가는 '윤동주'이다. (○, ×)

03 전반부는 남녀 간의 사랑을 다루고, 후반부는 죽은 여자와 산 남자의 사랑을 다루는 작품은 '심생전'이다. (○, ×)

정답 | **01** ○ **02** ○ **03** ×, 이생규장전

운영전	• 갈래: 염정 소설, 몽유 소설, 액자 소설 • 주제: 신분을 초월한 남녀의 비극적 사랑 • 특징: 궁녀 운영과 김 진사의 사랑을 통해 봉건적 질서에 대한 비판 의식과 봉건적 질서를 초월한 자유연애 사상을 드러내며, 다른 몽유록계 소설과 달리 내화가 이중적인 것이 특이함
최척전	• 갈래: 한문 소설, 애정 소설, 전기 소설, 군담 소설 • 주제: 전쟁으로 헤어진 가족들의 애환과 재회 • 특징 - 조위한의 작품으로, 임진왜란과 정유재란, 병자호란을 배경으로 최척 가족의 헤어짐과 재회를 통해 민족적 수난을 대변함으로써 전란으로 인한 당시 조선의 사회적·역사적 문제를 드러냄 - '만남 - 이별 - 재회' 구조가 반복되며, 공간적 배경이 조선에 머무르지 않고, 일본, 중국, 베트남으로 확대되어 있음
구운몽 빈출	• 갈래: 국문 소설, 몽자류 소설, 염정 소설 • 주제: 꿈을 통해 얻은 인생무상의 깨달음과 불교 귀의를 통한 허무의 극복 • 특징 - 김만중의 작품으로, 액자식 구성을 취해 주인공 '성진'의 꿈과 현실을 교차시킴으로써 인간이 누리는 부와 명예는 한낱 꿈에 지나지 않는다는 진리를 제시함 - 몽자류 소설의 효시임
박씨전 빈출	• 갈래: 역사 군담 소설, 전쟁 소설 • 주제: 청나라에 대한 적개심과 박씨 부인의 영웅적 면모 • 특징 - 병자호란에서 패배했던 역사적 사실을 박씨 부인이 청나라에 승리하는 허구적 이야기로 바꿈으로써 전란으로 인한 패배감을 극복하고 민족적 자긍심을 고취하려는 목적으로 창작된 소설 - 비현실적 요소와 남성 중심 구조에 대한 비판이 두드러짐
설공찬전 빈출	• 갈래: 사회 소설, 풍자 소설 • 주제: 저승 이야기를 통한 당대 정치와 사회 비판 • 특징 - 채수의 작품으로, 산 자의 몸에 빙의한 죽은 자의 영혼이 저승에서 들은 인물들의 평가를 전달하는 방식을 취하여 당대 사회의 정치·사회·유교 이념적 문제를 비판함 - 최초의 국문 번역 소설이며, 한글 소설이 출현하는 데 많은 기여를 함
사씨남정기	• 갈래: 국문 소설, 가정 소설 • 주제: 권선징악(勸善懲惡), 처첩 간의 갈등과 사씨의 고행 • 특징 - 조선 숙종 때 김만중이 유배지에서 쓴 가정 소설 - 조선 시대의 축첩 제도의 문제점을 제기하고, 권선징악이라는 교훈을 제시하고 있음
장끼전	• 갈래: 국문 소설, 우화 소설, 판소리계 소설 • 주제: 여성의 개가 금지와 남존여비 사상에 대한 풍자와 비판 • 특징 - 꿩을 의인화한 우화 소설 - 까투리의 말을 무시하다가 죽은 장끼와 장끼가 죽은 뒤 개가한 까투리를 통해 남성 중심의 유교 윤리를 풍자, 비판하고 있음
조웅전 빈출	• 갈래: 국문 소설, 영웅 소설, 군담 소실 • 주제: 자유연애와 진충보국(盡忠報國) • 특징 - 군신 간 충의를 주제로 삼은 군담 소설이자 영웅 소설 - '조웅'이 자신의 힘보다 초인의 도움으로 운명을 개척해 나간다는 점이 다른 군담 소설과 다른 특징
홍길동전	• 갈래: 국문 소설, 영웅 소설, 사회 소설 • 주제: 모순된 사회 제도의 개혁을 위한 이상국 건설 • 특징 - 우리 문학사상 최초의 한글 소설 - 부패한 정치 현실과 적서 차별의 신분 제도를 개혁하려는 작가의 사상이 반영된 소설
꼭두각시놀음 빈출	• 갈래: 민속극, 인형극 대본 • 주제: 봉건 제도의 비판과 민중 의식 고취 • 특징 - 우리나라 고유의 극으로, 등장하는 인형의 이름을 따 홍동지놀음, 박첨지놀음이라고도 함 - 박첨지 마당과 평안 감사 마당으로 구성되며, 두 마당이 연관된 내용은 아님

2. 고전 운문

작품	내용
삼대목	• 갈래: 향가집 • 특징 - 통일 신라 진성 여왕 때(888년) 왕명에 따라 향가를 수집하여 엮은 향가집임 　　　　- 책에 대한 기록만 전해지고, 실제 문헌은 발견되지 않음 　　　　- 한국 최초의 시화집임
가시리	• 갈래: 고려 가요 • 주제: 이별의 정한 • 특징 - 이별을 노래한 대표적인 고려 가요로, 「귀호곡(歸乎曲)」이라고도 하며 『악장가사』에 실려 전함 　　　　- 여성적 정조의 원류가 되어 황진이의 시조, 민요 「아리랑」, 김소월 「진달래꽃」 등으로 이어지고 있음
타맥행	• 갈래: 한시, 행(行) • 주제: 농민들의 노동을 통해 얻은 건강한 삶에 대한 깨달음 • 특징 - 정약용의 작품으로, 유배지인 장기에서 보리타작하는 농민들의 모습을 보며 지은 한시 　　　　- 농민들의 삶에 대한 이해를 통해 자아를 성찰하는 화자의 진지한 태도가 드러나 있음

3. 현대 산문

작품	내용
강상련 〈빈출〉	• 갈래: 신소설 • 특징: 이해조가 판소리 사설 「심청가」를 신소설 형태로 고쳐 쓴 소설
옥중화 〈빈출〉	• 갈래: 신소설 • 특징: 이해조가 판소리 사설 「춘향가」를 신소설 형태로 고쳐 쓴 소설
연의 각	• 갈래: 신소설 • 특징: 이해조가 판소리 사설 「흥보가」를 신소설 형태로 고쳐 쓴 소설
토의 간 〈빈출〉	• 갈래: 신소설 • 특징: 이해조가 판소리 사설 「별주부전」을 신소설 형태로 고쳐 쓴 소설
만세전 〈빈출〉	• 갈래: 중편 소설, 사실주의 소설, 여로형 소설 • 주제: 식민지 현실에 대한 지식인의 고뇌와 비판 • 특징 - 염상섭의 작품으로, 3·1 운동 전의 암울한 시대 상황을 사실적으로 그림 　　　　- 도쿄를 출발해 서울을 거쳐 다시 도쿄로 돌아오는 '나'의 여정을 통해(여로형 구조, 원점 회귀형 여로 구조) 민족이 처한 현실을 인식하는 '나'의 모습과 자아 각성 과정을 표현함

✔ 기출 포인트 Check Check

다음 물음을 읽고, 적절한 것은 ○, 적절하지 않은 것은 × 표시하시오.

01 저승 이야기를 통해 당대 정치와 사회를 비판한 작품은 '설공찬전'이다. (○, ×)

02 봉건 제도를 비판하고 민중 의식을 고취시킨 민속극은 '꼭두각시놀음'이다. (○, ×)

03 판소리 사설을 신소설로 개작한 소설에는 '강상련, 옥중화, 연의 각, 토끼전'이 있다. (○, ×)

정답 | 01 ○　02 ○　03 ×, 토의 간

삼대	• 갈래: 장편 소설, 세태 소설, 가족사 소설 • 주제: 일제 강점기 중산층 가문의 삼대가 겪는 재산 상속 문제 및 가치관에 얽힌 갈등 • 특징: 염상섭의 작품으로, 1대 '조 의관', 2대 '조상훈', 3대 '조덕기'를 각 세대를 대표하는 전형적인 인물로 그려 각 세대 간 갈등을 효과적으로 드러내며, 재산 상속의 문제를 전면에 내세워 근대 사회를 추동하는 '돈'이라는 가치에 대한 작가의 의식을 드러냄
봄·봄	• 갈래: 현대 소설, 단편 소설 • 주제: 순박하고 우직한 데릴사위와 그를 이용하는 장인 간의 갈등 • 특징: 김유정의 작품으로, 순박한 생활상과 농촌의 궁핍상을 향토적 정서를 바탕으로 해학적 문체와 어조로 형상화한 소설
동백꽃	• 갈래: 현대 소설, 단편 소설, 농촌 소설 • 주제: 산골 남녀의 순박한 사랑 • 특징 - 김유정의 작품으로, 농촌을 배경으로 소작인 아들과 마름의 딸의 사랑을 해학적으로 그려낸 작품 　　　- 향토적인 소재와 토속어의 사용으로 서정적인 분위기를 형상화한 소설
사랑손님과 어머니	• 갈래: 단편 소설 • 주제: 어머니와 아저씨의 사랑과 봉건적 윤리관 간 갈등 • 특징: 주요섭의 작품으로, 어린아이인 '옥희'를 1인칭 관찰자 시점의 서술자로 삼아 어머니와 아저씨가 드러내지 못하는 감정을 순진한 아이의 시각으로 표현하여 독자에게 흥미와 상상력을 제공하고, 통속적으로 보일 수 있는 '사랑'이라는 소재를 아름답게 승화시킴
탁류	• 갈래: 연재 소설, 세태 소설, 장편 소설 • 주제: 한 여인의 비극적 삶을 통한 어두운 현실 비판 • 특징 - 채만식의 작품으로, 일제 강점기를 배경으로 당시 우리 민족의 비참한 삶을 현실적으로 보여줌 　　　- 제목 '탁류'를 통해 오염된 사회와 타락한 사람들을 고발하고자 하는 주제 의식을 드러냄 　　　- 풍자적 수법을 사용함
광장	• 갈래: 장편 소설, 관념 소설, 분단 소설 • 주제: 이데올로기 대립 속에서 본질적인 자유와 이상을 추구하는 지식인의 모습 • 특징 - 최인훈의 작품으로, 해방 직후부터 한국 전쟁까지를 배경으로 하여 분단과 이데올로기 갈등, 개인과 사회의 문제를 다룬 소설 　　　- 대립적 공간인 '광장'과 '밀실'을 통해 남북한의 현실을 드러내며, 분단 현실을 비판하기 위해 비극적 결말을 취함 　　　- 작품 전반의 표현이 관념적·철학적·추상적인 경향을 띰
유예	• 갈래: 현대 소설, 단편 소설, 심리 소설, 전후 소설 • 주제: 전쟁 속에서 인간이 겪는 고뇌 • 특징 - 오상원의 작품으로, 한국 전쟁을 배경으로 하고 있음 　　　- 처형당하기 직전의 극한 상황에서 '나'의 내면세계를 그린 소설
젊은 느티나무	• 갈래: 단편 소실, 성장 소설 • 주제: 사회적 규범을 극복하여 순수한 사랑을 하는 청춘 남녀의 모습 • 특징: 강신재의 작품으로, 이복오빠인 '현규'에게 느끼는 '나'의 사랑을 섬세하고 감각적인 문체를 사용해 표현한 소설
무진기행	• 갈래: 현대 소설, 단편 소설 • 주제: 현실 속에서 자기 존재의 파악 • 특징: 김승옥의 작품으로, 1960년대 지식인의 귀향 체험을 통해 현실로부터의 일탈과 복귀의 내면 심리를 드러내는 소설

서울, 1964년 겨울	• 갈래: 단편 소설 • 주제: 명확한 가치관을 확립하지 못한 이들의 심리적 방황과 연대 의식의 상실 • 특징 - 김승옥의 작품으로, 1964년 겨울의 서울을 배경으로 정치적 혼란 탓에 자유를 잃어 허무와 우울이 팽배했던 현실을 다루고 있으며 이를 구체적인 시간적·공간적 배경과 이것이 드러난 제목을 통해 효과적으로 형상화하고 있음 - 모든 인물은 익명화되어 있으며 '길거리', '여관', '화재 현장' 등의 장소에 상징성을 부여하여 연대 의식이 사라지고 개인주의가 두드러지는 현대 사회를 보여줌
우리들의 일그러진 영웅 빈출	• 갈래: 중편 소설, 풍자 소설 • 주제: 비민주적인 권력과 권력에 순응하는 소시민에 대한 비판 • 특징: 이문열의 작품으로, 역순행적 구성 방식을 취하며 당대 사회의 모습을 교실 사회에 빗대어 표현함
눈길 빈출	• 갈래: 단편 소설, 순수 소설, 귀향 소설 • 주제: 눈길에 얽힌 추억과 이를 통한 어머니와 아들의 화해 과정 • 특징: 이청준의 작품으로, 역순행적 구성을 취하고 있으며 '나'와 '어머니'가 서로 다른 의미로 생각하고 있는 '눈길'의 상징성을 통해 주제를 효과적으로 드러냄
삼포 가는 길 빈출	• 갈래: 단편 소설, 여로형 소설, 사실주의 소설 • 주제: 산업화의 과정에서 소외된 사람들의 연대 의식과 애환 • 특징: 황석영의 작품으로, 1970년대 이후 본격적으로 전개된 근대화와 산업화의 흐름에서 고향 상실의 아픔을 갖고 살아가는 하층민의 인간적 유대감과 애환을 형상화한 소설
사평역	• 갈래: 현대 소설, 단편 소설 • 주제: 간이역 대합실에서 막차를 기다리며 나눈 삶에 대한 교감 • 특징: 임철우의 작품으로, 1970~1980년대 산업화 시대를 살아가는 서민들의 고단한 삶을 '눈 내리는 겨울밤 시골 간이역 대합실'이라는 배경으로 형상화한 소설
역마	• 갈래: 단편 소설, 순수 소설 • 주제: '역마살'이라는 운명에 순응하는 삶 • 특징 - 김동리의 작품으로, 한곳에 정착하지 못하고 끊임없이 떠돌아다녀야 하는 역마살이 든 아들과 그의 어머니가 노력을 통하여 운명에 순응하는 삶을 살게 되는 과정을 형상화함 - '세 갈래 길'과 '화개 장터'라는 공간에 상징성을 부여함으로써 운명을 따르게 되는 인간의 삶을 효과적으로 그림

✓ **기출 포인트 Check Check**

다음 물음을 읽고, 적절한 것은 ○, 적절하지 않은 것은 × 표시하시오.

01 역순행적 구성 방식을 취하며 당대 사회를 교실 사회에 빗대어 표현한 이문열의 작품은 '광장'이다. (○, ×)

02 산업화 과정에서 소외된 사람들의 연대 의식과 애환을 다룬 황석영의 작품은 '삼포 가는 길'이다. (○, ×)

03 '눈 내리는 겨울밤 시골 간이역 대합실'을 배경으로 서민들의 고단한 삶을 형상화한 소설은 '사평역'이다. (○, ×)

정답 | 01 ×, 우리들의 일그러진 영웅   02 ○   03 ○

3 문학 이론

1. 문학 감상(비평)의 관점

(1) 외재적 관점

작가, 현실, 독자 등 작품 외적 요소를 근거로 하여 작품을 감상하고 비평하는 관점이다.

① 표현론(생산론)적 관점

　㉠ 작품과 작가의 관계에 주목하는 관점이다.

　㉡ 작품 속에 나타난 작가의 체험, 창작 의도, 사상, 감정, 전기적 사실 등에 초점을 두고 작품을 감상(비평)한다.

　예 「그 많던 싱아는 누가 다 먹었을까」는 박완서가 직접 경험한 이야기를 바탕으로 한 소설이다.

② 반영론적 관점

　㉠ 작품과 현실의 관계에 주목하는 관점이다.

　㉡ 작품 속에 반영된 역사, 시대, 현실 등에 초점을 두고 작품을 감상(비평)한다.

　예 박지원의 「양반전」은 양반이 백성들에게 횡포를 일삼던 조선 후기 사회상을 반영한 작품이다.

③ 수용론(효용론)적 관점

　㉠ 작품과 독자의 관계에 주목하는 관점이다.

　㉡ 독자의 반응에 초점을 두고 작품을 감상(비평)한다.

　예 「흥부전」을 읽고 '착한 사람은 복을 받고 나쁜 사람은 벌을 받는다'라는 권선징악의 교훈을 느꼈다.

(2) 내재적 관점

작품 이외의 사실에 대한 고려를 배제하고, 구성, 언어, 운율, 표현 기법, 문체, 미적 가치 등 작품 내적 특징을 근거로 하여 작품을 해석하고 이해하는 관점이다.

예 김소월의 「진달래꽃」은 3음보의 민요적 율격과 각운 '~우리다'의 반복으로 '이별의 정한'이라는 주제를 드러낸 작품이다.

2. 문학의 미적 범주 빈출

산문이나 운문 작품에서 구현되는 삶의 양식이나 자아와 세계의 관계를 기준으로 문학 작품에서 느껴지는 미(美)인 '우아미, 숭고미, 비장미, 골계미'를 개별적인 유형으로 분류한 것이다.

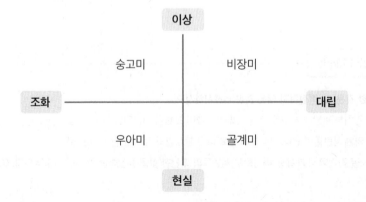

(1) 우아미(優雅美)

① 자아와 세계의 지위가 동등하고, 서로 대립하지 않는 양상을 보인다. 이때의 세계는 자아가 존재하고, 자아와 조화를 이루는 현실 그 자체이다.

② 자연을 바라보는 '나'가 자연의 조화라는 가치에 순응하는 태도를 보임으로써 미의식이 나타난다.

(2) 숭고미(崇高美)

① 세계의 지위가 자아의 지위보다 우위에 있으며, 서로 대립하지 않는 양상을 보인다. 이때의 세계는 주로 신이나 대자연 등과 같은 절대적 존재이다.

② 자연을 인식하는 '나'가 자연의 조화를 현실에서 추구하고 실현하고자 하는 태도를 보임으로써 미의식이 나타난다. 인간의 보통 이해력으로는 알 수 없는 경이, 외경, 위대함 등의 느낌을 준다.

(3) 비장미(悲壯美)

① 세계의 지위가 자아의 지위보다 우위에 있으며, 서로 대립하는 양상을 보인다. 이때의 세계는 자아가 패배할 수밖에 없는 절대적인 외부 세계나 권력, 질서, 제도 등이다.

② 자연을 인식하는 '나'의 실현 의지가 현실적 여건 때문에 좌절될 때 미의식이 나타난다. 슬픈 느낌을 준다.

(4) 골계미(滑稽美)

① 세계의 지위가 자아의 지위보다 우위에 있으며, 서로 대립하는 양상을 보인다. 이때의 세계도 '비장미'와 같이 외부 세계나 권력, 질서, 제도 등인 경우가 많으나 극한으로 대립하기보다는 웃음과 조롱으로 대응하는 경우이다.

② 자연의 질서나 이치를 의의 있는 것으로 존중하지 않고 추락시킴으로써 미의식이 나타난다. 풍자와 해학의 수법으로 우스꽝스러운 상황이나 인간상을 구현하며 익살을 부리는 가운데 어떤 교훈을 준다.

🎯 심화이론 공략

시나리오 용어

시나리오 용어에 대한 설명을 읽고 적합한 용어를 찾는 문제가 출제되기도 한다.

용어	설명
디졸브(DIS)	가벼운 장면 전환이 필요할 때, 이중노출(DE)로 인해 겹쳐진 화면에서 먼저 노출된 화면이 점점 사라지는 것과 동시에 다른 화면이 나타나게 하는 기법
몽타주(Montage) 빈출	따로따로 촬영한 화면을 적절하게 떼어 붙여서 하나의 긴밀하고도 새로운 장면이나 내용으로 만드는 일. 또는 그렇게 만든 화면
오버랩(OL)	하나의 화면이 끝나기 전에 다음 화면이 겹치면서 먼저 화면이 차차 사라지게 하는 기법
이중노출(DE) 빈출	과거 회상이나 인물의 심리 묘사 장면에 자주 쓰이는 기법으로, 서로 다른 두 개의 화면이 하나의 필름에 겹치게 나타나게 하는 것
인서트(Ins) 빈출	화면들 사이에 명함, 편지, 신문 등 다른 화면을 삽입하여 사건이나 상황을 강조하는 기법. 또는 그렇게 삽입된 화면
클로즈업(CU) 빈출	영화나 텔레비전에서, 등장하는 배경이나 인물의 일부를 화면에 크게 나타내는 일

✔ 기출 포인트 Check Check

다음 물음을 읽고, 적절한 것은 ○, 적절하지 않은 것은 × 표시하시오.

01 작품 이외의 사실은 배제하고, 작품 속 운율, 표현 기법, 미적 가치 등을 근거로 작품을 이해하는 관점은 내재적 관점이다. (○, ×)

02 자연을 인식하는 '나'의 실현 의지가 현실적 여건으로 좌절될 때 나타나는 미의식은 비장미이다. (○, ×)

03 '디졸브'는 영화나 텔레비전에서, 등장하는 배경이나 인물의 일부를 화면에 크게 나타내는 기법이다. (○, ×)

정답 | **01** ○ **02** ○ **03** ×, 클로즈업

출제예상문제

01 <보기>에서 설명하고 있는 시인의 이름으로 적절한 것은?

〈 보 기 〉

　　1917년 북간도 명동촌(明東村)에서 태어난 이 시인은 서울의 연희전문학교를 졸업하고 일본으로 유학을 갔다. 이후 1943년에 귀향하려던 중 독립운동을 했다는 혐의로 일본 경찰에 체포되어 후쿠오카 형무소에서 복역하였다. 하지만 복역 중 건강 악화로 28세라는 젊은 나이에 타계하고 말았다. 이 시인이 절정기에 쓴 작품들은 연희전문학교를 졸업한 후 발간하려 했지만 그 뜻을 이루지 못하다가, 사후에 그의 자필 유작 3부와 다른 작품을 모은 시집이 출간되었다.

① 김소월　　　　　　　　　　　　② 윤동주

③ 이상화　　　　　　　　　　　　④ 이육사

⑤ 정지용

02 <보기>는 어떤 문인에 대한 설명이다. 빈칸에 들어갈 문인으로 알맞은 것은?

〈 보 기 〉

　　　　　　　　은(는) 평안 방언을 비롯한 여러 지역의 언어들을 시어로 끌어들이고 고어와 토착어를 빈번하게 사용함으로써 시어의 영역을 넓히고 모국어를 확장시켰다. 또한 시각 외에 청각과 후각, 촉각, 미각 등 거의 모든 감각을 사용하여 대상을 감각적으로 포착하고 표현해냈다.

　　또한 그의 초기 시의 개성이 잘 드러나는 「여우난골족」은 큰집의 명절 풍경을 어린 아이의 시선을 통해 표현한 작품으로, 향토적 소재와 평안도 방언, 대상에 대한 감각적 묘사가 두드러진다.

① 이상　　　　　　　　　　　　　② 백석

③ 강소천　　　　　　　　　　　　④ 서정주

⑤ 조지훈

03 <보기>의 밑줄 친 부분에서 영희가 설명하고 있는 문학의 미적 범주는?

〈 보 기 〉

철수: 국어 시간에 송순의 <면앙정가>를 읽었는데 자연 친화적인 삶을 사는 작가의 인생관을 배울 수 있었어.

영희: 그랬구나. 문학 작품에는 여러 미적 범주가 있는데, 작품 속 '나'가 자연에서 유유자적한 삶의 모습을 보이는 것과 같이 자연을 바라보는 '나'가 자연의 조화에 순응하는 태도를 보임으로써 나타나는 미의식이 있어.

① 우아미 　　　　　　　　　　　② 비장미
③ 숭고미 　　　　　　　　　　　④ 골계미
⑤ 소박미

Ⅰ 어휘

Ⅱ 어법

Ⅲ 국어 문화

2주 만에 끝내는 해커스 KBS 한국어능력시험

04 밑줄 친 작품의 예로 해당하지 <u>않는</u> 것은?

〈 보 기 〉

　1950년에 발발한 6 · 25 전쟁은 남북한의 분단을 고착화시키는 계기가 되었다. 3년에 걸친 전쟁과 이로 인한 분단 상황은 우리 문학에도 큰 영향을 미쳤다. 이에 한국 전쟁을 배경으로 한 작품이 다수 발표되었다. 이 시대의 작가들은 전쟁의 상처를 안고 있는 전후 사회 현실에 대한 인식을 바탕으로 분단으로 인한 한국 사회의 비극, 가치관 혼란 등을 형상화하였다.

① 채만식, 「탁류」 　　　　　　　　② 오상원, 「유예」
③ 이범선, 「오발탄」 　　　　　　　④ 하근찬, 「수난이대」
⑤ 손창섭, 「비 오는 날」

05 다음 중 '가전체'의 예로 적절하지 <u>않은</u> 것은?

① 권필, 「주생전」 　　　　　　　　② 이첨, 「저생전」
③ 임춘, 「국순전」 　　　　　　　　④ 이곡, 「죽부인전」
⑤ 이규보, 「청강사자현부전」

06 고전 소설과 갈래를 바르게 연결하지 <u>못한</u> 것은?

① 「임진록」 - 역사(歷史) 소설 　　　② 「유충렬전」 - 영웅(英雄) 소설
③ 「홍계월전」 - 군담(軍談) 소설 　　④ 「사씨남정기」 - 송사(訟事) 소설
⑤ 「숙영낭자전」 - 애정(愛情) 소설

정답 및 해설 p.297

국어 문화 실전연습문제

01 <보기>의 ⊙ ~ ⑩에 대한 설명으로 가장 적절한 것은?

─── 〈 보 기 〉 ───

- 날씨가 더워지면서 ⊙ **두드러기**가 심해졌다.
- 어찌 된 일인지 그는 온몸에 ⓒ **생채기**가 나 있었다.
- ⓒ **봉다리**에 물건을 너무 많이 담았더니 찢어져 버렸다.
- 네가 이 일을 중간에 그만둘 것이라면 ② **숫제** 하지 말아라.
- 준비할 것이 많은지 어머니는 정신없이 ⑩ **정지**를 들락날락하셨다.

① ⊙: '뾰족하게 부어오른 작은 부스럼'이라는 의미의 표준어이다.

② ⓒ: '손톱 등으로 할퀴이거나 긁히어서 생긴 작은 상처'라는 의미의 표준어이다.

③ ⓒ: '속에 물건을 담을 수 있도록 헝겊 등으로 길고 크게 만든 주머니'라는 의미의 방언이다.

④ ②: '처음부터 차라리. 또는 아예 전적으로'라는 의미의 방언이다.

⑤ ⑩: '일정한 시설을 갖추어 놓고 요리나 설거지 등의 일을 하는 곳'이라는 의미의 표준어이다.

02 사례를 통해 도출한 일상생활의 언어 사용 양상으로 적절하지 **않은** 것은?

─── 〈 보 기 〉 ───

- 사례1: "고건 쫌 어렵겠다."
- 사례2: "다음부터 설거진 바로바로 해."
- 사례3: "음, 다음부터는 요기 모임에 나갈 것 같아요."
- 사례4: "네가 우리 꽈에서 공부를 무지무지 잘한다며?"
- 사례5: "아, 참. 내일부터 그 제도는 변화된다고 하더라구요."

① 사례 1, 4를 통해 경음을 사용하는 경향이 있음을 알 수 있군.

② 사례 1, 2를 통해 축약된 형태로 말하는 경향이 있음을 알 수 있군.

③ 사례 1, 3을 통해 작은 어감의 지시어를 사용하는 경향이 있음을 알 수 있군.

④ 사례 3, 5를 통해 애매한 표현을 사용하여 거절의 의사를 확실하게 전달하고 있군.

⑤ 사례 3 ~ 5를 통해 감탄사나 부사를 활용해 놀람이나 느낌을 표현함을 알 수 있군.

03 간판의 이름과 대상에 대한 설명이 적절하지 <u>않은</u> 것은?

	간판명	대상	설명
①	짐치	김치찜	'김치'의 방언을 사용하여 토속적인 느낌을 준다.
②	소 먹으러 왔소?	소고기	취급하는 음식인 '소고기'의 '소'와 어미 '소'의 발음이 같은 것을 이용해 흥미를 불러일으킨다.
③	먹고 인생 피자	피자	'펴다'의 잘못된 표현인 '피다'를 통해 취급하는 음식을 드러낸다.
④	멍냥 동물병원	동물병원	'멍멍', '야옹'과 같은 의성어를 활용해 업소의 특성을 드러낸다.
⑤	여기서 머리 헤어!	미용실	고유어 '머리'와 영어 '헤어'를 함께 사용하여 미용사의 전문성을 드러낸다.

04 <보기>는 방송 뉴스 기사이다. ㉠ ~ ㉤에 대한 설명으로 적절하지 <u>않은</u> 것은?

〈 보기 〉

㉠태국 방콕에서 열린 여자단체배드민턴선수권 대회 준결승전에서 한국 대표팀이 ㉡일본에 패배하여 결승 진출에 실패했습니다. 여자 배드민턴 대표팀은 ㉢첫 번째, 두 번째 경기에서 각각 1대 1을 기록하며 ㉣접전의 승부를 이어간 가운데, 세 번째, 네 번째 경기에서 연달아 패하며 결국 ㉤승리를 내줬습니다.

① ㉠: 경기의 공간적 정보만 제공되고 있으므로, '지난 25일'과 같이 시간적 정보도 제시해 주는 것이 바람직하다.

② ㉡: 경기 결과는 '일본을 상대로 3대 1로 패배하여 결승 진출에 실패했습니다'라고 뉴스 초반부에 제시하여 전달력을 높이는 것이 바람직하다.

③ ㉢: 경기 흐름에 대한 이해를 돕기 위해 앞에 '5판 3선승제로 진행되는 이번 경기의'라는 설명을 추가하는 것이 바람직하다.

④ ㉣: 뒤 문장과의 의미상 호응을 고려하여 '접전의 승부를 이어갔으나'로 바꾸는 것이 바람직하다.

⑤ ㉤: 패배의 아쉬움을 생생하게 전달하기 위해 '통한의 패배를 당했습니다'로 바꾸는 것이 바람직하다.

05 <보기>의 ㉠ ~ ㉤ 중, 향찰의 훈차 표기에 해당하는 것은?

〈 보 기 〉

生死路隱
此矣有阿米次肸伊遣
吾隱㉠去內如辭叱都
毛如云遣去內㉡尼叱古
㉢於內秋察早隱風未
此矣彼矣浮良落尸葉如
一等隱枝良出㉣古
去奴隱處毛冬乎丁
㉤阿也彌陀刹良逢乎吾
道修良待是古如

생사(生死) 길흔
이에 이샤매 머믓그리고,
나는 가ᄂ다 말ㅅ도
몯다 니르고 가ᄂ닛고.
어느 ᄀᆞ술 이른 ᄇᆞᄅᆞ매
이에 뎌에 ᄠᅳ러딜 닙ᄀᆞᆮ.
ᄒᆞᄃᆞᆫ 가지라 나고
가논 곧 모ᄃᆞ론뎌.
아야 미타찰(彌陀刹)아 맛보올 나
도(道) 닷가 기드리고다.

- 월명사, 「제망매가(祭亡妹歌)」

① ㉠
② ㉡
③ ㉢
④ ㉣
⑤ ㉤

06 북한어에 관한 설명으로 적절하지 않은 것은?

① '깨어졌습니다'는 북한어로 '깨여졌습니다'라고 표기한다.
② 북한어는 어떤 한 문장을 인용했을 때《 》을 사용하여 표기한다.
③ 북한어는 남한처럼 의존 명사를 앞말과 띄어 쓰는 것이 원칙이다.
④ 북한어는 남한과 달리 본용언과 보조 용언을 띄어 쓰지 않는 것이 원칙이다.
⑤ 사잇소리 현상이 일어나는 단어의 발음은 북한어나 표준어가 비슷하나, 북한은 표기 차원에서 사이시옷을 넣지 않는다.

07 다음 중 적절하지 않은 순화어는?

① 곤색 → 감청색
② 땡땡이 → 물방울
③ 베테랑 → 숙련자
④ 마블링 → 결지방
⑤ 랜드마크 → 명소

08 <보기>의 근대 신문 광고에 대한 설명으로 적절하지 않은 것은?

〈 보 기 〉

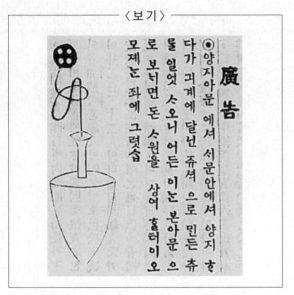

① 과거형 어미 '-앗-/-엇-'을 확인할 수 있다.

② 겹받침을 사용하지 않았음을 확인할 수 있다.

③ 단모음화가 되지 않은 이중 모음을 확인할 수 있다.

④ 어간과 어미가 완전히 분리되지는 않았음을 알 수 있다.

⑤ 어두에 합용 병서와 각자 병서가 사용되었음을 확인할 수 있다.

09 <보기>는 어떤 글의 일부이다. 이 글이 실려 있는 책의 제목으로 알맞은 것은?

〈 보 기 〉

예셔 셔울 가기 몃 즘게 길히 잇ᄂᆞ뇨

예셔 셔울 가기 당시롱 五白里 우흐로 잇ᄂᆞ니 하ᄂᆞᆯ이 어엿비 너기샤 몸이 편안ᄒᆞ면 ᄯᅩ 닷쉐만 ᄒᆞ면 가리라

우리 가면 어듸 브리워야 됴ᄒᆞᆯ고

우리 順城門 읫 官店을 향ᄒᆞ야 브리오라 가쟈 뎨셔 곳믈 져제 가미 ᄯᅩ 갓가오니라

네 니르미 올타 나도 ᄆᆞᄋᆞᆷ애 이리 싱각ᄒᆞ엿더니 네 닐오미 맛치 내 ᄯᅳᆺ과 ᄀᆞᆺ다

① 가례언해(家禮諺解)

② 두시언해(杜詩諺解)

③ 금강경언해(金剛經諺解)

④ 노걸대언해(老乞大諺解)

⑤ 훈민정음언해(訓民正音諺解)

10 다음 중 음운론적 이형태로 설명할 수 없는 사례는?

① 보조사: 은/는

② 주격 조사: 이/가

③ 부사격 조사: 와/과

④ 선어말 어미: -았-/-었-

⑤ 종결 어미: -어요/-여요

정답 및 해설 p.298

정답 및 해설

01 고유어

출제예상문제

p.38

01	02	03	04	05	06
④	②	①	②	②	①

01 고유어의 사전적 의미

정답 ④

해설 '몰골이 아주 구질구질하다'에서 '구질구질하다'는 '상태나 하는 짓이 깨끗하지 못하고 구저분하다'라는 뜻이므로 답은 ④이다. 참고로, '겉모양이 깨끗하지 못하고 생기가 없다'는 고유어 '추레하다'의 의미이다.

02 고유어의 사전적 의미

정답 ②

해설 '자취도 없이'에서 '자취'는 '어떤 것이 남긴 표시나 자리'라는 뜻이므로 답은 ②이다. 참고로, '누가 있는 줄을 짐작하여 알 만한 소리나 기색'은 고유어 '기척'의 의미이다.

03 고유어의 사전적 의미

정답 ①

해설 '꽃을 한 아름'에서 '아름'은 '두 팔을 둥글게 모아 만든 둘레 안에 들 만한 분량을 세는 단위'라는 뜻이므로 답은 ①이다. 참고로, '한데 뭉치거나 말거나 감은 덩이를 세는 단위'는 고유어 '뭉치'의 의미이다.

04 고유어의 문맥적 의미

정답 ②

해설 '우물우물'은 '말을 시원스럽게 하지 않고 입 안에서 자꾸 중얼거리는 모양'을 의미하는 고유어이므로 '큰 소리'와 함께 쓰이는 것은 적절하지 않다. 따라서 답은 ②이다.

오답 분석
① '어슷어슷'은 '여럿이 다 한쪽으로 조금 비뚤어진 모양'을 의미하는 고유어이다. ①은 어머니가 한쪽으로 조금 비뚤어진 모양으로 누빈 옷을 딸에게 입혔다는 의미이므로 그 쓰임이 적절하다.

③ '노릇노릇'은 '매우 노르스름한 모양'을 의미하는 고유어이다. ③은 김치전이 매우 노르스름한 모양으로 익었다는 의미이므로 그 쓰임이 적절하다.

④ '부둑부둑'은 '물기가 있는 물건의 거죽이 거의 말라 약간 뻣뻣하게 굳어진 모양'을 의미하는 고유어이다. ④는 물에 젖은 구두의 거죽이 거의 말라 뻣뻣하게 되었다는 의미이므로 그 쓰임이 적절하다.

⑤ '다닥다닥'은 '보기 흉할 정도로 지저분하게 여기저기 기운 모양'을 의미하는 고유어이다. ⑤는 은미가 옷의 여기저기를 지저분하게 기워 입을 정도로 형편이 좋지 않았다는 의미이므로 그 쓰임이 적절하다.

05 고유어의 문맥적 의미

정답 ②

해설 '고깝다'는 '섭섭하고 야속하여 마음이 언짢다'를 의미하는 고유어이므로 '존중하는 듯한'과 함께 쓰이는 것은 적절하지 않다. 따라서 답은 ②이다.

오답 분석
① '갈마들다'는 '서로 번갈아들다'를 의미하는 고유어이다. ①은 홍수와 가뭄이 번갈아 일어나는 탓에 농사가 잘 될 리 없다는 의미이므로 그 쓰임이 적절하다.

③ '무람없다'는 '예의를 지키지 않으며 삼가고 조심하는 것이 없다'를 의미하는 고유어이다. ③은 막냇동생의 예의를 지키지 않고 조심성이 없는 태도를 어른들이 지적했다는 의미이므로 그 쓰임이 적절하다.

④ '사르다'는 '불에 태워 없애다'를 의미하는 고유어이다. ④는 부조리한 정책이 담긴 문서를 불에 태워 없앴다는 의미이므로 그 쓰임이 적절하다.

⑤ '아련하다'는 '똑똑히 분간하기 힘들게 아렴풋하다'를 의미하는 고유어이다. ⑤는 소꿉친구와의 추억이 똑똑히 분간하기 힘들게 아렴풋하다는 의미이므로 그 쓰임이 적절하다.

06 고유어의 문맥적 의미

정답 ①

해설 '화수분'은 '재물이 계속 나오는 보물단지'를 의미하는 고유어이므로 '어머니와 아버지를 힘들게 하는'과 함께 쓰이는 것은 적절하지 않다. 따라서 답은 ①이다.

오답 분석
② '사뭇'은 '내내 끝까지'를 의미하는 고유어이다. ②는 여름 방학 내내 여러 가지를 공부하여 바빴다는 의미이므로 그 쓰임이 적절하다.

③ '가탈'은 '이리저리 트집을 잡아 까다롭게 구는 일'을 의미하는 고유어이다. ③은 그가 이리저리 트집을 잡아 까다롭게 구는 바람에 일의 진행이 더디었다는 의미이므로 그 쓰임이 적절하다.

④ '갈무리'는 '물건 등을 잘 정리하거나 간수함'을 의미하는 고유어이다. ④는 지난주에 어머니를 도와 수확한 배추를 잘 정리하거나 간수하였다는 의미이므로 그 쓰임이 적절하다.

⑤ '고명딸'은 '아들 많은 집의 외딸'을 의미하는 고유어이다. ⑤는 아들 많은 집의 외딸이라서 할아버지와 할머니의 사랑을 많이 받았다는 의미이므로 그 쓰임이 적절하다.

02 한자어

출제예상문제

p.60

01	02	03	04	05	06
④	③	④	⑤	④	④

01 한자어의 사전적 의미

정답 ④

해설 '선처(善處)'는 '형편에 따라 잘 처리함'이라는 의미의 한자어이다. '지은 죄나 잘못한 일에 대하여 꾸짖거나 벌하지 않고 덮어 줌'이라는 의미를 지닌 한자어는 '용서(容恕)'이므로 답은 ④이다.

02 한자어의 문맥적 의미

정답 ③

해설 '회자(膾炙)'는 회와 구운 고기라는 뜻으로, 칭찬을 받으며 사람의 입에 자주 오르내림을 이르는 말이므로, 긍정적인 내용과 함께 쓰이는 것이 적절하다. ③은 '사기 행각'과 같은 부정적인 내용과 함께 쓰였으므로 문맥상 적절하지 않다.

오답 분석
① '발군(拔群)'은 '여럿 가운데에서 특별히 뛰어남'을 의미하는 한자어이다. ①은 그녀가 여럿 가운데에서 특별히 뛰어나게 노래 실력을 뽐냈다는 의미이므로 문맥상 적절하게 사용되었다.

② '준공(竣工)'은 '공사를 다 마침'을 의미하는 한자어이다. ②는 공사를 마친 지 1년이 지난 박물관이 개관한다는 의미이므로 문맥상 적절하게 사용되었다.

④ '방자(放恣)'는 '어려워하거나 조심스러워하는 태도가 없이 무례하고 건방짐'을 의미하는 한자어이다. ④는 동기의 언행이 무례하고 건방졌다는 의미이므로 문맥상 적절하게 사용되었다.

⑤ '구명(究明)'은 '사물의 본질, 원인 등을 깊이 연구하여 밝힘'을 의미하는 한자어이다. ⑤는 김 박사가 중세 유물을 통해 중세인의 의식주 생활을 깊이 연구하여 밝힌다는 의미이므로 문맥상 적절하게 사용되었다.

03 한자어의 문맥적 의미

정답 ④

해설 '출현(出現)'은 '나타나거나 또는 나타나서 보임'을 뜻하는데, ④는 아무도 예상하지 못했던 그녀가 나타났다는 의미이므로 문맥에 맞게 사용되었다.

오답 분석
① '간파(看破)'는 '속내를 꿰뚫어 알아차림'을 의미하므로, 문맥상 '상태, 모양, 성질 등이 그와 같다고 봄. 또는 그렇다고 여김'을 뜻하는 '간주(看做)'를 쓰는 것이 적절하다.

② '강구(講究)'는 '좋은 대책과 방법을 궁리하여 찾아내거나 좋은 대책을 세움'을 의미하므로, 문맥상 '간절히 바람'이라는 뜻의 '간구(懇求)'를 쓰는 것이 적절하다.

③ '구분(區分)'은 '일정한 기준에 따라 전체를 몇 개로 갈라 나눔'을 의미하므로, 문맥상 '성질이나 종류에 따라 차이가 남. 또는 성질이나 종류에 따라 갈라놓음'을 뜻하는 '구별(區別)'을 쓰는 것이 적절하다.

⑤ '종식(終熄)'은 '한때 매우 성하던 현상이나 일이 끝나거나 없어짐'을 의미하므로, 문맥상 '먼지를 떨고 훔친다는 뜻으로, 의심이나 부조리한 점 등을 말끔히 떨어 없앰을 이르는 말'인 '불식(拂拭)'을 쓰는 것이 적절하다.

04 한자어의 병기

정답 ⑤

해설 경질(硬質: 굳을 경, 바탕 질)(×) → 경질(更迭: 고칠 경, 갈마들 질 / 更佚: 고칠 경, 방탕할 질)(○): 문맥상 '어떤 직위에 있는 사람을 다른 사람으로 바꿈'을 뜻하는 '경질(更迭 / 更佚)'을 써야 하므로, 한자 병기가 잘못된 것은 ⑤이다. 참고로, '경질(硬質)'은 '단단하고 굳은 성질'을 의미한다.

오답 분석
① 수령(樹齡: 나무 수, 나이 령)(○): 나무의 나이

② 봉변(逢變: 만날 봉, 변할 변)(○): 뜻밖의 변이나 망신스러운 일을 당함. 또는 그 변

③ 동결(凍結: 얼 동, 맺을 결)(○): 자산이나 자금 등의 사용이나 변동이 금지됨. 또는 그렇게 함

④ 지수(指數: 가리킬 지, 셈 수)(○): 물가나 임금 등과 같이, 해마다 변화하는 사항을 알기 쉽도록 보이기 위해 어느 해의 수량을 기준으로 잡아 100으로 하고, 그것에 대한 다른 해의 수량을 비율로 나타낸 수치

05 한자어의 병기

정답 ④

해설 풍조(風調: 바람 풍, 고를 조)(×) → 풍조(風潮: 바람 풍, 조수 조)(○): 문맥상 '시대에 따라 변하는 세태'를 뜻하는 '풍조(風潮)'를 써야 하므로, 한자 병기가 잘못된 것은 ④이다. 참고로, '풍조(風調)'는 '바람이 순조롭게 붊', '시가 등의 가락'을 의미한다.

오답 분석
① 전시(展示: 펼 전, 보일 시)(○): 여러 가지 물품을 한곳에 벌여 놓고 보임

② 유지(有志: 있을 유, 뜻 지)(○): 마을이나 지역에서 명망 있고 영향력을 가진 사람

③ 공과(工科: 장인 공, 품등 과)(○): 대학에서, 공업 생산에 필요한 과학 기술을 전공하는 학과를 통틀어 이르는 말

⑤ 역정(逆情: 거스를 역, 뜻 정)(○): 몹시 언짢거나 못마땅하여서 내는 성

06 한자어의 병기

정답 ④

해설 <보기>의 ⊙ ~ ⓒ에 해당하는 한자를 순서대로 표기하면 '市街 - 媤家 - 市價'이므로 답은 ④이다.
- ⊙ 시가(市街: 시장 시, 거리 가): 도시의 큰 길거리
- ⓛ 시가(媤家: 시집 시, 집 가): 시부모가 사는 집. 또는 남편의 집안
- ⓒ 시가(市價: 시장 시, 값 가): 시장에서 상품이 매매되는 가격

출제예상문제

p.78

01	02	03	04	05	06
④	②	④	⑤	③	③

01 고유어와 한자어의 대응

정답 ④

해설 **축출(逐出)하기[가려내기]**: 이때 한자어 '축출(逐出)하다'는 '쫓아내거나 몰아내다'라는 의미이므로 '여럿 가운데서 일정한 것을 골라내다'라는 의미의 고유어 '가려내다'와의 대응은 적절하지 않다. 참고로, 적절한 대응 관계를 이루기 위해서는 '강제로 어떤 곳에서 밖으로 내몰다'라는 의미의 고유어 '쫓아내다'나 '몰아서 밖으로 쫓거나 나가게 하다'라는 의미의 고유어 '몰아내다'를 사용해야 한다.

오답분석 ① **고착(固着)되어[굳어져]**: 이때 한자어 '고착(固着)되다'는 '어떤 상황이나 현상이 굳어져 변하지 않게 되다'라는 의미이므로, '점점 몸에 배어 아주 자리를 잡게 되다'라는 의미의 고유어 '굳어지다'와의 대응은 적절하다.

② **돈독(敦篤)한[도타운]**: 이때 한자어 '돈독(敦篤)하다'는 '도탑고 성실하다'라는 의미이므로, '서로의 관계에 사랑이나 인정이 많고 깊다'라는 의미의 고유어 '도탑다'와의 대응은 적절하다.

③ **패용(佩用)한[단]**: 이때 한자어 '패용(佩用)하다'는 '훈장이나 명패 등을 몸에 달다'라는 의미이므로, '물건을 일정한 곳에 붙이다'라는 의미의 고유어 '달다'와의 대응은 적절하다.

⑤ **흡수(吸收)하여[빨아들여]**: 이때 한자어 '흡수(吸收)하다'는 '빨아서 거두어들이다'라는 의미이므로, '수분, 양분, 기체 등을 끌어들이거나 흡수하다'라는 의미의 고유어 '빨아들이다'와의 대응은 적절하다.

02 반의 관계

정답 ②

해설 역의 관계는 'A가 B의 C', 'B가 A의 D'에서 C와 D의 관계이며, 역행 관계는 한 단어가 한 방향으로 이동하는 것을 나타내고 다른 단어는 반대 방향으로 이동하는 것을 나타내는 관계이다. 따라서 '남편'과 '아내'는 'A는 B의 남편', 'B는 A의 아내'와 같은 관계가 성립되므로 역의 관계이고, '입다'와 '벗다'는 의복 등을 착용하는 데 있어서 '입다'가 '벗다'의, '벗다'가 '입다'의 반대 방향을 나타내는 역행 관계이므로 답은 ②이다. 참고로, 역의 관계와 역행 관계는 관계 반의어의 세부 유형이다.

오답분석 • '**있다**'와 '**없다**', '**살다**'와 '**죽다**': 두 단어는 일정한 의미 영역을 온전히 나눠 가지며 상호 배타성을 띠는 상보 반의어이다. 참고로, 상보 반의어는 '있지 않다'가 '없다'의 의미를 가지는 것 같이 한 단어의 부정이 다른 단어의 긍정과 같은 의미를 나타내며 두 단어 사이에 중간 항이 존재하지 않는다.

03 상하 관계

정답 ④

해설 '언어 : 중국어'와 '계절 : 가을'은 모두 상하 관계의 단어로, 한 단어의 의미가 다른 단어의 의미를 포함하고 있다. 따라서 '치마'의 의미를 고려할 때, 상위어인 ㉠에는 '하의'가 들어가는 것이 적절하며 '비'의 의미를 고려할 때, 하위어인 ㉡에는 '강우(強雨)'가 들어가는 것이 적절하므로 답은 ④이다.

㉠ • **하의**: 아래에 입는 옷
• **치마**: 허리부터 다리 부분까지 하나로 이어져 가랑이가 없는 아래옷

㉡ • **비**: 대기 중의 수증기가 높은 곳에서 찬 공기를 만나 식어서 엉기어 땅 위로 떨어지는 물방울
• **강우(強雨)**: 세차게 내리는 비

오답분석 ㉠ • **윗옷**: 위에 입는 옷
• **표의**: 겉에 입는 옷

㉡ **토우(土雨)**: 바람에 날려 올라갔던 모래흙이 비처럼 땅으로 떨어지는 것. 또는 그러한 현상

04 다의어와 동음이의어

정답 ⑤

해설 <보기>의 빈칸에 공통으로 들어갈 단어의 기본형은 ⑤ '내리다'이다.
• **내일 함박눈이 내린다고 하니 지하철을 이용하여 출근해야겠다**: 이때 '내리다'는 '눈, 비, 서리, 이슬 등이 오다'라는 의미이다.
• **음주 운전을 한 야구 선수에게 구단은 경기 출전 금지 조치를 내렸다**: 이때 '내리다'는 '윗사람으로부터 아랫사람에게 상이나 벌 등이 주어지다. 또는 그렇게 하다'라는 의미이다.
• **지난 주에 누나가 앞마당으로 옮겨 심은 꽃이 벌써 뿌리를 내리고 잘 자란다**: 이때 '내리다'는 '뿌리가 땅속으로 들어가다'라는 의미이다.

05 다의어와 동음이의어

정답 ③

해설 ①, ②, ④, ⑤의 밑줄 친 두 말은 글자의 소리가 서로 같으나 뜻이 다른 동음이의(同音異義) 관계이지만 ③의 밑줄 친 두 말은 하나의 단어가 두 가지 이상의 뜻을 가진 다의(多義) 관계이므로 답은 ③이다.
• **깍두기가 맛이 들다**: 과일, 음식의 맛 등이 익어서 알맞게 되다.
• **등산 동호회를 들다**: 어떤 조직체에 가입하여 구성원이 되다.

오답분석 ① • **땡볕에 살이 익다**: 불이나 볕을 오래 쬐거나 뜨거운 물에 담가서 살갗이 빨갛게 되다.
• **마을의 풍토에 익다**: 여러 번 겪어 설지 않다.

② • **엄마의 무릎을 베다**: 누울 때, 베개 등을 머리 아래에 받치다.
• **떡을 한입에 베다**: 이로 음식 등을 끊거나 자르다.

④ • **지하철이 사람들로 가득 차다**: 일정한 공간에 사람, 사물, 냄새 등이 더 들어갈 수 없이 가득하게 되다.
• **축구공을 차다**: 발로 내어 지르거나 받아 올리다.

⑤ • **우리나라 대표팀이 영국 대표팀을 누르다**: 경기나 경선 등에서, 상대를 제압하여 이기다.
• **나뭇잎이 누르다**: 황금이나 놋쇠의 빛깔과 같이 다소 밝고 탁하다.

06 혼동하기 쉬운 어휘

정답 ③

해설 ㉠~㉢에 들어갈 단어의 기본형을 바르게 짝 지은 것은 '새다 - 이기다 - 붓다'이므로 답은 ③이다.
• **작은방에서 동생의 노랫소리가 ㉠ 새어 나온다**: ㉠에는 '어떤 소리가 일정 범위에서 빠져나가거나 바깥으로 소리가 들리다'를 의미하는 '새다'를 사용하는 것이 적절하다. 참고로 '세다'는 '머리카락이나 수염 등의 털이 희어지다'를 의미한다.
• **고구마와 감자를 잘게 ㉡ 이기어 샌드위치를 만들었다**: ㉡에는 '짓찧어 다지다'를 의미하는 '이기다'를 사용하는 것이 적절하다. 참고로 '으기다'는 '이기다'의 잘못된 표현이다.
• **야식을 먹고 잤더니 얼굴이 ㉢ 부어서 거의 다른 사람 같았다**: ㉢에는 '살가죽이나 어떤 기관이 부풀어 오르다'를 의미하는 '붓다'를 사용하는 것이 적절하다. 참고로 '붇다'는 '물에 젖어서 부피가 커지다'를 의미한다.

04 속담, 한자 성어

출제예상문제

p.98

01	02	03	04	05	06
③	①	④	②	③	⑤

01 속담
정답 ③

해설 '함정에 든 범'은 빠져나올 수 없는 곤경에 처하여서 마지막 운명만을 기다리고 있는 처지를 비유적으로 이르는 말이다. 이와 의미가 유사한 속담은 ③ '우물에 든 고기'로, 이는 빠져나올 수 없는 곤경에 처하여서 마지막 운명만을 기다리고 있는 처지를 비유적으로 이르는 말이다.

오답 분석
① 아는 것이 병: 1. 정확하지 못하거나 분명하지 않은 지식은 오히려 걱정거리가 될 수 있음을 이르는 말 2. '아무 것도 모르면 차라리 마음이 편하여 좋으나, 무엇이나 좀 알고 있으면 걱정거리가 많아 도리어 해롭다'라는 말
② 개밥에 도토리: '개는 도토리를 먹지 않기 때문에 밥 속에 있어도 먹지 않고 남긴다'라는 뜻에서, 따돌림을 받아서 여럿의 축에 끼지 못하는 사람을 비유적으로 이르는 말
④ 제 논에 물 대기: 자기에게만 이롭도록 일을 하는 경우를 비유적으로 이르는 말
⑤ 하늘 아래 첫 동네: 매우 높은 지대에 있는 동네를 비유적으로 이르는 말

02 한자 성어
정답 ①

해설 '효'의 의미를 내포하고 있는 한자 성어는 '반포지효(反哺之孝)'와 '혼정신성(昏定晨省)'이므로 답은 ①이다.
• ㄱ. 반포지효(反哺之孝): 까마귀 새끼가 자라서 늙은 어미에게 먹이를 물어다 주는 효라는 뜻으로, 자식이 자란 후에 어버이의 은혜를 갚는 효성을 이르는 말
• ㄴ. 혼정신성(昏定晨省): '밤에는 부모의 잠자리를 보아 드리고 이른 아침에는 부모의 밤새 안부를 묻는다'라는 뜻으로, 부모를 잘 섬기고 효성을 다함을 이르는 말

오답 분석
• ㄷ. 감언이설(甘言利說): 귀가 솔깃하도록 남의 비위를 맞추거나 이로운 조건을 내세워 꾀는 말이라는 뜻이므로 '효'의 의미를 내포하고 있지 않다.
• ㄹ. 경천동지(驚天動地): '하늘을 놀라게 하고 땅을 뒤흔든다'라는 뜻으로, 세상을 몹시 놀라게 함을 비유적으로 이르는 말이므로 '효'의 의미를 내포하고 있지 않다.

03 한자 성어
정답 ④

해설 '우공이산(愚公移山)'은 '우공이 산을 옮긴다'라는 뜻으로, 어떤 일이든 끊임없이 노력하면 반드시 이루어짐을 이르는 말이다. 따라서 답은 ④이다.

오답 분석
① 만경창파(萬頃蒼波): 만 이랑의 푸른 물결이라는 뜻으로, 한없이 넓고 넓은 바다를 이르는 말
② 부창부수(夫唱婦隨): 남편이 주장하고 아내가 이에 잘 따름. 또는 부부 사이의 그런 도리
③ 설상가상(雪上加霜): '눈 위에 서리가 덮인다'라는 뜻으로, 난처한 일이나 불행한 일이 잇따라 일어남을 이르는 말

---

⑤ 천재일우(千載一遇): '천 년 동안 단 한 번 만난다'라는 뜻으로, 좀처럼 만나기 어려운 좋은 기회를 이르는 말

04 한자 성어
정답 ②

해설 '고식지계(姑息之計)'란 우선 당장 편한 것만을 택하는 꾀나 방법으로, 한때의 안정을 얻기 위하여 임시로 둘러맞추어 처리하거나 이리저리 주선하여 꾸며 내는 계책을 이르는 말이다. 따라서 답은 ②이다.

오답 분석
① 거두절미(去頭截尾): 1. 머리와 꼬리를 잘라 버림 2. 어떤 일의 요점만 간단히 말함
③ 곡학아세(曲學阿世): 바른길에서 벗어난 학문으로 세상 사람에게 아첨함
④ 면종복배(面從腹背): 겉으로는 복종하는 체하면서 내심으로는 배반함
⑤ 어로불변(魚魯不辨): '어(魚) 자와 노(魯) 자를 구별하지 못한다'라는 뜻으로, 아주 무식함을 비유적으로 이르는 말

05 뜻이 유사한 속담과 한자 성어
정답 ③

해설 속담 '가갸 뒷다리도 모른다'와 의미가 가장 유사한 한자 성어는 ③ '목불식정(目不識丁)'이다.
• 가갸 뒷다리도 모른다: '반절본문의 첫 글자인 '가'와 '갸'의 세로획조차도 쓸 줄 모른다'라는 뜻으로, 글자를 전혀 깨치지 못하여 무식하거나, 사리에 몹시 어두운 사람을 놀림조로 이르는 말
• 목불식정(目不識丁): '아주 간단한 글자인 'T' 자를 보고도 그것이 '고무래'인 줄을 알지 못한다'라는 뜻으로, 아주 까막눈임을 이르는 말

오답 분석
① 기고만장(氣高萬丈): 1. 펄펄 뛸 만큼 대단히 성이 남 2. 일이 뜻대로 잘될 때, 우쭐하여 뽐내는 기세가 대단함
② 누란지위(累卵之危): 층층이 쌓아 놓은 알의 위태로움이라는 뜻으로, 몹시 아슬아슬한 위기를 비유적으로 이르는 말
④ 유비무환(有備無患): 미리 준비가 되어 있으면 걱정할 것이 없음
⑤ 허장성세(虛張聲勢): 실속은 없으면서 큰소리치거나 허세를 부림

06 뜻이 유사한 속담과 한자 성어
정답 ⑤

해설 속담 '바늘구멍으로 하늘 보기'와 의미가 가장 유사한 한자 성어는 ⑤ '좌정관천(坐井觀天)'이다.
• 바늘구멍으로 하늘 보기: '조그만 바늘구멍으로 넓디넓은 하늘을 본다'라는 뜻으로, 전체를 포괄적으로 보지 못하는 매우 좁은 소견이나 관찰을 비꼬는 말
• 좌정관천(坐井觀天): '우물 속에 앉아서 하늘을 본다'라는 뜻으로, 사람의 견문이 매우 좁음을 이르는 말

오답 분석
① 권토중래(捲土重來): 1. '땅을 말아 일으킬 것 같은 기세로 다시 온다'라는 뜻으로, 한 번 실패하였으나 힘을 회복하여 다시 쳐들어옴을 이르는 말 2. 어떤 일에 실패한 뒤에 힘을 가다듬어 다시 그 일에 착수함을 비유하여 이르는 말
② 동온하정(冬溫夏凊): '겨울에는 따뜻하게, 여름에는 서늘하게 한다'라는 뜻으로, 부모를 잘 섬기어 효도함을 이르는 말
③ 수주대토(守株待兔): 한 가지 일에만 얽매여 발전을 모르는 어리석은 사람을 비유적으로 이르는 말
④ 와신상담(臥薪嘗膽): '불편한 섶에 몸을 눕히고 쓸개를 맛본다'라는 뜻으로, 원수를 갚거나 마음먹은 일을 이루기 위하여 온갖 어려움과 괴로움을 참고 견딤을 비유적으로 이르는 말

05 관용구, 순화어

출제예상문제

p.110

01	02	03	04	05	06
③	③	③	⑤	②	④

01 관용구　　　　　　　　　　　　　　　　정답 ③

해설　'돌을 던지다'는 '남의 잘못을 비난하다'라는 의미의 관용구이므로, 관용구의 의미가 적절하지 않은 것은 ③이다. 참고로, '남을 꾀거나 해치려고 수단을 쓰다'는 관용구 '그물을 던지다'의 의미이다.

02 관용구　　　　　　　　　　　　　　　　정답 ③

해설　'줄을 타다'는 '힘이 될 만한 사람과 관계를 맺어 그 힘을 이용하다'라는 의미의 관용구이므로, 관용구의 의미가 적절하지 않은 것은 ③이다. 참고로, '시대의 풍조나 형세에 맞게 처신하다'는 관용구 '물결을 타다'의 의미이다.

03 순화어　　　　　　　　　　　　　　　　정답 ③

해설　<보기>에 제시된 외래어의 순화어가 적절한 것끼리 바르게 묶은 것은 'ㄱ, ㄹ, ㅁ'이므로 답은 ③이다.

오답분석　• ㄴ. 바이어(buyer) → 구매자, 수입상
　　　　• ㄷ. 인터체인지(interchange) → 나들목

04 순화어　　　　　　　　　　　　　　　　정답 ⑤

해설　일본어식 표현 '사시미'를 바르게 순화하면 '생선회'가 되어야 하므로 답은 ⑤이다.

05 순화어　　　　　　　　　　　　　　　　정답 ②

해설　<보기>에 제시된 단어를 바르게 순화한 것끼리 묶은 것은 'ㄱ, ㄹ, ㅁ'이므로 답은 ②이다.

오답분석　• ㄴ. 시말서(始末書) → 경위서
　　　　• ㄷ. 모포(毛布) → 담요

06 순화어　　　　　　　　　　　　　　　　정답 ④

해설　한자어 '매점(買占)'의 순화어는 '사재기'이므로, 답은 ④이다.

실전연습문제

p.112

01	02	03	04	05	06
④	④	①	③	④	④
07	**08**	**09**	**10**	**11**	**12**
⑤	⑤	④	④	①	⑤
13	**14**	**15**			
④	①	③			

01 고유어의 사전적 의미　　　　　　　　　정답 ④

해설　'사리는'의 기본형은 '사리다'로, 이는 '어떤 일에 적극적으로 나서지 않고 살살 피하며 몸을 아끼다'라는 의미의 고유어이므로 고유어 용언의 기본형이 지닌 의미를 바르게 풀이하지 못한 것은 ④이다. 참고로 '어떤 일에 직접 나서서 관여하지 않고 곁에서 보기만 하다'라는 의미를 지닌 말은 '방관하다'이다.

02 고유어의 문맥적 의미　　　　　　　　　정답 ④

해설　'노상'은 '언제나 변함없이 한 모양으로 줄곧'이라는 의미의 고유어이다. 문맥상 ④는 휴가가 벌써 끝나간다는 의미이므로 고유어 '노상'의 쓰임은 적절하지 않다.

오답분석　① '자못'은 '생각보다 매우'를 의미하는 고유어이다. ①은 아이들에 대한 기대가 생각보다 매우 크다는 것을 의미하므로 그 쓰임이 적절하다.

　② '지레'는 '어떤 일이 일어나기 전 또는 어떤 기회나 때가 무르익기 전에 미리'를 의미하는 고유어이다. ②는 시험을 치르기 전에 겁부터 났다는 것을 의미하므로 그 쓰임이 적절하다.

　③ '바투'는 '시간이나 길이가 아주 짧게'를 의미하는 고유어이다. ③은 길이가 아주 짧게 머리를 잘랐다는 것을 의미하므로 그 쓰임이 적절하다.

　⑤ '짐짓'은 '마음으로는 그렇지 않으나 일부러 그렇게'를 의미하는 고유어이다. ⑤는 누나가 그 사건이 일어난 것을 알았지만 일부러 처음 듣는 척했다는 의미이므로 그 쓰임이 적절하다.

03 한자어의 사전적 의미　　　　　　　　　정답 ①

해설　'구속(拘束)'은 '행동이나 의사의 자유를 제한하거나 속박함'이라는 의미이므로, 한자어의 사전적 뜻풀이로 옳지 않은 것은 ①이다. 참고로, '드나들지 못하도록 일정한 곳에 가둠'은 한자어 '감금(監禁)'의 의미이다.

04 한자어의 문맥적 의미　　　　　　　　　정답 ③

해설　'천착(穿鑿)'은 '어떤 원인이나 내용 등을 따지고 파고들어 알려고 하거나 연구함'이라는 의미의 한자어이다. 문맥상 ③은 꾸준하게 저축을 했다는 의미이므로, 한자어 '천착(穿鑿)'의 쓰임은 적절하지 않다.

오답분석　① **패기(霸氣)**: 어떤 어려운 일이라도 해내려는 굳센 기상이나 정신
　② **수납(收納)**: 돈이나 물품 등을 받아 거두어들임
　④ **심산(心算)**: 마음속으로 하는 궁리나 계획
　⑤ **부흥(復興)**: 쇠퇴하였던 것이 다시 일어남. 또는 그렇게 되게 함

05 한자어의 문맥적 의미　　정답 ④

해설　'보존(保存)'은 '잘 보호하고 간수하여 남김'이라는 의미의 한자어이다. 문맥상 ④는 우리 문화를 잘 보호하고 간수하여 남긴다는 의미이므로 한자어 '보존(保存)'의 쓰임은 적절하다.

오답분석
① '게시(揭示)'는 '여러 사람들에게 알리기 위해서 내붙이거나 내걸어 두루 보게 함. 또는 그런 물건'을 의미하는 한자어이다. ①은 오빠를 인터뷰한 기사가 잡지에 실렸다는 의미이므로 '게재(揭載)'가 더 적절하다.
　• 게재(揭載): 글이나 그림 등을 신문이나 잡지 등에 실음

② '선동(煽動)'는 '남을 부추겨 어떤 일이나 행동에 나서도록 함'을 의미하는 한자어이다. ②는 그녀가 3.1 운동의 주장이 되어 움직였다는 의미이므로 '주동(主動)'이 더 적절하다.
　• 주동(主動): 어떤 일에 주장이 되어 움직임

③ '난삽(難澁)'은 '글이나 말이 매끄럽지 못하면서 어렵고 까다로움'을 의미하는 한자어이므로 글이나 말이 아닌 수학의 수식과 함께 쓰기에는 적절하지 않다.

⑤ '결벽(潔癖)'은 '유난스럽게 깨끗한 것을 좋아하는 성벽'을 의미하는 한자어이다. ⑤는 자신의 행동이나 마음씨가 깨끗하며, 아무런 허물이 없음을 증명하기 위해서 목숨을 바칠 수도 있다는 의미이므로 '결백(潔白)'이 더 적절하다.
　• 결백(潔白): 행동이나 마음씨가 깨끗하고 조촐하여 아무런 허물이 없음

06 한자어의 병기　　정답 ④

해설　정체(政體: 정사 정, 몸 체)(×) → 정체(停滯: 머무를 정, 막힐 체)(○): '사물이 발전하거나 나아가지 못하고 한자리에 머물러 그침'을 뜻하는 단어는 '停滯'로 표기하므로, 적절하지 않은 것은 ④이다. 참고로, '정체(政體)'는 '국가의 통치 형태'를 뜻하는 단어이다.

오답분석
① 수리(修理: 닦을 수, 다스릴 리)(○): 고장 나거나 허름한 데를 손보아 고침
② 공포(公布: 공변될 공, 베 포)(○): 일반 대중에게 널리 알림
③ 수령(受領: 받을 수, 거느릴 령)(○): 돈이나 물품을 받아들임
⑤ 공과(公課: 공변될 공, 시험할 과)(○): 국가나 공공 단체가 국민에게 부과하는 금전상의 부담이나 육체적인 일

07 한자어의 병기　　정답 ⑤

해설　<보기>의 ㉠~㉢에 해당하는 한자는 '救濟 - 舊題 - 舊製'이므로 답은 ⑤이다.
　• ㉠ 구제(救濟: 구원할 구, 건널 제): 자연적인 재해나 사회적인 피해를 당하여 어려운 처지에 있는 사람을 도와줌
　• ㉡ 구제(舊題: 예 구, 제목 제): 새로 붙인 제목 이전에 원래 쓰던 제목
　• ㉢ 구제(舊製: 옛 구, 지을 제): 옛적에 만듦. 또는 그런 물건

08 유의 관계　　정답 ⑤

해설　가로 1번은 '대응', 가로 3번은 '시궁창', 세로 4번은 '궁리', 세로 5번은 '모창'이다. 따라서 세로 2번에 들어갈 단어 '응시(凝視)'의 유의어는 '주시(注視)'이므로 답은 ⑤이다.
　• 응시(凝視): 눈길을 모아 한 곳을 똑바로 바라봄
　• 주시(注視): 어떤 목표물에 주의를 집중하여 봄

오답분석
① 감시(監視): 단속하기 위하여 주의 깊게 살핌
② 괄시(恝視): 업신여겨 하찮게 대함
③ 순시(巡視): 돌아다니며 사정을 보살핌. 또는 그런 사람
④ 좌시(坐視): 참견하지 않고 앉아서 보기만 함

09 상하 관계　　정답 ④

해설　<보기>에서 '비 : 가랑비'와 '공무원 : 검사'는 모두 한 단어의 의미가 다른 단어의 의미를 포함하고 있는 상하 관계를 나타내고 있다. 따라서 '통각(痛覺)'의 의미를 고려할 때, 상위어인 ㉠에는 '감각(感覺)'이 들어가는 것이 적절하며, '양서류'의 의미를 고려할 때, 하위어인 ㉡에는 '개구리'가 들어가는 것이 적절하므로 답은 ④이다.
　㉠ • 감각(感覺): 눈, 코, 귀, 혀, 살갗을 통하여 바깥의 어떤 자극을 알아차림
　　• 통각(痛覺): 고통스러운 감정이 따르는 감각
　㉡ • 양서류: 양서강의 동물을 일상적으로 통틀어 이르는 말
　　• 개구리: 양서강 개구리목의 동물을 통틀어 이르는 말

오답분석
　㉠ • 오감(五感): 시각, 청각, 후각, 미각, 촉각의 다섯 가지 감각
　　• 교감(交感): 서로 접촉하여 따라 움직이는 느낌
　㉡ • 코끼리: 포유류인 아시아코끼리, 아프리카코끼리를 통틀어 이르는 말

10 기타 관계　　정답 ④

해설　'화사첨족(畫蛇添足)'은 '뱀을 다 그리고 나서 있지도 않은 발을 덧붙여 그려 넣는다'라는 뜻으로, 쓸데없는 군짓을 하여 도리어 잘못되게 함을 이르는 말이다. 따라서 '화사첨족(畫蛇添足)'과 '뱀'은 한자 성어와 한자 성어에 등장하는 동물의 관계이다. '묘항현령(猫項懸鈴)'은 '쥐가 고양이 목에 방울을 단다'라는 뜻으로, 실행할 수 없는 헛된 논의를 이르는 말이다. 따라서 <보기>에 제시된 두 단어의 의미 관계와 동일하려면 '묘항현령(猫項懸鈴)'과 '쥐' 또는 '고양이'가 연결되어야 하므로 답은 ④이다.

오답분석
① '견마지심(犬馬之心)'은 '개나 말이 주인을 위하는 마음'이라는 뜻으로 신하나 백성이 임금이나 나라에 충성하는 마음을 낮추어 이르는 말이므로 '개'와의 연결은 적절하다.
② '교각살우(矯角殺牛)'는 '소의 뿔을 바로잡으려다가 소를 죽인다'라는 뜻으로 잘못된 점을 고치려다가 그 방법이나 정도가 지나쳐 오히려 일을 그르침을 이르는 말이므로 '소'와의 연결은 적절하다.
③ '양두구육(羊頭狗肉)'은 '양의 머리를 걸어 놓고 개고기를 판다'라는 뜻으로, 겉보기만 그럴듯하게 보이고 속은 변변하지 않음을 이르는 말이므로 '양'과의 연결은 적절하다.
⑤ '용호상박(龍虎相搏)'은 '용과 범이 서로 싸운다'라는 뜻으로, 강자끼리 서로 싸움을 이르는 말이므로 '호랑이'와의 연결은 적절하다.

11 자음 유추　　정답 ①

해설　<보기>의 '섬진강, 영산강, 태화강'과 함께 제시된 자음 'ㄱ'은 세 단어의 마지막 음절의 초성이며, '방울꽃, 안개꽃, 할미꽃'과 함께 제시된 자음 'ㄲ'은 세 단어의 마지막 음절의 초성이므로, 이를 통해 ⓐ와 ⓑ에 공통으로 들어갈 말의 초성 자음자를 유추하는 문제임을 알 수 있다. 따라서 ⓐ와 ⓑ에 들어갈 자음자는 '실'의 초성 'ㅅ'과 '자'의 초성 'ㅈ'이므로 답은 ①이다.
　• ⓐ: '사무, 방송, 교무' 뒤에 들어갈 단어는 '실'이므로, ⓐ에 들어갈 자음자는 'ㅅ'이다.
　• ⓑ: '이체, 초출, 합용' 뒤에 들어갈 단어는 '자'이므로, ⓑ에 들어갈 자음자는 'ㅈ'이다.

12 다의어와 동음이의어

정답 ⑤

해설   <보기>의 빈칸에 공통으로 들어갈 단어의 기본형으로 가장 적절한 것은 '세우다'이므로 답은 ⑤이다.

- **허리를 꼿꼿이 세우고 앉아라**: 이때 '세우다'는 '몸이나 몸의 일부를 곧게 펴게 하거나 일어서게 하다'라는 의미이다.
- **우리 학급의 규율을 세우는 시간이 필요하다**: 이때 '세우다'는 '질서나 체계, 규율 등을 올바르게 하거나 짜다'라는 의미이다.
- **피해를 최소화하기 위해 폭설에 대한 대비책을 세워야 한다**: 이때 '세우다'는 '계획, 방안 등을 정하거나 짜다'라는 의미이다.

13 다의어와 동음이의어

정답 ④

해설   @의 '하다'는 앞말이 뜻하는 상태를 일단 긍정하거나 강조함을 나타내는 말이며, 현재 시제 선어말 어미 '-ㄴ'과 결합이 불가능하므로 보조 형용사이다. 따라서 답은 ④이다. 참고로, 보조 용언의 품사는 동사와 형용사를 구별하는 방법에 따라 구분해야 한다. ㉠, ㉡, ㉢, ㉤은 '자기도 한다', '안 가려 한다', '비도 오고 한다', '보려고 한다'처럼 현재 시제 선어말 어미 '-ㄴ-'과 결합 가능하므로 보조 동사이다.

14 뜻이 유사한 속담과 한자 성어

정답 ①

해설   속담 '백지장도 맞들면 낫다'와 의미가 유사한 한자 성어는 '고장난명(孤掌難鳴)'이므로 답은 ①이다.

- **백지장도 맞들면 낫다**: 쉬운 일이라도 협력하여 하면 훨씬 쉽다는 말
- **고장난명(孤掌難鳴)**: '외손뼉만으로는 소리가 울리지 않는다'라는 뜻으로, 혼자의 힘만으로 어떤 일을 이루기 어려움을 이르는 말

오답 분석
- ② **구우일모(九牛一毛)**: 아홉 마리의 소 가운데 박힌 하나의 털이란 뜻으로, 매우 많은 것 가운데 극히 적은 수를 이르는 말
- ③ **유만부동(類萬不同)**: 1. 비슷한 것이 많으나 서로 같지는 않음. 2. 정도에 넘침. 또는 분수에 맞지 않음
- ④ **주경야독(晝耕夜讀)**: '낮에는 농사짓고, 밤에는 글을 읽는다'라는 뜻으로, 어려운 여건 속에서도 꿋꿋이 공부함을 이르는 말
- ⑤ **풍수지탄(風樹之嘆)**: 효도를 다하지 못한 채 어버이를 여읜 자식의 슬픔을 이르는 말

15 순화어

정답 ③

해설   '긴요(緊要)하다'는 '꼭 필요하고 중요하다'라는 의미로, '매우 중요하다'로 순화할 수 있다. '요긴하다'는 '긴요하다'와 같은 의미를 지닌 말이므로 '긴요하다'의 적절한 순화어가 아니다. 따라서 답은 ③이다.

오답 분석
- ① **익일(翌日)**: '어느 날 뒤에 오는 날'이라는 의미로, '다음 날, 이튿날'로 순화할 수 있다.
- ② **대다수(大多數)**: '거의 모두 다'라는 의미로, '대부분'으로 순화할 수 있다.
- ④ **노견(路肩)**: '고속 도로나 자동차 전용 도로 등에서 자동차가 달리는 도로 폭 밖의 가장자리 길'이라는 의미로, '갓길'로 순화할 수 있다.
- ⑤ **특이(特異)하다**: '보통보다 훨씬 뛰어나다'라는 의미로, '독특하다'로 순화할 수 있다. 참고로, '보통 것이나 보통 상태에 비하여 두드러지게 다르다'라는 의미의 '특이하다'는 '훨씬 다르다'로 순화할 수 있다.

01 한글 맞춤법

출제예상문제

p.150

01	02	03	04	05	06
③	④	⑤	③	②	⑤

01 한글 맞춤법 규정

정답 ③

해설 '가윗일[가윈닐 / 가웬닐]'은 '가외(加外) + 일'로, 순우리말과 한자어가 결합된 합성어이다. 이때 앞말이 모음 'ㅚ'로 끝나고 뒷말의 첫소리인 모음 'ㅣ' 앞에서 'ㄴㄴ' 소리가 덧나므로 한글 맞춤법 제30항 2 - (3)에 따라 사이시옷을 받쳐 적어야 한다. 따라서 답은 ③이다.

오답 분석

① **혓바늘[혀빠늘 / 혇빠늘]**: '혀 + 바늘'로, 순우리말로 된 합성어이다. 이때 앞말이 모음 'ㅕ'로 끝나고 뒷말의 첫소리 'ㅂ'이 된소리 [ㅃ]으로 발음되므로 규정 1 - (1)에 따라 사이시옷을 받쳐 적어야 한다.

② **멧나물[멘나물]**: '메 + 나물'로, 순우리말로 된 합성어이다. 이때 앞말이 모음 'ㅔ'로 끝나고 뒷말의 첫소리 'ㄴ' 앞에서 'ㄴ' 소리가 덧나므로 규정 1 - (2)에 따라 사이시옷을 받쳐 적어야 한다.

④ **자릿세[자리쎄 / 자릳쎄]**: '자리 + 세(貰)'로, 순우리말과 한자어로 된 합성어이다. 이때 앞말이 모음 'ㅣ'로 끝나고 뒷말의 첫소리 'ㅅ'이 된소리 [ㅆ]으로 발음되므로 규정 2 - (1)에 따라 사이시옷을 받쳐 적어야 한다.

⑤ **툇마루[퇸:마루 / 퉨:마루]**: '퇴(退) + 마루'로, 순우리말과 한자어로 된 합성어이다. 이때 앞말이 모음 'ㅚ'로 끝나고 뒷말의 첫소리 'ㅁ' 앞에서 'ㄴ' 소리가 덧나므로 규정 2 - (2)에 따라 사이시옷을 받쳐 적어야 한다.

02 한글 맞춤법 규정

정답 ④

해설 '곧이듣다'는 '곧- + -이 + 듣- + -다'가 결합한 단어이므로 본래 끝소리가 'ㄷ'이다. 따라서 끝소리가 'ㄹ'인 말이 다른 말과 어울려 'ㄷ' 소리로 나는 단어가 아니므로 답은 ④이다.

오답 분석

① '삼짇날'은 '삼질'과 '날'이 결합한 것으로, '삼질'의 끝소리 'ㄹ'이 '날'과 결합하며 'ㄹ' 소리가 'ㄷ'으로 발음되므로 적절하다.

② '숟가락'은 '술'과 '가락'이 결합한 것으로, '술'의 끝소리 'ㄹ'이 '가락'과 결합하며 'ㄹ' 소리가 'ㄷ'으로 발음되므로 적절하다.

③ '이튿날'은 '이틀'과 '날'이 결합한 것으로, '이틀'의 끝소리 'ㄹ'이 '날'과 결합하며 'ㄹ' 소리가 'ㄷ'으로 발음되므로 적절하다.

⑤ '반짇고리'는 '바느질'과 '고리'가 결합한 것으로, '바느질'의 끝소리 'ㄹ'이 '고리'와 결합하며 'ㄹ' 소리가 'ㄷ'으로 발음되므로 적절하다.

03 혼동하기 쉬운 표기

정답 ⑤

해설 **어쭙잖게**(○): '비웃음을 살 만큼 언행이 분수에 넘치는 데가 있다'라는 뜻의 단어는 '어쭙잖다'이므로 ⑤와 같이 '어쭙잖게'로 표기하는 것은 적절하다.

오답 분석

① **널판지**(×) → **널빤지**(○): '판판하고 넓게 켠 나뭇조각'이라는 뜻의 단어는 '널빤지'이다. '널판지'는 '널빤지'의 잘못된 표기이다.

② **내딛었다**(×) → **내디뎠다**(○): '밖이나 앞쪽으로 발을 옮겨 현재의 위치에서 다른 장소로 이동하다'라는 뜻의 단어는 '내디디다'이다. 참고로, '내디뎠다'는 '내디디- + -었- + -다'의 구성이므로, '내딛었다'는 잘못된 표기이다.

③ **장미빛**(×) → **장밋빛**(○): '장밋빛'은 한자어 명사 '장미(薔薇)'와 고유어 명사 '빛'이 결합한 합성어로 뒷말의 첫소리 'ㅂ'이 된소리 [ㅃ]으로 발음되므로 사이시옷을 표기해야 한다.

④ **구슬러**(×) → **구슬려**(○): '그럴듯한 말로 꾀어 마음을 움직이다'라는 뜻의 단어는 '구슬리다'이다. '구슬려'는 '구슬리- + -어'의 구성이므로 '구슬러'는 잘못된 표기이다.

04 혼동하기 쉬운 표기

정답 ③

해설 **눌은밥**(○): '솥 바닥에 눌어붙은 밥에 물을 부어 불려서 긁은 밥'이라는 뜻의 단어는 '눌은밥'이므로 ③의 '눌은밥'은 적절한 표기이다.

오답 분석

① **뇌졸증**(×) → **뇌졸중**(○): '뇌에 혈액 공급이 제대로 되지 않아 손발의 마비, 언어 장애, 호흡 곤란 등을 일으키는 증상'이라는 뜻의 단어는 '뇌졸중'이다. '뇌졸증'은 '뇌졸중'의 잘못된 표기이다.

② **쌀뜻물**(×) → **쌀뜨물**(○): '쌀을 씻고 난 뿌연 물'을 뜻하는 단어는 '쌀뜨물'이다. '쌀뜻물'은 '쌀뜨물'의 잘못된 표기이다.

④ **별에별**(×) → **별의별**(○): '보통과 다른 갖가지의'라는 뜻의 단어는 '별의별'이다. '별에별'은 '별의별'의 잘못된 표기이다.

⑤ **실증**(×) → **싫증**(○): '싫은 생각이나 느낌. 또는 그런 반응'이라는 뜻의 단어는 '싫증'이다. '실증'은 '싫증'의 잘못된 표기이다.

05 띄어쓰기

정답 ②

해설 **역사∨의식**(×) → **역사의식**(○): '어떠한 사회 현상을 역사적 관점이나 시간의 흐름에 따라 파악하고, 그 변화 과정에 주체적으로 관계를 가지려는 의식'을 뜻하는 '역사의식'은 하나의 단어이므로 붙여 써야 한다. 따라서 띄어쓰기가 잘못된 것은 ②이다.

오답 분석

① **구속∨영장**(○): '피의자의 신체를 구속할 수 있는 명령서'를 뜻하는 '구속∨영장'은 각각의 단어이므로 띄어 쓰는 것이 원칙이나, '구속영장'으로 붙여 쓰는 것도 허용된다.

③ **국가∨고시**(○): '어떤 자격이나 면허를 주기 위하여 국가에서 시행하는 여러 가지 시험'을 뜻하는 '국가∨고시'는 각각의 단어이므로 띄어 쓰는 것이 원칙이나, '국가고시'로 붙여 쓰는 것도 허용된다.

④ **수학여행**(○): '교육 활동의 하나로서 교사의 인솔 아래 실시하는 여행'을 뜻하는 '수학여행'은 하나의 단어이므로 붙여 써야 한다.

⑤ **후속∨조치**(○): '뒤를 이어 계속함'이라는 의미의 명사 '후속'과 '벌어지는 사태를 잘 살펴서 필요한 대책을 세워 행함. 또는 그 대책'이라는 의미의 명사 '조치'는 각각의 단어이므로 띄어 써야 한다.

06 문장 부호

정답 ⑤

해설 **도움닫기/도약/공중 자세/착지**(×) → **도움닫기-도약-공중 자세-착지**(○): 차례대로 이어지는 내용을 하나로 묶어 열거할 때 각 어구 사이에 쓰는 문장 부호는 '붙임표'이므로 잘못된 것은 ⑤이다.

---

02 표준어 규정

출제예상문제

p.166

01	02	03	04	05	06
①	③	④	③	④	④

01 표준어 사정 원칙

정답 ①

해설 **촉촉히**(×) → **촉촉이**(○): '물기가 있어 조금 젖은 듯이'를 뜻하는 표준어는 '촉촉이'이므로 답은 ①이다.

오답분석
② **종지**(○): 간장·고추장 등을 담아서 상에 놓는, 종발보다 작은 그릇
③ **괜스레**(○): 까닭이나 실속이 없는 데가 있게
④ **빠릿빠릿하다**(○): 똘똘하고 행동이 날래다
⑤ **이제야**(○): 말하고 있는 이때에 이르러서야 비로소

02 표준어 사정 원칙

정답 ③

해설 **두루뭉실**(×) → **두리뭉실**(○): '특별히 모나거나 튀지 않고 둥그스름함'을 뜻하는 표준어는 '두리뭉실'이므로 답은 ③이다. 참고로, 표준어 '두루뭉술'도 '두리뭉실'과 비슷한 의미이다.

오답분석
① **넝쿨**(○): 길게 뻗어 나가면서 다른 물건을 감기도 하고 땅바닥에 퍼지기도 하는 식물의 줄기
② **아웅다웅**(○): 대수롭지 않은 일로 서로 자꾸 다투는 모양
④ **허우대**(○): 겉으로 드러난 체격. 주로 크거나 보기 좋은 체격을 이른다
⑤ **후텁지근하다**(○): 조금 불쾌할 정도로 끈끈하고 무더운 기운이 있다

03 표준어 사정 원칙

정답 ④

해설 **숫돼지**(×) → **수퇘지**(○): 표준어 규정 제7항에 따라 '돼지'에 수컷을 이르는 접두사가 결합할 때에는 접두사 '숫-'이 아닌 접두사 '수-'가 결합하고, [다만 1]에 따라 접두사 '수-' 다음에서 나는 된소리를 인정하여 '수퇘지'를 표준어로 삼으므로 적절하지 않은 것은 ④이다. 참고로, 표준어 규정 제7항 [다만 1]은 '수캉아지, 수탉, 수평아리' 등의 단어에서 접두사 '수-' 다음에서 나는 거센소리를 인정한다는 내용이다.

오답분석
① ② '수벌'과 '수은행나무'는 표준어 규정 제7항에 따라 '벌'과 '은행나무'에 수컷을 이르는 접두사 '수-'가 결합한 것이므로 적절하다.
③ ⑤ '숫양'과 '숫염소'는 표준어 규정 제7항 [다만 2]에 따라 '양'과 '염소'에 수컷을 이르는 접두사 '숫-'이 결합한 것이므로 적절하다. 참고로, '숫양', '숫염소'와 같이 접두사 '숫-'이 결합하는 예로는 '숫쥐'가 있다.

04 표준 발음법

정답 ③

해설 단어의 발음이 바르게 나타난 것끼리 나열한 것은 ③이다.
• **굵다[극따]**(○): 겹받침 'ㄺ'은 자음 앞에서 [ㄱ]으로 발음하고, 'ㄱ' 뒤의 'ㄷ'은 [ㄸ]으로 발음한다.
• **닮다[담ː따]**(○): 겹받침 'ㄻ'은 자음 앞에서 [ㅁ]으로 발음하고, 'ㅁ' 뒤의 'ㄷ'은 [ㄸ]으로 발음한다.

오답분석
① • **곪다[곰ː따]**(○): 겹받침 'ㄻ'은 자음 앞에서 [ㅁ]으로 발음하고, 'ㅁ' 뒤의 'ㄷ'은 [ㄸ]으로 발음한다. 따라서 '곪다'의 발음은 적절하다.
   • **뚫다[뚤따]**(×) → **뚫다[뚤타]**(○): 겹받침 'ㅀ'의 'ㅎ'은 뒤의 자음 'ㄷ'과 결합하면 'ㅌ'이 된다. 따라서 '뚫다'의 발음은 [뚤타]가 적절하다.
② • **섧다[설ː따]**(○): 겹받침 'ㄼ'은 자음 앞에서 [ㄹ]로 발음하고, 'ㄼ' 뒤의 'ㄷ'은 [ㄸ]으로 발음한다. 따라서 '섧다'의 발음은 적절하다.
   • **얽다[얼따]**(×) → **얽다[억따]**(○): 겹받침 'ㄺ'은 자음 앞에서 [ㄱ]으로 발음하고, 'ㄱ' 뒤의 'ㄷ'은 [ㄸ]으로 발음한다. 따라서 '얽다'의 발음은 [억따]가 적절하다.
④ • **낡다[낙따]**(○): 겹받침 'ㄺ'은 자음 앞에서 [ㄱ]으로 발음하고, 'ㄱ' 뒤의 'ㄷ'은 [ㄸ]으로 발음한다. 따라서 '낡다'의 발음은 적절하다.
   • **떫다[떱ː따]**(×) → **떫다[떨ː따]**(○): 겹받침 'ㄼ'은 자음 앞에서 [ㄹ]로 발음하고, 'ㄼ' 뒤의 'ㄷ'은 [ㄸ]으로 발음한다. 따라서 '떫다'의 발음은 [떨ː따]가 적절하다.
⑤ • **묽다[물따]**(×) → **묽다[묵따]**(○): 겹받침 'ㄺ'은 자음 앞에서 [ㄱ]으로 발음하고, 'ㄱ' 뒤의 'ㄷ'은 [ㄸ]으로 발음한다. 따라서 '묽다'의 발음은 [묵따]가 적절하다.
   • **엷다[업ː따]**(×) → **엷다[열ː따]**(○): 겹받침 'ㄼ'은 자음 앞에서 [ㄹ]로 발음하고, 'ㄼ' 뒤의 'ㄷ'은 [ㄸ]으로 발음한다. 따라서 '엷다'의 발음은 [열ː따]가 적절하다.

05 표준 발음법

정답 ④

해설 '옮기다'는 동사 '옮다'의 어근 '옮-'에 사동 접미사 '-기-'가 결합한 것이다. 사동 접미사 '-기-'는 어간 받침 'ㅁ(ㄻ)' 뒤에서 된소리로 발음하지 않으므로, 표준 발음법 제24항과 같이 발음되지 않는 것은 ④이다. 참고로, '옮기다'의 어간은 '옮기-'이다.

오답분석
① '굶고'의 어간 '굶-'의 받침 'ㄻ'은 자음 앞에서 [ㅁ]으로 발음하며, 그 뒤에서 어미 '-고'의 첫소리 'ㄱ'은 [ㄲ]으로 발음되므로 [굼ː꼬]로 발음된다.
② '얹다'의 어간 '얹-'의 받침 'ㄵ'은 자음 앞에서 [ㄴ]으로 발음하며, 그 뒤에서 어미 '-다'의 첫소리 'ㄷ'은 [ㄸ]으로 발음되므로 [언따]로 발음된다.
③ '껴안다'의 어간 '껴안-'의 받침 'ㄴ' 뒤에서 어미 '-다'의 첫소리 'ㄷ'은 [ㄸ]으로 발음되므로 [껴안따]로 발음된다.
⑤ '더듬지'의 어간 '더듬-'의 받침 'ㅁ' 뒤에서 어미 '-지'의 첫소리 'ㅈ'은 [ㅉ]으로 발음되므로 [더듬찌]로 발음된다.

06 표준 발음법
정답 ④

해설　`<보기 1>`에 해당하는 예로 적절한 것은 'ㄱ, ㄴ, ㄷ, ㄹ, ㅁ'이므로 답은 ④이다.
- ㉠ 곬을: '곬을'은 겹받침 'ㄳ'으로 끝나는 명사 '곬'에 모음으로 시작하는 조사 '을'이 결합한 것이다. 따라서 표준 발음법 제14항에 따라 겹받침 'ㄳ'의 'ㅅ'을 뒤 음절의 첫소리로 옮겨 발음하며, 이때 'ㅅ'은 [ㅆ]으로 발음하므로 '곬을'은 [골쓸]로 발음한다.
- ㉡ 샀을: '샀을'은 겹받침 'ㅆ'으로 끝나는 명사 '샀'에 모음으로 시작하는 조사 '을'이 결합한 것이다. 따라서 표준 발음법 제14항에 따라 겹받침 'ㅆ'의 'ㅅ'을 뒤 음절의 첫소리로 옮겨 발음하며, 이때 'ㅅ'은 [ㅆ]으로 발음하므로 '샀을'은 [삭쓸]로 발음한다.
- ㉢ 여덟을: '여덟을'은 겹받침 'ㄼ'으로 끝나는 명사 '여덟'에 모음으로 시작하는 조사 '을'이 결합한 것이다. 따라서 표준 발음법 제14항에 따라 겹받침 'ㄼ'의 'ㅂ'을 뒤 음절의 첫소리로 옮겨 발음하므로 '여덟을'은 [여덜블]으로 발음한다.
- ㉣ 없으니: '없으니'는 겹받침 'ㅄ'으로 끝나는 형용사 어간 '없-'에 모음으로 시작하는 연결 어미 '-으니'가 결합한 것이다. 따라서 표준 발음법 제14항에 따라 겹받침 'ㅄ'의 'ㅅ'을 뒤 음절의 첫소리로 옮겨 발음하며, 이때 'ㅅ'은 [ㅆ]으로 발음하므로 '없으니'는 [업ː쓰니]로 발음한다.
- ㉤ 훑으니: '훑으니'는 겹받침 'ㄾ'으로 끝나는 동사 어간 '훑-'에 모음으로 시작하는 연결 어미 '-으니'가 결합한 것이다. 따라서 표준 발음법 제14항에 따라 겹받침 'ㄾ'의 'ㅌ'을 뒤 음절의 첫소리로 옮겨 발음하므로 '훑으니'는 [훌트니]로 발음한다.

오답분석
- ㉥ 끊으니: '끊으니'는 겹받침 'ㄶ'으로 끝나는 동사 어간 '끊-'에 모음으로 시작하는 연결 어미 '-으니'가 결합한 것이다. 그러나 표준 발음법 제12항-4에 따라 'ㄶ' 뒤에 모음으로 시작된 어미가 결합되는 경우에는 'ㅎ'을 발음하지 않으므로 '끊으니'는 [끄느니]로 발음한다.

03 외래어 표기법과 로마자 표기법

출제예상문제
p.182

01	02	03	04	05	06
②	①	③	②	⑤	③

01 외래어 표기법
정답 ②

해설　'조지아'는 외래어 표기로 적절하므로 답은 ②이다.

오답분석
- ① 하이티(×) → 아이티(○)
- ③ 뉴질란드(×) → 뉴질랜드(○)
- ④ 베네주엘라(×) → 베네수엘라(○)
- ⑤ 콸라룸푸르(×) → 쿠알라룸푸르(○)

02 외래어 표기법
정답 ①

해설　자켓(×) → 재킷(○): 'jacket['dʒækɪt]'에서 파찰음 [dʒ]는 모음 앞에서 'ㅈ'으로 적고, 모음 [æ]는 '애'로 적으므로 외래어 표기가 틀린 것은 ①이다.

오답분석　② '가톨릭', ③ '앙케트', ④ '심포지엄', ⑤ '앰뷸런스'는 모두 올바른 외래어 표기이다.

03 외래어 표기법
정답 ③

해설　'바비큐'는 외래어 표기로 적절하므로 답은 ③이다.

오답분석
- ① 노쯜(×) → 노즐(○)
- ② 내프킨(×) → 냅킨(○)
- ④ 사라다(×) → 샐러드(○)
- ⑤ 휴매니즘(×) → 휴머니즘(○)

04 로마자 표기법
정답 ②

해설　팔달로[팔딸로] Paldalro(×) → Paldallo(○): 로마자 표기법에서 도로명 '로'는 'ro'로 적는 것이 원칙이나, [ㄹㄹ]은 'll'로 적으므로 로마자 표기가 틀린 것은 ②이다. 참고로, 된소리되기로 인한 음운 변동의 결과는 로마자 표기에 반영하지 않는다.

오답분석
- ① ③ 가좌로[가좌로] Gajwaro / 퇴계로[퇴계로] Toegyero(○): 로마자 표기법에서 도로명 '로'는 'ro'로 적는다.
- ④ ⑤ 중앙로[중앙노] Jungangno / 충장로[충장노] Chungjangno(○): 자음 동화의 결과는 로마자 표기법에 반영하여 적으므로 도로명 '로[노]'는 'no'로 적는다.

05 로마자 표기법
정답 ⑤

해설　철판구이[철판구이] cheolpan-kui(×) → cheolpan-gui(○): 로마자 표기법에 따르면 'ㄱ, ㄷ, ㅂ'은 모음 앞에서는 'g, d, b'로, 자음 앞이나 어말에서는 'k, t, p'로 적으므로 '구이'는 'gui'로 표기해야 한다. 따라서 로마자 표기가 틀린 것은 ⑤이다.

오답분석
- ① 식혜[시켸 / 시케] sikhye(○): 로마자 표기법에 따르면 'ㄱ'과 'ㅎ'이 합하여 거센소리로 소리 나는 경우에는 'k'로 표기해야 하므로 올바른 로마자 표기이다.
- ② 욕지도[욕찌도] Yokjido(○): 로마자 표기법에 따르면 된소리되기로 인한 음운 변동의 결과는 로마자 표기에 반영하지 않는다. 따라서 [찌]는 'ji'로 표기해야 하므로 올바른 로마자 표기이다.
- ③ 꽃빵[꼳빵] kkotppang(○): 로마자 표기법에 따르면 'ㄲ, ㅃ'은 각각 'kk, pp'로 표기한다. 또한 'ㄷ'은 자음 앞이나 어말에서 't'로 적는다. 따라서 [꼳]의 받침 [ㄷ]은 't'로 표기해야 하므로 올바른 로마자 표기이다.
- ④ 낙지전골[낙찌전골] nakji-jeongol(○): 로마자 표기법에 따르면 된소리되기로 인한 음운 변동의 결과는 로마자 표기에 반영하지 않는다. 따라서 [찌]는 'ji'로 표기해야 하므로 올바른 로마자 표기이다.

06 로마자 표기법
정답 ③

해설　로마자 표기법 제2장 제1항에 따라 'ㅢ'는 'ㅣ'로 소리 나더라도 'ui'로 적어야 한다. 따라서 'eui'로 적는다는 내용은 적절하지 않으므로 답은 ③이다.

오답분석
- ① 로마자 표기법 제3장 제1항의 내용에 해당하므로 적절한 설명이다.
- ② 로마자 표기법 제3장 제3항의 내용에 해당하므로 적절한 설명이다.
- ④ 로마자 표기법 제3장 제4항의 내용에 해당하므로 적절한 설명이다.
- ⑤ 로마자 표기법 제3장 제6항의 내용에 해당하므로 적절한 설명이다.

출제예상문제

p.206

01	02	03	04	05	06
②	③	④	②	①	④

01 말소리

정답 ②

해설 음운 변동 전후의 음운의 개수 변화가 '국물'과 같은 것은 '낚시'이므로 답은 ②이다.

- **국물[궁물]**: 음운 변동 전 '국물'의 음운은 'ㄱ, ㅜ, ㄱ, ㅁ, ㅜ, ㄹ'로 6개이다. '국물'은 '국'의 받침 'ㄱ'이 '물'의 첫소리 'ㅁ'의 영향으로 [ㅇ]으로 교체되는 비음화 현상이 일어나 [궁물]로 발음하는데, 이때의 음운은 'ㄱ, ㅜ, ㅇ, ㅁ, ㅜ, ㄹ'로, 음운 변동 전과 동일하게 음운의 개수는 6개로 유지된다.
- **낚시[낙씨]**: 음운 변동 전 '낚시'의 음운은 'ㄴ, ㅏ, ㄲ, ㅅ, ㅣ'로 5개이다. '낚시'는 '낚'의 받침 'ㄲ'이 음절의 끝소리 규칙(교체)에 따라 대표음 [ㄱ]으로 교체된 후, '시'의 첫소리 'ㅅ'이 [ㄱ]을 만나 [ㅆ]으로 교체되는 경음화 현상이 일어난다. 이때의 음운은 'ㄴ, ㅏ, ㄱ, ㅆ, ㅣ'로, 음운 변동 전과 동일하게 음운의 개수는 5개로 유지된다.

오답분석
① '값[갑]'은 자음군 단순화(탈락)에 따라 음절 끝에서 받침 'ㅄ'의 'ㅅ'이 탈락해 [ㅂ]만 남는다. 따라서 음운의 변동 전에는 'ㄱ, ㅏ, ㅂ, ㅅ'으로 4개였던 음운의 개수가 변동 후에는 'ㄱ, ㅏ, ㅂ'의 3개로 줄어 들었다.

③ '맏형[마텽]'은 자음 축약(축약)에 따라 앞 음절의 받침 'ㄷ'과 뒤 음절의 첫소리 'ㅎ'이 결합하여 [ㅌ]으로 줄어든다. 따라서 변동 전에는 'ㅁ, ㅏ, ㄷ, ㅎ, ㅕ, ㅇ'으로 6개였던 음운의 개수가 변동 후에는 'ㅁ, ㅏ, ㅌ, ㅕ, ㅇ'의 5개로 줄어들었다.

④ '콩엿[콩녇]'은 'ㄴ' 첨가(첨가)에 따라 앞말 '콩'이 자음으로 끝나고 뒷말 '엿'이 'ㅕ'로 시작되므로 '엿'의 첫소리에 'ㄴ' 음이 덧난 뒤, 음절의 끝소리 규칙(교체)에 따라 '녓'의 받침 'ㅅ'은 대표음 [ㄷ]으로 교체된다. 따라서 음운의 변동 전에는 'ㅋ, ㅗ, ㅇ, ㅕ, ㅅ'으로 5개였던 음운의 개수가 변동 후에는 'ㅋ, ㅗ, ㅇ, ㄴ, ㅕ, ㄷ'의 6개로 늘어났다.

⑤ '흙먼지[흥먼지]'는 자음군 단순화(탈락)에 따라 '흙'의 받침 'ㄺ'은 'ㄹ'이 자음 'ㅁ' 앞에서 탈락하여 [ㄱ]만 남는다. 그 후, '먼'의 첫소리 'ㅁ'의 영향으로 비음화(교체)가 일어나 [ㄱ]은 [ㅇ]으로 교체된다. 따라서 변동 전에는 'ㅎ, ㅡ, ㄹ, ㄱ, ㅁ, ㅓ, ㄴ, ㅈ, ㅣ'로 9개였던 음운의 개수가 변동 후에는 'ㅎ, ㅡ, ㅇ, ㅁ, ㅓ, ㄴ, ㅈ, ㅣ'의 8개로 줄어들었다.

02 말소리

정답 ③

해설 '읊으니'는 연음에 따라 '읊'의 받침 'ㅍ'이 모음 '으'의 첫소리로 옮겨 가 [을프니]로 발음한다. 따라서 음절의 끝소리 규칙이 적용되지 않았으므로 답은 ③이다.

오답분석
① '넓히니'는 거센소리되기에 따라 '넓'의 받침 'ㄼ'의 'ㅂ'과 '히'의 첫소리 'ㅎ'이 결합해 'ㅍ'으로 줄어들어 [널피니]로 발음한다.

② '긁는'은 자음군 단순화에 따라 '긁'의 받침 'ㄺ'의 'ㄹ'이 탈락한 후 '는'의 첫소리 'ㄴ'의 영향으로 비음화가 일어나 [ㄱ]이 [ㅇ]으로 교체되어 [긍는]으로 발음한다.

④ '흙담'은 자음군 단순화에 따라 '흙'의 받침 'ㄺ'의 'ㄹ'이 탈락한 후 [ㄱ] 뒤에서 '담'의 첫소리 'ㄷ'이 'ㄸ'으로 교체되어 [흑땀]으로 발음한다.

⑤ '앉히고'는 거센소리되기에 따라 '앉'의 받침 'ㄵ'의 'ㅈ'과 '히'의 첫소리 'ㅎ'이 결합해 'ㅊ'으로 줄어들어 [안치고]로 발음한다.

03 단어

정답 ④

해설 'ㄱ, ㄴ, ㄷ'에 사용된 조사 '로'는 모두 어떤 일의 원인이나 이유를 나타내는 격 조사이므로 답은 ④이다.

오답분석
- ㄹ에 사용된 '로'는 지위나 신분 또는 자격을 나타내는 격 조사이다.

04 단어

정답 ②

해설 어미 활용의 오류에 해당하는 것은 '날으는'이므로, 답은 ②이다.
- **날으는**: 기본형 '날다'의 어간 '날-'에 관형사형 어미 '-는'이 결합하면 '나는'이 된다.

오답분석
①, ③, ④, ⑤는 기본형 인지의 오류에 해당한다.

① **들려**: 기본형 '들르다'의 어간 '들르-'에 연결 어미 '-어'가 결합하면 '들러'가 된다.

③ **잠구고**: 기본형 '잠그다'의 어간 '잠그-'에 연결 어미 '-고'가 결합하면 '잠그 고'가 된다.

④ **헤매였다**: 기본형 '헤매다'의 어간 '헤매-'에 과거 시제 선어말 어미 '-었-'과 종결 어미 '-다'가 결합하면 '헤맸다'가 된다.

⑤ **개인**: 기본형 '개다'의 어간 '개-'에 관형사형 어미 '-(으)ㄴ'이 결합하면 '갠'이 된다.

05 문장

정답 ①

해설 '형은 생각이 깊다'에서 전체 문장의 주어는 '형은'이며, 서술절은 '생각이 깊다'이다. 이때 서술절의 주어는 '생각이'이며, 서술어는 '깊다'이다. 따라서 서술절을 안은 문장은 ①이다.

오답분석
② '곰이 사람이 되었다'는 '주어 + 보어 + 서술어'로 이루어진 홑문장이다. 참고로 서술어 '되다' 또는 '아니다' 앞의 '명사 + 이/가'는 보어이다.

③ '이것은 내 휴대폰이다'는 '주어 + 관형어 + 서술어'로 이루어진 홑문장이다. '내'는 '나의'가 줄어든 말로 명사 '휴대폰'을 꾸며주는 관형어이다.

④ '동생은 생선을 싫어한다'는 '주어 + 목적어 + 서술어'로 이루어진 홑문장이다.

⑤ '선생님의 목소리가 좋다'는 '관형어 + 주어 + 서술어'로 이루어진 홑문장이다.

06 문장

정답 ④

해설 ⓒ의 '계시다'는 선어말 어미 '-시-'가 결합한 단어가 아니라 '계시다' 자체가 높임의 의미를 갖는 특수 어휘이므로 '계시는데'의 '-시-'를 통해 할머니를 **높**이고 있다는 설명은 적절하지 않다. 따라서 답은 ④이다.

오답분석
① '오신대'의 '-시-'는 주체 높임 선어말 어미로, '수현의 엄마'를 높이고 있다.

② '할머니께서'의 '께서'는 주격 조사 '이 / 가'의 높임말로, '민아의 할머니'를 높이고 있다.

③ '편찮으시다'의 '-으시-'는 주체 높임 선어말 어미로, '민아의 할머니'를 높이고 있다.

⑤ '멋있으시네요'는 높여야 할 대상인 할머니의 개인적 소유물 '지팡이'에 '-으시-'를 붙여 '할머니'를 간접적으로 높이고 있다.

05 올바른 문장 표현

출제예상문제

p.220

01	02	03	04	05	06
③	④	①	④	②	④

01 문장 성분의 호응·생략

정답 ③

해설 주어 '피톤치드가', 목적어 '항균 효과도 있음을', 서술어 '알 수 있다'의 호응이 적절하며, 앞 문장과의 흐름을 고려할 때 문장 부사어 '그뿐 아니라'도 적절하게 사용되었으므로 ③은 어법에 맞고 자연스러운 문장이다.

오답 분석
① '버티고'와 '저항하는'의 의미가 중복되므로 적절하지 않다.
  · **버티다**: 어려운 일이나 외부의 압력을 참고 견디다.
  · **저항하다**: 어떤 힘이나 조건에 굽히지 않고 거역하거나 버티다.
② 주어 '풍부한 음이온'에 대한 서술어 '생성하고'가 없으므로 적절하지 않다.
④ 서술어 '80 ~ 150개이다'와 주어 '도시는'이 호응하지 않으므로 적절하지 않다.
⑤ '마찰되어질'은 피동 접사 '-되다'와 피동의 통사적 표현 '-어지다'가 중복 사용된 이중 피동 표현이므로 적절하지 않다.

  ※ 출처: 전라남도청, https://www.jeonnam.go.kr

02 문장 성분의 호응·생략

정답 ④

해설 주어 '우리는'과 목적어 '소중함을', 그리고 서술어 '생각해서는 안 된다'의 호응이 자연스러우므로 답은 ④이다.

오답 분석
① 부사어 '미처'와 서술어 '끝냈다'의 호응이 적절하지 않으므로 '끝내지 못했다'와 같은 부정의 서술어로 수정해야 한다.
② 목적어 '술과 여행을'과 서술어 '다니며'의 호응이 적절하지 않으므로 '술을 마시고 여행을 다니며'로 수정해야 한다.
③ 주어 '문제의 해결책은'과 서술어 '보지 못했다는 것이다'의 호응이 적절하지 않으므로 주어를 '이번 문제가 발생하게 된 원인은'과 같이 수정해야 한다.
⑤ 주어 '방법은'과 서술어 '씻어야 한다'의 호응이 적절하지 않으므로 서술어를 '씻는 것이다'와 같이 수정해야 한다.

03 중의적 표현

정답 ①

해설 수정된 문장인 '어제 그 남자는 버스를 안 탔다'와 수정 전 문장인 '그 남자는 어제 버스를 타지 않았다'는 둘 다 부정 표현에 따른 중의성을 띤다. 수정된 문장에서 부정 부사 '안'은 '남자는'(주어), '버스를'(목적어), '탔다'(서술어)를 모두 수식할 수 있으며, '안'이 어떤 문장 성분을 수식하는지에 따라 문장의 의미가 달라지므로 답은 ①이다.

오답 분석 ②③④⑤ 수정된 문장에서는 중의성이 해소되었다.

04 중의적 표현

정답 ④

해설 '조직이나 단체 등에 들어가거나, 서비스를 제공하는 상품 등을 신청하다'라는 뜻의 '가입하다'와 의미가 중복된 표현이 없으므로 답은 ④이다.

오답 분석
① '미리'와 '예매(豫買)'의 의미가 중복된다.
  · **미리**: 어떤 일이 생기기 전에. 또는 어떤 일을 하기에 앞서
  · **예매(豫買)**: 정하여진 때가 되기 전에 미리 삼
② '오랜'과 '숙원(宿願)'의 의미가 중복된다.
  · **오랜**: 이미 지난 동안이 긴
  · **숙원(宿願)**: 오래전부터 품어 온 염원이나 소망
③ '가사(家事)'와 '일'의 의미가 중복된다.
  · **가사(家事)**: 살림살이에 관한 일
  · **일**: 무엇을 이루거나 적절한 대가를 받기 위하여 어떤 장소에서 일정한 시간 동안 몸을 움직이거나 머리를 쓰는 활동. 또는 그 활동의 대상
⑤ '활짝'과 '만개(滿開)'의 의미가 중복된다.
  · **활짝**: 꽃잎 등이 한껏 핀 모양
  · **만개(滿開)**: 꽃이 활짝 다 핌

05 중의적 표현

정답 ②

해설 '어떤 일이 이루어지기를 바람. 또는 그런 일'이라는 뜻의 '소원'과 의미가 중복된 표현이 없으므로 답은 ②이다.

오답 분석
① '근(近)'과 '가까이'의 의미가 중복된다.
  · **근(近)**: 그 수량에 거의 가까움을 나타내는 말
  · **가까이**: 일정한 때를 기준으로 그때에 약간 못 미치는 상태
③ '간략(簡略)'과 '약술(略述)'의 의미가 중복된다.
  · **간략(簡略)**: 간단하고 짤막함
  · **약술(略述)**: 간략하게 논술함. 또는 그런 논술
④ '푸른'과 '창공(蒼空)'의 의미가 중복된다.
  · **푸르다**: 맑은 가을 하늘이나 깊은 바다, 풀의 빛깔과 같이 밝고 선명하다.
  · **창공(蒼空)**: 맑고 푸른 하늘
⑤ '공기(空氣)'와 '환기(換氣)'의 의미가 중복된다.
  · **공기(空氣)**: 지구를 둘러싼 대기의 하층부를 구성하는 무색, 무취의 투명한 기체
  · **환기(換氣)**: 탁한 공기를 맑은 공기로 바꿈

06 번역 투 표현

정답 ④

해설 '~를 갖다'는 'have a ~'를 직역한 번역 투 표현이지만 '행사를 주선하다'로 고치는 것은 적절한 수정 방안이 아니므로 답은 ④이다. 참고로 '행사가 있을 예정입니다'로 수정하는 것이 적절하다.

오답 분석
① '가장 ~ 중의 하나'는 영어 'one of the most ~'를 직역한 표현이므로 우리말 표현인 '가장 ~이다'로 수정해야 한다.
② '~로부터'는 영어 'from ~'을 직역한 표현이므로 우리말 표현인 '~에게서'로 수정해야 한다.
③ '~에 위치하다'는 영어의 'be located in ~'을 직역한 표현이므로 우리말 표현인 '~에 있는'으로 수정해야 한다.
⑤ '아무리 ~해도 지나치지 않다'는 영어 'It is not too much to ~'를 직역한 표현이므로 우리말 표현인 '매우 중요하다'로 수정해야 한다.

실전연습문제

p.222

01	02	03	04	05	06
⑤	②	①	⑤	①	③
07	08	09	10	11	12
③	⑤	③	③	③	③
13	14	15			
②	②	⑤			

01 혼동하기 쉬운 표기

정답 ⑤

해설 **우유갑**(○): '우유를 담아 두는 갑'을 나타내는 말은 '우유갑'으로 표기하는 것이 적절하다. 이때 '우유곽'으로 잘못 표기하지 않도록 주의한다.

오답분석
① **덤테기**(×) → **덤터기**(○): '억울한 누명이나 오명'을 뜻하는 말은 '덤터기'이다. '덤테기'는 '덤터기'의 잘못된 표기이다.

② **눈꼽**(×) → **눈곱**(○): '눈에서 나오는 진득진득한 액. 또는 그것이 말라붙은 것'을 뜻하는 말은 '눈곱'이다. '눈꼽'은 '눈곱'의 잘못된 표기이다.

③ **야밤도주**(×) → **야반도주**(○): '남의 눈을 피하여 한밤중에 도망함'을 뜻하는 말은 '야반도주'이다. '야밤도주'는 '야반도주'의 잘못된 표기이다.

④ **막내동생**(×) → **막냇동생**(○): '맨 끝의 동생'을 뜻하는 말은 '막냇동생'이다. '막내동생'은 '막냇동생'의 잘못된 표기이다.

02 한글 맞춤법 규정

정답 ②

해설 '갑자기'는 어근 '갑작'에 부사 파생 접미사 '-이'가 결합한 단어이며, 어근의 원형을 밝히지 않고 표기한다. 어근 '갑작'에는 '-하다'나 '-거리다'가 붙을 수 없으나 '갑자기'의 품사는 명사가 아닌 부사이므로 적절하지 않은 것은 ②이다. 참고로, '갑자기'는 한글 맞춤법 제25항 [붙임]에 따라 어근에 '-하다'가 붙지 않아 소리대로 적는 예이다.

오답분석
① 매미가 우는 소리인 '맴맴'을 통해 '매미'의 어근을 '맴'이라고 가정할 수 있지만, '맴'에 '-하다'나 '-거리다'가 붙을 수 없으므로 '매미'는 한글 맞춤법 제23항 [붙임]의 예시로 적절하다. 참고로, 통시적 관점에서 '매미'의 옛말인 'ᄆᆡ야미'는 매미의 우는 소리를 본뜬 의성어 'ᄆᆡ얌'에 명사 파생 접미사인 '-이'가 결합한 것으로 볼 수 있다.

③ 개구리가 잇따라 우는 소리인 '개굴개굴'을 통해 '개구리'의 어근을 '개굴'이라고 가정할 수 있지만, '개굴'에 '-하다'나 '-거리다'가 붙을 수 없으므로 '개구리'는 한글 맞춤법 제23항 [붙임]의 예시로 적절하다. 참고로, 통시적 관점에 '개구리'의 옛말인 '개고리'는 개구리의 우는 소리를 본뜬 의성어 '개골'에 명사 파생 접미사 '-이'가 결합된 것으로 볼 수 있다.

④ 기러기가 우는 소리인 '기럭기럭'을 통해 '기러기'의 어근을 '기럭'이라고 가정할 수 있지만, '기럭'에 '-하다'나 '-거리다'가 붙을 수 없으므로 '기러기'는 한글 맞춤법 제23항 [붙임]의 예시로 적절하다.

⑤ 명사 '얼룩'을 하나의 어근으로 볼 수 있으나 '얼룩하다'나 '얼룩거리다'와 같이 쓸 수 없으므로 '얼루기'는 한글 맞춤법 제23항 [붙임]의 예시로 적절하다.

03 띄어쓰기

정답 ①

해설 **중간∨보고**(×) → **중간보고**(○): '중간보고'는 어근과 어근이 결합한 하나의 단어이므로 붙여 써야 한다. 따라서 띄어쓰기가 잘못된 것은 ①이다.

오답분석
② **백과사전**(○): '백과사전'은 어근과 어근이 결합한 하나의 단어이므로 붙여 써야 한다.

③ **마감∨시간**(○): '마감∨시간'은 하나의 단어가 아니므로 띄어 써야 한다.

④ **중소기업**(○): '중소기업'은 어근과 어근이 결합한 하나의 단어이므로 붙여 써야 한다.

⑤ **돌발∨상황**(○): '돌발∨상황'은 하나의 단어가 아니므로 띄어 써야 한다.

04 표준어 사정 원칙

정답 ⑤

해설 **부주**(×) → **부조**(○): '잔칫집이나 상가 등에 돈이나 물건을 보내어 도와줌. 또는 돈이나 물건'을 뜻하는 표준어는 '부조'이다. '부주'는 '부조'의 잘못된 표기이다. 따라서 표준어가 아닌 것은 ⑤이다.

오답분석
① **가락지**(○): 주로 여자가 장식으로 손가락에 끼는 두 짝의 고리

② **재까닥**(○): 어떤 일을 시원스럽게 빨리 해치우는 모양

③ **먼지떨이**(○): 먼지를 떠는 기구

④ **주책바가지**(○): 주책없는 사람을 놀림조로 이르는 말

05 표준어 사정 원칙

정답 ①

해설 **수퀑**(×) → **수꿩**(○): 접두사 '수-'에 어근 '꿩'이 결합하여 만들어진 단어로, '꿩의 수컷'을 뜻하는 단어는 '수꿩'이다. 따라서 밑줄 친 다음 단어의 예로 적절하지 않은 것은 ①이다. 참고로 표준어 규정 제7항에 따라 접두사 '수-' 뒤에서 나는 거센소리를 인정하는 단어는 '수캉아지, 수캐, 수컷, 수키와, 수탉, 수탕나귀, 수톨쩌귀, 수퇘지, 수평아리' 등이 있다.

06 문장 성분의 호응 · 생략

정답 ③

해설 주어 "에너지 프로젝트 1331'은'과 서술어 '교과과정이다'가 적절하게 호응하므로 어법에 맞고 자연스러운 문장은 ③이다.

오답분석
① '시행되어지는'은 피동 접미사 '-되다'와 통사적 피동 표현 '-어지다'가 중복 사용된 표현이므로 적절하지 않다. '시행되는'으로 고쳐 쓰는 것이 자연스럽다.

② 서술어 '밝혔다'와 호응하는 주어가 생략된 표현이므로 적절하지 않다. '경기도는'과 같은 주어를 추가하는 것이 자연스럽다.

④ 주어 '교과과정은'과 서술어 '구성하였다'가 호응을 이루지 못하고 있으므로 적절하지 않다. '구성되었다'로 고쳐 쓰는 것이 자연스럽다.

⑤ '미리 예측'은 의미가 중복된 표현이므로 적절하지 않다. '예측'으로 고쳐 쓰는 것이 자연스럽다.
- **미리**: 어떤 일이 생기기 전에. 또는 어떤 일을 하기에 앞서
- **예측(豫測)**: 미리 헤아려 짐작함

※ 출처: 경기도 뉴스포털, https://gnews.gg.go.kr

07 중의적 표현

정답 ③

해설 '한꺼번에 같이. 또는 서로 더불어'를 의미하는 부사 '함께'를 주체 뒤에 씀으로써 '나'를 뺀 주체가 '형과 누나'로 해석되므로 중의적 문장이 아니다.

오답분석
① '매고 있었다'는 '넥타이를 매는 동작의 진행'과 '넥타이를 매는 것을 완료한 상태'의 두 가지 의미로 해석될 수 있으므로 중의적 문장이다.
② '할머니의 초상화'는 '할머니를 그린 초상화', '할머니가 그린 초상화', '할머니가 소유한 초상화'의 세 가지 의미로 해석될 수 있으므로 중의적 문장이다.
④ '짐을 든 채'의 주체에 따라 '그녀가 짐을 든 채로 인사한 것'과 '우리가 짐을 든 채로 문에 들어선 것'의 두 가지 의미로 해석될 수 있으므로 중의적 문장이다.
⑤ '어마어마한 관객의 함성'은 관형어 '어마어마한'의 수식 범위에 따라 '어마어마한 관객', '어마어마한 함성'의 두 가지 의미로 해석될 수 있으므로 중의적 문장이다.

08 문장 성분의 호응·생략

정답 ⑤

해설 '딱히'는 '정확하게 꼭 집어서'라는 의미를 가진 말로, 서술부 '싫다고 한 것은 아니다'를 수식하고 있으므로 문장 표현이 자연스러운 것은 ⑤이다.

오답분석
① '그다지'는 뒤에 오는 '않다, 못하다' 등의 부정어와 호응하여 '그러한 정도로는. 또는 그렇게까지'라는 뜻을 나타내는 말이다. 따라서 '그 동료는 그다지 협조적이지 않다'라고 고쳐 쓰는 것이 자연스럽다.
② '마땅히'는 '~해야 한다'와 같은 당위의 서술어와 함께 쓰여 '그렇게 하거나 되는 것이 이치로 보아 옳게'라는 뜻을 나타내는 말이다. 따라서 '사람이라면 마땅히 생명을 존중해야 한다'라고 고쳐 쓰는 것이 자연스럽다.
③ '절대로'는 주로 부정의 서술어와 함께 쓰여 '어떠한 경우에도 반드시'라는 뜻을 나타내는 말이다. 따라서 '정치인은 자신의 권력을 절대로 남용해서는 안 된다'라고 고쳐 쓰는 것이 자연스럽다.
④ '비록'은 '-ㄹ지라도', '-지마는'과 같은 어미가 붙는 용언과 함께 쓰여 '아무리 그러하더라도'의 뜻을 나타내는 말이다. 따라서 '비록 작은 것일지라도 함께 나눈다는 게 중요한 것이다'와 같이 고쳐 쓰는 것이 자연스럽다.

09 말소리

정답 ③

해설 ⓐ에 해당하는 단어로 적절한 것은 'ㄴ, ㄹ'이므로 답은 ③이다.
• ㄴ. 갇히다[가치다]: '갇'의 받침 'ㄷ'이 '히'의 첫소리 'ㅎ'과 결합해 'ㅌ'이 된 후 'ㅣ'로 시작하는 형식 형태소를 만나 'ㅊ'으로 발음되는 구개음화 현상이 일어난다. '파열음, 잇몸소리'였던 'ㅌ'이 '파찰음, 센입천장소리'인 'ㅊ'으로 변하였으므로, 조음 위치와 조음 방식이 모두 변한 ⓐ에 해당함을 알 수 있다.
• ㄹ. 미닫이[미:다지]: '닫'의 받침 'ㄷ'이 'ㅣ'로 시작하는 형식 형태소를 만나 'ㅈ'으로 발음되는 구개음화 현상이 일어난다. '파열음, 잇몸소리'였던 'ㄷ'이 '파찰음, 센입천장소리'인 'ㅈ'으로 변하였으므로, 조음 위치와 조음 방식이 모두 변한 ⓐ에 해당함을 알 수 있다.

오답분석
• ㄱ. 각막[강막]: 앞말의 받침 'ㄱ'이 뒷말의 첫소리인 'ㅁ'을 만나 [ㅇ]으로 발음되는 비음화 현상이 일어난다. '파열음, 여린입천장소리'였던 'ㄱ'이 '비음, 여린입천장소리'인 'ㅇ'으로 변하였으므로 조음 방식만 변하는 음운 변동이 일어난다.
• ㄷ. 관리[괄리]: 앞말의 받침 'ㄴ'이 뒷말의 첫소리인 'ㄹ'을 만나 [ㄹ]로 발음되는 유음화 현상이 일어난다. '비음, 잇몸소리'였던 'ㄴ'이 '유음, 잇몸소리'인 'ㄹ'로 변하였으므로 조음 방식만 변하는 음운 변동이 일어난다.

10 단어

정답 ③

해설 '돌다리'는 어근 '돌'과 어근 '다리'가 결합한 합성어이다. 명사와 명사의 결합은 국어의 문장 구성 방식과 동일하므로, '돌다리'는 통사적 합성어이다. 따라서 적절한 것은 ③이다.

오답분석
① '덧신'은 접두사 '덧-'과 어근 '신'이 결합한 파생어이다. 이는 어근과 어근이 결합해서 만들어진 단어가 아니므로 적절하지 않다.
② '접칼'은 동사 '접다'의 어근 '접-'과 어근 '칼'이 결합하여 만들어진 합성어이다. 그러나 용언의 어간 '접-'이 관형사형 어미 '-는' 없이 명사 '칼'을 수식하는 것은 국어의 문장 구성 방식과 동일하지 않으므로 비통사적 합성어이다.
④ '만주족'은 어근 '만주'와 접미사 '-족'이 결합한 파생어이다. 이는 어근과 어근이 결합해서 만들어진 단어가 아니므로 적절하지 않다.
⑤ '먹거리'는 동사 '먹다'의 어근 '먹-'과 어근 '거리'가 결합하여 만들어진 합성어이다. 그러나 용언의 어간 '먹-'이 관형사형 어미 '-을' 없이 명사 '거리'를 수식하는 것은 국어의 문장 구성 방식과 동일하지 않으므로 비통사적 합성어이다.

11 문장

정답 ③

해설 <보기>에 제시된 문장 중 홑문장인 것은 'ㄴ, ㄹ'이므로 답은 ③이다.
• ㄴ: '아버지의 다리가 길다'는 '관형어 + 주어 + 서술어'로 이루어진 홑문장이다.
• ㄹ: '영수는 반장이 아니다'는 '주어 + 보어 + 서술어'로 이루어진 홑문장이다. 서술어 '되다' 또는 '아니다' 앞에 위치하는 '명사 + 조사 이 / 가'의 문장 성분은 보어에 해당한다.

오답분석
• ㄱ: '시골집은 마당이 넓다'는 겹문장으로 서술절을 안은 문장이다. '시골집은'은 전체 문장의 주어이며, '마당이 넓다'는 서술절이다. 여기에서 '마당이'는 서술절 안에서의 주어이며, '넓다'는 서술절 안에서의 서술어에 해당한다.
• ㄷ: '아주머니는 키가 작다'는 겹문장으로 서술절을 안은 문장이다. '아주머니는'은 전체 문장의 주어이며, '키가 작다'는 서술절이다. 여기에서 '키가'는 서술절 안에서의 주어이며, '작다'는 서술절 안에서의 서술어에 해당한다.

12 문장 부호

정답 ③

해설 나는 '어, 광훈이 아니냐?' 하는 소리에 깜짝 놀랐다(×) → 나는 "어, 광훈이 아니냐?" 하는 소리에 깜짝 놀랐다(○): 말이나 글을 직접 인용할 때 쓰는 문장 부호는 '큰 따옴표'이다. 따라서 문장 부호 규정에 대한 설명이 잘못된 것은 ③이다.

정답 ③I 어휘

III 국어 문화2주 만에 끝내는 해커스 KBS 한국어능력시험

정답 및 해설 II 어법 **293**

13 표준 발음법

해설 **몰염치[몰렴치 / 모렴치](×)→ 몰염치[모렴치](○):** '염치가 없음'을 뜻하는 말이며, 표준 발음은 [모렴치]이다. 이는 복수 표준 발음이 인정되는 예가 아니므로 답은 ②이다.

오답 분석
① **불법[불법 / 불뻡](○):** '법에 어긋남'을 뜻하는 말이며, 표준 발음은 [불법 / 불뻡]이므로, 복수 표준 발음이 인정되는 예에 해당한다.

③ **연이율[연니율 / 여니율](○):** '일 년을 단위로 하여 정한 이율'을 뜻하는 말이며, 표준 발음은 [연니율 / 여니율]이므로, 복수 표준 발음이 인정되는 예에 해당한다.

④ **안간힘[안깐힘 / 안간힘](○):** '어떤 일을 이루기 위해서 몹시 애쓰는 힘'을 뜻하는 말이며, 표준 발음은 [안깐힘 / 안간힘]이므로, 복수 표준 발음이 인정되는 예에 해당한다.

⑤ **인기척[인끼척 / 인기척](○):** '사람이 있음을 알 수 있게 하는 소리나 기색'을 뜻하는 말이며, 표준 발음은 [인끼척 / 인기척]이므로, 복수 표준 발음이 인정되는 예에 해당한다.

14 외래어 표기법

정답 ②

해설 '호찌민'은 외래어 표기로 적절하므로 답은 ②이다.

오답 분석
① **삿뽀로(×)→ 삿포로(○)**

③ **타이페이(×)→ 타이베이(○)**

④ **헤이룽장(×)→ 헤이룽장(○)**

⑤ **이디오피아(×)→ 에티오피아(○)**

15 로마자 표기법

정답 ⑤

해설 **가야곡면 Gayagongmyeon(×)→ Gayagok-myeon(○):** 로마자 표기법에서 행정 구역 단위인 '면'은 'myeon'으로 표기하며 행정 구역 단위 앞에는 붙임표(-)를 넣으므로 '가야곡'의 받침 'ㄱ'이 'ㅁ'을 만나 [ㅇ]으로 발음되는 자음 동화가 실현되지 않는다. 따라서 이를 표기에 반영하지 않으므로 로마자 표기가 틀린 것은 ⑤이다.

오답 분석
① **별내 Byeollae(○):** 자음 동화의 결과는 로마자 표기법에 반영하여 적으므로 '별내[별래]'의 [ㄹㄹ]은 'll'로 적는다.

② **청주시 Cheongju-si(○):** 로마자 표기법에서 행정 구역 단위인 '시'는 'si'로 표기하며 행정 구역 단위 앞에는 붙임표(-)를 넣으므로 적절한 표기이다.

③ **신창읍 Sinchang-eup(○):** 로마자 표기법에서 행정 구역 단위인 '읍'은 'eup'으로 표기하며 행정 구역 단위 앞에는 붙임표(-)를 넣으므로 적절한 표기이다.

④ **종로2가 Jongno 2(i)-ga(○):** 자음 동화의 결과는 로마자 표기법에 반영하여 적으므로 '종로'의 '로[노]'는 'no'로 적는다.

01 국어 생활

출제예상문제

p.240

01	02	03	04	05	06
④	⑤	③	②	②	⑤

01 일상어

정답 ④

해설 '함지박'은 '통나무의 속을 파서 큰 바가지같이 만든 그릇'을 의미하는 표준어이므로, ㉠ ~ ㉤에 대한 설명으로 적절하지 않은 것은 ④이다.

02 일상어

정답 ⑤

해설 '견제(牽制)'는 '일정한 작용을 가함으로써 상대편이 지나치게 세력을 펴거나 자유롭게 행동하지 못하게 억누름'을 뜻하며, '군사'와 관련된 어휘이므로 답은 ⑤이다. 참고로, 군사 분야에서 '견제'는 '아군의 공격이 수월하도록 적의 일부를 다른 곳에 묶어 두는 전술적 행동'을 의미한다.

오답 분석
① **중반(中盤)**: '일정한 기간 가운데 중간쯤 되는 단계'를 뜻하며, 바둑에서는 '바둑이나 장기 또는 운동 경기나 선거전 등에서, 초반이 지나고 본격적인 대전으로 들어가는 국면'을 의미한다.

② **국면(局面)**: '어떤 일이 벌어진 장면이나 형편'을 뜻하며, 바둑에서는 '반면의 형세'를 의미한다.
• **반면**: 바둑에서 덤을 셈하지 않는 상태

③ **훈수(訓手)**: '남의 일에 끼어들어 이래라저래라 하는 말'을 뜻하며, 바둑에서는 '바둑이나 장기 등을 둘 때에 구경하던 사람이 끼어들어 수를 가르쳐 줌'을 의미한다.

④ **자충수(自充手)**: '스스로 행한 행동이 결국에 가서는 자신에게 불리한 결과를 가져오게 됨을 비유적으로 이르는 말'로, 바둑에서는 '자충이 되는 수'를 의미한다.
• **자충**: 바둑에서, 자기가 놓은 돌로 자기의 수를 줄이는 일

03 사회언어학적 분석

정답 ③

해설 1950년 이후에 여성 화자가 동년배에 대해 '해체'를 사용한 합계는 86이며 남성 화자가 동년배에 대해 '해체'를 사용한 합계는 107이므로, 1950년 이후 여성 화자와 남성 화자 모두 동년배에 대해 '해체'를 가장 많이 사용함을 알 수 있다. 따라서 (가), (나)의 분석으로 적절한 것은 ③이다.

오답 분석
① 여성 화자는 동년배에 대해 '하게체(1)'를 가장 적게 사용하지만, 남성 화자는 동년배에 대해 '하오체(19)'를 가장 적게 사용한다.

② 여성 화자는 동년배에 대해 '해체(126)'를 가장 많이 사용하며, 남성 화자도 동년배에 대해 '해체(270)'를 가장 많이 사용한다. 따라서 여성 화자와 남성 화자 모두 동년배에 대해 '해체'를 사용하는 비율이 가장 높다.

④ 1949년 이전 남성 화자가 '하십시오체'를 남성 동년배에게 사용하는 비율은 82.69%이며 여성 동년배에게 사용하는 비율은 17.30%이다. 따라서 1949년 이전 남성 화자가 '하십시오체'를 사용하는 비율은 여성 동년배보다 남성 동년배가 더 많다.

⑤ 1949년 이전 남성 화자가 여성 동년배에 '해라체'를 사용한 합계는 8이며 1950년 이후에 사용한 합계는 1이다. 따라서 1950년 이후보다 1949년 이전 남성 화자가 여성 동년배에 대해 '해라체'를 더 많이 사용한다.

04 표준 언어 예절

정답 ②

해설 아내에게 아내의 남동생을 지칭할 때는 '처남'이라고 불러야 하므로 가정에서의 호칭어와 지칭어의 쓰임이 적절하지 않은 것은 ②이다.
• **매부**: 손위 누이나 손아래 누이의 남편을 이르거나 부르는 말
• **처남**: 자기보다 나이가 적은, 아내의 손위 남자 형제를 이르거나 부르는 말

오답 분석
① 오빠의 아내를 부를 때는 '새언니, 언니'로 부를 수 있으므로 적절하다.

③ 부모님께 여동생의 남편을 지칭할 때는 '매제, ○ 서방, 매부'로 부를 수 있으므로 적절하다.

④ 남편의 누나를 친정 쪽 사람들에게 지칭할 때는 '시누이, 형님, ○○[자녀] 고모'로 부를 수 있으므로 적절하다.

⑤ 딸의 시아버지나 며느리의 친정아버지를 양쪽 사돈집에서 서로 이르거나 부를 때는 '바깥사돈'이라고 하므로 적절하다.

05 표준 언어 예절

정답 ②

해설 '건강하십시오'는 명령문이며, 형용사 '건강하다'는 명령문으로 만들 수 없으므로 답은 ②이다. 참고로, 윗사람에게 생신을 축하할 때는 '내내 건강하시기 바랍니다' 또는 '강녕하시기 바랍니다'와 같은 표현을 사용하는 것이 바람직하다.

오답 분석
① 윗사람에게 "절 받으세요"라고 명령형으로 말하는 것은 적절하지 않다. 참고로, 세배는 원칙적으로 절 자체가 인사이므로 윗사람에게 말없이 절하는 것이 적절한 예의이다.

③ '수고하다'는 '일을 하느라고 힘을 들이고 애를 쓰다'를 뜻하므로 윗사람에게 쓰면 우리말의 언어 예절에 어긋난다.

④ "얼마나 망극하십니까?"는 부모상에 한해 사용할 수 있으며, 상주의 나이가 지긋하고 문상객의 나이도 지긋할 때에만 쓸 수 있다.

⑤ 신년 인사에서 "오래오래 사세요"와 같은 표현은 오히려 어른에게 서글픔을 느끼게 할 수도 있는 말이므로 피하는 것이 좋다.

06 방송 언어

정답 ⑤

해설 '전철(前轍)'은 '앞에 지나간 수레바퀴의 자국'이라는 뜻으로, 이전 사람의 그릇된 일이나 행동의 자취를 이르는 말이다. 따라서 '전철'은 의미상 부정적 표현과 호응하므로 '긍정적 의미에 어울리므로 적절하다'라는 ⑤의 설명은 적절하지 않다. 참고로, '전철을 밟아'를 '기성 작가들을 본받아' 또는 '기성 작가들을 모범으로 삼아'로 바꾸어 사용하는 것이 적절하다.

오답
분석
① '협의'는 [혀븨]와 [혀비]로 발음할 수 있다.

② 방송 언어에서는 '우리나라의 가수 3명이 오리콘 차트에 동시에 진입했다'와 같이 보조사 '은'보다 주격 조사 '이'를 쓰는 것이 더 자연스럽다.

③ '늦장'은 '느릿느릿 꾸물거리는 태도'라는 의미의 표준어이며, '늑장'도 복수 표준어로 인정되므로, 두 단어 모두 적절한 표현이다.

④ '180곳'은 [배겨든곧]이 아닌 [백팔씹꼳]으로 발음한다.

02 국어학

출제예상문제

p.258

01	02	03	04	05	06
④	②	③	⑤	④	④

01 옛말의 문법 - 중세 국어

정답 ④

해설 부사격 조사가 바르게 실현된 것은 ㄴ, ㄷ이므로 답은 ④이다.

• ㄴ. 십리예(○): '십리'의 끝소리가 'ㅣ' 모음이므로 부사격 조사 '예'가 결합해야 한다.

• ㄷ. 뿌메(○): '뿜'의 끝소리가 음성 모음 'ㅜ'이므로 부사격 조사 '에'가 결합해야 한다. 참고로, '뿜'은 '쓰다'의 어간 '쓰-'에 명사형 어미 '-움'이 결합한 것이다.

오답
분석
ㄱ. 中듕國귁애(×) → 中듕國귁에(○): '中듕國귁'의 끝소리가 음성 모음 'ㅟ'이므로 부사격 조사는 '애'가 아닌 '에'가 결합해야 한다. 따라서 '中듕國귁에'가 적절한 표기이다.

02 현대 문법

정답 ②

해설 '이제 10분 뒤에 문을 열겠습니다'에 쓰인 선어말 어미 '-겠-'은 10분이 지나고 나면 자신이 문을 열 것이라는 화자의 의지를 드러내기 위해 사용된 것이다. 따라서 이때의 '-겠-'은 주체의 의지를 나타내는 어미이므로 ㉠에 해당하지 않는 것은 ②이다.

오답
분석
① ③ ④ ⑤의 '-겠-'은 모두 ㉡에 해당한다.

① **노래를 꺼도 괜찮겠습니까?**: 화자가 노래를 끌 자신의 행위에 대해 청자에게 양해를 구하며 청자의 기분이 상하지 않도록 선어말 어미 '-겠-'을 사용한 것이므로 적절하다.

③ **어쩌죠, 다음에 다시 찾아오겠어요?**: 청자가 다시 화자가 있는 곳에 방문해야 하는 상황에서 재방문을 요청하며 청자의 기분이 상하지 않도록 선어말 어미 '-겠-'을 사용한 것이므로 적절하다.

④ **이제부터 내가 그 책을 읽어도 되겠어?**: 청자가 읽고 있는 책을 화자가 읽게 해 달라고 요청하는 상황에서 청자의 기분이 상하지 않도록 선어말 어미 '-겠-'을 사용한 것이므로 적절하다.

⑤ **한 시간 뒤에 깨워주시면 감사하겠습니다**: 화자가 청자에게 한 시간 뒤에 깨워달라고 부탁하며 청자의 기분이 상하지 않도록 선어말 어미 '-겠-'을 사용한 것이므로 적절하다.

03 현대 국어사전의 활용

정답 ③

해설 '이르다'의 문법 정보는 <보기>에 제시된 정보에서 파악할 수 없으므로 답은 ③이다. 참고로, 문법 정보는 '((주로 '없다'와 함께 쓰여))'처럼 제시된다.

오답
분석
① '니르다'를 통해 '이르다'의 어원을 알 수 있다.

② '이르다'의 사전적 의미에 따라 '열시에 이르러서야 약속 장소에 도착했다', '그의 예술성이 완성 단계에 이르렀다'가 용례로 제시되어 있다.

④ 【…에】에서 '이르다'는 부사어를 요구하는 두 자리 서술어라는 문형 정보를 알 수 있다.

⑤ '[이르러, 이르니]'를 통해 '이르다'의 활용 형태를 알 수 있다.

04 남북한의 언어

정답 ⑤

해설 '가족'은 명사이며, '밖에'는 '그것 말고는', '그것 이외에는' 등을 의미하는 보조사이다. 남한에서도 북한과 같이 조사를 앞말에 붙여 쓰는 것이 원칙이므로 남한의 언어도 '가족밖에'로 붙여 써야 한다. 따라서 답은 ⑤이다.

오답
분석
① 남한에서는 두음 법칙을 적용한 '내년'이, 북한에서는 두음 법칙을 적용하지 않은 '래년'이 올바른 표기이다.

② 남한과 북한에서 모두 사이시옷을 표기하지 않은 '인사말'이 올바른 표기이다.

③ 남한에서는 의존 명사를 앞말과 띄어 쓰는 것이 원칙이므로 '잊을∨수'로 표기하고, 북한에서는 의존 명사를 앞말과 붙여 쓰므로 '잊을수'로 표기한다.

④ 남한에서 '어둑새벽'으로 표기하는 말을 북한에서는 '어뜩새벽'으로 표기한다. 참고로, '어둑새벽'은 '날이 밝기 전 어둑어둑한 새벽'이라는 뜻이다.

05 순화어, 신어

정답 ④

해설 '마인드맵'은 '마음속에 지도를 그리듯이 줄거리를 이해하며 정리하는 방법'이라는 뜻의 외래어로, 서양 외래어나 외국어를 고유어로 바꿔 쓰는 방법에 따라 '생각그물'로 순화할 수 있다. 따라서 '생각지도'는 잘못 다듬은 예이므로 답은 ④이다.

오답
분석
① 동사 '그을다'의 어간 '그을-'에 모음 어미 '-은'이 결합하면 '그을은'이 아닌 '그은'이 되며, 어법에 맞지 않은 말을 바르게 바꾸는 방법을 적용한 예에 해당한다.

② '쿠사리'는 '맞대어 놓고 언짢게 꾸짖거나 비꼬아 꾸짖는 일'이라는 뜻의 일본식 표현이며, 일본식 표현을 고유어로 바꿔 쓰는 예에 해당한다.

③ '시건장치'는 '문 등을 잠그는 장치'라는 뜻의 난해한 한자어이며, 어려운 말을 쉬운 말로 바꿔 쓰는 우리말 다듬기 예에 해당한다.

⑤ '대합실'은 '공공시설에서 손님이 기다리며 머물 수 있도록 마련한 곳'이라는 뜻의 일본식 한자어 표현이며, 일본식 표현을 고유어로 바꿔 쓰는 예에 해당한다.

06 옛말의 문법 - 근대 국어

정답 ④

해설 '뎨일이요', '뎨일이라'를 통해 근대 국어에는 아직 구개음화가 표기에 제대로 반영되고 있지 않음을 알 수 있으므로 적절하지 않은 것은 ④이다. 참고로, 구개음화는 끝소리가 'ㄷ, ㅌ'인 형태소가 모음 'ㅣ'나 반모음 'ㅣ'로 시작하는 형식 형태소와 만나면 'ㅈ, ㅊ'이 되는 현상이다.

오답
분석
① '하ᄂᆞ님ᄭᅴ셔', '사ᄅᆞᆷ이어늘'에서 아래아(ㆍ)를 찾아볼 수 있다.

② '사ᄅᆞᆷ이'에서 끊어적기를, '만훈'에서 이어적기를 사용하고 있다.

③ 'ㄹ치(긑 + 이 → 긑티 → ㄹ치)' 표기에서 거듭적기를 찾을 수 있다. 참고로, 거듭적기는 앞말의 종성을 뒷말의 첫소리에도 적는 표기법이다.

⑤ <보기>의 근대 신문 기사에서는 중세 국어 때 쓰이던 'ㆆ, ㆁ, ㅿ'을 찾을 수 없다.

---

03 국문학

출제예상문제

p.272

01	02	03	04	05	06
②	②	①	①	①	④

01 작가

정답 ②

해설 북간도에서 태어나 연희전문학교를 거쳐 일본 유학을 다녀온 후 후쿠오카 형무소에서 옥사했으며, 사후에 유고 시집이 발간되었다는 점에서 <보기>에서 설명하고 있는 시인이 '윤동주'임을 알 수 있으므로 답은 ②이다. 참고로, '윤동주'는 일제 강점기의 고독과 절망을 희망과 용기로 극복하려는 강인한 정신을 시로 형상화했다. 대표작으로는 「서시」, 「별 헤는 밤」 등이 있다.

오답분석 ① '김소월'은 일제 강점기의 시인으로, 일제 강점기의 이별과 그리움을 주제로, 우리 민족의 한을 표현하는 작품을 썼다. 대표작으로는 「진달래꽃」, 「접동새」 등이 있다.

③ '이상화'는 민족주의 시인으로, 일제 강점기하의 민족의 비애와 일제에 저항하는 내용을 바탕으로 한 시를 썼다. 대표작으로는 「빼앗긴 들에도 봄은 오는가」 등이 있다.

④ '이육사'는 일제 강점기의 시인으로, 일제 강점기의 민족의 비극과 저항 의지를 상징적으로 표현하였다. 대표작으로는 「교목」, 「광야」 등이 있다.

⑤ '정지용'은 1930년대를 대표하는 시인으로, 섬세하고 독특한 언어로 대상을 참신하게 묘사함으로써 한국 현대시의 새로운 국면을 개척하였다. 대표작으로는 「향수」, 「비」, 「춘설」 등이 있다.

02 작가

정답 ②

해설 평안 방언을 사용하고 시 「여우난골족」을 지었다는 데서 빈칸에 들어갈 문인이 '백석'임을 알 수 있으므로 답은 ②이다. 참고로, '백석'은 일제 강점기의 시인으로, 방언과 향토적 시어를 통해 모더니즘을 발전적으로 수용했다. 대표작으로는 「여승」, 「남신의주 유동 박시봉방」 등이 있다.

오답분석 ① '이상'은 일제 강점기의 시인이자 소설가로, 초현실주의를 기반으로 실험 시와 심리 소설을 지었다. 대표작으로는 시 「거울」, 소설 「날개」, 수필 「권태」 등이 있다.

③ '강소천'은 아동 문학가로, 대표작으로는 「호박꽃초롱」, 「꿈을 찍는 사진관」 등이 있다.

④ '서정주'는 초기에 악마적이고 원색적인 시풍으로 인간의 원죄 의식에 대해 노래하였으나, 후기에는 불교 사상과 샤머니즘과 같은 동양적인 사상이 담긴 작품을 썼다. 대표작으로는 「자화상」, 「견우의 노래」, 「국화 옆에서」 등이 있다.

---

⑤ '조지훈'은 청록파 시인 중 한 명으로, 초기 작품에서 한국의 전통 의식과 민족의식을 서정적 대상으로 삼았다. 또한 그는 식민지 치하의 고통과 전쟁의 비극적 국면을 형상화하기도 했다. 대표작으로는 「승무」, 「고풍의상」 등이 있다.

※ 출처: 한국학중앙연구회, 한국민족문화대백과사전

03 문학 이론

정답 ①

해설 '유유자적한 삶의 모습', '자연의 조화에 순응하는 태도' 등을 통해 <보기>에서 '영희'가 설명하고 있는 미적 범주는 '우아미'임을 알 수 있다. '우아미'는 자연을 바라보는 '나'가 자연의 조화라는 가치에 순응하는 태도를 보임으로써 나타나는 미의식으로 자연 속의 유유자적한 삶과 '안분지족(安分知足)'을 주제로 한 작품에서 흔히 볼 수 있다.

오답분석 ② '비장미'는 미적 범주의 하나로 자연을 인식하는 '나'의 실현 의지가 현실적 여건 때문에 좌절될 때 미의식이 나타나며, 슬픈 느낌을 준다.

③ '숭고미'는 미적 범주의 하나로 자연을 인식하는 '나'가 자연의 조화를 현실에서 추구하고 실현하고자 하는 태도를 보임으로써 미의식이 나타난다. 인간의 보통 이해력으로는 알 수 없는 경이, 외경, 위대함 등의 느낌을 준다.

④ '골계미'는 미적 범주의 하나로 자연의 질서나 이치를 의 있는 것으로 존중하지 않고 추락시킴으로써 미의식이 나타난다. 풍자와 해학의 수법으로 우스꽝스러운 상황이나 인간상을 구현하며 익살을 부리는 가운데 어떤 교훈을 준다.

⑤ '소박미'는 단순하고 꾸밈 없음에서 우러나오는 아름다움을 가리키는 국문학용어로 꾸밈없이 참된 순박한 마음이며, 표현상으로 꾸밈이 지나쳐 시인의 참된 마음을 왜곡하지 않고 그 마음이 자연스럽게 밖으로 드러날 때 느끼는 아름다움이다.

※ 출처: 한국학중앙연구회, 한국민족문화대백과사전

04 작가, 작품

정답 ①

해설 채만식의 「탁류」는 일제 강점기를 배경으로 하고 있는 작품이므로 답은 ①이다. 참고로, 이 소설은 한 여인의 비극적 삶을 통해 1930년대 한국 사회의 한 흐름을 사실적 문체로 날카롭게 풍자하였다.

오답분석 ② 오상원의 「유예」는 1955년에 발표된 작품으로, 인민군 포로로 잡힌 국군 소대장의 처형 직전 고뇌를 의식의 흐름 기법으로 표현하였다.

③ 이범선의 「오발탄」은 1959년에 발표된 작품으로, 피란민촌의 한 가정이 붕괴되어 가는 과정을 통해 어지러운 현실과 타협하지 못하는 주인공의 양심과 자의식을 형상화하였다.

④ 하근찬의 「수난이대」는 1957년에 발표된 작품으로, 전쟁(태평양 전쟁, 6 · 25 전쟁)으로 인해 수난을 겪는 아버지와 아들의 모습을 통해 우리 민족의 역사적 비극과 극복 의지를 형상화하였다.

⑤ 손창섭의 「비 오는 날」은 1953년에 발표된 작품으로, 부산의 비 오는 날을 배경으로 6 · 25 전쟁으로 인해 우울하고 어두워진 시대 상황과 그 분위기를 보여주는 소설이다. 월남한 '동욱' 남매를 '원구'의 시선으로 바라보며 전후의 절망적이고 비참한 삶을 형상화하였다.

05 작품

정답 ①

해설 권필의 「주생전」은 '주생'과 '배도', '선화' 사이의 삼각관계와 전쟁으로 인한 이별과 죽음을 전기(傳記) 형식으로 서술한 한문 소설이다. 이 작품은 전기(傳記)의 형식을 빌린다는 점에서는 가전체와 동일하나, 사물을 의인화해 사물의 일대기를 드러낸 것은 아니므로 '가전체'에 속하지 않는다. 따라서 답은 ①이다.

오답
분석
② 이첨의 「저생전」은 '종이'를 의인화해 위정자들에게 올바른 정치를 할 것을 권유하는 가전체 소설이다.

③ 임춘의 「국순전」은 '술'을 의인화해 술의 내력과 흥망성쇠를 통해 술로 인해 향락에 빠진 임금의 모습과 이러한 임금을 무조건 따르는 간신들을 비판한 가전체 소설이다.

④ 이곡의 「죽부인전」은 '대나무'를 의인화해 절개 있는 부인을 표현한 가전체 소설이다.

⑤ 이규보의 「청강사자현부전」은 '거북이'를 의인화해 '안분지족(安分知足)'의 처세와 언행을 삼가야 한다는 경계를 전하는 내용을 담은 가전체 소설이다.

06 작품

정답 ④

해설 「사씨남정기」는 양반 사대부인 '유 한림'의 가정에서 일어난 처첩 간의 갈등을 그려 축첩 제도를 비판하고 권선징악이라는 교훈을 전달하는 가정 소설이므로 갈래를 바르게 나타내지 못한 것은 ④이다.

오답
분석
① 「임진록」은 조선 시대의 역사 소설로, 임진왜란 당시 아군이 패한 전쟁을 승리한 전쟁으로 다루어 전쟁 패배로 떨어진 민족의 사기를 북돋으려는 의도가 담겨 있다.

② 「유충렬전」은 조선 시대의 영웅 소설로, 영웅의 기상을 가진 유충렬이 간신 정한담의 반란으로 항복할 위기에까지 처한 천자를 구하고 나라를 바로잡아 부귀영화를 누린다는 내용이다. 천상에서의 선악 대립 구조가 지상에서도 동일하게 나타난다는 점이 특징이다.

③ 「홍계월전」은 조선 시대의 군담 소설로, 여성 영웅인 '홍계월'의 일대기를 그리고 있다. 기존 여성이 남성의 보조적 위치에 머무르던 것에서 벗어나 남성보다 우월한 능력을 지닌 영웅으로 등장한 데에 의의가 있는 작품이다.

⑤ 「숙영낭자전」은 조선 시대 애정 소설로, 한 양반 가정을 배경으로 신선 사상에 바탕을 둔 비현실적인 사건을 소재로 한 애정 이야기를 그린 작품이다.

실전연습문제

p.274

01	02	03	04	05	06
②	④	⑤	⑤	①	③
07	08	09	10		
⑤	⑤	④	⑤		

01 일상어

정답 ②

해설 '생채기'는 '손톱 등으로 할퀴이거나 긁히어서 생긴 작은 상처'라는 의미를 지닌 표준어이므로, ㉠ ~ ㉣에 대한 설명으로 가장 적절한 것은 ②이다.

오답
분석
① '두드러기'는 '약이나 음식을 잘못 먹거나 환경의 변화로 인해 생기는 피부병의 하나'라는 의미의 표준어이다. 참고로, '뾰족하게 부어오른 작은 부스럼'은 표준어 '뾰루지'를 뜻한다.

③ '봉다리'는 '종이나 비닐 등으로 물건을 넣을 수 있게 만든 주머니'라는 의미의 경기, 전남 지역 방언이다. 참고로, '속에 물건을 담을 수 있도록 헝겊 등으로 길고 크게 만든 주머니'는 표준어 '자루'를 뜻한다.

④ '숫제'는 '처음부터 차라리. 또는 아예 전적으로'라는 의미의 표준어이다.

⑤ '정지'는 '일정한 시설을 갖추어 놓고 음식을 만들고 설거지를 하는 등 식사에 관련된 일을 하는 곳'이라는 의미의 경상, 제주 지역 방언이다.

02 일상어

정답 ④

해설 사례 3과 5는 '~ 같아요' 또는 '~ 하더라구요'와 같이 애매한 표현을 사용하고 있지만, 이를 통해 거절의 의사를 전달하고 있지 않으므로 답은 ④이다.

오답
분석
① '쫌', '꽈'에서 경음(된소리)을 사용하는 경향이 있음을 알 수 있다.

② '고건(고것은)', '설거진(설거지는)'에서 축약된 형태로 말하는 경향이 있음을 알 수 있다.

③ '고건'이나 '요기'와 같이 작은 어감의 지시어를 사용해 말하는 경향이 있음을 알 수 있다.

⑤ '음', '참'과 같은 감탄사 또는 '무지무지'와 같은 부사를 사용하여 놀람이나 느낌을 표현함을 알 수 있다.
 • 음: 무엇을 수긍한다는 뜻으로 내는 소리
 • 참: 잊고 있었거나 별생각 없이 지내던 것이 문득 생각날 때 내는 소리
 • 무지무지: 몹시 놀랄 만큼 대단히

03 일상어

정답 ⑤

해설 고유어 '머리'와 동의어인 영어 '헤어'를 연결하여 업종을 드러냈을 뿐 미용사의 전문성과 관련된 내용은 없으므로 적절하지 않은 것은 ⑤이다.

04 방송 언어
정답 ⑤

해설 '통한'과 같은 감정을 담은 표현은 뉴스의 객관성을 저해하므로 지양하는 것이 좋다. 따라서 ⓜ과 같이 객관적인 사실을 간략하게 전달하는 것이 적절하므로 답은 ⑤이다.

오답 분석
① 경기가 치러진 시간을 제시하는 것은 뉴스의 사실성을 높일 수 있으므로 적절하다.
② 뉴스의 전달력을 높이기 위해서는 초반부에 경기 결과를 명확하게 제시하고, 이와 관련된 세부 내용을 이어서 설명해야 하므로 적절하다.
③ '5판 3선승제'라는 경기 진행 방식에 대한 설명을 먼저 제시하고 세부 내용을 설명하면 경기 흐름에 대한 이해를 높일 수 있으므로 적절하다.
④ ⓔ의 접전의 승부를 이어갔다는 것은 뒤 문장과 상반되는 내용이므로 앞 절의 내용과 뒤 절의 내용이 서로 다름을 나타내는 어미인 '-으나'를 쓰는 것이 더 바람직하다.

05 옛말의 문법 – 고대 국어의 향찰
정답 ①

해설 훈독자는 ⊙ '去'이므로 답은 ①이다.
· ⊙ 去: 갈 거

오답 분석
ⓛ, ⓒ, ⓔ, ⓜ은 음독자이다.
· ⓛ 尼: 여승 니
· ⓒ 於: 어조사 어
· ⓔ 古: 옛 고
· ⓜ 阿: 언덕 아

06 남북한의 언어
정답 ③

해설 남한과 달리 북한에서는 의존 명사를 앞말에 붙여 쓰므로, 북한어에 관한 설명으로 적절하지 않은 것은 ③이다.

07 순화어, 신어
정답 ⑤

해설 '랜드마크(landmark)'의 순화어는 '마루지, 상징물, 상징 건물, 대표 건물'이다. 따라서 '명소'로 순화하는 것은 적절하지 않으므로 답은 ⑤이다.

08 옛말의 문법 – 근대 국어
정답 ⑤

해설 <보기>의 근대 신문 광고에서는 어두에 합용 병서와 각자 병서가 사용된 예가 없으므로, 적절하지 않은 것은 ⑤이다.

오답 분석
① '일엇', '그렷습'에서 과거형 어미 '-앗-/-엇-'을 확인할 수 있다.
② '일엇'에서 겹받침을 사용하지 않았음을 확인할 수 있다.
③ '에셔', '츄' 등에서 단모음화가 되지 않은 이중 모음을 확인할 수 있다.
④ '어든(얻- + -은)'에서 어간과 어미가 완전히 분리되지는 않았음을 알 수 있다.

※ 출처: 국립중앙박물관, http://www.museum.go.kr

09 문헌
정답 ④

해설 <보기>의 문헌은 『노걸대언해(老乞大諺解)』이므로 답은 ④이다.
· 『노걸대언해(老乞大諺解)』: 정조 때, 『노걸대』를 한글로 다시 풀이한 책이다. 행상인들의 교역에 관한 일상 회화를 엮은 것으로 당시의 생활상과 풍속이 자세히 소개되어 있다.

오답 분석
① 『가례언해(家禮諺解)』는 인조 때, 신식이 『주자가례』를 한글로 풀이한 책으로, 주로 관혼상제의 사례에 관한 사항을 담고 있다.
② 『두시언해(杜詩諺解)』는 성종 때, 중국 당나라의 시인인 두보의 시를 분류해 한글로 풀이한 책이다. 초간본과 중간본의 표기가 달라 국문학 연구에 중요한 자료로 사용된다.
③ 『금강경언해(金剛經諺解)』는 『금강경(金剛經)』을 한글로 번역한 책이다.
⑤ 『훈민정음언해(訓民正音諺解)』는 훈민정음 중 세종의 서문과 자모의 음가와 운용 방법을 설명한 예의를 한글로 풀이하여 간행한 책으로, 중세 국어의 모습을 알 수 있는 중요한 자료이다.

지문 풀이
> 여기서 서울 가기 얼마나 길이 머뇨?
> 여기서 서울 가기 아직도 오백 리 더 되나니, 하늘이 불쌍히 여기사 몸이 편안하면 5일 만에 가리로다.
> 우리 가면 어디에 부리어야 좋을까?
> 우리 순성문의 관점으로 부리러 가자. 거기서 말 시장 가기가 또한 가까우니라.
> 당신 말이 옳도다. 나도 마음에 이리 생각하였더니 당신 말이 내 뜻과 같도다.

10 현대 문법
정답 ⑤

해설 음운론적 이형태는 자음, 모음과 같은 음운 환경에 따라 형태가 달라지는 것을 말한다. 종결 어미 '-어요'가 '-여요'로 교체되는 것은 용언 어간 '하-'에서만 보이는 현상이므로 음운론적 이형태로 설명할 수 없다. 따라서 답은 ⑤이다.

오답 분석
① ② ③ ④ 모두 음운론적 이형태의 예에 해당한다.
① 보조사 '은/는'은 '책은', '종이는'처럼 앞말이 자음으로 끝나면 '은', 모음으로 끝나면 '는'이 온다.
② 주격 조사 '이/가'는 '기린이', '코끼리가'처럼 앞말이 자음으로 끝나면 '이', 모음으로 끝나면 '가'가 온다.
③ 부사격 조사 '와/과'는 '사과와', '귤과'처럼 앞말이 모음으로 끝나면 '와', 자음으로 끝나면 '과'가 온다.
④ 선어말 어미 '-았-/-었-'은 '보았다, 주었다'처럼 앞에 오는 어간의 모음이 양성이면 '-았-', 음성이면 '-었-'이 온다.

MEMO

해커스 단기 합격생이 말하는
KBS한국어 2주 완성 비법!

단기간에 취득하고자 하는 사람들에게 큰 도움이 될 것입니다.

타사의 강의와 비교하면서 **해커스의 최수지 선생님 강의**를 듣게 된 이유는 우선 강사님의 솔직함이 컸습니다. 문법을 정석적으로 알려주기보다는 버릴 건 버리자는 말씀과 함께 **최대한 효율적으로 수강생들에게 전달**하려는 모습을 보고…(중략) 특히 교재와 함께 진행되는 강의 과정이 커리큘럼에 맞춰 진행하다 보면 늘어난 실력을 확인할 수 있을 것이라 생각합니다.

김*산

해커스 자격증 듣고 KBS한국어 3+등급 합격했습니다.

2주끝장반 수강 신청할 때 교재를 꼭 함께 구매하는 게 좋습니다. 그리고 **벼락치기라면 기출문제나 모의고사 하나 풀어보시고** 자신에게 부족한 파트가 어디인지 파악하는 게 좋을 것 같습니다. 하지만 시험까지 시간이 많다면 1권 2권 순서를 맞춰 차분하게 수강하는 게 고득점에 훨씬 유리할 것입니다.

오*석

KBS한국어능력시험 2+등급 합격!

해커스 KBS한국어 2주끝장반 정말 구성도 좋고 내용도 알찬 패키지입니다. 꼭 들으세요!
일단 제 취약점인 맞춤법, 어휘 위주로 공부했어요! 가장 세세하기도 하고 외워야 할 것도 많아서 시간 투자할 가치가 많은 부분이라고 생각해요.

전*명

공부 전략 잘 짜서 도전한다면 노력 대비 효용이 매우 높은 시험

어휘, 어법, 국어문화 부분에 대부분의 공부 시간을 할애했습니다. 역시나 문제 많이 풀어보는 것도 중요할 것 같고, 자주 틀리는 부분이나 취약한 부분 위주로 따로 암기, 공부하시면 좋을 것 같습니다.

김*

자격증 교육 1위 해커스 pass.Hackers.com

2주 만에 끝내는
해커스 KBS 한국어능력시험 으로

"**똑**"
소리나게 준비해야
목표 달성 합니다.

암기하지 마라! 전략만 적용하면 된다.

2권

전략만 알면 맞히는 파트

– 듣기·말하기, 쓰기, 창안, 읽기

문제 풀이 전략을 연습하는
대표 기출 유형 공략

전략 적용으로 실전을 대비하는
**KBS 한국어능력시험
실전모의고사**

KBS 한국어능력시험 2주 완성을 위한

해커스자격증 200% 활용방법!

KBS 한국어능력시험 핵심 요약강의

FREE

해커스자격증(pass.Hackers.com) 접속 후 로그인 ▶
상단 [KBS한국어/글쓰기] 클릭 ▶ [무료강의] 클릭하여 이용하기

모바일 자동 채점 + 성적 분석 서비스

FREE

해커스자격증(pass.Hackers.com) 접속 후 로그인 ▶
상단 [KBS한국어/글쓰기] 클릭 ▶
[교재정보 → 자동채점/성적분석] 클릭하여 이용하기

듣기 영역 MP3

FREE

해커스자격증(pass.Hackers.com) 접속 후 로그인 ▶
상단 [KBS한국어/글쓰기] 클릭 ▶
[교재정보 → MP3 및 부가자료] 클릭하여 이용하기

어휘·어법 적중 모의고사 1회분 (PDF)

인증화면 내 퀴즈 정답 입력

해커스자격증(pass.Hackers.com) 접속 후 로그인 ▶
상단 [KBS한국어/글쓰기] 클릭 ▶ [교재정보 → MP3 및 부가자료] 클릭 ▶
퀴즈 정답 입력 시 모의고사 제공

KBS 한국어능력시험 인강 10% 할인

DE3EKEACKKACE000

해커스자격증(pass.Hackers.com) 접속 후 로그인 ▶ 사이트 하단 또는 우측 [쿠폰/수강권 등록] 클릭 ▶
위 쿠폰번호 입력 시 쿠폰함에 자동 발급 ▶ 강의 결제 시 할인쿠폰 적용

* 쿠폰 이용 기한: 2024년 12월 31일까지(등록 후 7일 내 사용 가능)
* 쿠폰은 1회에 한해 등록 및 사용이 가능하며, 추가 발급은 불가합니다.
* 이외 쿠폰 관련 문의는 해커스 고객센터(02-537-5000)로 문의하시기 바랍니다.

2주 만에 끝내는

해커스 KBS 한국어능력시험

2권 전략편

전략만 알면 맞히는 파트
듣기 · 말하기, 쓰기, 창안, 읽기

해커스자격증

차례

 핸드북 | 시험 직전 마무리, 어휘 · 어법 핵심 기출 암기 핸드북

2권

전략만 알면 맞히는 파트

 모의고사 | KBS 한국어능력시험 실전모의고사

2주 만에 끝내는 해커스 KBS 한국어능력시험

IV 듣기 · 말하기

01 듣기 · 말하기

최신 기출 트렌드와 학습 전략

01 해커스가 정리한 핵심 포인트

구분	핵심 포인트	출제 빈도	페이지
듣기 · 말하기	듣기	★★★	p.14
	말하기	★★★	p.15

02 해커스가 분석한 기출 패턴

PATTERN 1 **듣기 단독 문제는 5문제가 출제된다.**

1~5번 문제는 하나의 듣기 지문당 한 개의 문제가 출제된다. 그림이 제시되고 그에 대한 설명이 옳은지 묻는 문제, 드라마나 대화 속 등장인물의 생각을 묻는 문제, 고전, 이야기, 강연 등을 듣고 세부 내용을 파악하는 문제, 시나 시조 같은 운문 문학 작품을 듣고 중심 소재 / 주제 / 화자의 정서 등을 파악하는 문제와 같이 다양한 유형으로 듣기 단독 문제가 출제되는 패턴을 보인다.

PATTERN 2 **듣기 · 말하기 혼합 문제는 10문제가 출제된다.**

6~15번 문제는 듣기 · 말하기가 혼합되어 하나의 듣기 지문당 두 개의 문제가 출제된다. 특히 말하기 영역은 듣기 영역과 연계되어 세트 문제로 출제되므로 한 번 들은 내용을 토대로 듣기 문제와 말하기 문제를 모두 풀어야 한다. 구체적으로 듣기 · 말하기는 강연, 뉴스 해설, 대화, 발표, 라디오 등이 지문으로 등장하고 '세부 내용 파악 + 말하기 전략', '중심 내용 파악 + 이어질 말 추론', '보도 자료 파악 + 말하기 방식', '갈등 파악 + 갈등 해결' 등의 구성으로 듣기 · 말하기 혼합 문제가 출제되는 패턴을 보인다.

03 해커스만 알려주는 학습 전략

 하나 **듣기 단독 문제는 음성을 듣고 주요 내용을 파악하기 위해 노력하자!**

듣기 영역에서 가장 중요한 것은 음성의 내용을 정확하게 파악하는 것이다. 듣기 단독 문제는 문제에서 물어보는 내용이 무엇인지에 초점을 맞춰서 듣는다면 조금 더 쉽게 답을 고를 수 있다. 또한 사실적 이해 문제의 경우 분석적으로 선택지를 지워 나가며 문제를 풀면 도움이 되고, 추론적 이해 문제의 경우 듣기 맥락까지 고려하여 답을 고르는 연습을 하면 좋다.

 둘 **듣기 · 말하기 혼합 문제는 하나의 지문을 듣고 두 개의 문제를 풀어야 하므로 집중해서 듣자!**

듣기 · 말하기 영역의 모든 내용은 한 번밖에 들을 수 없으므로, 음성이 시작되기 전에 미리 선택지를 보고 들을 내용에 대하여 추측해 보는 것이 도움이 된다. 또한 음성이 시작되면 핵심 어휘, 중심 내용 등을 메모하면서 들음으로써 문제 해결의 단서를 적어 놓는 것이 좋다. 참고로 후반부로 갈수록 듣기 · 말하기 영역의 난도가 높아지는 경우가 있으므로, 끝까지 집중력을 잃지 않도록 노력해야 한다.

01 듣기 · 말하기

대표 기출 유형 공략

* 무료 MP3 바로 듣기

| 대표 기출 유형 | ① 사실적 듣기 - 그림 해설 파악

유형 특징

1. 그림에 대한 해설을 듣고 설명하는 내용을 올바르게 파악할 수 있는 능력을 평가하기 위한 문제 유형으로, 듣기 · 말하기 영역 1번에 고정적으로 출제된다.

2. 동서양의 명화나 건축물 그림 등에 대한 해설이 제시되는데, 그림을 보면서 해설의 내용과 일치하지 않는 선택지를 바로 지워나가며 듣는다면 비교적 쉽게 문제를 해결할 수 있다.

대표 예제   그림에 대한 해설로 적절하지 <u>않은</u> 것은?

① 발레리나들이 움직이는 순간이 그림으로 표현되어 있다.

② 빛의 다양한 효과에 대한 관심이 구석의 창문을 통해 나타나고 있다.

③ 발레리나 허리의 장식 띠를 통해 화려한 장식적 효과를 드러내고 있다.

④ 평범한 사회 계층의 전형이 계단을 오르는 발레리나의 옆모습에 반영되어 있다.

⑤ 유화 기법뿐 아니라 다양한 기법을 활용해 발레리나의 모습을 자세히 묘사하고 있다.

풀이 전략

1단계   그림 해설을 바탕으로 선택지 내용의 적절성을 파악하는 문제이다. 그림 해설 내용, 선택지, 그림을 함께 보며 그림의 대상, 표현, 기법 등이 선택지의 설명과 부합하는지 판단하며 알맞지 않은 것을 고르면 된다.

2단계   그림 해설에서 '장식 띠 형식을 통해 아래에서 위를 찍는 상향 촬영식 효과를 드러냄으로써 기존 작품에서 찾아볼 수 없던 새로운 시선을 전달하고 있다'라고 하였으므로, 발레리나 허리의 장식 띠는 화려한 장식적 효과가 아닌 상향식 촬영 효과를 드러냄을 알 수 있다. 따라서 답은 ③이다.

| 대표 기출 유형 | ② 사실적 듣기 - 등장인물의 생각 파악

유형 특징

1. 대화를 듣고 등장인물의 생각을 파악할 수 있는 능력을 평가하기 위한 문항이다. 인물의 생각이 말에 명시적으로 드러나므로 난도는 낮은 편이다. 최근에는 등장인물 간 갈등의 원인을 파악하는 문제와 세트 문제로 출제되기도 한다.
2. 다양한 관계를 맺고 있는 사람들이 참여하는 대화를 제재로 하며, 주로 드라마 음성이 출제된다. 대화 상황 속에 드러나는 인물의 생각과 선택지의 내용을 차례로 비교하며 들으면 헷갈리지 않고 풀 수 있다.

대표 예제   대화를 통해 알 수 있는 등장인물의 생각으로 볼 수 <u>없는</u> 것은?

① 여학생: 리더에게 가장 필요한 것은 성과를 내는 능력이다.
② 남학생: 리더에게 필요한 자질은 구성원을 존중하는 태도이다.
③ 여학생: 합창 동아리의 리더보다 연극 동아리의 리더가 더 뛰어나다.
④ 여학생: 좋은 성과를 내다가 발생한 소수의 희생은 나중에 보상할 수 있다.
⑤ 남학생: 구성원의 의견을 모아 합리적인 계획을 세우는 것이 리더의 역할이다.

풀이 전략   1단계   대화를 듣고 등장인물의 생각을 파악하는 문제이다. 대화를 들으며 여학생과 남학생의 말을 통해 알 수 있는 생각을 추론한 후 적절하지 않은 선택지를 고르면 된다.

2단계   남학생은 '좋은 성과를 얻기 위해서는 계획을 잘 세워야 해. 그리고 구성원들의 동참을 이끌어낼 수 있는 방법도 찾아야 하고'라며 리더가 합리적으로 계획을 세우는 것이 중요하다고 하였다. 그러나 구성원의 의견을 모아 합리적인 계획을 세우는 것이 리더의 역할이라고는 말하지 않았으므로 답은 ⑤이다.

| 대표 기출 유형 | ③ 추론적 듣기 - 주제 파악

유형 특징

1. 강연이나 시를 듣고 주제(중심 내용)를 파악할 수 있는 능력을 평가하기 위한 문제 유형이다.
2. 강연, 시를 듣는 동안 핵심어나 중요한 내용을 메모하며 듣고 이를 토대로 중심 내용을 도출한 뒤, 선택지의 내용과 비교하며 적합한 주제를 찾으면 된다.

대표 예제   강연의 주제로 가장 적절한 것은?

① 현대 예술 작품의 모티브는 대부분 자연에 있다.
② 작품의 전시적 가치는 예술가의 명성에서 비롯된다.
③ 예술 작품에 대한 일률적인 해석은 바람직하지 않다.
④ 현대 예술에서 가장 훌륭한 예술 작품은 자연물이다.
⑤ 어떤 대상이라도 예술 작품이 될 수 있는 가능성이 있다.

풀이 전략   1단계   강연의 주제를 묻는 문제이다. 강연을 들으며 제재와 내용을 파악한 후, 핵심 내용이 드러난 선택지를 고르면 된다.

2단계   예술 작품으로 여기지 않는 '삭정이' 같은 자연물도 현대 예술에서는 예술 작품으로 인식한다는 내용을 전개하며 '어떤 사물에 감상 대상의 자격을 부여하는 행위만으로도 '인공성'은 갖춰진다'라고 하였으므로 답은 ⑤이다.

유형 특징

1. 표면적 정보를 바탕으로 이면의 정보를 추론할 수 있는 듣기 능력을 평가하기 위한 문제 유형으로, 주로 고전의 의미, 이어질 내용, 마지막에 이어질 말, 청중의 반응 등을 추론하는 문제가 출제된다.
2. 듣기 제재의 표면적 정보에서 이끌어낼 수 있는 화자의 의도나 주제 등을 생각하며 듣는 연습을 하면 도움이 된다.

대표 예제 '고전'에서 말하고자 한 내용과 거리가 먼 것은?

① 부귀영화에 대한 탐욕을 경계해야 한다.
② 어리석은 자만이 타인의 성공을 시기한다.
③ 정의롭지 못한 일을 하면 화를 당하게 된다.
④ 사람으로 태어난 이상 악한 짓은 삼가야 한다.
⑤ 명예를 간직하는 방법은 바른 길로 가는 것이다.

풀이 전략

1단계 문제 지시문을 통해 고전에서 말하고자 하는 내용을 추론하는 문제임을 확인할 수 있다. 고전에서 주는 교훈으로 적절하지 않은 선택지를 고르면 된다.

2단계 '부귀와 탐욕, 악행에 대한 경계'를 전하는 내용이므로 '어리석은 자만이 타인의 성공을 시기한다'라는 내용을 교훈으로 도출하는 것은 적절하지 않다. 따라서 답은 ②이다.

유형 특징

1. 시나 시조와 같은 운문 문학 작품을 듣고 중심 소재의 의미를 유추할 수 있는 능력을 평가하기 위한 문제 유형으로, 주로 듣기·말하기 영역 5번에 출제된다.
2. 소재가 작품의 본문에 드러난 경우 '그', '이것' 등으로 지칭되기도 하므로 대상을 묘사하는 표현이나 특징을 통해 소재가 무엇인지 파악하는 연습이 필요하다.

대표 예제 이 시의 '이것'으로 가장 적절한 것은?

① 약
② 죽
③ 숭늉
④ 찬밥
⑤ 도시락

풀이 전략

1단계 문제 지시문을 통해 '시'를 들려줄 것임을 알 수 있으며, 시의 소재가 되는 '이것'이 무엇인지 파악하는 문제라는 것을 예측할 수 있다. 선택지인 '약, 죽, 숭늉, 찬밥, 도시락'의 특성이 '먹는 것'이거나 '밥'과 관련되어 있음을 떠올리며 '이것'에 해당하는 사물을 고르면 된다.

2단계 '일 분만 단추를 눌러도 따끈한 밥이 되는 세상 / '이것'을 먹기도 쉽지 않지만'과 '가족에겐 따스한 밥 지어 먹이고 / '이것'을 먹던 사람'에서 '이것'은 '따끈한 밥'이나 '따스한 밥'과 대조적인 소재임을 추론할 수 있다. 따라서 답은 ④이다.

| 대표 기출 유형 | ⑥ 사실적 듣기 - 갈등 파악

유형 특징

1. 갈등을 파악하고 해결하는 단계에 따라 세트 문제로 구성된다. 그 중 이 문제는 드라마나 대화를 듣고 갈등의 원인을 파악할 수 있는 능력을 평가하기 위한 문제 유형이다.

2. 대화, 직장 내 의견 충돌 등 일상에서 쉽게 접할 수 있는 상황이 제시되므로 난도는 낮은 편이다. 평소 대화에 참여하는 사람의 입장을 각각 정리하며 듣는 연습이 중요하다.

대표 예제 대화에서 발생한 갈등에 대한 이해로 가장 적절한 것은?

① 최 부장은 정 과장의 업무 능력이 부족하다고 생각한다.
② 정 과장은 부품 구매 시 단가는 중요하지 않다고 생각한다.
③ 최 부장은 의사결정 시 의논하는 과정이 중요하다고 생각한다.
④ 정 과장은 최 부장이 자신의 결정에 대해 비난하고 있다고 생각한다.
⑤ 최 부장은 정 과장의 결정이 회사의 예산을 초과하여 손해를 입혔다고 생각한다.

풀이 전략

1단계 대화 중 발생한 갈등에 대해 묻는 문제이다. 최 부장과 정 과장의 대화를 듣고, 갈등의 원인을 파악하고 두 사람의 입장 차이를 확인하며 듣는다.

2단계 최 부장이 '모든 부품은 구입하기 전에 의논해야 하는 것을 아직도 모르나'라고 말한 것을 통해 최 부장은 의사결정 시 의논하는 과정을 중요하게 여김을 알 수 있으므로 답은 ③이다.

| 대표 기출 유형 | ⑦ 추론적 듣기 - 갈등 해결

유형 특징

1. 갈등을 조정하고 중재할 수 있는 능력을 평가하기 위한 문제 유형으로, 갈등 파악 문제와 연계되어 갈등 조정을 위해 제3자가 할 수 있는 질문이나 갈등 해결을 위해 제시되면 좋을 자료가 무엇인지를 묻는다.

2. 갈등 상황에서는 서로의 잘못을 지적하기보다는 갈등의 원인을 바탕으로 대화에 관련된 사람 모두 양보해야 함에 초점을 두고 문제를 풀면 된다.

대표 예제 최 부장과 정 과장의 문제를 해결하기 위해 할 수 있는 말로 올바르지 <u>않은</u> 것은?

① "최 부장님, 회의 때 했던 말은 어떤 의미였는지 설명해주세요."
② "정 과장님, 구입한 부품이 핵심적이라고 생각한 이유를 설명해주세요."
③ "최 부장님, 부품 구매 시 가장 중요하게 생각하는 요소는 무엇인가요?"
④ "정 과장님, 부품 구매 시 단가뿐 아니라 전체적인 요소를 고려하셨나요?"
⑤ "정 과장님, 부품 구매로 발생한 손해를 해결할 수 있는 방법을 말씀해주세요."

풀이 전략

1단계 갈등의 원만한 해결을 위한 중재 방안을 묻는 문제이다. 선택지의 말이 누구를 대상으로 하는지, 책임을 전가하고 있지는 않은지를 기준으로 적절하지 않은 방안을 고르면 된다.

2단계 '부품 구매로 인해 발생한 손해'는 '정 과장'의 결정으로 손해가 생겼음을 전제하는 표현이므로 '정 과장'에게 이번 일의 책임을 모두 전가하는 것으로 볼 수 있다. 이러한 질문은 갈등 중재에 도움이 되지 않으므로 답은 ⑤이다.

유형 특징

1. 뉴스 해설, 강연, 방송 인터뷰, 발표 등을 듣고 세부 내용을 파악하는 능력을 평가하기 위한 문제 유형으로, 듣기·말하기 영역에서 5문제 내외로 출제된다. 내용을 놓치지 않고 들으면 풀 수 있으므로 난도는 낮은 편이다.

2. 말하기 전략·설명 방식·내용 전개 방식 파악 또는 이어질 내용 추론 등의 문제 유형과 세트 문제로 출제되기도 한다.

3. 강연, 뉴스, 이야기, 고전 등 다양한 분야를 다루므로 평소 여러 분야의 듣기 자료를 주의 깊게 듣는 연습이 필요하다.

대표 예제 **뉴스 해설의 내용과 일치하지 않는 것은?**

① 어린이들은 20년 후 한국의 미래를 긍정적으로 평가하고 있다.

② 어린이들은 우리나라의 미래를 다양한 측면에서 바라보고 있다.

③ 대다수의 어린이가 길거리와 사이버 공간을 안전한 곳이라고 여긴다.

④ 어린이들은 폭력과 범죄가 없는 나라를 가장 바라는 미래의 모습으로 꼽았다.

⑤ 어린이들이 바라는 나라를 위해 어린이뿐 아니라 부모를 위한 정책도 실시되어야 한다.

풀이 전략 **1단계** 뉴스 해설을 듣고 일치하지 않는 것을 고르는 문제이다. 뉴스에서 들은 내용과 선택지를 비교하며 일치하는 내용은 지워 나가면 된다.

2단계 '어린이들은 현재의 길거리와 사이버 공간에 대해 각각 29.3%와 38.7%만 안전하다고 인식'한다는 것을 통해 대다수의 어린이가 길거리와 사이버 공간을 안전한 곳이라고 여기지 않음을 알 수 있다. 따라서 답은 ③이다.

유형 특징

1. 방송 인터뷰, 강연, 뉴스 해설, 이야기 등에서 말하고자 하는 바를 효과적으로 전달하기 위해 사용한 말하기 전략을 파악하는 능력을 평가하기 위한 문제 유형으로, 세부 내용·문제의식·주제를 파악하는 문제 다음에 출제된다.

2. 내용을 들으며 전문가의 견해나 통계자료 제시하기, 비교·대조하기 등의 일반적인 전략과 듣기 지문에서 파악할 수 있는 말하기 전략을 파악한 후, 그 효과가 잘 연결되어 있는지 판단해야 한다.

대표 예제 **뉴스 해설에 사용된 말하기 전략으로 적절하지 않은 것은?**

① 질문의 형식을 사용해 뉴스 해설의 화제를 소개하고 있다.

② 어린이들이 바라는 20년 후 우리나라의 미래 모습을 나열하고 있다.

③ 전문가의 말을 인용해 우리 사회가 나아가야 할 방향을 제시하고 있다.

④ 다른 나라와의 비교를 통해 어린이 관련 정책에 대한 관심을 촉구하고 있다.

⑤ 설문 조사와 관련된 구체적 수치를 언급해 현 상황의 문제점을 제시하고 있다.

풀이 전략

1단계 뉴스 해설의 말하기 전략을 파악하는 문제이다. '질문, 나열, 인용' 등과 같은 말하기 전략과 '화제 소개, 관심 촉구, 문제점 지적' 등 말하기 전략 사용으로 얻을 수 있는 효과에 주목해 전략과 효과가 모두 적절한지를 판단하며 틀린 선택지를 고르면 된다.

2단계 '어린이를 위한 안전한 세상을 만들 수 있는 정책에 지속적으로 관심을 가져야 할 것입니다'를 통해 어린이 관련 정책에 대한 관심을 촉구하고 있는 것은 맞지만, 다른 나라와 비교하고 있지는 않으므로 답은 ④이다.

※ 대표 기출 유형 공략 듣기·말하기 대본은 정답 및 해설 138쪽에서 확인하실 수 있습니다.

○ 핵심 개념 압축 정리

1 듣기·말하기 글 유형

강연	일정한 주제에 대하여 청중 앞에서 강의 형식으로 말하는 유형의 담화이다.
보도	대중 매체를 통하여 일반 사람들에게 새로운 소식을 알리는 유형의 담화로, 뉴스, 교통 정보, 기상 정보 등이 있다.
인터뷰	특정한 목적을 가지고 개인이나 집단을 만나 정보를 수집하고 이야기를 나누는 유형의 담화로, 방송 인터뷰, 라디오 인터뷰 등이 있다.
대화	마주 대하여 이야기를 주고받는 유형의 담화이다.
발표	어떤 사실이나 결과, 작품 등을 세상에 널리 알리는 유형의 담화이다.
문학	사상이나 감정을 언어로 표현한 예술 또는 그런 작품으로, 시, 시조, 우화, 판소리 등이 있다.
토론	어떤 문제에 대해 여러 사람이 구체적이고 설득력 있는 논거를 들어 각각의 주장을 말하며 논의하는 유형의 담화이다.

2 듣기 방법

1. 사실적 듣기

(1) 개념

단어, 문장, 글 수준에서 이해한 내용을 바탕으로 문제를 풀 수 있는 능력을 말한다. 이는 언어 능력 중 가장 일차적이고 기본적인 능력으로, 내용을 이해하고 관련된 정보를 사실적으로 파악하는 능력을 측정한다.

(2) 세부 출제 유형

세부 내용 파악, 상황 파악, 등장인물의 생각 파악, 그림 해설 파악, 갈등 파악 등의 유형으로 출제된다.

2. 추론적 듣기

(1) 개념

사실적 이해를 토대로 하여, 명시적으로 주어지지 않은 내용을 파악한 후 문제를 풀 수 있는 능력을 말한다. 이는 정보를 분석적으로 이해하는 과정에서 나아가, 주어진 정보에 대한 분석을 통해 논리적 판단을 내리고 의미를 새롭게 구성할 수 있는 능력을 측정한다.

(2) 세부 출제 유형

내용 추론, 빈칸 추론, 이어질 내용 추론, 소재의 의미 파악, 갈등 해결 등의 유형으로 출제된다.

3. 공감적 듣기

(1) 개념

상대방의 관점에서 상대방을 이해하려는 열린 마음을 가지고, 감정을 이입하여 상대방의 말을 듣는 방법이다.

(2) 유의점

상대방의 몸짓, 어조, 음성, 표정 등을 함께 살피며 상대방의 말에 담긴 감정에 공감하며 열린 마음으로 들어야 한다.

(3) 종류

소극적인 들어주기	• 상대방이 계속 말을 이어나갈 수 있도록 관심을 표하며 대화의 맥락을 조절한다. • 상대방이 이야기하는 것 자체를 즐기며 상대방의 말에 맞장구를 쳐 주고 격려해준다.
적극적인 들어주기	• 상대방이 객관적인 관점에서 문제에 접근할 수 있도록 상대방의 말을 요약 및 정리한다. • 상대방이 스스로 문제를 해결할 수 있도록 돕는다.

3 말하기의 내용 전개 방식 빈출

1. 개념

자신의 주장이나 취지, 중심 화제, 쟁점 등을 구체화하기 위한 진술 방식을 말한다.

2. 종류

대조	둘 이상의 사물의 특성을 그 차이점이나 상대되는 성질을 들어 설명하는 방법
문답	묻고 답하는 형식을 통해 설명하는 방법
분류	어떤 생각이나 대상들을 공통적인 특성에 근거하여 구분 짓는 방법
분석	어떤 대상을 그 부분이나 구성 요소로 나누어 각 부분들의 관계를 설명하는 방법
비유	어떤 사물이나 현상을 직접 설명하지 않고, 다른 비슷한 사물이나 현상에 빗대어 간접적으로 설명하는 방법
비교	둘 이상의 사물의 유사성이나 공통이 되는 성질을 중심으로 설명하는 방법
열거	여러 가지 예나 사실을 낱낱이 죽 늘어놓아 설명하는 방법
예시	세부적인 예를 들어 일반적이고 추상적인 진술을 구체화하는 설명 방법
인과	원인과 결과를 중심으로 설명하는 방법
인용	다른 사람의 말이나 글을 빌려 쓰는 방법
서사	시간적 추이에 따라 사건의 진행 과정이나 사물의 움직임과 변화를 적어 나가는 방법

✔ 기출 포인트 Check Check

다음 물음을 읽고, 적절한 것은 ○, 적절하지 않은 것은 × 표시하시오.

01 '대조'는 둘 이상의 사물의 특성을 그 차이점이나 상대되는 성질을 들어 설명하는 내용 전개 방식이다. (○, ×)

02 어떤 생각이나 대상들을 공통적인 특성에 근거하여 구분 짓는 내용 전개 방식은 '분석'이다. (○, ×)

03 '인과'는 원인과 결과를 중심으로 설명하는 내용 전개 방식이다. (○, ×)

정답 | 01 ○ 02 ×, 분류 03 ○

01 그림에 대한 설명과 일치하는 것은?

① 죽음을 상징하는 것은 곤충이다.

② 용감한 삶과 관련된 소재는 올빼미이다.

③ 그림 속에서 평온함을 암시하는 것은 버섯이다.

④ 두 마리의 나비는 구원을 받은 신성한 영혼들을 나타낸다.

⑤ 올빼미가 딛고 서 있는 하얀 장미는 유한한 사랑을 상징한다.

02 등장인물의 생각으로 적절하지 <u>않은</u> 것은?

① 김 박사: 상수도 사업이 민영화되면 수돗물 가격이 인상될 것이다.

② 김 박사: 시설 가동률과 누수율 문제는 민간 기업의 관리로 해결할 수 있다.

③ 김 박사: 상수도 사업의 민영화는 수돗물 정책의 실패를 인정하는 결과이다.

④ 박 과장: 민영화로 인한 수돗물 가격 인상은 정부와 협조하면 최소화할 수 있다.

⑤ 박 과장: 상수도 사업이 민영화되면 국민들에게 질 좋은 서비스를 제공할 수 있다.

03 다음 사진에 적합한 조선 시대 모자의 명칭을 올바르게 연결한 것은?

㉠	㉡	㉢
① 갓	전모	탕건
② 탕건	전모	갓
③ 전모	갓	탕건
④ 전모	탕건	갓
⑤ 탕건	갓	전모

04 발표 내용을 고려할 때, 발표자의 말하기 전략으로 가장 적절한 것은?

① 조선 시대 모자를 다른 시대의 모자와 비교하여 설명한다.

② 조선 시대 모자의 차이점을 그 재료에 초점을 맞춰 설명한다.

③ 조선 시대 모자를 부르는 명칭을 명칭의 유래와 함께 설명한다.

④ 현대인들에게 익숙한 대상을 먼저 설명한 후, 익숙하지 않은 대상을 설명한다.

⑤ 조선 시대 모자를 용도별로 분류한 뒤, 사용한 계층에 따라 재분류하여 설명한다.

05 두 학생의 입장을 가장 바르게 이해한 것은?

① 문예부 학생은 발표회에서 발표회 내용이 가장 중요하다고 생각한다.

② 천체 관측부 학생은 문예부가 자신들보다 유명한 동아리라고 생각한다.

③ 천체 관측부 학생은 천체 망원경을 구매하기 위해 발표회를 이용하고자 한다.

④ 천체 관측부 학생은 서로 타협할 수 있는 지점을 들어 문예부 학생을 설득한다.

⑤ 문예부 학생과 천체 관측부 학생은 둘 다 별관 꼭대기 층 교실을 사용하고 싶어한다.

06 두 학생의 갈등을 해소하기 위해 파악한 갈등의 근본적인 원인으로 적절한 것은?

① 두 학생은 말꼬리를 잡으며 서로를 헐뜯는 말투를 사용하고 있다.

② 천체 관측부 학생은 '될 대로 되어라' 식의 태도로 일관하고 있다.

③ 두 학생은 자신의 입장만 늘어놓으며 서로에게 양보를 미루고 있다.

④ 천체 관측부 학생은 끝까지 자신의 속내를 숨기며 이익을 취하고 있다.

⑤ 문예부 학생은 항상 자신의 부서만 장소를 양보하는 것에 대해 불만을 가지고 있다.

정답 및 해설 p.139

01 그림에 대한 이해로 적절하지 <u>않은</u> 것은?

① 소나기에 젖은 인왕산의 모습을 표현한 그림이다.

② 산등성이 아래로는 연하게 채색하여 구름을 표현하였다.

③ 연운은 그림의 수평세와 수직세가 조화를 이루게 하는 역할을 수행한다.

④ 봉우리는 힘차고 굳센 붓질을 여러 번 반복해 그리는 '적묵법'으로 나타내었다.

⑤ 주봉을 잘라 표현한 것 때문에 동양에서는 볼 수 없는 독특한 작품이라 인정받고 있다.

02 강연의 내용과 일치하지 <u>않는</u> 것은?

① 필터 버블은 콘텐츠에 대한 비판적 인식으로 극복할 수 있는 현상이다.

② 특정한 정치적 견해를 강화하는 수단으로 필터 버블이 사용될 수 있다.

③ 콘텐츠의 주제가 같아도 콘텐츠 형태가 다르다면 필터 버블이 발생할 확률이 줄어든다.

④ 필터 버블 중에는 유사한 콘텐츠가 꼬리에 꼬리를 물며 사용자에게 추천되는 유형도 있다.

⑤ 필터 버블은 사용자의 콘텐츠 이용 데이터가 콘텐츠 제공 업체에 의해 분석되고 있음을 시사한다.

03 이야기의 다음에 이어질 내용으로 가장 적절한 것은?

① 남의 잘못까지 감싸줄 수 있는 포용력을 길러야 한다.

② 목표가 구체적이면 자신이 세운 목표를 달성할 수 있다.

③ 직접 도와주기보다는 근본적인 해결 방안을 마련해 준다.

④ 제대로 된 지도자는 다른 사람들에게 도움을 주는 사람이다.

⑤ 도움을 주는 행동이 오히려 상대방에게 피해를 끼칠 수 있다.

04 이 이야기의 마지막에 이어질 내용으로 가장 적절한 것은?

① 삶을 살아가다가 어려운 일이 있다면 어른들에게 물어보도록 하렴.

② 사람은 혼자 살 수 없는 존재이니 주변 사람들과 잘 어울리며 살아야 한단다.

③ 마음은 시시각각 변하기 마련이니 중용과 균형의 태도를 잃지 않도록 주의하렴.

④ 마음이 어지러울 때면 선인들의 이야기에서 얻은 교훈을 되새기며 살아가야 한단다.

⑤ 어떤 마음을 가지고 있든 그 마음들을 다스릴 수 있는 방법을 배우는 게 중요하단다.

06 두 사람의 말하기 방식에 대한 설명으로 적절하지 <u>않은</u> 것은?

① 철수는 적극적으로 질문하며 이해를 높이고 있다.

② 아버지는 예를 제시함으로써 상대방의 이해를 높이고 있다.

③ 아버지는 놀이 원리를 자세히 밝히며 놀이에 대해 설명하고 있다.

④ 아버지는 대화 초반부에 화제를 직접 제시함으로써 흥미를 이끌어 내고 있다.

⑤ 철수는 이해한 내용을 다시 설명한 후 그 내용이 맞는 아버지에게 확인하고 있다.

07 아버지의 질문에 대한 답으로 가장 적절한 것은?

─〈 보기 〉─

그림 A   그림 B

05 다음 시의 주제로 가장 적절한 것은?

① 사랑하는 이와 이별한 슬픔

② 인간의 근원적 고독과 외로움

③ 새로운 삶에 대한 희망과 기원

④ 가을 풍경에 대한 감상과 예찬

⑤ 젊은 날에 대한 회고와 아쉬움

① '가'를 '1'로

② '가'를 '2'로

③ '가'를 '3'으로

④ '나'를 '4'로

⑤ '나'를 '5'로

08 연설을 통해 알 수 있는 연설자의 생각으로 적절하지 <u>않</u>은 것은?

① 한 나라를 이루는 근간은 백성이다.

② 한국은 오랜 역사를 간직한 나라이다.

③ 독립을 위해서는 낙심을 경계해야 한다.

④ 민족의 부흥을 위해서는 국명을 유지해야 한다.

⑤ 나라가 위기 상황일수록 국민은 더욱 애써야 한다.

09 연설자가 계획한 내용이 연설에 반영되지 <u>않</u>은 것은?

① 설의적 표현을 사용해 청중을 감화시켜야겠군.

② 속담을 사용해 주장을 효과적으로 드러내야겠군.

③ 청중을 반복적으로 호명해 연설에 집중하게 해야겠군.

④ 연설 초반부에 미래에 대한 긍정적인 전망을 제시해야겠군.

⑤ 구체적인 통계 수치를 사용해 주장의 신뢰성을 강화해야겠군.

10 설명을 통해 알 수 있는 내용이 <u>아닌</u> 것은?

① 에어컨은 기화열에 의해 냉각되는 원리를 적용한 것이다.

② 압축된 냉매는 증발기에서 증발하여 주변의 열을 빼앗는다.

③ 동남아 사람들은 젖은 잔디를 바닥에 널어 내부 공기를 낮추었다.

④ 프레온 가스가 냉매로 사용되는 것은 저온에서 쉽게 증발하기 때문이다.

⑤ 고대 로마인들은 수로의 물을 이용하여 벽을 차갑게 함으로써 더위를 피했다.

11 빈칸에 들어갈 말로 가장 적절한 것은?

〈 보기 〉

에어컨의 냉각 과정은 냉각제가 _____를 거치며 이루어진다.

① 압축기 → 냉매 → 증발기

② 증발기 → 냉매 → 압축기

③ 압축기 → 응축기 → 증발기

④ 압축기 → 증발기 → 응축기

⑤ 증발기 → 응축기 → 압축기

12 이야기의 내용을 통해 알 수 있는 내용이 <u>아닌</u> 것은?

① 길동은 새 소리를 듣고 불길함을 느끼고 있다.

② 특재는 길동을 죽이려 둔갑법을 써서 새벽에 찾아왔다.

③ 길동은 분노하여 특재뿐 아니라 관상녀까지 처단했다.

④ 특재는 초란을 비롯한 여러 사람들의 사주를 받아 길동을 죽이려 했다.

⑤ 길동은 특재의 칼을 뺏는 등 요술을 부리는 비범한 능력을 지니고 있다.

13 길동이 자신이 죽이려는 사람들에 대한 생각을 표현할 때, 활용할 수 있는 사자성어로 가장 적절한 것은?

① 경천동지(驚天動地)

② 망극지통(罔極之痛)

③ 상명지통(喪明之痛)

④ 인과응보(因果應報)

⑤ 침소봉대(針小棒大)

14 '뉴스 해설'의 내용과 일치하지 <u>않는</u> 것은?

① 쇼팽 콩쿠르는 세계 3대 콩쿠르로, 5년마다 한 번씩 개최된다.

② 쇼팽 콩쿠르에서의 1위 기록은 역대 한국인이 낸 성적 중 가장 높다.

③ 조성진은 한국계 심사위원도 없는 상황에서 입상하는 쾌거를 이뤄냈다.

④ 2017년 초 한국에서 쇼팽 콩쿠르 수상자들의 합동 공연이 있을 예정이다.

⑤ 수상자들은 갈라 콘서트를 진행할 예정이며 유럽과 미국에서 투어 콘서트를 진행한다.

15 '뉴스 해설'의 마지막에 이어질 말로 가장 적절한 것은?

① 이번 성과를 통해 젊은 피아니스트가 이끌어갈 한국 클래식계의 미래가 주목됩니다.

② 콩쿠르의 관심을 우리나라에서도 이어갈 수 있게 할 공연계의 선의의 경쟁이 기대됩니다.

③ 다양한 분야의 클래식 콩쿠르의 수상을 위해 음악 영재 발굴을 위한 방안을 강구해야 할 것입니다.

④ 이번 수상이 다음 수상으로 이어질 수 있도록 우리 음악계에 대한 정부의 체계적인 지원과 정책이 필요합니다.

⑤ 한국계 음악가가 국제 콩쿠르 심사위원에 발탁될 수 있도록 전문 음악가를 양성하는 기관을 운영할 계획을 마련해야 할 것입니다.

정답 및 해설 p.141

V 쓰기

01 글쓰기 과정

최신 기출 트렌드와 학습 전략

01 해커스가 정리한 핵심 포인트

구분	핵심 포인트	출제 빈도	페이지
글쓰기 과정	글쓰기 계획	★★	p.31
	자료의 활용 방안	★★	p.31
	개요 수정 및 상세화 방안	★★	p.32
	고쳐쓰기	★★★	p.32

02 해커스가 분석한 기출 패턴

PATTERN 1 쓰기 영역은 주로 5문제가 세트 문제로 출제된다.

쓰기 영역에서는 '주제 설정 - 자료 수집 및 정리 - 글의 구성 및 개요 작성 - 표현하기 - 고쳐쓰기'의 글쓰기 일련의 과정에 따라 한 주제의 글을 수정 · 보완하는 능력을 평가하는 유형으로 5문제가 함께 출제된다. 주로 하나의 주제와 관련하여 5문제가 출제되는 경향을 보이지만 드물게 한 주제에 대해 쓰기 과정의 일부만을 연관 지어 2 ~ 3문제씩 출제돼 총 두 가지 주제가 출제되기도 했다.

PATTERN 2 쓰기 영역과 어휘, 읽기 등의 다른 영역을 혼합한 문제가 출제되기도 한다.

쓰기와 어휘 또는 읽기 등의 다른 영역의 지식을 함께 활용하여 푸는 문제가 출제되기도 하였다. 어휘 영역과 혼합하여 제시된 글(일부 문단 등)과 관련된 관용 표현을 찾거나 제시된 문장과 동일한 의미의 한자 성어를 찾는 문제가 출제되었다. 또한 제시된 글에 사용된 글쓰기 전략이나 서술상의 특징을 파악하는 등 읽기 영역과 관련된 문제도 출제되었다. 다른 영역과의 혼합 문제는 최근에 출제된 유형은 아니지만, 기출된 내용은 다시 출제될 가능성이 있으므로 기억해 두는 것이 좋다.

03 해커스만 알려주는 학습 전략

하나 글쓰기 과정을 이해하고, 문제 풀이 전략을 적용하는 연습을 하자!

주로 글쓰기 과정에 근거하여 하나의 주제에 대해 5문제가 연결되어 출제되므로, 기본적인 글쓰기 과정(주제 설정 - 자료 수집 및 정리 - 글의 구성 및 개요 작성 - 표현하기 - 고쳐쓰기)을 이해하는 것이 가장 중요하다. 특히 쓰기 영역은 지식을 활용하여 문제를 풀기보다는 문제 풀이 전략을 적용하여 푸는 것이 중요한 영역이다. 따라서 본 교재를 통해 출제 패턴을 익히고 쓰기 문제를 푸는 스킬을 학습하는 것을 추천한다. 이때 다양한 문제를 풀어보며 전략을 적용하는 연습을 하는 것이 필요하다.

둘 쓰기 영역과 다른 영역이 혼합된 문제가 출제될 가능성을 대비하자!

쓰기 지식을 바탕으로 문제 풀이 전략을 적용하여 푸는 문제가 대다수 출제되지만, 간혹 어휘, 읽기 등의 다른 영역과 혼합된 문제가 출제되기도 했다. 이러한 문제를 대비하기 위해서는 어휘 영역을 학습할 때 기출된 한자 성어나 관용 표현 등을 위주로 평소 틈틈이 학습하는 것이 필요하다. 또한 읽기 영역을 학습할 때 글쓰기 전략이나 서술상의 특징을 파악하는 연습을 병행한다면, 쓰기 영역에서는 무리 없이 문제를 풀어 나갈 수 있다.

01 글쓰기 과정

대표 기출 유형 공략

| 대표 기출 유형 | ① 글쓰기 계획

유형 특징

1. 쓰기 영역은 글쓰기 과정에 따라 출제되는데, 그중 첫 번째 문항은 글쓰기 계획의 적절성을 파악하는 능력을 평가하기 위한 문제 유형이다.

2. 글의 주제, 목적, 예상 독자를 고려해 계획한 글의 내용이 적절한지 판단하면 되므로 비교적 수월하게 풀 수 있다.

대표 예제   글을 작성하기 위하여 계획한 내용으로 적절하지 <u>않은</u> 것은?

─〈 글쓰기 계획 〉─

- 주제: 도시 농업 현황 제시 및 정책 마련 촉구
- 목적: 도시 농업에 대한 정보를 전달하고 자신의 주장을 제시한다.
- 예상 독자: 일반인
- 글의 내용
  - 도시 농업의 개념과 현황을 제시한다. ······································· ①
  - 도시 농업이 시작된 배경을 소개한다. ······································· ②
  - 도시 농업을 기존 농업과 비교해 제시한다. ······························· ③
  - 도시 농업의 문제점을 밝히고 해결 방안을 제시한다. ·················· ④
  - 도시 농업 활성화를 위한 정책 마련이 필요함을 주장한다. ············ ⑤

풀이 전략   **1단계**   글의 주제, 목적, 예상 독자에 부합하는 내용이 계획되었는지를 평가하는 문제이다. 글의 내용은 목적, 주제, 독자에 따라 달라질 수 있음을 염두에 두고, 글쓰기 계획의 적절성 여부를 판단하며 적절하지 않은 선택지를 고르면 된다.

         2단계   글의 목적은 '도시 농업에 대한 정보를 전달하고 자신의 주장을 제시한다'라는 것이므로 도시 농업을 기존 농업과 비교해 제시한다는 것은 주제와 목적에 부합하지 않는다. 따라서 글을 작성하기 위하여 계획한 내용으로 적절하지 않은 것은 ③이다.

유형 특징

1. 신문 기사, 설문 조사, 인터뷰 등 다양한 자료를 글쓰기 계획에 맞게 활용하는 능력을 평가하기 위한 문제 유형으로, 주로 쓰기 영역의 47번에 출제된다. 최근에는 여러 개의 근거나 논거를 조합하여 글쓰기 자료로 활용하는 방안을 묻는 문제도 출제된다.
2. 먼저, 제시된 자료의 내용을 파악한 후, 자료와 글쓰기 계획을 연결하며 자료 활용 방안이 계획에 대응하는지 판단하면 된다.

대표 예제 〈글쓰기 자료〉의 활용 방안으로 적절하지 <u>않은</u> 것은?

────────── 〈 글쓰기 자료 〉 ──────────

(가) 신문 기사

　　최근 도시민의 여가 활동 증가로 도시 농업이 주목받고 있다. 도시 농업은 도시 지역의 다양한 생활공간을 활용하여 농작물을 재배하는 활동을 말한다. 도시 농업은 도시 생태 환경 개선, 안전한 농산물 공급, 정서 함양, 공동체 의식 형성 등에서 그 가치를 인정받고 있다. 하지만 우리나라는 도시의 농지가 매년 감소하여 경작 공간이 부족할 뿐 아니라 도시 농업 관련 기술이 낙후되었고 담당 업무를 수행할 전문 인력도 부족한 실정이다.

(나) 설문 조사

1. 도시 농업에 참여하는 이유

취미 · 여가 활동(57.6%)
안전한 먹을거리 마련(24.1%)
자녀의 정서 함양 교육(8.4%)
건강 증진(4.4%)
도시 생태 환경 개선(4.4%)
기타(1.1%)

2. 도시 농업 활동에서 겪은 어려운 점

기타 8.1%
재료 구입의 어려움 18.6%
관리 시간 부족 40.7%
재배 기술 지식 부족 32.6%

(다) 인터뷰

　　"우리나라는 제약 요인이 많아 도시 농업이 활성화되지 못했지만 다른 나라는 도시 농업을 육성하기 위해 제도적으로 지원하고 있습니다. 독일은 연방 건축법을 통해 지방 자치 단체에서 도시 계획을 세울 때 의무적으로 도시 농업을 위한 일정 공간을 조성하도록 규정하고 있고, 세계적인 도시 농업의 메카인 쿠바는 기술 개발과 보급을 위해 많은 연구소를 운영하고 있습니다."
　　- ○○ 농업 연구소장 -

① (가), (나) - 1을 활용해 도시 농업이 이루어지게 된 여러 가지 배경을 소개한다.
② (가), (다)를 활용해 도시 농업의 문제점을 제시한 후 이를 해결하기 위한 개선 방안을 제시한다.
③ (가)를 활용해 현재 우리나라의 도시 농업이 부진함을 제시하고 이를 활성화하기 위한 논의가 필요함을 밝힌다.
④ (다)를 활용해 국내와 국외의 도시 농업 관련 제도를 비교한 후 우리나라 도시 농업 제도 개선이 필요함을 제시한다.
⑤ (나) - 2를 활용해 예비 도시 농업 참여자들이 겪는 어려움을 제시하고 도시 농업 참여를 늘리기 위해 정부가 시행하는 정책을 소개한다.

풀이 전략

1단계　글쓰기 계획에 맞게 자료를 활용하는 방안을 묻는 문제이다. 각 자료의 중심 내용을 파악하고, 자료가 글쓰기 계획에 제시된 글의 내용 중 어느 부분과 연결되는지 대조하며 풀어 나간다.

2단계　(나) - 2는 도시 농업 참여자들이 도시 농업 활동을 하면서 겪은 어려운 점을 조사한 설문 조사 결과이므로 예비 도시 농업 참여자들이 겪는 어려움은 알 수 없다. 따라서 답은 ⑤이다.

유형 특징

1. 글쓰기 계획과 수집된 자료를 토대로 작성된 개요를 수정·보완할 수 있는 능력을 평가하기 위한 문제 유형으로, 주로 쓰기 영역의 48번에 출제된다.

2. 통일성, 일관성, 논리성 등의 개요 작성 원리를 이해하고, 이에 근거하여 개요가 적절하게 작성되었는지 판단하면 된다.

대표 예제 위의 계획과 자료를 바탕으로 <글쓰기 개요>를 작성하였다. 수정 방안으로 적절하지 <u>않은</u> 것은?

〈 글쓰기 개요 〉

Ⅰ. 도시 농업이란?
   1. 우리나라 도시 농업의 현황 ·· ㉠
   2. 도시 농업의 개념과 배경
   3. 조기 귀농 인구의 증가 ·· ㉡

Ⅱ. 도시 농업의 문제점
   1. 도시 농업 공간의 부족
   2. 도시 농업 관련 연구 기술 부족
   3. 전문 인력의 부족 ·· ㉢
   4. 도시 농업의 제도적 기반 미흡

Ⅲ. 도시 농업 개선 방안 ·· ㉣
   1. 도시 농업 공간의 확보
   2. 농업 기술 확보 방안 마련 ·· ㉤
   3. 도시 농업 전문 인력 양성 및 교육
   4. 도시 농업 관련 제도적 기반 마련

Ⅳ. 도시 농업 활성화를 위한 지속적 관심 요구 및 제도 개선 촉구

① ㉠은 개념을 설명한 후 현황이 나오는 것이 적절하므로 'Ⅰ- 2'와 순서를 바꾼다.
② ㉡은 상위 항목인 '도시 농업'과 관련 없으므로 삭제한다.
③ ㉢은 구체적이지 않으므로 '도시 농업을 담당할 전문 인력의 부족'으로 수정한다.
④ ㉣은 자연스러운 내용 전개를 위해 '도시 농업 관련 제도'로 바꾼다.
⑤ ㉤은 'Ⅱ- 2'를 고려해 '도시 농업 관련 기술 개발 및 보급 확대'로 수정한다.

풀이 전략

1단계 글쓰기 계획과 자료를 바탕으로 개요를 수정·보완한 방안이 적절한지 파악하는 문제이다. 선택지의 내용을 각 항목에 적용해 보며 적절하지 않은 것을 고르면 된다.

2단계 내용의 흐름상 'Ⅱ. 도시 농업의 문제점' 이후에는 문제점을 개선하기 위한 방안이 제시되는 것이 자연스럽다. 따라서 '도시 농업 개선 방안'을 '도시 농업 관련 제도'로 바꾸는 것은 올바른 수정 방안이 아니므로 답은 ④이다.

| 대표 기출 유형 | ④ 고쳐쓰기 (단어·문장 등 고쳐쓰기)

유형 특징

1. 고쳐쓰기는 단어나 문장 수준에서 글을 고쳐쓰는 능력을 평가하는 유형과 전체 글을 보완하는 능력을 평가하는 유형이 있다.
2. 완성된 글을 읽고 단어와 문장을 점검하고 보완하는 문제는 고쳐쓰기 원칙(부가, 삭제, 재구성 원칙)을 고려해 실제 글에 적용하는 연습을 하는 것이 중요하다.

대표 예제   ㉠ ~ ㉤을 수정하기 위한 방안으로 적절하지 **않은** 것은?

> 도심지 텃밭에서 농작물을 키워 보니 여가 선용에 도움이 된다고 느끼는 사람들이 점점 늘고 있다. 하지만 국내 도시 농업은 아직 걸음마 수준이다. 도시 농업을 활성화하려면 어떻게 해야 할까?
>
> 도시 농업이란 도심 속 단독 주택의 화단이나 건물의 옥상, 동네 자투리 땅, 학교 운동장 등을 농지로 이용하는 농업이다. 흔히 우리가 '농업'을 생각할 때 떠올리는 야채나 과일 재배는 물론 가금류를 기르기도 한다. 사람들은 '취미·여가 활동', '안전한 먹을거리 마련', '자녀의 정서 함양 교육' 등을 이유로 도시 농업을 선택하는 경향을 보인다. ㉠이는 귀농을 선택한 이들이 '농업의 비전 및 발전 가능성', '자연환경에 대한 선호' 등을 귀농 사유로 응답한 것과는 사뭇 다른 양상이다.
>
> 농림축산식품부의 조사에 따르면 2018년 12월을 기준으로 도시 농업 참여자는 212만 명, 도시 농업에 ㉡사용되어진 텃밭 면적은 1,300ha이다. 이는 2010년에 비해 참여자는 14배, 면적은 12배 ㉢증가한 수치이다. 농림축산식품부가 주민센터, 도서관, 청사 등 공공기관 건물에 식물 조경시설 조성을 지원하고 있으며, '도시 농업 종합계획'을 수립함에 따라 2022년까지 도시 농업 참여자 수는 400만 명, 텃밭 면적은 2,000ha로 늘어날 것으로 예상된다.
>
> 도시 농업의 이점과 긍정적인 전망에도 불구하고 우리나라의 도시 농업 발전이 더딘 이유는 무엇일까? 설문 조사 결과에 따르면 도시 농업에 참여하는 사람들은 '관리 시간 부족', '재배 기술 지식 부족', '재료 구입의 어려움'을 겪는 것으로 나타났다. ㉣그래서 우리나라의 도시 농지는 매년 감소하는 추세이며, 도시 농업 관련 기술과 전문 인력도 부족한 실정이다. 우리나라의 이런 현실은 해외와 대조적이다. 독일과 쿠바 등 우리보다 먼저 도시 농업이 시작된 나라들은 도시 농업 활성화를 위한 다양한 제도를 운영하고 있기 때문이다.
>
> 따라서 우리나라도 도시 농업 발전을 위해 제도를 개선해야 한다. 먼저, 줄어드는 도시의 농지를 회복하기 위해 도심지 내 마을 텃밭을 조성하거나 주말 농장을 확대하는 등 도시 농업 공간을 확보해야 한다. 또한 도시 농업 전문 인력 양성을 위한 제도 마련과 기관 설립도 중요하다. 마지막으로 현재 농림축산식품부에서 도입한 '도시농업관리사 자격증'이나 일선 학교의 '학교 텃밭 활동' 같은 도시 농업과 관련된 사업을 추가적으로 시행해야 한다.
>
> 도시 농업은 ㉤도시 생태 환경 개선에 도움을 주고, 안전한 농산물 공급을 가능하게 하며, 도시인의 정서 함양과 공동체 의식 형성을 돕는 등 긍정적인 측면이 많다. 이런 도시 농업이 제자리걸음을 멈추고 활발히 이루어질 수 있도록 지속적인 관심과 제도적 차원의 개선이 필요할 것이다.

① ㉠: 글의 주제와 관련 없는 내용이므로 삭제한다.
② ㉡: 이중 피동 표현이 사용되었으므로 '사용된'으로 수정한다.
③ ㉢: 의미를 분명하게 전달하기 위해 '상승'으로 바꾼다.
④ ㉣: 앞뒤 문장의 의미가 자연스럽게 이어지도록 '그뿐 아니라'로 수정한다.
⑤ ㉤: 과도한 명사 나열을 피하기 위해 '도시 생태 환경을 개선하는 데'로 수정한다.

풀이 전략

1단계   글을 읽고 흐름상 어색한 부분을 찾아 바르게 수정하는 문제이다. 선택지 각각의 수정 방안을 글에 대입해 보고 수정 이유가 적절한지 파악한다.

2단계   ㉢ '증가'는 '참여자 수'와 '면적'의 수치가 늘어났다는 의미로 사용되었다. 따라서 '낮은 데서 위로 올라감'을 의미하는 '상승'보다는 '양이나 수치가 늚'을 의미하는 '증가'가 적합하므로 수정 방안으로 적절하지 않은 것은 ③이다.

※ 출처: 농림축산식품부, http://www.mafra.go.kr

유형 특징

1. 작성된 글을 보완해 글의 완성도를 높일 수 있는 능력을 평가하기 위한 문제 유형으로, 주로 쓰기 영역 50번에 출제된다.

2. 완결성, 신뢰성 등과 같은 글의 특성과 이를 강화할 수 있는 방안이 함께 제시되므로, 보완 방안을 글에 적용해 보았을 때 타당한지 검토하며 푸는 것이 중요하다.

대표 예제 **윗글에 대한 보충 방안으로 가장 적절한 것은?**

① 도시 인구 증가 요인에 대한 통계 자료를 추가하여 신뢰성을 강화한다.

② 글의 논리성을 높이기 위해 국내와 국외의 녹지 비율을 비교한 자료를 추가한다.

③ 도시 농업을 반대하는 입장의 인터뷰 자료를 추가하여 중립적인 입장을 유지한다.

④ 글의 타당성을 강화하기 위해 다른 나라의 도시 농업 제도의 구체적 사례를 추가한다.

⑤ 글을 짜임새 있게 조직하기 위해 농업 진흥 정책과 관련된 정부의 사업 계획을 추가한다.

풀이 전략 **1단계** 글의 완성도를 높이기 위해 적절한 보완 방안을 고르는 문제이다. 제시된 방안을 글에 적용할 때, 신뢰성·논리성·타당성 등의 글의 특성이 강화되는지 판단한다.

2단계 4문단 끝에서 1 ~ 2번째 줄 '독일과 쿠바 등 우리보다 먼저 도시 농업이 시작된 나라들은 도시 농업 활성화를 위한 다양한 제도를 운영하고 있기 때문이다'를 뒷받침할 사례가 윗글에 드러나 있지 않다. 따라서 이에 대한 사례를 추가하면 글의 타당성을 강화할 수 있으므로 가장 적절한 것은 ④이다.

○ 핵심 개념 압축 정리

1 글쓰기 과정

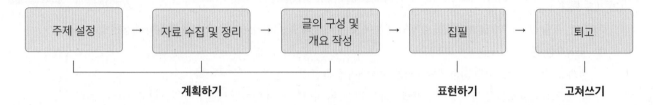

주제 설정 → 자료 수집 및 정리 → 글의 구성 및 개요 작성 → 집필 → 퇴고

계획하기   표현하기   고쳐쓰기

2 계획하기

1. 주제 설정

(1) **주제**: 글쓴이가 글을 통해 말하고자 하는 중심 내용이다.

(2) **주제 설정**: 주제는 글을 쓰는 목적과 글을 읽을 예상 독자의 관심사, 배경 지식 등을 고려하여 선정해야 한다.

(3) **주제문 작성 시 유의할 점**
    ① 완결된 문장으로 작성하되, 평서문이어야 한다.
    ② '~같다, ~듯하다, ~라고 생각한다'와 같은 비유적인 표현이나 모호한 표현은 지양한다.
    ③ 글쓴이의 관점이 분명하게 드러나 있어야 한다.
    ④ 논의 대상은 한 번에 너무 많은 대상을 다루지 않고 가능한 한 한정해야 한다.
    ⑤ 타당한 근거를 바탕으로 입증될 수 있어야 한다.

2. 자료 수집 및 자료의 조건

(1) **자료 수집**: 조사, 관찰, 면담, 인터넷 검색, 도서 활용 등을 통해 주제를 뒷받침할 수 있는 자료들을 수집하고 정리한다.

(2) **자료의 조건**
    ① 객관성이 있어야 한다.
    ② 독자의 흥미를 유발할 수 있는 것이어야 한다.
    ③ 신뢰할 만한 근거가 있어야 한다.
    ④ 주제와 관련성이 있어야 한다.

✓ 기출 포인트 Check Check

다음 물음을 읽고, 적절한 것은 ○, 적절하지 않은 것은 × 표시하시오.

01 주제는 글쓴이가 글을 통해 말하고자 하는 중심 내용이다. (○, ×)

02 글쓰기 과정에서 주제문은 청유문 형식으로 작성해야 한다. (○, ×)

03 자료 수집의 방법에는 조사, 관찰, 면담, 인터넷 검색 등이 있다. (○, ×)

정답 | 01 ○   02 ×, 평서문   03 ○

3. 글의 구성 및 개요 작성

(1) 글의 구성

　① 글쓰기의 상황과 목적에 따라 내용을 효과적으로 배열해야 한다.

　② 단락 간의 내용이 모순되지 않으며, 일관성 있는 논리로 배열해야 한다.

(2) 개요 빈출

　① 개념: 글을 쓰기 전에 글의 제재를 주제와 목적에 맞게 배열해 한눈에 알아볼 수 있도록 조직화해 놓은 것이다.

　② 개요 작성 원리

　　㉠ 개요의 각 항목들이 통일성과 일관성을 이루어야 한다.

　　㉡ 개요의 상위 항목은 하위 항목을 포괄해야 하며, 하위 항목은 상위 항목의 내용을 뒷받침할 수 있어야 한다.

　　㉢ 항목들이 논리적으로 연결되어야 한다. 본론의 현상과 대책, 원인과 결과, 문제점과 해결 방안은 각각 대응되어야 한다.

　　㉣ 결론은 제시된 주제와 논리적으로 연결되어야 한다.

　　㉤ 중요한 항목이 누락되거나 불필요한 내용이 들어가 있지는 않은지 점검해야 한다.

3 표현하기

1. 정확한 단어로 표현하기

　내용에 알맞은 어휘를 선택하여 정확하게 표현해야 한다.

2. 명료한 문장으로 표현하기

　어법에 맞는 간결한 문장을 사용하고, 적절한 문장 구조를 선택하여 명확하게 표현해야 한다.

3. 개성적으로 표현하기

　적절한 기교를 사용한 표현, 수사법을 활용한 참신한 표현 및 전개 방식을 사용하여 개성적으로 표현해야 한다.

4 고쳐쓰기 빈출

1. 고쳐쓰기의 개념

　글을 쓸 때 여러 번 생각하여 고치고 다듬는 과정을 말한다.

2. 고쳐쓰기의 원칙

(1) 퇴고의 원칙과 방법

원칙	방법
부가(보완)의 원칙	• 주제가 충분히 드러나지 않은 경우, 주제를 뒷받침할 수 있는 내용을 추가한다. • 중요한 내용이 서술되지 않은 경우, 내용을 추가한다. • 지나친 생략으로 문장의 뜻이 통하지 않는 경우, 생략된 부분을 다시 첨가한다.
삭제의 원칙	• 주제에서 벗어나는 내용이나 중복되어 서술된 부분을 삭제한다. • 분명하지 않은 내용을 삭제한다.
재구성의 원칙	• 글의 순서나 문맥적인 흐름에 맞지 않는 부분을 재배열한다. • 제목과 주제, 제재의 연결이 어색한 경우 문장의 구성을 변경한다.

(2) 단계별 고쳐쓰기의 원칙과 방법

원칙	방법
단어 수준에서 고쳐쓰기	• 맞춤법 수정하기 • 띄어쓰기 수정하기 • 적절하지 못한 단어 수정하기
문장 수준에서 고쳐쓰기	• 중의적인 문장 수정하기 • 문장의 호응에 맞게 수정하기 • 문장의 길이가 지나치게 길지 않게 수정하기
문단 수준에서 고쳐쓰기	• 내용의 흐름에 맞게 문단 배열하기 • 문단의 중심 내용에 맞게 수정하기
글 수준에서 고쳐쓰기	• 주제에 맞는 제목으로 수정하기 • 글 전체에 불필요한 내용 삭제하기

※ 단어, 문장, 문단 측면에서의 고쳐쓰기와 관련된 이론은 1권 어법 영역의 211쪽 '05 올바른 문장 표현'과 연계하여 함께 학습하세요.

3. 내용 보완하여 고쳐쓰기

구분	내용
완결성	한 문단 안에는 주제문과 이를 뒷받침하는 구체적 진술이 함께 제시되어야 한다.
통일성	하나의 문단은 하나의 주제만을 다루어야 하며, 뒷받침 문장들은 소주제와 관련된 내용이어야 한다. 따라서 한 문단에 둘 이상의 주제문이 있거나, 주제와 연관 없는 문장이 없는지 검토해야 한다.
신뢰성	주장을 뒷받침할 근거에 대한 출처를 명확하게 밝혀 주어야 하며, 관련 분야의 공신력 있는 전문가 의견을 인용하는 것도 좋다. 이때 자료의 근거를 구체적으로 제시하는 것도 신뢰성을 높이는 방법 중의 하나이다.
타당성	글의 중심 내용과 관련 있는 문장, 문단이 구성되어야 하며, 중심 내용을 뒷받침할 수 있는 내용인지 살펴보아야 한다.
체계성	문장과 문단 구성이 글의 내용 전개상 흐름에 맞게 제시되어 있는지 살펴보아야 한다.
일관성	한 문단 안에 있는 문장들 사이에 논리적 오류가 없어야 하며, 접속어와 지시어 등이 올바르게 사용되어 자연스럽게 연결되어야 한다. 문장의 호응이나 배열 순서, 적절한 어구 사용 등을 확인해야 한다.

✔ 기출 포인트 Check Check

다음 물음을 읽고, 적절한 것은 ○, 적절하지 않은 것은 × 표시하시오.

01 개요에서 특정 현상의 원인이 제시되었다면 그 현상의 결과도 함께 제시되어야 한다. (○, ×)

02 '완결성'에 따라 한 단락 안에 주제문과 뒷받침 내용이 함께 제시되어야 한다. (○, ×)

03 '체계성'에 따라 글의 중심 내용과 관련 있는 문장이나 문단을 구성해야 한다. (○, ×)

정답 | 01 ○ 02 ○ 03 ×, 타당성

출제예상문제

[01 ~ 03] '생태 관광의 문제점과 개선 방안'을 주제로 글을 작성하려고 한다. 제시된 물음에 답하시오.

01 글을 작성하기 위하여 계획한 내용으로 적절하지 <u>않은</u> 것은?

〈 글쓰기 계획 〉

- 주제: 생태 관광의 문제점과 개선 방안
- 목적: 생태 관광에 대한 정보 전달과 바람직한 생태 관광을 위한 노력 촉구
- 예상 독자: 일반인
- 글의 내용
  - 생태 관광의 개념과 목적을 소개한다. ·· ①
  - 현재 운영되고 있는 생태 관광 프로그램을 제시한다. ························· ②
  - 생태 관광객의 프로그램 수요를 분석한다. ······································· ③
  - 생태 관광지 개발로 인한 지역 개발 불균형 문제를 드러낸다. ··········· ④
  - 생태 관광으로 인한 지방 자치 단체의 어려움과 해결 방안을 제시한다. ·· ⑤

02 <보기>에 제시된 자료의 활용 방안으로 적절하지 <u>않은</u> 것은?

〈 보 기 〉

(가) 신문 기사

　　최근 생태 관광이 전국적으로 확산되고 있다. 생태 관광은 경치를 보고 즐기는 기존의 관광과 달리, 생태적 가치가 높은 지역의 자연과 문화를 직접 체험하면서 자연을 소중히 하는 마음을 갖고 다음 세대로 잘 보전하자는 데 목적이 있다. 그러나 관광지 조성을 위한 무리한 개발로 숲과 늪지가 사라지거나 관광객들의 인식 부족으로 생태계가 오히려 훼손되는 등 본래의 취지를 살리지 못하고 있다. 또한 실질적 이득이 없을 것이라고 보아 생태 관광 운영에 적극적으로 참여하지 않는 주민들의 태도도 생태 관광의 활성화에 걸림돌이 되고 있다.

(나) 조사 자료

1. 관광객들이 원하는 생태 관광 프로그램 유형(%)

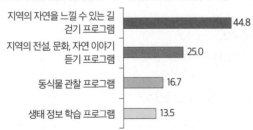

2. 지방 자치 단체의 생태 관광 운영상 어려움(%)

(다) 우수 사례

- □□ 지역은 민물고기 생태관과 인근 동굴을 이용한 프로그램을 특화하여 관광객의 수가 증가하고 지역의 이미지가 제고됨.

- 철새 도래지인 ○○섬은 겨울 철새를 관찰하거나 습지에서 서식하는 생물들을 탐구하는 생태 체험 프로그램을 상시 운영하고 있으며, 지역 주민들이 이에 적극적으로 참여하여 가계 소득이 증대됨.

① (가)를 활용해 기존 관광과 대비되는 생태 관광의 특징을 소개한다.

② (나)를 활용해 지역 특색을 살린 프로그램 개발이 필요함을 제시한다.

③ (다)를 활용해 생태 관광이 지역 경제에 긍정적인 영향을 줄 수 있음을 제시한다.

④ (가), (다)를 활용해 생태 관광이 인근 자연을 파괴하는 문제점이 있음을 지적한다.

⑤ (나) - 2와 (다)를 활용해 생태 관광 활성화에 지역 주민의 역할이 중요함을 제시한다.

03 위의 계획과 자료를 바탕으로 <개요>를 작성하였다. <개요>의 수정 및 상세화 방안으로 적절하지 <u>않은</u> 것은?

〈 개 요 〉

I. 처음
   1. 생태 관광의 개념과 이점
   2. 생태 관광의 특징 ·· ㉠

II. 생태 관광의 문제점
   1. 관광객들의 인식 부족 ·· ㉡
   2. 관광지 개발로 인한 생태계 훼손
   3. 지역 주민의 적극적 참여 ·· ㉢
   4. 생태 관광 프로그램의 부족

III. 생태 관광 문제의 개선 방안
   1. 생태계 보전이 가능한 관광지 개발
   2. 생태 관광에 대한 관광객의 인식 개선
   3. 지역 주민의 참여 유도 방안 마련
   4. 다양한 생태 관광 프로그램 마련
   5. 지역 특색을 살린 생태 관광 연구 ···························· ㉣

IV. 끝
   1. 생태 관광에 대한 노력 촉구 ···································· ㉤

① ㉠은 I - 1과 중복되므로 '생태 관광의 현황'으로 수정한다.

② ㉡은 자연스러운 글의 흐름을 위해 II - 2와 순서를 바꾼다.

③ ㉢은 '생태 관광의 문제점'에 포함될 수 있도록 '지역 주민의 참여 부족'으로 수정한다.

④ ㉣은 III - 4와 관련 있는 내용이므로 통합해 제시한다.

⑤ ㉤은 내용이 구체적이지 않으므로 '생태 관광 인식 개선을 위한 지자체의 노력 촉구'로 수정한다.

'땅끝황토나라 꼼지락 캠핑', '섬진강 생태여행 - 반딧불이가 덮고 자는 모래이불'과 같은 프로그램을 들어보신 적 있으신 가요? 이것들은 모두 땅끝해안길 걷기, 어촌 체험하기, 반딧불이 관찰하기, 모래생태 체험하기 등이 이루어지는 생태 테마 관광 프로그램의 이름입니다.

생태 관광은 환경에 대한 피해를 최소화하면서 자연을 관찰하고 이해하며 즐기는 여행 방식이나 여행 문화를 말합니다. 기존의 관광이 자연의 경치를 보고 즐기는 데서 그치는 것과 달리, 생태적 가치가 높은 지역의 자연과 문화를 직접 체험하면서 자연을 소중히 보전해 다음 세대도 누릴 수 있게 하는 데 그 목적이 있습니다. ㉠ 이에 따라 문화체육관광부는 매년 '생태 테마 관광 사업'을 선정하는 등 우리 고유의 생태 관광 개발을 적극적으로 지원하고 있습니다.

자연 친화적으로만 들리는 생태 관광에도 문제는 있습니다. 무리한 관광지 조성으로 숲과 늪지가 사라지거나 관광객들의 인식 부족으로 생태계가 훼손되기도 합니다. 또 지역 주민의 참여가 부진하여 생태 관광 운영의 어려움이 발생하거나 관광객들이 원하는 생태 관광 프로그램이 부족해 생태 관광이 다양하게 이루어지지 못하는 문제도 일어납니다.

생태 관광이 ㉡ 널리 확산되고 있는 상황에서 무엇보다 중요한 것은 생태 관광의 문제점을 분석하고 개선 방안을 마련하는 일입니다. 첫째, 미래 세대에게 잘 보존된 생태계를 물려줄 수 있는 방법으로 관광지를 조성해야 합니다. 둘째, 관광객들은 생태계 훼손을 방지하기 위해 정해진 탐방로를 이용하는 등 바람직한 관람 태도를 지녀야 합니다. 셋째, 생태 관광으로 ㉢ 지역 사회 이미지와 소득 증가에 성공한 □□ 지역이나 ○○섬의 사례를 활용해 지역 주민의 적극적 참여를 이끌어낼 방안을 마련해야 합니다. 마지막으로 관광객의 69.8%가 지역과 관련된 생태 프로그램을 원하며, 지방 자치 단체가 생태 관광 때문에 겪는 가장 큰 어려움이 ㉣ '프로그램 개발'인 만큼 다양한 프로그램 개발을 위해 적극적으로 노력해야 합니다.

생태 관광은 누구나 생태 자원을 직접 느끼고 배우며 즐길 수 있고, 다양한 체험 프로그램과 지역 주민의 해설을 통해 그 안에 숨어있는 재미있는 이야기도 들을 수 있는 등 다양한 이점을 지닙니다. 관광의 즐거움이나 실질적 이득만을 중요하게 여기는 태도를 버리고, 자연을 우리 세대의 자원인 동시에 다음 세대에 물려줄 유산이라고 생각하는 태도를 ㉤ 지양해야 합니다. 생태 자원을 보전하기 위해 노력한다면 생태 관광은 보다 바람직한 방향으로 나아갈 수 있을 것입니다.

04 ㉠ ~ ㉤을 수정하려고 할 때, 그 방안으로 적절하지 <u>않은</u> 것은?

① ㉠: 글의 주제와 관련 없으므로 삭제한다.

② ㉡: 뒷말과 의미가 중복되므로 '널리'를 삭제한다.

③ ㉢: 문장 성분의 호응을 고려해 '지역 사회 이미지 제고와 소득 증가'로 수정한다.

④ ㉣: '만큼'은 보조사이므로 "프로그램 개발'인만큼'으로 붙여 쓴다.

⑤ ㉤: 문맥의 흐름을 고려해 '지향해야 합니다'로 수정한다.

05 윗글에 쓰인 글쓰기 전략에 대해 바르게 설명한 것은?

① 인과의 방식을 활용하여 글의 객관성을 높이고 있다.

② 대상에 대한 구체적인 사례를 들어 독자의 이해를 돕고 있다.

③ 권위 있는 전문가의 말을 인용해 주장에 대한 설득력을 높이고 있다.

④ 기존 관광과 생태 관광을 비교해 기존 관광의 문제점을 부각시키고 있다.

⑤ 생태 관광을 보는 여러 입장에 대한 중재안을 제시해 글의 논리성을 강화하고 있다.

06 윗글의 내용과 관련지어 <보기>와 같이 정리하고자 할 때, 빈칸에 들어갈 한자 성어로 가장 적절한 것은?

─────── 〈 보 기 〉 ───────

지나친 생태 관광 자원 개발은 생태계를 손상시킬 수 있다는 점에서 (   )이다.

① 고식지계(姑息之計)

② 과유불급(過猶不及)

③ 방약무인(傍若無人)

④ 양두구육(羊頭狗肉)

⑤ 풍전등화(風前燈火)

정답 및 해설 p.146

쓰기 실전연습문제

[01 ~ 03] '인터넷 정보 이용 실태'를 소재로 글을 작성하려고 한다. 제시된 물음에 답하시오.

01 글을 작성하기 위하여 계획한 내용으로 적절하지 <u>않은</u> 것은?

━━━━ 〈 글쓰기 계획 〉 ━━━━

- **주제**: 우리 학교 학생들의 인터넷 정보 이용 실태를 조사하고, 문제의 심각성을 알리자.
- **목적**: 정보 전달 및 설득
- **예상 독자**: 교지를 읽는 학생들
- **글의 내용**
  - 현대의 청소년들이 디지털 환경에서 성장하여 인터넷을 통해 많은 정보를 얻고 있음을 제시한다. … ①
  - 인터넷 정보 이용의 문제점을 파악하기 위하여 구성한 설문 조사 항목을 언급한다. ……………… ②
  - 부정확하거나 검증되지 않은 정보들을 발견했을 때에 필요한 정보 검증 방법을 제시한다. ………… ③
  - 설문 조사 결과를 문항별로 분석하여 제시한다. …………………………………………… ④
  - 설문 조사 결과를 정리하고 문제의 심각성을 언급한다. …………………………………… ⑤

02 〈보기〉에 제시된 자료의 활용 방안으로 적절하지 <u>않은</u> 것은?

┌─────── 〈 보 기 〉 ───────┐

우리 학교 학생 대상 설문 조사 결과

① 인터넷 정보의 신뢰성 평가 여부

한다	안 한다
23%	77%

② 인터넷 정보의 신뢰성을 평가하지 않는 이유

(①의 "안 한다" 응답자 대상)

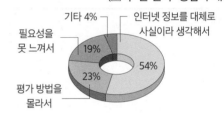

③ 인터넷 정보의 신뢰성 평가 방법에 대한 인식

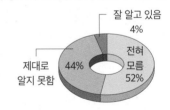

④ 인터넷 정보의 이용 방식

정보 이용 목적에 따라 인터넷 정보를 선별한 뒤 활용한다.	18%
검색한 인터넷 정보를 그대로 활용한다.	77%
기타	5%

└──────────────────────┘

① 1을 활용해 우리 학교 학생 대다수가 인터넷 정보의 신뢰성을 평가하지 않음을 밝히고 문제 개선의 필요성을 제시한다.

② 1과 2를 활용해 학생들이 인터넷 정보의 신뢰성을 평가하지 않는 가장 큰 이유를 제시한다.

③ 1과 3을 활용해 인터넷 정보의 신뢰성을 평가하지 않는 학생의 비율과 인터넷 정보의 신뢰성을 평가하는 방법을 알고 있는 학생의 비율을 구체적인 수치로 제시한다.

④ 4를 활용해 18%만이 인터넷 정보를 정보 이용 목적에 따라 선별한 뒤 활용하고, 나머지는 그대로 활용하고 있음을 제시한다.

⑤ 1, 2, 3, 4를 모두 활용해 우리 학교 학생 대다수가 인터넷 정보를 무비판적으로 수용하는 문제가 심각함을 제시한다.

03 위의 계획과 자료를 바탕으로 <개요>를 작성하였다. <개요>의 수정 방안으로 적절하지 <u>않은</u> 것은?

〈 개 요 〉

Ⅰ. 청소년들의 인터넷 정보 이용 실태

　1. 디지털 사회의 도래

　2. 인터넷 정보 이용 실태에 대한 조사 필요성

　3. 갈수록 흉악해지는 악성 댓글 문제 ……… ㉠

Ⅱ. 인터넷 정보 이용 관련 범죄 추이 …………… ㉡

　1. 인터넷 정보의 신뢰성을 평가하지 않는 이유

　2. 인터넷 정보의 신뢰성 평가 여부 ………… ㉢

　3. 인터넷 정보의 신뢰성 평가 방법에 대한 인식

　4. 인터넷 정보의 이용 방식

Ⅲ. 인터넷 정보 이용 문제의 심각성과 개선의 필요성
………………………………………………… ㉣

　1. 인터넷 정보를 무비판적으로 수용하는 실태 정리

　2. 인터넷 정보를 선별하여 활용하는 태도 형성을 통한 경제적 이익 …………………………… ㉤

① ㉠은 '인터넷 정보 이용 실태'와 관련성이 부족하므로 삭제한다.

② ㉡은 'Ⅱ-1~4'의 내용을 아우르지 못하므로 '인터넷 정보 이용 관련 설문 조사 결과'로 수정한다.

③ ㉢은 'Ⅱ-1'에 선행되어야 하는 내용이므로 'Ⅱ-1'과 순서를 바꾼다.

④ ㉣은 하위 항목을 포괄할 수 있도록 '인터넷 정보 이용의 비효율적 문제 해결의 필요성'으로 수정한다.

⑤ ㉤은 글의 마지막 내용으로 부적절하므로 '인터넷 정보를 선별하여 활용하는 태도 형성의 필요성'으로 수정한다.

[04 ~ 05] 위의 내용을 토대로 작성한 글을 읽고 물음에 답하시오.

디지털 환경에서 성장한 현대의 청소년들은 인터넷을 통한 정보 ⑦ 이용이 적극적이다. 인터넷은 무한한 정보의 ⓒ 바다임으로 청소년들은 인터넷을 통해 많은 정보를 얻는다. 그런데 인터넷 정보들 중에는 부정확하거나 검증되지 않은 정보들이 포함되어 있다. 따라서 정보의 정확성과 신뢰성을 비판적으로 평가할 필요가 있다. 또한 자신의 이용 목적에 부합하는 정보를 선별하여 활용하는 것이 바람직하다. 우리 학교 학생들은 이러한 인식하에 인터넷 정보를 이용하고 있을까? 이를 ⓒ 알아보려면 우리 학교 학생들을 대상으로 설문 조사를 실시했다. 설문 조사 항목으로는 인터넷 정보의 신뢰성 평가 여부, 인터넷 정보의 이용 방식 등 네 가지였다. 그 결과를 제시하면 다음과 같다.

첫째 문항에 대해 우리 학교 학생은 대다수가 인터넷 정보의 신뢰성을 평가하지 않는다고 응답하였다. 그 이유를 묻는 둘째 문항에 대해서는 '인터넷 정보를 대체로 사실이라 생각'하거나 '평가 방법을 몰라서'라고 응답한 학생이 73%에 달하였다. 이처럼 인터넷 정보의 신뢰성을 평가하지 않는 학생의 비율이 매우 높은 것은 우려할 만하다. 다음으로 인터넷 정보의 신뢰성 평가 방법에 대한 인식을 묻는 셋째 문항에 대해 인터넷 정보의 신뢰성을 평가하는 방법을 잘 알고 있다는 학생이 드물었다는 사실이 확인되었는데 이는 사태의 심각성을 시사한다. 특히, 인터넷 정보의 신뢰성을 평가하지 않는 학생들은 신뢰성 평가를 하지 않는 가장 큰 이유를 '평가 방법을 몰라서'라고 하였다. 마지막으로 우리 학교 학생의 인터넷 정보 이용 방식을 묻는 넷째 문항에 대해 우리 학교 학생 중의 18%만이 '정보 이용 목적에 따라 인터넷 정보를 선별한 뒤 활용한다'고 응답하였고, 77%는 '나머지는 그대로 활용한다'고 응답했다.

앞서 제시한 바처럼, 우리 학교 학생 대다수가 인터넷 정보를 무비판적으로 ⓔ 수용시키는 것으로 드러났다. 많은 청소년들이 인터넷 정보를 무비판적으로 이용하는 양상이 우리 학교 학생들에게도 나타나고 있는 것이다. 따라서 우리 학교 학생들이 인터넷 정보를 비판적으로 평가하고, 자신의 이용 목적에 따라 그것을 선별하여 활용하는 태도 형성을 위한 조치가 ⓜ 강구될 필요가 있다.

04 ⑦ ~ ⓜ을 수정하기 위한 방안으로 적절하지 <u>않은</u> 것은?

① ⑦은 조사의 사용이 부적절하므로 '이용에'로 고친다.
② ⓒ은 맞춤법에 어긋나므로 '바다이므로'로 고친다.
③ ⓒ은 어미의 사용이 부적절하므로 '알아보려고'로 고친다.
④ ⓔ은 사동 표현이 부적절하게 사용되었으므로 '수용하는'으로 고친다.
⑤ ⓜ은 그 앞에 '태도 형성을'이란 목적어가 있으므로 '강구할'로 고친다.

05 윗글에 대한 보충 방안으로 가장 적절한 것은?

① 최대한 많은 학생들의 설문 조사 결과를 활용하여 공정한 입장으로 전달한다.
② 인터넷 정보 기술과 관련된 어려운 용어들을 추가하여 주장의 타당성을 높인다.
③ 글의 신뢰성을 높이기 위하여 설문 조사에 참여한 학생의 수와 설문 조사 기간을 추가한다.
④ 우리 학교 학생들의 인터넷 정보 이용의 문제점을 파악하기 위해 구성한 설문 조사 항목을 언급한다.
⑤ 학생들의 무비판적 인터넷 정보 이용의 심각성을 강조하기 위해 다른 학교 학생이 작성한 보고서를 표절한 경험이 있는 학생의 인터뷰를 인용한다.

정답 및 해설 p.147

VI 창안

01 시각 자료 및 조건에 따른 내용 생성

최신 기출 트렌드와 학습 전략

01 해커스가 정리한 핵심 포인트

구분	핵심 포인트	출제 빈도	페이지
시각 자료 및 조건에 따른 내용 생성	시각 자료의 이해	★★★	p.54
	조건에 따른 내용 생성	★★★	p.54

O2 해커스가 분석한 기출 패턴

PATTERN 1 **사진, 광고 등의 시각 자료를 통해 내용을 생성하는 문제는 1 ~ 3문제씩 출제된다.**

시각 자료에 따라 내용을 생성하는 문제는 매회 평균 1 ~ 3문제가 출제되었다. 시각 자료로는 그림, 사진, 공익 광고 포스터 등이 제시되며, 이 자료를 보고 공통적으로 추론할 수 있는 내용을 묻는 유형이 주로 출제된다. 한편, 지문을 제시하고 이를 뒷받침할 수 있는 시각 자료를 찾는 문제도 1문제씩 출제되기도 했다.

PATTERN 2 **조건에 따라 내용을 생성하거나, 내용을 유추 또는 연상하는 문제가 가장 많이 나온다.**

과거에는 창안 영역에서 조건에 따라 내용을 생성하는 문제가 10문제 중 5 ~ 8문제를 차지할 만큼 가장 많이 출제되었으나, 최근에는 조건에 따라 내용을 생성하는 문제 대신 주어진 자료를 토대로 내용을 유추하는 문제가 10문제 중 최대 7문제가 출제될 정도로 그 비중이 늘고 있다. 먼저, 조건에 따라 내용을 생성하는 문제는 시각 자료나 제시문을 보고 조건을 지켜 제목, 문구 등을 창안하거나, 자료 없이 주어진 조건만을 고려하여 시행, 시구 등을 창안하는 유형으로 출제된다. 다음으로, 주어진 자료를 토대로 내용을 유추하는 문제는 글이나 특정 소재와 같은 자료에 근거해 유추 또는 연상하여 내용을 생성하는 유형이 출제되기도 한다. 두 유형 모두 시각 자료를 통해 내용을 생성하는 문제보다 창안 영역에서의 출제 비중이 높은 경향을 보이므로 중점적으로 살펴 둘 필요가 있다.

O3 해커스만 알려주는 학습 전략

 하나 **시각 자료를 보고 핵심 내용을 도출하는 연습을 하자!**

시각 자료에 따라 내용을 생성하는 문제는 한 개 또는 여러 개의 사진을 제시하고 주제를 도출하여 자연 보호, 평등, 공동체, 폭력 근절 등의 공공의 이익과 관련된 내용을 창안하도록 출제되고 있다. 여러 문제를 풀어보며, 시각 자료를 보고 주제를 도출하는 방법을 익혀야 한다.

 둘 **조건에 근거하여 내용을 창안하는 연습과 유추 / 연상한 내용의 적절성을 판단하는 연습을 하자!**

조건에 따라 내용을 생성하는 문제는 창안된 제목, 문구, 시행 등이 자료의 핵심 내용 · 주제 같은 내용 조건과 표현법 · 종결 표현 · 언어유희 같은 형식 조건을 만족하는지를 평가할 수 있어야 한다. 본 교재의 다양한 문제를 통해 자료의 중심 내용을 찾는 연습과 형식 조건에 대한 이론과 예를 정리해 두는 것을 추천한다. 한편, 제시된 자료로부터 내용을 유추하거나 연상하는 문제는 선택지에서 내용을 유추 / 연상하는 과정을 참고하여 유추 / 연상한 내용이 적절한지 판단하는 문제로, 본 교재를 통해 문제 풀이 전략을 익혀 실제 문제에 적용하는 것이 도움이 된다.

01 시각 자료 및 조건에 따른 내용 생성

대표 기출 유형 공략

| 대표 기출 유형 | ① 시각 자료의 이해 - 시각 자료에 따른 내용 생성

유형 특징

1. 시각 자료의 의도를 추론해 내용을 생성할 수 있는 능력을 평가하기 위한 문제 유형으로, 제시된 자료의 의도를 명확히 파악하면 쉽게 풀 수 있으므로 난도는 평이하다.

2. 시각 자료가 단독으로 제시되거나, 문구가 포함된 시각 자료가 제시되며, 최근에는 두 개의 시각 자료를 함께 활용하여 내용을 생성하는 문제가 출제되고 있다. 창안 영역 내의 시각 자료와 관련된 다른 문제와 함께 대비하면 문제를 푸는 데 더욱 도움이 된다.

대표 예제 <보기>의 그림을 활용하여 전달할 수 있는 내용으로 가장 적절한 것은?

〈 보 기 〉

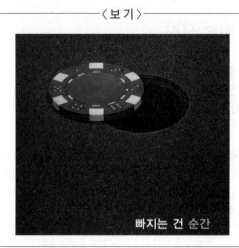

빠지는 건 순간

① 도로의 위험, 맨홀을 조심해야 합니다.
② 친구들과의 내기도 도박이 될 수 있습니다.
③ 도박은 비탄의 탈출구가 아닌 파탄의 지름길입니다.
④ 나를 도박으로 이끄는 것은 '한 번만'이라는 생각입니다.
⑤ 돈을 칩으로 바꾸는 건 쉽지만, 칩을 돈으로 바꾸는 건 어렵습니다.

풀이 전략

1단계 문제 지시문과 시각 자료를 통해 그림의 의도를 잘 전달할 수 있는 내용을 생성하는 문제임을 파악한다. 그림의 구멍, 뚜껑의 생김새, '빠지는 건 순간'이라는 하단의 문구를 조합해 의도를 판단한 후, 그 의도가 담긴 문구를 찾으면 된다.

2단계 도박에 사용하는 칩의 사진과 구멍, '빠지는 건 순간'이라는 문구를 통해 도박의 위험성을 경고하는 시각 자료임을 추론할 수 있다. 따라서 그림을 활용해 전달할 수 있는 내용으로 가장 적절한 것은 ③이다.

※ 출처: 한국방송광고진흥공사, http://www.kobaco.co.kr

유형 특징

1. <보기>의 조건을 뒷받침하기에 적합한 시각 자료를 찾을 수 있는 능력을 평가하기 위한 문제 유형이다.

2. 조건과 시각 자료를 하나씩 대조하며 일치하는지를 판단하면 충분히 풀 수 있는 문제이므로, 조건에 부합하는 시각 자료가 있는지 꼼꼼하게 해석하는 것이 중요하다.

대표 예제 <보기>의 내용을 시각 자료와 함께 나타내고자 할 때, 제시할 필요가 <u>없는</u> 것은?

〈 보 기 〉

케이블카를 이용할 때 지켜야 할 예절

• 무리해서 승차하면 위험한 사고를 초래할 수 있습니다.
• 교통 약자에게 자리를 양보해주는 배려 의식이 필요합니다.
• 냄새가 심한 음식은 다른 승객에게 불쾌감을 줄 수 있습니다.
• 손잡이를 잡지 않으면 케이블카가 흔들릴 때 위험할 수 있습니다.

① "계단 이용하기!" ② "다음 차를 타기!" ③ "꼭 붙잡기!"

④ "자리 양보하기!" ⑤ "내려서 먹기!"

풀이 전략

1단계 <보기>의 케이블카 이용 예절을 드러내는 데에 함께 제시할 수 있는 시각 자료를 묻는 문제이다. <보기>의 '승차, 교통 약자, 음식, 손잡이'와 관련된 그림이 아닌 것을 고르면 된다.

2단계 <보기>에는 '계단 이용'과 관련된 내용은 없으므로 제시할 필요가 없는 시각 자료는 ①이다.

유형 특징

1. 시각 자료의 의도나 글의 내용을 파악해 조건에 부합하는 문구를 생성할 수 있는 능력을 평가하기 위한 문제 유형이다.

2. 주로 시각 자료의 주제, 의도, 문제 상황이나 글에서 설명하는 제재의 특성을 바탕으로 조건을 지켜 문구를 창안하는 문제가 출제되므로 평소 여러 자료의 의도를 파악하는 연습을 해 두는 것이 도움이 된다.

대표 예제 <조건>을 반영하여 <보기>에 적절한 문구를 작성한 것으로 가장 적절한 것은?

〈 보 기 〉

〈 조 건 〉

• <보기>에서 도출할 수 있는 문제 상황을 드러낼 것
• 설의적 표현을 사용해 의미를 강조할 것

① 분리수거는 환경을 되살리는 지름길입니다.

② 돌고래가 사라진 바다에 우리가 살 수 있을까요?

③ 빙산이 모두 녹고 난 후에는 무엇이 녹게 될까요?

④ 아무 데나 버린 쓰레기가 환경을 망치지 않을까요?

⑤ 드러난 부분보다는 드러나지 않은 부분이 중요합니다.

풀이 전략

1단계 <보기>에서 드러나는 문제 상황에 대한 문구를 <조건>에 따라 작성하는 문제이다. <보기>의 '바다, 비닐봉지'를 통해 시각 자료에 담긴 문제를 파악한 뒤 그 내용이 설의적 표현으로 작성된 선택지를 찾으면 된다.

2단계 <보기>는 표면적으로는 빙산을 찍은 사진처럼 보이나 실제로는 바다에 버려진 비닐봉지를 표현한 것이다. 따라서 쓰레기가 바다와 같은 곳에 무분별하게 버려지고 있는 문제를 포함하면서 설의적 표현을 사용해 작성한 ④가 가장 적절하다.

유형 특징

1. 제시된 자료를 이해하고 조건에 맞게 제목을 만들 수 있는 능력을 평가하기 위한 문제 유형이다.

2. 자료의 중심 내용이나 의도를 파악한 뒤 조건에 부합하는 제목을 찾으며 풀면 수월하게 해결할 수 있다.

대표 예제　　<조건>을 반영하여 <보기>의 제목을 작성한 것으로 가장 적절한 것은?

〈 보 기 〉

　　2016년 말 기준 공공도서관의 수는 1,010개로 지난 5년 사이에 28%나 증가했지만 선진국 대비 격차는 아직도 큰 편이다. 공공도서관 1관당 인구 수는 51,184명으로 독일의 10,595명보다 5배 많고 인구 1인당 공공도서관 장서 수는 2.0권으로 일본의 3.4권에 비해 적은 편이다. 전문 인력 확보율도 미흡하다. 초·중·고교 학교 도서관 전담 인력이 확보된 학교는 전체의 57%에 불과하며, 전국의 사서교사 수는 899명으로 전체 학교 수 대비 8%에 불과하다. 도서관 이용률 역시 높지 않은 상황이다. 문화체육관광부가 조사한 '2017년 국민 독서 실태 조사' 결과를 보면, 성인의 공공도서관 이용률은 22.2%로 감소 추세이다.

　　정부와 도서관계는 도서관 이용률을 높이기 위해 시설 개선, 다양한 프로그램 운영, 개관 시간 연장 등 다양한 노력을 기울이는 한편 인구 감소와 고령화, 4차 산업혁명 등 사회 변화에 대응하기 위해 고민하고 있다.

〈 조 건 〉

• <보기>의 중심 내용을 포함할 것

• 대조의 방법을 사용할 것

① 나는 소곤소곤, 다른 사람에겐 시끌시끌

② 도서관을 가지 않는 나라, 어두운 미래로 가는 나라

③ 도서관이 외로워지면 우리가 읽을 책도 없어집니다.

④ 도서관 책에 밑줄을 긋는 당신, 얼굴에도 그으실 건가요?

⑤ 올해 몇 번이나 도서관에 가셨나요? 부끄러운 우리의 현실

풀이 전략　　1단계　　문제 지시문, <보기>, <조건>을 통해 <조건>에 따라 <보기>의 제목을 작성하는 문제임을 파악한다. <보기>를 읽으며 중심 내용을 파악하고, 중심 내용이 드러나면서 대조의 방법으로 표현된 선택지를 고르면 된다.

　　2단계　　<보기>의 중심 내용인 '열악한 도서관 활용 실태'를 '가지 않는'과 '가는'의 대조적 표현을 사용해 작성한 ②가 답이다.

　　※ 출처: 문화체육관광부, http://www.mcst.go.kr

IV 듣기·말하기　V 쓰기　VI 창안　VII 읽기　2주 만에 끝내는 해커스 KBS 한국어능력시험

유형 특징

1. 언어유희의 개념과 글자와 단어를 통해 언어유희를 실현하는 방식을 알고 있는지를 평가하기 위한 문제 유형이다.
2. 발음의 유사성, 동일한 음운이나 동음이의어의 활용 등과 같은 언어유희의 표현 방식이 어떻게 적용되어 있는지 파악할 수 있으면 수월하게 문제를 풀 수 있다.

대표 예제 **<보기>와 표현 방식이 가장 유사한 것은?**

─〈 보 기 〉─

여보. 아주뱀이고 도마뱀이고 세상이 다 귀찮허요.   - 작자 미상, 「흥보가」 중에서

① 아닌 게 아니라 우리 뺑파가 열녀도 더 되고 백녀다 백녀. 자 그럼 어서 올라가세.   - 작자 미상, 「심청가」 중에서
② 형장 아래 기절하면, 네 청춘이 속절없지. 기생에게 충효가 무엇이며, 정절이 다 무엇이냐? - 작자 미상, 「춘향가」 중에서
③ 심 봉사 할 수 없이 심청의 손을 놓고, 치궁글 내리궁글, 마른 땅에 새우 뛰듯, 아주 자반 뒤집기를 하는구나.
                                  - 작자 미상, 「심청가」 중에서
④ 양 그넷줄을 갈라 잡고 선뜻 올라 발 구를 제, 한 번 굴러 앞이 높고 두 번 굴러 뒤가 멀어 앞뒤 점점 높아 갈 제
                                  - 작자 미상, 「춘향가」 중에서
⑤ 듣기 싫다. 아무 말도 말아라. 귀에서는 화살 소리가 횟횟 나고, 눈에서는 칼날이 번뜻번뜻하여, 내가 눈을 못 뜨것다.
                                  - 작자 미상, 「적벽가」 중에서

풀이 전략

1단계 <보기>와 같은 방식으로 언어유희를 표현하고 있는 예를 찾는 문제이다. <보기>에서 언어유희를 어떻게 표현하고 있는지를 파악한 후 선택지의 표현 방식과 대조하며 풀어야 한다.

2단계 <보기>는 '아주뱀'의 '뱀'과 '도마뱀'의 '뱀'의 발음이 유사한 데 착안해 언어유희를 표현하고 있으므로, '열녀(烈女)'의 '열'과 발음이 같은 '열[十]'을 활용하여 '백(百)녀'라고 표현한 ①이 답이다.

유형 특징

1. 특정 주제에 관한 내용을 이행시, 삼행시, 사행시라는 제한된 형식에 맞게 생성된 내용의 적절성을 판단할 수 있는 능력을 평가하기 위한 문제 유형으로, 주로 창안 영역의 58번에 출제된다.

2. 이행시, 삼행시 등의 제한된 형태에 요구하는 내용과 표현 방식이 모두 포함되어 있는지 살피며 적합한 내용을 고르면 된다.

대표 예제 '손수건'을 운으로 하여 '이별'을 노래한 삼행시로 가장 적절한 것은?

① **손**가락을 걸고 약속한 곳에는
　수수꽃다리가 찾아와 봄을 알리지만
　건듯 주위를 둘러보아도 나 혼자뿐이었다.

② **손**을 내밀면 언제나 맞잡아 주던 손
　수선스러울 정도로 내 곁을 맴돌던 손
　건조한 가을바람과 함께 그 손을 잃었다.

③ **손**수 만든 꽃다발은 다 헤져 가는데
　수수한 얼굴로 말갛게 웃는 소년이여,
　건강하게 피어난 미소가 영원하기를 바란다.

④ **손**수건에는 다양한 모양이 숨겨져 있다.
　수국, 진달래, 개나리 같은 봄꽃이
　건너편에 손에서 하나둘 피어났다.

⑤ **손**아래 누이가 돌아본 걸음은 열뿐이었지만
　수없는 어머니의 걸음이 그 아래 깔려 있었다.
　건넛마을에 닿은 누이도 어머니를 생각할까.

풀이 전략

1단계　'손수건'을 운으로 주제인 '이별'을 표현한 삼행시를 찾는 문제이다. 형식적 조건인 삼행시와 '손수건'의 운을 지키고 있는지를 먼저 살피고, 그 후 내용을 읽으며 주제가 '이별'인 것을 고르면 된다.

2단계　②는 '언제나 맞잡아 주던', '내 곁을 맴돌던'과 같이 늘 곁에 있던 사람을 '손'으로 표현하면서 '그 손을 잃었다'로 '이별'을 나타내고 있으므로 '손수건'을 운으로 해 '이별'을 노래한 삼행시로 가장 적절하다.

유형 특징

1. 특정 소재로부터 교훈이나 주제 등 다른 내용을 유추해 낼 수 있는 능력이나, 글의 내용을 일반화하여 주제나 주장 등을 이끌어낼 수 있는 능력을 평가하기 위한 문제 유형으로, 최근 출제 문항 수가 늘어난 유형이다.

2. 유추는 유사성에 착안한 추론 방식이므로, 구체적인 대상의 속성을 일반화하고 도출한 내용이 그 속성에 적합한지, 둘 사이의 유사성이 있는지에 기준을 두고 판단하며 풀면 된다.

대표 예제 '좋은 친구가 되는 법'을 유추하는 과정이 적절하지 <u>않은</u> 것은?

	소재		속성		교훈
①	개미	⇒	진딧물을 천적으로부터 보호해 주고 먹이를 얻는다.	⇒	친구와 서로 돕고 도와주는 관계가 되어야 한다.
②	우산	⇒	비가 올 때 몸이나 옷이 젖지 않도록 막아 준다.	⇒	어려움이 있을 때 함께 이겨낼 수 있는 친구가 되어 주어야 한다.
③	설탕	⇒	맛이 달아 기분이 좋지만 많이 먹으면 몸에 해롭다.	⇒	좋은 말만 해주는 관계는 서로의 발전에 도움이 되지 않는다.
④	종이	⇒	용도에 따라 버려지기도 하고 책이 되기도 한다.	⇒	친구와 서로 긍정적인 영향력을 주고받을 수 있도록 노력해야 한다.
⑤	호박	⇒	생김새는 예쁘지 않지만 맛있고 영양소가 풍부하다.	⇒	친구를 사귈 때에는 외면보다는 내면을 보고 사귀는 것이 더 중요하다.

풀이 전략

1단계 제시된 소재의 속성을 토대로 '좋은 친구가 되는 법'을 유추한 내용이 적절한지 평가하는 문제이다. 소재의 속성과 도출한 교훈 간의 공통점이 적절하게 연결되어 있는지 판단해야 한다.

2단계 '우산'은 비가 올 때 몸이나 옷이 젖지 않도록 막아주는 속성이 있으므로 '어려움을 함께 이겨낼 수 있는 친구'와는 관련이 없다. 따라서 답은 ②이다. 참고로, '우산'의 속성을 통해 적절하게 유추하려면 '친구가 어려움을 겪을 때 친구의 어려움을 막아주는 친구가 되어 주어야 한다'가 되어야 한다.

유형 특징

1. 주어진 자료의 특성을 토대로 주제에 맞는 새로운 내용이 구성되었는가를 알 수 있는지를 평가하기 위한 문제 유형이다.
2. 자료의 표면적 의미뿐 아니라 이면적 의미를 고려하여 주제까지 연상할 수 있는 능력이 필요하다.

대표 예제   밑줄 친 부분에 들어갈 '평등 정책'에 대해 연상한 내용으로 가장 적절한 것은?

합창
하나의 음악을 여러 성부로 나눠 여러 사람이 부르지만, 다른 선율이 서로 화성을 이루기 때문에 조화로운 노래가 완성된다.

⇨

연상 내용
여러 사람들의 목소리가 모여 조화를 이루는 '합창'처럼 평등 정책은 서로 다른 사람들의 개성을 존중하고 조화를 이루는 사회를 지향해야 한다.

제창
여러 사람들이 단일 성부로 된 노래를 하나의 선율에 맞추어 부르기 때문에 통일감 있고 단순한 노래를 완성할 수 있다.

⇨

연상 내용
여러 사람들의 목소리가 모여 하나의 통일된 노래를 이루는 '제창'처럼 평등 정책은 _____

① 개인의 특색에 맞는 삶을 설계하고 살아갈 수 있는 사회를 지향해야 한다.
② 다수의 주류 문화보다는 다양한 문화가 발전할 수 있는 사회를 지향해야 한다.
③ 사회적 요구에 따라 개개인의 특성과 다양성을 존중하는 사회를 지향해야 한다.
④ 서로의 다름을 존중하여 타인의 시선은 신경 쓰지 않을 수 있는 사회를 지향해야 한다.
⑤ 개인의 차이에 구애받지 않고 공동체 내에서 평등함을 누릴 수 있는 사회를 지향해야 한다.

풀이 전략
<u>1단계</u> 문제 지시문을 통해 주어진 자료를 바탕으로 '평등 정책'에 대한 내용을 생성하는 문제임을 파악한다. 먼저, '합창'의 특성을 통해 '평등 정책'에 대해 연상한 내용을 '제창'에 어떻게 적용할 수 있을지 판단한 후, 선택지에서 '제창'의 특성과 맞는 내용을 고르면 된다.

<u>2단계</u> '합창'의 여러 사람이 다른 선율로 노래해도 조화로운 노래가 완성된다는 점에서 '개성 존중'과 '조화'를 연상해냈다. 이를 토대로 '제창'의 여러 사람이 '하나'의 선율로 노래한다는 특징에 주목하여 고유의 특성보다는 '동화'에 초점을 맞춘 내용이 들어가야 하므로 답은 ⑤이다.

1 시각 자료의 이해

1. 시각 자료를 통한 내용 생성

(1) 한 개의 시각 자료(그림, 사진, 공익광고 포스터 등)를 제시하고, 이 자료를 통해 전달하고자 하는 공익적인 내용(자연 보호, 폭력 근절, 평등, 일상생활 예절 등)을 표현한 문구를 고르는 문제가 출제된다.

(2) 두 개의 시각 자료(그림, 사진, 공익광고 포스터 등)를 제시하고, 공통적으로 추론할 수 있는 내용이 무엇인지를 묻는 문제가 출제되기도 한다.

2. 조건에 따른 시각 자료 파악

(1) <보기>에 제시된 내용과 공공 안내 픽토그램을 연결하는 문제가 출제된다.

(2) <보기>의 내용을 뒷받침할 수 있는 시각 자료를 고르는 문제가 출제되기도 한다. 픽토그램이 아닌 그림, 사진 등의 시각 자료를 연결한다는 점에서 위 유형과 차이가 있다.

2 조건에 따른 내용 생성

1. 조건에 맞는 내용 생성

(1) <보기>로 제시된 시각 자료나 기사문, 작품 등을 보고, 조건에 따라 '제목, 문구' 등을 창안하는 문제가 출제된다.

(2) 자료 제시 없이, 주어진 <조건>을 고려하여 '시행, 표어, 시구' 등을 창안하는 문제가 출제되기도 한다.

2. 기출에 제시된 조건

<조건>으로 제시되는 요소는 다양하다. 경각심 부여, 풍자 등의 내용적인 조건 외에 형식적인 조건으로 비유, 반복 등의 문학적 표현법이 제시되는가 하면, 언어유희와 같은 해학적 요소를 활용하여 새로운 단어를 만들어 내거나, 종결 어미의 형태를 제한하여 끝맺는 등으로 다양하게 제시된다.

> 예 <조건>
> • 대상의 특성을 드러낼 것
> • 주제를 '협력'으로 삼을 것
> • 음성 상징어를 사용할 것

▶ 위와 같은 <조건>을 모두 충족하여 시각 자료의 핵심 내용이 잘 드러나는 문구를 창안하는 문제가 출제된다. 예를 들어, 위의 <조건>과 오케스트라 그림이 주어졌다면 '도란도란 연주를 맞춰 가면 음악이 됩니다'는 대상의 특성인 '악기 연주'와 주제인 '협력'을 음성 상징어 '도란도란'을 통해 <조건>을 모두 충족한 문구가 된다.

(1) 시의 표현 _{빈출}

구분	개념	예
중의(重義)	한 단어로 두 가지 이상의 의미를 나타내는 방법	靑山裏(청산리) 碧溪水(벽계수)야 수이 감을 자랑 마라. - 황진이의 시조
반복(反復)	같은 단어나 구절, 문장을 반복하여 뜻을 강조하는 방법	산에는 꽃 피네/꽃이 피네/갈 봄 여름 없이/꽃이 피네 - 김소월, '산유화'
연쇄(連鎖)	① 앞 구절의 말을 다시 다음 구절에 연결시켜 연쇄적으로 잇는 방법 ② 글에 변화를 줌으로써 흥미를 일으키는 방법	바다 밧근 하눌이니 하눌 밧근 므서신고. - 정철, '관동별곡'

(2) 언어유희(言語遊戱) _{빈출}

① 개념: 말이나 글자를 소재로 하는 놀이. 말 잇기 놀이, 어려운 말 외우기, 새말 만들기 등이 있다.

② 종류

구분	예
동음이의어를 이용한 언어유희	• 운봉의 **갈비**를 직신, "**갈비** 한 대 먹고지고." • **개잘량**이라는 '**양**'자에 **개다리소반**이라는 '**반**'자를 쓰는 **양반**이 나오신단 말이오.
유사한 음운이나 단어의 반복을 통한 언어유희	아, 이 **양반**이 허리 꺾어 **절반**인지, **개다리소반**인지, 꾸레미전에 **백반**인지
단어나 문장의 도치를 통한 언어유희	어, 추워라. **문** 들어온다. **바람** 닫아라. **물** 마른다. **목** 들여라.
발음의 유사성을 통한 언어유희	**믜암**이 **딥다** 울고 **쓰르람**이 **쓰다** 우니

✔ 기출 포인트 Check Check

다음 물음을 읽고, 적절한 것은 ○, 적절하지 않은 것은 × 표시하시오.

01 '중의'는 한 단어로 두 가지 이상의 의미를 나타내는 방법이다. (○, ×)

02 '반복'은 의미를 강조하기 위하여 같은 단어나 구절을 반복하는 방법이다. (○, ×)

03 '연쇄'란 앞 구절의 말을 다시 다음 구절에 연결시켜 연쇄적으로 잇는 방법으로, 글에 흥미를 더하는 효과를 준다. (○, ×)

정답 | 01 ○ 02 ○ 03 ○

01 (가)와 (나)를 통해 연상한 내용으로 가장 적절한 것은?

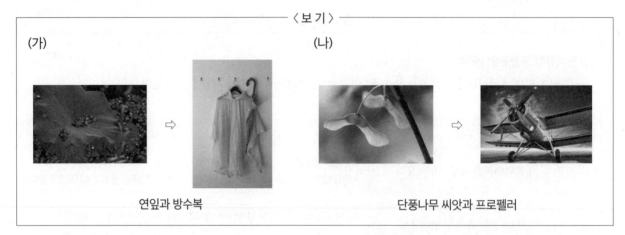

〈 보 기 〉

(가)

연잎과 방수복

(나)

단풍나무 씨앗과 프로펠러

① 약간의 불편함이 더 나은 삶을 가능하게 합니다.

② 미래를 위해 지속가능한 발전을 추구해야 합니다.

③ 자연은 우리가 간과하고 지내는 일상의 소중함을 일깨워 줍니다.

④ 주변의 자연물을 자세히 관찰하는 것은 창조적 사고의 시작입니다.

⑤ 평범한 사물도 자세히 들여다보면 그 안에 숨겨진 특별함이 보입니다.

02 (가)와 (나)를 통해 전달할 수 있는 내용으로 가장 적절한 것은?

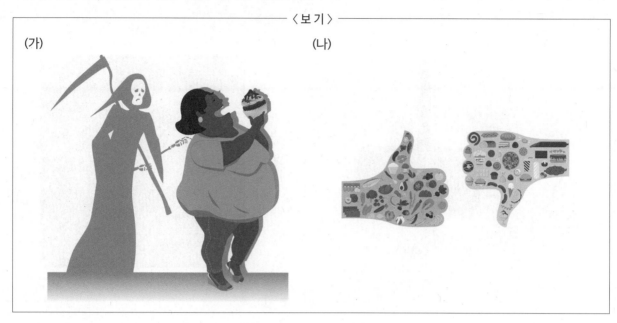

(가)   (나)

① 현대인은 너무 많이 먹습니다. 운동이 시급합니다.

② 달콤한 음식은 당신을 저승길로 인도합니다. 혈당 관리가 시급합니다.

③ 녹황색 채소와 단당류 음식을 구분해 보세요. 하루의 식단이 풍부해집니다.

④ 간식은 당신의 건강을 위협합니다. 지나친 단당류 섭취는 비만의 원인이 됩니다.

⑤ 단당류 음식은 당신을 죽음으로 이끕니다. 야채와 생선 섭취를 늘려 건강을 지키세요.

03 〈그림〉을 활용한 문구를 〈조건〉에 맞게 창작한 것으로 가장 적절한 것은?

〈 그 림 〉

〈 조 건 〉

• 대상의 특성을 드러낼 것

• 주제를 '협력'으로 삼을 것

• 음성 상징어를 사용할 것

① 좋은 악기가 음악을 완성합니다.

② 서로 다르면 삐걱삐걱 부딪힙니다.

③ 쾅쾅! 불협화음은 화음이 아닙니다.

④ 도란도란 연주를 맞춰 가면 음악이 됩니다.

⑤ 지휘자 없는 오케스트라는 매일매일 갈팡질팡

04 <조건>에 맞는 사진의 제목으로 가장 적절한 것은?

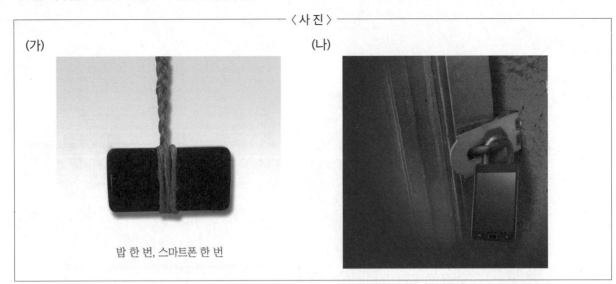

〈 사 진 〉

(가)

밥 한 번, 스마트폰 한 번

(나)

〈 조 건 〉

• 두 사진이 전달하고자 하는 주제를 포함할 것

• 청유형 종결 어미를 사용할 것

① 스마트폰은 당신의 미래를 가둡니다.

② 스마트폰이 당신을 움켜쥐게 두지 맙시다.

③ 현대인에게 없어서는 안 될 스마트폰을 소중히 다룹시다.

④ 바로 옆에 있는 스마트폰이 신경 쓰인다면 당신도 중독입니다.

⑤ 스마트폰으로 의식주에 대한 다양한 정보를 습득하도록 합시다.

05 '에너지 절약'이라는 주제로 <조건>에 부합하는 문구를 만든 것으로 가장 적절한 것은?

〈 조 건 〉

• 실천 방법을 구체적으로 제시할 것

• 의인법을 사용할 것

• 명사형으로 문장을 끝낼 것

① 낮에 끈 전구로 피어나는 지구의 웃음

② 사소한 분리수거, 사소하지 않은 자원 활용

③ 항상 꽂혀 있는 콘센트에 늘 아픈 우리의 환경

④ 겨울철 실내 온도 20도, 에너지 절약의 첫걸음

⑤ 가까운 거리를 걸으면 우리의 미래가 밝아집니다.

06 '독서'와 관련하여 <보기>를 분석한 것으로 가장 올바른 것은?

〈 보 기 〉

"독서에는 방법이 있다. 이 마음을 깨끗이 닦아 낸 뒤에 보아야 한다. 만약 깨달아 얻지 못하면 잠깐 내려놓고, 다른 때 생각이 좋을 시점을 기다렸다가 또 보아야 한다."

① 마음과 독서를 비교해 책 읽기의 중요성을 강조하고 있다.

② 좋아하는 상황에서 책을 읽는 것이 중요함을 강조하고 있다.

③ 책의 내용을 받아들일 준비를 갖추어야 함을 강조하고 있다.

④ 수준에 맞지 않는 책은 포기할 줄도 알아야 함을 강조하고 있다.

⑤ 어떤 일을 단념하는 데 가장 좋은 방법은 독서임을 강조하고 있다.

정답 및 해설 p.149

01 <보기>의 그림을 활용하여 전달할 수 있는 내용으로 가장 적절한 것은?

─〈 보 기 〉─

일회용 나무?

① 나무 심기, 작고 가까운 곳에서 시작하세요.

② 일회용품 사용 줄이기, 오늘부터 실천하세요.

③ 나만의 컵 만들기, 당신의 내면을 표현하세요.

④ 100세 시대를 사는 방법, 카페인 음료 줄이기부터 시작하세요.

⑤ 생활 속에서 실천하는 창의적 발상, 빈 컵이 아름답게 변합니다.

02 <보기>의 내용을 시각 자료로 나타내려고 할 때, 제시할 필요가 <u>없는</u> 그림은?

─〈 보 기 〉─

바이러스 확산을 막기 위해 지켜야 할 사항

• 대화 시 마스크를 착용하고 재채기가 나올 때에는 입을 손으로 가려주십시오.

• 손 씻기로 개인위생을 철저하게 지켜주시기 바랍니다.

• 타인과의 모임을 연기하고 집 밖 외출을 자제해 주시기 바랍니다.

①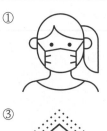

②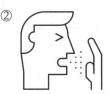

③

④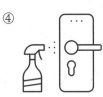

⑤

03 〈보기〉의 'A'의 말하기 방식에 대한 이해로 가장 적절한 것은?

〈 보 기 〉

A: 친구들이 쓴 글 읽어 봤어? 소감이 어때?

B: '학생 1', '학생 2' 모두 학교 텃밭에서 체험한 내용에 대해 쓴 점이 흥미로웠어. '학생 1'은 자신이 느낀 점을 진솔하게 표현한 점이 좋았고, '학생 2'는 결과를 얻기 위해서 기다림의 자세가 필요하다고 한 점이 인상 깊었어.

A: 나도 그렇게 생각해. 그런데 기다림의 자세만으로 목표한 결과를 얻을 수 있다고 생각하니?

B: 그럼. 예전에 수영을 배울 때 빨리 잘하고 싶었지만 생각처럼 되지 않은 적이 있어서 '학생 2'의 생각이 이해되더라. 나도 성급하게 생각하지 말고 꾸준히 연습해야겠다고 마음먹으니까 실력이 늘더라고.

A: '학생 2'의 생각처럼 여유를 갖고 기다리는 것도 중요하지만 문제점을 고치려는 노력도 중요하지 않을까? 원하는 결과가 나오지 않을 때 그 과정에 문제가 있을지도 모르잖아. 노력에 따라 목표한 결과를 얻는 시기를 앞당길 수도 있어.

B: 그렇게 생각할 수도 있겠다. 같은 글을 읽고 이야기해 보니, 서로의 생각이 어떤 점에서 비슷하고 다른지 알 수 있어서 좋았어.

① 자신의 경험을 들어 '학생 2'의 글에 공감하고 있다.

② 언어유희를 사용하여 자신의 생각을 드러내고 있다.

③ '학생 2'의 글에 담긴 생각을 인정하면서 자신의 생각을 추가하고 있다.

④ 한자 성어를 사용하여 '학생 1', '학생 2'의 소감에 대한 공감을 표현하고 있다.

⑤ '학생 1', '학생 2'의 글을 읽고 대화를 나누는 행위에 대해 이유를 들어 긍정적으로 평가하고 있다.

04 〈보기〉에 제시된 두 그림의 공통점을 도출하여 문구로 나타내고자 할 때, 가장 적절한 것은?

〈 보 기 〉

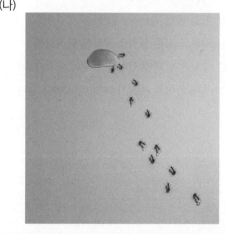

(가)

버리는 것은 물 뿐만이 아닙니다

(나)

① 빗물 정화 시스템 도입, 이제는 시작할 때입니다.

② 수도꼭지를 잠그는 습관, 수도 요금 절약의 지름길입니다.

③ 자연을 살리는 작은 실천, 지구 온난화를 막을 수 있습니다.

④ 곤충을 사랑하는 방법, 조금 흘린 물도 잊지 말고 청소합시다.

⑤ 우리의 일상을 책임지는 소중한 물, 절약해서 사용해야 합니다.

05 <보기>를 바탕으로 <조건>을 반영하여 창작한 문구로 가장 적절한 것은?

─〈 보기 〉─

─〈 조건 〉─

• '우리말 지키기'에 대한 주제를 드러낼 것

• 의문형 종결 어미를 사용할 것

• 높임 표현을 포함할 것

① 인터넷 언어, 발전하는 우리말!

② 이빨 빠진 한글을 외면하실 건가요?

③ 바르고 고운 우리의 옛말을 아십니까?

④ 당신은 인터넷 언어를 얼마나 아시나요?

⑤ 세대 차이를 좁히기 위해, 신조어를 알아봅시다.

06 '춘분'과 '우수'를 운으로 삼아 <보기>의 내용을 바탕으로 2행시를 작성할 때, 가장 적절한 것은?

─〈 보기 〉─

• 춘분(春分): 춘분을 전후하여 철 이른 화초는 파종을 한다. 그리고 아울러 화단의 흙을 일구어 며칠 남지 않은 식목일을 위하여 씨뿌릴 준비를 한다. 춘분을 즈음하여 농가에서는 농사 준비에 바쁘다. 특히, 농사의 시작인 초경(初耕)을 엄숙하게 행하여야만 한 해 동안 걱정 없이 풍족하게 지낼 수 있다고 믿는다. 또 음력 2월 중에는 바람이 많이 분다. "2월 바람에 김치독 깨진다.", "꽃샘에 설늙은이 얼어죽는다."라는 속담이 있듯이, 2월 바람은 동짓달 바람처럼 매섭고 차다.

• 우수(雨水): 우수는 눈이 녹아서 비나 물이 된다는 날이니, 곧 날씨가 풀린다는 뜻이다. 그래서 '우수·경칩에 대동강 물이 풀린다.'는 말도 생겨났다. 옛날 중국 사람들은 우수 입기일 이후 15일간씩 세분하여 그 특징을 나타내었다. 즉, 첫 5일간은 수달(水獺)이 물고기를 잡다 늘어놓고, 다음 5일간은 기러기가 북쪽으로 날아가며, 마지막 5일간은 초목에 싹이 튼다고 하였다.

① 춘분은 논농사의 시기이니

분업하여 논의 김을 매어보자.

② 춘분이니 화초의 파종을 시작하자.

분담하여 농사 준비를 해 이번 한해도 풍족하게 지내보자.

③ 춘분이 오기 전에 씨 뿌리기를 끝내보자.

분명 봄인데도 바람이 동짓달과 다름없이 매섭도록 차구나.

④ 우수라는 절기에는 대동강 물이 풀린다고 하니

수많은 비가 내리는 계절이 온 것이로구나.

⑤ 우수가 온다더니 실로 날씨가 풀리나보다.

수달이 물고기를 잡아 늘어놓는 경칩이 끝난 것이 기쁘구나.

07 <조건>을 반영하여 창작한 학교 신문의 표제로 가장 적절한 것은?

[전문] 지난 10월 4일 우리 학교 선생님들과 학생들은 K 군을 돕기 위해 응원 메시지를 달고 사제동행 마라톤 행사를 함께했다.

[본문] 선생님 32명과 학생 174명이 함께 달린 이 행사는 K 군(2학년)의 쾌유를 기원하기 위해 학생회가 주최하였다. 한 달 전 교실에서 쓰러져 입원한 K 군의 소식이 알려지자 학생들이 병원비 모금을 위해 자발적으로 나서서 의미가 컸다. 또한 행사 참가자들은 모두 5천 원씩의 성금을 내고 학교 인근 △△공원 일대 4km 구간을 완주했다.

이날 행사에 참가한 학생들은 평소 마라톤을 즐겼던 K 군을 생각하며 응원 메시지를 가슴에 달고 뛰었다. △△공원을 찾은 많은 시민들은 이 모습을 보고 학생들과 선생님들에게 힘내라며 응원을 보냈다. 마라톤이 끝난 뒤, 행사의 취지에 공감하며 성금을 기탁한 시민도 있었다. K 군 담임선생님은 "친구를 돕기 위해 학생회가 앞장선 모습이 무척 감동적이었다."라고 말했다.

─〈 조 건 〉─

• 중심 소재를 드러낼 것
• '화합'이라는 행사의 의미를 나타낼 것
• 비유적 표현을 활용할 것

① 함께 뛰면 힘들지 않습니다.
② K군을 위한 사제동행 마라톤
③ 사제동행 마라톤은 사랑입니다.
④ 성금 마련을 위해 모두가 함께해
⑤ 물방울처럼 하나 되어 희망 만든 사제동행 마라톤

08 다음 글을 통해 설명할 수 있는 논리로 가장 적절한 것은?

사람들은 머리로만 생각해 왔던 이상적 질서들이 '경험'을 통해 부정될 수 있다는 사실을 새삼 깨달았다. 근대 경험론은 이런 과정을 통해 탄생했다고 볼 수 있다.

<중 략>

경험론자들은 관찰과 실험에 입각한 귀납적 방법이, 합리론자들은 이성적 사고에 기반을 둔 연역적 추론이 각각 자연과학의 발전을 이끌었다고 여겼다.

경험론자들은 귀납법을 통해 구체적이고 개별적인 사례들에서 인간과 자연에 대한 보편적인 법칙을 알아갈 수 있다고 생각했다. 하지만 조금 더 생각해보면 경험론은 한계가 있음을 알 수 있다. 예를 들어 똑같은 장소를 걸어서 지나친 여행자와 기차를 타고 지나친 여행자를 생각해 보자. 장소는 동일하지만 두 여행자가 그 장소를 바라봤던 경험은 분명 다를 것이다. 그런 점에서 경험의 세계는 절대적으로 확신하기가 어려운 것이다. 그러므로 자신의 경험에 오류가 있을 수도 있음을 받아들이는 겸허한 태도가 필요하다.

① 개별적인 경험이 모여 합리론을 이루게 된다.
② 경험론자들은 이성적 사고를 통한 연역법을 추구한다.
③ 합리론자들은 구체적이고 개별적인 사례들을 통한 귀납법을 추구한다.
④ 같은 음식을 먹고 그 음식에 대한 기억이 다른 것은 합리론의 세계는 단정하기 어렵다는 것을 뒷받침하는 예에 해당한다.
⑤ 동일한 현상을 바라봤던 경험이 다른 것은 경험론의 세계는 오류가 있을 수도 있음을 인정해야 한다는 것을 뒷받침하는 예에 해당한다.

09 다음 <보기>의 맥락을 고려하여 연상한 내용으로 적절하지 <u>않은</u> 것은?

〈 보 기 〉

오늘 아침엔 다른 날보다 일찍 잠이 깨었다. 무엇을 할까 잠시 망설이다가 학교까지 걸어가 보기로 했다. 길을 걷는 동안 버스가 빠른 속도로 곁을 스쳐 갔다. 어제까지는 나도 그 속에 앉아 바쁘게 오고 가느라 느긋함을 느끼지 못했다는 것이 떠올랐다. 하지만 오늘은 걸어가면서 주변을 천천히 둘러볼 수 있었다. 걸어가다 보니 새들이 나뭇가지에 앉아 지저귀는 소리가 조그맣게 들려왔다. 걸어서 등교하지 않았다면 듣지 못했을 것이라는 생각을 하니 뿌듯한 마음에 발걸음이 더 가벼워졌다.

아침 햇살을 받으며 반짝이고 있는 나뭇잎들을 보면서 걷다가 문득 '어, 한 나무에서 돋아난 나뭇잎들인데 빛깔이 다르네!'라는 생각이 들었다. 발걸음을 멈추고 나무를 자세히 올려다 보니 수많은 나뭇잎들이 모두 조금씩 다른 빛깔을 지니고 있었다. 그리고 이 다른 빛깔들이 서로 어울려 조화를 이루고 있는 모습에서 아름다움을 느꼈다. 가을에 나무가 아름다운 것은 다양한 빛깔의 나뭇잎들이 서로 조화를 이루고 있기 때문이었다.

나는 가을의 아침을 나무들과 함께 걸으며 나의 생활을 돌아보았다. 문득 친구들이 떠올랐다. 나와 생각이 다른 친구들과 함께 있으면 불편했던 일, 내 의견에 반대하는 친구들에게 반감을 가졌던 일들이 생각났다. 그리고 그런 모습으로 살아왔던 나 자신이 부끄러워졌다. 사람들이 살아가는 모습이 저마다 다른 것은 삶의 빛깔이 조금씩 다르기 때문이다.

①	버스	→	바쁘게 오고 가느라 마음의 여유를 갖지 못했음을 떠올리게 하는구나.
②	새 소리	→	이전에 주목하지 못했던 것을 인식하는 기쁨을 느끼게 하는구나.
③	나뭇잎들	→	서로 다른 모습에서 다양성의 가치를 발견하게 하는구나.
④	가을	→	아름다움을 위해서는 인내가 필요함을 알게 하는구나.
⑤	친구들	→	생각의 차이를 받아들이지 않았던 기억을 떠올리게 하는구나.

10 <보기>에 대한 설명으로 적절한 것은?

〈 보 기 〉

당신이 쓴 악성댓글 '말'로 해보시겠습니까?

당신이 쓴 악성댓글
'말'로 해보시겠습니까?

👤 bsf9****

생각이 달라서 비난 한 줄
스트레스 때문에 욕설 한 줄
마음에 안 들어서 혐오 한 줄

무심코 쓴 당신의 댓글 한 줄
입에 담기 부끄럽지 않으신가요?

스스로 떳떳한 댓글 한마디
바른 인터넷 문화를 만듭니다

① 명사로 문장을 종결해 여운을 남기고 있다.
② 중의적 문장을 활용하여 주제를 표현하고 있다.
③ 은유법을 사용하여 대상을 실감나게 표현하고 있다.
④ 도치법을 사용하여 표현의 단조로움을 피하고 있다.
⑤ 동일한 어구를 반복 사용하여 문제를 강조하고 있다.

정답 및 해설 p.150

VⅡ 읽기

최신 기출 트렌드와 학습 전략

01 해커스가 정리한 핵심 포인트

구분	핵심 포인트	출제 빈도	페이지
문예	현대 시	★★★	p.80
	현대 소설	★★★	p.83
학술	사실적 읽기	★★★	p.104
	추론적 읽기	★★	p.104
	비판적 읽기	★	p.105
실용	사실적 읽기	★★★	실용 단원의 사실적/추론적/비판적 읽기는 학술 단원의 이론과 함께 학습하실 수 있습니다.
	추론적 읽기	★★	
	비판적 읽기	★★	

02 해커스가 분석한 기출 패턴

PATTERN 1 **문예 문제는 5문제 출제된다.**

현대 시는 2문제씩, 현대 소설은 3문제씩 고정적으로 출제된다. 현대 시 문제는 주로 시어/시구의 의미와 기능 파악, 표현 상의 특징 파악, 시의 종합적 감상 등을 물어보는 문제가 출제되고, 현대 소설 문제는 주로 소재의 의미와 기능 파악, 서술 상의 특징과 효과 파악, 현대 소설의 종합적 감상 등을 물어보는 문제가 출제된다.

PATTERN 2 **학술 문제는 10 ~ 15문제 출제된다.**

학술 문제는 인문, 예술, 과학, 사회 분야의 학술문이 출제된다. 제재와 상관없이 학술문의 내용 전개 방식 파악, 서술상의 특징과 효과 파악, 세부 내용 파악을 물어보는 사실적 읽기 문제와 구체적 상황에 적용, 빈칸 추론, 전제 및 근거 추리를 물어보는 추론적 읽기 문제, 필자의 의도나 글의 내용을 비판적으로 이해하는 비판적 읽기 문제 등이 다양하게 출제된다.

PATTERN 3 **실용 문제는 10 ~ 15문제 출제된다.**

실용 문제는 안내문, 보도 자료, 자료, 교술, 평론과 같이 다양한 유형의 실용문이 출제된다. 실용문은 학술문과 유사하게 세 부 내용 파악을 물어보는 사실적 읽기, 구체적 상황에 적용, 빈칸 추론, 질문 추론을 물어보는 추론적 읽기, 글이나 자료의 내용을 비판적으로 이해하는 비판적 읽기 문제로 구성된다.

03 해커스만 알려주는 학습 전략

✌ **하나** **문학 작품을 해석할 수 있는 능력을 기르자!**

현대 시와 현대 소설은 기출된 작품이 반복되어 출제되기보다는 새로운 작품이 출제되는 경향이 강하므로, 문학 작품을 해 석할 수 있는 능력을 갖추는 것이 중요하다. 본 교재의 핵심 개념 압축 정리에 나와 있는 이론을 꼼꼼하게 학습하고, 이 내 용이 문학 작품에 어떻게 형상화되어 있는지 생각하면서 작품을 해석하는 연습을 한다면 새로운 작품이 출제되더라도 쉽 게 문제를 풀 수 있다.

✌ **둘** **학술문을 정확하게 독해하는 연습을 하자!**

학술문을 읽고 사실적 읽기, 추론적 읽기, 비판적 읽기를 할 수 있는지 물어보는 문제가 출제된다. 제시문의 길이가 길고 지 문의 상세한 내용까지 질문하는 경우가 많으니 제시문에 대한 정확한 이해가 우선되어야 한다. 따라서 학술문은 매일 꾸 준하게 공부하여 독해력을 향상시킬 수 있도록 연습하는 것이 중요하며, 글의 핵심 내용을 요약하는 습관을 들이면 좋다.

✌ **셋** **실용문은 자료를 정확하게 분석할 수 있어야 한다!**

실용문은 학술문과 비슷하게 실용문을 보고 사실적 읽기, 추론적 읽기, 비판적 읽기를 할 수 있는지 물어보는 문제가 출제 된다. 실용문은 여러 가지 수치와 통계가 제시되는 경우가 많으므로 이러한 자료를 해석할 수 있는 능력이 필요하다. 우선 제시된 자료를 분석하고 난 후 선택지와 연결해 문제를 푸는 연습을 한다면 어렵지 않게 문제를 풀 수 있다.

01 문예

○ 대표 기출 유형 공략

| 대표 기출 유형 | ① 현대 시 - 시어, 시구의 의미와 기능

유형 특징

1. 현대 시의 시어나 시구의 의미와 기능을 파악할 수 있는 능력을 평가하기 위한 문제 유형이다.

2. 시어나 시구의 의미와 기능을 직접적으로 묻기도 하지만 작품 해설, 작가의 말 등의 자료를 읽고 작품에 적용하는 문제가 출제되기도 하므로 평소에 시를 분석하는 습관을 길러두는 것이 필요하다.

대표 예제 ⊙ ~ ⑩에 대한 이해로 가장 적절한 것은?

> ⊙ 아리랑 전장포 앞바다에
> 웬 눈물방울 이리 많은지
> 각이도 송이도 지나 안마도 가면서
> 반짝이는 반짝이는 우리나라 눈물 보았네
> 보았네 보았네 우리나라 사랑 보았네
> 재원도 부남도 지나 낙월도 흐르면서
> ⓒ 한 오천 년 떠밀려 이 바다에 쫓기운
> 자그맣고 슬픈 우리나라 사랑들 보았네
> ⓒ 꼬막 껍질 속 누운 초록 하늘
> 못나고 뒤엉긴 보리밭길 보았네
> 보았네 보았네 멸치 덤장 산마이 그물 너머
> ② 바람만 불어도 징징 울음 나고
> 손가락만 스쳐도 울음이 배어 나올
> 서러운 우리나라 앉은뱅이 섬들 보았네
> 아리랑 전장포 앞바다에
> ⑩ 웬 설움 이리 많은지
> 아리랑 아리랑 나리꽃 꺾어 섬 그늘에 띄우면서.
>
> - 곽재구, 「전장포 아리랑」

① ⊙: 앞바다에 비가 내리는 모습을 비유적으로 표현하였다.

② ⓒ: 유구한 역사를 살아온 우리나라 사람들에 대한 소박한 애정을 드러내었다.

③ ⓒ: 자연 풍경 묘사로 아름다운 우리 국토에 대한 예찬을 표현하였다.

④ ②: 의태어와 반어법을 사용하여 우리 민족의 슬픈 삶을 표현하였다.

⑤ ⑩: 감정을 민족 범위로 확대하고 이를 위로하며 시를 마무리하였다.

1단계 곽재구의 '전장포 아리랑'의 시구의 의미를 묻는 문제이다. 먼저 시를 읽고 내용을 파악한 후, 시구와 선택지를 대조해 적절하지 않은 것은 지워 나가면 된다.

2단계 ⓜ에서 화자는 우리 민족을 대표하는 민요 '아리랑'을 통해 슬픔의 감정을 민족 범위로 확대하고, '나리꽃'을 꺾어 섬 그늘에 띄우며 서러운 민중의 삶을 위로하고 감싸는 태도를 보이고 있다. 따라서 가장 적절한 것은 ⑤이다.

| 대표 기출 유형 | ② 현대 시 - 표현상의 특징과 효과

유형 특징

1. 현대 시에 사용된 비유법, 강조법, 변화법, 상징법 등과 같은 표현 방식과 그 효과를 알고 있는지 평가하기 위한 문제 유형이다.
2. 기출된 표현법이 다시 출제되는 경향이 있으므로 빈출된 시의 표현법을 위주로 개념과 그 효과를 알아두어야 한다.

대표 예제 다음 시에 대한 감상으로 적절하지 <u>않은</u> 것은?

> 사과를 먹는다.
> 사과나무의 일부를 먹는다.
> 사과 꽃에 눈부시던 햇살을 먹는다.
> 사과를 더 푸르게 하던 장맛비를 먹는다.
> 사과를 흔들던 소슬바람을 먹는다.
> 사과나무를 감싸던 눈송이를 먹는다.
> 사과 위를 지나던 벌레의 기억을 먹는다.
> 사과나무에서 울던 새소리를 먹는다.
> 사과나무 잎새를 먹는다.
> 사과를 가꾼 사람의 땀방울을 먹는다.
> 사과를 연구한 식물학자의 지식을 먹는다.
> 사과나무 집 딸이 바라보던 하늘을 먹는다.
> 사과에 수액을 공급하던 사과나무 가지를 먹는다.
> 사과나무의 세월, 사과나무 나이테를 먹는다.
> 사과를 지탱해 온 사과나무 뿌리를 먹는다.
> 사과의 씨앗을 먹는다.
> 사과나무의 자양분 흙을 먹는다.
> 사과나무의 흙을 붙잡고 있는 지구의 중력을 먹는다.
> 사과나무가 존재할 수 있게 한 우주를 먹는다.
>   흙으로 빚어진 사과를 먹는다.
>   흙에서 멀리 도망쳐 보려다
>   흙으로 돌아가고 마는
> 사과를 먹는다.
> 사과가 나를 먹는다.
>
> — 함민복, 「사과를 먹으며」

① 들여쓰기를 통해 시적 긴장감을 완화시키고 있다.
② 역설법을 사용하여 자연의 순환성을 보여주고 있다.
③ 유사한 문장 구조를 반복하여 운율을 형성하고 있다.
④ 대상을 의인화하여 대상과의 일체감을 드러내고 있다.
⑤ '사과'를 먹는 일상의 경험을 통해 얻은 깨달음을 표현하고 있다.

1단계 함민복의 시 '사과를 먹으며'에 사용된 표현상 특징과 효과를 묻는 문제이다. 먼저 시의 내용을 읽으며 시의 대상, 화자의 태도, 주제를 파악한다. 그 후 선택지에 제시된 '들여쓰기, 역설법, 유사한 문장 구조의 반복, 의인화'의 표현 방식과 그 효과가 적절하게 연결되었는지 살피며 정답을 골라 나가면 된다.

2단계 끝에서 3~5행에서 들여쓰기를 사용하여 그 전까지 일정했던 시행의 배치를 낯설게 바꾸고 있다. 이와 같은 낯설게하기 기법은 시적 긴장감을 완화시키는 것이 아니라 높이는 효과가 있으므로, 적절하지 않은 것은 ①이다.

| 대표 기출 유형 | ③ 현대 시 - 작품의 이해와 감상

유형 특징

1. 시의 주제, 화자, 비유 · 상징 등의 표현 방식, 운율 형성 방법, 전개 방식 등을 종합하여 현대 시를 이해하고 감상할 수 있는 능력을 평가하기 위한 문제 유형이다.

2. 시의 내용뿐 아니라 시를 구성하고 있는 요소 전반을 이해해야만 풀 수 있기 때문에 현대 시의 다른 문제 유형과 연계해 학습해두면 문제를 해결하는 데 도움이 된다.

대표 예제 다음 시에 대한 설명으로 적절하지 않은 것은?

> 뭐락카노, 저편 강기슭에서 / 니 뭐락카노, 바람에 불려서
>
> 이승 아니믄 저승으로 떠나는 뱃머리에서 / 나의 목소리도 바람에 날려서
>
> 뭐락카노 뭐락카노 / 썩어서 동아 밧줄은 삭아 내리는데
>
> 하직을 말자, 하직 말자 / 인연은 갈밭을 건너는 바람
>
> 뭐락카노 뭐락카노 뭐락카노 / 니 흰 옷자라기만 펄럭거리고……
>
> 오냐, 오냐, 오냐. / 이승 아니믄 저승에서라도……
>
> 이승 아니믄 저승에서라도 / 인연은 갈밭을 건너는 바람
>
> 뭐락카노, 저편 강기슭에서 / 니 음성은 바람에 불려서
>
> 오냐, 오냐, 오냐. / 나의 목소리도 바람에 날려서.
>
> — 박목월, 「이별가(離別歌)」

① 상징적 시어를 활용하여 대상이 처한 상황을 보여주고 있다.
② 시구를 점층적으로 반복하여 시적 분위기를 고조시키고 있다.
③ 사투리를 활용하여 이별의 정서를 더욱 애절하게 드러내고 있다.
④ 죽음으로 인한 이별을 받아들이려는 화자의 자세가 드러나고 있다.
⑤ '바람'은 시 전반에서 화자와 죽은 이의 소통을 방해하는 존재로 작용하고 있다.

풀이 전략

1단계 박목월 '이별가'에 사용된 시어와 표현, 화자의 태도가 작품에 어떤 영향을 미치는지를 묻는 문제이다. 먼저 시를 읽고 주제와 화자의 감정, 주된 시어와 표현 방법을 파악한 후 선택지의 내용이 맞는지 판단하면 된다.

2단계 '바람'은 1연과 2연에서는 화자가 있는 이승과 죽은 이가 있는 저승의 소통을 방해하는 부정적인 존재이지만, 7연과 9연에서는 화자와 죽은 이를 연결해 주는 긍정적인 존재로 성격이 달라진다. 따라서 답은 ⑤이다.

유형 특징

1. 현대 소설을 읽고 작품의 서술 방식을 파악할 수 있는지 평가하기 위한 문제 유형으로, 선택지의 내용을 본문과 대조하면 쉽게 풀 수 있으므로 난도는 평이한 편이다.
2. 소설의 서술상 특징은 시점, 서술자의 어조나 태도, 인물 제시 방법, 사건 전개 방식을 통해 파악할 수 있음을 기억해 두고 작품을 읽으면서 해당하는 부분을 찾는 연습을 해두면 수월하게 풀 수 있다.

대표 예제 다음 글의 서술상의 특징으로 적절한 것은?

> 장인님은 빙장님 해야 좋아하고, 밖에 나와서 장인님 하면 괜스리 골을 낼라구 든다. 뱀두 뱀이래야 좋냐구, 창피스러우니 남 듣는 데는 제발 빙장님, 빙모님 하라고 일상 말조심을 받아 오면서 난 그것도 자꾸 잊는다. 당장두 장인님 하다 옆에서 내 발등을 꾹 밟고 곁눈질을 흘기는 바람에야 겨우 알았지만…….
> 구장님도 내 이야기를 자세히 듣더니 퍽 딱한 모양이었다. 하기야 구장님뿐만 아니라 누구든지 다 그럴 게다. 길게 길러 둔 새끼손톱으로 코를 후벼서 저리 탁 튀기며
> "그럼 봉필 씨! 얼른 성옐 시켜 주구려, 그렇게까지 제가 하구 싶다는 걸……."
> 하고 내 짐작대로 말했다. 그러나 이 말에 장인님이 삿대질로 눈을 부라리고
> "아, 성례구 뭐구 기집애년이 미처 자라야 할 게 아닌가?"
> 하니까 고만 멀쑤룩해서 입맛만 쩍쩍 다실 뿐이 아닌가…….
> "그것두 그래!"
> "그래, 거진 사 년 동안에도 안 자랐다니 그 킨 은제 자라지유? 다 그만두구 사경 내슈……."
> "글쎄, 이 자식아! 내가 크질 말라구 그랬니, 왜 날 보구 떼냐?"
> "빙모님은 참샌만 한 것이 그럼 어떻게 앨 낳지유?(사실 장모님은 점순이보다도 귓배기 하나가 적다.)"
> 장인님은 이 말을 듣고 껄껄 웃더니 (그러나 암만 해두 돌 씹은 상이다.) 코를 푸는 척하고 날 은근히 골릴라구 팔꿈치로 옆 갈비께를 퍽 치는 것이다. 더럽다. 나두 종아리의 파리를 쫓는 척하고 허리를 구부리며 어깨로 그 궁둥이를 콱 떠밀었다. 장인님은 앞으로 우쩔근하고 싸리문께로 씨러질 듯하다 몸을 바루 고치드니 눈총을 몹시 쏘았다. 이런 쌍년의 자식 하곤 싶으나, 남의 앞이라서 차마 못 하고 섰는 그 꼴이 보기에 퍽 쟁그러웠다. <중 략>
> 그러나 이 말에는 별반 신통한 귀정을 얻지 못하고 도루 논으로 돌아와서 모를 부었다. 왜냐면, 장인님이 뭐라구 귓속말로 수군수군하고 간 뒤다. 구장님이 날 위해서 조용히 데리구 아래와 같이 일러 주었기 때문이다. (뭉태의 말은 구장님이 장인님에게 땅 두 마지기 얻어 부치니까 그래 꾀였다고 하지만 난 그렇게 생각하지 않는다.)
> "자네 말두 하기야 옳지. 암, 나이 찼으니까 아들이 급하다는 게 잘못된 말은 아니야. 허지만, 농사가 한창 바쁜 때 일을 안 한다든가 집으로 달아난다든가 하면 손해죄루 그것도 징역을 가거든! (여기에 그만 정신이 번쩍 났다.) 왜 요전에 삼포 말서 산에 불 좀 놓았다구 징역 간 거 못 봤나. 제 산에 불을 놓아도 징역을 가는 이땐데 남의 농사를 버려 두니 죄가 얼마나 중한가. 그리고 자넨 정장을(사경 받으러 정장 가겠다 했다.) 간대지만, 그러면 괜시리 죄 들쓰고 들어가는 걸세. 또, 결혼두 그렇지. 법률에 성년이란 게 있는데 스물하나가 돼야지 비로소 결혼을 할 수가 있는 걸세. 자넨 물론 아들이 늦을 걸 염려지만, 점순이로 말하면 이제 겨우 열여섯이 아닌가. 그렇지만 아까 빙장님의 말씀이 올 갈에는 열 일을 제치고라두 성례를 시켜 주겠다 하시니 좀 고마울 겐가. 빨리 가서 모 붓든 거나 마저 붓게. 군소리 말구 어서 가."
> 그래서 오늘 아침까지 끽소리 없이 왔다.
>
> — 김유정, 「봄·봄」 중에서

① 대화를 통해 인물의 갈등이 해소되는 과정을 보여주고 있다.
② 서술자가 사건을 관조하며 사건의 전말을 풀어 설명하고 있다.
③ 어수룩한 서술자가 자신과 관련된 사건을 주관적 시선으로 설명하고 있다.
④ 편집자적 논평으로 인물에 대한 서술자의 부정적인 평가를 보여주고 있다.
⑤ 동일한 시간에 일어난 사건을 교차해 인물의 심리를 세세하게 드러내고 있다.

| 풀이 전략 | 1단계 | 김유정 '봄·봄'의 갈등 해소 과정, 서술자가 사건을 표현하는 방식 등 서술상 특징을 묻는 문제이다. 선택지를 읽고 제시된 서술 방식이 윗글에 사용되었는지를 먼저 파악한 후, 그 효과가 적절한지 판단하며 올바른 설명을 찾아나가면 된다. |
| | 2단계 | 제시된 작품은 작품 속 주인공 '나'가 자신의 체험을 서술하는 1인칭 주인공 시점에 해당한다. 서술자 '나'는 자신을 '빙장님'이라 부르라고 하는 '장인'의 말을 자꾸 잊어버려 혼나고, 4년 동안 성례도 못 하면서 구장의 회유에 겁을 먹는 어수룩한 인물이다. 이처럼 어수룩한 서술자가 자신과 관련된 사건을 주관적으로 설명하고 있으므로, 제시된 작품의 서술상 특징으로 적절한 것은 ③이다. |

| 대표 기출 유형 | ⑤ 현대 소설 - 한자 성어

유형 특징

1. 소설의 내용이나 상황, 인물의 심리 등에 적합한 한자 성어를 찾을 수 있는지를 평가하기 위한 문제 유형이다.

2. 소설 전반 내용이나 소설 속 일부 구절의 의미가 풀이된 <보기>, 특정 인물의 행동이나 상황에 적절한 한자 성어를 묻는 문제가 출제된다. 소설의 내용을 완전히 이해해야 할 뿐 아니라 한자 성어의 사전적 의미도 정확하게 알고 있어야 하므로 난도가 높은 편이다.

대표 예제 ㉠에 들어갈 가장 적절한 한자 성어는?

> 그래 난 당신처럼 딸만 있는 주제에 천연덕스럽게 행복한 체할 수 있는 남자가 이 땅에 있다는 게 께름칙해. 그 께름칙한 걸 떨쳐 버리지 않으면 미치겠단 말야. 이런 눈빛으로 그를 놓아주지 않았다. 그는 뭐 이런 여자가 다 있나 진저리가 난 티를 감추지 않다가 용케 자제하고 냉정한 얼굴이 됐다. 나는 그가 억지로 가다듬은 냉정 뒤에 지친 듯 희미한 연민이 번득이는 걸 본 것처럼 느꼈지만 어째 볼 수 있는 건 아니었다.
> "저는 딸이 더 좋다고 말한 적이 없습니다. 그건 아들이 더 좋다는 것과 같은 척도를 가진 발상이기 때문이죠. 장차는 딸이 더 좋을 거라느니, 딸 가진 부모는 비행기 타고 아들 가진 부모는 고속버스 탄다는 식의 위로나 발상이 제일 싫습니다." <중 략>
> "못 알아들으셔도 좋습니다. 아무튼 저는 남을 찍어 누르고 억울하게 만들고 우뚝 선 자보다는 억울하게 짓눌리고 소외된 자의 편이 될 수밖에 없는, 양심이랄까 정의감을 타고났고, 거기 대해 자부심을 느끼고 있습니다. 여북해야 나보다 출세하고 돈도 더 잘 버는 친구들 사이에서도 기가 죽기는커녕 자신을 ⟨ ㉠ ⟩처럼 느낄 적이 있는걸요. 그런 정의감이 사회적으로 좌절됐다고 해서 내 가정 속에서 내 식구 사랑 속에 구현시키려는 노력까지 그만둘 수는 없지 않겠습니까. 운동할 때 가장 큰 고민이 생각과 말과 행동을 일치시키기가 어려운 거였고, 동지들의 같은 모습에 실망하고 불화하는 경우도 많았는데, 비록 독불장군으로나마 내 가정 안에서라도 옳다고 생각하는 대로 살고 식구들에게 영향을 끼치면 결국에 가선 이 세상을 변화시킬 수 있는 작은 힘이 되지 않겠습니까?"
> "따님에 대한 기대가 너무 커도 부담 줄 텐데요."
> "아들 노릇 하도록 키운다는 뜻이 절대로 아니라니까요. 남자와 여자는 혼자서는 부족함으로써 서로 평등한 거 아닙니까. 자연이 완전하게 아름다운 것도 개개의 종의 완전함 때문이 아니라 서로의 조화 때문이듯이. 우리나라의 남녀 불평등 구조가 마침내 자연의 조화 중에도 가장 오묘한 조화인 성 비율의 균형을 깨뜨리기 시작했다는 데 대해 저는 거의 공포감을 느끼고 있습니다. 그 실상은 생각하기도 싫습니다만."
> 나는 무엇에 찔린 것처럼 뜨끔했다. 앉은 자리를 고쳐 앉으면서 잔기침을 했다. 싸고 싼 비밀을 찔린 기분이었다. 나는 내 비밀을 누구한테 들킬까 봐 늘 전전긍긍했고 다른 한편으로는 그걸 들키기를 갈망해 왔다. 그 두 가지 상반된 갈망은 나를 늘 혼란스럽게 했다.
> － 박완서, 「꿈꾸는 인큐베이터」 중에서

① 군계일학(群鷄一鶴)
② 권토중래(捲土重來)
③ 목불식정(目不識丁)
④ 우공이산(愚公移山)
⑤ 좌정관천(坐井觀天)

풀이 전략

1단계 문제 지시문을 통해 내용을 파악하여 빈칸에 들어갈 한자 성어를 고르는 문제임을 파악한다. ㉠의 앞뒤 내용에 주목해 전체 내용과 '그'의 심리를 파악한 후, ㉠에 부합하는 한자 성어를 고르면 된다.

2단계 ㉠ 앞에서 '그'는 소외된 자의 편이 되는 것에 대해 자부심을 느끼고, 출세한 친구들 사이에서도 기가 죽지 않았다고 말하고 있으므로 ㉠에는 남들과 다른 자신의 가치관에 대한 '그'의 자부심을 나타내는 한자 성어가 들어가야 함을 알 수 있다. 따라서 ㉠에 들어갈 가장 적절한 한자 성어는 '군계일학(群鷄一鶴)'이므로 답은 ①이다.

- **군계일학(群鷄一鶴):** 닭의 무리 가운데서 한 마리의 학이라는 뜻으로, 많은 사람 가운데서 뛰어난 인물을 이르는 말
- **권토중래(捲土重來):** '땅을 말아 일으킬 것 같은 기세로 다시 온다'라는 뜻으로, 한 번 실패하였으나 힘을 회복하여 다시 쳐들어옴을 이르는 말
- **목불식정(目不識丁):** '아주 간단한 글자인 '丁' 자를 보고도 그것이 '고무래'인 줄을 알지 못한다'라는 뜻으로, 아주 까막눈임을 이르는 말
- **우공이산(愚公移山):** '우공이 산을 옮긴다'라는 뜻으로, 어떤 일이든 끊임없이 노력하면 반드시 이루어짐을 이르는 말
- **좌정관천(坐井觀天):** '우물 속에 앉아서 하늘을 본다'라는 뜻으로, 사람의 견문이 매우 좁음을 이르는 말

유형 특징

1. 소설을 읽고 세부적인 내용을 종합하여 현대 소설을 이해하고 감상할 수 있는 능력을 평가하기 위한 문제 유형이다.

2. 제시된 작품의 내용을 전반적으로 이해한 후, 선택지의 설명에 해당하는 부분을 찾아 적절성을 판단하면 되므로 평소 다양한 소설 작품을 독해하는 연습을 하는 것이 중요하다.

대표 예제 다음 글을 이해한 내용으로 적절하지 **않은** 것은?

대구에서 서울로 올라오는 차중에서 생긴 일이다. 나는 나와 마주 앉은 그를 매우 흥미 있게 바라보고 또 바라보았다. 두루마기 격으로 기모노를 둘렀고 그 안에선 옥양목 저고리가 내어 보이며, 아랫도리엔 중국식 바지를 입었다. 그것은 그네들이 흔히 입는 유지 모양으로 번질번질한 암갈색 피륙으로 지은 것이었다. 그리고 발은 감발을 하였는데 짚신을 신었고 고부가리로 깎은 머리엔 모자도 쓰지 않았다. 우연히 이따금 기묘한 모임을 꾸민 것이다. 우리가 자리를 잡은 찻간에는 공교롭게 세 나라 사람이 다 모이었으니 내 옆에는 중국 사람이 기대었다. 그의 옆에는 일본 사람이 앉아 있었다. 그는 동양 삼국 옷을 한 몸에 감은 보람이 있어 일본 말로 곧잘 철철대이거니와 중국 말에도 그리 서툴지 않은 모양이었다. <중 략>

그러자 그의 신세타령의 실마리는 풀려 나왔다. 그의 고향은 대구에서 멀지 않은 K군 H란 외딴 동리였다. 한 백 호 남짓한 그곳 주민은 전부가 역둔토를 파먹고 살았는데 역둔토로 말하면 사삿집 땅을 붙이는 것보다 떨어지는 것이 후하였다. 그러므로 넉넉지는 못할망정 평화로운 농촌으로 남부럽지 않게 지낼 수 있었다. 그러나 세상이 뒤바뀌자 그 땅은 전부 동양 척식 회사의 소유에 들어가고 말았다. 직접으로 회사에 소작료를 바치게나 되었으면 그래도 나으련만 소위 중간 소작인이란 것이 생겨나서 저는 손에 흙 한번 만져 보지도 않고 동척엔 소작인 노릇을 하며 실작인에게는 지주 행세를 하게 되었다. 동척에 소작료를 물고 나서 또 중간 소작인에게 긁히고 보니 실작인의 손에는 소출의 삼 할도 떨어지지 않았다. 그 후로 '죽겠다', '못 살겠다' 하는 소리는 중이 염불하듯 그들의 입길에서 오르내리게 되었다. 남부여대하고 타처로 유리하는 사람만 늘고 동리는 점점 쇠진해 갔다.

지금으로부터 구 년 전 그가 열일곱 살 되던 해 봄에(그의 나이는 실상 스물여섯이었다. 가난과 고생이 얼마나 사람을 늙히는가.) 그의 집안은 살기 좋다는 바람에 서간도로 이사를 갔다. 쫓겨 가는 운명이어든 어디를 간들 신신하랴. 그곳의 비옥한 전야도 그들을 위하여 열릴 리 없었다. 조금 좋은 땅은 먼저 간 이가 모조리 차지를 하였고 황무지는 비록 많다 하나 그곳 당도하던 날부터 아침거리 저녁거리 걱정이라, 무슨 형세로 적어도 일 년이란 장구한 세월을 먹고 입어 가며 거친 땅을 풀 수가 있으랴. 남의 밑천을 얻어서 농사를 짓고 보니 가을이 되어 얻는 것은 빈주먹뿐이었다. 이태 동안을 사는 것이 아니라 억지로 버티어 갈 제 그의 아버지는 우연히 병을 얻어 타국의 외로운 혼이 되고 말았다. 열아홉 살밖에 안 된 그가 홀어머니를 모시고 악으로 악으로 모진 목숨을 이어 가던 중, 사 년이 못 되어 영양 부족한 몸이 심한 노동에 지친 탓으로 그의 어머니 또한 죽고 말았다.

"모친꺼정 돌아갔구마."

"돌아가실 때 흰죽 한 모금도 못 자셨구마."

하고 이야기하던 이는 문득 말을 뚝 끊는다. 그의 눈이 번들번들함은 눈물이 쏟아졌음이리라. 나는 무엇이라고 위로할 말을 몰랐다. 한동안 머뭇머뭇이 있다가 나는 차를 탈 때에 친구들이 사 준 정종 병마개를 빼었다. 찻잔에 부어서 그도 마시고 나도 마셨다. 악착한 운명이 던져 준 깊은 슬픔을 술로 녹이려는 듯이 연거푸 다섯 잔을 마신 그는 다시 말을 계속하였다. 그 후 그는 부모 잃은 땅에 오래 머물기 싫었다. 신의주로 안동현으로 품을 팔다가 일본으로 또 벌이를 찾아가게 되었다. 구주 탄광에 있어도 보고 대판 철공장에도 몸을 담아 보았다. 벌이는 조금 나았으나 외롭고 젊은 몸은 자연히 방탕해졌다. 돈을 모으려야 모을 수 없고 이따금 울화만 치받치기 때문에 한곳에 주접을 하고 있을 수 없었다. 화도 나고 고국산천이 그립기도 하여서 훌쩍 뛰어나왔다가 오래간만에 고향을 둘러보고 벌이를 구할 겸 서울로 올라가는 길이라 한다.

- 현진건, 「고향」 중에서

① '그'는 고향을 떠난 후 어머니와 아버지를 차례로 잃었다.
② '나'는 기차에 오르기 전, 친구들에게 술을 선물로 받았다.
③ '나'는 서울행 기차에서 '그'와 일본인, 중국인과 동승했다.
④ 고향을 떠난 '그'는 서간도, 신의주, 안동현, 일본을 거쳐 왔다.
⑤ '중간 소작인' 때문에 '그'와 고향 사람들의 삶은 더욱 팍팍해졌다.

풀이 전략

1단계 현진건 '고향' 중 제시된 부분의 내용을 이해하는 문제이다. 제시문에서 '나'와 함께 기차에 탄 사람들, 기차에 오르기 전 '나'의 상황, '그'의 고향 상황, 고향을 떠난 이후의 '그'의 삶과 여정에 대한 정보를 파악하고 선택지의 설명이 맞는지 확인해야 한다.

2단계 3문단 끝에서 1 ~ 3번째 줄 '그의 아버지는 우연히 병을 얻어 타국의 외로운 혼이 되고 말았다. ~ 사 년이 못 되어 영양 부족한 몸이 심한 노동에 지친 탓으로 그의 어머니 또한 죽고 말았다'에서 '그'의 아버지가 먼저 돌아가신 후 어머니가 돌아가셨음을 알 수 있으므로 적절하지 않은 것은 ①이다.

IV 듣기·말하기 V 쓰기 VI 어휘 VII 읽기 2주 만에 끝내는 해커스 KBS 한국어능력시험

유형 특징

1. 소설의 내용을 바탕으로 현대 소설 속 특정 문장이나 인물의 대사에 담긴 이면적 의미를 추론할 수 있는 능력을 평가하기 위한 문제 유형이다.

2. 작품 속 사건, 인물의 생각이나 대사의 이면적 의미를 파악하기 위하여 전후 사건과 그에 대한 배경, 인물의 성격이나 태도를 이해한다. 그리고 밑줄 친 부분의 상징적 의미나 이후에 일어날 사건 등 제시문에서는 알 수 없는 내용을 추론하여 선택지의 적절성을 판단하면 되므로 소설의 내용을 정확히 이해하는 것이 중요하다.

대표 예제   ⑤에 대한 설명으로 적절한 것은?

바로 머리 위에서 불티처럼 박힌 앙증스러운 눈깔을 요모조모로 빛내면서 자꾸 대가리를 숙여 꺼뜩꺼뜩 위협을 주는 커다란 구렁이를 보고도 외할머니는 조금도 두려워하지 않았다. 외할머니는 두 손을 천천히 가슴 앞으로 모아 합장했다.

"에구 이 사람아, 집안일이 못 잊어서 이렇게 먼 질을 찾아왔능가?"

꼭 울어 보채는 아이한테 자장가라도 불러 주는 투로 조용히 속삭이는 그 말을 듣고 누군가 큰 소리로 웃는 사람이 있었다. 그러자 외할머니의 눈이 단박에 세모꼴로 변했다.

"어떤 창사구 빠진 잡놈이 그렇게 히득거리고 섰냐? 누구냐? 어서 이리 썩 나오니라. 주리 댈 놈!"

외할머니의 대갈 호령에 사람들은 쥐 죽은 소리도 못 했다. 외할머니는 몸을 돌려 다시 구렁이를 상대로 했다.

"자네 보다시피 노친께서는 기력이 여전허시고 따른 식구덜도 모다덜 잘 지내고 있네. 그러니께 집안일일랑 아모 염려 말고 어서어서 자네 가야 헐 디로 가소."

구렁이는 움쩍도 하지 않았다. 철사 토막 같은 혓바닥을 날름거리면서 대가리만 두어 번 들었다 놓았다 했다.

"가야 헐 디가 보통 먼 질이 아닌디 여그서 이러고 충그리고만 있어서야 되겠능가? 자꼬 이러면은 못쓰네, 못써. 자네 심정은 내 짐작을 허겠네만 집안 식구덜 생각도 혀야지. 자네 노친 양반께서 자네가 이러고 있는 꼴을 보면 얼매나 가슴이 미여지겠능가?"

하지만, 아무리 간곡한 말씨로 거듭 타일러 봐도 구렁이는 좀처럼 움직일 기척을 안 보였다. 이때 울바자 너머에서 어떤 아낙네가 뱀을 쫓는 묘방을 일러 주었다. 모습은 안 보이고 목소리만 들리는 그 여자는 머리카락을 태워 냄새를 피우면 된다고 소리쳤다.

외할머니의 지시에 따라 나는 할머니의 머리카락을 얻으러 안방으로 달려갔다.

할머니는 거의 시체나 다름이 없는 뻣뻣한 자세로 자리에 누워 있었다. 숨은 겨우 쉬고 있다 해도 아직도 의식을 되찾지 못한 채였다. 할머니의 주변을 둘러싸고 속수무책으로 앉아서 사색이 다 되어 그저 의원이 도착하기만을 기다리는 식구들을 향해 나는 다급한 소리로 용건을 말했다. <중 략>

"갔냐?" / 이것이 맑은 정신을 되찾고 나서 맨 처음 할머니가 꺼낸 말이었다. 고모가 말 뜻을 재빨리 알아듣고 고개를 끄덕거렸다. 인제는 안심했다는 듯이 할머니는 눈을 지그시 내리깔았다. 할머니가 까무러친 후에 일어났던 일들을 고모가 조용히 설명해 주었다. 외할머니가 사람들을 내쫓고 감나무 밑에 가서 타이른 이야기, 할머니의 머리카락을 태워 감나무에서 내려오게 한 이야기, 대밭 속으로 사라질 때까지 시종일관 행동을 같이하면서 바래다준 이야기……. 간혹가다 한 대목씩 빠지거나 약간 모자란다 싶은 이야기는 어머니가 옆에서 상세히 설명을 보충해 놓았다. 할머니는 소리 없이 울고 있었다. 두 눈에서 하염없이 솟는 눈물방울이 홀쭉한 볼 고랑을 타고 베갯잇으로 줄줄 흘러내렸다. 이야기를 다 듣고 나서 할머니는 사돈을 큰방으로 모셔 오도록 아버지한테 분부했다. 사랑채에서 쉬고 있던 외할머니가 아버지 뒤를 따라 큰방으로 건너왔다. 외할머니로서는 벌써 오래전에 할머니하고 한 다께끼 단단히 벌인 이후로 처음 있는 큰방 출입이었다. / "고맙소."

정기가 꺼진 우묵한 눈을 치켜 간신히 외할머니를 올려다보면서 할머니는 목이 꽉 메었다.

"사분도 별시런 말씀을 다……." / 외할머니도 말끝을 마무르지 못했다.

"야한티서 이야기는 다 들었소. 내가 당혀야 헐 일을 사분이 대신 맡었구랴. 그 험헌 일을 다 치르노라고 얼매나 수고시렀으꼬?"

"인자는 다 지나간 일이닝게 그런 말씀 고만두시고 어서어서 뜀이나 잘 추시리기라우."

"고맙소, 참말로 고맙구랴."

할머니가 손을 내밀었다. 외할머니가 그 손을 잡았다. 손을 맞잡은 채 두 할머니는 한동안 말을 잇지 못했다. 그러다가 할머니 쪽에서 먼저 입을 열어 아직도 남아 있는 근심을 털어놓았다. / "탈 없이 잘 가기나 혔는지 몰라라우."

"염려 마시랑게요. 지금쯤 어디 가서 펜안히 거처험시나 사분댁 터주 노릇을 퇵퇵이 하고 있을 것이오."

그만한 이야기를 나누는 데도 대번에 기운이 까라져 할머니는 가쁜 숨을 몰아쉬었다. 가까스로 할머니가 잠들기를 기다려 구완을 맡은 고모만을 남기고 모두들 큰방을 물러 나왔다.

그날 저녁에 할머니는 또 까무러쳤다. 의식이 없는 중에도 댓 숟갈 흘려 넣은 미음과 탕약을 입 밖으로 죄다 토해 버렸다. 그리고 이튿날부터는 마치 육체의 운동장에서 정신이란 이름의 장난꾸러기가 들어왔다 나갔다 숨바꼭질하기를 수없이 되풀이하는 것 같은 고통의 시간의 연속이었다. 대소변을 일일이 받아 내는 고역을 치러 가면서 할머니는 꼬박 한 주일을 더 버티었다. 안에 있는 아들보다 밖에 있는 아들을 언제나 더 생각했던 할머니는 마지막 날 밤에 다 타 버린 촛불이 스러지듯 그렇게 눈을 감았다. 할머니의 긴 일생 가운데서, 어떻게 생각하면, 잠도 안 자고 먹지도 않고 그러고도 놀라운 기력으로 며칠 동안이나 식구들을 들볶아 대면서 삼촌을 기다리던 그 짤막한 기간이 사실은 꺼지기 직전에 마지막 한순간을 확 타오르는 촛불의 찬란함과 맞먹는, 할머니에겐 가장 자랑스럽고 행복에 넘치던 시간이었었나 보다. 임종의 자리에서 할머니는 내 손을 잡고 내 지난날을 모두 용서해 주었다. 나도 마음속으로 할머니의 모든 걸 용서했다.

㉠ 정말 지루한 장마였다.

- 윤흥길, 「장마」 중에서

① '나'가 장마를 겪고 성장했음을 암시한다.
② 할머니의 삶이 길고 괴로웠음을 상징한다.
③ 예년보다 장마 기간이 길었음을 의미한다.
④ '나'가 장마에 질릴 대로 질렸음을 드러낸다.
⑤ 가족들이 겪던 갈등이 해소되었음을 암시한다.

풀이 전략

1단계 윤흥길 '장마'를 읽고 '나'와 '할머니', 그리고 가족들에게 작품의 시간적 배경인 '장마'가 어떤 의미였는지 파악하여 '장마'가 지루하다고 표현된 이유를 추론하는 문제이다. 제시문에 나타난 '나'의 태도와 가족들의 상황을 고려하면서 선택지의 설명이 맞는지 확인해야 한다.

2단계 ㉠ 앞 문장에서 '나'와 친할머니가 친할머니의 임종 직전에 손을 맞잡으며 서로 용서하였음을 알 수 있다. 이를 통해 ㉠의 '장마'는 '나'의 집안에 오랫동안 존재하던 갈등이며, 장마의 종료는 집안의 갈등이 해소되었음을 의미함을 추론할 수 있으므로 적절한 것은 ⑤이다. 참고로, 제시문에 나오는 '구렁이'는 친할머니와 외할머니를 갈등하게 했던 '나'의 삼촌의 현신으로 여겨지는 존재이며, 외할머니가 친할머니의 머리카락으로 구렁이를 돌려보낸 뒤 외할머니가 친할머니의 공간인 큰방에 출입하는 것은 둘 사이의 갈등이 해소되었음을 의미한다.

1 현대 시

1. 시의 표현(수사법)

(1) 비유(比喩)

표현하려는 관념이나 사물(원관념)을 직접 설명하지 않고, 그것과 유사한 다른 사물이나 현상(보조 관념)에 빗대어 표현하는 방법을 비유라고 한다.

직유(直喩) 빈출	원관념을 보조 관념에 직접적으로 연결시키는 방법으로, '~처럼', '~같이', '~듯' 등과 같은 연결어를 사용한다. 예 **금방울과 같이** 호동그란 고양이의 눈에 - 이장희, '봄은 고양이로다'
은유(隱喩)	원관념과 보조 관념을 'A는 B이다' 또는 'A는 B'의 형태로 연결하는 방법으로, 연결어는 사용되지 않는다. 예 얇은 사(紗) 하이얀 **고깔은** 고이 접어서 **나빌레라.** - 조지훈, '승무'
의인(擬人) 빈출	사람이 아닌 관념이나 사물에 인격을 부여해서 인간적인 요소를 지니게 하는 방법이다. 예 조국을 언제 떠났노/**파초의 꿈**은 가련하다. - 김동명, '파초'

(2) 강조(強調)

대비(對比) 빈출	다른 특성을 띠는 두 가지 이상의 대상을 나란히 배치하여 각각의 특성이 강조되게 하는 수사법으로, 주로 감각이나 색채, 자연과 인간 등을 대비하는 양상을 보인다. 예 샤갈의 마을에는 삼월에 **눈**이 온다./봄을 바라고 섰는 사나이의 관자놀이에/새로 돋은 **정맥**이/바르르 떤다. - 김춘수, '샤갈의 마을에 내리는 눈'
대조(對照) 빈출	서로 반대되는 대상이나 내용을 내세워 주제를 강조하거나 인상을 선명하게 표현하는 수사법이다. 예 겨울은,/**바다와 대륙 밖**에서/그 매운 눈보라 몰고 왔지만/이제 올/너그러운 **봄**은, **삼천리 마을**마다/우리들 가슴속에서/움트리라. - 신동엽, '봄은'
반복(反復) 빈출	같거나 비슷한 어구를 되풀이하여 효과적으로 표현하는 수사법으로, 특정 음운, 시어, 시구 등을 반복하는 방법이 있다. 예 그러는 동안에 영영 잃어**버린 벗도 있다./그러는 동안에** 멀리 떠나 **버린 벗도 있다./그러는 동안에** 몸을 팔아 **버린 벗도 있다./그러는 동안에** 맘을 팔아 **버린 벗도 있다.** - 신석정, '꽃덤불'
영탄(詠嘆) 빈출	기쁨, 슬픔 등 벅찬 감정을 강조하여 감탄의 형태로 표현하는 방법이다. 예 고향에 고향에 돌아와도/그리던 고향은 **아니러뇨** - 정지용, '고향'

(3) 변화(變化)

대구(對句)	비슷한 구조의 문장이나 어구를 짝을 맞추어 늘어놓는 방법이다. 예 니것도 보려 ᄒ고 져것도 들으려코/ 부람도 혀려 ᄒ고 돌도 마즈려코 - 송순, '면앙정가'
도치(倒置)	문장의 어순을 바꾸어서 내용을 강조하는 방법이다. 예 그곳은 어디인가/바라보면 산모퉁이 눈물처럼 진달래 꽃 피어나던 곳은 - 곽재구, '그리운 남쪽'
돈호(頓呼)	사람이나 사물의 이름을 불러 주의를 불러일으키는 수사법이다. 예 이제, 너의 뿌리 깊이/나의 영혼을 불어넣고 가도 좋으련만,/**플라타너스,**/나는 너와 함께 신이 아니다! - 김현승, '플라타너스'
문답(問答)	묻고 답하는 형식을 통해 특정 문장이나 글을 전개하는 방법이다. 예 무릉(武陵)이 어듸미오 나는 옌가 ᄒ노라 - 조식의 시조

설의(設疑) 빈출	결론이나 단정 부분을 의문 형식으로 표현하여 그 의미를 강조하는 표현법으로, 더 효과적으로 상대방을 납득시키고자 할 때 쓰이는 방법이다. 예 가야 할 때가 언제인가를 / 분명히 알고 가는 이의 / 뒷모습은 얼마나 아름다운가 — 이형기, '낙화'
반어(反語) 빈출	작가가 드러내고자 하는 의도와 표현이 상반되도록 함으로써 정서를 심화시키는 방법이다. 예 사랑하는 사람을 잃어버려 / 염주처럼 윤나게 굴리던 / 독백도 끝이 나고 바람도 불지 않아 / 이 겨울 누워서 편히 지냈다. — 문정희, '겨울 일기'
역설(逆說) 빈출	논리적으로 모순되는 진술을 통해, 그 이면의 중요한 진리를 드러내는 방법이다. 예 타고 남은 재가 다시 기름이 됩니다. — 한용운, '알 수 없어요'

(4) 상징(象徵)

① 개념: 표현하려는 대상(원관념)인 인간의 감정, 내적 경험, 사상 등의 추상적인 내용을 감각할 수 있는 구체적인 대상(보조 관념)으로 나타내는 방법을 상징이라고 한다.

② 종류

　㉠ 관습적 상징: 오랫동안 문화적 배경 하에서 사용되었기 때문에, 사회적 관습에 의해 공인되고 널리 보편화된 상징

　　　예 이러매 눈 감아 생각해 볼밖에 / 겨울은 강철로 된 **무지갠**가 보다. - 이육사, '절정'

　　　▶무지개: 꿈, 이상, 희망

　㉡ 개인적(문학적) 상징: 개인(작가)이 문학 작품 등에서 독창적으로 창조해 낸 상징

　　　예 눈은 살아 있다. / 떨어진 **눈**은 살아 있다. - 김수영, '눈'

　　　▶눈 - 정의롭고 순수한 생명력

　㉢ 원형적 상징: 문학, 민족, 역사, 종교 등에서 빈번하게 되풀이되어 나타남으로써 인류에게 유사한 의미나 정서를 불러일으키는 상징

　　　예 公無渡河 임아 그 물을 건너지 마오. / 公竟渡河 임은 그예 물을 건너시네.
　　　墮河而死 물에 빠져 돌아가시니, / 當奈公何 가신 임을 어찌할꼬. - 백수광부의 아내, '공무도하가'

　　　▶물 - 죽음

(5) 객관적 상관물

감정을 환기시키는 모든 사물을 가리킨다. 화자가 어떤 정서를 느끼게 되는 계기를 제공하는 대상물을 지칭하기도 하고, 화자의 정서를 대변하는 대상을 의미하기도 한다.

예 산에서 우는 **작은 새**여. / 꽃이 좋아 / 산에서 / 사노라네. - 김소월, '산유화'

▶작은 새 - 화자의 슬픔이 이입된 객관적 상관물로, 화자의 고독함이 드러남

(6) 행간 걸침

시인이 일정한 의도를 가지고 의미상 한 행으로 배열되어야 할 시구를 다음 행에 걸쳐 놓아 시상을 전개하는 방법이다.

예 어져 내 일이야 그릴 줄을 모로던가.
　　이시라 하더면 가랴마는 제 **구태여**
　　보내고 그리는 정(情)은 나도 몰라 하노라. - 황진이, '어져 내 일이야'

✔ 기출 포인트 Check Check

다음 물음을 읽고, 적절한 것은 ○, 적절하지 않은 것은 × 표시하시오.

01 원관념을 보조 관념에 직접 연결시키는 방법은 은유법이다. (○, ×)

02 '고향에 고향에 돌아와도 / 그리던 고향은 아니러뇨'에 사용된 표현법은 영탄법이다. (○, ×)

03 '타고 남은 재가 다시 기름이 됩니다'에 사용된 표현법은 역설법이다. (○, ×)

정답 | **01** ×, 직유법 **02** ○ **03** ○

(7) 낯설게 하기

새로운 표현 기법을 사용해 일상 언어가 갖는 친숙하고 일반적인 느낌을 낯설게 하여 주의를 환기시키는 방법이다.

> 예 단풍 든 산허리에 아지랑거리는 봄의 실루엣 - 유안진, '춘천은 가을도 봄이지'

2. 시의 심상(心象, image) 빈출

(1) 개념

시를 읽을 때 마음속에 그려지는 감각적인 영상이나 이미지를 심상이라고 한다. 이 심상은 시의 대상을 구체적이고 생생하게 느껴지게 한다.

(2) 종류

① 시각적 심상: 색채, 명암, 모양, 움직임 등 눈으로 보는 듯한 이미지

> 예 지나가던 구름이 하나 새빨간 노을에 젖어 있었다. - 김광균, '외인촌'

② 청각적 심상: 음성, 소리 등 귀로 듣는 듯한 이미지

> 예 우리가 키 큰 나무와 함께 서서 / 우르르 우르르 비 오는 소리로 흐른다면. - 강은교, '우리가 물이 되어'

③ 후각적 심상: 냄새의 감각을 이용한 이미지

> 예 달은 과일보다 향그럽다. - 장만영, '달 · 포도 · 잎사귀'

④ 미각적 심상: 맛의 감각을 이용한 이미지

> 예 소금보다도 짜다는 / 인생을 안주하여 / 주막을 나서면, - 김용호, '주막에서'

⑤ 촉각적 심상: 피부에 닿는 감촉과 관련한 이미지

> 예 젊은 아버지의 서느런 옷자락 - 김종길, '성탄제'

⑥ 공감각적 심상: 둘 이상의 감각이 결합하여 나타나는 이미지로, 감각이 전이되어 표현된 심상

> 예 분수처럼 흩어지는 푸른 종소리 - 김광균, '외인촌'

3. 시의 화자(話者)

(1) 개념

시에서 이야기를 하는 사람을 시의 화자라고 한다.

(2) 화자의 어조

① 개념: 화자의 목소리로, 시의 대상을 대하는 화자의 분위기, 태도와 관련된다.

② 종류

㉠ 독백적 어조: 자신의 내면세계를 고백하듯이 혼자 말하는 느낌을 주는 어조

> 예 인생(人生)은 살기 어렵다는데 / 시(詩)가 이렇게 쉽게 씌어지는 것은 부끄러운 일이다. - 윤동주, '쉽게 씌어진 시'

㉡ 남성적 어조: 의지적이고 강한 느낌을 주는 어조

> 예 꿈꾸어도 노래하지 않고 / 두 쪽으로 깨뜨려져도 / 소리하지 않는 바위가 되리라. - 유치환, '바위'

㉢ 여성적 어조: 섬세하고 부드러운 느낌을 주는 어조

> 예 내 마음 아실 이 / 내 혼자 마음 날같이 아실 이 - 김영랑, '내 마음을 아실 이'

㉣ 관조적 어조: 대상을 담담하고 차분하게 관찰하면서 의미나 느낌을 드러내는 어조

> 예 늦은 저녁 때 오는 눈발은 말집 호롱불 밑에 붐비다. / 늦은 저녁 때 오는 눈발은 조랑말 발굽 밑에 붐비다. / 늦은 저녁 때 오는 눈발은 여물 써는 소리에 붐비다. / 늦은 저녁 때 오는 눈발은 변두리 빈터만 다니며 붐비다. - 박용래, '저녁 눈'

4. 시상 전개 방식 빈출

(1) 개념

시에 나타난 사상이나 감정인 '시상(詩想)'을 전개해 나가는 방식으로, 주제 형상화를 위해 시의 여러 요소들이 이루는 구성이나 짜임새를 의미한다.

(2) 종류

① 시간의 흐름에 따른 전개(순행적 구성): '과거 - 현재 - 미래', '봄 - 여름 - 가을 - 겨울'과 같이 자연적 시간에 따라 시상이 전개되는 방식이다. 이와 반대로 시간의 흐름에 따르지 않고 '현재 - 과거 - 미래' 등으로 시상이 전개되면 '역순행적 구성'이라고 한다.

② 공간의 이동에 따른 전개: '원경 → 근경', '바깥쪽 → 안쪽' 등 화자의 시선이나 공간의 이동에 따라 시상이 전개되는 방식이다.

2 현대 소설

1. 소설의 구성(構成)

(1) 개념

소설의 짜임새를 플롯(plot) 또는 구성이라고 한다. 즉 소설의 구성은 작가가 인물, 사건, 배경을 소설 속에 배치하여 이야기를 전개해가는 방법을 의미한다.

(2) 사건의 진행 방식에 따른 구성의 유형

① 평면적 구성(순행적 구성): 시간의 흐름에 따라 사건이 전개되는 구성이다.

② 입체적 구성(역순행적 구성) 빈출

  ㉠ 시간의 흐름에 따라 사건이 전개되지 않고, 시간의 역전이 일어나는 구성이다.

  ㉡ 시간의 역전은 '현재 → 과거 → 미래, 과거 → 미래 → 현재' 등과 같이 전개되는 것을 의미한다.

③ 액자식 구성: 하나의 이야기 속에 내부 이야기가 담겨 있는 구성으로, '내부 이야기'와 '외부 이야기'로 이루어져 있다.

2. 소설의 서술자

(1) 개념

소설 속에서 이야기를 이끌어 가는 존재를 서술자라고 한다.

(2) 서술자의 어조

① 반어적 어조: 표현하려는 내용과 반대되게 표현해 의미를 강조하는 어조이다.

  ㉘ 이날이야말로 동소문 안에서 인력거꾼 노릇을 하는 김 첨지에게는 오래간만에도 닥친 운수 좋은 날이었다. <중략> / 문득 김 첨지는 미친 듯이 제 얼굴을 죽은 이의 얼굴에 한데 부벼 대며 중얼거렸다. / "설렁탕을 사다 놓았는데 왜 먹지를 못하니, 왜 먹지를 못하니…… 괴상하게도 오늘은 운수가 좋더니만……." - 현진건, '운수 좋은 날'

✔ 기출 포인트 Check Check

다음 물음을 읽고, 적절한 것은 ○, 적절하지 않은 것은 × 표시하시오.

01 '젊은 아버지의 서느런 옷자락'에는 공감각적 심상이 사용되었다. (○, ×)

02 '달은 과일보다 향그럽다'에는 '달'의 이미지를 생생하게 표현하기 위해 미각적 심상이 사용되었다. (○, ×)

03 소설의 사건이 과거 → 미래 → 현재로 전개된다면 그 소설의 구성은 입체적 구성이다. (○, ×)

정답 | **01** ×, 촉각적 심상 **02** ×, 후각적 심상 **03** ○

② 해학적 어조: 해학과 익살이 중심을 이루는 어조이다.

> 예 이 녀석의 장인님을, 하고 눈에서 불이 퍽 나서 그 아래 밭 있는 넝 알로 그대로 떼밀어 굴려 버렸다. / 기어오르면 굴리고 굴리면 기어오르고 이러길 한 너덧 번을 하며 그럴 적마다 / "부려만 먹구 왜 성례 안 하지유!" / 나는 이렇게 호령했다. - 김유정, '봄 · 봄'

③ 풍자적 어조: 부정적인 인물을 비웃고 희화화하는 어조이다.

> 예 사람들이 나라 망한 것을 원통히 여길 때, 한 생원은, / "그깐 놈의 나라, 시언히 잘 망했지." / 하였다. 한 생원 같은 사람으로는 나라란 백성에게 고통이지 하나도 고마운 것이 아니었다. 또 꼭 있어야 할 요긴한 것도 아니었다. / 그런 나라라는 것을, 도로 찾았다고 하여, 섬뻑 감격이 일지 아니한 것도 일변 의당한 노릇이라 할 것이었다. - 채만식, '논 이야기'

④ 냉소적 어조: 쌀쌀맞은 태도로 업신여겨 비웃는 어조이다.

> 예 중요한 옷가지랑은 꾸려 가지고 간 모양이니 자살을 할 의사는 없었음이 분명하고, 한편 병신이긴 하지만 얼굴이 고만큼 뻔뻔하고서야, 어디 가 몸을 판들 굶어 죽기야 하겠느냐고 주인 사나이는 지껄이는 것이었다. - 손창섭, '비 오는 날'

3. 소설의 인물

(1) 개념

소설 속 사건과 행동의 주체를 인물이라고 하며, 여기에는 성격과 품성 등 내면적 속성도 포함된다.

(2) 인물의 제시 방법

① 직접 제시(말하기, telling)

ⓐ 개념: 서술자가 인물의 특성을 직접 설명하는 방법이다.

ⓑ 특징

ⓐ 인물의 성격에 대한 서술자의 주관이 개입될 수 있으며, 짧은 시간 안에 인물의 성격을 전달할 수 있다.

ⓑ 인물의 성격에 대한 독자의 상상력이 제한될 수도 있다.

② 간접 제시(보여 주기, showing) 빈출

ⓐ 개념: 인물의 행동과 대화를 장면을 통해 보여줌으로써 인물의 성격을 독자가 간접적으로 알 수 있게 하는 방법이다.

ⓑ 특징

ⓐ 인물의 성격이 객관적으로 전달되며, 극적 효과가 극대화되며 독자의 상상력을 자극할 수 있다.

ⓑ 사건의 진행이 느려질 수 있다.

> 예 학교에서 우격다짐으로 후려 낸 가불에다 가까운 동료들 주머니를 닥치는 대로 떨어 간신히 마련한 일금 십만 원을 건네자 금테의 마비츠 안경을 쓴 원장이 바로 마취사를 부르도록 간호원에게 지시했다. 원장은 내가 권 씨하고 아무 척분도 없으며 다만 그의 셋방 주인일 따름인 걸 알고는 혀를 찼다. / "아버지가 되는 방법도 정말 여러 질이군요. 보증금을 마련해 오랬더니 오전 중에 나가서는 여지껏 얼굴 한 번 안 비치지 뭡니까." - 윤흥길, '아홉 컬레의 구두로 남은 사내'

4. 소설의 시점(視點)

(1) 개념

서술자가 소설 속에서 취하는 위치를 시점이라고 한다.

(2) 종류

① 1인칭 주인공 시점

ⓐ 개념: 소설 속의 서술자 '나'가 자신의 이야기를 하며 이야기의 주인공으로 등장하는 시점이다.

ⓑ 특징

ⓐ 주인공의 내면세계를 표현하는 데에 효과적이다.

ⓑ 독자는 주인공이 보고 느낀 것만 알게 되며, 독자에게 친근감과 신뢰감을 준다.

> 예 내가 그의 눈을 쏘아보자 그는 눈이 부신 사람 같은 표정을 하면서 입술 한쪽으로 조금 웃었다. <중 략> 자기를 재어 보고 있는 내 맘속을 환히 들여다보는 때문일까? 그러자 나는 반대로 날카로운 관찰을 당하고 있는 듯한 긴장을 느꼈다. - 강신재, '젊은 느티나무'

② 1인칭 관찰자 시점

　㉠ 개념: 소설 속의 서술자 '나'가 관찰자의 입장에서 주인공을 중심으로 하는 사건에 대해 이야기하는 시점이다.

　㉡ 특징

　　ⓐ 인물의 초점은 '나'가 아니라 주인공에게 있으며, '나'는 관찰자의 시각에서 본 주인공의 내면세계를 객관적으로 그린다.

　　ⓑ 독자는 '나'가 전해 주는 내용을 통해 주인공의 성격이나 심리를 추측하여 판단하게 된다.

　　예 "눈물도 안 나오더마. 일본 우동집에 들어가서 둘이서 정종만 열 병 때려 뉘고 헤어졌구마." / 하고 가슴을 짜는 듯한 괴로운 한숨을 쉬더니만 그는 지낸 슬픔을 새록새록이 자아내어 마음을 새기기에 지쳤음이더라. / "이야기를 다 하면 무얼 하는기오?" / 하고 쓸쓸하게 입을 다문다. 내 또한 너무도 참혹한 사람살이를 듣기에 쓴 물이 났다. - 현진건, '고향'

③ 전지적 작가 시점 (빈출)

　㉠ 개념: 소설 밖의 제3의 서술자가 마치 신처럼 인물의 심리, 사건을 분석하여 서술하는 시점이다.

　㉡ 특징

　　ⓐ 서술자가 전지전능한 입장에서 인물의 감정, 심리, 사상 등을 서술한다.

　　ⓑ 서술자가 작품 속에 직접 개입하여 인물을 논평하고 사건을 진행시킨다.

　　ⓒ 작가가 자신의 사상과 인생관을 직접 드러내기도 하며 독자의 상상력을 제한할 가능성이 있다.

　　예 오 년의 실직 기간 동안, 거의 날마다, 그것도 얻어 마신 술에 취해 밤늦게 돌아와 대문 앞에서 허물어지듯 쓰러져 버리곤 하던 그가 그래도 최후의 고집스런 용기만은 요행히 지킬 수 있었던 것도 역시 어머니의 그 변함없는 그늘을 은연중에 믿고 있었음으로 해서이리라. 하지만 이젠 어머니의 그 야윈 손길마저도 아무런 기적을 베풀 수가 없게 되었다는 사실을 인정해야만 하는 것이었다. - 임철우, '눈이 오면'

④ 3인칭 관찰자 시점

　㉠ 개념: 소설 밖의 제3의 서술자가 외부 관찰자의 입장에서 인물의 심리, 사건을 제한적, 객관적으로 서술하는 시점이다.

　㉡ 특징: 서술자의 태도가 객관적이기 때문에 독자의 상상력이 개입할 부분이 많다.

　　예 "이 되놈, 죽어라, 죽어라, 이놈, 나 때렸디! 이놈아, 아이고, 사람 죽이누나." / 그는 목을 놓고 처울면서 낫을 휘둘렀다. 칠성문 밖 외딴 밭 가운데 홀로 서 있는 왕 서방의 집에서는 일장의 활극이 일어났다. 그러나 그 활극도 곧 잠잠하게 되었다. 복녀의 손에 들려 있던 낫은 어느덧 왕 서방의 손으로 넘어가고, 복녀는 목으로 피를 쏟으면서 그 자리에 고꾸라져 있었다. - 김동인, '감자'

🎯 심화이론 공략

의식의 흐름 기법 (빈출)

의식의 영역과 무의식의 영역으로 나뉘지 않는 내면세계의 의식 작용을 그 흐름에 따라 서술하는 기법으로, 모더니즘 소설에서 주로 사용된다. 인물의 고민, 갈등, 자의식 등 내면 심리를 묘사하는 장면에서 1인칭 독백 형식으로 나타나는 경향이 있으며, 내면 심리를 글로 묘사하거나 옮기는 과정에서 내용을 의식적으로 교정하지 않기 때문에 논리성이나 일관성이 갖추어지지 않는다는 특징이 있다.

예 내가 잠을 깨었을 때는 날이 환히 밝은 뒤다. 나는 거기서 일 주야를 잔 것이다. 풍경이 그냥 노랗게 보인다. 그 속에서도 나는 번개처럼 아스피린과 아달린이 생각났다. / 아스피린, 아달린, 아스피린, 아달린, 맑스, 말사스, 마도로스, 아스피린, 아달린. / 아내는 한 달 동안 아달린을 아스피린이라고 속이고 내게 먹였다. - 이상, '날개'

✔ 기출 포인트 Check Check

다음 물음을 읽고, 적절한 것은 ○, 적절하지 않은 것은 × 표시하시오.

01 소설 속에 나오는 행동과 사건의 주체를 인물이라고 한다. (○, ×)

02 주인공 '나'가 자신의 이야기를 하는 시점은 1인칭 관찰자 시점이다. (○, ×)

03 전지적 작가 시점은 서술자가 전지전능한 입장에서 인물의 감정, 심리 등을 서술한다. (○, ×)

정답 | 01 ○ 02 ×, 1인칭 주인공 시점 03 ○

[01 ~ 02] 다음 글을 읽고 물음에 답하시오.

　　민 노인은 하루 연습만으로는 실력이 부쳐 안 되겠다며 며칠 더 나올 것을 자청했고, 그러자 아이들은 환영의 박수를 쳤다. 연습이 끝나고 막걸리집으로 옮겨갔을 때도, 아이들은 민 노인을 에워싸고 역시 성규 할아버지의 북소리는 우리 같은 졸개들이 도저히 흉내 낼 수 없는 명인의 경지라고 추어올렸다. 그것이 입에 발린 칭찬일지라도, 민 노인으로서는 듣기 싫지가 않았다. 잊어버렸던 세월을 되일으켜 주는 말이기도 했다.

　　"애들아. 꺼져 가는 떠돌이 북장이 어지럽다. 너무 비행기 태우지 말아라."

　　민 노인의 겸사에도 아이들은 수그러들지 않았다.

　　"아닙니다. 벌써 폼이 다른 걸요."

　　"맞아요. 우리가 칠 때에는 죽어 있던 북소리가, 꽹과리보다 더 크게 들리더라니까요."

　　"성규, 이번에 참 욕보았다."

　　난데없이 성규의 노력을 평가하는 녀석도 있었다. 민 노인은 뜻밖의 장소에서 의외의 술친구들과 어울린 자신의 마음이, 외견과는 달리 퍽 편안하다는 느낌도 곱씹었다. 옛날에는 없었던 노인과 젊은이들의 이런 식 담합(談合)이 어디에 연유하고 있는가를 딱히 짚어 볼 수는 없었으되,

　　두어 번의 연습에 더 참가한 뒤, 본 공연이 열리던 날 새벽에 민 노인은 성규에게 일렀다.

　　"아무리 단역이라고는 해도, 아무 옷이나 걸치고는 못 나간다. 모시 두루마기를 입지 않고는 북채를 잡을 수 없어."

　　"물론이지요. 할아버지 옷장에서 꺼내 놓으세요. 제가 따로 가지고 갈게요."

　　"두 시부터라고 했지?"

　　"네."

　　"이따 만나자."

　　일찍 점심을 먹고, 여느 날의 걸음걸이로 집을 나선 민 노인은, 나이에 어울리지 않는 설렘으로 흔들렸다. 아직 눈치를 채지 못한 아들 내외에 대한 심리적 부담보다는 자기가 맡은 일 때문이었다. 수십 명의 아이들이 어우러져 돌아가는 춤판에 영감쟁이가 하나가 낀다는 사실이 새삼스럽게 어색하기도 하고 모처럼의 북가락이 그런 모양으로밖에는 선보일 수 없다는 데 대한 엷은 적막감도 씻어 내기 힘들었다. 그러나 젊은 훈김들이 뿜어내는 학교 마당에 서자, 그런 머뭇거림은 가당찮은 것으로 치부되었다. 시간이 되어 옷을 갈아입고 아이들 속에 섞여 원진(圓陣)을 이루고 있는 구경꾼들을 대하자, 그런 생각들은 어디론지 녹아 내렸다. 그 구경꾼들의 눈이 자기에게 쏠리는 것도 자신이 거쳐 온 어느 날의 한 대목으로 치면 그만이었다. 노장(老長)이 나오고 취발이가 등장하는가 하면, 목중들이 춤을 추며 걸쭉한 음담패설 등을 쏟아 놓을 때마다 관중들은 까르르 까르르 웃었다. 민 노인의 북은 요긴한 대목에서 둥둥 울렸다. 째지는 소리를 내는 꽹과리며 장구에 파묻혀 제값을 하지는 못해도, 민 노인에게는 전혀 괘념할 일이 아니었다. 그전에도 그랬던 것처럼, 공연 전에 마신 술 기운도 가세하여, 탈바가지들의 손끝과 발목에 한 치의 오차도 없이 그의 북소리는 턱턱 꽂혔다. 그새 입에서는 얼씨구! 소리도 적시에 흘러나왔다. 아무 생각도 없었다. 가락과 소리와, 그것을 전체적으로 휩싸는 달착지근한 장단에 자신을 내맡기고만 있었다.

- 최일남, 「흐르는 북」 중에서

01 윗글에 등장하는 '민 노인'에 대한 설명으로 적절한 것은?

① 아이들과 어울리는 것을 불편해 한다.

② 아들 내외를 놀라게 하기 위해 공연에 참가하기로 한다.

③ 자신의 북 치는 실력에 대한 강한 자부심을 가지고 있다.

④ 공연에서 자신이 맡은 역할에 대한 애정을 드러내고 있다.

⑤ 공연에서 북을 치는 것에 대해 큰 긴장감을 느끼지 않는다.

02 윗글의 '소리'에 대한 이해로 적절하지 <u>않은</u> 것은?

① '북소리'는 어린 세대와 전통 세대를 연결해주는 역할을 한다.

② 아이들의 '칭찬' 소리는 '민 노인'으로 하여금 북을 치며 살아온 삶을 되새겨 보게 만든다.

③ '얼씨구' 소리는 '민 노인'이 공연에 몰입하여 공연과 하나가 되었음을 보여주는 소리이다.

④ '꽹과리', '장구' 소리는 '북소리'가 공연에서 조화를 이루기 위해 이겨내야 하는 장애물이다.

⑤ '엷은 적막감'은 '북'이 이전과는 다른 방향으로 연주되는 것에 대한 '민 노인'의 아쉬움을 드러낸다.

산산이 부서진 이름이여!
허공중에 헤어진 이름이여!
불러도 주인 없는 이름이여!
부르다가 내가 죽을 이름이여!

심중(心中)에 남아 있는 말 한마디는
끝끝내 마저 하지 못하였구나.
사랑하던 그 사람이여!
사랑하던 그 사람이여!

붉은 해는 서산마루에 걸리었다.
사슴의 무리도 슬피 운다.
떨어져 나가 앉은 산 위에서
나는 그대의 이름을 부르노라.

설움에 겹도록 부르노라.
설움에 겹도록 부르노라.
㉠ 부르는 소리는 비껴가지만
하늘과 땅 사이가 너무 넓구나.

선 채로 이 자리에 돌이 되어도
부르다가 내가 죽을 이름이여!
사랑하던 그 사람이여!
사랑하던 그 사람이여!

- 김소월, 「초혼」

03 시적 화자의 상황과 감정을 고려할 때, ㉠을 바꾸어 쓸 수 있는 내용으로 가장 적절한 것은?

① 임이 없는 하루는 너무도 길구나.

② 임이 나의 부름을 듣니 못하니 서럽구나.

③ 임의 죽음으로 헤어졌으니 절망스럽구나.

④ 임이 죽어 홀로 남겨진 세상이 아득하구나.

⑤ 임을 부르는 나의 목소리가 초라하게 느껴지는구나.

04 윗글에 대한 평가로 적절하지 <u>않은</u> 것은?

① 유사한 시어와 시구를 반복하여 운율감을 형성하고 있다.

② 하강적 이미지를 통해 애상적인 분위기를 자아내고 있다.

③ 공간적 배경을 통해 임과 화자의 거리감을 부각하고 있다.

④ 사물에 화자의 감정을 투영하여 화자의 정서를 직접적으로 표출하고 있다.

⑤ 화자의 감정이 집약된 상징물을 통해 슬픔을 극복한 화자의 모습을 드러내고 있다.

[05 ~ 06] 다음 글을 읽고 물음에 답하시오.

옥화는 그동안 또 성기에게 역시 그 체 장수 영감의 이야기를 들려주고 있는 모양이었다. 지리산 속에서 우연히 옛날 고향 친구의 아들이 된다는 낯선 젊은이 하나를 만났다. 그는 영감의 고향인 여수에서 큰 공장을 경영하는 실업가로, 지리산 유람을 들어왔다가 이야기 끝에 우연히 서로 알게 되었다. 그는 영감에게 함께 고향으로 돌아가 살자고 한다. 영감은 문득 고향 생각도 날 겸 그 청년의 도움으로 어떻게 형편이 좀 펴일 것같이도 생각되어 그를 따라 여수로 돌아가기로 결정을 하고 나오는 길이라…… 옥화가 무어라고 한참 하는 이야기는 대개 이러한 의미인 듯하였으나, 조마롭고 어지럽고 노여움으로 이미 두 귀가 멍멍하여진 그에게는 다만 벌 떼처럼 무엇이 왕왕거릴 뿐, 아무것도 분명히 들리지 않았다. <중 략>

"여수 쪽으로 가시게 되면 영영 못 보게 되겠구만요."

옥화도 영감을 따라 일어서며 이렇게 말했다.

"사람 일을 누가 알간디, 인연 있음 또 볼 터이지!"

영감은 커다란 미투리에 발을 꿰며 말했다.

"아가, 잘 가거라."

옥화는 계연의 조그만 보따리에다 돈이 든 꽃주머니 하나를 정표로 넣어주며 하직을 하였다.

계연은 애걸하듯 호소하듯 한 붉은 두 눈으로 한참 동안 옥화의 얼굴을 쳐다보고만 있었다.

"또 오너라."

옥화는 계연의 머리를 쓸어 주며 다만 이렇게 말하였고, 그러자 계연은 옥화의 가슴에다 얼굴을 묻으며 엉엉 소리를 내어 울기 시작하였다.

옥화는 그녀의 그 물결같이 흔들리는 둥그스름한 어깨를 쓸어 주며,

"그만 울어. 아버지가 저기 기다리고 계신다." / 하는 음성도 이제 아주 풀이 죽어 있었다.

"그럼 편히 계시오." / 영감은 옥화에게 하직을 하였다.

"할아부지 거기 가 보시고 살기 여의찮거든 여기 와서 우리하고 같이 삽시다." / 옥화는 또 한 번 이렇게 당부하는 것이었다.

"오빠, 편히 사시오."

계연은 이미 시뻘겋게 된 두 눈으로 성기의 마지막 시선을 찾으며 하직 인사를 하였다.

성기는 계연의 이 말에 꿈을 깬 듯, 마루에서 벌떡 일어나 계연의 앞으로 당황히 몇 걸음 어뜩어뜩 걸어오다간, 돌연히 다시 정신이 나는 듯, 그 자리에 화석처럼 발이 굳어 버린 채, 한참 동안 장승같이 계연의 얼굴만 멍하게 바라보고 있었다.

- 김동리, 「역마」 중에서

05 윗글에 대한 설명으로 적절하지 <u>않은</u> 것은?

① 서술자가 인물의 심리를 직접 서술한다.

② 실제 지명을 사용하여 작품의 현실감을 높인다.

③ 비유적 표현으로 이야기의 전말을 생생하게 설명한다.

④ 인물의 모습을 시각적으로 묘사하여 그 심정을 드러내고 있다.

⑤ 과거 시제와 현재 시제를 함께 사용하여 인물이 경험한 것을 요약해 제시한다.

06 '성기'의 행동을 나타낼 수 있는 속담으로 가장 적절한 것은?

① 꿀 먹은 벙어리

② 눈 가리고 아웅

③ 마른논에 물 대기

④ 차돌에 바람 들면 석돌보다 못하다.

⑤ 자라 보고 놀란 가슴 솥뚜껑 보고 놀란다.

정답 및 해설 p.152

02 학술

대표 기출 유형 공략

| 대표 기출 유형 | ① 인문 - 정보 확인

유형 특징

1. 글에 담긴 정보를 정확하게 파악하는 능력을 평가하기 위한 문제 유형이다.

2. 제시문의 내용을 정확하게 이해하는 것은 글의 정보를 확인하는 데 기본이 되므로 핵심어나 중심 내용에 밑줄을 치며 읽거나 중요한 내용을 메모하면서 읽는 습관을 들이는 것이 필요하다.

대표 예제 다음 글을 읽고 알 수 있는 우상의 특징으로 가장 적절한 것은?

본격적으로 우상의 파괴론을 철학적으로 전개한 사람은 영국의 철학자 베이컨이다. 그는 신의 존재 등 몇 가지 가정(假定)을 자명한 명제로 받아들이고 이 전제로부터 연역 논증을 통해 각종 진리들을 도출하는 중세의 우상 숭배자들에게 반기를 들었다. 즉 진정한 지식은 모든 독단과 편견을 버린 후 경험에 바탕을 둔 귀납적 논증을 통해서만 획득될 수 있다고 생각했던 것이다.

그는 진정한 지식을 갖는 데 방해가 되는 인간의 편견인 우상을 '종족(種族)의 우상', '동굴의 우상', '시장(市場)의 우상', '극장(劇場)의 우상'이라고 부르고, 이 네 가지 우상을 파괴해야 함을 강력하게 주장했다.

종족의 우상은 우리가 인간이기 때문에 모든 것을 인간 중심적으로 생각하는 버릇이 있으며, 무엇이든 의인화해서 생각함으로써 하느님마저도 인간의 모습을 가졌다고 생각한다는 것이다. 소는 소의 형상을 한 하느님만을 생각할 것이며, 말은 말의 형상을 한 하느님만을 생각할 것이라고 한다.

동굴의 우상은 개인마다 각자 자기 나름으로 가지고 있는 편견들이다. 우리는 서로 다른 환경에서 저마다 상이한 인생 경험을 하면서 살아간다. 그러는 가운데 우리는 서로 다른 안경을 끼고 세상을 바라보게 되고, 그러한 세상 모습을 절대적인 것으로 고집하며 서로 옳다고 우기게 된다. 각자 자신의 동굴을 파고 들어가 그 속에서 세상을 바라보고 있는 것이다. 우리는 자기만의 동굴에서 빠져나와야 할 것이고, 그러기 위해서는 겸허한 태도로 타인들과의 허심탄회한 대화에 참여해야 할 것이다.

시장의 우상은 말로 인해 생겨나는 갖가지 우상을 말한다. 시장은 많은 사람들이 운집하는 곳을 상징한다. 그곳에서는 실제로 없는 사실인데도 말만 생겨나 떠돌게 됨으로써 편견이 확대, 재생산된다는 것이다.

극장의 우상은 권위로 인해 생겨나는 우상을 말한다. 극장 무대에서 배우들이 분장을 그럴듯하게 하고 조명을 휘황하게 비추면 우리는 그것이 현실인 양 함께 울기도 하고 웃기도 하게 되는 것이다. 그와 같이 어떤 주장이건 그것에 권위의 빛을 비추게 되면 우리는 쉽게 믿어버리는 버릇이 있고, 그 때문에 편견이 생겨난다는 것이다.

아무튼 이 갖가지 편견과 우상으로부터 해방되기 위해서는 끊임없는 철학적 자기반성과 성찰, 그리고 독자적인 사고와 홀로서기를 향한 과감한 용기가 있어야 할 것이다.

① 종족의 우상은 인간에게만 적용할 수 있는 개념이다.
② 우상은 경험을 근거로 지식을 쌓는 태도에서 비롯된다.
③ 시장의 우상을 가진 사람은 권위를 맹신하는 경향이 있다.
④ 사람마다 다른 인생을 살아왔기 때문에 동굴의 우상이 생기는 것이다.
⑤ 극장의 우상을 가진 사람은 자기가 보는 세상이 절대적으로 옳다고 생각한다.

풀이 전략

1단계 문제 지시문을 통해 '우상'에 관한 글을 읽고 우상의 특징을 파악하는 문제임을 알 수 있다. 우상의 종류와 특징에 해당하는 부분에 밑줄을 치면서 읽은 후, 적절한 선택지를 고르면 된다.

2단계 4문단 1 ~ 2번째 줄 '우리는 서로 다른 환경에서 저마다 상이한 인생 경험을 하면서 살아간다'를 통해 개인의 편견인 동굴의 우상이 사람마다 다른 인생을 살아왔기 때문에 생기는 것임을 알 수 있다. 따라서 우상의 특징으로 적절한 것은 ④이다.

| 대표 기출 유형 | ② 과학 - 서술상의 특징과 효과

유형 특징

1. 글에 쓰인 자문자답의 형식, 전문가의 견해 인용 등의 서술 방식과 그 효과를 파악하는 문제 유형이다.
2. '하나의 관점에 근거해 비판하기, 다양한 이론 소개하기' 등 글을 서술하는 데 사용된 방법을 찾고 그로 인한 효과가 적절하게 연결되어 있는지를 묻는 문제가 출제되므로 글과 선택지를 하나씩 비교하면서 읽어나가면 수월하게 풀 수 있다.

대표 예제 **(가) ~ (마)의 서술 방식으로 가장 적절하지 않은 것은?**

(가) 흔히 현대 사회의 많은 문제들이 과학의 책임인 것으로 생각한다. 즉, 과학이 인간의 윤리나 가치 같은 것은 무시한 채 맹목적으로 발전해서 많은 문제들—예를 들어, 무기 개발, 전쟁 유발, 환경 오염, 인간의 기계화, 생명의 존엄성 위협—을 야기(惹起)하면서도 이에 대해서 아무런 책임을 지지 않고 있다는 생각이 그것이다.

(나) 대부분의 경우, 이런 생각의 바탕에는 과학이 가치 중립적(價値中立的)이거나 가치와 무관하다는 명제(命題)가 깔려 있다. 물론, 과학이 가치 중립적이라는 생각은 여러 의미에서 타당한 생각이며, 실제로 많은 사람들이 받아들이는 생각이다. 그러나 일반 사람들이 앞의 문제들에 관한 책임을 과학에 돌리면서 흔히 가지는 생각은 과학의 가치 중립성에 대한 잘못된 이해에서 연유할 때가 많다.

(다) 과학이 가치 중립적이라는 말은 크게 보아서 다음 두 가지의 의미를 지니고 있다. 첫째는, 자연 현상을 기술하는 데에 있어서 얻게 되는 과학의 법칙이나 이론으로부터 개인적 취향(趣向)이나 가치관에 따라 결론을 취사선택할 수 없다는 점이고, 둘째는 과학으로부터 얻은 결론, 즉 과학 지식이 그 자체로서 가치에 관한 판단이나 결정을 내리지 못한다는 점이다.

(라) 사람에 따라서는 이 중에서 첫째는 수긍하면서 둘째에 대해서는 반론(反論)을 제기하기도 한다. 예를 들어, 그들은 인간의 질병 중에서 어떤 것이 유전한다는 유전학의 지식이 유전성 질병이 있는 사람은 아기를 낳지 못하게 해야 한다는 결론을 내린다고 생각한다. 즉, 과학적 지식이 인간의 문제에 관하여 결정을 내려준다고 생각한다. 그러나 더 주의 깊게 살펴보면 이것이 착각이라는 것은 분명하다. 앞의 유전학적 지식이 말해 주는 것은 단순히 어떤 질병이 유전한다는 것일 뿐, 그런 질병을 가진 사람이 아기를 낳지 않는 것이 옳은가, 역시 같은 질병을 가진 아기라도 낳아서 가정생활을 하는 것이 좋은가에 대한 결정은 내려주지 않는다. 이 결정은 전적으로 인간이, 즉 그런 질병을 가진 사람 자신 혹은 사회가 내리는 것이지 과학이 내리는 것은 아니다.

(마) 이를 더 잘 보여 주는 예로서, 통증이 심한 불치 환자의 경우를 들 수 있다. 이 환자에게 진통제를 다량 주사하면 통증을 느끼지 않으면서 죽게 될 것이라는 것은 과학적 지식이다. 그러나 이 과학적 지식이 곧 안락사(安樂死)의 결론을 내려주지는 않는다. 또, 다른 과학 지식은 다른 치료법을 사용하면 통증은 더욱 심해지지만 환자의 생명은 연장될 수 있음을 보여 줄 수 있고, 이 때 이 두 방법 중에서 어느 것을 택하는 것이 옳으냐에 대해서 앞의 두 과학 지식은 아무 결론도 내려주지 못한다. 생명의 연장과 고통의 제거, 이 둘 중에서 어느 것이 더 중요한 것인가는 결국 사람이(이 경우에는 의사가) 내릴 결정이다.

① (가): 과학과 관련된 문제의 예시를 들어 글쓴이의 주장을 뒷받침하고 있다.
② (나): 과학이 가치 중립적이라는 통념이 발생한 이유에 대해 설명하고 있다.
③ (다): 과학의 가치 중립성을 두 가지 의미로 구분하여 설명하고 있다.
④ (라): 사례를 들어 과학의 가치 중립성의 의미가 무엇인지에 대해 설명을 보충하고 있다.
⑤ (마): 구체적인 사례를 들어 과학의 가치 중립성에 대한 독자의 이해를 돕고 있다.

풀이 전략

1단계 문제 지시문을 통해 각 문단의 서술 방식을 묻는 문제임을 파악한다. 각 문단에서 선택지에 제시된 '예시, 구분, 사례' 등이 드러난 부분을 찾고 그 효과가 적절히 연결되었는지 판단한다.

2단계 (가) 문단 2 ~ 3번째 줄에서 '무기 개발, 전쟁 유발, 환경 오염, 인간의 기계화, 생명의 존엄성 위협'과 같은 예시를 들어 과학의 책임인 것으로 생각되는 현대 사회의 문제들을 제시하고 있다. 그러나 이런 문제들에 대한 책임을 과학에 돌리면 안 된다는 글쓴이의 주장을 뒷받침하기 위해 든 예시는 아니므로 서술 방식으로 적절하지 않은 것은 ①이다.

| 대표 기출 유형 | ③ 예술 - 내용 전개 방식

유형 특징

1. 글의 내용을 효과적으로 전달하기 위해 사용되는 시간의 흐름에 따른 전개, 예시, 비교, 열거와 같은 전개 방식을 찾는 문제 유형이다.
2. 자주 출제되는 '예시, 비교'를 비롯한 다양한 내용 전개 방식을 파악하고, 실제 글에 적용된 전개 방식을 찾아내는 연습을 하면, 선택지에 제시된 내용 전개 방식을 글에서 쉽게 찾을 수 있다.

대표 예제 **다음 글의 내용 전개 방식으로 가장 적절한 것은?**

미술관에서 오랫동안 움직이지 않고 서 있는 관광객 차림의 부부를 본다면 사람들은 다시 한 번 바라볼 것이다. 그리고 그것이 미술 작품이라는 것을 알면 놀랄 것이다. 이처럼 현실에 존재하는 것을 실재라고 믿을 수 있도록 재현하는 유파를 하이퍼리얼리즘이라고 한다.

관광객처럼 우리 주변에서 흔히 볼 수 있는 것을 대상으로 고르면 현실성이 높다고 하고, 그 대상을 시각적 재현에 기대어 실재와 똑같이 표현하면 사실성이 높다고 한다. 대상의 현실성과 표현의 사실성을 모두 추구한 하이퍼리얼리즘은 같은 리얼리즘 경향에 드는 팝아트와 비교하면 그 특성이 잘 드러난다. 이들은 1960년대 미국에서 발달하여 현재까지 유행하고 있는 유파로, 당시 자본주의 사회의 일상의 모습을 대상으로 삼은 점에서는 공통적이다. 팝아트는 대상을 함축적으로 변형했지만 하이퍼리얼리즘은 대상을 정확하게 재현하려고 하였다. 그래서 팝아트는 주로 대상의 현실성을 추구하지만, 하이퍼리얼리즘은 대상의 현실성뿐만 아니라 트롱프뢰유*의 흐름을 이어 표현의 사실성도 추구한다. 팝아트는 대상의 정확한 재현보다는 대중과 쉽게 소통할 수 있는 인쇄 매체를 주로 활용한 반면에, 하이퍼리얼리즘은 새로운 재료나 기계적인 방식을 적극 사용하여 대상을 정확히 재현하는 방법을 추구하였다.

자본주의 일상을 사실적으로 표현한 하이퍼리얼리즘의 대표적인 작가에는 핸슨이 있다. 그의 작품 「쇼핑 카트를 밀고 가는 여자」(1969)는 물질적 풍요함 속에 매몰되어 살아가는 당시 현대인을 비판적 시각에서 표현한 작품으로 해석할 수 있다. 이 작품의 대상은 상품이 가득한 쇼핑 카트와 여자이다. 그녀는 욕망의 주체이며 물질에 대한 탐욕을 상징하고 있고, 상품이 가득한 쇼핑 카트는 욕망의 객체이며 물질을 상징하고 있다. 그래서 여자가 상품이 넘칠 듯이 가득한 쇼핑 카트를 밀고 있는 구도는 물질적 풍요 속에서의 과잉 소비 성향을 보여 준다.

이 작품의 기법을 보면, 생활공간에 전시해도 자연스럽도록 작품을 전시 받침대 없이 제작하였다. 사람을 보고 찰흙으로 형태를 만드는 방법 대신 사람에게 직접 석고를 덧발라 형태를 뜨는 실물 주형 기법을 사용하여 사람의 형태와 크기를 똑같이 재현하였다. 또한 기존 입체 작품의 재료인 청동의 금속재 대신에 합성수지, 폴리에스터, 유리 섬유 등을 사용하고 에어브러시로 채색하여 사람 피부의 질감과 색채를 똑같이 재현하였다. 여기에 오브제*인 가발, 목걸이, 의상 등을 덧붙이고 쇼핑 카트, 식료품 등을 그대로 사용하여 사실성을 높였다.

리얼리즘 미술의 가장 큰 목적은 현실을 포착하고 그것을 효과적으로 전달하는 것이다. 작가가 포착한 현실을 전달하는 표현 방법은 다양하다. 하이퍼리얼리즘과 팝아트 등의 리얼리즘 작가들은 대상들을 그대로 재현하거나 함축적으로 변형하는 등 자신만의 방법으로 현실을 전달하여 감상자와 소통하고 있다.

*트롱프뢰유(trompe-l'oeil): '속임수 그림'이란 말로 감상자가 실물처럼 착각할 정도로 정밀하게 재현하는 것.

*오브제(objet): 일상 용품이나 물건을 본래의 용도로 쓰지 않고 예술 작품에 사용하는 기법 또는 그 물체.

① 권위자의 말을 인용하여 신뢰성을 높이고 있다.
② 시간적 흐름에 따른 대상의 변화를 서술하고 있다.
③ 두 대상을 비교해 공통점과 차이점을 제시하고 있다.
④ 대상의 문제점과 이를 개선할 방향을 제시하고 있다.
⑤ 다양한 예시를 통해 대상의 한계점을 드러내고 있다.

풀이 전략

1단계 문제 지시문을 통해 글에 사용된 전개 방식을 고르는 문제임을 알 수 있다. 선택지에 나온 '열거, 비유, 비교, 예시' 등의 키워드를 확인하고, 이 글에 쓰인 전개 방식이 무엇인지 파악한다.

2단계 2문단 4번째 줄에서 '당시 자본주의 사회의 일상의 모습을 대상으로 삼은 점에서는 공통적이다'라고 하이퍼리얼리즘과 팝아트의 공통점을 제시한 후, 끝에서 1 ~ 5번째 줄의 '팝아트는 대상을 함축적으로 변형했지만 ~ 정확히 재현하는 방법을 추구하였다'를 통해 두 대상의 차이점을 제시하고 있으므로 답은 ③이다.

유형 특징

1. 외적 준거를 토대로 제시문에 대한 반응이 적절한지 판단하는 능력을 평가하기 위한 문제 유형이다.

2. 주로 글에 대해 보이는 반응은 시각 자료 또는 통계 자료, 사례, 필자와 다른 관점의 의견 등이 <보기>에 제시된다. 독자가 글을 수용하며 보이는 반응의 적절성을 판단하기 위해서는 글과 <보기>의 내용 또는 입장을 각각 정리해두며 독해하는 것이 좋다.

대표 예제　**<보기>와 같은 생각을 가진 사람이 다음 글을 읽고 할 수 있는 말로 적절하지 않은 것은?**

'밥이 보약', '상차림이 부실해도 맛깔 나는 밥 한 그릇 하나면 족하다.'라는 표현이 있다. 밥 한 사발에도 이토록 민감한 미감을 가진 민족의 입맛을 오늘날까지 지켜온 비결에는 어떤 것이 있을까? 반찬 맛이 손맛이라면 밥맛을 좌우하는 것은 무엇일까? 비밀의 열쇠는 바로 밥솥에 있다. 가마솥 밥맛이 좋은 이유는 솥뚜껑 무게, 바닥 두께와 밀접히 관련된다.

가마솥의 뚜껑은 무게가 무거워 온도 변화가 서서히 일어나며, 내부 압력이 높고, 또 높은 온도를 유지시켜 주어 맛있는 밥이 된다. 가마솥 뚜껑은 다른 재질로 만든 솥의 뚜껑에 비해 훨씬 무겁다. 요즈음 사용되는 압력밥솥은 잠그는 기능까지 있을 정도이다. 솥뚜껑이 무거우면 불로 가열할 때 솥 안의 공기가 팽창됨과 아울러 물이 수증기로 변하게 된다. 뚜껑이 가벼우면 수증기가 쉽게 빠져 나가지만 무거우면 덜 빠져나가게 되어 내부 압력이 올라간다. 압력이 높아지면 물의 끓는점이 올라가 밥이 100도 이상에서 지어져 낮은 온도에서보다 더 잘 익게 되고, 따라서 밥맛이 좋게 되는 것이다.

쌀이 잘 익으려면 대기압(1기압) 이상의 압력이 필요하다. 밥을 지을 때 솥 안의 공기와 수증기가 빠져나가 '김이 새면' 설익게 되기 때문이다. 전통 가마솥 뚜껑 무게는 솥 전체의 3분의 1에 달하는데 이러한 원리를 전기압력밥솥이 그대로 적용하였다. 하지만 전기압력밥솥에 이런 무거운 장치를 얹을 수 없으므로, 내솥과 뚜껑에 톱니바퀴 모양의 돌출부를 만들었다. 뚜껑을 닫고 손잡이를 돌리면 톱니바퀴들이 서로 맞물리게 돼 공기와 수증기가 빠져나갈 수 없게 되는 것이다. 여기에 압력 조절 장치를 달아 일정 압력(2기압) 이상이 되면 기체 배출구를 통해 내부 기체가 빠져나오도록 설계되어 있다.

또한, 가마솥은 밑바닥이 둥그렇기 때문에 열이 입체적으로 전해진다. 바닥의 두께가 부위별로 다른 점도 한몫을 한다. 대부분 가마솥은 불에 먼저 닿는 부분을 두껍게 하고 가장자리 부분을 얇게 만들어 열을 고르게 전달시킨다. 열전도율을 훌륭하게 적용한 것이다. 이와 같은 가마솥의 원리를 현대 과학과 접목하여 신기술로 나타난 것이 바로 전기압력밥솥임을 알 수 있다.

웬만한 가정이라면 한 대씩 갖추고 있어 현대인의 생활필수품으로 자리 잡은 '전기압력밥솥'. 이러한 전기압력밥솥의 기술도 점점 진화되고 있다. 전기압력밥솥은 1990년대만 해도 대부분 밑바닥만 가열하는 열판식이어서 아래부터 천천히 가열되어 한 번에 많은 양의 밥을 지을 경우 층층 밥이 되곤 했다. 그래서 가마솥처럼 입체적으로 열을 가하기 위해 전자유도가열(IH: Induction Heating) 방법을 적용한 통가열식 전기압력밥솥이 등장했다.

통가열식은 밥솥 둘레 내부에 구리 코일이 감겨 있고, 여기에 전류가 흐르면 자기장이 변화돼 무수한 2차 전류(유도 전류)가 흐르게 된다. 이 전류가 밥솥의 전기 저항으로 인해 뜨거운 열에너지로 전환된다. 장작불 대신 전류를 이용한다 해서 '불꽃 없는 불'이라 불리는데, 사방에서 열이 전달되면서 쌀이 구석구석 잘 익는다.

IH 압력밥솥은 쌀의 원형을 유지하면서 밥의 영양분 파괴를 줄인다. 취사 속도가 빠를수록 영양분 파괴가 적기 때문에 최근에는 취사 시간을 10분 이내로 줄인 제품도 출시되었다. 이 기술의 핵심은 밥솥의 측면 화력을 두 배 이상 향상시켜 밥의 단맛이 빠져나가지 않도록 하는 것이다. 이외에도 열전도율을 높이기 위해 내솥의 바깥부분을 금이나 구리로 얇게 입히기도 한다. 솥의 주요 재질인 스테인리스강은 열전도율이 낮아서 쌀에 열이 전달되는 속도가 느린 반면 구리는 12배, 금은 9배 정도 스테인리스강보다 열전도율이 높다.

기존의 전기밥솥은 보온과 취사만 가능했다면, 이제는 밥맛을 자유자재로 구현할 수 있게 되었다. 백미, 잡곡, 된밥, 진밥 등을 가족들의 식성에 따라 지을 수 있고, 빵이나 갖가지 요리도 가능하게끔 기술이 발전한 것이다.

첨단 과학으로 만들었다는 이들 밥솥 역시 가마솥의 원리를 고스란히 담아냈다는 사실은 시사하는 바가 크다. 아울러 온고지신이라는 말처럼 겨레의 과학 슬기는 첨단 과학을 뒷받침하는 버팀목으로 응용되고 있을 뿐 아니라 미래를 여는 열쇠라는 점을 결코 간과해서는 안 될 것이다.

< 보기 >

'가마솥에 담긴 전통 기술을 지키기보다는 현대 기술로 만든 밥솥의 발전을 도모하는 것은 전통보다는 편리함을 추구하는 현대인의 오만한 판단이 빚어낸 결과이다.'

---

① 현대인은 가마솥에 담긴 지혜를 전기밥솥으로 이어가고 있습니다.

② 전기밥솥에 밀려 잊힌 가마솥 문화를 되찾기 위한 방안이 필요합니다.

③ 가마솥보다 전기밥솥이 빠르게 진화한 이유는 눈앞의 편리함에 매몰된 결과입니다.

④ 현대화로 인해 더 이상 우리 옛 문화가 잊히지 않도록 하나씩 지켜나가는 태도가 필요합니다.

⑤ 현대 기술보다는 전통 기술이 더 중요하므로 전통 기술 연구에 많은 투자가 이루어져야 합니다.

풀이 전략

1단계 문제 지시문을 통해 <보기>의 입장에서 제시문을 읽었을 때 보일 수 있는 반응으로 적절하지 않은 것을 고르는 문제임을 파악한다. 먼저 제시문의 입장을 파악하기 위해 글을 읽고 중심 내용을 이해한다. 그 후 <보기>의 입장을 파악하여 그 입장에서 보이기에 적절하지 않은 반응을 고르면 된다.

2단계 제시된 글은 '가마솥이 밥을 짓는 원리'와 이를 반영한 '전기압력밥솥'을 다루고 있으며, 이에 대해 긍정적인 입장이다. 반면, <보기>는 가마솥의 원리가 반영된 '전기밥솥'을 '가마솥' 대신 사용하는 것에 부정적인 입장이다. 따라서 <보기>와 같은 생각을 가진 사람이 현대인이 사용하는 '전기밥솥'에 긍정적인 반응을 보이는 것은 적절하지 않으므로 답은 ①이다.

유형 특징

1. 다양한 학술문을 읽고 이해한 내용을 바탕으로 글의 구조를 체계화할 수 있는지를 평가하는 문제 유형이다.
2. 제시된 학술문의 문단별 중심 내용을 파악하고, 각 문단 간 연결 관계에 주목하여 글의 구조를 파악하면 되므로 글의 세부 내용뿐 아니라 전체 구조를 파악하는 연습을 하는 것이 필요하다. 또한 평소 학술 지문을 읽을 때, 문제에서 제시되는 구조도와 같은 형태로 글의 구조도를 직접 그려보며 연습하는 것도 도움이 된다.

대표 예제 ㉠을 <보기>와 같이 도식화할 때, 수정해야 할 내용으로 적절하지 **않은** 것은?

우리는 일상에서 '약자를 돕는 것은 옳다'와 같은 도덕적 판단을 한다. 이렇게 구체적 행위에 대한 도덕적 판단 문제를 다루는 것이 규범 윤리학이라면, 옳음의 의미 문제, 도덕적 진리의 존재 문제 등과 같이 규범 윤리학에서 사용하는 개념과 원칙에 대해 다루는 것은 ㉠ 메타 윤리학이다. 메타 윤리학에서 도덕 실재론과 정서주의는 '옳음'과 '옳지 않음'의 의미를 이해하는 방식과 도덕적 진리의 존재 여부에 대해 상반된 주장을 펼친다.

도덕 실재론에서는 도덕적 판단과 도덕적 진리를 과학적 판단 및 과학적 진리와 마찬가지라고 본다. 즉 과학적 판단이 '참' 또는 '거짓'을 판정할 수 있는 명제를 나타내고 이때 참으로 판정된 명제를 과학적 진리라고 부르는 것처럼, 도덕적 판단도 참 또는 거짓으로 판정할 수 있는 명제를 나타내고 참으로 판정된 명제가 곧 도덕적 진리라고 규정하는 것이다. 그런데 도덕 실재론에서 주장하듯, '도둑질은 옳지 않다'가 도덕적 진리라면, 그것이 참임을 판정하기 위해서는 도덕적으로 옳지 않음이라는 객관적으로 실재하는 성질을 도둑질에서 찾아낼 수 있어야 한다.

한편 정서주의에서는 어떤 도덕적 행위에 대해 도덕적으로 옳음이나 도덕적으로 옳지 않음이라는 성질은 객관적으로 존재하지 않는 것이고 도덕적 판단도 참 또는 거짓으로 판정되는 명제를 나타내지 않는다. 따라서 정서주의에서는 '옳다' 혹은 '옳지 않다'는 도덕적 판단을 내리지만 도덕 실재론과 달리 과학적 진리와 같은 도덕적 진리는 없다는 입장을 보인다. 그렇다면 정서주의에서는 옳음이나 옳지 않음의 의미를 무엇으로 볼까? 도둑질과 같은 구체적인 행위에 대한 감정과 태도가 곧 옳음과 옳지 않음이라고 한다. 즉 '도둑질은 옳다'는 판단은 도둑질에 대한 승인 감정을 표현한 것이고, '도둑질은 옳지 않다'는 판단은 도둑질에 대한 부인 감정을 표현한 것으로 이해한다.

이런 정서주의에서는 도덕적 판단이 윤리적 행위를 하도록 동기를 부여하는 것에 대해 도덕 실재론보다 단순하게 설명할 수 있다. 윤리적 행위의 동기 부여를 설명할 때 도덕적 판단이 나타내는 승인 감정 또는 부인 감정 이외에 다른 것이 필요하지 않기 때문이다. 승인 감정은 어떤 행위를 좋다고 여기는 것이고 그것이 일어나길 욕망하는 것이기에 결국 그것을 해야 한다는 동기 부여까지 직접 연결된다는 것이다. 부인 감정도 마찬가지로 작동한다. 이에 비해 도덕 실재론에서는 도덕적 판단 이외에도 인간의 욕망과 감정에 관한 이해가 반드시 필요하다. 예컨대 '약자를 돕는 것은 옳다'에 덧붙여 '사람들은 약자가 어려운 처지에 빠지지 않기를 바란다'와 같이 인간의 욕망과 감정에 대한 법칙을 추가해야 한다. 그래야만 도덕 실재론에서는 약자를 돕는 윤리적 행위를 해야겠다는 동기 부여에 대해 설명할 수 있다. 인간의 욕망과 감정에 대한 법칙을 쉽게 확보할 수 있는 것은 아니기에 그것 없이도 윤리적 행위의 동기 부여를 설명할 수 있는 정서주의는 도덕 실재론에 비해 높이 평가된다.

또한 옳음과 옳지 않음의 의미를 승인 감정과 부인 감정의 표현으로 이해하는 정서주의에 따르면 사람들 간의 도덕적 판단의 차이도 간단하게 설명할 수 있다. 윤리적인 문제에 대해 서로 합의하지 못하는 의견 차이에 대해서도 굳이 어느 한 쪽 의견이 틀렸기 때문이라고 말할 필요가 없이 서로 감정과 태도가 다를 뿐이라고 설명할 수 있다. 이런 설명은 도덕적 판단의 차이로 인한 극단적인 대립을 피할 수 있게 해 준다는 점에서 의의가 있다.

하지만 옳음과 옳지 않음을 감정과 동일시하는 정서주의에도 몇 가지 문제점이 제기될 수 있다. 첫째, 감정이 변할 때마다 도덕적 판단도 변한다고 해야 하지만, 도덕적 판단은 수시로 바뀌지 않는다. 둘째, 감정은 아무 이유 없이 변할 수 있지만 도덕적 판단은 뚜렷한 근거 없이 바뀔 수 없다. 셋째, 감정이 없다면 '도덕적으로 옳음'과 '도덕적으로 옳지 않음'도 없다고 해야 하지만, '도덕적으로 옳음'과 '도덕적으로 옳지 않음'이 없다는 것은 보편적 인식과 배치된다.

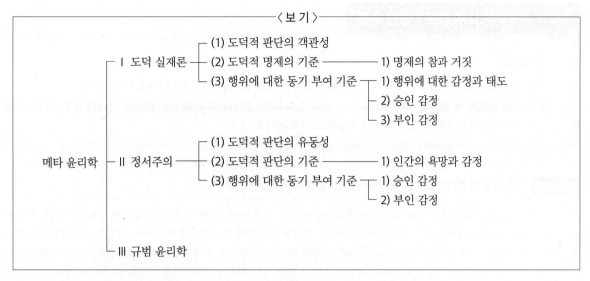

〈보기〉

```
                ┌ (1) 도덕적 판단의 객관성
        ┌ Ⅰ 도덕 실재론 ┼ (2) 도덕적 명제의 기준 ─────── 1) 명제의 참과 거짓
        │           └ (3) 행위에 대한 동기 부여 기준 ┬ 1) 행위에 대한 감정과 태도
        │                                    ├ 2) 승인 감정
        │                                    └ 3) 부인 감정
        │           ┌ (1) 도덕적 판단의 유동성
메타 윤리학 ┼ Ⅱ 정서주의 ┼ (2) 도덕적 판단의 기준 ─────── 1) 인간의 욕망과 감정
        │           └ (3) 행위에 대한 동기 부여 기준 ┬ 1) 승인 감정
        │                                    └ 2) 부인 감정
        │
        └ Ⅲ 규범 윤리학
```

① Ⅰ-(2)는 글의 내용을 참고하여 '도덕적 판단의 기준'으로 수정한다.

② Ⅱ-(1)은 Ⅰ-(1)과 층위를 맞추어 '도덕적 판단의 비객관성'으로 수정한다.

③ Ⅰ-(3)과 Ⅱ-(3)은 하위 항목을 고려하여 '행위 유발 및 억제 요인'으로 수정한다.

④ Ⅰ-(3)-1)과 Ⅱ-(2)-1)은 상위 항목이 적절하지 않으므로 자리를 교체한다.

⑤ Ⅲ은 Ⅰ과 Ⅱ를 고려할 때 '메타 윤리학'의 하위 항목으로 적절하지 않으므로 삭제한다.

풀이 전략

1단계 먼저 제시문을 읽으며 '메타 윤리학'에 어떤 이론이 속하는지를 파악하며 Ⅰ, Ⅱ, Ⅲ 구조의 적절성을 판단한다. 그 다음 각 이론을 설명하는 문단의 중심 내용을 파악하며 (1), (2), (3) 구조가 Ⅰ, Ⅱ, Ⅲ 구조에 적합하게 작성되어 있는지를 확인한다. 마지막으로 (1), (2), (3)의 세부 내용을 확인하며 1), 2), 3)이 적절한지 비교하며 적절하지 않은 것을 찾으면 된다.

2단계 4문단 3 ~ 4번째 줄 '승인 감정은 ~ 결국 그것을 해야 한다는 동기 부여까지 직접 연결된다는 것이다. 부인 감정도 마찬가지로 작동한다'를 통해 승인 감정과 부인 감정 모두 개인이 윤리적 행위를 하게 하는 동기로 작용함을 알 수 있으므로 적절하지 않은 것은 ③이다.

유형 특징

1. 글의 흐름상 빈칸에 들어가기에 적절한 말을 추론할 수 있는 능력을 평가하기 위한 문제 유형이다.
2. 문맥상 들어갈 수 있는 단어나 문장을 묻는 문제가 출제되므로 빈칸이 속해 있는 문단뿐 아니라 글 전체의 내용을 정확하게 파악해두면 빈칸에 들어갈 말을 추론하는 데 도움이 된다.

대표 예제 다음 글의 문맥을 고려할 때, ㉠에 들어갈 말로 가장 적절한 것은?

쇼펜하우어는 우선 인식의 주체로서의 우리는 객체가 아니기에 인식될 수 없으며 따라서 근거율의 지배를 벗어나 있다고 말하고 있다. 근거율이란 우리가 인식의 주체로서 우리에게 주어져 있는 감각자료를 통합하여 객체로서 객관화하는 사유형식이기 때문에 그것은 객체에 적용될 뿐 인식의 주체에게는 적용될 수 없다. 물론 우리는 우리 내면에서 시간적으로 잇달아 일어나는 욕망이나 정서 등을 경험하며 그것들의 작용법칙을 파악할 수 있다. 그것들은 분명히 시간과 근거율의 지배 아래 존재한다. 그러나 이것들의 작용법칙을 파악하는 주관은 칸트가 말하는 것처럼 모든 표상에 필연적으로 동반하며 그 자체가 표상이나 객체가 될 수 없기 때문에 그것은 시간과 근거율의 지배에서 벗어나 있다.

"모든 것을 인식하지만 어떤 것에 의해서도 인식되지 않는 것이 바로 주체이다."

물론 쇼펜하우어는 우리의 이성은 객관화될 수 없음에도 불구하고 의지의 도구라고 보고 있다. 그것은 의지의 명령에 따라서 현상들의 작용법칙을 파악하면서 이것을 이용하여 의지가 자신의 의도를 관철할 수 있도록 도와준다. 그러나 이성이 그럼에도 불구하고 인간의 감정과 욕망들의 작용까지도 객관화하여 고찰할 수 있다는 것은 그것이 자신의 욕망에 대해서도 거리를 취할 수 있는 능력을 가지고 있다는 것을 의미한다.

쇼펜하우어는 우리의 인식이 이렇게 욕망에서 벗어날 수 있다는 사실은 이성이 때때로 욕망의 명령에 대해서 보이는 냉담한 반응에서도 확인해 볼 수 있다고 말하고 있다. 즉 우리의 의지는 어떤 것에 집중하고 싶어 하지만 우리의 이성이 잘 따라주지 않을 때가 있다. 그러다가 어느 날 갑자기 의지가 갖고 싶어 했던 좋은 생각이 우리의 이성에 갑자기 떠오를 수 있다. 쇼펜하우어는 이성은 이렇게 의지에 무조건적으로 복종하지 않는 것을 넘어서 의지를 지배하는 것으로 이행할 수 있다고 보고 있다.

쇼펜하우어는 『여록와 보유』에 실려 있는 「인생의 지혜」라는 글에서 사람들이 돈을 벌려고 안간 힘을 쓰는 것을 이해하는 식으로 말하고 있다. 이는 돈을 가지면 그것으로 다양한 욕망들을 충족시킬 수 있기 때문이다. 그러나 쇼펜하우어는 우리가 부를 기쁨으로 바꿀 줄 모른다면 우리는 결국은 불행하게 될 것이라고 말하고 있다. 부를 통해서 충족되는 욕망들은 그것들이 만족되더라도 권태로 귀착되거나 새로운 욕망을 불러일으킬 뿐이다. 부를 기쁨으로 바꾸려면 교양과 지혜가 필요하다. 그런데 이는 쇼펜하우어가 우리 인간에게는 부와 향락을 추구하는 욕망이 강하게 존재하지만 그러한 욕망을 또한 다스릴 수 있는 이성적인 지혜도 존재한다는 것을 인정하고 있다는 사실을 의미한다. 다시 말해서 쇼펜하우어는 '㉠_____'

이와 함께 쇼펜하우어는 우리의 이성적인 능력을 발휘함으로써 우리의 삶을 불행에서 기쁨으로 바꿀 수 있는 여러 가지 방법들을 제시하고 있다. 따라서 쇼펜하우어는 한편으로는 삶 자체가 고통이라고 말하고 있기도 하지만 사실은 우리가 삶에 대해서 우리가 어떤 태도를 취하느냐에 따라서 우리들의 삶이 보다 고통스러워질 수 있고 보다 덜 고통스러울 수 있다고 말하고 있는 셈이다. 이는 달리 말해서 쇼펜하우어 자신도 삶 자체가 고통이라고 말한다기보다는 고통의 원인은 우리가 우리에게 존재하는 이성적 능력이 감각적 욕망의 노예가 되어 있는 상태에 있고 이성적 능력을 이러한 노예상태에서 벗어나게 함으로써 우리는 비로소 행복해질 수 있다고 말하고 있는 것이다. 이 결과 쇼펜하우어는 놀랍게도 다시 플라톤이나 아리스토텔레스에서 이어지는 서양의 고전적 형이상학의 통찰을 받아들이게 되는 셈이다. 인간을 이성적 동물로 보는 서양의 고전적 형이상학에 대한 반발로 시작했던 쇼펜하우어의 철학도 결국은 인간의 행복이라는 문제를 진지하게 생각하면서는 고전적인 형이상학과 거의 유사한 이야기를 하게 되는 것이다.

① 우리 인간은 욕구에 지배당할 가능성이 높음을 인정하고 있는 것이다.

② 우리는 인식의 주체로서 감각을 충실히 받아들여야 함을 인정하는 것이다.

③ 우리의 이성은 의지에 종속되어 있는 것만은 아니라는 사실을 인정하고 있는 것이다.

④ 인간의 욕망이 권태로 귀결되지 않도록 논리적 욕구를 추구해야 함을 주장하는 것이다.

⑤ 우리가 삶의 고통에서 벗어나기 위해서는 주체성을 길러야 한다는 사실을 주장하고 있는 것이다.

풀이 전략

1단계 '쇼펜하우어'에 대한 글을 읽고 빈칸에 들어갈 수 있는 문장을 고르는 문제이다. 글 전체 내용을 이해한 후, ⊙ 앞의 '다시 말해서'라는 부사어를 고려했을 때 ⊙에 들어갈 적절한 말이 무엇일지 생각해본다.

2단계 '다시 말해서'는 앞에서 말한 것에 대해서 풀어서 말하는 것을 의미하므로, ⊙에는 앞에 나온 내용을 풀어서 설명하는 문장이 오는 것이 적절하다. ⊙ 앞에서 쇼펜하우어는 인간이 '부와 향락을 추구하는 욕망'을 강하게 가지고 있는 반면, 욕망을 다스릴 수 있는 이성적인 지혜도 가지고 있음을 말하고 있다. 따라서 ⊙에는 이성이 의지에 종속되어 있는 것만은 아니라는 내용이 오는 것이 적절하므로 답은 ③이다.

| 대표 기출 유형 | ⑦ 사회 - 전제 및 근거 추리

유형 특징

1. 제시된 글을 읽고 특정 명제의 전제나 조건, 근거 등을 추론하는 능력을 평가하기 위한 문제 유형이다.

2. 전제 및 근거 추리 문제를 해결하기 위해서는 먼저 글의 세부 내용을 파악해야 하며, 이를 바탕으로 주어진 명제가 성립하기 위해 어떤 근거나 전제가 필요한지 추론하는 연습을 꾸준히 할 필요가 있다.

대표 예제 ⊙의 근거로 가장 적절한 것은?

정부나 기업이 사업에 투자할 때에는 현재에 투입될 비용과 미래에 발생할 이익을 비교하여 사업의 타당성을 진단한다. 이 경우 물가 상승, 투자 기회, 불확실성을 포함하는 할인의 요인을 고려하여 미래의 가치를 현재의 가치로 환산한 후, 비용과 이익을 공정하게 비교해야 한다. 이러한 환산을 가능케 해 주는 개념이 할인율이다. 할인율은 이자율과 유사하지만 역으로 적용되는 개념이라고 생각하면 된다. 현재의 이자율이 연 10%라면 올해의 10억 원은 내년에는 (1 + 0.1)을 곱한 11억 원이 되듯이, 할인율이 연 10%라면 내년의 11억 원의 현재 가치는 (1 + 0.1)로 나눈 10억 원이 된다.

⊙ 공공사업의 타당성을 진단할 때에는 대개 미래 세대까지 고려하는 공적 차원의 할인율을 적용하는데, 이를 사회적 할인율이라고 한다. 사회적 할인율을 사회 구성원이 느끼는 할인의 요인을 정확하게 파악하여 결정하는 것이 바람직하나, 이것은 현실적으로 매우 어렵다. 그래서 시장 이자율이나 민간 자본의 수익률을 사회적 할인율로 적용하자는 주장이 제기된다.

시장 이자율은 저축과 대출을 통한 자본의 공급과 수요에 의해 결정되는 값이다. 저축을 하는 사람들은 원금을 시장 이자율에 의해 미래에 더 큰 금액으로 불릴 수 있고, 대출을 받는 사람들은 시장 이자율만큼 대출금에 대한 비용을 지불한다. 이때의 시장 이자율은 미래의 금액을 현재 가치로 환산할 때의 할인율로도 적용할 수 있으므로, 이를 사회적 할인율로 간주하자는 주장이 제기되는 것이다. 한편 민간 자본의 수익률을 사회적 할인율로 적용하자는 주장은, 사회 전체적인 차원에서 공공사업에 투입될 자본이 민간 부문에서 이용될 수도 있으므로, 공공사업에 대해서도 민간 부문에서만큼 높은 수익률을 요구해야 한다는 것이다.

그러나 시장 이자율이나 민간 자본의 수익률을 사회적 할인율로 적용하자는 주장은 수용하기 어려운 점이 있다. 우선 공공 부문의 수익률이 민간 부문만큼 높다면, 민간 투자가 가능한 부문에 군이 정부가 투자할 필요가 있는가 하는 문제가 제기될 수 있다. 더욱 중요한 것은 시장 이자율이나 민간 자본의 수익률이, 비교적 단기적으로 실현되는 사적 이익을 추구하는 자본 시장에서 결정된다는 점이다. 반면에 사회적 할인율이 적용되는 공공사업은 일반적으로 그 이익이 장기간에 걸쳐 서서히 나타난다. 이러한 점에서 공공사업은 미래 세대를 배려하는 지속 가능한 발전의 이념을 반영한다. 만일 사회적 할인율이 시장 이자율이나 민간 자본의 수익률처럼 높게 적용된다면, 미래 세대의 이익이 저평가되는 셈이다. 그러므로 사회적 할인율은 미래 세대를 배려하는 공익적 차원에서 결정되는 것이 바람직하다.

① 사회적 할인율이 수요와 공급에 의해 결정되는 경우
② 민간 부문의 투자가 미래 세대의 이익을 고려하는 경우
③ 민간 투자와 공공 투자가 동일한 가치로 평가되는 경우
④ 민간 부문 사업이 공공 부문 사업보다 투자자가 많은 경우
⑤ 공공사업의 수익률을 평가하는 데 오랜 시간이 걸려야 하는 경우

풀이 전략　　**1단계**　먼저 문제 지시문과 밑줄 친 부분을 통해 공공사업에 공적 차원의 할인율이 적용되는 근거를 찾는 문제임을 파악한다. 그 후 제시된 글을 읽으며 '공공 투자'와 '사회적 할인율'과 같은 주요 개념에 대해 이해한 다음 ㉠의 근거로 적절한 것을 찾으면 된다.

　　2단계　마지막 문단의 4 ~ 5번째 줄 '사회적 할인율이 적용되는 공공사업은 일반적으로 그 이익이 장기간에 걸쳐 서서히 나타난다'에서 공공사업의 수익률은 민간 자본의 수익률과 달리 장기간에 걸쳐 서서히 나타나기 때문에 민간 부문에는 시장 이자율을 적용하는 것과 달리 공공사업에는 사회적 할인율을 적용함을 알 수 있다. 따라서 답은 ⑤이다.

| 대표 기출 유형 | ⑧ 예술 - 구체적 상황에 적용

유형 특징

1. 다양한 학술문을 읽고 구체적인 상황 또는 그림 등에 학술문의 내용을 적용할 수 있는 능력을 평가하기 위한 문제 유형이다.

2. 구체적인 상황으로는 실제 사례나 그림 등의 다양한 자료가 제시되므로, 이 자료에 글의 내용이 반영되어 있는지를 중심으로 선택지를 확인하면 된다.

대표 예제　　**다음 글을 참고하여 <보기>를 이해한 내용으로 가장 적절한 것은?**

　　선암사(仙巖寺) 가는 길에는 독특한 미감을 자아내는 돌다리인 승선교(昇仙橋)가 있다. 승선교는 번잡한 속세와 경건한 세계의 경계로서 옛사람들은 산사에 이르기 위해 이 다리를 건너야 했다. 승선교는 가운데에 무지개 모양의 홍예(虹霓)를 세우고 그 좌우에 석축을 쌓아 올린 홍예다리로서, 계곡을 가로질러 산길을 이어 준다.

　　홍예는 위로부터 받는 하중을 좌우의 아래쪽으로 효과적으로 분산시켜 구조적 안정성을 얻을 수 있기 때문에 예로부터 동서양에서 널리 활용되었다. 홍예를 세우는 과정은 홍예 모양의 목조로 된 가설틀을 세우고, 그 위로 홍예석을 쌓아 올려 홍예가 완전히 세워지면, 가설틀을 해체하는 순으로 이루어진다. 홍예는 장대석(長臺石)의 단면을 사다리꼴로 잘 다듬어, 바닥에서부터 상부 가운데를 향해 차곡차곡 반원형으로 쌓아올린다. 모나고 단단한 돌들이 모여 반원형의 구조물로 탈바꿈함으로써 부드러운 곡선미를 형성한다. 또한 홍예석들은 서로를 단단하게 지지해 주기 때문에 특별한 접착 물질로 돌과 돌을 이어 붙이지 않았음에도 견고하게 서 있다.

승선교는 이러한 홍예와 더불어, 홍예 좌우와 위쪽 일부에 주위의 막돌을 쌓아 올려 석축을 세웠는데 이로써 승선교는 온전한 다리의 형상을 갖게 되고 사람이 다닐 수 있는 길의 일부가 된다. 층의 구분이 없이 무질서하게 쌓인 듯 보이는 석축은 잘 다듬어진 홍예석과 대비가 되면서 전체적으로는 변화감 있는 조화미를 이룬다. 한편 승선교의 홍예 천장에는 용머리 모양의 장식 돌이 물길을 향해 돌출되어 있다. 이런 장식은 용이 다리를 건너는 사람들이 물로부터 화를 입는 것을 방지한다고 여겨 만든 것이다.

계곡 아래쪽에서 멀찌감치 승선교를 바라보자. 계곡 위쪽에 있는 강선루(降仙樓)와 산자락이 승선교 홍예의 반원을 통해 초점화되어 보인다. 또한 녹음이 우거지고 물이 많은 계절에는 다리의 홍예가 잔잔하게 흐르는 물 위에 비친 홍예 그림자와 이어져 원 모양을 이루고 주변의 수목들의 그림자도 수면에 비친다. 이렇게 승선교와 주변 경관은 서로 어우러지며 극적인 합일을 이룬다. 승선교와 주변 경관이 만들어 내는 아름다움은 계절마다 그 모습을 바꿔 가며 다채롭게 드러난다.

승선교는 뭇사람들이 산사로 가기 위해 계곡을 건너가는 길목에 세운 다리다. 그러기에 호사스러운 치장이나 장식을 할 까닭은 없었을 것이다. 그럼에도 이 다리가 아름다운 것은 주변 경관과의 조화를 중시하는 옛사람들의 자연스러운 미의식이 반영된 덕택이다. 승선교가 오늘날 세사의 번잡함에 지친 우리에게 자연의 소박하고 조화로운 미감을 선사하는 것은 바로 이 때문이다.

─〈 보기 〉─

옥천교(玉川橋)는 창경궁(昌慶宮)의 궁궐 정문과 정전 사이에 인위적으로 조성한 금천(禁川) 위에 놓여 있다. 이 다리는 지엄한 왕의 공간과 궁궐 내의 일상적 공간을 구획하는 경계였고 임금과 임금에게 허락을 받은 자들만이 건널 수 있었다. 옥천교는 두 개의 홍예를 이어 붙이고 홍예와 석축은 모두 미려하게 다듬은 돌로 쌓았다. 또 다리 난간에는 갖가지 조각을 장식해 전체적으로 장중한 화려함을 드러내었다. 두 홍예 사이의 석축에는 금천 바깥의 사악한 기운이 다리를 건너 안으로 침범하는 것을 막기 위해 도깨비 형상을 조각했다.

① 승선교는 옥천교에 비해 이용하는 사람이 많지 않았겠군.
② 승선교와 옥천교의 홍예는 모두 잘 다듬어진 돌을 사용하였군.
③ 옥천교는 인위적인 지형으로 인해 홍예를 두 개 만들어야 했군.
④ 승선교는 옥천교에 비해 자연친화적이고 장식적인 성격을 띠는군.
⑤ 승선교와 옥천교는 모두 홍예 천장에 상상 속의 존재가 조각되어 있군.

풀이 전략

1단계 글의 내용을 토대로 '승선교'와 <보기>의 '옥천교'를 비교하는 문제이다. 먼저 글을 읽고 '승선교'의 건축 방식과 특징을 파악한 후, <보기>의 '옥천교'에 대한 설명과 선택지를 대조하여 적절한 선택지를 고르면 된다.

2단계 2문단 3 ~ 4번째 줄 '홍예는 장대석(長臺石)의 단면을 사다리꼴로 잘 다듬어'와 <보기> 3번째 줄 '홍예와 석축은 모두 미려하게 다듬은 돌로 쌓았다'를 통해 '승선교'와 '옥천교'의 홍예에는 모두 잘 다듬어진 돌이 사용되었음을 알 수 있으므로, 글을 바탕으로 <보기>를 이해한 것으로 가장 적절한 것은 ②이다.

유형 특징

1. 다양한 학술문을 읽고 글에 직접적으로 드러나지 않는 필자의 생각이나 의도, 태도 등을 파악할 수 있는 능력을 평가하기 위한 문제 유형이다.

2. 내용 추론 문제를 해결하기 위해서는 글의 내용을 정확히 이해하고, 밑줄 친 부분의 앞뒤 내용을 토대로 밑줄 친 내용의 의미를 유추하는 방법이 도움이 된다. 또한 글에 드러난 의미뿐 아니라 드러나지 않은 의미도 파악하는 연습을 해 두는 것도 중요하다.

대표 예제 ㉠을 통해 알 수 있는 '과학기술'에 대한 글쓴이의 태도로 적절한 것은?

㉠ 현대사회가 과학이론과 각종 기술에 의해 뒷받침되고 있다는 사실은 과학자와 사회학자의 묵계(默契)*에 고개를 갸웃거리게 한다. 과학기술은 이미 우리 생활 깊숙이 들어와 있을 뿐 아니라 때로는 사고방식까지 좌우하기도 한다. 주변을 둘러보라. 각종 가전제품과 가구, 신발, 종이와 펜, 전자제품 등 눈으로 볼 수 있는 것들은 물론 상하수도 시설, 전기 설비, 건축물, 도로시설, 교통시설 등 눈에 잘 띄지 않는 것에 이르기까지 과학기술의 성과물이 아닌 것을 찾기 힘들 지경이다. 이런 것들은 단지 사회생활의 배경에 불과한가? 전기와 상하수도가 없는 현대의 도시 생활을 상상할 수 있는가? 이런 조건에서 과학자와 사회학자가 자신의 영역만 고집한 채 나 몰라라 하는 것이 과연 바람직하며, 심지어 가능하기나 한 일일까?

이뿐만이 아니다. 과학기술은 법정에서 형사나 민사 사건에 대한 판결을 내릴 때도 핵심적 근거이다. 예를 들어 현장의 혈흔에서 추출한 DNA를 살인의 증거로 채택할 것인지를 두고 재판정에서 공방이 벌어졌을 때, 또는 특허권 분쟁이 일어났을 때, 판사는 과학자의 의견을 경청할 수밖에 없다. 법정은 사회적으로 다툼이 발생했을 때 최종적으로 판가름을 하는 곳이다. 이런 곳에서조차 과학의 영향력이 절대적이라면 다른 곳에서는 말할 필요조차 없지 않을까.

흔히 현대사회를 '과학기술 중심사회'라고 한다. 컴퓨터와 휴대전화 없는 생활은 상상하기 힘들어졌으며, 이전과는 비교할 수 없을 정도로 과학기술은 우리의 사고방식이나 생활양식에 커다란 영향을 미친다. 휴대전화가 없던 시절에는 친구와 만나려면 장소와 시간을 꼼꼼히 챙겨야 했지만 이제는 굳이 그럴 필요가 없어졌다. 또한 친구의 전화번호를 일일이 기억하지 않아도 된다. 심지어 휴대전화를 잠시라도 손에서 놓으면 불안해지는 '휴대전화 중독증'까지 등장했다. 또한, 가까운 친구들과 문자를 끊임없이 주고받으며 관계를 유지하는 젊은이들의 풍속도가 사회학자와 문화연구가들의 관심거리가 된 지 오래이다. 휴대전화를 하나의 예로 들었지만, 이는 현대의 많은 과학기술에 대부분 적용할 수 있는 변화이다. '단지' 과학기술의 발전 때문이 아니라 과학기술이 우리의 생활양식과 사고방식의 중심에 자리 잡고 있는 것이다. 과학기술이 없는 삶은 더 이상 상상하기 힘들어졌을 뿐만 아니라 우리의 삶과 사고방식까지 근본적으로 뒤바꿔놓았다. 이처럼 과학기술이 사회에 미치는 영향이 과거 어느 때보다 커진 지금, 과학이 사회와 무관하다는 주장은 타당성이 없어 보인다.

그러나 과학의 사회적 영향을 인정하더라도 과학과 사회의 연관성을 부정하는 주장은 여전히 있을 수 있다. 과학활동의 결과는 사회에 영향을 미치지만, 과학활동 그 자체는 사회와 무관하다는 주장이 그것이다. 가령 DNA 분석결과는 재판결과에 커다란 영향을 미칠 수 있지만, DNA를 분석하는 과정이나 그런 분석법의 개발은 순수하게 과학자들에 의해 실험실에서 이루어지기 때문이다.

예를 들어, 미국의 인기 드라마 <CSI 과학 수사대>에서 자주 볼 수 있는 'DNA 지문분석법'은 실제 범죄수사에서도 중요하게 사용된다. 이것은 1984년 영국 레스터대학의 알렉 제프리 교수가 'DNA에도 지문처럼 개인의 고유한 특성이 담겨 있다'는 사실을 발견하여 개발에 성공할 수 있었다. 이처럼 DNA 연구결과가 범죄수사에 영향을 미친다 해도 DNA에 대한 연구활동 자체는 사회와 무관하다고 볼 수 있지 않을까?

* 묵계(默契): 말 없는 가운데 뜻이 서로 맞음. 또는 그렇게 하여 성립된 약속

① 과학기술은 현대사회 전반에 영향을 미치며 존재한다.

② 과학 실험과 사회 실험은 서로 영향을 주고받는 연구 분야이다.

③ 과학기술은 사회의 필요와 무관하게 독립적인 개체로 발전해 왔다.

④ 과학기술의 발전 수준으로 현대사회의 생활수준을 설명할 수 있다.

⑤ 과학기술은 과학에 사회적 기준이 적용되지 않을 때 더 발전할 수 있다.

풀이 전략

1단계 글 전체의 내용을 토대로 ㉠에서 드러나는 글쓴이의 '과학기술'에 대한 태도를 파악하는 문제이다. 글을 읽으며 글쓴이가 과학기술을 어떻게 생각하는지를 찾아 정리한 후, 선택지의 내용과 대조하며 풀면 된다.

2단계 ㉠에서 글쓴이는 현대사회의 기반에 과학 이론과 관련 기술이 있다는 점에 의문을 표하고 있다. 그 이유는 2문단 1번째 줄, 3문단 2번째 줄과 끝에서 3 ~ 4번째 줄을 통해 알 수 있듯 과학기술이 현대사회에서 법의 영역이나 일상생활 영역을 가리지 않고 사회 전반을 지탱할 뿐만 아니라, 지탱하는 것 이상으로 사람들에게 영향을 미치고 있다고 생각하기 때문이다. 따라서 ㉠을 통해 알 수 있는 '과학기술'에 대한 글쓴이의 태도로 적절한 것은 ①이다.

[관련 부분]

• 과학기술은 법정에서 형사나 민사 사건에 대한 판결을 내릴 때도 핵심적 근거이다.

• 과학기술은 우리의 사고방식이나 생활양식에 커다란 영향을 미친다.

• 과학기술이 우리의 생활양식과 사고방식의 중심에 자리 잡고 있는 것이다.

1 사실적 읽기

1. 개념

글에 드러난 정보와 글의 구성단위들 간의 관계를 바탕으로 중심 내용, 주제, 글의 구조와 전개 방식 등 사실적 내용을 파악하는 독해 방법이다.

2. 특징

(1) 사실적 읽기가 추론적, 비판적 읽기의 바탕이 된다.

(2) 글의 내용을 파악하기 위해서는 우선 그 글을 구성하는 단어의 뜻을 이해하고, 그 단어들로 구성된 문장의 뜻을 파악해야 한다. 그리고 문장들이 어떤 의미 관계로 이어져서 문단을 구성하는지 알아야 한다.

3. 세부 출제 유형

(1) 단어, 문장, 문단 등 글을 구성하는 각 단위의 내용과 그들 사이의 관계를 파악한다.

(2) 지식과 경험, 글에 나타난 정보, 맥락 등을 이용하여 글의 중심 내용을 파악한다.

(3) 글의 전개 방식과 구조적 특성을 파악한다.

(4) 독서 목적에 따라 글의 특정 부분을 선별하여 정보를 파악한다.

(5) 글의 내용을 자기 말로 목적에 맞게 필요한 분량으로 요약한다.

2 추론적 읽기

1. 개념

글에 생략된 내용, 숨겨진 주제, 필자의 의도와 목적, 장면이나 분위기 등을 추론하는 독해 방법이다.

2. 특징

생략된 내용이나 숨겨진 내용을 추론할 때에는 글에 제시된 정보, 언어적 표지, 구조, 문체 등 글의 구성 요소를 분석하고 종합해야 한다.

3. 세부 출제 유형

(1) 지식과 경험, 표지, 문맥 등을 이용하여 생략된 내용을 추론한다.

(2) 필자의 의도, 목적, 숨겨진 주제 등을 추론한다.

(3) 여러 가지 관점에서 글의 내용을 분석하고 종합한다.

3 비판적 읽기

1. 개념

글의 내용이나 자료, 글에 드러난 관점, 글에 쓰인 표현 방법, 필자의 생각이나 의도, 신념을 비판하며 읽는 독해 방법이다.

2. 특징

(1) 글의 내용이 바르고 정확한지 타당성 측면에서 검토해야 한다.

(2) 글의 내용이 어느 한쪽으로 치우치지 않고 공정하게 다루어지고 있는지 공정성 측면에서 검토해야 한다.

(3) 글에 제시된 자료들의 출처가 분명하고 사실에 부합하여 정확성을 유지하고 있는지 검토해야 한다.

(4) 공감할 수 있는 부분과 반박할 부분이 있는지 검토해야 한다.

3. 세부 출제 유형

(1) 내용의 타당성과 공정성을 판단한다.

(2) 자료의 정확성과 적절성을 판단한다.

(3) 글에서 공감하거나 반박할 부분을 찾고, 필자의 생각을 비판한다.

(4) 필자의 가치관이나 글의 배경이 되는 사회·문화적 이념을 비판한다.

(5) 글의 구성 및 표현의 적절성과 효과를 비판한다.

(6) 주제나 글감이 유사한 글을 찾아 읽고 관점이나 구성 등을 비교한다.

✔ 기출 포인트 Check Check

다음 물음을 읽고, 적절한 것은 ○, 적절하지 않은 것은 × 표시하시오.

01 글의 전개 방식과 구조적 특성을 파악하며 읽는 것은 사실적 읽기에 해당한다. (○, ×)

02 여러 가지 관점에서 글의 내용을 분석하고 종합하며 읽는 것은 비판적 읽기이다. (○, ×)

03 비판적 읽기의 기준으로는 내용의 타당성과 공정성, 자료의 정확성과 적절성 등이 있다. (○, ×)

정답 | 01 ○ 02 ×, 추론적 읽기 03 ○

출제예상문제

[01 ~ 02] 다음 글을 읽고 물음에 답하시오.

　사회심리학에서는 다른 사람의 시선을 느끼는 정도를 자기의식이라고 부른다. 다른 사람의 시선을 의식하게 되면 다른 사람의 시선에 비친 자기 모습을 의식하게 된다는 의미에서 자기의식이라는 이름이 붙여졌다. 자기의식이란 일종의 성격이기 때문에 쉽게 바뀌지 않는다. 나이가 들어가면서 서서히 바뀔 뿐이다. 물론 노력 여하에 따라 어느 정도는 바꿀 수 있기는 하다.

　모든 일이란 게 그렇지만 지나쳐서 좋을 것은 하나도 없다. 자기의식 역시 마찬가지이다. 자기의식이 너무 높은 사람은 다른 사람과 마주하는 상황만 생각하더라도 긴장이 된다. 생각만으로도 이러다 보니 직접 사람과 마주할 때 어떤 모습을 보여줄지는 상상하기 어렵지 않다. 특히 마주한 사람이 상대하기 어렵거나 거북한 사람이라면 제대로 대화를 이루어가지 못할 정도로 긴장하는 것이다. 상대방에 비친 자신의 모습만을 생각하는 나머지 정작 자기를 제대로 표현하지를 못하기 때문이다. 자기의식이 너무 높다 보면 대인 불안에 빠지기 쉽다.

　자기의식이 너무 낮은 사람 역시 좋을 것은 별로 없다. 대인관계에서는 상대방의 반응을 살펴 가면서 언동을 조절해 나갈 필요가 있다. 자기가 하고 싶은 대로 행동하고 말을 할 수는 없다는 이야기이다. 이러기 위해서는 다른 사람의 시선과 반응에 신경을 쓸 수밖에 없다. 다른 사람의 시선과 반응에 따라 이쪽의 언동을 조절해 갈 필요가 있기 때문이다. 자기의식이 너무 낮은 사람은 다른 사람의 반응을 완벽하게 무시한다. 무시하고 싶어서 무시하는 것이 아니라 그런 식으로 행동해 왔기 때문에 자연스레 무시하는 것이다. 자기의식이 너무 낮은 사람은 스스로의 대인관계에는 아무런 문제가 없다고 착각하기 쉽다. 하지만 이것은 말 그대로 착각일 뿐이다. 상대는 말을 안 할 뿐, 속으로는 '뭐 이런 사람이 다 있나'라고 생각하기 마련이다.

　자기의식이 높은 사람이 대인관계에서 어려움을 느끼기는 하지만 대인관계 자체가 불가능한 것은 아니다. 자기의식이 높은 사람이 특히 힘들게 느끼는 경우는 단 두 사람만 있는 상황이다. 상대의 시선, 정확히 말하면 상대의 시선에 비친 자기 모습만 의식하다 보니 제대로 된 대화조차 이끌어 가기가 힘들기 때문이다.

　자기의식이 너무 높은 사람은 다수가 있는 상황에서는 오히려 편하다. 의식해야 할 시선이 분산되기 때문이다. 이러한 상황에서는 타인의 시선을 잘 의식한다는 것이 장점으로 작용하기도 한다. 타인을 골고루 배려하며 갈등을 조정하면서 모임의 화목을 이끌어 낼 수 있기 때문이다. 따라서 자기의식이 지나치게 높지 않다면 사회생활 하기는 오히려 편한 경우도 있다.

　반면 자기의식이 낮은 사람은 조직의 입장에서 본다면 장애물이다. 다른 사람의 시선을 고려하지 않고 자기 본위의 말과 행동을 거침없이 해대기 때문이다. 인화를 해치기 딱 좋은 사람이다. 문제는 이런 사람일수록 본인이 인화를 해치고 있다는 것을 모르고 있을 때가 많다는 것이다. 특히 자기의식이 낮은 사람을 상사로 둔다면 직장생활은 고달플 각오를 해야 할 것이다.

　정신 건강 면에서 본다면 자기의식이 낮은 사람이 높은 사람보다 오히려 건강하다. 타인의 시선을 의식하지 않기 때문에 보통 사람보다 걱정할 거리가 확실하게 줄어들기 때문이다.

　㉠ 자기의식이 높은 사람은 정신 건강 면에서 좋지 않다. 잘못하다 보면 대인불안으로 발전하기도 쉽다. 그뿐 아니라 특히 직장생활 같은 공적 생활에서 친밀한 관계를 맺기가 어렵기 때문에 속을 터놓을 수 있는 사람이 없을 때도 많다. 또한 남의 시선에 비친 삶을 살다 보니 행복감을 느끼지 못할 때도 많다.

　이처럼 다른 사람의 시선을 느끼는 정도는 우리의 관계뿐 아니라 행복감을 결정하기도 한다. 따라서 자신이 너무 남을 의식한다고 생각되는 사람이라면 그 정도를 낮추어 갈 필요가 있다. 한 가지 분명한 것은 내가 생각하는 만큼 다른 사람이 나를 주목하고 있지 않다는 것. 이것만 확실하게 알아 두어도 다른 사람들의 시선을 얼마든지 이길 수 있다.

01 윗글의 제목으로 가장 적절한 것은?

① 자기의식의 정의와 두 가지 유형

② 정신 건강과 자기의식의 상관관계

③ 인간이 타인의 시선에 예민한 이유

④ 현대인에게 자기의식이 미치는 영향

⑤ 행복해지기 위해 자기의식을 조절하는 방법

02 <보기>를 바탕으로 ㉠의 이유를 설명한 내용으로 가장 적절한 것은?

─〈 보 기 〉─

시선이 관계에 영향을 줄 때 대개 우리는 시선을 받는 객체이기 쉽다. 하지만 우리는 항상 시선의 객체로만 머무르는 것은 아니다. 적극적으로 다른 사람을 쳐다보는 시선의 주체일 때도 있다는 이야기이다. 우리가 시선의 객체보다는 주체가 될 때가 더 관계에 큰 영향을 준다. 우리가 시선의 주체가 되는 가장 흔한 경우는 아마 우리가 자신을 다른 사람과 비교하는 비교의 순간일 것이다.

① 시선의 객체가 되는 것보다 주체가 되는 쪽을 편하게 여기기 때문이다.

② 시선의 객체가 될 때 자기의 모습을 모두 보여주기 어려워하기 때문이다.

③ 다른 사람을 적극적으로 바라볼 때 그들을 배려하려고 끊임없이 노력하기 때문이다.

④ 타인에게 비치는 자신의 모습과 자기가 인식하는 자신의 모습을 비교하기 때문이다.

⑤ 자신을 시선의 객체로 대하는 사람들의 수에 따라 대인관계의 편안함이 달라지기 때문이다.

[03 ~ 04] 다음 글을 읽고 물음에 답하시오.

한국 전통 건축의 특성 중 하나는 비대칭 구성이다. 궁궐, 서원, 향교, 한옥 모두 전체 배치를 놓고 보면 좌우 대칭인 경우가 거의 없을 정도로 철저하게 비대칭으로 구성되어 있다. 궁궐은 정전 앞, 서원과 향교는 대성전 앞마당에 부분적으로 대칭 구도가 나타나긴 하지만, 이 경우도 역시 전체의 배치를 놓고 보면 누군가가 일부러 건물들을 조금씩 옮겨 놓은 듯 주변으로 확산되어 가면서 대칭 구도는 여지없이 깨지고 있다.

궁궐같이 전각의 수가 많고 영역의 규모가 큰 경우에는 대칭을 지키기가 어려운 것이 사실이다. 그러나 그렇게 큰 규모임에도 불구하고 대칭 구도로 지어진 건축물은 얼마든지 있다. 서양의 베르사유 궁전이나 루브르 궁전 등이 이에 해당한다. 이는 궁궐같이 큰 규모의 건축물일지라도 대칭 구도로 짓는 것이 가능하다는 것을 잘 보여 준다. 이렇게 볼 때 한국 전통 건축에 나타나는 비대칭 구도는 대칭 구도를 의도적으로 피한 결과로 해석할 수 있다.

건축을 땅 위에 인간 세계만의 새로운 질서를 세우는 작업이라고 보았을 때, 대칭 구도는 가장 먼저 생각해 낼 수 있는 질서 가운데 하나이다. 이런 이유로 인해 건물을 대칭으로 짓는 것이 세계 각국의 일반적인 현상이다. 특히 정형적 질서를 추구했던 서양 고전 건축의 경우 대칭 구도에 대한 선호는 강박 관념에 가까울 정도로 심하게 나타난다.

이처럼 보편적 현상에 가까운 대칭 구도를 유독 한국 전통 건축에서는 찾아보기 힘든 이유가 무엇일까? 무엇보다도 주변의 자연 지세(地勢)에 순응했기 때문이다. 구릉이 흐르고 계곡이 파이며 때로는 물길이 나 있는 자연 지세에 맞추다 보면, 대칭 구도는 자연히 피할 수밖에 없게 된다. 이것은 자연을 인간의 선인 직선으로 정지(整地)하고 재단함으로써 그 위에 인간만의 새로운 질서를 세우려던 서양 고전 건축의 자연관과는 분명히 구별되는 한국 전통 건축의 자연관에서 나온 현상이다. 이처럼 주변의 지세를 좇아 물 흐르듯 자연스럽게 건물을 배치하는 경향은 한국 전통 건축만이 지니는 큰 특징 가운데 하나이다.

이와 같은 친자연적 건축관(建築觀)은 한국 전통 건축이 비대칭적 경향을 띠는 이유 가운데 가장 많은 사람이 동의하고 있는 사항이다. 그러나 이것만이 전부는 아니다. 왜냐하면 평지에 지어진 건물의 경우에도 비대칭적 경향이 두드러지게 나타나기 때문이다. 물리적으로 보았을 때, 대칭이 허용되는 경우인데도 이처럼 비대칭적 경향이 나타나는 것은 한국 전통 건축에서 ⬚⬚⬚ ⓐ ⬚⬚⬚.

그 이유는 '비대칭적 대칭'이라는 역설적인 개념으로부터 이끌어 낼 수 있다. 비대칭의 의미는 여러 가지로 해석될 수 있다. 대칭이라는 정형적 질서에 반대하여 의도적으로 질서를 흐트러뜨리려는 무질서를 의미할 수도 있다. 그러나 비대칭에 이러한 의미만 있는 것은 아니다. 비대칭에는 좌우 모습이 거울에 비치듯 똑같지는 않지만 전체적으로 보았을 때는 큰 균형감이 느껴지는 경우도 있다. 이것은 산만한 혼란으로 나타나는 무질서적 비대칭과 달리 그 나름대로 고도의 질서를 갖는 또 하나의 대칭이다. 한국 전통 건축에 나타나는 비대칭이 바로 이런 경우에 해당한다.

03 문맥상 ⓐ에 들어갈 말로 가장 적절한 것은?

① 비대칭이 대칭보다 더 선호되었음을 의미한다.

② 비대칭이 대칭보다 우수하다고 생각했음을 의미한다.

③ 대칭을 이루기 어려운 규모가 큰 건물이 많았음을 의미한다.

④ 무질서함을 경계하자는 의미를 건축물에 담고 싶어 했음을 의미한다.

⑤ 인위적인 선으로는 건축물을 섬세히 표현할 수 없다고 생각했음을 의미한다.

04 윗글의 관점에서, <보기>의 이유를 파악한 것으로 가장 적절한 것은?

〈 보 기 〉

조선 시대 건축물 중에는 각 건물이 비대칭적으로 배치되어 있는 것들이 많다.

① 오랜 시간을 두고 천천히 지어졌기 때문이다.

② 잦은 전쟁으로 건물의 복구가 많이 일어난 결과이다.

③ 건축물의 좌우 대칭을 측정할 기술이 없었기 때문이다.

④ 주변의 지세와 조화를 이루는 건축물을 지향했기 때문이다.

⑤ 세계의 보편적 문화를 거부하고 독자적 문화를 형성했기 때문이다.

[05 ~ 06] 다음 글을 읽고 물음에 답하시오.

지질학에서는 암석의 상대적 나이를 파악하기 위한 몇 개의 법칙이 있다. 우선, '누중의 법칙'은 먼저 쌓인 지층이 아래에 있고, 나중에 쌓인 지층이 뒤집어지지 않는 한, 먼저 쌓인 층의 위에 쌓인다는 법칙이다. 이 법칙은 퇴적층의 두 가지 원리, '지층수평성의 원리'와 '측방연속성의 원리'를 이해하면 분명해진다.

지층수평성의 원리는 퇴적암의 지층은 수평으로 쌓인다는 원리이다. 바닥이 솟아나거나 움푹 깊어진 곳이 있다고 하더라도 규모가 작으면 퇴적층에 묻히고, 크면 그런 곳에 쌓인 퇴적층으로 인해 바닥은 수평이라고 보아도 될 정도로 평탄해진다. 측방연속성의 원리는 수평으로 쌓인 지층은 한계상황—퇴적층이 점차 얇아져 없어지거나, 크기가 다른 지층으로 변하거나, 퇴적지역을 제한하는 해안선 같은 장애물을 만나는 것—을 만나지 않는 한 옆으로 계속된다는 원리이다. 나아가 이 법칙을 통해 퇴적 현상이 연속되면 시간도 연속된다는 것을 알 수 있다.

'관입의 법칙'은 화강암처럼 깊은 곳에서 만들어지는 암석이 둘레에 있는 암석 속으로 파고 들어가는 것을 말한다. 암석이 암석을 파고 들어간다는 것이 이상하게 들리겠지만 사실이다. 예를 들어 지하 깊은 곳에서는 열과 압력이 높아 암석들이 녹아 액체 상태가 된다. 암석이 녹은 액체를 마그마라고 하는데, 그것이 둘레의 약한 암석을 뚫고 들어가는 현상이 관입이다. 이것은 관입당한 암석과 관입한 암석 사이에 시간의 선후 관계를 밝혀준다.

한편, 대부분의 퇴적 현상에서는 특별한 경우가 아니면 퇴적물이 연속해서 쌓인다. 맞닿아 있는 퇴적암의 두 지층이 연속으로 쌓였을 때에, 두 지층 사이의 관계를 정합이라고 한다. 그런데 맞닿아 있는 두 지층 사이에 긴 시간 동안 퇴적이 중단된 증거를 발견하게 되면, 그 두 지층의 관계를 부정합이라 한다.

그러면 두 지층 사이에 긴 시간의 간격이 있다는 것을 어떻게 알 수 있을까. 맞닿아 있는 두 지층의 관계를 보아 알 수 있다. 상하 두 지층의 지질구조가 뚜렷이 다르면 부정합을 생각해야 한다. 아래층은 70° 정도로 경사진 반면 위의 지층이 거의 수평이라면, 이 두 지층은 연속으로 쌓인 것이 아니다. 그리고 아래 지층이 조산운동으로 습곡*된 다음 융기해 침식되고, 침강한 후 위의 지층이 퇴적되는데 이 두 지층 사이에 자갈층이 형성되어 있다면 긴 시간 동안 퇴적이 중단된 근거이다. 또한, 두 지층에서 화석들의 생존 시기가 현저히 다르다면 그 두 지층의 퇴적 시기가 현저히 다르다고 봐야 한다. 이런 원리들을 통해 우리는 지층 구조가 어떤 과정을 거쳐 현재의 모습이 되었는지 추정할 수 있게 된다.

*습곡: 퇴적암에 생긴 물결 모양의 기복 또는 굴곡

05 윗글의 내용과 일치하지 않는 것은?

① 화석은 지층의 나이를 판단하는 근거가 될 수 있다.

② 퇴적층이 해안선과 만나면 지층은 해안선을 따라 옆으로 쌓이게 된다.

③ 관입의 법칙으로 관입한 암석이 관입당한 암석보다 역사가 짧음을 알 수 있다.

④ 두 지층의 경사 차이가 클 경우 두 지층의 퇴적 시기에 차이가 있음을 알 수 있다.

⑤ 지층수평성의 원리에 따르면, 퇴적층에 크게 움푹 파인 곳이 생기면 그곳에 주변보다 더 많은 퇴적물이 쌓이게 된다.

06 윗글의 서술상의 특징으로 적절하지 않은 것은?

① 기본 개념을 제시하여 지층이 퇴적되는 원리를 설명하고 있다.

② 부정합에 해당하는 상황의 예를 들어 내용을 구체화하고 있다.

③ 해당 원리를 통해 알 수 있는 정보를 언급하여 문단을 마무리하고 있다.

④ 예상되는 독자의 반응을 언급한 뒤 이에 대한 예를 들어 독자의 이해를 돕고 있다.

⑤ 예외적 상황에 대한 사례를 들어 지층 퇴적 양상은 예측하기 어려움을 강조하고 있다.

정답 및 해설 p.153

03 실용

○ 대표 기출 유형 공략

| 대표 기출 유형 | ① 교술 - 정보 확인

유형 특징

1. 안내문, 교술 등과 같은 실용문에 제시된 정보를 정확하게 파악하는 능력을 평가하기 위한 문제 유형이다.

2. 안내문, 교술 등 다양한 실용문에 담긴 내용을 이해하기 위해서 핵심어나 중심 내용에 밑줄을 그으며 표시하거나 중요한 내용을 메모하며 읽으면 좋다.

대표 예제 다음 글에 대한 설명으로 적절하지 <u>않은</u> 것은?

> 소백산 기슭 부석사의 한낮, 스님도 마을 사람도 인기척이 끊어진 마당에는 오색 낙엽이 그림처럼 깔려 초겨울 안개비에 촉촉이 젖고 있다. 무량수전, 안양문, 조사당, 응향각들이 마치 그리움에 지친 듯 해쓱한 얼굴로 나를 반기고, 호젓하고도 스산스러운 희한한 아름다움은 말로 표현하기가 어렵다. 나는 무량수전 배흘림기둥에 기대서서 사무치는 고마움으로 이 아름다움의 뜻을 몇 번이고 자문자답했다.
>
> 무량수전은 고려 중기의 건축이지만, 우리 민족이 보존해 온 목조 건축 중에서는 가장 아름답고 오래된 건물임이 틀림없다. 기둥 높이와 굵기, 사뿐히 고개를 든 지붕 추녀의 곡선과 그 기둥이 주는 조화, 간결하면서도 역학적이며 기능에 충실한 주심포의 아름다움, 이것은 꼭 갖출 것만을 갖춘 필요미이며, 문창살 하나 문지방 하나에도 나타나 있는 비례의 상쾌함이 이를 데가 없다. 무량수전이 지니고 있는 이러한 지체야말로 석굴암 건축이나 불국사 돌계단의 구조와 함께 우리 건축이 지니는 참 멋, 즉 조상들의 안목과 미덕이 어떠하다는 실증을 보여주는 본보기라 할 수밖에 없다. 무량수전 앞 안양문에 올라 앉아 먼 산을 바라보면 산 뒤에 또 산, 그 뒤에 또 산마루, 눈길이 가는 데까지 그림보다 더 곱게 겹쳐진 능선들이 모두 이 무량수전을 향해 마련된 듯싶다. 이 대자연 속에 이렇게 아늑하고도 눈맛이 시원한 시야를 터 줄 줄 아는 한국인, 높지도 얕지도 않은 이 자리를 점지해서 자연의 아름다움을 한층 그윽하게 빛내 주고 부처님을 더욱 숭엄한 아름다움으로 이끌어 줄 수 있었던 안목의 소유자, 그 한국인, 지금 우리의 머릿속에 빙빙 도는 그 큰 이름은 부석사의 창건주 의상 대사이다.　　　　　　　　　　　　　— 최순우, 「무량수전 배흘림기둥에 기대서서」

① 글쓴이가 지나온 여정이 자세하게 기록되어 있다.

② 건축물에 대해 글쓴이가 알고 있는 바가 제시되어 있다.

③ 의인법을 통해 '부석사'가 지닌 멋에 대해 표현하고 있다.

④ 글쓴이는 부석사를 창건한 의상 대사를 예찬하는 태도를 드러내고 있다.

⑤ '무량수전'과 주변 경관에 대한 글쓴이의 느낌과 감상이 자세히 드러나 있다.

풀이 전략　**1단계**　문제 지시문과 제시문을 통해 '부석사 무량수전'을 제재로 한 교술문의 정보를 확인하는 문제임을 파악한다. 글쓴이의 여정, 의인법, 느낌과 감상 등에 초점을 맞추어 읽으며 적절하지 않은 설명을 찾으면 된다.

　　2단계　글쓴이는 무량수전을 중심으로, 부석사와 그 주변 경관에 대한 감상을 이야기하고 있으므로 글쓴이가 지나온 여정이 자세하게 기록되어 있다는 것은 적절하지 않다. 따라서 답은 ①이다.

유형 특징

1. 보도 자료, 안내문 등에 대한 반응 및 수용의 내용이 적절한지 판단할 수 있는 능력을 평가하기 위한 문제 유형이다.

2. 보도 자료, 안내문과 같은 글의 내용이나 자료의 수치 등을 정확히 분석한 후 해석한 내용의 적절성을 판단해야 하므로 자료를 이해하고 선택지와 하나하나 대조하여 푸는 연습이 필요하다.

대표 예제 <보기>의 통계에 대해 보인 반응으로 적절하지 <u>않은</u> 것은?

〈 보 기 〉

2018년 광역시 이상 어린이집 정·현원 현황

(단위: 명)

지역	정원	현원	차이
서울	263,157	226,959	36,198
부산	88,222	73,586	14,636
대구	72,500	56,943	15,557
인천	93,888	79,164	14,724
광주	61,121	44,134	16,987
대전	51,025	41,553	9,472
울산	39,894	34,436	5,458
세종	17,687	14,298	3,389
총합	687,494	571,073	116,421

① 서울 지역의 어린이집 현원은 세종 지역의 열 배 이상 많군.
② 대전, 울산, 세종은 어린이집 정원이 6만 명 이하인 지역이군.
③ 인천과 달리 부산은 어린이집의 현원이 8만 명 이하인 지역이군.
④ 어린이집의 정원과 현원의 차이가 가장 많이 나는 곳은 서울이군.
⑤ 광역시 이상인 지역의 어린이집은 정원이 현원보다 많은 상황이군.

풀이 전략

1단계 문제 지시문과 <보기>를 통해 통계 수치를 보고 보인 반응의 적절성을 평가하는 문제임을 파악한다. <보기>의 지역, 정원, 현원 등의 분류 기준과 제시된 통계 자료의 차이를 토대로 선택지의 설명과 대조하며 적절한 내용은 지워 가면 된다.

2단계 인천의 어린이집 현원은 79,164명이며, 부산의 어린이집 현원은 73,586명으로 두 지역의 어린이집 현원은 모두 8만 명 이하이다. 따라서 반응으로 적절하지 않은 것은 ③이다.

※ 출처: KOSIS(보건복지부, 어린이집 및 이용자 통계, 전국 어린이집 정현원 현황), 2020.04.23.

유형 특징

1. 안내문, 보도 자료 등 실용문에 나온 정보를 파악한 후 구체적인 상황에 적용할 수 있는 능력을 평가하기 위한 문제 유형이다.

2. 중요한 내용에 밑줄을 치거나 기호로 표시하며 본문을 이해하는 것도 중요하지만, 문제 지시문이나 선택지에 제시된 구체적 상황을 꼼꼼하게 확인한 후 문제에 적용하는 연습을 하는 것이 필요하다.

대표 예제 다음 안내문의 내용을 잘못 이해한 것은?

<◇◇동 자치 회관 프로그램 안내>

1. 위치: ○○시 □□구 △△로5길 7-5
2. 프로그램 안내

프로그램명	요일	시간	수강료
헬스교실	월 ~ 금	05:00 ~ 21:00	20,000원
요가교실	월, 수, 금	10:00 ~ 13:30	25,000원
노래교실	월, 수	14:00 ~ 15:00	20,000원
장구난타	화, 목	15:00 ~ 16:00	22,000원
스포츠댄스교실	화, 목	10:00 ~ 11:30	30,000원

- 헬스교실 사물함 이용
  • 사물함(소): 3개월 10,000원(3개월 미만 등록 시 1개월당 3,500원)
  • 사물함(대): 3개월 15,000원(3개월 미만 등록 시 1개월당 5,000원)
3. 결제 방법: 카드결제, 계좌이체(현금 불가)
4. 수강료 감면
  - 50% 감면: 국민기초생활수급자
  - 100% 감면: 장애인 복지카드(본인), 국가유공자 및 그 가족 증빙자료 제출 시
  - 6개월 이상 접수 시 할인 적용(5개월 금액으로 6개월 이용, 헬스교실 제외)

① 노래교실을 1개월, 장구난타를 2개월 수강할 경우 총 수강료는 64,000원이다.
② 스포츠댄스교실을 7개월 수강할 경우 총 금액 180,000원은 카드로 결제할 수 있다.
③ 헬스교실을 6개월 수강하는 동안 사물함(대)를 이용할 경우 총 금액은 130,000원이다.
④ 할아버지가 국가유공자인 청소년이 요가교실을 4개월 수강하면 수강료는 모두 면제된다.
⑤ 헬스교실을 2개월 등록한 사람이 사물함(소)를 2개월 사용할 경우 사물함 이용료는 7,000원이다.

풀이 전략

1단계 '자치 회관 프로그램 안내문'을 읽고 선택지에 제시된 구체적 상황에 적용하는 문제이다. 선택지의 사례를 분석한 후, 프로그램 안내, 결제 방법, 수강료 감면 등 안내문에서 필요한 정보를 적용하며 풀면 된다.

2단계 헬스교실의 수강료는 6개월에 120,000원이며, 사물함(大)의 이용 금액은 3개월에 15,000원이다. 6개월 이상 접수 시 할인이 적용되지만 헬스교실은 제외되므로 헬스교실의 6개월 수강료와 사물함(대)를 이용하는 금액을 지불해야 한다. 따라서 헬스교실의 6개월 수강료(120,000원)와 사물함(大)를 6개월 동안 이용하는 금액(30,000원)은 총 150,000원이므로 답은 ③이다.

※ 출처: 종로구청, http://www.jongno.go.kr

유형 특징

1. 교술, 평론 같은 실용문을 읽은 후 빈칸에 들어갈 단어나 문장을 추론할 수 있는 능력을 평가하기 위한 문제 유형이다.
2. 앞뒤 문맥을 파악하는 연습, 내용을 이어주는 역할을 하는 표지와 같은 단서를 활용하는 연습을 하면 빈칸에 들어갈 내용을 추론하는 데 도움이 된다.

대표 예제 | 다음 글의 ⊙에 들어갈 말로 가장 적절한 것은?

전쟁을 다룬 소설 중에는 실재했던 전쟁을 제재로 한 작품들이 있다. 이런 작품들은 허구를 매개로 실재했던 전쟁을 새롭게 조명하고 있다. 가령, 「박씨전」의 후반부는 패전했던 병자호란을 있는 그대로 받아들이고 싶지 않았던 조선 사람들의 욕망에 따라, 허구적 인물 박씨가 패전의 고통을 안겼던 실존 인물 용골대를 물리치는 장면을 중심으로 허구화되었다. 외적에 휘둘린 무능한 관군 탓에 병자호란 당시 여성은 전쟁의 큰 피해자였다. 「박씨전」에서는 이 비극적 체험을 재구성하여, 전화를 피하기 위한 장소인 피화당(避禍堂)에서 여성 인물과 적군이 전투를 벌이는 장면을 설정하고 있다. 이들 간의 대립 구도하에서 전개되는 이야기는 조선 사람들의 슬픔을 위로하고 희생자를 추모함으로써 공동체로서의 연대감을 강화하였다. 한편, 「시장과 전장」은 한국전쟁이 남긴 상흔을 직시하고 이에 좌절하지 않으려던 작가의 의지가, 이념 간의 갈등에 노출되고 생존을 위해 몸부림치는 인물을 통해 허구화되었다. 이 소설에서는 전장을 재현하여 전쟁의 폭력에 노출된 개인의 연약함이 강조되고, 무고한 희생을 목도한 인물의 내면이 드러남으로써 개인의 존엄이 탐색되었다.

우리는 이런 작품들을 통해 전쟁의 성격을 탐색할 수 있다. 두 작품에서는 [⊙]과 같은 공동체 사이의 갈등이 드러나고 있다. 그런데 전쟁이 폭력적인 것은 이 과정에서 사람들이 죽기 때문만은 아니다. 전쟁의 명분은 폭력을 정당화하기에, 적의 죽음은 불가피한 것으로, 우리 편의 죽음은 불의한 적에 의한 희생으로 간주된다. 전쟁은 냉혹하게도 아군이나 적군 모두가 민간인의 죽음조차 외면하거나 자신의 명분에 따라 이를 이용하게 한다는 점에서 폭력성을 띠는 것이다. 두 작품에서 사람들이 죽는 장소가 군사들이 대치하는 전선만이 아니라는 점도 주목된다. 전쟁터란 전장과 후방, 가해자와 피해자가 구분되지 않는 혼돈의 현장이다. 이 혼돈 속에서 사람들은 고통받으면서도 생의 의지를 추구해야 한다는 점에서 전쟁은 비극성을 띤다. 이처럼, 전쟁의 허구화를 통해 우리는 전쟁에 대한 인식을 새롭게 할 수 있다.

① 이데올로기의 대립
② 여성 차별로 인한 갈등
③ 외적의 침략이나 이념 갈등
④ 서구 열강의 침략이나 종교 갈등
⑤ 정부의 대처 능력 부족으로 인한 갈등

풀이 전략 | **1단계** 문제 지시문을 읽고 문맥상 ⊙에 들어갈 적절한 말을 찾는 문제임을 파악한다. 글을 읽고 빈칸의 앞뒤 문장이나 문단의 의미와 같은 단서를 활용하여 빈칸에 들어갈 말을 추론하면 된다.

2단계 ⊙ 앞의 '우리는 이런 작품들을 통해 전쟁의 성격을 탐색할 수 있다'라는 문장을 통해 ⊙에는 두 작품 속에 나타난 전쟁의 성격이 들어가야 함을 알 수 있다. 1문단 4번째 줄 '외적에 휘둘린'을 통해 「박씨전」의 배경인 '병자호란'은 외적의 침략에 의해, 1문단 끝에서 3번째 줄 '이념 간의 갈등'을 통해 「시장과 전장」의 배경인 '한국전쟁'은 이념 갈등으로 인해 발발했음을 추론할 수 있다. 따라서 ⊙에 들어갈 말로 적절한 것은 '외적의 침략이나 이념 갈등'이므로 답은 ③이다.

유형 특징

1. 다양한 공공 기관의 보도 자료, 안내문과 같은 실용문의 내용을 토대로 질문 사항을 추론할 수 있는 능력을 평가하기 위한 문제 유형이다.

2. 글에 대한 질문은 보도 자료나 안내문의 내용을 바탕으로 제기되어야 하므로, 보도 자료나 안내문에 대한 사실적 읽기가 선행되어야 한다.

대표 예제 다음 글을 읽고 제기할 수 있는 질문으로 적절한 것은?

경찰청	경찰, '친환경 인증' 불법 행위 특별단속

☐ 경찰청에서는, 최근 '살충제 계란' 파동으로 먹거리에 대한 국민들의 관심이 고조되어 있는 가운데, 특히 안전하다고 믿었던 '친환경 인증'의 부실한 운영·관리 실태가 드러나며 불안감이 증폭됨에 따라, 식품안전에 대한 국민 불안을 해소하고, '친환경 인증시스템' 전반에 걸친 부패비리 근절을 위해 8월 28일부터 10월 31일까지(65일간) 「'친환경 인증' 불법 행위 특별단속」을 실시할 계획임.

※ '살충제 계란' 관련 전수조사 결과, 전국 1,239개 농가 중 52개 농가가 부적합 판정 / 부적합 52개소 중 31개소가 '친환경 인증'을 받은 농가

☐ 중점 단속 대상

【 친환경 농수축산물 인증 분야 】

○ 경찰은 먼저, '살충제 계란' 사태로 그 실체가 드러난 '친환경 농수축산물 인증' 분야의 불법행위를 집중 단속할 계획임.

※ '친환경 농수축산물'이란? 합성농약, 화학비료, 항생제·항균제 등 화학재료를 사용하지 않거나 최소화하여 생산한 △ 유기농 농수축산물, △ 무농약 농산물, △ 무항생제 축·수산물을 뜻함(친환경 농어업법 제2조 참조)

○ 현재의 친환경 인증시스템은 △ 민간 인증기관 △ 농자재 업체 및 브로커 △ 관련 공무원 간의 부당하게 얽힌 이해관계로 인해 심하게 왜곡되어 있다고 분석되고 있음.

○ 즉, △ 제대로 된 심사 없이 인증서를 남발하는 민간 인증기관* △ 허위 친환경 인증을 부추기는 농자재 업체 및 브로커** △ 민간 인증기관을 장악하고 있는 농업 분야 퇴직공무원(일명 '농피아')*** 등이 저품질 농수축산물을 '친환경'으로 둔갑시켜 고가에 판매하는 등 '인증'의 공신력을 무너뜨리고 국민의 신뢰를 저버리고 있음.

*전국에 64개소가 난립하여 인증수수료 취득을 위한 경쟁이 심화

**친환경 농자재 업체들은 친환경 농가에 농자재를 납품하는 업체들로, 더 많은 농가가 친환경 인증을 받아야만 더 많은 매출이 창출되는 구조 / 브로커의 대부분은 직접 친환경 농자재 업체를 운영하거나 고용된 사람

***민간 인증기관 64곳 중 5곳이 농산물품질관리원 4급 이상 출신 퇴직자(17. 8. 22. ○○신문 등 각 언론사 보도)

○ 이에 따라, 경찰은 친환경 인증 당사자들 간의 부정한 연결고리를 끊고, ① 인증취득 → ② 인증관리 → ③ 인증사용으로 이어지는 각 단계별 유착비리와 구조적·조직적 불법행위를 단속하는 데 모든 수사역량을 집중할 방침임.

──── 【 단계별 중점 단속 대상 】 ────

① 인증취득
• 인증 관련 공무원, 인증·검사기관의 금품수수·직권남용 등 행위
• 허위 서류제출, 검사결과 조작, 시료 바꿔치기 등을 통한 부정취득 행위
• 부정하게 인증기관으로 지정, 허위 시험·검사 성적서 발급·통보 행위
• 부정한 방법으로 인증을 받을 수 있도록 도와주거나 획득과정 개입 행위

② 인증관리
- 감독기관의 점검 · 인증갱신 과정의 직무유기 등 관리부실 · 묵인 행위
- 저질원료, 인증기준에 부적합한 원료, 기준에 따라 사용할 수 없는 물질을 사용하여 식품 제조·판매 행위(사기·횡령·배임)
- 인증 관련 정부 · 지자체 보조금을 편취 · 유용하는 행위(보조금법 · 사기 등)
③ 인증사용
- 인증 없이 인증마크를 무단 사용하거나 이와 유사한 표시를 하는 행위
- 인증 식품(고가)과 비인증 식품(저가)을 섞어 판매하거나, 비인증 식품을 인증 식품으로 속여 판매하는 행위
- 인증 유효기간이 경과했음에도 그대로 인증 표시를 하여 판매하는 행위

① 친환경 농수축산물은 어떤 것을 의미하는가?
② 농수축산물의 친환경 인증은 어떤 단계로 진행되는가?
③ 친환경 인증취득 관련 위법 행위에는 어떤 것이 있는가?
④ 친환경 인증 관련 불법 행위 단속을 시작한 계기는 무엇인가?
⑤ 친환경 인증취득 사기를 당한 농민들을 보호하는 방법은 무엇인가?

풀이 전략

1단계 경찰청의 보도 자료를 읽고 제기할 수 있는 질문의 적절성을 묻는 문제이다. 먼저 보도 자료의 내용을 읽고, 선택지의 질문에 대한 답을 본문에서 다시 찾으며 답을 찾을 수 없는 선택지를 고르면 된다.

2단계 친환경 인증취득 사기를 당한 농민들을 보호하는 방법은 보도 자료에 포함되어 있지 않으므로 이에 대해 질문을 제기하는 것은 적절하다. 따라서 답은 ⑤이다.

※ 출처: 경찰청, http://www.police.go.kr

출제예상문제

[01 ~ 02] 다음 글을 읽고 물음에 답하시오.

나는 반공(半空)을 휘달리는 소백산맥을 바라보다 문득 신라의 삼국 통일을 못마땅해 하던 당신의 말이 생각났습니다. 하나가 되는 것은 더 커지는 것이라는 당신의 말을 생각하면 대동강 이북의 땅을 당나라에 내주기로 하고 이룩한 통일은 분명 더 작아진 것이라는 점에서 그것은 통일이 아니라 광활한 요동 벌판의 상실에 불과한 것인지도 모릅니다. 이러한 상실감은 온달과 평강 공주의 애절한 사랑의 이야기와 더불어 이 산성을 찾은 나를 매우 쓸쓸하게 합니다.

그리고 '바보 온달'이란 별명도 사실은 온달의 미천한 출신에 대한 지배 계층의 경멸과 경계심이 만들어 낸 이름이라고 분석되기도 합니다. 그러나 나는 수많은 사람들이 함께 창작하고 그후 더 많은 사람들이 오랜 세월에 걸쳐서 승낙한 온달 장군과 평강 공주의 이야기를 믿습니다. 다른 어떠한 실증적 사실(史實)보다도 당시의 정서를 더 정확히 담아내고 있다고 생각하기 때문입니다. 완고한 신분의 벽을 뛰어넘어 미천한 출신의 바보 온달을 선택하고 드디어 용맹한 장수로 일어서게 한 평강 공주의 결단과 주체적 삶에는 민중의 소망과 언어가 담겨 있기 때문입니다. 이것이 바로 온달 설화가 당대 사회의 이데올로기에 매몰된 한 농촌 청년의 우직한 충절의 이야기로 끝나지 않는 까닭이라고 생각됩니다. 인간의 가장 위대한 가능성은 이처럼 과거를 뛰어넘고 사회의 벽을 뛰어넘어 드디어 자기를 뛰어넘는 비약에 있는 것이라고 할 수 있기 때문입니다.

나는 평강 공주와 함께 온달 산성을 걷는 동안 내내 '능력 있고 편하게 해 줄 사람'을 찾는 당신이 생각났습니다. '신데렐라의 꿈'을 버리지 못하고 있는 당신이 안타까웠습니다. 현대 사회에서 평가되는 능력이란 인간의 품성이 도외시된 '경쟁적 능력'입니다. 그것은 다른 사람들의 낙오와 좌절 이후에 얻을 수 있는 것으로, 한마디로 숨겨진 칼처럼 매우 비정한 것입니다. 그러한 능력의 품속에 안주하려는 우리의 소망이 과연 어떤 실상을 갖는 것인지 고민해야 할 것입니다.

당신은 기억할 것입니다. 세상 사람은 현명한 사람과 어리석은 사람으로 분류할 수 있다고 당신이 먼저 말했습니다. 현명한 사람은 자기를 세상에 잘 맞추는 사람인 반면에 어리석은 사람은 그야말로 어리석게도 세상을 자기에게 맞추려고 하는 사람이라고 했습니다. 그러나 역설적이게도 세상은 이런 어리석은 사람들의 우직함으로 인하여 조금씩 나은 것으로 변화해 간다는 사실을 잊지 말아야 한다고 생각합니다. 우직한 어리석음, 그것이 곧 지혜와 현명함의 바탕이고 내용입니다.

'편안함' 그것도 경계해야 할 대상이기는 마찬가지입니다. 편안함은 흐르지 않는 강물이기 때문입니다. '불편함'은 흐르는 강물입니다. 흐르는 강물은 수많은 소리와 풍경을 그 속에 담고 있는 추억의 물이며 어딘가를 희망하는 잠들지 않는 물입니다.

당신은 평강 공주의 삶이 남편의 입신(立身)이라는 가부장적 한계를 뛰어넘지 못한 것이라고 하였습니다만 산다는 것은 살리는 것입니다. 살림[生]입니다. 그리고 당신은 자신이 공주가 아니기 때문에 평강 공주가 될 수 없다고 하지만 살림이란 '뜻의 살림'입니다. 세속적 성취와는 상관없는 것이기도 합니다. 그런 점에서 나는 평강 공주의 이야기는 한 여인의 사랑의 메시지가 아니라 그것을 뛰어넘은 '삶의 메시지'라고 생각합니다.

나는 당신이 언젠가 이 산성에 오기를 바랍니다. 남한강 푸른 물굽이가 천 년 세월을 변함없이 감돌아 흐르는 이 산성에서 평강 공주와 만나기를 바랍니다.

— 신영복, 「어리석은 자의 우직함이 세상을 조금씩 바꿔 갑니다」

01 윗글을 통해 알 수 있는 내용이 <u>아닌</u> 것은?

① '나'는 소백산맥이 보이는 산성에 있다.

② '당신'이 바라는 삶은 안정되고 여유로운 삶이다.

③ '나'는 역사적 사실보다 민중의 정서를 더 중시한다.

④ '평강 공주'를 평가하는 척도는 '나'보다 '당신'이 더 넓다.

⑤ '나'는 '온달 설화'를 인간의 가능성을 긍정하는 이야기로 여긴다.

02 윗글에 대한 설명으로 적절하지 <u>않은</u> 것은?

① 말을 건네는 듯한 어조를 사용하여 친근감을 높이고 있다.

② 특정 대상을 다른 대상에 비유함으로써 독자의 이해를 돕고 있다.

③ 현대 사회가 추구하는 삶의 가치를 단정적 어조로 비판하고 있다.

④ 머무르는 곳에서 느낀 감정의 변화에 따라 내용을 전개하고 있다.

⑤ 대상에 대한 새로운 시각을 제시함으로써 주제 의식을 부각하고 있다.

○○시 생활 쓰레기 배출 안내

□ 소각용: 가정에서 배출되는 불에 타는 쓰레기(흰색 종량제 봉투, 매일)

　가. 휴지, 낱장종이, 기저귀, 벽지 등

　나. 인형, 신발, 가방, 의류, 섬유류 등

　다. 계란, 오리알, 메추리알, 타조알 등의 껍데기

　라. 쪽파, 대파, 뿌리 채소류, 고추씨, 고춧대, 생강껍질, 옥수수껍질 및 속대, 마늘대

　마. 그 밖에 불에 타는 쓰레기

□ 매립용: 불에 타지 않는 쓰레기(하늘색 종량제 봉투, 매일)

　가. 꽃병, 깨진 유리 및 형광등, 거울, 각종 전구류 등

　나. 전복, 소라, 조개 등 껍데기류, 동물의 뼈다귀 또는 털(소, 돼지) 등

　다. 그 밖에 불에 타지 않는 쓰레기

□ 음식물 쓰레기: 식품 쓰레기 및 음식물 찌꺼기(매일)

　가. 소금 성분이 많은 김치 등은 헹구어 배출

　나. 이물질을 제거하고, 물기는 최대한 제거하여 종량제 봉투 또는 전용수거 용기에 물이 고여 있지 않도록 배출

　다. 비닐, 병뚜껑, 패각류, 복어내장, 티백 등 딱딱하거나 유해하거나 포장되어 재활용이 어려운 물질은 반드시 제거 후 배출

□ 재활용품 분리배출

　가. 종이팩: 신문지, 전단지 등은 물기에 젖지 않게 묶어서 배출해야 함

　　　— 제외: 휴지, 1회용 기저귀, 코팅된 종이, 사진, 스티커 등

　나. 캔류: 음료수캔, 부탄가스 등은 내용물을 비우고 가능한 압착 후 배출해야 함

　　　— 제외: 이물질이나 내용물이 들어 있는 병, 페인트통, 우산 등

　다. 유리: 음료수병, 기타병 등은 내용물을 비우고 깨끗하게 배출해야 함

　　　— 제외: 깨진 유리병, 이물질이 들어있는 병

　라. 플라스틱: 페트병, 플라스틱 등은 내용물을 비우고 라벨을 제거해 가능한 압착 후 배출해야 함

　　　— 제외: 장난감 등 복합 재질, 화분, 전화기, 비디오테이프 등

　마. 비닐류: 과자, 라면봉지 등은 이물질 없이 깨끗하게 배출해야 함

　　　— 제외: 이물질이 묻은 비닐, 음식물이 묻은 비닐 등

　바. 스티로폼: 포장ㆍ식품용기, 완충재 등은 이물질 없이 깨끗하게 배출함

　　　— 제외: 건축용 자재로 쓰인 스티로폼, 물이 먹거나 이물질이 묻은 스티로폼

　※ 재활용품으로 오해하기 쉬운 품목들: 솜이불, 비디오, CD, 고무대야, 거울 등 유리, 우산, 목재류, 스펀지, 페인트통, 사기그릇, 도자기류, 고무류 등

　※ 재활용품 적절 미배출 시 폐기물관리법 제68조에 의거 쓰레기 불법투기로 100만 원 이하 과태료 부과

03 위 안내문을 읽은 후에 보일 수 있는 반응으로 적절하지 <u>않은</u> 것은?

① 비디오테이프는 플라스틱 용기와 달리 재활용이 되지 않는군.

② 벽지와 함께 떨어진 사진은 묶어서 종이팩으로 분리배출하는군.

③ 다 먹은 음료수 캔은 깨끗하게 닦은 후 납작하게 밟아 배출해야겠군.

④ 찜닭을 먹은 후 나온 닭 뼈는 하늘색 종량제 봉투에 담아 매일 버릴 수 있군.

⑤ 음식물 쓰레기를 소각용 종량제 봉투에 담아 버릴 경우 과태료가 부과되겠군.

04 생활 쓰레기를 배출하려는 사람이 위 안내문을 읽고 제기할 수 있는 질문으로 적절하지 <u>않은</u> 것은?

① 소금 성분이 많은 음식물에는 김치 외에 무엇이 있을까?

② 음식물 외에 비닐류에 묻을 수 있는 다른 이물질에는 무엇이 있을까?

③ 아이가 더는 가지고 놀지 않는 인형은 어떤 방식으로 분리배출을 해야 할까?

④ 생활 쓰레기를 배출할 때 사용하는 종량제 봉투는 어디서 구입할 수 있을까?

⑤ 제시된 것 외에 '불에 타는 쓰레기'와 '타지 않는 쓰레기'를 쉽게 구분하는 방법은 무엇일까?

[05 ~ 06] 다음 글을 읽고 물음에 답하시오.

> 고대인들은 평상시에는 생존하기 위해 각자 노동에 힘쓰다가, 축제와 같은 특정 시기가 되면 함께 모여 신에게 제의를 올리며 놀이를 즐겼다. 노동은 신이 만든 자연을 인간이 자신에게 유용하게 만드는 속된 과정이다. 이는 원래 자연의 모습을 훼손하는 것이기에 신에게 죄를 짓는 것이다. 이러한 죄를 씻기 위해 유용하게 만든 사물을 다시 원래의 상태로 되돌리는 집단적 놀이가 바로 제의였다. 고대 사회에서는 가장 유용한 사물을 희생물로 바치는 제의가 광범하게 나타났다. 바친 희생물은 더 이상 유용한 사물이 아니기에 신은 이를 받아들였다. 고대인들은 신에게 바친 제물을 함께 나누며 모두 같은 신에게 속해 있다는 연대감을 느꼈다.
>
> 고대 사회에서의 이러한 놀이는 자본주의 사회에 와서 많은 변화를 겪었다. 자본주의 사회는 노동을 합리적으로 조직하여 생산성을 극대화하고자 한다. 이를 위해 노동의 강도를 높이고 시간을 늘렸지만, 오히려 노동력이 소진되어 생산성이 떨어지는 문제점이 발생하였다. 그래서 노동 시간을 축소하고 휴식 시간을 늘릴 필요가 있었다. 하지만 이 휴식 시간마저도 대부분 상품을 소비하는 과정으로 이루어진다. 예를 들어, 여행을 가려면 여행 상품을 구매하여 소비해야 한다. 이런 소비는 소비자에게는 놀이이지만 여행사에는 돈을 버는 수단이다. 결국 소비자의 놀이가 자본주의 시대에 가장 유용한 사물인 자본을 판매자의 손 안에 가져다준다.
>
> 놀이가 상품 소비의 형식을 띠면서 놀이를 즐기는 방식도 변화한다. 과거의 놀이가 주로 직접 참여하는 형식으로 이루어졌다면, 자본주의 사회의 놀이는 대개 참여가 아니라 구경이나 소비의 형태로 이루어진다. 생산자가 이미 특정한 방식으로 소비하도록 놀이 상품을 만들어 놓았기 때문이다. 여행의 예를 다시 들면, 여행사는 여러 가지 여행 상품을 마련해 놓고 있고 소비자는 이를 구매하여 수동적으로 소비한다. 놀이로서의 여행은 탐구하고 창조하기보다는 주어진 일정에 그저 몸을 맡기면 되는 그런 것이 되었다.
>
> 그런데 이른바 디지털 혁명이 일어나면서 놀이에 자발적으로 직접 참여하여 즐기고자 하는 사람들이 늘어나고 있다. 이런 성향은 비교적 젊은 세대로 갈수록 더하다. 젊은 세대는 놀이의 주체가 되려는 욕구가 크다. 인터넷은 그런 욕구의 실현 가능성을 높여 준다. 인터넷의 주요 특성은 쌍방향성이다. 이는 텔레비전과 같은 대중 매체가 대다수의 사람들을 구경꾼으로 만들었던 것과 근본적으로 차이가 있다. 거의 모든 인터넷 사이트에서 사람들은 구경꾼이면서 참여자이며 수신자이자 송신자로 활동하며, 이러한 쌍방향적 활동 중에 참여자들 사이에 연대감이 형성된다.

05 윗글에서 설명한 내용이 <u>아닌</u> 것은?

① 고대인들이 즐긴 놀이의 배경 ② 자본주의 사회의 놀이의 특성

③ 자본주의 사회의 놀이의 사례 ④ 디지털 혁명 기반 놀이의 한계

⑤ 자본주의 사회의 놀이의 변화 양상

06 윗글에서 말한 '자본주의 시대의 놀이'의 특성으로 볼 수 <u>없는</u> 것은?

① 판매자에게는 자본 획득의 수단으로 작용한다.

② 노동 생산성 향상을 위한 휴식 시간에 이루어진다.

③ 인터넷과 결합하여 놀이 참여자들의 연대감 형성에 기여한다.

④ 대중들은 텔레비전의 구경꾼이면서 생산자의 역할을 수행한다.

⑤ 디지털 혁명 이후에는 놀이 주체가 되고 싶은 욕구가 반영되고 있다.

정답 및 해설 p.155

읽기 실전연습문제

[01 ~ 02] 다음 글을 읽고 물음에 답하시오.

> 푸른 산이 흰 구름을 지니고 살 듯
> 내 머리 위에는 항상 푸른 하늘이 있다.
>
> 하늘을 향하고 산삼(山森)처럼 두 팔을 드러낼 수 있는 것
> 이 얼마나 숭고한 일이냐.
>
> 두 다리는 비록 연약하지만 젊은 산맥으로 삼고
> 부절(不絶)히 움직인다는 둥근 지구를 밟았거니…….
>
> 푸른 산처럼 든든하게 지구를 디디고 사는 것은 얼마나 기
> 쁜 일이냐.
>
> ㉠ 뼈에 저리도록 생활은 슬퍼도 좋다.
> 저문 들길에 서서 푸른 별을 바라보자!
>
> 푸른 별을 바라보는 것은 하늘 아래 사는 거룩한 나의 일과
> 이어니…….   - 신석정, 「들길에 서서」

01 윗글의 특징으로 적절하지 않은 것은?

① 화자의 감정을 직설적으로 드러내고 있다.
② 인간의 삶의 과정을 자연물에 비유하고 있다.
③ 대립적 이미지의 시어를 통해 주제를 부각하고 있다.
④ 부정적 현실을 이상과 희망을 통해 극복하려 하고 있다.
⑤ 직유법을 사용하여 화자가 지향하는 삶의 태도를 보여주고 있다.

02 ㉠과 유사한 표현 방법이 사용된 것은?

① 돌담에 속삭이는 햇발같이
② 결별이 이룩하는 축복에 싸여
③ 꽃이 지는 아침은 울고 싶어라.
④ 분수처럼 흩어지는 푸른 종소리
⑤ 가난하다고 해서 사랑을 모르겠는가.

[03 ~ 05] 다음 글을 읽고 물음에 답하시오.

> ㉠ 선 채로 소설을 다 읽고 나서 나는 비로소 싸늘하게 식은 저녁상과 싸늘하게 기다리고 있는 아주머니를 의식했다. 몸을 씻은 다음 상 앞에 앉아서도 나는 아직 아주머니에게 눈을 주지 않고 있었다. 나의 추리는 완전히 빗나갔다. 그러나 그런 건 생각할 필요가 없었다. 소설의 마지막에서 형은 퍽 서두른 흔적이 보였지만 결코 지워지지 않는 연필로 그린 듯한 강한 선(線)으로 얼굴을 이야기하고 있었다. 형이 낮에 나의 그림을 찢은 이유가 거기 있었다. 내일부터 병원 일을 시작하겠다던 말을 알 수 있을 것 같았다. 그리고 동료를 죽였기 때문에 천 리 길의 탈출에 성공할 수 있었다던 수수께끼의 해답도 짐작이 갔다. <중 략>
> 아주머니는 여전히 형과 나의 얼굴을 무표정하게 보고만 서 있었다. / "다 소용없는 짓이야…… 오해였어."
> 형은 다시 중얼거리는 투였다. 나는 지금 형에게 ⓐ 원고를 불태우는 이유를 이야기시키려는 것은 소용없는 일일 것 같았다. 방으로 들어가려고 했다.
> "거기 있어!"
> 형이 벌떡 몸을 일으키는 체하며 호령을 했다.
> "ⓑ 기껏해야 김 일병이나 죽인 주제에…… 임마, 넌 이걸 다 읽고 있었다…… 불쌍한 김 일병을…… 그 아가씨가 널 싫어한 건 당연하다."
> 순서는 뒤범벅이었지만 무엇을 이야기하려는 것인지는 분명했다. 나는 형을 쏘아보았으나, 그 때 형도 나를 마주 쏘아보았기 때문에 시선을 흘리고 말았다. 형은 나를 쏘아본 채 한손으로는 계속 원고를 뜯어 불에 넣고 있었다.

"임마, 넌 머저리 병신이다. 알았어?"

형이 또 소리를 꽥 질렀다. 그리고 그것은 지극히 당연한 말이었다는 듯이 머리를 두어 번 끄덕이고 나서는,

"그런데 말이야……."

갑자기 장난스럽게 손짓을 했다. 형은 손에서 원고 뭉치를 떨어뜨리고 나의 귀를 잡아끌었다. 술 냄새가 호흡을 타고 내장까지 스며들 것 같았다. 형은 아주머니까지도 들어서는 안 될 이야기나 된 것처럼 귀에다 입을 대고 가만히 속삭이는 것이었다.

"넌 내가 소설을 불태우는 이유를 묻지 않는군……."

너무나 정색을 한 목소리여서 형의 얼굴을 보려고 했으나 형의 손이 귀를 놓아 주지 않았다.

"그런데 너도 읽었겠지만, 거 내가 죽인 관모 놈 있지 않아? ㉡오늘 밤 나 그놈을 만났단 말야."

그러고는 잠시 말을 끊고 나를 찬찬히 살펴보고 있었다. 그 눈은 술에 젖어 있었지만, 생각이 멀리 있는 것처럼 보이는 것은 결코 술 때문만은 아닌 것 같았다. 그러자 형은 이제 안심이라는 듯 큰 소리로,

"그래 이건 쓸데없는 게 되어 버렸지……. 이 머저리 새끼야!"

하고는 나의 귀를 쭉 밀어 버렸다.

다시 원고지를 집어 사그러드는 불집에 집어 넣었다.

"한데 이상하거든……. 새끼가 날 잘 알아보질 못한단 말이야……. 일부러 그런 것 같지도 않았는데……?"

불을 보면서 형은 계속 중얼거렸다.

"내가 이제 놈을 아주 죽여 없앴으니 내일부턴…… 일을 하리라고 생각하고 자리를 일어서서 홀을 나오려는데……. 그렇지, 바로 문에서 두 걸음쯤 남았을 때였어. 여어, 너 살아 있었구나 하고 누가 등을 탁 치지 않냐 말야."

형은 나를 의식하고 이야기하는 것 같기도 하고 혼자 중얼거리는 것 같기도 했다. "놀라 돌아보니 아 그게 관모 놈이 아니냔 말야. 한데 놈이 그래 놓고는 또 영 시치밀 떼지 않어. ㉢이거 미안하게 됐다구……. 두려워서 비실비실 물러서면서……. 내가 그 사이 무서워진 걸까……. 하긴 놈은 내가 무섭기도 하겠지. 어쨌든 나는 유유히 문까지는 걸어 나왔어. 그러나…… ㉣문을 나서서는 도망을 쳤지……. 놈이 살아 있는데 이런 게 이제 무슨 소용이냔 말야."

형은 나머지 원고 뭉치를 마저 불집에 집어넣고 나서 힐끗 나를 보았다.

"이 참새가슴 같은 것, 뭘 들고 있어. 썩 네 굴로 꺼져!"

소리를 꽥 지르는 통에 나는 방으로 쫓겨 들어오고 말았다. 비로소 몸 전체가 까지는 듯한 아픔이 전해 왔다. 그것은 아마 형의 아픔이었을 것이다. 형은 그 아픔 속에서 이를 물고 살아왔다. 그는 그 아픔이 오는 곳을 알고 있는 것이다. 그리하여 그것은 견딜 수 있었고, 그것을 견디는 힘은 오히려 형을 살아 있게 했고 자기를 주장할 수 있게 했다. 그러던 형의 내부는 검고 무거운 것에 부딪혀 지금 산산조각이 나고 있었다.

그렇다고 해도 이제 ㉤형은 곧 일을 시작하게 될 것이다. 형은 자기를 솔직하게 시인할 용기를 가지고 마지막에는 관모의 출현이 착각이든 아니든 사실로서 오는 것에 보다 순종하여 관념을 파괴해 버릴 수 있는 힘이 있었다. 무엇보다도 형은 그 아픈 곳을 알고 있었으니까. 어쨌든 형을 지금까지 지켜 온 그 아픈 관념의 성은 무너지고 말았지만, 그만한 용기는 계속해서 형에게 메스를 휘두르게 할 것이다. 그것은 무서운 창조력일 수도 있었다.

그러나 — 나는 멍하니 드러누워 생각을 모으려고 애를 썼다. 나의 아픔은 어디서 온 것인가. 혜인의 말처럼 형은 6·25의 전상자이지만, 아픔만이 있고 그 아픔이 오는 곳이 없는 나의 환부는 어디인가. 혜인은 아픔이 오는 곳이 없으면 아픔도 없어야 할 것처럼 말했지만 그렇다면 지금 나는 엄살을 부리고 있다는 것인가.

나의 일은, 그 나의 화폭은 깨진 거울처럼 산산조각이 나 있었다. 그것을 다시 시작하기 위하여 나는 지금까지보다 더 많은 시간을 망설이며 허비해야 할는지도 모른다.

어쩌면 그것은 나의 힘으로는 영영 찾아내지 못하고 말 얼굴일지도 몰랐다. 나의 아픔 가운데에는 형에게서처럼 명료한 얼굴이 없었다.　　　　 - 이청준, 「병신과 머저리」 중에서

03 윗글에 등장하는 인물들에 대한 설명으로 가장 적절하지 않은 것은?

① '나'의 심리적 갈등을 '혜인'은 이해하지 못했다.

② '나'는 '형'이 겪고 있는 상처를 이해하게 되었다.

③ '형'은 소설을 씀으로써 과거의 일들을 잊고자 하였다.

④ '형'의 아픔과 달리 '나'의 아픔에는 구체적인 원인이 없다.

⑤ '형'이 원고를 태우는 행위는 '나'가 자신의 문제를 성찰하게 한다.

04 ⓐ를 알려주는 대목과 그에 대한 설명으로 적절한 것은?

① ㉠과 같이 '나'가 '형'의 소설을 몰래 읽었기 때문이다.

② ㉡과 같이 '형'은 자신이 쓴 소설과 달리 살아 있는 오관모를 목격했기 때문이다.

③ ㉢과 같이 '형'을 괴롭혔던 '오관모'가 진심 어린 사과를 하였기 때문이다.

④ ㉣과 같이 아직까지 '형'에게는 '오관모'가 두려움의 대상이기 때문이다.

⑤ ㉤과 같이 '형'은 글쓰기를 그만두고 다른 일을 시작할 예정이기 때문이다.

05 <보기>를 바탕으로 형이 ⓑ와 같이 말한 의도로 가장 적절한 것은?

― 〈 보 기 〉 ―

화가인 '나'는 연인인 '혜원'에게 다른 사람과 결혼한다는 이별 통보 편지를 받았지만 소극적이고 무기력한 태도로 이를 받아들인다. 의사인 '형'은 자신이 수술을 한 10살배기 소녀가 죽자 병원 문을 닫고 소설을 쓰기 시작한다. 형의 소설은 6·25 참전을 했던 자신의 경험에 대한 내용으로, 중공군의 기습에 도망가던 중 중사인 '오관모'가 부상을 입은 '김 일병'을 죽이려 하는 부분에서 끝나 있다. '나'는 '형'이 잇지 않은 소설의 결말을 '형'이 '김 일병'을 쏘아 죽이는 것으로 마무리 짓는다.

① 자신을 살인자로 만든 '나'를 원망하기 위한 것이다.

② 소극적인 태도를 가진 '나'를 비난하기 위한 것이다.

③ 자신의 소설에 함부로 손댄 '나'를 책망하기 위한 것이다.

④ 실제로 '김 일병'을 죽였기 때문에 죄책감을 토로하는 것이다.

⑤ 참전의 상처를 이겨 내지 못하는 '나'를 조롱하기 위한 것이다.

[06 ~ 08] 다음 글을 읽고 물음에 답하시오.

심리학자 찰스 리처드 스나이더C. R. Snyder는 대학생, 운동선수, 일반인 등을 대상으로 한 수많은 실험과 조사연구를 통해, 성취수준이 높은 사람일수록 목표를 달성할 수 있는 구체적인 방법을 찾아낼 수 있다는 믿음과 이를 실천하는 성향이 더 강한 것을 확인했다. 성공에 이르는 경로를 찾아낼 수 있다고 믿는 사람들에게는 몇 가지 특징이 있다. 첫째, 그들은 목표달성을 위한 남다른 방법을 찾아낼 수 있다고 믿기 때문에 그렇지 못한 사람들에 비해 목표수준을 더 높게 잡는다. 둘째, 한 가지 방법으로 실패하면 다른 대안을 찾으면 된다고 생각하기 때문에 실패해도 쉽게 포기하지 않는다. 셋째, 목표에 따라 이룰 수 있는 방법도 달라질 수 있다고 믿기 때문에 다양한 방식의 달성방법을 찾아낸다.

목표를 달성하려면 두 가지 동기가 필요하다. 바로 '시발 동기'와 '유지 동기'이다. 시발 동기는 목표를 달성한 상태를 상상하는 것(결과 지향적 시각화)으로 만들어지고 유지 동기는 목표달성 방법에 의해 만들어진다. 그러므로 목표달성 루트(과정 지향적 시각화)를 찾아내지 못하면 시발 동기(결과 지향적 시각화)가 아무리 강해도 실천을 유지할 수 없기 때문에 목표를 달성할 수 없다.

그러므로 결심을 끝까지 유지해서 목표를 달성하려면 낙관적인 태도뿐 아니라 비관적인 태도도 반드시 함께 갖추고 있어야 한다. 뭐든 원하기만 하면 얻을 수 있다고 안이하게 생각하기보다는 성공으로 연결된 경로를 찾아내고 그 과정에서 나타날 수 있는 문제들을 예상하며 대비책을 세울 수 있어야 하기 때문이다. 이렇게 실천력이 뛰어난 사람들은 낙관적인 사고와 비관적인 생각을 동시에 하는 경향이 있는데 이를 '㉠ 양면적 사고Double Think'라고 한다. 데이트 신청, 금연, 다이어트, 세일즈 등 원하는 것이 무엇이든 그것을 얻고 싶다면 양면적 사고를 할 수 있어야 한다. 양면적 사고를 기르려면 다음과 같은 과정을 거쳐야 한다. 첫째, 원하는 상태를 이룬 자신의 모습을 생생하게 상상하고 거기서 얻게 될 이득을 최대한 찾아낸다. 둘째, 목표달성 과정에서 겪게 될 난관이나 돌발 사태를 예상한다. 셋째, 문제에 효과적으로 대처할 수 있는 대비책을 마련한다.

06 윗글의 제목으로 가장 적절한 것은?

① 성공한 사람들의 비밀

② 양면적 사고를 기르는 방법

③ 구체적인 목표 설정의 중요성

④ 목표 달성을 위해 갖춰야 할 태도

⑤ 목표 수립 시 낙관적 태도의 위험성

07 윗글의 내용 전개 방식으로 가장 적절한 것은?

① 문제점과 해결 방안을 제시하고 있다.

② 유추를 통해 대상의 원리를 설명하고 있다.

③ 대상의 구성 요소를 분석하여 글을 전개하고 있다.

④ 저명한 학자의 말을 근거로 인용하여 제시하고 있다.

⑤ 개념에 대한 정의를 제시하며 내용을 전개하고 있다.

08 윗글을 읽고 보일 수 있는 반응으로 적절하지 <u>않은</u> 것은?

① 바람직한 롤 모델을 찾은 사람은 다른 사람보다 시발 동기를 강하게 느끼겠군.

② 사서가 된 모습을 상상하는 것보다 사서가 되기 위한 계획을 세우는 것이 중요하겠지.

③ 양면적 사고가 뛰어난 사람이 되기 위해선 자신이 원하는 모습이 되었을 때의 이득뿐 아니라 겪을 수 있는 난관도 예상해야겠군.

④ 실천력이 뛰어난 사람은 취업 활동을 하며 '나는 취업할 수 없나 봐'하고 생각하다가도 '자기소개서를 보완하면 다음엔 붙을 거야'라고 생각하겠군.

⑤ 대학 졸업생들의 평균 학점이 3.4일 때, 졸업 시의 목표 학점을 4.0으로 설정하는 학생은 성공에 이르는 경로를 찾아낼 수 있다는 믿음이 강한 사람이겠군.

[09 ~ 10] 다음 글을 읽고 물음에 답하시오.

베토벤의 교향곡은 서양 음악사에 한 획을 그은 걸작으로 평가된다. 그 까닭은 음악 소재를 개발하고 그것을 다채롭게 처리하는 창작 기법의 탁월함으로 설명될 수 있다. 연주 시간이 한 시간 가까이 되는 제3번 교향곡 '영웅'에서 베토벤은 으뜸화음을 펼친 하나의 평범한 소재를 모티브로 취하여 다양한 변주와 변형 기법을 통해 통일성을 유지하면서도 가락을 다채롭게 들리게 했다. 이처럼 단순한 소재에서 착상하여 이를 다양한 방식으로 가공함으로써 성취해 낸 복잡성은 후대 작곡가들이 본받을 창작 방식의 전형이 되었으며, 유례없이 늘어난 교향곡의 길이는 그들이 넘어서야 할 산이었다.

그렇다면 오로지 작품의 내적인 원리만이 베토벤의 교향곡을 19세기의 중심 레퍼토리로 자리매김하게 했을까? 베토벤의 신화를 이해하기 위해서는 19세기 초 음악사의 중심에 서고자 했던 독일 민족의 암묵적 염원을 들여다볼 필요가 있다. 그것은 1800년을 전후하여 뚜렷하게 달라진 빈(Wien)의 청중의 음악관, 음악에 대한 독일 비평가들의 새로운 관점, 그리고 당시 유행한 천재성 담론에 반영되었다.

빈의 새로운 청중의 귀는 유럽의 다른 지역 청중과는 달리 순수 기악을 향해 열려 있었다. 순수 기악이란 악기에서 나오는 소리 외에는 다른 어떤 것과도 연합되지 않는 음악을 뜻한다. 당시 청중은 언어가 순수 기악이 주는 의미를 담기에 부족하다고 생각했기 때문에 제목이나 가사 등의 음악 외적 단서를 원치 않았다. 그들이 원했던 것은 말로 형용할 수 없는, 무한을 향해 열려 있는 '음악 그 자체'였다.

또한 당시 음악 비평가들은 음악을 앎의 방식으로 이해하기를 원했다. 이는 음악을 정서의 촉발자로 본 이전 시대와 달리 음악을 감상자가 능동적으로 이해해야 할 대상으로 인식하기 시작했음을 뜻한다. 슐레겔은 모든 순수 기악이 철학적이라고 보았으며, 호프만은 베토벤의 교향곡이 '보편적 진리를 향한 문'이라고 주장하였다. 요컨대 당시의 빈의 청중과 독일의 음악 비평가들은 베토벤의 교향곡이 음악의 독립적 가치를 극대화한 음악이자 독일 민족의 보편적 가치를 실현해 주는 순수 기악의 정수라 여겼다.

더욱이 당시 독일 지역에서 유행한 천재성 담론도 베토벤의 교향곡이 특별한 지위를 얻는 데 한몫했다. 그 시대가 요구하는 천재상은 타고난 재능으로 기존의 관습에서 벗어나 새로운 전통을 창조하는 자였다. 베토벤은 이전의 교향곡의 전통을 수용하면서도 자신만의 독창적인 색채를 더하여 교향곡의 새로운 지평을 열었다고 여겨졌다. ㉠베토벤이야말로 이러한 천재라는 인식이 널리 받아들여지면서 그의 교향곡은 더욱 주목받았다.

09 윗글의 서술상 특징으로 적절하지 않은 것은?

① 대조를 통해 상황의 특수성을 강조하고 있다.

② 질문을 던지고 이에 대한 답을 제시하고 있다.

③ 비유적 표현 방식을 활용하여 문제 상황을 설명하고 있다.

④ 전문가의 견해를 제시하여 글에 대한 신뢰도를 높이고 있다.

⑤ 정의의 방식으로 개념을 설명함으로써 독자들의 이해를 돕고 있다.

10 ㉠의 이유로 가장 적절한 것은?

① 독일 민족의 염원을 이뤄줄 것이라 굳게 믿었기 때문에

② 전통을 잘 따르면서도 자신만의 독창성을 더했기 때문에

③ 서양 음악사에 한 획을 그은 걸작을 여럿 탄생시켰기 때문에

④ 음악을 능동적으로 이해하고자 하는 관점이 널리 퍼졌기 때문에

⑤ 음악 그 자체를 수용하기 원했던 청중의 요구를 받아들였기 때문에

[11 ~ 12] 다음 글을 읽고 물음에 답하시오.

(가) 신체의 세포, 조직, 장기가 손상되어 더 이상 제 기능을 하지 못할 때에 이를 대체하기 위해 이식을 실시한다. 이때 이식으로 옮겨 붙이는 세포, 조직, 장기를 이식편이라 한다. 자신이나 일란성 쌍둥이의 이식편을 이용할 수 없다면 다른 사람의 이식편으로 '동종 이식'을 실시한다. 그런데 우리의 몸은 자신의 것이 아닌 물질이 체내로 유입될 경우 면역 반응을 일으키므로, 유전적으로 동일하지 않은 이식편에 대해 항상 거부 반응을 일으킨다. 면역적 거부 반응은 면역 세포가 표면에 발현하는 주조직적합복합체(MHC) 분자의 차이에 의해 유발된다. 개체마다 MHC에 차이가 있는데 서로 간의 유전적 거리가 멀수록 MHC에 차이가 커져 거부 반응이 강해진다. 이를 막기 위해 면역 억제제를 사용하는데, 이는 면역 반응을 억제하여 질병 감염의 위험성을 높인다.

(나) 이식에는 많은 비용이 소요될 뿐만 아니라 이식이 가능한 동종 이식편의 수가 매우 부족하기 때문에 이를 대체하는 방법이 개발되고 있다. 우선 인공 심장과 같은 '전자기기 인공 장기'를 이용하는 방법이 있다. 하지만 이는 장기의 기능을 일시적으로 대체하는 데 사용되며, 추가 전력 공급 및 정기적 부품 교체 등이 요구되는 단점이 있고, 아직 인간의 장기를 완전히 대체할 만큼 정교한 단계에 이르지는 못했다.

(다) 다음으로는 사람의 조직 및 장기와 유사한 다른 동물의 이식편을 인간에게 이식하는 '이종 이식'이 있다. 그런데 이종 이식은 동종 이식보다 거부 반응이 훨씬 심하게 일어난다. 특히 사람이 가진 자연항체는 다른 종의 세포에서 발현되는 항원에 반응하는데, 이로 인해 이종 이식편에 대해서 초급성 거부 반응 및 급성 혈관성 거부 반응이 일어난다. 이런 거부 반응을 일으키는 유전자를 제거한 형질 전환 미니돼지에서 얻은 이식편을 이식하는 실험이 성공한 바 있다. 미니돼지는 장기의 크기가 사람의 것과 유사하고 번식력이 높아 단시간에 많은 개체를 생산할 수 있다는 장점이 있어, 이를 이용한 이종 이식편을 개발하기 위한 연구가 진행되고 있다.

(라) 이종 이식의 또 다른 문제는 내인성 레트로바이러스이다. 내인성 레트로바이러스는 생명체의 DNA의 일부분으로, 레트로 바이러스로부터 유래된 것으로 여겨지는 부위들이다. 이는 바이러스의 활성을 가지지 않으며 사람을 포함한 모든 포유류에 존재한다. 레트로바이러스는 자신의 유전 정보를 RNA에 담고 있고 역전사 효소를 갖고 있는 바이러

스로서, 특정한 종류의 세포를 감염시킨다. 유전 정보가 담긴 DNA로부터 RNA가 생성되는 전사 과정만 일어날 수 있는 다른 생명체와는 달리, 레트로바이러스는 다른 생명체의 세포에 들어간 후 역전사 과정을 통해 자신의 RNA를 DNA로 바꾸고 그 세포의 DNA에 끼어들어 감염시킨다. 이후에는 다른 바이러스와 마찬가지로 자신이 속해 있는 생명체를 숙주로 삼아 숙주 세포의 시스템을 이용하여 복제, 증식하고 일정한 조건이 되면 숙주 세포를 파괴한다.

(마) 그런데 정자, 난자와 같은 생식 세포가 레트로바이러스에 감염되고도 살아남는 경우가 있었다. 이런 세포로부터 유래된 자손의 모든 세포가 갖게 된 것이 내인성 레트로바이러스이다. 내인성 레트로바이러스는 세대가 지나면서 돌연변이로 인해 염기 서열의 변화가 일어나며 해당 세포 안에서는 바이러스로 활동하지 않는다. 그러나 내인성 레트로바이러스를 떼어 내어 다른 종의 세포 속에 주입하면 이는 레트로바이러스로 변환되어 그 세포를 감염시키기도 한다. 따라서 미니돼지의 DNA에 포함된 내인성 레트로바이러스를 효과적으로 제거하는 기술이 개발 중에 있다.

(바) 그동안의 대체 기술과 관련된 연구 성과를 토대로 이상적인 이식편을 개발하기 위해 많은 연구가 수행되고 있다.

11 윗글의 구조를 도식화한 것으로 가장 적절한 것은?

① (가) ― (나) ┬ (다) ― (라)
                └ (마) ― (바)

② ┌ (가) ― (나) ──┐
   └ (다) ― (라) ― (마) ┴ (바)

③ (가) ┬ (나) ― (다) ┐
        └ (라) ― (마) ┴ (바)

④ (가) ― (나) ┬ (다) ────┐
                └ (라) ― (마) ┴ (바)

⑤ ┌ (가) ──────┐
   └ (나) ― (다) ┴ (라) ― (마) ― (바)

12 윗글을 읽고 답할 수 있는 물음으로 적절하지 않은 것은?

① 동종 이식과 이종 이식의 차이점은?
② 내인성 레트로바이러스가 관찰되는 종은?
③ 가장 부작용이 적고 적응이 빠른 이식법은?
④ 세포, 조직, 장기 이식이 실시되는 전제 조건은?
⑤ 이종 이식 연구에서 미니돼지를 사용하는 이유는?

[13 ~ 15] 다음 글을 읽고 물음에 답하시오.

(가) 오늘날 널리 회자되고 있는 공론장(公論場)이라는 용어는 공적 문제에 대한 개인의 의견이 공적 영역으로 확장되는 공개된 담론의 장(場)을 말한다. 즉 사회적 의제(議題)에 대해 개인이 자신의 의견과 신념을 표현하고, 서로 다른 의견을 조율해 가며, 이 과정에서 형성된 건전한 여론을 국가의 정책에 반영하는 장이란 뜻이다. 이러한 공론장은 민주주의의 요체라 할 수 있는 집회 및 결사의 자유와 언론의 자유를 보장하고 건전한 여론을 형성하기 위해 반드시 필요하다 하겠다.

(나) 사회가 다원화되고 구성원들 사이의 갈등이 분출되면서 공론장의 필요성이 더욱 부각되고 있다. 사람들은 최근 방송 편성이 늘고 있는 텔레비전 토론 프로그램이 공론장 역할을 할 것으로 기대하고 있다. 그러나 한편으로는 텔레비전 토론 프로그램이 진정한 모습의 공론장을 구현하고 있는지에 대한 회의적 견해도 제기되고 있다.

(다) 텔레비전 토론 프로그램에 대해 비판적 입장을 견지하는 학자들은 상당수의 프로그램이 다양한 공적 문제에 대해 공개적으로 상호 의사소통을 하기보다는 이해 관계에 있는 집단들의 주장을 일방향으로 전달하고 있기 때문에 공론장과는 거리가 멀다고 주장한다. 그리하여 텔레비전 토론 프로그램이 사회적 의제에 대한 공중(公衆)의 관심을 오히려 멀어지게 하고, 특정 입장을 홍보하는 이른바 '유사 공론장'으로 변질되고 있다고 그들은 비판한다. 그들은 토론 프로그램이 여론을 왜곡할 수 있다는 점을 우려하는 것이다.

(라) 비슷한 시각에서 텔레비전 토론 프로그램이 공중을 수동적인 방관자로 전락시켜 합리적 판단과 비판적 의견을 스스로 형성할 수 없게 한다고 비판하는 학자들도 있다. 그들에 의하면 텔레비전 토론 프로그램이 공중에게 자신들이 공적 논의 과정에 주체적으로 참여하고 있다는 환상을 갖게 함으로써 수동적인 수용자로 계속 남아 있게 한다는 것이다. 그들은 또한 프로그램의 주제 선정, 진행 방법, 방송 시간대와 방송량, 토론자의 특성, 시청자의 참여, 사회자의 성향 등과 같은, 방송사가 미리 설정해 놓은 형식과 구성 요소들이 토론의 진행 방향이나 논쟁의 결과를 일정한 방향으로 제한한다고 지적한다. 시청자 참여 문제와 관련해서는 토론 프로그램이 사회적 문제를 해결하는 데 진지한 성찰을 제공하고 있다 하더라도, 관심 있는 사람들만 그 프로그램을 시청하기 때문에 시청자들이 토론 프로그램에 실질적으로 참여하거나 영향력을 미치는 데 한계가 있다고 덧붙인다.

(마) 텔레비전 토론 프로그램이 사회적 의제를 논의하는 주요한 공간으로 자리잡아 가고 있는 것은 고무적인 일이다. 하지만 토론 프로그램이 진정한 공론장으로 발전하기 위해서는 그동안 제기된 비판에 대한 체계적인 분석과 연구가 뒷받침되어야 하며, 이에 대한 방송 관계자들의 숙고가 있어야 할 것이다.

13 (가) ~ (마)에 대한 설명으로 적절하지 <u>않은</u> 것은?

① (가): 용어의 정의를 제시하며 앞으로 나올 내용을 안내하고 있다.

② (나): 특정 대상에 대한 긍정적 반응 및 우려에 대해 설명하고 있다.

③ (다): 대상에 대한 비판적 입장을 가진 학자들의 주장을 드러내고 있다.

④ (라): 예상되는 반론을 제시하고, 이를 비판함으로써 주장을 강조하고 있다.

⑤ (마): 앞서 제시된 다양한 의견을 종합해 글쓴이의 주장을 간접적으로 제시하고 있다.

14 글쓴이의 견해와 가장 거리가 <u>먼</u> 것은?

① 공론장은 건전한 여론을 형성하는 데 중요한 역할을 할 것이다.

② 텔레비전 토론 프로그램이 공론장으로 발전하기 위해서는 방송사의 노력도 중요하다.

③ 특정 이해관계에 있는 집단의 입장을 홍보하는데 텔레비전 토론 프로그램이 악용될 수도 있다.

④ 방송사가 미리 토론의 방향, 논쟁 결과를 일정한 방향으로 설정함으로써 합리적 판단과 비판적 의견을 형성하도록 도와야 한다.

⑤ 토론 프로그램이 사회적 의제에 대한 관심을 불러일으키고 공적 문제에 대해 공개적으로 소통할 수 있도록 끊임없는 연구가 필요하다.

15 글을 읽은 학생들의 반응으로 가장 적절한 것은?

① 누구나 볼 수 있는 방송을 통해 전파되므로 여론이 왜곡된다는 것은 어려울 거야.

② 특정 나이대의 의견을 수렴하기 위해 특정 시간대에 편성된 토론 프로그램을 시청하면 되겠어.

③ 우리의 목소리를 내기 위해서는 우리와 입장이 동일한 방송 프로그램에 참여하는 것이 좋겠어.

④ 사회적 문제에 대해 소수의 전문가와 논의하는 프로그램은 공론장의 역할을 제대로 수행하겠어.

⑤ 방송사에서 공중을 주체적으로 참여시킬 수 있는 방안을 강구한다면, 방송 프로그램은 진정한 공론장이 될 수 있겠어.

16 다음 안내문의 내용을 잘못 이해한 것은?

<국립현대미술관 주차장 이용 안내>

1. 위치: 경기 ○○시 △△로 313
2. 주차 규모: 149대(버스 주차 공간 등 제외)
3. 운영 시간: 24시간(연중무휴)
4. 주차 요금 및 감면 사항

대상	주차 요금		
	기본 2시간	초과 요금	1일 최대
일반인	3,000원	30분당 1,000원	10,000원
미술관 관람객	2,000원	최초 30분당 500원 추가 30분당 1,000원	10,000원
자연캠프장 당일 이용객	2,000원	최초 30분당 500원 추가 30분당 1,000원	10,000원
자연캠프장 숙박 이용객	10,000원(익일 12시까지)/1박, 초과 30분당 1,000원		
미술관 및 상주업체 직원	20,000원/월(11월~2월) 20,000원/월(3월~10월)		2,000원/1일
관용차, 공무수행 차량	면제		
미술관 초청행사, 회의, 초빙강사, 심사위원, 언론홍보 등 참석 차량			
민원 등 업무 내방차량	기본 1시간 면제, 초과 30분당 1,000원		
국가유공자, 국가유공자 유족	정산 금액의 50% 감면		
장애인			
경차 (1,000cc 이하)			
하이브리드 차량			

※주차권 발급 시간부터 10분 이내 출차 시 무료

① 관용차나 언론 홍보를 위해 참석한 차량의 경우, 주차 요금이 면제된다.
② 하이브리드 차량이 10분간 주차할 경우 주차 요금을 지불하지 않아도 된다.
③ 경차를 이용한 등산객이 3시간 주차한 경우에는 주차 요금은 2,500원을 내야 한다.
④ 국가유공자의 유족이 미술관 관람을 위해 3시간 주차할 경우, 1,500원을 내야 한다.
⑤ 자연캠프장 숙박을 이용한 손님이 익일 오전 11시에 퇴실하는 경우, 주차 요금은 10,000원을 내야 한다.

[17~18] 다음 글을 읽고 물음에 답하시오.

열세 살이 되기 직전의 겨울, 나는 전형적인 사춘기적 증상과 맞부닥쳤다. 군이 이름을 붙인다면 '주제 파악 불량에서 기인하는 자존망대형(自尊妄大刑) 조발성(早發性) 천재 증후군'이라 하겠는데, 그 증상은 먼저 학교에 가기 싫어하는 것으로 나타난다. 나는 일단 그 증상에 관해 아버지와 대화를 나눠 보기로 했다. 내가 아버지의 아들인 이상, 아버지도 나와 같은 문제로 고민했을 게 아닌가. 천재는 유전이니까.

나는 평소에 비해 숙제를 충실히 했고 어둡기 전에 집으로 들어왔으며 모든 식구들에게 경어를 사용했다. 그래서 "쟤가 요즘 웬일이야."라는 찬사가 우리 집 지붕을 뚫고 하늘에 이르렀다가 다시 땅으로 떨어져 아버지의 귀에 들어가기를 기다렸다(이 원리는 라디오에서 배운 것임). <중 략>

인적이 드문 신작로에 들어선 나는 조심스럽게 "아부지!" 하고 불렀다.

"왜?" / "드릴 말씀이 있습니다. 사나이 대 사나이로서."

아버지는 그날 마신 술로 기분이 좋았다.

"싸나아이? 어디 한번 해 보니라." / "저 학교에 안 가면 안 되겠습니까? 배울 것도 없는 것 같고 애들도 너무 유치해서 사귈 마음이 나지 않습니다. 차라리 자연과 라디오를 스승 삼고 주경야독으로 제 수준에 맞는 진학 준비를 하는 것이 좋겠다고 생각합니다. 어떻게 생각하시는지요?" / 아버지는 한동안 말이 없이 씨익씨익, 하고 페달만 밟으셨다.

나는 얼씨구, 내 말이 먹혀드는구나 싶어 주마가편(走馬加鞭) 격으로 말을 쏟아 냈다.

"실은 제 정신 수준은 보통 사람의 서른 살에 도달했다고 판단한 지 어언 두 달이 넘었습니다. 어쩌면 대학도 갈 필요가 없는지도 모르겠습니다. 비싼 학비를 안 대 주셔도 되니 이 얼마나 좋은 일이겠습니까?" / 아버지는 자전거를 세우고는 거의 표준말에 가까운 억양과 어휘로 말했다.

"고맙다, 내 걱정까지 해 주다니. 그렇지만 조금 더 생각을 해 보아라. 시간을 줄 테니."

그러고는 달빛 비치는 서산을 넘어 불어오는 바람 속에 자전거를 세워 두고는 신작로 아래 냇가로 내려갔다. 나는 아버지가 오줌을 누러 가시나 보다, 생각하고는 자전거 위에 앉은 채로 기다리고 있었다.

그런데 아버지는 한참이나 지났는데도 오시지 않았다.

세차게 불어오는 바람에 자전거는 금방이라도 쓰러질 것 같았다. 그렇지만 자칫 잘못 내리다가는 자전거와 함께 신작로 아래로 굴러떨어질 것 같아 이러지도 저러지도 못한 채 떨면서 기다리고 있을 수밖에 없었다. 아버지가 앉았던 안장을 움켜쥐고 내가 하느님을 서너 번은 족히 불렀을 때 비로소 아버지가 올라왔다.

"달밤에 신작로 위에서 자전거 타고 혼자 있으니까 세상이 다 니 아래로 보이더냐?"

아버지는 자전거를 끌면서 말씀하셨다.

그 물음에는 천재인 나도 대답할 말을 쉽게 찾을 수 없었다. 그때 아버지의 나이가 사십 대 초입이었다.

나는 내 아이가 내게 그렇게 말해 온다면 어떻게 할까 생각해 본다. 준비되지 않은 채 몸과 마음만 들뜬 아이를 마음으로 감복시킬 생각을 하지 못하고 어떻게든 세상의 틀에 우겨 넣으려는 한, 내 중년은 아버지의 중년에 비할 수 없이 유치하다.

17 윗글에 대한 설명으로 적절한 것은?

① 과거를 회상하며 현재 자신의 삶을 되돌아보고 있다.

② 공간의 변화에 따라 달라지는 인물의 감정을 드러내고 있다.

③ 유사한 여러 일화를 병렬적으로 구성하여 주제를 드러내고 있다.

④ 자연 현상과 인간 사회를 비교하여 글쓴이의 깨달음을 강조하고 있다.

⑤ 특정 사건에 대한 원인을 분석하고 결과를 논리적으로 제시하고 있다.

18 윗글을 통해 알 수 있는 내용으로 적절하지 <u>않은</u> 것은?

① 글쓴이는 사춘기를 겪으며 학교에 가기 싫어했다.

② 아버지는 글쓴이에게 학교에서 아직 배울 것이 많다며 훈계했다.

③ 글쓴이는 자신의 정신 수준이 또래보다 월등히 높다고 생각한다.

④ 아버지는 글쓴이에게 홀로 생각할 시간을 주기 위해 냇가로 갔다.

⑤ 글쓴이는 사춘기적 증상에 대해 아버지께 조언을 구하고 싶어 했다.

[19 ~ 20] 다음 글을 읽고 물음에 답하시오.

2019년 희망·청년·내일키움통장 신청 접수

1. 희망키움통장 Ⅰ
○가입 대상: 근로소득이 기준 중위소득 40%의 60% 이상 인 생계·의료수급 가구
○모집 일정

모집 횟수	접수 기간	모집 횟수	접수기간
1차	1.28(월) ~ 2.15(금)	6차	7.1(월) ~ 7.15(월)
2차	3.4(월) ~ 3.15(금)	7차	8.1(목) ~ 8.16(금)
3차	4.1(월) ~ 4.15(월)	8차	9.2(월) ~ 9.17(화)
4차	5.1(금) ~ 5.15(수)	9차	10.1(화) ~ 10.15(화)
5차	6.3(월) ~ 6.14(금)	10차	11.1(금) ~ 11.15(금)

○지원 내용: 3년 만기 생계·의료 탈수급
- 5만원 적립: 근로소득장려금 = 〔가구 총 소득 - (기준 중위소득 40%×0.43(장려율)〕
- 10만원 적립: 근로소득장려금 = 〔가구 총 소득 - (기준 중위소득 40%×0.85(장려율)〕

2. 희망키움통장 Ⅱ
○가입 대상: 소득인정액 기준 중위소득 50% 이하인 주거·교육수급, 차상위 가구
○모집 일정

모집 횟수	접수 기간	가입자 선정 및 통지
1차	1.28(월) ~ 2.15(금)	4.1(월) ~ 4.15(월)
2차	5.1(수) ~ 5.15(수)	7.1(월) ~ 7.15(월)
3차	8.1(목) ~ 8.16(금)	8.1(월) ~ 9.30(월)
4차	10.1(월) ~ 10.12(금)	12.3(월) ~ 12.14(금)

○지원 내용: 3년 만기 통장 유지 또는 소득 초과, 교육이수자
- 10만원 적립: 1대1 매칭

3. 내일키움통장
○가입 대상: 신청 당시 최근 1개월 이상 연속 자활근로사업단에 성실 참여자
○모집 일정

모집 횟수	접수 기간	모집 횟수	접수기간
1차	1.28(월) ~ 2.15(금)	6차	7.1(월) ~ 7.15(월)
2차	3.4(월) ~ 3.15(금)	7차	8.1(목) ~ 8.16(금)
3차	4.1(월) ~ 4.15(월)	8차	9.2(월) ~ 9.17(화)
4차	5.1(금) ~ 5.15(수)	9차	10.1(화) ~ 10.15(화)
5차	6.3(월) ~ 6.14(금)	10차	11.1(금) ~ 11.15(금)

○지원 내용: 3년 이내 탈수급 및 취·창업, 탈수급, 대학교 입학, 자격증취득자
- 월 본인 저축액: 5만원 / 10만원
- 내일키움장려금: 시장진입형 → 본인저축액의 1:1, 사회서비스형 → 본인저축액의 1:0.5
- 내일근로장려금: 본인저축액의 1:1
- 내일키움수익금: 자활근로사업단 수익금에 따라 차등 지원 (최대 월 15만원)

4. 청년희망키움통장
○가입 대상: 근로·사업소득이 있는 청년(15세~34세) 생계수급자 중 총 근로사업소득이 기준 중위소득의 20% 이상 (*2019년 기준 341,402원)
○모집 일정

모집 횟수	접수 기간	모집 횟수	접수기간
1차	1.28(월) ~ 2.15(금)	6차	7.1(월) ~ 7.15(월)
2차	3.4(월) ~ 3.15(금)	7차	8.1(목) ~ 8.16(금)
3차	4.1(월) ~ 4.15(월)	8차	9.2(월) ~ 9.17(화)
4차	5.1(금) ~ 5.15(수)	9차	10.1(화) ~ 10.15(화)
5차	6.3(월) ~ 6.14(금)	10차	11.1(금) ~ 11.15(금)

○지원 내용: 3년 만기 생계급여 탈수급
- 근로소득공제액 적립(월 근로사업소득에서 10만원 추가 공제)
- 근로소득장려금 매칭 = 〔가구 총 소득 - (341,402*×0.63 (장려율)〕
  *2019년 1인 가구 기준 중위소득의 20%(1,707,008원의 20%)

19 윗글의 내용과 일치하지 않는 것은?

① 차상위 가구는 '희망키움통장Ⅱ'의 가입 대상이다.

② '청년희망키움통장'은 청년들에게 두 가지 형태의 지원을 제공한다.

③ 11월 10일에 접수가 불가능한 통장은 '희망키움통장Ⅱ' 한 가지이다.

④ 9월 4일 수요일에 '희망키움통장Ⅰ'을 접수한다면, 8차 모집에 접수하는 것이다.

⑤ '희망키움통장Ⅱ'의 모집 일정은 '내일키움통장'의 1차, 4차, 7차, 9차 모집과 일정이 동일하다.

20 <보기 1>을 읽고 A가 가입할 수 있는 통장을 <보기 2>에서 모두 고른 것은?

─────〈 보 기 1 〉─────

올해 50세인 A는 2019년 7월 15일 월요일에 새 통장에 가입하고자 한다. A는 월 10만원을 저축하고자 하며, 2019년 2월 10일부터 현재까지 자활근로사업단에서 성실히 활동하고 있다.

─────〈 보 기 2 〉─────

㉠ 희망키움통장Ⅰ

㉡ 희망키움통장Ⅱ

㉢ 내일키움통장

㉣ 청년희망키움통장

① ㉠

② ㉢

③ ㉠, ㉡

④ ㉠, ㉢

⑤ ㉢, ㉣

[21 ~ 22] 다음 글을 읽고 물음에 답하시오.

2022년 관광두레 PD 선발 공고문

문화체육관광부는 주민주도형 관광사업체 창업 및 육성 지원을 위해 '관광두레' 사업을 2013년부터 시행하고 있습니다. 2022년도 관광두레 사업을 추진할 관광두레 PD 및 사업 대상 지역을 선정하고자 하오니 PD 활동에 관심 있는 분들과 지자체의 참여를 부탁드립니다.

[1] 관광두레사업 안내

□ 사업 목적
- 주민 공동체 기반의 지속가능한 주민사업체 창업 및 육성
- 지역주민들이 자발적으로 사업 법인체를 만들어 관광객을 상대로 숙박, 음식, 기념품 등 관광 사업을 경영하도록 함으로써 공동체 형성과 일자리와 소득 창출

□ 관광두레 PD의 역할
- 지역주민의 수요 파악, 잠재력 및 발전가능성이 높은 주민사업체 발굴 및 조력자 역할수행, 사업 계획 수립 지원, 주민사업체 창업 및 지속 성장을 위한 지원 등

[2] 관광두레 PD 선발 공고 개요

□ 선발 대상
○ 선발 대상: 지역별 1인으로 한정 ※ 팀(2인 이상) 지원 불가
○ 선발 인원: 00명 및 해당지역 00개소
※ 아래표: 지원불가 지역(현재 사업 진행 지역, 2년 이상 PD 활동 후 중단 지역, PD 졸업 지역)

권역	지역명
충북	제천, 괴산, 청주, 음성
충남	홍성, 서산, 예산, 태안, 부여, 청양. 천안
전북	김제, 남원, 익산, 군산, 장수, 순창, 진안, 고창, 임실
전남	곡성, 여수, 구례, 나주, 담양, 강진, 보성, 광양, 고흥, 순천, 목포, 장성, 영광
경북	청송, 봉화, 울진, 안동, 상주, 문경, 경주, 영주, 고령, 영천, 포항, 영덕
경남	남해, 합천, 거창, 통영, 산청, 거제, 김해, 진주, 양산, 창녕, 고성

□ 접수 기간 및 접수 방법
○ 접수 기간: 2021.11.22.(월) ~ 12.27.(월) 14:00 마감
○ 접수 방법: PD·지자체 지원 신청서(서식) 작성 및 제출

ㅇ접수처: 지자체 공문 접수(이메일, 우편접수 불가)

※ 신청 서류는 한번 제출하면 수정할 수 없음

※ 관광두레 PD 신청 서류는 접수 기간 내에 제출해야만 인정됨

※ 심사 결과에 대한 문의는 안내하지 않음

[3] 우대 사항 및 업무 조건

□ 우대 사항(서류 평가 시 1개만 인정, 가산점 최대 3점 부여)

1. 2021 관광두레 아카데미 수료자 1점

2. 지역협력사업 아카데미 수료자 또는 수강 중인 자 3점

3. 창업관련(창업보육매니저, 경영지도사, 창업지도사) 자격증을 보유한 자 3점

□ 업무 조건

ㅇ활동 기간: 최대 5년

※ 매년 연차 평가 결과 및 PD 활동 기간 중 성과가 낮을 경우 협약 해지 가능

※ 초기 1개월 활동 기간, 공사에서 실시한 교육 미이수자 및 평가 점수가 낮은 대상자는 협약 해지 가능

ㅇ활동 범위: 관광두레사업 선정 지자체(시·군·구)

ㅇ업무 내용

- 해당 지역의 관광두레사업 추진 전담

- 지역자원조사 및 지역콘텐츠진단연구 시행

- 관광사업 모델 개발 및 사업실행계획 수립 지원

- 주민 공동체 발굴 및 역량 강화 교육·창업 지원

- 지역 내 및 인접지역 간 관광두레 네트워크 구축 등 지원

21 윗글에 대한 설명으로 적절한 것은?

① 관광두레 PD 선발 과정을 시간 순서대로 설명하는 설명문이다.

② 실제 관광두레 PD로 일한 경험을 생생하게 서술한 체험문이다.

③ 사업 실시 기관장이 관광두레 PD의 노고를 위로하는 감사문이다.

④ 관광두레 PD가 하는 일을 안내하고, PD 지원을 독려하는 지자체의 홍보문이다.

⑤ 관광두레 사업 설명을 설명하고, PD 선발을 공고하는 정부 기관의 안내문이다.

22 안내문의 내용을 이해한 것으로 적절한 것은?

① 전북에서 관광두레 PD에 지원 불가한 지역은 총 8개이다.

② 관광두레 PD로 선발되었더라도 처음 한 달의 평가 점수가 낮으면 협약 해지가 가능하다.

③ 관광두레 PD 심사 결과에 대한 문의는 결과 발표 후 일주일 내에 해야 안내를 받을 수 있다.

④ 관광두레 PD로 선발되면 해당 지역 내에 한정하여 관광두레 네트워크를 구축하는 업무를 진행하게 된다.

⑤ 지역협력사업 아카데미를 수강 중이고, 창업지도사 자격증을 보유한 사람은 총 6점의 가산점을 받을 수 있다.

[23 ~ 25] 다음 글을 읽고 물음에 답하시오.

과거는 지나가 버렸기 때문에 역사가가 과거의 사실과 직접 만나는 것은 불가능하다. 역사가는 사료를 매개로 과거와 만난다. 사료는 과거를 그대로 재현하는 것은 아니기 때문에 불완전하다. 사료의 불완전성은 역사 연구의 범위를 제한하지만, 그 불완전성 때문에 역사학이 학문이 될 수 있으며 역사는 끝없이 다시 서술된다. 매개를 거치지 않은 채 손실되지 않은 과거와 만날 수 있다면 역사학이 설 자리가 없을 것이다. 역사학은 전통적으로 문헌 사료를 주로 활용해 왔다. 그러나 유물, 그림, 구전 등 과거가 남긴 흔적은 모두 사료로 활용될 수 있다. 역사가들은 새로운 사료를 발굴하기 위해 노력한다. 알려지지 않았던 사료를 찾아내기도 하지만, 중요하지 않게 여겨졌던 자료를 새롭게 사료로 활용하거나 기존의 사료를 새로운 방향에서 파악하기도 한다. 평범한 사람들의 삶의 모습을 중점적인 주제로 다루었던 미시사 연구에서 재판 기록, 일기, 편지, 탄원서, 설화집 등의 이른바 '서사적' 자료에 주목한 것도 사료 발굴을 위한 노력의 결과이다.

시각 매체의 확장은 사료의 유형을 더욱 다양하게 했다. 이에 따라 역사학에서 영화를 통한 역사 서술에 대한 관심이 일고, 영화를 사료로 파악하는 경향도 나타났다. 역사가들이 주로 사용하는 문헌 사료의 언어는 대개 지시 대상과 물리적·논리적 연관이 없는 추상화된 상징적 기호이다. 반면 영화는 카메라 앞에 놓인 물리적 현실을 이미지화하기 때문에 그 자체로 물질성을 띤다. 즉, 영화의 이미지는 닮은꼴로 사물을 지시하는 도상적 기호가 된다. 광학적 메커니즘에 따라 피사체로부터 비롯된 영화의 이미지는 그 피사체가 있었음을 지시하는 지표적 기호이기도 하다. 예를 들어 다큐멘터리 영화는 피사체와 밀접한 연관성을 갖기 때문에 피사체의 진정성에 대한 믿음을 고양하여 언어적 서술에 비해 호소력 있는 서술로 비춰지게 된다.

그렇다면 영화는 역사와 어떻게 관계를 맺고 있을까? 역사에 대한 영화적 독해와 영화에 대한 역사적 독해는 영화와 역사의 관계에 대한 두 축을 이룬다. 역사에 대한 영화적 독해는 영화라는 매체로 역사를 해석하고 평가하는 작업과 연관된다. 영화인은 자기 나름의 시선을 서사와 표현 기법으로 녹여내어 역사를 비평할 수 있다. 역사를 소재로 한 역사 영화는 역사적 고증에 충실한 개연적 역사 서술 방식을 취할 수 있다. 혹은 역사적 사실을 자원으로 삼되 상상력에 의존하여 가공의 인물과 사건을 덧대는 상상적 역사 서술 방식을 취할 수도 있다. 그러나 비단 역사 영화만이 역사를 재현하는 것은 아니다. 모든 영화는 명시적이거나 우회적인 방법으로 역사를 증언한다. 영화에 대한 역사적 독해는 영화에 담겨 있는 역사적 흔적과 맥락을 검토하는 것과 연관된다. 역사가는 영화 속에 나타난 풍속, 생활상 등을 통해 역사의 외연을 확장할 수 있다. 나아가 제작 당시 대중이 공유하던 욕망, 강박, 믿음, 좌절 등의 집단적 무의식과 더불어 이상, 지배적 이데올로기 같은 미처 파악하지 못했던 가려진 역사를 끌어내기도 한다.

영화는 주로 허구를 다루기 때문에 역사 서술과는 거리가 있다고 보는 사람도 있다. 왜냐하면 역사가들은 일차적으로 사실을 기록한 자료에 기반해서 연구를 펼치기 때문이다. 또한 역사가는 자료에 기록된 사실이 허구일지도 모른다는 의심을 버리지 않고 이를 확인하고자 한다. 그러나 문헌 기록을 바탕으로 하는 역사 서술에서도 허구가 배격되어야 할 대상만은 아니다. 역사가는 허구의 이야기 속에서 그 안에 반영된 당시 시대적 상황을 발견하여 사료로 삼으려고 노력하기도 한다. 지어낸 이야기는 실제 있었던 사건에 대한 기록이 아니지만 사고방식과 언어, 물질문화, 풍속 등 다양한 측면을 반영하며, 작가의 의도와 상관없이 혹은 작가의 의도 이상으로

동시대의 현실을 전달해 주기도 한다. 어떤 역사가들은 허구의 이야기에 반영된 사실을 확인하는 것에서 더 나아가 사료에 직접적으로 나타나지 않은 과거를 재현하기 위해 허구의 이야기를 활용하여 사료에 기반한 역사적 서술을 보완하기도 한다. 역사가가 허구를 활용하는 것은 실제로 존재했던 과거에 접근하고자 하는 고민의 결과이다.

영화는 [㉠]에 [㉡]을 담아냄으로써 새로운 사료의 원천이 될 뿐 아니라, 대안적 역사 서술의 가능성까지 지니고 있다. 영화는 공식 제도가 배제했던 역사를 사회에 되돌려주는 '아래로부터의 역사'의 형성에 기여한다. 평범한 사람들의 회고나 증언, 구전 등의 비공식적 사료를 토대로 영화를 만드는 작업은 빈번하게 이루어지고 있다. 그리하여 영화는 하층 계급, 피정복 민족처럼 역사 속에서 주변화된 집단의 묻혀 있던 목소리를 표현해 낸다. 이렇듯 영화는 공식 역사의 대척점에서 활동하면서 역사적 의식 형성에 참여한다는 점에서 역사 서술의 한 주체가 된다.

23 윗글의 내용과 일치하지 않는 것은?

① 역사를 완벽하게 재현해 낼 수 있는 것은 역사 영화뿐이다.

② 편지, 일기 등의 서사 자료는 새로운 사료를 발굴한 예로 볼 수 있다.

③ 사료의 불완전성이라는 특성은 끊임없이 역사를 다시 서술하게 하는 이유가 된다.

④ 문헌 사료의 언어는 추상화된 상징적 기호인 반면, 영화의 이미지는 도상적 기호이다.

⑤ 영화는 주변화된 집단의 이야기까지 표현할 수 있다는 점에서 역사 서술의 한 주체라고 볼 수 있다.

24 윗글에 대한 설명으로 적절한 것은?

① 기존 역사학에 대해 비판적 시각을 드러내고 있다.

② 질문에 대해 답하는 방식을 활용하여 영화의 변천 과정을 드러내고 있다.

③ 역사와 영화의 공통점과 차이점을 제시하며 역사와 영화의 관계를 설명하고 있다.

④ 영화의 소재가 될 수 있는 것을 나열함으로써 역사 영화의 다양성을 드러내고 있다.

⑤ 사료로서의 영화가 지닌 특징을 밝혀 영화의 역사 서술의 주체로서의 가능성을 제시하고 있다.

25 윗글의 ㉠과 ㉡에 들어갈 말로 적절한 것은?

	㉠	㉡
①	사실적 이야기	이데올로기
②	사실적 이야기	역사적 사실
③	허구적 이야기	이데올로기
④	허구적 이야기	역사적 사실
⑤	허구적 이야기	주변화된 집단의 목소리

[26 ~ 28] 다음 글을 읽고 물음에 답하시오.

보건복지부 질병관리본부	**오락가락 장마 속 본격 무더위 시작, 7월 말 ~ 8월 초 온열 질환 주의!**

질병관리본부는 오락가락하는 장마 속 본격 무더위가 시작되면서 한여름 폭염, 열대야와 함께 온열 질환자* 급증이 예상된다고 밝히며 각별한 주의를 당부하였다.

* 온열 질환은 열로 인해 발생하는 급성 질환으로 뜨거운 환경에 장시간 노출 시 두통, 어지러움, 근육 경련, 피로감, 의식 저하 등의 증상을 보이고 방치 시에는 생명이 위태로울 수 있는 질병으로 열탈진(일사병)과 열사병이 대표적

○ 질병관리본부는 전국 500여 개 응급실을 통해 온열 질환자 내원 현황을 신고 받는 「온열 질환 응급실 감시 체계」를 운영하고 있으며, 올해는 현재까지(5.20. ~ 7.22.) 총 347명의 온열 질환자가 신고되었다.

※ 작년 같은 기간(2018.5.20. ~ 7.22.) 온열 질환자 신고 1,228명(사망 14명)

○ 작년 감시 결과에 따르면 7월 말부터 8월 초까지(7.21. ~ 8.10.) 온열 질환자의 62%가 신고되어 이 시기에 환자 발생이 집중된 바 있으며 올해도 같은 추세가 이어질 것으로 보여 한여름에 각별한 주의가 필요하다고 밝혔다.

질병관리본부 관계자는 "올해 온열 질환자는 실외 작업장과 논·밭, 운동장·공원에서 주로 발생하고 있으며, 더위가 심해질수록 스스로 대처가 어려운 노약자가 별다른 조치 없이 집에서 더위를 참다가 열사병 등으로 진행하는 경우가 많다."고 언급하면서 한여름 온열 질환에 대비하기 위하여 지자체에서는 노약자 등 특히 보호가 필요한 대상을 중심으로 방문 보건 사업과 무더위 쉼터를 적극 운영하여 줄 것과 각 상황에 따른 주의 사항 전파를 당부하였다.

< 작업 중 >

○ 온열 질환을 예방하기 위해서는 되도록 고온 환경을 피하는 것이 좋다. 무더위에는 갈증이 나지 않더라도 규칙적으로 수분을 섭취하고, 가능한 오후 시간대(12시 ~ 17시) 활동을 줄이며, 2인 이상이 함께 서로의 건강 상태를 살피면서 근무하도록 한다.

○ 작업 중에는 무리하지 않도록 그늘에서 규칙적으로 휴식을 취하며, 어지러움, 두통, 메스꺼움 등 초기 증상이 나타나면 즉시 작업을 중단하고 시원한 곳으로 이동하여 회복하도록 한다.

○ 특히 고령의 농작업자는 무더위에 작업하는 경우 위험할 수 있음을 인지하고, 무더위 시 작업을 자제하고 무리하지 않도록 한다.

< 관광·놀이·운동 중 >

○ 관광, 물놀이, 등산, 골프 등 실외 활동 중에는 가급적 그늘에서 활동하거나 양산, 모자 등으로 햇볕을 최대한 피하고 장시간 더위에 노출되지 않도록 주의한다.

○ 사전에 물을 충분히 준비하여 자주 마시고, 지나치게 땀을 흘리거나 무리하는 활동은 피하여 탈수가 생기지 않게 주의한다.

< 집 안에서 >

○ 선풍기, 에어컨 등 냉방 장치를 사용하고, 집의 냉방 상태가 좋지 않다면 각 지자체에서 운영하는 인근의 '무더위 쉼터'를 이용한다.

○ 평소보다 물을 많이 수시로 마셔 갈증을 피하고, 수건에 물을 적셔서 몸을 자주 닦거나 가볍게 샤워를 하면 도움이 된다. 한낮에는 가스레인지나 오븐 사용은 되도록 피한다.

< 어린이와 노약자가 있는 경우 >

○ 어린이와 어르신, 지병이 있는 경우 더위에 더 취약하므로 본인은 물론 보호자와 주변인의 각별한 관심이 필요하다.

○ 집 안과 차 등 창문이 닫힌 실내에 어린이나 노약자를 홀로 남겨두지 않도록 한다. 창문이 닫힌 자동차는 물론 창문을 일부 연 경우라도 차 안 온도가 급격히 상승하므로 어린이와 노약자를 차 안에 혼자 두지 않아야 한다.

○ 어린이와 노약자를 부득이 홀로 남겨두고 외출할 때에는 이웃이나 친인척에게 보호를 부탁하여야 한다.

< 온열 질환자 발생 시 대처 요령 >

○ 일사병 · 열사병 등 온열 질환이 발생하면 즉시 환자를 시원한 곳으로 옮기고, 옷을 풀고 시원한 물수건으로 닦거나 부채질을 하는 등 체온을 내리고 의료 기관을 방문한다.

○ 환자에게 수분 보충은 도움 되나 의식이 없는 경우에는 질식 위험이 있으므로 음료수를 억지로 먹이지 않도록 하며 신속히 119에 신고하여 병원으로 이송해야 한다.

26 윗글의 내용과 일치하지 않는 것은?

① 온열 질환을 예방하기 위해서 가능한 12 ~ 17시 사이의 활동을 삼간다.

② 온열 질환자는 피로감, 의식 저하, 근육 경련 등의 증상을 보일 수 있다.

③ 온열 질환은 주로 논과 밭, 공원 등의 실외에서 발생하므로 고온 환경을 피하는 것이 좋다.

④ 질병관리본부에서는 지자체를 중심으로 방문 보건 사업과 무더위 쉼터 운영을 적극 실시하도록 했다.

⑤ 지난해 5.20. ~ 7.22.에 발생한 온열 질환자 신고 건수보다 올해 같은 기간의 온열 질환자 신고 건수가 더 많으므로 주의해야 한다.

27 윗글을 읽고 보인 반응으로 적절하지 않은 것은?

① 의식이 없는 온열 질환자에게는 음료수를 억지로 먹여서는 안 되겠군.

② 열사병 등이 발생하면 환자를 즉시 시원한 곳으로 옮기고 부채질을 해줘야겠군.

③ 집의 냉방 상태가 좋지 않을 때에는 무더위 쉼터를 활용하여 더위를 피할 수 있겠군.

④ 여름에도 건강 관리를 위해 땀을 많이 흘리는 운동을 한 후 가볍게 샤워하는 것이 좋군.

⑤ 지병이 있는 경우 고온에 취약하므로 작업할 때 규칙적으로 그늘에서 휴식을 취해야겠군.

28 윗글을 읽고 제기할 수 있는 질문으로 가장 적절한 것은?

① 야외 활동 시 온열 질환 예방 방법은 무엇인가?

② 어린이와 노약자만 집에 두게 될 경우 어떻게 조치해야 하는가?

③ 폭염 주의보 발령의 기준은 무엇이며 어떻게 확인할 수 있는가?

④ 폭염 시 집 안에서 지켜야 할 주의 사항으로 어떤 것이 있는가?

⑤ 열사병이나 일사병 등의 온열 질환자가 발생하면 응급 처치를 어떻게 해야 하는가?

29 〈보기〉의 안내문을 바르게 이해하지 <u>못한</u> 것은?

> ─── 〈 보 기 〉 ───
>
> 어린이 물놀이 사고 예방을 위한 안전 수칙
>
> 1. 물놀이를 할 때 항상 어른과 같이 물에 들어간다.
> 2. 물놀이를 할 때는 반드시 구명조끼를 착용한다.
> 3. 물놀이를 하기 전에는 충분한 준비운동을 한다.
> 4. 물에 들어가기 전에 심장에서 먼 곳부터 물을 적신다.
> 5. 식사를 한 후 바로 물에 들어가지 않는다.
> 6. 물놀이를 하면서 사탕이나 껌 등을 씹지 않는다.
> 7. 정해진 곳에서만 물놀이를 한다.
> 8. 파도가 높거나 물이 세게 흐르는 곳, 깊은 곳에서는 수영하지 않는다.
> 9. 계곡이나 강가, 바닷가에서는 잠금장치가 있는 샌들을 신는다.
> 10. 수영장 근처에서 뛰어다니지 않는다.
> 11. 물에 빠진 사람을 발견했을 때는 직접 구하기 위해 물속에 들어가는 것보다는 물에 뜨는 물건(튜브, 아이스박스, 구명조끼, 비치볼 등)을 던져 주고, 수상 안전 요원이나 어른들에게 즉시 도움을 요청한다.

① 수영장은 물이 있어 위험하므로 조심히 걸어 다닌다.

② 물에 들어가기 전에는 간단한 준비운동을 하고 어른과 함께 들어간다.

③ 파도가 높게 일 수 있으니 물놀이 장소로 정해진 곳에서만 놀아야 한다.

④ 여름철 계곡, 강가 등으로 물놀이를 갈 때에는 안전하게 운동화를 신는다.

⑤ 물에 빠져 도움이 필요한 사람을 발견한 경우에는 직접 구하기보다 구명조끼를 던져 준다.

30 제시된 자료를 바탕으로 할 때, '수민'의 가족이 지불할 요금으로 적절한 것은?

> ─── 〈 보 기 〉 ───
>
> <○○워터파크 요금 안내>
>
> | 구분 | 성인 | 청소년 | 어린이/경로 | 유아 |
> |------|------|--------|------------|------|
> | 주중 | 14,000 | 10,000 | 7,000 | 5,000 |
> | 주말 | 20,000 | 15,000 | 10,000 | 5,000 |
>
> ※ 경로: 만 65세 이상, 청소년: 만 13세~18세(중·고등학생 포함), 어린이: 만 5세~12세, 유아: 만 36개월~4세

> 중학교 2학년인 '수민'의 가족은 올해 45세가 된 부모님 한 명씩을 보호자로 동반하여 세 명씩 ○○워터파크를 방문하기로 했다. 화요일에는 수민, 수민이의 아빠, 열 살 동생이 ○○워터파크를 방문했고, 일요일에는 고등학교 2학년인 수민이의 형, 수민이의 엄마, 40개월 된 동생이 ○○워터파크를 방문했다.

① 60,000

② 62,000

③ 71,000

④ 85,000

⑤ 90,000

정답 및 해설 p.156

정답 및 해설

01 듣기·말하기

대표 기출 유형 공략

01 사실적 듣기 - 그림 해설 파악

듣기 대본

오늘은 프랑스의 인상주의 화가 에드가 드가의 작품 <계단을 오르는 발레리나들>을 소개해 드리겠습니다. 이 작품은 오페라 극장의 발레 공연에 출연하는 신인 발레리나들의 무대 뒤 모습을 그린 그림입니다. 그림을 보면, 오른쪽 위에는 연습 중인 발레리나들이, 중앙에는 계단을 오르는 발레리나가 있습니다. 이렇게 역동적인 움직임을 순간적으로 포착해 정지해 놓은 듯 표현하는 것이 드가 그림의 특징 중 하나입니다.

이 그림을 전체적으로 보면 연습하는 발레리나들, 계단을 오르는 발레리나, 구석의 창문이 있는데요, 먼저 오른쪽 위에서 연습하는 발레리나들은 허리에 손을 얹고 있는 자세를 취하고 있는 것을 볼 수 있습니다. 이런 동작은 발레를 소재로 한 드가의 작품에서 자주 찾아 볼 수 있습니다. 드가는 유화 기법과 파스텔 기법, 모노타이프 기법을 함께 사용해 발레리나의 모습을 더욱 세밀하게 묘사했습니다.

다음으로 계단을 오르는 발레리나를 통해 특정한 의미를 발견할 수 있는데요, 발레리나의 옆모습은 오페라 극장에 오르는 신인 발레리나에게 투영되던 평범한 사회 계층에 대한 물리적인 전형을 의미하는 것으로 볼 수 있습니다. 마지막으로 구석의 작은 창문은 그가 다양한 종류의 '빛'이 자아내는 효과에 관심이 많았음을 알 수 있게 해줍니다.

이 작품은 대상이나 기법 등에서 그의 작품 세계를 종합해 보여줍니다. 여기에서 주목할 만한 것은, 장식 띠 형식을 통해 아래에서 위를 찍는 상향 촬영식 효과를 드러냄으로써 기존 작품에서 찾아볼 수 없던 새로운 시선을 전달하고 있다는 점입니다.

02 사실적 듣기 - 등장인물의 생각 파악

듣기 대본

여학생: 오늘 신문 봤어? '리더는 성과로 말한다'라는 특집 기사가 났더라. 역시 뛰어난 리더가 되려면 성과가 중요한 것 같아.

남학생: 당연히 성과도 중요하지. 하지만 성과를 이루는 과정에서 구성원들을 존중하는 것도 중요해.

여학생: 그게 무슨 말이야?

남학생: 너도 알다시피, 연극 경연 대회에서 우리 동아리가 좋은 성과를 거두긴 했지만, 연습하면서 마음에 상처를 입은 단원들이 한둘이 아니었어. 결국 그만둔 단원도 있었잖아. 우리 동아리 회장이 진정으로 뛰어난 리더였다면, 단원들의 의견도 존중해서 자발적으로 동참하도록 만들었을 거야.

여학생: 글쎄…… 나는 좋은 성과를 위해서는 어느 정도의 희생은 불가피하다고 생각해. 덕분에 역대 어느 회장도 이룩하지 못한 성과를 낼 수 있어서, 우리 모두 기뻐했잖아. 그런데 합창반을 봐. 단원들 의견을 일일이 듣다가 의견 일치를 보지 못해서 지역 대회에 나가지도 못했어. 이런 합창반 반장을 뛰어난 리더라고 볼 수는 없을 것 같아.

남학생: 그것은 합창반 반장이 처음부터 합리적으로 계획을 세우지 못했기 때문이야. 좋은 성과를 얻기 위해서는 계획을 잘 세워야 해. 그리고 구성원들의 동참을 이끌어낼 수 있는 방법도 찾아야 하고.

여학생: 단원들이 연습 과정에서 불만이 생긴다면, 나중에 적절하게 보상하면 되잖아!

남학생: 아니지, 그러면 일을 추진하는 과정에서 생겨나는 모든 문제, 심지어는 부당한 요구조차 정당화될 수 있어.

여학생: 너의 말은 합리적으로 계획을 세우고 구성원들의 자발적 참여를 이끌어 낸다면 뛰어난 리더가 될 수 있다는 거야?

남학생: 그뿐 아니라 뛰어난 리더는 리더 자신보다도 단체를 우선적으로 생각할 수 있어야 해. 단체를 우선적으로 생각할 수 있는 리더라야, 헌신하고 봉사하는 리더도 될 수 있거든.

03 추론적 듣기 - 주제 파악

듣기 대본

여러분은 지금 두 대상을 보고 있습니다. 하나는 흔하디흔한 삭정이이고, 다른 하나는 페르메르의 <진주 귀고리 소녀>라는 그림입니다. 엉뚱한 질문 하나 하죠. 둘 중 어떤 것이 예술 작품이죠? 네, 당연히 여러분은 페르메르의 그림이 예술 작품이라고 하겠죠. 이 그림은 17세기 네덜란드 풍속화의 대표작으로, 영화의 소재가 되기도 했습니다. 반면, 삭정이는 별 가치 없는 자연물에 불과하다고 우리는 흔히 생각하죠. 그런데 만약 피카소와 맞먹는 어떤 대가가 그것을 미술관에 전시하고 <존재의 역사> 같은 제목을 붙인다면 어떤 일이 일어날까요? 네, 맞습니다. 사람들은 호기심에 차서 그것을 보려고 미술관을 찾을 것이고, 비평가들은 앞 다투어 혹시 그것에 어떤 의미나 철학이 담겨 있지는 않은지 해석하려 들 것입니다.

이 상황은 삭정이가 더 이상 자연물이 아니라 예술 작품으로 인정받는다는 것을 의미합니다. 이것은 예술에 대한 우리의 통념을 재고하게 해 줍니다. 보통 우리는 예술, 특히 미술 작품은 전시적 가치가 있는 어떤 인공물이라고 생각하는데, 미술관의 삭정이에는 방금 언급한 두 요소 중 '전시적 가치'만 있지, '인공성'이라는 또 하나의 요소는 없습니다. 예술가가 한 일이라곤 이미 존재하는 사물을 미술관에 갖다 놓은 것뿐이죠. 그런데 어째서 그 사물이 예술 작품으로 인정될 수 있을까요? 물론 그 예술가의 명성 때문이기도 하겠지만, 더 중요한 이유는 직접적인 물리적 행위가 없더라도 '인공성'이 성립될 수 있다고 보는 현대 예술의 경향에 있습니다. 즉, 어떤 사물에 감상 대상의 자격을 부여하는 행위만으로도 '인공성'이 갖춰진다고 인식한다는 거죠.

04 추론적 듣기 - 내용 추론

듣기 대본

정도전은 학문이 깊고 지혜가 뛰어나 정승에까지 올랐으나 나랏일을 그르친 까닭에 비참한 죽임을 당하고 후세 사람들로부터 존경을 받지 못하는 인물 중 한 사람이 되었다. 태조 이성계는 왕비 한 씨와 후처 강 씨 소생의 형제를 포함해 8왕자를 두고 있었다. 강 씨는 정도전에게 자기가 낳은 아들 중 막내 왕자 방석을 세자로 세우는 데 힘 써 줄 것을 부탁하고 죽었다. 부귀영화와 권력에 눈이 먼 탓에 방석을 세자로 정한 정도전은 왕비 한 씨 소생의 왕자들을 모두 죽여 뒤탈이 없도록 할 것을 계획하고 때가 오기만을 기다렸다. 그러나 한 씨 소생의 왕자 중 다섯째 왕자인 이방원은 정도전이 자기 형제들을 모두 죽이려고 한 계획을 알게 되었다. 화가 난 이방원은 밤중에 군사를 일으켜 정도전 무리를 없애기로 했다. 이 기미를 알아챈 정도전 무리는 재빨리 몸을 피해 숨었으나 결국 세자 방석 형제와 함께 붙잡혀 장군 이숙번의 칼 아래 죽고 말았다.

05 추론적 듣기 – 소재의 의미

듣기
대본

아픈 몸 일으켜 혼자 '이것'을 먹는다
'이것' 속에 서릿발이 목을 쑤신다
부엌에는 각종 전기 제품이 있어
일 분만 단추를 눌러도 따끈한 밥이 되는 세상
'이것'을 먹기도 쉽지 않지만
오늘 혼자 '이것'을 먹는다
가족에겐 따스한 밥 지어 먹이고
'이것'을 먹던 사람
이 빠진 그릇에 '이것' 훑어
누가 남긴 무 조각에 생선 가시를 핥고
몸에는 제일 따스한 사랑을 뿜던 그녀
깊은 밤에도
혼자 달그락거리던 그 손이 그리워
나 오늘 아픈 몸 일으켜 '이것'을 먹는다
집집마다 신을 보낼 수 없어
신 대신 보냈다는 설도 있지만
홀로 먹는 '이것' 속에서 그녀를 만난다
나 오늘
세상의 '이것'이 되어

– 문정희, 「찬밥」

06 사실적 듣기 – 갈등 파악
07 추론적 듣기 – 갈등 해결

듣기
대본

최태수: 정 과장, 이번에 구입한 부품이 이전에 구입한 것보다 비싸던데. 특별한 이유가 있나?

정희원: 부장님께서 저번 회의 때, 기존에 사용하던 것보다 더 좋은 부품을 구입하는 게 좋겠다고 하셔서 다른 것으로 구입했는데 무슨 문제가 있나요?

최태수: 그러긴 했지만 단가가 세 배나 차이 나지 않나. 가장 중요한 부품도 아닌데 이렇게 단가가 차이 나면 모든 부품 가격을 다시 조정해야 하지 않나. 한두 번 해보는 일도 아닌데 아직도 그걸 모르면 어떡하나.

정희원: 저번에는 단가 이야기를 하지 않으셨잖아요. 원가에 지불할 수 있는 상한선을 넘은 것도 아닌데… 좋은 부품으로 교체하지 않으면 제품의 질도 떨어지잖아요.

최태수: 자네는 하나만 볼 줄 알고 전체를 보지 못하는군. 이번에 교체할 부품이 그거 하나라고 누가 그러던가? 모든 부품은 구입하기 전에 의논해야 하는 것을 아직도 모르나? 다른 부분에서 손해가 생길 만한 일을 결정하면 어떡하나.

정희원: 다른 부품보다 이 부품이 핵심적이라고 생각했습니다. 충분히 의논하였다고 생각했고요.

08 사실적 듣기 – 세부 내용 파악
09 추론적 듣기 – 말하기 전략

듣기
대본

어린이들이 내다보는 우리나라의 미래는 어떤지 생각해보신 적이 있으신가요? 서울시와 경기도에 거주하는 어린이 724명을 대상으로 한 설문 조사에서 20년 후 우리사회 미래에 대해 어린이들은 전반적으로 낙관적 인식을 하고 있으며 폭력과 범죄가 없는 세상을 가장 바라고 있는 것으로 나타났습니다. '어린이들이 바라고 소망하는 20년 후 미래 우리나라 모습'에 대해 '폭력과 범죄가 없는 나라'라고 응답한 어린이가 47.8%로 가장 많았고, '자연환경이 깨끗한 나라', '전쟁 위험이 없는 나라'가 각각 43.2%, 35.9%로 그 뒤를 이었습니다. '어린이들이 내다보는 우리나라 미래 모습'에서는 '지금보다 더 잘 살게 될 것이다'라고 응답한 어린이가 93.6%로 가장 많았고, '통일이 될 것이다', '폭력이나 범죄로부터 더 안전하게 될 것이다'가 각각 2, 3순위를 기록했습니다.

전반적으로 '어린이들이 내다보는 우리나라 미래 모습'은 크게 5가지로 구분되는데, 잘 사는 통일 한국, 생명 연장과 건강한 삶, 휴머노이드 및 복제 인간과 함께 하는 세상, 폭력 및 범죄로부터 안전한 세상, 다양한 거주 환경이 있는 세상으로 나타났습니다.

특히 어린이들은 현재의 길거리와 사이버 공간에 대해 각각 29.3%와 38.7%만 안전하다고 인식하는 것으로 나타나, 안전한 길거리와 사이버 공간은 어린이들이 바라는 미래 사회 구현에 매우 중요함을 알 수 있습니다.

해당 연구를 진행한 연구위원은 "어린이에게 안전한 길거리 및 사이버 공간, 범사회적 어린이 자존감 회복의 기회 제공, 지역 맞춤형 어린이 정책 수립이 차세대를 위한 경기도의 역할"이라며, "이를 위해 어린이 안심 마을 인증, 어린이 자기 이해 현장 체험 인프라 확대, 자녀교육 아카데미 운영 등의 시책 사업 등이 바람직하다"고 조언했습니다.

우리 어린이들이 소망하는 미래 사회가 이루어질 수 있도록 우리 사회의 모습을 다시 되돌아보고, 어린이를 위한 안전한 세상을 만들 수 있는 정책에 지속적으로 관심을 가져야 할 것입니다. 이상 뉴스 해설이었습니다.

※ 출처: 경기도 뉴스 포털, https://gnews.gg.go.kr

출제예상문제

p.16

01	02	03	04	05	06
⑤	②	③	②	②	③

01 사실적 듣기 – 그림 해설 파악

정답 ⑤

해설 하얀 장미는 '용감한 삶'을 의미하기도 하지만 이 그림에서는 '유한한 사랑'을 의미한다고 하였으므로 답은 ⑤이다.

오답 분석
① 죽음을 상징하는 것은 '올빼미'이다.
② 용감한 삶과 관련된 소재는 '하얀 장미'이지만, 이 그림 속에서 '하얀 장미'는 '유한한 사랑'을 의미한다.
③ '버섯'은 그림에 묘사되어 있는 위험을 암시한다.
④ '두 마리의 나비' 중 '날고 있는 나비'가 '구원을 받은 신성한 영혼'을 의미한다. 참고로, 두꺼비에게 잡아먹히는 나비는 '악의 유혹에 빠져 죽게 되는 영혼'을 의미한다.

듣기
대본

오늘은 꽃과 과일 묘사의 대가로 불리는 이탈리아 화가 파올로 포르포라의 작품인 <올빼미와 따오기가 있는 정물, 허무함>을 감상하도록 해요. 그림 속에 나타난 소재들은 '허무함'과 관련되어 있는데, 실제 그림을 통해 함께 살펴보겠습니다. 그림 중앙에는 정면을 바라보며 서 있는 올빼미가 있는데, 올빼미는 전통적으로 죽음을 상징하는 동물로 알려져 있습니다. 올빼미가 하얀 장미 나무를 디디고 서 있죠? 이 하얀 장미는 용감한 삶을 의미하기도 하지만, 이 그림에서는 유한한 사랑을 의미합니다. 그리고 나무 사이로 두 마리의 나비와 곤충들이 보일 텐데요, 곤충들은 고대 그리스 시대부터 덧없는 삶을 상징해 왔습니다. 이제 나비의 모습을 살펴보겠습니다. 먼저 그림 중앙 하단의 나비를 보죠. 이 나비는 장미의 유혹을 이기지 못하고 다가와 죽음을 뜻하는 두꺼비에게 잡아먹히고 있습니다. 반면 나머지 나비 한 마리는 곧 하얀 장다리새에 잡힐 운명이지만 아직은 붙잡히지 않고 날고 있는 모습입니다. 이 두 마리의 나비는 악의 유혹에 빠진 영혼을 의미합니다. 한 마리는 유혹에 빠져 죽게 되지만, 다른 한 마리는 구원을 받은 신성한 영혼으로 볼 수 있습니다. 마지막으로, 하얀 장다리새 왼쪽에 있는 버섯들은 그림에 묘사되어 있는 위험을 암시합니다.

02 사실적 듣기 - 등장인물의 생각 파악   정답 ②

해설   김 박사가 '시설 가동률이 50% 정도에 그치고 있고, 누수율도 15%나 된다는데, 이런 것들은 시설 보수나 철저한 관리를 통해 정부가 충분히 해결할 수 있다고 봅니다'라고 하였으므로, 김 박사는 해당 문제를 민간 기업이 아닌 정부가 해결할 수 있다고 생각함을 알 수 있다. 따라서 답은 ②이다.

오답
분석
① 김 박사가 '게다가 현재 상태로 민영화가 된다면 또 다른 문제가 생길 수 있습니다. 수돗물 가격의 인상을 피할 수 없다고 보는데요'라고 한 것을 통해 민영화가 되면 수돗물 가격이 인상될 것이라고 생각함을 알 수 있다.

③ 김 박사가 '그런데도 이번에 상수도 사업을 민영화하겠다는 것은 결국 수돗물 정책이 실패했다는 걸 스스로 인정하는 게 아닌가 싶습니다'라고 한 것을 통해 알 수 있다.

④ 박 과장이 '민영화할 경우 아무래도 어느 정도 가격 인상 요인이 있겠습니다만 정부와 잘 협조하면 인상 폭을 최소화할 수 있으리라고 봅니다'라고 한 것을 통해 알 수 있다.

⑤ 박 과장이 '무엇보다도 수돗물 사업을 민간 기업이 운영하게 된다면, 수질도 개선될 것이고, 여러 가지 면에서 더욱 질 좋은 서비스를 받을 수 있을 겁니다'라고 한 것을 통해 알 수 있다.

듣기
대본
> **사회자:** 네, 알겠습니다. 지금까지 수돗물 정책을 담당하시는 박 과장님의 말씀을 들었는데요. 그럼 이번에는 시민 단체의 의견을 들어 보겠습니다. 김 박사님~.
> **김 박사:** 네, 사실 굉장히 답답합니다. 공단 폐수 방류 사건 이후에 17년간 네 번에 걸친 종합 대책이 마련됐고, 상당히 많은 예산이 투입된 것으로 알고 있습니다. 그런데도 이번에 상수도 사업을 민영화하겠다는 것은 결국 수돗물 정책이 실패했다는 걸 스스로 인정하는 게 아닌가 싶습니다. 그리고 민영화만 되면 모든 문제가 해결되는 것처럼 말씀하시는데요, 현실을 너무 안이하게 보고 있다는 생각이 듭니다.
> **사회자:** 말씀 중에 죄송합니다만, 수돗물 사업이 민영화되면 좀 더 효율적이고 전문적으로 운영된다는 생각에 동의할 분도 많을 것 같은데요.
> **김 박사:** 전 동의할 수 없습니다. 우선 정부도 수돗물 사업과 관련하여 충분히 전문성을 갖추고 있다고 봅니다. 현장에서 근무하는 분들의 기술 수준도 세계적이고요. 그리고 효율성 문제는요, 저희가 알아본 바에 의하면 시설 가동률이 50% 정도에 그치고 있고, 누수율도 15%나 된다는데, 이런 것들은 시설 보수나 철저한 관리를 통해 정부가 충분히 해결할 수 있다고 봅니다. 게다가 현재 상태로 민영화가 된다면 또 다른 문제가 생길 수 있습니다. 수돗물 가격의 인상을 피할 수 없다고 보는데요. 물 산업 강국이라는 프랑스도 민영화 이후에 물 값이 150%나 인상되었다고 하는데, 우리에게도 같은 일이 일어나지 않을까 걱정됩니다.
> **사회자:** 박 과장님, 김 박사님의 의견에 대해 어떻게 생각하십니까?
> **박 과장:** 민영화할 경우 아무래도 어느 정도 가격 인상 요인이 있겠습니다만 정부와 잘 협조하면 인상 폭을 최소화할 수 있으리라고 봅니다. 무엇보다도 수돗물 사업을 민간 기업이 운영하게 된다면, 수질도 개선될 것이고, 여러 가지 면에서 더욱 질 좋은 서비스를 받을 수 있을 겁니다. 또 시설 가동률과 누수율의 문제도 조속히 해결될 수 있을 겁니다.

03 사실적 듣기 - 세부 내용 파악   정답 ③

해설   ⊙은 '전모', ⓒ은 '갓', ⓒ은 '탕건'이므로 조선 시대 모자의 명칭을 올바르게 연결한 것은 ③이다.

- ⊙: 모자의 모양이 위가 잘린 원뿔 모양이며 나비와 꽃 등 화려한 무늬가 있는 것을 통해 '전모'임을 알 수 있다.
  [관련 부분] 윗부분이 잘린 원뿔 모양의 모자가 보이나요? 전모라고 합니다. ~ 무늬가 화려하죠?
- ⓒ: 모자가 머리를 덮는 부분과 차양으로 이루어진 것을 통해 '갓'임을 알 수 있다. 참고로, 모자 끝에 대서 햇볕을 가리는 부분을 차양이라고 한다.
  [관련 부분] 갓은 머리를 덮는 부분과 둥근 형태의 차양 부분으로 이루어져 있는데

- ⓒ: 모자의 모양이 앞은 낮고, 뒤는 높은 것을 통해 '탕건'임을 알 수 있다.
  [관련 부분] 그 왼쪽에 보이는 사람이 쓴 것은 탕건입니다. 앞쪽은 낮고 뒤쪽은 높아 마치 계단처럼 턱이 진 형태죠?

듣기
대본
> 자, 여러분. 오늘은 지난 시간에 이어 조선 시대의 모자에 대해 알아보겠습니다.
> 여기, 제가 준비한 화면을 볼까요? 드라마 촬영을 준비하는 모습인데요, 앞쪽에 두 사람이 있군요. 여러분이 보기에 가장 오른쪽에, 윗부분이 잘린 원뿔 모양의 모자가 보이나요? 전모라고 합니다. 부녀자들이 햇빛을 가리기 위해 쓰던 외출용 모자인데, 대나무로 삿갓 모양의 테두리를 만들고 여기에 종이를 발랐습니다. 무늬가 화려하죠?
> 맨 왼쪽 남자가 쓴 것은 패랭이입니다. 정수리 모양이 둥근 패랭이는 대나무를 가늘게 쪼개어 만들었습니다. 신분이 낮은 사람들이 썼는데 보부상들은 목화송이를 큼직하게 얹어서 쓰기도 했죠.
> 화면 중앙에 나란히 서 있는 세 남자를 볼까요? 이 사람들이 쓴 모자는 모두 양반들이 주로 쓰던 것입니다. 그중, 가운데 사람이 쓴 모자는 유건이라고 하는데요, 검은색 베나 모시로 만들었습니다. 유건은 주로 유생들이 성균관 같은 학교나 집 안에서 썼습니다.
> 그 왼쪽에 보이는 사람이 쓴 것은 탕건입니다. 앞쪽은 낮고 뒤쪽은 높아 마치 계단처럼 턱이 진 형태죠? 탕건은 유건과 달리 말의 갈기나 꼬리털인 말총으로 만들었습니다.
> 세 사람 중 오른쪽 남자가 쓰고 있는 모자는 갓입니다. 갓은 머리를 덮는 부분과 둥근 형태의 차양 부분으로 이루어져 있는데 대나무와 말총을 주재료로 사용합니다. 일반적으로 집에서는 탕건만을 쓰고, 외출할 때는 갓을 썼지요.

※ 출처: 국립고궁박물관소장품, https://www.gogung.go.kr
※ 출처: 한국문화정보원, https://www.culture.go.kr

04 추론적 듣기 - 말하기 전략   정답 ②

해설   조선 시대 모자인 '전모, 패랭이, 유건, 탕건, 갓'이 각각 어떤 재료로 만들어졌는지를 설명하고 있으며, '유건'과 '탕건'의 차이점을 둘을 만든 재료로 드러내고 있으므로 적절한 것은 ②이다.
[관련 부분]
- 윗부분이 잘린 원뿔 모양의 모자가 보이나요? 전모라고 합니다. ~ 대나무로 삿갓 모양의 테두리를 만들고 여기에 종이를 발랐습니다.
- 정수리 모양이 둥근 패랭이는 대나무를 가늘게 쪼개어 만들었습니다.
- 유건이라고 하는데요, 검은색 베나 모시로 만들었습니다.
- 탕건은 유건과 달리 말의 갈기나 꼬리털인 말총으로 만들었습니다.
- 갓은 ~ 대나무와 말총을 주재료로 사용합니다.

오답
분석
① ④ 조선 시대 모자를 다른 시대의 모자와 비교하여 설명하거나 익숙한 대상을 먼저 설명하고 그렇지 않은 대상을 나중에 설명하는 부분은 나타나 있지 않다.

③ 조선 시대 모자를 부르는 명칭인 '전모, 패랭이, 유건, 탕건, 갓'은 나타나 있으나 그 명칭의 유래를 설명하는 부분은 나타나 있지 않다.

⑤ '전모'와 '갓'은 외출할 때, '탕건'은 집안에서, '유건'은 유생들이 학교나 집 안에서 쓰던 모자라고 하였으며, '패랭이'는 신분의 낮은 사람들의, '유건'은 유생들의 모자라고 하였다. 이를 통해 모자를 쓰던 용도와 계층을 알 수 있으나 '패랭이'의 용도는 나타나 있지 않으며, 모자를 용도별로 분류한 뒤 사용 계층에 따라 다시 분류하고 있지도 않다.
[관련 부분]
- 전모라고 합니다. 부녀자들이 햇빛을 가리기 위해 쓰던 외출용 모자인데
- 패랭이는 ~ 신분이 낮은 사람들이 썼는데
- 유건은 주로 유생들이 성균관 같은 학교나 집 안에서 썼습니다.
- 일반적으로 집에서는 탕건만을 쓰고, 외출할 때는 갓을 썼지요.

05 사실적 듣기 - 갈등 파악   정답 ②

해설 천체 관측부 학생의 '우리 동아리는 너희만큼 알려지지 않아서 별관 꼭대기 층에 있으면 아무도 안 온단 말이야. 너흰 우리 학교에서 유명한 동아리라 어디에서 발표회를 해도 상관없잖아'라는 말을 통해 천체 관측부 학생은 천체 관측부보다 문예부가 더 알려지고 학교에서 유명한 동아리라고 생각하고 있음을 알 수 있으므로 적절하다.

오답분석
① 문예부 학생의 '발표회 준비도 도와주고, ~ 우리한테는 장소가 더 중요해'라는 말을 통해 문예부 학생이 발표회에서 가장 중시하는 것은 발표회 내용이 아닌 발표회 장소임을 알 수 있으므로 적절하지 않다.

③ 천체 관측부 학생이 이번 발표회를 계기로 천체 망원경을 구매하려고 한다는 내용은 없으므로 적절하지 않다.

④ 문예부 학생의 '우리 문예부가 시화전 주제를 '시와 별'로 바꾸면, ~ 우리가 주제를 바꾸는 대신에 너희 동아리가 공간 장식 좀 도와줄래?'라는 말을 통해 서로 타협할 수 있을 만한 내용을 제시하여 설득하고 있는 사람은 천체 관측부 학생이 아닌 문예부 학생임을 알 수 있으므로 적절하지 않다.

⑤ 문예부 학생과 천체 관측부 학생은 각각 '다른 건 몰라도 중앙 계단 옆 교실은 무슨 일이 있어도 절대 양보할 수 없어', '너희는 내년에 더 좋은 자리에서 하고, 올해는 우리에게 중앙 계단 옆 자리를 양보해 줘'라고 하며 별관 꼭대기 층 교실이 아닌 본관 중앙 계단 옆 교실에서 발표회 준비를 하고 싶어하므로 적절하지 않다.

듣기대본
> **여학생1:** 발표회 때 사용할 공간을 어떻게 정할지 얘기 좀 하자. 선생님께서는 발표회 때 사용할 수 있는 공간이 본관 중앙 계단 옆 교실과 별관 꼭대기 층 교실만 남았다고 하셨어. 너희 문예부는 조용한 곳에서 시화전을 하는 것이 좋을 테니, 우리 천체 관측부가 제일 시끄러운 중앙 계단 옆 교실로 가 줄게.
>
> **여학생2:** 원래 중앙 계단 쪽은 왕래가 잦아 모든 동아리들이 탐내는 명당 중 하나야. 우리 동아리가 별관 꼭대기로 가야 하는 특별한 이유가 있니? 그 이유가 뭐야? 너 지금 우리 문예부 생각해 주는 척하며 은근슬쩍 명당을 차지하려는 거 맞지?
>
> **여학생1:** 뭐, 꼭 그렇지 않다고 할 수는 없지만……. 하지만 너희는 시화전을 할 건데, 시를 감상하기에는 조용한 곳이 더 좋잖아.
>
> **여학생2:** 별관 꼭대기는 별자리를 소개하려는 너희 동아리에 더 제격이야. 서로 양보 못하겠다고 버티기만 한다면 이야기해 봐도 뾰족한 수가 없겠네. 그럼 이대로 그만두자.
>
> **여학생1:** 잠깐 내 말 좀 들어봐. 우리 동아리는 너희만큼 알려지지 않아서 별관 꼭대기 층에 있으면 아무도 안 온단 말이야. 너흰 우리 학교에서 유명한 동아리라 어디에서 발표회를 해도 상관없잖아.
>
> **여학생2:** 그렇지도 않아. 다른 건 몰라도 중앙 계단 옆 교실은 무슨 일이 있어도 절대 양보할 수 없어. 그 자리는 우리 동아리 최후의 보루야.
>
> **여학생1:** 너희는 내년에 더 좋은 자리에서 하고, 올해는 우리에게 중앙 계단 옆 자리를 양보해 줘.
>
> **여학생2:** 내년에는 어떻게 될지 모르잖아. 차라리 너희가 양보 좀 해 줘. 너희가 양보해 준다면 전에 부탁했던 별과 관련된 문학 작품도 찾아 주고, 청소도 해 줄게.
>
> **여학생1:** 발표회 준비도 도와주고, 청소를 해 주겠다는 것도 좋기는 하지만, 우리한테는 장소가 더 중요해.
>
> **여학생2:** 그럼, 우리 두 동아리 모두 중앙 계단 옆 교실에서 함께 하는 건 어때? 우리 문예부가 시화전 주제를 '시와 별'로 바꾸면, 별자리를 소개하려는 너희 주제와도 어울려서 좋고 발표 내용도 더 알차게 될 거야. 우리가 주제를 바꾸는 대신에 너희 동아리가 공간 장식 좀 도와줄래? 그리고 별관 꼭대기 층에 있는 교실은 휴식 공간으로 활용하자.
>
> **여학생1:** 와, 그런 방법도 있었네. 좋아.
>
> **여학생2:** 그럼, 이제 합의한 거다. 우리 서로 잘 해 보자.

06 추론적 듣기 - 갈등 해결   정답 ③

해설 두 학생은 모두 발표회 장소에 대한 양보를 미루며 자신의 입장만 늘어놓고 있으므로 갈등의 근본적인 원인은 ③이다. 구체적으로 천체 관측부 학생은 '너희는 내년에 더 좋은 자리에서 하고, 올해는 우리에게 중앙 계단 옆 자리를 양보해 줘'와 같이 문예부 학생에게 일방적으로 양보를 요구하고 있으며, 문예부 학생은 '차라리 너희가 양보 좀 해 줘. 너희가 양보해 준다면 전에 부탁했던 별과 관련된 문학 작품도 찾아 주고, 청소도 해 줄게'와 같이 이야기하며 서로에게 양보를 미루고 있음을 알 수 있다.

오답분석
① 두 학생의 대화에서 말꼬리를 잡는 내용이나 서로를 해치면서 말하는 태도는 보이지 않으므로 적절하지 않다.

② 천체 관측부 학생은 발표회 장소 선정에 대해 간절한 태도를 보이고 있으므로 적절하지 않다.
[관련 부분] 잠깐 내 말 좀 들어봐. 우리 동아리는 너희만큼 알려지지 않아서 별관 꼭대기 층에 있으면 아무도 안 온단 말이야. 너흰 우리 학교에서 유명한 동아리라 어디에서 발표회를 해도 상관없잖아.

④ 천체 관측부 학생은 처음에 중앙 계단 옆 교실을 사용하고 싶은 속마음을 숨기며 말하였지만, 나중에는 원하는 바를 숨기지 않고 드러내고 있으므로 적절하지 않다.
[관련 부분]
• 너희 문예부는 조용한 곳에서 시화전을 하는 것이 좋을 테니, 우리 천체 관측부는 제일 시끄러운 중앙 계단 옆 교실로 가 줄게.
• 너희는 내년에 더 좋은 자리에서 하고, 올해는 우리에게 중앙 계단 옆 자리를 양보해 줘.

⑤ 항상 문예부가 장소를 양보한다는 내용은 없으므로 적절하지 않다.

실전연습문제

p.18

01	02	03	04	05	06
②	③	③	⑤	②	⑤
07	**08**	**09**	**10**	**11**	**12**
②	④	⑤	③	③	②
13	**14**	**15**			
④	⑤	①			

01 사실적 듣기 - 그림 해설 파악   정답 ②

해설 '이 부분은 정선이 붓을 대지 않고 텅 빈 여백으로 남겨둔 것이지만 우리들의 눈에는 흰 연운처럼 느껴지는 것이죠'라고 한 것을 통해 연하게 채색하여 구름을 표현한 것이 아닌 여백으로 남겨둔 것이 구름처럼 느껴짐을 알 수 있다. 따라서 답은 ②이다.

오답분석
① '이 작품은 한여름 소나기에 젖은 인왕산의 봉우리를 그린 정선의 대표작입니다'라고 한 것을 통해 알 수 있다.

③ '연운 부분은 텅 빈 여백임에도 위의(位意)가 있어 아래쪽의 수평세와 위쪽의 수직세를 자연스럽게 결합시키며 조화를 이루게 합니다'라고 한 것을 통해 알 수 있다.

④ '그림 속 봉우리들은 '적묵법'을 활용하여 힘찬 붓질을 여러 번 반복해 그려 검고 무거운 느낌을 표현하고 있습니다'라고 한 것을 통해 알 수 있다.

⑤ '특히 그림 중앙을 압도하는 주봉을 잘라 대담하게 표현한 솜씨로 인해 동양에서는 볼 수 없는 독특한 작품이라 평가받고 있죠'라고 한 것을 통해 알 수 있다.

듣기 대본

오늘은 조선 후기의 화가 겸재 정선의 작품 <인왕제색도>에 대해 설명해 드리겠습니다. 이 작품은 한여름 소나기에 젖은 인왕산의 봉우리를 그린 정선의 대표작입니다. 화면 위쪽에 검게 칠한 바위들이 이어져 이루고 있는 암산의 장엄한 모습은 화면 대부분을 차지하며 압도하고 있습니다. 그림 속 봉우리들은 '적묵법'을 활용하여 힘찬 붓질을 여러 번 반복해 그려 검고 무거운 느낌을 표현하고 있습니다. 특히 그림 중앙을 압도하는 주봉을 잘라 대담하게 표현한 솜씨로 인해 동양에서는 볼 수 없는 독특한 작품이라 평가받고 있죠. 그러나 이 그림 속에는 돌산의 강렬함을 누그러뜨리는 요소도 존재합니다. 먼저 산등성이 아래로 자욱하게 깔려 있는 연운이 보이실 겁니다. 이 부분은 정선이 붓을 대지 않고 텅 빈 여백으로 남겨둔 것이지만 우리들의 눈에는 흰 연운처럼 느껴지는 것이죠. 그리고 그림의 오른쪽에는 소나무와 활엽수의 수풀을 두어 조화를 이루고 있습니다. 봉우리 부분의 붓질은 수직세가 강하다면 연운 부분은 텅 빈 여백임에도 유위(有爲)가 있어 아래쪽의 수평세와 위쪽의 수직세를 자연스럽게 결합시키며 조화를 이루게 합니다. 화면 하단으로 내려오면 '측필'을 사용해 수평세를 이끌어 내며 세(勢)의 균형과 조화를 표현하고 있습니다.

02 사실적 듣기 - 세부 내용 파악

정답 ③

해설 '사용자가 SNS나 검색엔진 등에서 정보를 검색하거나 열람하고 나면 그 정보가 추천 콘텐츠나 광고 등의 형태로 다시 사용자에게 제공되는 현상'에서 사용자가 특정 콘텐츠를 열람하고 나면 해당 콘텐츠와 내용은 유사하지만 광고 등과 같이 형태는 다른 콘텐츠가 사용자에게 제공됨을 알 수 있으므로 강연의 내용과 일치하지 않는 것은 ③이다.

오답 분석
① '미디어 리터러시를 길러 콘텐츠에 비판적으로 접근하거나, ~ 우리는 충분히 이 문제를 해결할 수 있을 것입니다'에서 사용자가 자신이 접하는 콘텐츠를 비판적으로 받아들이면 필터 버블의 문제점을 해결할 수 있음을 알 수 있다.

② '단순히 개인적인 문제에서 그치지 않고, 정치·사회적 편견에도 영향을 미칠 수 있기 때문에'에서 필터 버블이 정치적 견해를 강화하는 수단으로 사용될 수 있음을 알 수 있다.

④ '특정 가수의 무대 영상을 시청했더니 그 가수의 일상을 담은 동영상이 자동 재생되고, 그와 유사하게 다른 사람의 일상을 콘텐츠로 한 동영상이 재생되는 바람에'에서 필터 버블의 유형 중 사용자가 열람한 콘텐츠와 대상이나 주제가 유사한 콘텐츠가 계속 이어지는 유형도 있음을 알 수 있다.

⑤ '인터넷 정보 제공자가 개인의 취향이나 선호도를 분석해 적절한 정보를 골라서 제공함에 따라, 이용자가 선별된 정보만을 제공받게 되는 현상인 '필터 버블(Filter Bubble)'로'에서 사용자가 정보를 검색 또는 열람하는 매체를 운영하는 콘텐츠 제공 업체에서 사용자가 어떤 정보를 검색하거나 열람했는지를 분석하여 광고 업체 등에 제공함을 알 수 있다.

듣기 대본

혹시 출근길에 검색해 본 책이 새로 연 인터넷 창이나 SNS 화면에 팝업이나 배너 광고로 뜨는 경험을 해 보신 적이 있나요? 우리는 특정 가수의 무대 영상을 시청했더니 그 가수의 일상을 담은 동영상이 자동 재생되고, 그와 유사하게 다른 사람의 일상을 콘텐츠로 한 동영상이 재생되는 바람에 몇 시간이나 동영상을 보았다는 이야기도 흔히 듣곤 합니다.

즉, 사용자가 SNS나 검색엔진 등에서 정보를 검색하거나 열람하고 나면 그 정보가 추천 콘텐츠나 광고 등의 형태로 다시 사용자에게 제공되는 현상이 우리 주변에서 흔히 일어나고 있다는 겁니다. 이는 인터넷 정보 제공자가 개인의 취향이나 선호도를 분석해 적절한 정보를 골라서 제공함에 따라, 이용자가 선별된 정보만을 제공받게 되는 현상인 '필터 버블(Filter Bubble)'로 설명할 수 있습니다.

위에서 든 사례만을 생각했을 때는 필터 버블은 큰 문제가 없어 보입니다. 사용자가 특정 정보와 관련된 정보를 직접 찾을 필요 없이, 사용자의 데이터를 분석한 결과를 토대로 여러 가지 정보가 사용자에게 추천되니까요. 하지만 필터 버블의 문제점은 바로 그 편리함에 있습니다. 필터 버블은 사용자가 선택한, 사용자에게 익숙한 정보만을 지속적으로 사용자에게 제공함으로써 사용자를 필터 버블이 만든 특정한 틀 안에 갇히게 합니다. 이로 인해 사람들은 고정 관념에 사로잡히거나 편견이 강화되는 등 편협한 사고를 하게 됩니다. 이는 단순히 개인적인 문제에서 그치지 않고, 정치·사회적 편견에도 영향을 미칠 수 있기 때문에 문제는 더욱 심각합니다.

그렇다면 우리는 콘텐츠를 이용할 때마다 필터 버블에 갇힐 수밖에 없을까요? 그렇지 않습니다. 다양한 매체를 이해하고 활용할 수 있는 능력인 미디어 리터러시를 길러 콘텐츠에 비판적으로 접근하거나, 나에게 편하고 익숙한 정보가 아닌 나와 입장이 반대인 정보를 접하려고 노력하다 보면 우리는 충분히 이 문제를 해결할 수 있을 것입니다.

03 추론적 듣기 - 이어질 내용 추론

정답 ③

해설 제시된 내용은 백성들의 배고픔을 해소하기 위해 먹을거리를 직접 나누어 주기보다는 백성 스스로 먹을거리를 생산할 수 있는 환경을 조성해 주는 것이 근본적인 문제를 해결할 수 있는 방법이 된다는 것이다. 따라서 이 이야기 다음에는 '직접 도와주기보다는 근본적인 해결 방안을 마련해 준다'라는 내용이 이어지는 것이 적절하므로 답은 ③이다.

듣기 대본

옛날 어느 고을 이야기입니다. 이 고을에는 논밭이 워낙 적어 굶주리는 사람이 많았답니다. 그런 사람들을 위해 고을 관아에서는 양식을 나누어 주곤 했지요. 그러던 어느 해 원님은 무슨 생각에서인지 사람들을 불러 모았습니다. "올해부터는 양식을 그냥 줄 수 없네. 저 황무지를 밭으로 일구는 사람에게만 양식을 품삯으로 주겠네."

일이 시작되었지만, 황무지를 밭으로 일구는 일은 고되었습니다. 더군다나 품삯으로 받는 양식도 그리 많지 않았지요. 사람들은 하나, 둘 일을 그만두기 시작했습니다. 아전들은 양식을 그냥 나눠 주자고도 말해 보았습니다. 하지만 원님은 "내게도 생각이 있다네."하며 일하는 사람들과 함께 밭을 일구었답니다.

몇 달이 지나자 황무지는 밭이 되었습니다. 원님은 마지막까지 남아 일했던 사람들에게 "내가 그간 품삯을 좀 박하게 주었지? 남은 품삯은 지금 주겠네. 바로 저 밭일세. 저 밭은 이제 자네들 것이네."하며 그 밭을 나누어 주었습니다. 그래서 다음 해부터는 굶주리는 사람이 훨씬 줄었다고 합니다.

04 추론적 듣기 - 이어질 내용 추론

정답 ⑤

해설 체로키 부족의 이야기에서 노인은 사람의 상반된 마음을 '두 마리의 늑대'에, 마음을 다스리는 법을 '늑대를 돌보는 법'에 비유하고 있다. 이를 통해 노인은 '사람은 마음의 현재 상태가 어떻든지 그 마음을 다스리고 가꾸는 법을 배워야 한다'는 교훈을 손자에게 주려고 하였음을 추론할 수 있으므로 이어질 내용으로 적절한 것은 ⑤이다.
[관련 부분] "그건 네가 먹이를 주면서 잘 돌봐 주는 녀석이지. 그래, 너는 어떤 녀석을 돌보고 싶니?"라고 말이지요.

듣기 대본

자, 여러분! 백범 김구 선생의 일기에서 느낀 점이 많았죠? 어린 시절 백범 선생의 인생을 바꾸게 했다는 구절, 한번 읽어 볼까요? 상호불여신호(相好不如身好)요, 신호불여심호(身好不如心好)라. 나도 여러분 나이였을 때 이 구절을 읽고 많은 생각을 했고, 이후에도 이 구절을 늘 마음에 담고 삽니다. 그럼, 수업을 마치기 전에 체로키 부족 사람들 사이에서 전해져 내려오는 이야기 하나 들려줄게요.

어떤 노인이 손자에게 말했어요. "얘야! 사람의 마음속에서는 늘 싸움이 일어난단다. 너무 끔찍한 싸움이어서 마치 두 마리 늑대가 싸우는 것 같지. 하나는 욕심이 많고 잘난 척만 하는 녀석이고, 다른 하나는 마음이 너그럽고 겸손한 녀석이란다. 이 싸움은 우리 마음속에서 항상 일어나지." 손자는 잠시 그 말을 생각하다가 노인에게 물었어요. "할아버지, 그럼 어느 쪽이 이기나요?" 노인은 손자의 머리를 쓰다듬으며 말해 주었지요. "그건 네가 먹이를 주면서 잘 돌봐 주는 녀석이지. 그래, 너는 어떤 녀석을 돌보고 싶니?"라고 말이지요.

이야기 속의 노인이 손자에게 어떤 말을 하려 했을까요?

05 사실적 듣기 - 주제 파악 　　　정답 ②

해설 시의 시간적 배경인 '가을', '비 내리는 밤' 속에서 홀로 걷고 있는 '나'는 낙엽이 지는 것을 통해 '죽음, 슬픔, 고독' 등을 떠올리며 마음이 방황하고 있으므로 답은 ②이다.

오답 분석
① 사랑하는 이와 이별한 슬픔은 드러나 있지 않다.
③ '보이지 않는 곳'은 화자가 그리워하고 바라는 삶이지만, 이에 대한 희망과 기원은 드러나 있지 않다.
④ 가을 풍경에 대한 감상과 예찬은 드러나 있지 않다.
⑤ 젊은 날에 대한 회고와 아쉬움은 드러나 있지 않다.

듣기 대본
낙엽에 누워 산다
낙엽끼리 모여 산다
지나간 날을 생각하지 않기로 한다
낙엽이 지는 하늘가에
가는 목소리 들리는 곳으로 나의 귀는 기웃거리고
얇은 피부는 햇볕이 쏟아지는 곳에 초조하다
항시 보이지 않는 곳이 있기에 나는 살고 싶다
살아서 가까이 가는 곳에 낙엽이 진다
아 나의 육체는 낙엽 속에 이미 버려지고
육체 가까이 또 하나 나는 슬픔을 마시고 산다
비 내리는 밤이면 낙엽을 밟고 간다
비 내리는 밤이면 슬픔을 디디고 돌아온다
밤은 나의 소리에 차고
나는 나의 소리를 비비고 날을 샌다
낙엽끼리 모여 산다
낙엽에 누워 산다
보이지 않는 곳이 있기에 슬픔을 마시고 산다
- 조병화, 「낙엽끼리 모여 산다」

06 추론적 듣기 - 말하기 방식 　　　정답 ⑤

해설 두 사람의 대화에서 철수가 이해한 내용을 다시 설명하며 아버지에게 확인하고 있는 부분은 없으므로 답은 ⑤이다.

오답 분석
① 철수는 '어떻게 간다고요?' 또는 '가'를 오른쪽으로 움직이면 어떻게 돼요?'와 같이 적극적으로 질문하며 자신의 이해를 높이고 있다.
② 아버지는 '그림 A'에서 '가'로 표시된 말이 이동하는 예를 들며 철수에게 설명하고 있다.
[관련 부분] 예를 들어 줘야겠구나. 자, '그림 A'에서 '가'로 표시한 말을 보자. 이 말을 위쪽이나 왼쪽으로 움직이면 한 칸밖에 갈 수 없는 거야. 하지만 아래쪽이나 오른쪽으로 움직이면 거기서 동그라미가 시작되기 때문에 여러 칸을 갈 수가 있는 거지. 가령 1번 자리로 움직이면, 화살표를 따라 동그라미를 돌아서 2번을 거쳐 3번까지, 또 동그라미를 돌아서 4번, 그리고 5번, 6번까지 한 번에 갈 수 있는 거야. 네가 원한다면 1번에서 6번까지 어느 자리에서든 멈출 수 있단다.

---

③ 아버지는 놀이의 원리를 자세히 밝히며 놀이에 대한 이해를 높이고 있다.
[관련 부분] 이 고누판에서 두 사람이 교대로 자기 말을 움직여서 상대방의 말을 다 잡으면 이기는 거야. 이때 말은 기본적으로 선을 따라 상하좌우로 한 번에 한 칸씩만 움직일 수 있다. 다만, 고누판 네 귀퉁이의 동그라미 부분만은 예외란다. 동그라미가 시작되는 곳에서는 동그라미를 따라 돌면서 여러 칸을 갈 수가 있어.
④ 아버지는 대화 초반부에 '고누'라는 화제를 직접 제시하며 흥미를 이끌어 내고 있다.
[관련 부분] 철수야. 아빠가 재미있는 놀이 하나 가르쳐 줄까? '고누'라고 하는 건데, 언제 어디서나 쉽게 즐길 수 있는 놀이야.

듣기 대본
아버지: 철수야, 아빠가 재미있는 놀이 하나 가르쳐 줄까? '고누'라고 하는 건데, 언제 어디서나 쉽게 즐길 수 있는 놀이야.
철수: '고누'요? 어떻게 하는 건데요?
아버지: '그림 A'를 보렴. 이게 고누판인데, 이 고누판에서 두 사람이 교대로 자기 말을 움직여서 상대방의 말을 다 잡으면 이기는 거야. 이때 말은 기본적으로 선을 따라 상하좌우로 한 번에 한 칸씩만 움직일 수 있지. 다만, 고누판 네 귀퉁이의 동그라미 부분만은 예외란다. 동그라미가 시작되는 곳에서는 동그라미를 따라 돌면서 여러 칸을 갈 수가 있어.
철수: 어떻게 간다고요?
아버지: 예를 들어 줘야겠구나. 자, '그림 A'에서 '가'로 표시한 말을 보자. 이 말을 위쪽이나 왼쪽으로 움직이면 한 칸밖에 갈 수 없는 거야. 하지만 아래쪽이나 오른쪽으로 움직이면 거기서 동그라미가 시작되기 때문에 여러 칸을 갈 수가 있는 거지. 가령 1번 자리로 움직이면, 화살표를 따라 동그라미를 돌아서 2번을 거쳐 3번까지, 또 동그라미를 돌아서 4번, 그리고 5번, 6번까지 한 번에 갈 수 있는 거야. 네가 원한다면 1번에서 6번까지 어느 자리에서든 멈출 수 있단다.
철수: 아빠, 그럼, 6번을 지나면요?
아버지: 그러면 자기편인 '나'에 막히니까 '나' 왼쪽에서 멈춰야지.
철수: '가'를 오른쪽으로 움직이면 어떻게 돼요?
아버지: '가'를 오른쪽인 2번으로 움직이면 화살표를 따라 1번 자리를 거쳐 '다'가 있는 곳까지 갈 수 있겠지? 그럼 '다'를 잡을 수 있단다. 중요한 점은, 상대 말을 잡기 위해서는 반드시 동그라미를 먼저 돌아야만 한다는 거야. 검은 말 '나'를 오른쪽으로 한 칸 움직여서 '다'를 잡을 수는 없다는 거지. 반드시 귀퉁이의 동그라미를 돌아 움직이면서 상대방의 말을 잡는 게 이 놀이의 규칙이란다. 그럼, 철수 네가 한번 해 볼래? '그림 B'에서 검은 말 '가'와 '나'가 네 것인데, 상대편 말 '다'를 한 수만에 잡으려면 어떤 말을 어느 방향으로 움직여야 하겠니?

07 추론적 듣기 - 적용하기 　　　정답 ②

해설 아버지는 고누판에서 말은 상하좌우로 한 칸씩 움직일 수 있고, 네 귀퉁이의 동그라미의 시작점에서는 여러 칸을 한 번에 돌아 상대편 말을 잡을 수 있다고 하였다. 따라서 그림 B '가'를 2번 방향으로 움직이면 동그라미 세 개를 거쳐 상대편 말 '다'를 한 수 만에 잡을 수 있으므로 답은 ②이다.

오답 분석
① '가'를 1번 방향으로 움직이면 한 칸밖에 이동하지 못하므로 적절하지 않다.
③ '가'를 3번 방향으로 움직이면 자기편인 '나'를 잡게 된다.
④ ⑤ '나'를 4번 또는 5번 방향으로 움직이면 한 수만에 '다'를 잡을 수 없으므로 적절하지 않다.

08 사실적 듣기 - 세부 내용 파악 　　　정답 ④

해설 '한국이라 하는 명칭까지 없어지는 날이면, 아! 나라 사랑하는 정성이 많은 우리 한국 동포가 이를 모르는 채 넘겨버리겠습니까?'에서 나라의 명칭을 빼앗겨도 '나라 사랑하는 정성'이 더 중요함을 말하고 있으므로 답은 ④이다.

오답 분석
① '국민의 마음을 빼앗지 못하면 그 나라를 없애버리지 못하는 것이다'를 통해 알 수 있다.

② '사천 년', '오백 년' 등으로 나라가 유지되어 온 기간을 말하고 있으므로 적절하다.

③ '낙심은 독립의 회복을 가로막는 악마올시다'를 통해 알 수 있다.

⑤ '나라가 아주 할 수 없는 처지에 이르더라도 국민은 더욱 성(盛)하게 일어나 몸과 마음의 정력(精力)을 떨치는 데 힘써야 할 것이오'를 통해 알 수 있다.

듣기 대본

본인은 나라 장래에 대하여 희망이 많습니다. 우리나라가 오늘날 이와 같은 매우 어려운 처지에 빠져 만근(萬斤)의 힘으로 목숨을 누르고 천 길의 노끈으로 온몸을 묶어 머리를 들지도 못하고 팔다리를 꼼작이지도 못하게 되었으니 누가 이것에 대하여 낙심하지 않을 사람이 있겠습니까? 그러나 낙심은 자유를 얻지 못합니다. 낙심은 독립의 회복을 가로막는 악마올시다.

낙심은 나라의 살아있는 핏줄기를 아주 끊게 하는 것이올시다. 동포 여러분이여! '호랑이에게 물려가더라도 정신만 차리라'고 하는 속담을 잊었습니까? 우리나라가 오늘날 이와 같은 곤란한 처지를 당하더라도 국민이 낙심하지 말고 더욱 떨쳐 일으켜 정신을 차려야 할 것이오. 나라가 아주 할 수 없는 처지에 이르더라도 국민은 더욱 성(盛)하게 일어나 몸과 마음의 정력(精力)을 떨치는 데 힘써야 할 것이오. 동포 여러분이여! 여러분이 한마음으로 힘을 합쳐 약간 일이 어렵고 절박함에 낙심하지 않고, 희망(希望)을 따라 용기 있게 나아가면, 반드시 이 나라가 망하지 않을 것이올시다.

본인은 동포 여러분에게 마주하여 큰 소리로 경계하여 이를 한마디 말이 있으니, 곧 '국민의 마음을 빼앗지 못하면 그 나라를 없애버리지 못하는 것이다'하는 원칙이올시다. 여러분은 생각하여 보십시오. 사천 년을 잘 되나 못되나 나라의 명칭으로 지금까지 하던 이 조선(朝鮮)을, 오백 년을 전해 내려오면서 나라로 서로 결합하여, 백성의 나라 향한 정성이 굳은 이 한국을, 어찌 짧은 시일에 나라의 명칭을 아주 없애버릴 수 있겠습니까? 또 가령, 한국이라 하는 명칭까지 없어지는 날이면, 아! 나라 사랑하는 정성이 많은 우리 한국 동포가 이를 모르는 채 넘겨버리겠습니까? 여러분이 어찌 탄압을 피하려 하며 우리가 어찌 삶을 바라겠습니까? 어떤 나라를 말할 것도 없고, 한국을 아울러 삼키려면 우리 백성을 모두 없애기 전에는 아울러 삼키지 못할 것으로 생각하십시오.

- 안국선, 「낙심을 계하는 연설」

09 추론적 듣기 - 연설 계획
정답 ⑤

해설 연설문 중 구체적인 통계 수치를 언급한 부분은 없으므로 답은 ⑤이다.

오답 분석
① '누가 이것에 대하여 낙심하지 않을 사람이 있겠습니까?', '나라 사랑하는 정성이 많은 우리 한국 동포가 이를 모르는 채 넘겨버리겠습니까?'에서 설의적 표현을 사용하여, 청중들로 하여금 현 상황에 낙심하지 않도록 감화시키고 있다.

② '호랑이에게 물려가더라도 정신만 차리라'라는 속담을 사용해 낙심을 경계하라는 주장을 효과적으로 드러내고 있다.

③ '동포 여러분이여!'라고 청중을 반복적으로 호명해 연설에 집중하게 하고 있다.

④ 연설 초반부에 '본인은 나라 장래에 대하여 희망이 많습니다'라고 말하며 미래에 대한 긍정적인 전망을 제시하고 있다.

10 사실적 듣기 - 세부 내용 파악
정답 ③

해설 '동남아 사람들은 젖은 잔디를 창문에 넣어 실내 공기를 낮추기도 하였습니다'라고 하였다. 따라서 동남아 사람들이 젖은 잔디를 바닥에 넣어 내부 공기를 낮추었다는 것은 적절하지 않으므로 답은 ③이다.

오답 분석
① '에어컨의 기본 원리는 '기화열에 의한 냉각'입니다'라고 한 것을 통해 알 수 있다.

② '고압의 액상 냉매는 ~ 증발기에서 증발되는데, 이때 압축된 냉매가 증발하며 주위의 열을 빼앗게 되는 거죠'라고 한 것을 통해 알 수 있다.

④ '냉매는 보통 프레온 가스가 이용되는데, 저온에서도 쉽게 증발하는 특성 때문입니다'라고 한 것을 통해 알 수 있다.

⑤ '고대 로마인들은 벽 뒤의 수도관으로 물을 보내 건물을 차갑게 유지했고'라고 한 것을 통해 알 수 있다.

듣기 대본

무더위가 이어지는 여름철, 우리는 에어컨 없이 살 수 있을까요? 여름을 무사히 나기 위한 현대인의 필수품인 에어컨은 어떻게 만들어졌을까요? 에어컨은 실내의 온도를 낮추거나 쾌적한 상태로 유지해 주는 기계 장치로, 주로 여름에 이용하기 때문에 냉방 장치라고도 합니다. 고대 로마인들은 벽 뒤의 수도관으로 물을 보내 건물을 차갑게 유지했고, 동남아 사람들은 젖은 잔디를 창문에 넣어 실내 공기를 낮추기도 하였습니다. 이러한 기초 원리를 바탕으로 탄생한 것이 바로 에어컨입니다.

에어컨의 기본 원리는 기화열에 의한 냉각입니다. 액체가 기체로 기화할 때는 열을 흡수하고 기체가 액체로 응축될 때는 열을 방출합니다. 이처럼 증발열을 이용할 때는 냉매가 꼭 필요합니다. 냉매는 보통 프레온 가스가 이용되는데, 이는 저온에서도 쉽게 증발하는 특성 때문입니다.

그럼 구체적인 냉각 과정을 살펴보죠. 우선 밀봉된 철제 용기 안에서 전동기와 압축기를 직결시키고 전동기로 압축기를 회전시킵니다. 이때 냉매인 프레온 가스가 압축됩니다. 그리고 파이프 표면에 알루미늄 핀을 장치한 응축기는 냉매가 가진 열을 공기 속으로 발산시켜 냉각 액화하는 작용을 합니다. 이후 고압의 액상 냉매는 압력을 낮추는 과정을 거치며 증발기에서 증발되는데, 이때 압축된 냉매가 증발하며 주위의 열을 빼앗게 되는 거죠. 따라서 증발기 표면에 접촉하는 공기의 온도는 내려가고 공기 속 수분은 증발기 표면의 물방울이 되어 없어지게 됩니다. 즉 압축기로 압력을 변화시켜 기체였던 냉각제를 액체로 응축한 후 압력을 낮춰 증발기 안에서 액체 상태의 냉각제가 다시 기화하며 주위의 열을 빼앗아 온도를 낮추는 것입니다.

11 추론적 듣기 - 빈칸 추론
정답 ③

해설 밀봉된 철제 용기 안에 전동기와 압축기를 직결시키고 전동기로 압축기를 회전시키며 냉매를 압축한다. 이후 응축기를 통해 냉매가 가진 열을 공기 속으로 발산시켜 냉각 액화시킨다. 다음으로 응축기에 나온 고압의 액상 냉매의 압력을 낮추며 증발기에서 증발하게 한다. 따라서 에어컨의 냉각 과정은 '압축기 → 응축기 → 증발기'를 따라 진행되므로 답은 ③이다.

12 사실적 듣기 - 세부 내용 파악
정답 ②

해설 둔갑법을 써서 동정을 살피는 등의 비범한 능력을 지닌 인물은 '길동'이다. 따라서 특재가 새벽에 길동을 죽이려 둔갑법을 써서 찾아왔다는 내용은 알 수 없으므로 답은 ②이다.

오답 분석
① '갑자기 까마귀가 세 번 울고 지나가기에 길동이 이상하게 여기고 혼잣말로 중얼거렸다'라고 한 부분을 통해 길동이 까마귀 소리에 불길함을 느끼고 있음을 알 수 있다.

③ '길동이 한 번 칼을 들어 치자 특재의 머리가 방 가운데 떨어졌다'라고 한 것을 통해 길동이 특재를 죽였음을 알 수 있다. 뿐만 아니라 특재를 죽인 이후 길동은 관상녀에게 '너는 나와 무슨 원수를 졌기에 초란과 함께 나를 죽이려 하느냐?'라고 말하며 칼로 베어 죽였음을 알 수 있다.

④ '초란이 무녀와 관상녀와 더불어 상공과 의논하고 너를 죽이려 하는 것이니'라고 한 부분에서 특재가 여러 사람들의 사주를 받아 길동을 죽이려 하였음을 알 수 있다.

⑤ '특재가 칼을 들고 달려들자 길동이 분노를 참지 못하여 요술로 특재의 칼을 빼앗아 들고 크게 꾸짖어 말했다'라고 한 부분에서 길동이 비범한 능력을 지니고 있음이 드러나 있다.

듣기
대본

　　그날 밤 촛불을 밝히고 주역(周易)을 골똘히 읽고 있는데, 갑자기 까마귀가 세 번 울고 지나가기에 길동이 이상하게 여기고 혼잣말로 중얼거렸다.
　　"이 짐승은 본디 밤을 꺼리거늘, 지금 울고 가니 매우 불길하도다."
　　길동이 잠깐 팔괘를 벌여 점을 쳐 보고는 크게 놀라 책상을 물리치고 둔갑법을 써서 그 동정을 살피고 있었다. 사경(四更)에 한 사람이 비수를 들고 천천히 방문을 열고 들어왔다. 길동이 급히 몸을 감추고 주문을 외우니, 갑자기 한 줄기 음산한 바람이 일어나면서, 집은 간 데 없고 첩첩산중의 풍경이 장엄하였다. 특재가 크게 놀라서 길동의 조화가 신기하다는 것을 깨닫고 비수를 감추며 피하고자 했으나, 문득 길이 끊어지고 층층절벽이 가로막아 오도 가도 못하는 신세가 되었다. 사방으로 방황하다가 문득 피리 소리가 들려 정신을 차려서 살펴보니, 한 소년이 나귀를 타고 오며 피리를 불다가 특재를 보고 크게 꾸짖었다.
　　"너는 무엇 때문에 나를 죽이려 하느냐? 죄 없는 사람을 해치면 어찌 천벌을 받지 않겠는가?"
　　소년이 주문을 외우자, 갑자기 한바탕 검은 구름이 일어나면서 큰비가 퍼붓듯이 쏟아지고 모래와 돌멩이가 날리거늘, 특재가 정신을 가다듬고 살펴보니 길동이었다. 비록 그 재주를 신기하게 여기나,
　　'어찌 나를 대적하리오.'
　　하고 달려들며 크게 소리쳤다.
　　"너는 죽어도 나를 원망하지 말라. 초란이 무녀와 관상녀와 더불어 상공과 의논하고 너를 죽이려 하는 것이니, 어찌 나를 원망하리오."
　　특재가 칼을 들고 달려들자 길동이 분노를 참지 못하여 요술로 특재의 칼을 빼앗아 들고 크게 꾸짖어 말했다.
　　"네가 재물을 탐해서 사람 죽이기를 좋아하니, 너같이 무도한 놈은 죽여서 후환을 없애리라."
　　길동이 한 번 칼을 들어 치자 특재의 머리가 방 가운데 떨어졌다. 길동이 분노를 이기지 못하여 그 밤에 바로 관상녀를 잡아와 특재가 죽은 방에 들이치고 꾸짖었다.
　　"너는 나와 무슨 원수를 졌기에 초란과 함께 나를 죽이려 하느냐?"
　　길동이 칼로 베니 어찌 가련하지 아니하리오.　　－ 허균, 「홍길동전」

13 추론적 듣기 – 한자 성어　　　　　　정답 ④

해설　길동은 자신을 죽이려고 한 사람들에 대해 '죄 없는 사람을 해치면 어찌 천벌을 받지 않겠는가?'라고 생각하고 있다. 따라서 이를 표현할 수 있는 사자성어는 '인과응보(因果應報)'이므로 ④이다.
　　• 인과응보(因果應報): 전생에 지은 선악에 따라 현재의 행과 불행이 있고, 현세에서의 선악의 결과에 따라 내세에서 행과 불행이 있는 일

오답
분석
　① 경천동지(驚天動地): '하늘을 놀라게 하고 땅을 뒤흔든다'라는 뜻으로, 세상을 몹시 놀라게 함을 비유적으로 이르는 말
　② 망극지통(罔極之痛): 한이 없는 슬픔. 보통 임금이나 어버이의 상사에 쓰는 말이다.
　③ 상명지통(喪明之痛): '눈이 멀 정도로 슬프다'라는 뜻으로, 아들이 죽은 슬픔을 비유적으로 이르는 말
　⑤ 침소봉대(針小棒大): 작은 일을 크게 불리어 떠벌림

14 사실적 듣기 – 세부 내용 파악　　　　　　정답 ⑤

해설　'앞으로 수상자들은 21일부터 3일간 바르샤바 필하모닉 콘서트홀에서 갈라 콘서트를 갖게 되며, 이후 2016년 초까지 유럽과 아시아에서 투어 콘서트를 진행합니다'라고 하였다. 따라서 유럽과 미국에서 콘서트를 진행한다는 것은 적절하지 않으므로, 답은 ⑤이다.

오답
분석
　① '쇼팽 콩쿠르는 폴란드 바르샤바에서 5년마다 열리는 세계 3대 콩쿠르 중 하나로, 피아노 부문만 진행되기에 피아니스트들에게 최고의 등용문으로 불립니다'라고 한 것을 통해 쇼팽 콩쿠르는 세계 3대 콩쿠르이며 5년마다 한 번씩 개최됨을 알 수 있다.

　② '이번 쇼팽 콩쿠르에서의 1위 기록은 한국인이 낸 역대 가장 높은 순위'라고 하였으므로, 1위 기록은 역대 한국인이 낸 성적 중 가장 높음을 알 수 있다.
　③ '한국계 심사위원이 없는 상황에서 위축될 수 있다는 일부 팬들의 우려를 딛고, 실력으로 이뤄낸 결과라는 점에서 의미가 크다'라고 한 것을 통해 한국계 심사위원이 없는 상황에서 입상의 쾌거를 이뤄냈음을 알 수 있다.
　④ '내년 2월에는 쇼팽 콩쿠르 수상자들의 합동 내한 공연도 예정돼 있습니다'라고 한 것을 통해 2017년 초 한국에서 수상자들의 합동 공연이 진행될 예정임을 알 수 있다.

듣기
대본

　　바르샤바 국립 필하모닉콘서트홀에서 열린 제17회 쇼팽 국제 피아노 콩쿠르 결선에서 한국인 피아니스트 조성진이 역대 한국인 최고 성적인 1위에 입상하는 쾌거를 이뤄냈습니다.
　　쇼팽 콩쿠르는 폴란드 바르샤바에서 5년마다 열리는 세계 3대 콩쿠르 중 하나로, 피아노 부문만 진행되기에 피아니스트들에게 최고의 등용문으로 불립니다.
　　이번 쇼팽 콩쿠르에 조성진은 결선 첫날인 18일 첫 번째 경연자로 나서 쇼팽의 피아노 협주곡 1번을 연주하며 크로아티아, 일본, 미국, 폴란드, 라트비아, 캐나다, 러시아 등 8개국 10명과 함께 실력을 겨뤘습니다.
　　이번 쇼팽 콩쿠르에서의 1위 기록은 한국인이 낸 역대 가장 높은 순위로 지난 2005년에 임동민, 임동혁 형제가 공동 3위를 했습니다.
　　주폴란드한국문화원은 '이번 대회 심사위원 17명 중에서 아시아계는 베트남의 당 타이 손, 일본의 아키코 에비, 중국의 윤디로, 총 3명이었으나 한국계 심사위원이 없는 상황에서 위축될 수 있다는 일부 팬들의 우려를 딛고, 실력으로 이뤄낸 결과라는 점에서 의미가 크다'고 설명했습니다.
　　현지 음악 매거진 '베토벤'의 편집장이자 주요 일간지 가제타 비보르차 음악 전문 칼럼니스트로 활동 중인 뎅보프스카는 조성진의 결선 무대에 대해 '이 곡을 만든 20세 시절의 천재 쇼팽의 감성을 21세의 조성진이 녹여내기 적격이었다'고 호평했습니다. 또 폴란드 피아니스트 라투신스키는 '모든 것을 잊어버리고 몰입하게 한 연주였다'고 극찬했습니다.
　　현장의 분위기도 뜨거웠습니다. 3일간의 결선 무대를 직접 보기 위해 한국을 비롯한 아시아 국가에서 방문한 관객들도 다수 있었고 1000여 석의 티켓이 조기 매진돼 아침부터 공연장 입구에서 입석표를 기다리는 줄이 길게 이어졌습니다.
　　앞으로 수상자들은 21일부터 3일간 바르샤바 필하모닉 콘서트홀에서 갈라 콘서트를 갖게 되며, 이후 2016년 초까지 유럽과 아시아에서 투어 콘서트를 진행합니다. 내년 2월에는 쇼팽 콩쿠르 수상자들의 합동 내한 공연도 예정돼 있습니다.

※ 출처: 정책브리핑, https://www.korea.kr

15 추론적 듣기 – 이어질 내용 추론　　　　　　정답 ①

해설　뉴스 해설은 조성진의 쇼팽 콩쿠르 1위 수상을 다루면서 수상자들의 이후 행보를 안내하며 마무리하고 있다. 따라서 이어질 내용에는 콩쿠르 수상이나 수상자에 대한 기대나 전망이 포함되는 것이 적절하므로 답은 ①이다.

오답
분석
　② 콩쿠르 결과에 대한 전망을 제시하고 있으나 '콩쿠르 수상에 대한 기대나 전망'과 '(우리나라) 공연계의 선의의 경쟁'은 관련 없으므로 적절하지 않다.
　③ '다양한 분야의 클래식 콩쿠르 수상'은 '쇼팽 콩쿠르 수상'으로 인해 기대할 수 있는 점이기는 하나 '쇼팽 콩쿠르 수상'과 직접적인 관련 없으므로 적절하지 않다.
　④ '쇼팽 콩쿠르 수상자에 대한 기대나 전망'이 '다음 수상으로 이어질 수 있도록'에 포함되어 있으나 '정부의 체계적인 지원과 정책'은 이와 관련 없으므로 적절하지 않다.
　⑤ '한국계 심사위원이 없는 상황'을 통해 '한국계 음악가가 국제 콩쿠르 심사위원에 발탁될 수 있도록'이라는 내용을 도출해낼 수는 있으나 '콩쿠르 수상이나 수상자에 대한 기대나 전망'과는 관련이 없으므로 적절하지 않다.

01 글쓰기 과정

출제예상문제

p.34

01	02	03	04	05	06
④	④	⑤	④	②	②

01 글쓰기 계획

정답 ④

해설 계획된 글의 목적은 '생태 관광에 대한 정보 전달과 바람직한 생태 관광을 위한 노력 촉구'이다. 따라서 '지역 개발 불균형 문제'는 글의 목적과 관련이 없으므로 계획한 내용으로 적절하지 않은 것은 ④이다.

02 자료의 활용 방안

정답 ④

해설 (가)에는 생태 관광으로 인한 생태계 훼손 문제가 제시되어 있으므로 생태 관광이 인근 자연을 파괴하는 문제가 있음을 뒷받침하는 자료로 활용 가능하다. 그러나 (다)는 생태 관광의 우수 사례를 나타낸 자료이므로 생태 관광의 문제점을 지적하기 위한 자료로 활용하는 것은 적절하지 않다. 따라서 답은 ④이다.

오답
분석
① (가)의 1~2번째 줄 '생태 관광은 경치를 보고 즐기는 기존의 관광과 달리, 생태적 가치가 높은 지역의 자연과 문화를 직접 체험하면서'를 통해 기존 관광과 생태 관광의 특징을 비교해 제시하고 있으므로 (가)를 활용하여 기존 관광과 대비되는 생태 관광의 특징을 소개하는 것은 적절한 자료 활용 방안이다.

② (나) - 1에는 관광객들이 지역 특성을 살린 프로그램을 원한다는 설문 조사 결과가, (나) - 2에는 지방 자치 단체가 프로그램 개발의 어려움을 겪고 있다는 문제점이 제시되어 있으므로 (나)를 활용해 지역 특색을 살린 프로그램 개발이 필요함을 제시하는 것은 적절한 자료 활용 방안이다.

③ (다)는 생태 관광 프로그램으로 지역 주민의 가계 소득이 증가한 ○○섬의 사례를 제시하고 있으므로 (다)를 활용해 생태 관광이 지역 경제에 긍정적인 영향을 줄 수 있음을 제시하는 것은 적절한 자료 활용 방안이다.

⑤ (나) - 2에는 지방 자치 단체가 생태 관광 운영에서 '주민 참여 유도의 어려움'을 겪고 있다는 내용이, (다)에는 지역 주민이 적극적으로 참여하고 있다는 내용이 제시되어 있으므로 (나) - 2와 (다)를 활용해 생태 관광 활성화에 지역 주민의 역할이 중요함을 제시하는 것은 적절한 자료 활용 방안이다.

03 개요 수정 및 상세화 방안

정답 ⑤

해설 <개요>는 생태 관광의 문제점과 개선 방안을 '생태 자원 개발', '관광객의 인식', '지역 주민 참여', '프로그램 운영' 측면에서 다양하게 다루고 있다. 하지만 글의 끝 부분을 '생태 관광 인식 개선을 위한 지자체의 노력 촉구'로 마무리하는 것은 개요의 내용과 관련 없으므로 적절하지 않은 것은 ⑤이다.

오답
분석
① 생태 관광의 '이점'이 '특징'에 포함되므로 중복된다. 따라서 Ⅰ-2를 '생태 관광의 현황'으로 수정하는 것은 적절하다.

② Ⅲ을 고려할 때, '관광지 개발' 측면 개선 방안 다음에 '관광객의 인식' 측면에 대한 개선 방안이 나오므로 Ⅱ-2와 순서를 바꾸는 것은 적절하다.

③ 상위 항목이 '생태 관광의 문제점'이므로 '지역 주민의 참여 부족'으로 수정하는 것은 적절하다.

④ '다양한 생태 관광 프로그램'에 '지역 특색을 살린 생태 관광'이 포함되므로 Ⅲ-4와 Ⅲ-5를 통합해 제시하는 것은 적절하다.

04 고쳐쓰기

정답 ④

해설 ㉣의 '만큼'은 '앞의 내용에 상당한 수량이나 정도임을 나타내는 말'로 의존 명사이다. 의존 명사는 앞말과 띄어 쓰는 것이 원칙이므로 "프로그램 개발'인 만큼'으로 띄어 써야 한다. 따라서 수정 방안으로 적절하지 않은 것은 ④이다.

오답
분석
① ㉠의 앞은 '생태 관광의 개념과 목적'을, 뒤는 '생태 관광의 문제점'을 다루고 있어 글의 흐름에 적절하지 않으며, ㉠은 주제인 '생태 관광의 문제점과 개선 방안'과도 관련 없으므로 삭제하는 것이 적절하다.

② '널리'와 '확산(擴散)'은 의미가 중복되므로 '널리'를 삭제하는 것은 적절하다.
- 널리: 범위가 넓게
- 확산(擴散): 흩어져 널리 퍼짐

③ '증가'는 '소득'에만 호응하므로 '지역 사회 이미지'에 호응하는 문장 성분이 필요하므로 '제고(提高)'를 추가하는 것은 적절하다.
- 제고(提高): 수준이나 정도 등을 끌어올림

⑤ 문맥상 ㉤에는 '태도를 갖추어야 한다'라는 의미의 단어가 사용되어야 하므로 '지향(志向)'이 적절하다.
- 지양(止揚): 더 높은 단계로 오르기 위하여 어떠한 것을 하지 않음
- 지향(志向): 어떤 목표로 뜻이 쏠리어 향함. 또는 그 방향이나 그쪽으로 쏠리는 의지

05 글쓰기 전략

정답 ②

해설 '땅끝황토나라 꼼지락 캠핑', '섬진강 생태여행 - 반딧불이가 덮고 자는 모래이불', '□□ 지역이나 ○○섬'의 사례를 들어 강연 대상인 '생태 관광'에 대한 독자의 이해를 돕고 있다. 따라서 대상에 대한 구체적인 사례를 들어 독자의 이해를 돕고 있다는 ②는 글쓰기 전략으로 적절하다.

오답
분석
① ③ ⑤ 윗글에는 인과의 방식, 전문가의 말 인용하기, 여러 입장에 대한 중재안 제시하기가 쓰인 부분이 없다.

④ 2문단 1번째 줄 '생태 관광은 ~ 말합니다'에서 기존 관광과 생태 관광의 특징을 비교하고 있으나 이를 통해 기존 관광의 문제점을 부각하고 있지 않다.

06 문맥의 흐름에 따른 내용 추가
정답 ②

해설 3문단 1번째 줄 '무리한 관광지 조성으로 숲과 늪지가 사라지거나'를 통해 지나친 생태 자원 개발은 생태계를 훼손할 수 있음을 언급하고 있다. 따라서 <보기>의 빈칸에는 지나친 생태 관광 자원 개발은 개발하지 않는 것만 못하다는 의미의 사자성어가 들어가야 하므로 답은 ② '과유불급(過猶不及)'이다.
  • **과유불급(過猶不及):** '정도를 지나침은 미치지 못함과 같다'라는 뜻으로, 중용이 중요함을 이르는 말

오답
분석
① **고식지계(姑息之計):** 우선 당장 편한 것만을 택하는 꾀나 방법
③ **방약무인(傍若無人):** 곁에 사람이 없는 것처럼 아무 거리낌 없이 함부로 말하고 행동하는 태도가 있음
④ **양두구육(羊頭狗肉):** '양의 머리를 걸어 놓고 개고기를 판다'라는 뜻으로, 겉보기만 그럴듯하게 보이고 속은 변변하지 않음을 이르는 말
⑤ **풍전등화(風前燈火):** 바람 앞의 등불이라는 뜻으로, 사물이 매우 위태로운 처지에 놓여 있음을 비유적으로 이르는 말

실전연습문제

p.38

01	02	03	04	05
③	④	④	⑤	③

01 글쓰기 계획
정답 ③

해설 계획된 글의 주제는 '우리 학교 학생들의 인터넷 정보 이용 실태를 조사하고, 문제의 심각성을 알리자'이다. 부정확하거나 검증되지 않은 정보를 발견했을 때에 필요한 정보 검증 방법을 제시하는 것은 글의 주제와 관련이 없으므로 답은 ③이다.

02 자료의 활용 방안
정답 ④

해설 4에서 18%가 정보 이용 목적에 따라 인터넷 정보를 선별한 뒤 활용하는 것은 맞지만, 77%는 그대로 활용하고 5%의 기타 응답이 있음을 알 수 있다. 따라서 ④에서 '나머지는 그대로 활용하고 있음'을 뒷받침하는 자료로 제시하기는 어렵다.

오답
분석
① 1에는 '인터넷 정보의 신뢰성 평가 여부'에 대해 77%의 학생이 '안 한다'라고 응답한 결과가 제시되어 있으므로 1을 활용해 우리 학교 학생 대다수가 인터넷 정보의 신뢰성을 평가하지 않음을 밝히고 문제 개선의 필요성을 제시하는 것은 적절하다.
② 1에는 77%의 학생이 인터넷 정보의 신뢰성을 평가하지 않음이, 2에는 '인터넷 정보의 신뢰성을 평가하지 않는 이유'에 대한 응답 결과가 제시되어 있으므로 1과 2를 활용해 학생들이 인터넷 정보의 신뢰성을 평가하지 않는 가장 큰 이유를 제시하는 것은 적절하다.
③ 1에는 77%의 학생이 인터넷 정보의 신뢰성을 평가하지 않음이, 3에는 4%의 학생들이 인터넷 정보의 신뢰성 평가 방법을 잘 알고 있음이 제시되어 있으므로 1과 3을 활용해 인터넷 정보의 신뢰성을 평가하지 않는 학생의 비율과 인터넷 정보의 신뢰성을 평가하는 방법을 알고 있는 학생의 비율을 구체적인 수치로 제시하는 것은 적절하다.
⑤ 1에는 77%의 학생이 인터넷 정보의 신뢰성을 평가하지 않음이, 2에는 인터넷 정보의 신뢰성을 평가하지 않는 이유가, 3에는 96%의 학생이 인터넷 정보의 신뢰성 평가 방법을 모른다는 것이, 4에는 77%의 학생이 검색한 인터넷 정보를 그대로 활용함이 제시되어 있으므로 1, 2, 3, 4를 모두 활용해 우리 학교 학생 대다수가 인터넷 정보를 무비판적으로 수용하는 문제가 심각함을 제시하는 것은 적절하다.

03 개요 수정 및 상세화 방안
정답 ④

해설 ⓔ의 '인터넷 정보 이용 문제의 심각성과 개선의 필요성'은 하위 항목을 포괄하는 내용으로 적절하므로 '인터넷 정보 이용의 비효율적 문제 해결의 필요성'과 같이 수정하는 것은 적절하지 않다.

오답
분석
① ㉠의 '악성 댓글 문제'는 'I. 청소년들의 인터넷 정보 이용 실태'와 관련 없으므로 삭제하는 것이 적절하다.
② ㉡의 '인터넷 정보 이용 관련 범죄 추이'는 II의 하위 항목을 아우르지 못하므로, '인터넷 정보 이용 관련 설문 조사 결과'로 수정하는 것이 적절하다.
③ ㉢의 '인터넷 정보의 신뢰성 평가 여부'를 먼저 제시하고, 그 이후에 '신뢰성을 평가하지 않는 이유'를 제시하는 것이 글의 논리적 흐름에 적절하므로 순서를 바꾸는 것이 적절하다.
⑤ ㉤의 '경제적 이익'은 개요에서 다뤄지지 않은 내용이므로, '인터넷 정보를 선별하여 활용하는 태도 형성의 필요성'과 같은 내용이 글의 마지막 내용으로 제시되는 것이 적절하다.

04 고쳐쓰기
정답 ⑤

해설 ㉤을 '강구할'로 수정하면 주어 '조치가'와 적절하게 호응하지 않으며, '강구하다'는 목적어를 필요로 하는 동사임에도 목적어가 없어 어색한 문장이 된다. 따라서 ㉤에는 '좋은 대책과 방법이 찾아지거나 세워지다'를 의미하는 동사 '강구되다'가 사용되는 것이 적절하다. 참고로, '태도 형성을'은 서술어 '위한'의 목적어이다.

오답
분석
① 서술어 '적극적이다'와 호응하는 부사어가 오는 것이 적절하므로, 부사격 조사 '에'가 결합한 '이용에'로 고쳐 써야 한다.
② 문맥상 청소년들이 인터넷을 통해 많은 정보를 얻는다는 내용이므로, 까닭이나 근거를 나타내는 연결 어미 '-므로'를 사용하는 것이 적절하다. 참고로 '-으로'는 어떤 일의 수단 · 도구를 나타내는 격 조사이다.
③ 문맥상 학교 학생들의 어떤 인식하에 인터넷 정보를 이용하는지 알아보고자 한다는 내용이므로, 어떤 행동을 할 의도나 욕망을 가지고 있음을 나타내는 연결 어미 '-려고'를 사용하는 것이 적절하다. 참고로 '-면'은 불확실하게 아직 이루어지지 않은 사실을 가정하여 말할 때 쓰는 연결 어미이다.
④ '학생 대다수'가 인터넷 정보를 무비판적으로 수용하는 주체이므로, '수용시키는'과 같이 불필요한 사동 표현을 사용하는 것보다 '수용하는'과 같이 주동 표현을 사용하는 것이 적절하다.

05 고쳐쓰기

해설 설문 조사에 참여한 학생의 수, 설문 조사 기간 등을 추가하는 것은 글의 신뢰
성을 높이기 위한 방안으로 적절하므로 답은 ③이다. 참고로, 이외에도 글의
신뢰성을 높이기 위해서는 관련 분야의 전문가 의견을 인용하는 방법, 자료의
출처를 명확하게 밝히는 방법 등이 있다.

오답
분석
① 최대한 많은 학생들의 설문 조사 결과를 활용하는 것은 공정한 입장으로
전달하는 방안이 아니므로 적절하지 않다.

② 인터넷 정보 기술과 관련된 어려운 용어를 추가하는 것은 주장의 타당성을
높이는 방안이 아니므로 적절하지 않다. 참고로, 글이나 주장의 타당성을
높이기 위해서는 근거와 주장이 관련이 있는지, 근거가 주장을 뒷받침하는
지, 자료가 근거를 뒷받침할 수 있는지 등을 판단해야 한다.

④ 윗글의 1문단 끝에서 2 ~ 3번째 줄에 우리 학교 학생들의 인터넷 정보 이
용의 문제점을 파악하기 위해 구성한 설문 조사 항목이 언급되어 있으므로
글의 보완 방안으로 적절하지 않다.
[관련 부분] 설문 조사 항목으로는 인터넷 정보의 신뢰성 평가 여부, 인터
넷 정보의 이용 방식 등 네 가지였다.

⑤ 다른 학교 학생이 작성한 보고서를 표절한 경험이 있는 학생의 인터뷰를
인용하는 것은 무비판적 정보 이용의 심각성을 강조하는 것과 관련이 없으
므로 적절하지 않다.

VI 창안

2주 만에 끝내는 해커스 KBS 한국어능력시험

01 시각 자료 및 조건에 따른 내용 생성

출제예상문제

p.56

01	02	03	04	05	06
④	⑤	④	②	①	③

01 시각 자료의 이해 - 시각 자료에 따른 내용 생성   정답 ④

해설 <보기>는 자연물(연잎, 단풍나무 씨앗)을 관찰해 물이 스미지 않는 특성과 바람에 날아가는 특성을 발견한 뒤, 이를 활용해 새로운 사물(방수복, 프로펠러)을 발명한 사례이므로 연상한 내용이 가장 적절한 것은 ④이다.

오답분석
① <보기>를 통해 약간의 불편함이 더 나은 삶을 가능하게 한다는 내용은 이끌어낼 수 없다.
② <보기>를 통해 '지속가능한 발전'과 관련된 내용은 이끌어낼 수 없다.
③ <보기>에 자연물이 제시되어 있으나 이를 통해 우리가 간과하고 지내는 일상의 소중함에 대한 내용은 연상할 수 없다.
⑤ <보기>는 '그 안에 숨겨진 특별함'이 아닌 자연물로부터 새로운 사물을 이끌어낸 사례이므로 적절하지 않다.

※ 출처: 한국저작권위원회_2018_신미식_국내_대한민국_0989 by한국저작권위원회, 출처: 공유마당, CC BY

02 시각 자료의 이해 - 시각 자료에 따른 내용 생성   정답 ⑤

해설 (가)는 간식을 먹는 여자 뒤를 저승사자가 따라가는 그림이고, (나)는 채소와 생선류, 당분이 많거나 밀가루로 만들어진 음식을 구분하고 손으로 '좋음'과 '나쁨'을 표현하여 나타낸 그림이다. 두 그림을 연결하면 단당류는 죽음의 원인이 되기 때문에 그 대신 채소와 생선 등의 음식을 먹으라는 내용을 생성할 수 있으므로 답은 ⑤이다.

오답분석
① 운동의 시급함은 (가)와 (나) 모두 관계없는 내용이므로 적절하지 않다.
② (가)의 먹는 여자를 통해 달콤한 음식을 많이 먹는다는 내용을 도출할 수 있지만, (나)의 의미가 포함되어 있지 않으므로 적절하지 않다.
③ (나)의 음식 구분을 통해 '녹황색 채소와 단당류 음식을 구분해 보세요'를 도출할 수 있지만, (가)의 의미가 포함되어 있지 않으므로 적절하지 않다.
④ (가)의 간식을 먹는 여자와 저승사자를 통해 건강을 위협한다는 내용을 도출할 수 있지만 (나) 중 첫 번째 그림의 의미가 포함되어 있지 않으므로 적절하지 않다.

03 시각 자료 및 조건에 따른 내용 생성 - 문구   정답 ④

해설 대상인 '오케스트라'의 특성을 '연주하는 것'으로 나타내었으며, '연주를 맞춰가면 음악이 됩니다'를 통해 '협력'이라는 주제를 드러내고 음성 상징어 '도란도란'을 사용해 조건을 모두 만족한 ④가 답이다.

오답분석
① 대상인 '오케스트라'의 특성을 '악기'와 '음악의 완성'으로 드러냈지만 '협력'이라는 주제는 드러나 있지 않으며 음성 상징어가 사용되지 않았으므로 적절하지 않다.
② 음성 상징어 '삐걱삐걱'이 사용되었지만, 대상인 '오케스트라'의 특성과 '협력'이라는 주제가 드러나지 않으므로 적절하지 않다.
③ '화음'을 통해 '협력'이라는 주제를 드러내고, 음성 상징어 '쾅쾅'이 사용되었지만 '오케스트라'의 특성인 '연주하는 것'이 드러나지 않으므로 적절하지 않다.
⑤ '오케스트라'의 특성인 '연주하는 것'과 주제인 '조화', 음성 상징어가 모두 드러나지 않는다. 참고로, '갈팡질팡'은 의태어이다.

04 시각 자료 및 조건에 따른 내용 생성 - 제목   정답 ②

해설 두 사진이 전달하고자 하는 주제는 '스마트폰 중독'이다. 따라서 '스마트폰 중독' 문제를 포함하고 '-ㅂ시다'라는 청유형 종결 어미를 사용한 ②가 답이다.

오답분석
① 두 사진이 전달하고자 하는 주제인 '스마트폰 중독'이 명확히 드러나지 않고, 청유형 종결 어미가 사용되지 않았다.
③ ⑤ 청유형 종결 어미 '-ㅂ시다'가 사용되었지만, 두 사진이 전달하고자 하는 주제인 '스마트폰 중독'이 드러나지 않는다.
④ 두 사진이 전달하고자 하는 주제인 '스마트폰 중독'이 드러나지만, 청유형 종결 어미가 사용되지 않았다.

※ 출처: 한국방송광고진흥공사, http://www.kobaco.co.kr

05 조건에 따른 내용 생성 - 문구   정답 ①

해설 에너지 절약의 구체적 실천 방법인 '낮에 전구 끄기'를 의인법 '지구의 웃음'을 통해 드러내고 명사형 '웃음'으로 문장을 끝맺고 있는 ①이 '에너지 절약'을 위한 문구로 가장 적절하다.

오답분석
② 에너지 절약의 실천 방법으로 '분리수거'를 제시하고 명사형 '활용'으로 문장을 끝맺고 있지만 의인법이 사용되지 않았으므로 적절하지 않다.
③ 명사형 '환경'으로 문장을 끝맺고 '아픈 우리의 환경'이라는 의인법을 사용했으나 에너지 절약의 구체적인 실천 방법이 제시되지 않았으므로 적절하지 않다.
④ '겨울철 실내 온도 20도'로 에너지 절약의 실천 방법을 제시하고 명사형 '첫걸음'으로 문장을 끝맺고 있지만 의인법이 사용되지 않았으므로 적절하지 않다.
⑤ 에너지 절약의 실천 방법으로 '가까운 거리 걷기'를 제시했으나 명사형으로 문장을 끝맺지 않았으며 의인법도 사용되지 않았으므로 적절하지 않다.

06 내용 유추 - 명언   정답 ③

해설 <보기>의 명언은 마음을 깨끗이 닦은 후에 책을 읽어야 책의 내용을 온전히 받아들일 수 있다는 의미이므로, 책을 읽기 전 책의 내용을 받아들일 준비를 갖추어야 함을 강조하고 있다. 따라서 답은 ③이다.

p.60

01	02	03	04	05	06
②	④	③	⑤	②	②
07	**08**	**09**	**10**		
⑤	⑤	④	⑤		

01 시각 자료의 이해 – 시각 자료에 따른 내용 생성   정답 ②

해설 제시된 그림은 한 번 쓰고 버린 종이컵은 일회용이지만, 종이컵의 원료가 되는 나무는 그렇지 않다는 내용을 종이컵과 새로 난 나뭇가지를 통해 표현하고 있다. 따라서 이 그림을 활용하여 전달할 수 있는 내용으로 가장 적절한 것은 ②이다.

※ 출처: 한국방송광고진흥공사, http://www.kobaco.co.kr

02 시각 자료의 이해 – 조건에 따른 시각 자료 파악   정답 ④

해설 ④는 문고리를 소독하여 청결을 유지해야 함을 나타내는 시각 자료로, <보기>에는 이와 관련된 내용이 없으므로 답은 ④이다.

오답분석
① <보기>의 '대화 시 마스크를 착용하고'라는 내용을 보강할 때에 활용할 수 있다.
② <보기>의 '재채기가 나올 때에는 입을 손으로 가려주십시오'를 보강할 때에 활용할 수 있다.
③ <보기>의 '집 밖 외출을 자제해 주시기 바랍니다'를 보강할 때에 활용할 수 있다.
⑤ <보기>의 '손 씻기로 개인위생을 철저하게 지켜주시기 바랍니다'를 보강할 때에 활용할 수 있다.

03 말하기 방식 파악   정답 ③

해설 'A'는 세 번째 발언의 "학생 2'의 생각처럼 여유를 갖고 기다리는 것도 중요하지만"에서 '학생 2'의 글에 담긴 생각을 인정하면서, '문제점을 고치려는 노력도 중요하지 않을까?'에서 자신의 생각을 추가하여 말하고 있다. 따라서 'A'의 말하기 방식에 대한 이해로 가장 적절한 것은 ③이다.

오답분석
① 'B'는 두 번째 발언의 '예전에 수영을 배울 때 ~ '학생 2'의 생각이 이해되더라'에서 자신의 경험을 들어 '학생 2'의 글에 공감하고 있으므로 ①은 'B'의 말하기 방식에 대한 설명이다.
② 'A'는 언어유희를 사용한 적이 없으므로 적절하지 않다.
④ 'A'는 한자 성어를 사용한 적이 없으므로 적절하지 않다.
⑤ 'B'는 마지막 발언에서 '같은 글을 읽고 ~ 다른지 알 수 있어서 좋았어'에서 '학생 1', '학생 2'의 글을 읽고 대화를 나누는 행위에 대해 이유를 들어 긍정적으로 평가하고 있으므로 ⑤는 'B'의 말하기 방식에 대한 설명이다.

04 시각 자료의 이해 – 시각 자료에 따른 내용 생성   정답 ⑤

해설 (가)는 물이 나가는 것을 돈이 나가는 것으로 표현하며 '물을 아껴 써야 한다'라는 내용을, (나)는 물 한 방울을 개미 여러 마리가 나눠 마시는 모습을 통해 물 한 방울로 여러 생명을 구할 수 있다'라는 내용을 표현하고 있다. 따라서 두 사진이 공통적으로 나타내고자 하는 문구는 '물 절약'에 대한 것이므로 답은 ⑤이다.

※ 출처: 한국방송광고진흥공사, http://www.kobaco.co.kr

05 조건에 따른 내용 생성 – 문구   정답 ②

해설 <보기>는 한글 자판을 이에 비유하여, 이가 빠지듯 자판이 빠지는 모습을 통해 한글이 파괴되는 모습을 형상화하고 있다. ②는 '이빨 빠진 한글'에서 <보기>를 바탕으로 우리말이 파괴된 상황을 제시하고 있으며, '외면하실 건가요?'에서 주체 높임 선어말 어미 '-시-'와 의문형 종결 어미 '-ㄴ가'를 사용하여 우리말을 지켜야 한다는 주제를 드러내고 있으므로, <보기>를 바탕으로 <조건>을 반영하여 창작한 문구로 적절한 것은 ②이다.

오답분석
① 주제인 '우리말 지키기', 의문형 종결 어미, 높임 표현이 모두 사용되지 않았다.
③ '아십니까?'에 주체 높임 선어말 어미 '-시-'와 의문형 종결 어미 '-ㅂ니까'가 사용되었으나, 주제인 '우리말 지키기'가 드러나지 않는다.
④ '아시나요?'에 주체 높임 선어말 어미 '-시-'와 의문형 종결 어미 '-나'가 사용되었으나, 주제인 '우리말 지키기'가 드러나지 않는다.
⑤ '알아봅시다'에 하오체의 상대 높임 종결 어미 '-ㅂ시다'가 사용되었으나, 주제인 '우리말 지키기'가 드러나지 않고 의문형 종결 어미가 사용되지 않았다.

※ 출처: 한국방송광고진흥공사, http://www.kobaco.co.kr

06 조건에 따른 내용 생성 – 시행   정답 ②

해설 <보기>의 1 ~ 2번째 줄 '춘분을 전후하여 철 이른 화초는 파종을 한다', 4 ~ 6번째 줄 '농사의 시작인 초경(初耕)을 엄숙하게 행하여야만 한 해 동안 걱정 없이 풍족하게 지낼 수 있다'라는 내용을 바탕으로 적절한 2행시를 창작하였으므로 답은 ②이다.

오답분석
① 춘분에 논농사를 한다는 것은 <보기>를 통해 알 수 없으므로 적절하지 않다.
③ 춘분이 오기 전에 씨 뿌리기를 끝내는 것이 아니라 춘분을 전후하여 씨 뿌릴 준비를 하므로 적절하지 않다.
④ 우수는 많은 비가 내리는 계절이 아니라 눈이 녹아서 비나 물이 되는 절기이므로 적절하지 않다.
⑤ 수달이 물고기를 잡아 늘어놓는 시기는 경칩이 아니라 우수의 첫 5일간이므로 적절하지 않다.

※ 출처: 한국학중앙연구원, 한국민족대백과사전

07 조건에 따른 내용 생성 – 제목   정답 ⑤

해설 중심 소재인 '사제동행 마라톤'이 드러나고, '물방울처럼'과 같은 직유법을 통한 비유적 표현을 활용해 '화합'이라는 행사의 의미를 나타내고 있는 ⑤가 학교 신문의 표제로 가장 적절하다.

오답분석
① '화합'이라는 행사의 의미는 드러나지만 중심 소재인 '사제동행 마라톤'과 비유적 표현이 드러나지 않는다.

② 중심 소재인 '사제동행 마라톤'은 드러나지만 '화합'이라는 행사의 의미와
비유적 표현이 드러나지 않는다.

③ 중심 소재인 '사제동행 마라톤'과 'A는 B다'와 같은 은유법을 통한 비유적
표현은 드러나지만 '화합'이라는 행사의 의미가 드러나지 않는다.

④ '화합'이라는 행사의 의미는 드러나지만 중심 소재인 '사제동행 마라톤'과
비유적 표현이 드러나지 않는다.

08 내용 유추
정답 ⑤

해설 3문단의 끝에서 1~4번째 줄의 '그런 점에서 경험의 세계는 ~ 겸허한 태도가
필요하다'를 통해 경험의 세계는 절대적으로 확신하기 어려우며, 자신의 경험
에 오류가 있을 수도 있음을 받아들이는 겸허한 태도가 필요함을 알 수 있다.
따라서 이 글을 통해 설명할 수 있는 논리로 가장 적절한 것은 ⑤이다.

오답
분석
① 개별적인 경험은 경험론에 적합한 설명이다.

② 경험론자들은 구체적이고 개별적인 사례들을 통한 귀납법을 추구한다. 참
고로, 이성적 사고를 통한 연역법을 추구하는 것은 합리론자들에 대한 설
명이다.

③ 합리론자들은 이성적 사고를 통한 연역법을 추구한다. 참고로, 구체적이고
개별적인 사례들을 통한 귀납법을 추구하는 것은 경험론자들에 대한 설명
이다.

④ 절대적으로 확신하기 어려운 것은 경험론의 세계를 의미하므로 같은 음
식을 먹고 그 음식에 대한 기억이 다른 것은 경험론을 뒷받침할 수 있는 예
에 해당한다.

09 내용 연상
정답 ④

해설 <보기>의 2문단 끝에서 1~2번째 줄의 '가을에 나무가 아름다운 것은 다양
한 빛깔의 나뭇잎들이 서로 조화를 이루고 있기 때문이었다'를 통해 '가을'
의 아름다움을 위해서는 인내가 아니라 조화가 필요함을 연상할 수 있으므
로 답은 ④이다.

오답
분석
① <보기>의 1문단 4~5번째 줄의 나도 그 속에 앉아 '바쁘게 오고 가느라 느
긋함을 느끼지 못했다는 것이 떠올랐다'를 통해 연상할 수 있다.

② <보기>의 1문단 끝에서 1~2번째 줄의 '걸어서 등교하지 않았다면 듣지 못
했을 것이라는 생각을 하니 뿌듯한 마음에 발걸음이 더 가벼워졌다'를 통해
연상할 수 있다.

③ <보기>의 2문단 끝에서 2~4번째 줄의 '이 다른 빛깔들이 서로 어울려 조
화를 이루고 있는 모습에서 아름다움을 느꼈다'를 통해 연상할 수 있다.

⑤ <보기>의 3문단 2~4번째 줄의 '나와 생각이 다른 친구들과 함께 있으면
불편했던 일, 내 의견에 반대하는 친구들에게 반감을 가졌던 일들이 생각
났다'를 통해 연상할 수 있다.

10 기타(표현 방식)
정답 ⑤

해설 <보기>는 '비난 한 줄', '욕설 한 줄', '혐오 한 줄', '댓글 한 줄'에서 동일한 어구
인 '한 줄'을 반복 사용하여 악성 댓글 문제를 강조하고 있으므로 <보기>의 그
림에 대한 설명으로 가장 적절한 것은 ⑤이다.

오답
분석
① '비난 한 줄', '욕설 한 줄', '혐오 한 줄', '댓글 한 줄'에서 명사 '줄'로 문장을
종결하고 있으나 여운을 남기기 위해 사용한 것이 아니므로 적절하지 않다.

② ③ ④의 '중의적 문장', '은유법', '도치법'은 사용되지 않은 표현 방식이므
로 적절하지 않다.

※ 출처: 한국방송광고진흥공사, https://www.kobaco.co.kr

01 문예

출제예상문제

p.86

01	02	03	04	05	06
④	④	③	⑤	③	①

01 현대 소설 - 작품의 이해와 감상

정답 ④

해설 9문단에서 '민 노인'은 공연에서 단역이라도 북을 치는 사람에게 맞는 복장을 갖춰야 함을 말하고 있다. 이를 통해 '민 노인'은 공연에서 북을 치는 자신의 역할에 대해 애정을 가지고 있음을 알 수 있으므로, 답은 ④이다.

[관련 부분] "아무리 단역이라고는 해도, 아무 옷이나 걸치고는 못 나간다. 모시 두루마기를 입지 않고는 북채를 잡을 수 없어."

오답 분석 ① 7문단 1 ~ 2번째 줄을 통해 '민 노인'이 아이들과 어울리는 것에서 편안함을 느끼고 있음을 알 수 있다.

[관련 부분] 민 노인은 뜻밖의 장소에서 의외의 술친구들과 어울린 자신의 마음이, 외견과는 달리 퍽 편안하다는 느낌도 곱씹었다.

② 14문단 1 ~ 2번째 줄을 통해 '민 노인'이 공연에 참가하는 것을 아들 내외가 모르고 있음을 알 수 있으나, 공연에 참가한 목적에 대해서는 알 수 없다.

[관련 부분] 눈치를 채지 못한 아들 내외에 대한 심리적 부담보다는 자기가 맡은 일 때문이었다.

③ 1문단 1번째 줄을 통해 '민 노인'은 자신의 북 치는 실력이 부족하다고 생각하고 있음을 알 수 있다.

[관련 부분] 민 노인은 하루 연습만으로는 실력이 부쳐 안 되겠다며 며칠 더 나올 것을 자청했고

⑤ 14문단 1 ~ 3번째 줄을 통해 '민 노인'이 공연에서 북을 치는 것에 대해 긴장감을 느끼고 있음을 알 수 있다.

[관련 부분]
- 여느 날의 걸음걸이로 집을 나선 민 노인은, 나이에 어울리지 않는 설렘으로 흔들렸다.
- 수십 명의 아이들이 어우러져 돌아가는 춤판에 영감쟁이 하나가 낀다는 사실이 새삼스럽게 어색하기도 하고

02 현대 소설 - 소재의 의미와 기능

정답 ④

해설 14문단 끝에서 4 ~ 5번째 줄을 통해 '민 노인'의 '북소리'는 '꽹과리'나 '장구' 소리에 묻히기는 하나 '민 노인'은 이를 이겨내려 하기보다 연주에 몰두하여 그 소리들과 조화를 이루고 있음을 알 수 있다. 따라서 '꽹과리'와 '장구' 소리를 '북소리'가 공연에서 조화를 이루기 위해 이겨내야 하는 장애물로 보는 ④의 설명은 적절하지 않다.

[관련 부분] 째지는 소리를 내는 꽹과리며 장구에 파묻혀 제값을 하지는 못해도, 민 노인에게는 전혀 괘념할 일이 아니었다.

오답 분석 ① '민 노인'과 아이들이 '북소리'에 대해 이야기를 나누며 가까워지고, 아이들의 춤판에 '민 노인'의 '북소리'가 조화를 이루는 모습에서 '북소리'는 아이들로 대표되는 어린 세대와 '민 노인'으로 대표되는 전통 세대를 연결해 주는 역할을 함을 알 수 있다.

② 1문단 끝에서 1 ~ 2번째 줄을 통해 아이들의 '칭찬' 소리는 '민 노인'으로 하여금 북을 치며 살아온 자신의 '잊어버렸던 세월'인 과거를 되새겨 보게 했음을 알 수 있다.

[관련 부분] 그것이 입에 발린 칭찬일지라도, 민 노인으로서는 듣기 싫지가 않았다. 잊어버렸던 세월을 되일으켜 주는 말이기도 했다.

③ 14문단 끝에서 1 ~ 3번째 줄을 통해 '민 노인'의 '얼씨구' 소리는 그가 공연에 몰입하며 공연과 하나가 되었음을 보여주는 소리임을 알 수 있다.

[관련 부분] 얼씨구! 소리도 적시에 흘러나왔다. 아무 생각도 없었다. 가락과 소리와, 그것을 전체적으로 휩싸는 달착지근한 장단에 자신을 내맡기고만 있었다.

⑤ 14문단 3 ~ 4번째 줄을 통해 '엷은 적막감'은 '민 노인'이 추구해 왔던 것과는 다른 방향으로 '북'을 연주하는 것에 대한 아쉬움이 드러남을 알 수 있다.

[관련 부분] 모처럼의 북가락이 그런 모양으로밖에는 선보일 수 없다는 데 대한 엷은 적막감도 씻어 내기 힘들었다.

03 현대 시 - 시구의 의미

정답 ③

해설 1연에서 반복되는 '이름이여!'와 같이 누군가의 이름을 계속 부르고 있는 화자와 제목 '초혼(招魂)'의 의미를 통해 화자는 임이 죽어 홀로 남겨진 상황에서 슬픔과 그리움을 느끼고 있음을 알 수 있다. 이 같은 화자의 상황과 감정을 고려할 때, 임이 존재하는 공간인 '하늘'은 저승, 화자가 있는 공간인 '땅'은 이승을 상징함을 파악할 수 있다. 따라서 ⊙은 임을 부르는 화자의 목소리가 저승에 있는 임에게 닿을 수 없다는 것을 깨달은 화자의 절망감을 나타내므로 ⊙과 바꾸어 쓸 수 있는 적절한 표현은 ③이다.

- **초혼(招魂):** 사람이 죽었을 때에, 그 혼을 소리쳐 부르는 일. 죽은 사람이 생시에 입던 윗옷을 갖고 지붕에 올라서거나 마당에 서서, 왼손으로는 옷깃을 잡고 오른손으로는 옷의 허리 부분을 잡은 뒤 북쪽을 향하여 '아무 동네 아무개 복(復)'이라고 세 번 부른다.

오답 분석 ① ② ⑤ 임에게 화자의 목소리가 닿지 않는 이유는 화자는 이승에, 임은 저승에 존재하기 때문이다. 따라서 화자와 임이 헤어진 이유인 '죽음'에 대한 언급 없이 화자의 슬픔만 나타난 내용은 ⊙을 바꿔 쓰기에 적절하지 않다.

④ 임의 죽음이 언급되어 있고, 화자와 임 사이의 거리감과 '아득하구나'라는 표현을 통해 화자의 감정이 드러나 있으나, 화자가 ⊙에서 느끼는 감정은 임의 부재로 인한 막막함이 아닌 절망감이므로 적절하지 않다.

04 현대 시 - 표현상의 특징과 효과 정답 ⑤

해설 5연 1~2행에서 화자는 돌이 되거나 죽는 한이 있더라도 임의 이름을 계속 부를 것이라고 말하고 있다. 이는 임을 상실한 상황에서 화자가 느끼는 슬픔, 그리움과 같은 감정을 '돌'에 집약하여, 그리움을 느끼더라도 임을 잊지 않고 사랑하겠다는 화자의 의지를 드러내는 표현이다. 따라서 슬픔을 극복한 화자의 모습이 '돌'을 통해 드러난다는 것은 적절하지 않으므로 답은 ⑤이다. 참고로, 5연 1행에는 망부석 설화가 반영되어 있다.

[관련 부분] 선 채로 이 자리에 돌이 되어도 / 부르다가 내가 죽을 이름이여!

오답분석 ① '이름이여'와 '사랑하던 그 사람이여!'를 반복함으로써 운율을 형성하고 있다. 참고로, 해당 표현에는 영탄법도 사용되었으며 이를 통해 화자의 감정을 강조하고 격정적인 어조를 구현하는 효과를 얻고 있다.

② 3연 1행에서 작품의 시간적 배경이 해가 지는 시간임을 알 수 있으며, 일몰의 하강적 이미지를 통해 임의 죽음과 그로 인한 화자의 슬픔을 형상화하여 애상적인 분위기를 자아내고 있다.

[관련 부분] 붉은 해는 서산마루에 걸리었다.

③ 3연 3~4행의 '떨어져 나가 앉은 산 위'는 화자가 죽은 임의 이름을 부르고 있는 공간이다. '떨어져 나가 앉은'이라는 표현으로 다른 공간과 유리된 곳임을 표현하여 화자가 존재하는 이승과 임이 존재하는 저승 사이의 거리감, 두 사람의 단절감을 강조하고 있다.

[관련 부분] 떨어져 나가 앉은 산 위에서 / 나는 그대의 이름을 부르노라.

④ 3연 2행에서 화자와 동일하게 슬픔을 느끼고 있는 '사슴의 무리'를 통해 임과의 이별로 인한 화자의 슬픔이 직접적으로 드러나고 있다.

[관련 부분] 사슴의 무리도 슬피 운다.

05 현대 소설 - 서술상의 특징과 효과 정답 ③

해설 1문단 1~4번째 줄에 체 장수 영감이 고향으로 돌아가는 결정을 내리게 된 이야기의 전말을 설명하는 부분이 있으나 비유적 표현을 사용하고 있지는 않으므로 윗글에 대한 설명으로 적절하지 않은 것은 ③이다.

[관련 부분] 지리산 속에서 ~ 여수로 돌아가기로 결정을 하고 나오는 길이라……

오답분석 ① 1문단 끝에서 1~2번째 줄에서 옥화의 말을 듣고 큰 충격을 받은 '성기'의 심리를 서술자가 직접 서술하고 있다.

[관련 부분] 조마롭고 어지럽고 노여움으로 이미 두 귀가 멍멍하여진 그에게는 다만 벌 떼처럼 무엇이 왕왕거릴 뿐, 아무것도 분명히 들리지 않았다.

② '지리산, 여수'라는 실제 지명을 사용하여 작품의 현실감을 높이고 있다.

④ 11문단과 19문단에서 '계연'이 우는 모습과 충혈된 눈으로 '성기'를 찾는 '계연'의 모습을 시각적으로 묘사하여 '계연'이 '옥화', '성기'와의 이별을 슬퍼하고 있음을 드러내고 있다.

[관련 부분]
- 그녀의 그 물결같이 흔들리는 둥그스름한 어깨를 쓸어 주며,
- 계연은 이미 시뻘겋게 된 두 눈으로 성기의 마지막 시선을 찾으며 하직 인사를 하였다.

⑤ 1문단 1~4번째 줄에서 '만났다', '알게 되었다'와 같은 과거 시제 표현과 '살자고 한다'와 같은 현재 시제 표현을 함께 사용하여 '체 장수 영감'이 낯선 젊은이를 만나 여수로 돌아가는 결정을 내리기까지의 경험을 요약해 제시하고 있다.

[관련 부분] 지리산 속에서 ~ 낯선 젊은이 하나를 만났다. 그는 ~ 이야기 끝에 우연히 서로 알게 되었다. 그는 영감에게 ~ 살자고 한다.

06 현대 소설 - 속담 정답 ①

해설 20문단에서 '성기'는 '계연'과 헤어지고 싶지 않은 마음을 겉으로 드러내지 못하고 있으므로, '성기'의 행동을 나타낼 수 있는 속담으로 적절한 것은 ①이다.
- 꿀 먹은 벙어리: 속에 있는 생각을 나타내지 못하는 사람을 비유적으로 이르는 말

오답분석 ② 눈 가리고 아웅: 얕은수로 남을 속이려 한다는 말

③ 마른논에 물 대기: 일이 매우 힘들거나 힘들여 해 놓아도 성과가 없는 경우를 이르는 말

④ 차돌에 바람 들면 석돌보다 못하다: 오달진 사람일수록 한번 타락하면 걷잡을 수 없게 된다는 말

⑤ 자라 보고 놀란 가슴 솥뚜껑 보고 놀란다: 어떤 사물에 몹시 놀란 사람은 비슷한 사물만 보아도 겁을 냄을 이르는 말

02 학술

출제예상문제 p.106

01	02	03	04	05	06
①	②	①	④	②	⑤

01 인문 - 제목 추론 정답 ①

해설 윗글은 1문단에서 '자기의식'의 정의와 '자기의식'이라는 이름이 붙은 이유를, 2문단부터 6문단까지는 대인관계에서 자기의식이 높은 사람과 낮은 사람의 입장 차이를, 7문단과 8문단에서는 자기의식이 정신 건강에 미치는 영향을, 9문단에서는 자기의식이 개인의 행복을 결정하기도 한다는 점을 다루고 있다. 따라서 제목에는 '자기의식'의 정의 및 자기의식이 높고 낮음에 따라 여러 방면에서 보이는 각 유형별 경향성이 모두 포함돼야 하므로, 답은 ① '자기의식의 정의와 두 가지 유형'이다.

오답분석 ② 7문단과 8문단에서 자기의식이 낮은 사람의 정신 건강이 자기의식이 높은 사람의 정신 건강보다 양호함을 다루고 있으나, 윗글의 내용을 모두 포괄하지 못하므로 적절하지 않다.

③ 인간이 타인의 시선에 예민한 이유는 윗글에 나타나지 않으므로 적절하지 않다.

④ 2문단부터 6문단에서는 자기의식이 대인관계에 미치는 영향을, 7문단과 8문단에서는 자기의식이 정신 건강에 미치는 영향을 다루고 있으나, 윗글의 내용을 모두 포괄하지 못하므로 적절하지 않다.

⑤ 8문단에서 자기의식이 행복감에 영향을 미칠 수 있음과 타인이 나에게 많은 관심이 없다는 것을 인식하면 시선을 인식하는 정도를 조절할 수 있음을 다루고 있으나, 윗글의 내용을 모두 포괄하지 못하므로 적절하지 않다.

02 인문 – 적용하기 정답 ②

해설 윗글의 1문단 1번째 줄에서 '자기의식'이란 다른 사람의 시선을 받을 때를 전제로 하며, 2문단 끝에서 1~3번째 줄에서 자기의식이 높은 사람은 타인과 마주할 때 자신을 모두 드러내지 못해 대인불안에 빠지기 쉽다고 하였다. 또한 <보기>를 통해 타인의 시선을 받는 순간을 '시선의 객체'라고 함을 알 수 있으므로, ㉠에서처럼 자기의식이 높은 사람이 정신 건강과 대인관계 면에서 불안정한 이유는 시선의 객체가 될 때 지나치게 긴장한 나머지 자기의 모습을 다 보여주는 것을 어려워하기 때문임을 추론할 수 있다. 따라서 ㉠의 이유로 적절한 것은 ②이다.

[관련 부분]
- 사회심리학에서는 다른 사람의 시선을 느끼는 정도를 자기의식이라고 부른다.
- 상대방에 비친 자신의 모습만을 생각하는 나머지 정작 자기를 제대로 표현하지를 못하기 때문이다. 자기의식이 너무 높다 보면 대인 불안에 빠지기 쉽다.

오답 분석

① 자기의식이 높은 사람이 시선의 객체보다 주체가 되는 쪽을 편하게 여기는지는 윗글이나 <보기>를 통해 알 수 없으므로 적절하지 않다.

③ 5문단 1~3번째 줄에서 자기의식이 높은 사람이 타인을 배려하며 안정감을 느낄 때는 다른 사람을 적극적으로 바라보는 시선의 주체일 때가 아니라 다수의 사람들 사이에게 시선의 객체로 놓일 때임을 알 수 있으므로 적절하지 않다.
[관련 부분] 자기의식이 너무 높은 사람은 다수가 있는 상황에서는 오히려 편하다. 의식해야 할 시선이 분산되기 때문이다. ~ 타인을 골고루 배려하며 갈등을 조정하면서 모임의 화목을 이끌어낼 수 있기 때문이다.

④ 1문단 1~2번째 줄에서 자기의식이 타인이 보는 자기의 모습을 의식하는 것임을 알 수 있으나, 자기의식이 높은 사람이 그것과 자기가 인식하는 자신의 모습을 비교하는지는 윗글에서 알 수 없으므로 적절하지 않다.
[관련 부분] 다른 사람의 시선을 의식하게 되면 다른 사람의 시선에 비친 자기 모습을 의식하게 된다는 의미에서 자기의식이라는 이름이 붙여졌다.

⑤ 4문단 1~2번째 줄, 5문단 1번째 줄에서 자기의식이 높은 사람이 소수의 사람들보다 다수의 사람들을 편하게 대한다는 것을 알 수 있으나, 이런 차이가 ㉠에 나타난 정신 건강이나 대인불안에 영향을 미치는 것은 아니므로 적절하지 않다.
[관련 부분]
- 자기의식이 높은 사람이 특히 힘들게 느끼는 경우는 단 두 사람만 있는 상황이다.
- 자기의식이 너무 높은 사람은 다수가 있는 상황에서는 오히려 편하다.

03 예술 – 빈칸 추론 정답 ①

해설 ㉠ 앞에는 평지처럼 대칭이 허용되는 경우임에도 한국 전통 건축에 비대칭적 경향이 나타난다는 내용이 나오고, ㉠ 뒤에는 비대칭을 해석하는 여러 가지 관점과 의도적으로 이루어진 비대칭에 관한 내용이 나오므로 ㉠에는 주변 환경과 관계없이 비대칭을 선택하는 이유가 들어가야 한다. 따라서 '비대칭이 대칭보다 더 선호되었음을 의미한다'가 ㉠에 들어갈 말로 가장 적절하므로 답은 ①이다.

오답 분석

② 대칭 구도와 비대칭 구도의 우수성은 윗글에 나타나 있지 않다.

③ 2문단 1~2번째 줄 '영역의 규모가 큰 경우에는 대칭을 지키기가 어려운 것이 사실이다. 그러나 그렇게 큰 규모임에도 불구하고 대칭 구도로 지어진 건축물은 얼마든지 있다'에서 규모가 큰 건물도 대칭 구도를 이룰 수 있다고 했으므로 적절하지 않다.

④ 무질서함을 경계하라는 의미를 건축물에 담고자 했다는 것은 윗글에 나타나 있지 않다.

⑤ 선의 종류와 섬세한 표현의 관계는 윗글에 나타나 있지 않다.

04 예술 – 전제 및 근거 추리 정답 ④

해설 4문단 2~3번째 줄의 '구릉이 흐르고 계곡이 파이며 때로는 물길이 나 있는 자연 지세에 맞추다 보면, 대칭 구도는 자연히 피할 수밖에 없게 된다'를 통해 주변의 지세에 맞추어 건축하다 보니 비대칭 구도를 따르게 되었음을 알 수 있으므로 답은 ④이다.

05 과학 – 정보 확인 정답 ②

해설 2문단 끝에서 2~3번째 줄 '수평으로 쌓인 지층은 ~ 해안선 같은 장애물을 만나는 것을 만나지 않는 한 옆으로 계속된다는 원리이다'에서 퇴적층이 해안선과 만날 경우 옆으로 쌓이지 않음을 알 수 있으므로 답은 ②이다.

오답 분석

① 5문단 끝에서 2~3번째 줄 '두 지층에서 화석들의 생존 시기가 현저히 다르다면 그 두 지층의 퇴적 시기가 현저히 다르다고 봐야 한다'에서 화석은 지층의 퇴적 시기를 판단하는 근거가 될 수 있음을 알 수 있다.

③ 3문단 끝에서 1~2번째 줄에서 관입한 암석은 기존에 형성된 암석을 뚫고 들어간다고 하였으므로 관입한 암석이 관입당한 암석보다 늦게 형성되었음을 알 수 있다.
[관련 부분] 그것(마그마)이 둘레의 약한 암석을 뚫고 들어가는 현상이 관입이다. 이것은 관입당한 암석과 관입한 암석 사이에 시간의 선후 관계를 밝혀준다.

④ 5문단 2~3번째 줄에서 두 지층의 경사 차이가 크면 두 지층의 쌓인 시기에 차이가 있음을 알 수 있다.
[관련 부분] 아래층은 70° 정도로 경사진 반면 위의 지층이 거의 수평이라면, 이 두 지층은 연속으로 쌓인 것이 아니다.

⑤ 2문단 1~2번째 줄에서 퇴적층에 움푹 깊어진 곳이 클 경우 그곳에 쌓인 퇴적층으로 인해 바닥이 수평에 가까워진다고 했으므로, 움푹 깊어진 곳에 주변보다 더 많은 퇴적물이 쌓이게 됨을 알 수 있다.
[관련 부분] 바닥이 솟아나거나 움푹 깊어진 곳이 ~ 크면 그런 곳에 쌓인 퇴적층으로 인해 바닥은 수평이라고 보아도 될 정도로 평탄해진다.

06 과학 – 서술상의 특징과 효과 정답 ⑤

해설 2문단 2~4번째 줄에서 지층이 옆으로 쌓이지 않는 예외적 상황에 대한 사례를 들고 있으나, 이를 통해 지층 퇴적 양상을 예측하기 어려움을 강조하고 있지는 않으므로 답은 ⑤이다.
[관련 부분] 측방연속성의 원리는 수평으로 쌓인 지층은 한계상황 ~ 을 만나지 않는 한 옆으로 계속된다는 원리이다.

오답 분석

① 1문단에서 '누중의 법칙', 2문단에서 '지층수평성의 원리', '측방연속성의 원리', 3문단에서 '관입의 법칙'의 기본 개념을 제시하여 지층이 퇴적되는 원리를 설명하고 있다.

② 5문단에서 아래층은 70° 정도로 경사진 반면 위의 지층이 거의 수평인 경우, 두 지층에서 화석들의 생존 시기가 현저히 다른 경우 등 부정합에 해당하는 상황의 예를 들어 내용을 구체화하고 있다.
[관련 부분]
- 아래층은 70° 정도로 경사진 반면 위의 지층이 거의 수평이라면, 이 두 지층은 연속으로 쌓인 것이 아니다.
- 두 지층에서 화석들의 생존 시기가 현저히 다르다면 그 두 지층의 퇴적 시기가 현저히 다르다고 봐야 한다.

③ 2문단, 3문단, 5문단의 마지막에서 지층수평성의 원리, 관입의 법칙, 부정합을 통해 알 수 있는 정보를 언급하며 문단을 마무리하고 있다.
[관련 부분]
- 이 법칙을 통해 퇴적 현상이 연속되면 시간도 연속된다는 것을 알 수 있다.

- 이것은 관입당한 암석과 관입한 암석 사이에 시간의 선후 관계를 밝혀준다.
- 이런 원리들을 통해 우리는 지층 구조가 어떤 과정을 거쳐 현재의 모습이 되었는지 추정할 수 있게 된다.

④ 3문단에서 암석이 암석을 파고 들어가는 것을 이상하게 여길 것이라는 독자의 예상 반응을 언급한 뒤 이에 대한 예를 들어 독자의 이해를 돕고 있다.

03 실용

출제예상문제
p.116

01	02	03	04	05	06
④	④	②	③	④	④

01 교술 - 정보 확인
정답 ④

해설 6문단 1번째 줄, 끝에서 1 ~ 2번째 줄에서 '당신'은 '평강 공주'의 삶을 남편의 성공을 위해 노력한 조력자로 평가하지만, '나'는 '평강 공주'가 추구한 주체적이고 능동적인 삶의 방식 그 자체를 긍정적으로 평가하고 있다. 즉, '당신'이 '평강 공주'의 삶을 평가하는 기준은 개인적 역할이지만, '나'가 평가하는 기준은 전체적인 삶의 모습이므로 '평강 공주'에 대한 평가 척도는 '나'가 '당신'보다 넓음을 알 수 있다. 따라서 답은 ④이다.
[관련 부분]
- 당신은 평강 공주의 삶이 남편의 입신(立身)이라는 가부장적 한계를 뛰어넘지 못한 것이라고 하였습니다만
- 나는 평강 공주의 이야기는 한 여인의 사랑의 메시지가 아니라 그것을 뛰어넘은 '삶의 메시지'라고 생각합니다.

오답 분석
① 1문단 1번째 줄, 끝에서 1번째 줄을 통해 알 수 있다.
[관련 부분]
- 나는 반공(半空)을 휘달리는 소백산맥을 바라보다
- 이 산성을 찾은 나를 매우 쓸쓸하게 합니다.

② 3문단 1 ~ 3번째 줄에서 '당신'은 '신데렐라의 꿈' 같은 여유 있고 안정적인 삶을 제공해 줄 만한 능력이 있는 사람을 만나기를 바라고 있음을 알 수 있으므로 적절하다.
[관련 부분] 나는 평강 공주와 함께 온달 산성을 걷는 동안 내내 '능력 있고 편하게 해 줄 사람'을 찾는 당신이 생각났습니다. '신데렐라의 꿈'을 버리지 못하고 있는 당신이 안타까웠습니다.

③ 2문단 2 ~ 3번째 줄에서 '나'가 온달과 평강 공주의 이야기를 믿는 이유는 그 이야기에 '실증적 사실(史實)'보다 '당시의 정서'가 잘 표현되어 있다고 생각하기 때문임을 알 수 있으므로 적절하다.
[관련 부분] 그러나 나는 ~ 온달 장군과 평강 공주의 이야기를 믿습니다. 다른 어떠한 실증적 사실(史實)보다도 당시의 정서를 더 정확히 담아내고 있다고 생각하기 때문입니다.

⑤ 2문단 끝에서 1 ~ 3번째 줄에서 '나'는 온달 설화에 개인적·사회적 한계를 뛰어넘을 수 있는 인간의 가능성이 담겨 있다고 생각함을 알 수 있으므로 적절하다.
[관련 부분] 이것이 바로 온달 설화가 ~ 인간의 가장 위대한 가능성은 이처럼 과거를 뛰어넘고 사회의 벽을 뛰어넘어 드디어 자기를 뛰어넘는 비약에 있는 것이라고 할 수 있기 때문입니다.

02 교술 - 내용 전개 방식
정답 ④

해설 1문단 끝에서 1번째 줄, 3문단 1 ~ 2번째 줄에서 산성을 보며 느낀 '나'의 쓸쓸함과 산성에서 '당신'의 삶을 생각하며 느낀 안타까움이 나타나 있으나 '나'의 감정 변화는 드러나지 않으며, 이에 따라 내용이 전개되지도 않으므로 적절하지 않은 것은 ④이다.
[관련 부분]
- 이 산성을 찾은 나를 매우 쓸쓸하게 합니다.
- 온달 산성을 걷는 동안 내내 ~ 당신이 안타까웠습니다.

오답 분석
① 윗글은 글을 읽는 사람을 '당신'이라고 계속 부르고, 하십시오체의 경어법과 편지에 쓰이는 어투를 반복함으로써 독자에게 말을 직접 듣는 듯한 친근한 느낌이 들게 하고 있으므로 적절하다.

② 5문단 1 ~ 2번째 줄에서 '편안함'을 '흐르지 않는 강물'에, '불편함'을 '흐르는 강물'에 비유하여 글쓴이가 '편안함'과 '불편함'을 어떻게 인식하고 있는지에 대해 독자가 쉽게 이해할 수 있도록 설명하고 있으므로 적절하다.
[관련 부분] 편안함은 흐르지 않는 강물이기 때문입니다. '불편함'은 흐르는 강물입니다.

③ 3문단 2 ~ 3번째 줄에서 현대 사회가 추구하는 '경쟁적 능력'이 타인의 실패를 전제로 한 이기적이고 비정한 가치라고 딱 잘라 말하며 비판하고 있으므로 적절하다.
[관련 부분] 현대 사회에서 평가되는 능력이란 인간의 품성이 도외시된 '경쟁적 능력'입니다. 그것은 다른 사람들의 낙오와 좌절 이후에 얻을 수 있는 것으로, 한마디로 숨겨진 칼처럼 매우 비정한 것입니다.

⑤ 4문단 끝에서 1 ~ 2번째 줄에서 일반적으로 부정적으로 평가하는 어리석은 사람들을 세상을 변화시키는 원동력이라고 긍정적으로 평가하며, 세상을 바꾸기 위해서는 어리석은 사람들이 있어야 한다는 주제 의식을 부각하고 있으므로 적절하다.
[관련 부분] 그러나 역설적이게도 세상은 이런 어리석은 사람들의 우직함으로 인하여 조금씩 나은 것으로 변화해 간다는 사실을 잊지 말아야 한다고 생각합니다. 우직한 어리석음, 그것이 곧 지혜와 현명함의 바탕이고 내용입니다.

03 안내문 - 반응 및 수용
정답 ②

해설 '재활용품 분리배출'의 '가. 종이팩'에 제외되는 항목으로 '사진'이 있으므로 '사진'은 재활용품 분리배출 대상이 아님을 알 수 있다. 따라서 반응으로 적절하지 않은 것은 ②이다.

오답 분석
① '재활용품 분리배출'의 '라. 플라스틱'에 제외되는 항목으로 '비디오테이프'가 있으므로 '비디오테이프는 플라스틱 용기와 달리 재활용이 되지 않는군'은 적절한 반응이다.

③ '재활용품 분리배출'의 '나. 캔류'에서 '음료수캔, 부탄가스 등은 내용물을 비우고 가능한 압착 후 배출해야 함'이라고 하였으므로 '다 먹은 음료수 캔은 깨끗하게 닦은 후 납작하게 밟아 배출해야겠군'은 적절한 반응이다.

④ '매립용'의 '나. 전복, 소라, 조개 등 껍데기류, 동물의 뼈다귀 또는 털(소, 돼지) 등'에 따라 '닭 뼈'와 같은 '동물의 뼈다귀'는 매립용 쓰레기로 분류된다. 매립용 쓰레기는 하늘색 종량제 봉투에 담아 매일 배출 가능하므로 '찜닭을 먹은 후 나온 닭 뼈는 하늘색 종량제 봉투에 담아 매일 버릴 수 있군'은 적절한 반응이다.

⑤ 안내문에서 '재활용품 적절 미배출 시 폐기물관리법 제68조에 의거 쓰레기 불법투기로 100만 원 이하 과태료 부과'라고 하였으므로 '음식물 쓰레기를 소각용 종량제 봉투에 담아 버릴 경우 과태료가 부과되겠군'은 적절한 반응이다.

※ 출처: 춘천시청, http://www.chuncheon.go.kr
※ 출처: 대전광역시 서구청, http://www.seogu.go.kr

04 안내문 - 질문 추론
정답 ③

해설 '소각용'의 두 번째 항목 '나'에 '인형'이 있으므로 인형을 배출하는 방법은 안내문에 이미 기재되어 있다. 따라서 이에 대해 질문을 제기하는 것은 적절하지 않으므로 답은 ③이다.

오답 분석
① '음식물 쓰레기'의 '가'에 '소금 성분이 많은' 음식으로 '김치' 외에 다른 예시가 없으므로 제기할 수 있는 질문으로 적절하다.

② '재활용품 분리배출'의 '마. 비닐류'에 '이물질이 묻은 비닐'의 예시가 없으므로 제기할 수 있는 질문으로 적절하다.

④ 안내문에는 종량제 봉투 구입처에 관한 내용이 없으므로 제기할 수 있는 질문으로 적절하다.

⑤ '소각용', '매립용'의 마지막 항목에 '그 밖에 불에 타는 쓰레기'와 '그 밖에 불에 타지 않는 쓰레기'의 예시나 이를 구분하는 방법이 적혀 있지 않으므로 제기할 수 있는 질문으로 적절하다.

05 평론 - 정보 확인
정답 ④

해설 4문단에 디지털 혁명 시대의 놀이에 대한 내용이 있지만, '디지털 혁명 기반 놀이의 한계'에 대해서는 언급하지 않았으므로, 윗글에서 설명한 내용이 아닌 것은 ④이다.

오답 분석
① 1문단 2~3번째 줄의 '이는 원래 자연의 모습을 훼손하는 것이기에 신에게 죄를 짓는 것이다. 이러한 죄를 씻기 위해 유용하게 만든 사물을 다시 원래의 상태로 되돌리는 집단적 놀이가 바로 제의였다'를 통해 고대인들이 즐긴 놀이의 배경을 알 수 있다.

② 2문단과 3문단에서는 디지털 혁명 이전의 자본주의 시대의 놀이의 특성을, 4문단에서는 디지털 혁명 이후의 자본주의 시대의 놀이 특성을 언급하고 있다.

③ 2문단 끝에서 2번째 줄의 '예를 들어, 여행을 가려면'에서 자본주의 사회의 놀이의 사례로 여행을 들고 있다.

⑤ 4문단 1번째 줄의 '디지털 혁명이 일어나면서 놀이에 자발적으로 직접 참여하여 즐기고자 하는 사람들이 늘어나고 있다'를 통해 디지털 혁명 이전의 놀이가 구경이나 소비의 형태로 이루어진 것과 달리 '참여'로 변화하고 있음을 알 수 있다.

06 평론 - 구체적 상황에 적용
정답 ④

해설 4문단 3번째 줄 '텔레비전과 같은 대중 매체가 대다수의 사람들을 구경꾼으로 만들었던 것'을 통해 텔레비전은 대중들을 구경꾼으로 만들었음을 알 수 있다. 따라서 텔레비전과 같은 매체를 소비하는 대중들은 생산자의 역할을 수행하지 않으므로 '자본주의 시대의 놀이'의 특성으로 볼 수 없는 것은 ④이다.

오답 분석
① 2문단 끝에서 1번째 줄 '소비자의 놀이가 자본주의 시대에 가장 유용한 사물인 자본을 판매자의 손 안에 가져다준다'에서 자본주의 시대의 놀이는 판매자에게 '자본 획득의 수단'으로 작용함을 알 수 있다.

② 2문단 2~3번째 줄 '노동력이 소진되어 생산성이 떨어지는 문제점이 발생하였다. 그래서 노동 시간을 축소하고 휴식 시간을 늘릴 필요가 있었다'를 통해 자본주의 시대의 놀이는 '노동 생산성 향상을 위한 휴식 시간'에 이루어졌음을 알 수 있다.

③ 4문단 끝에서 1~2번째 줄 '쌍방향적 활동 중에 참여자들 사이에 연대감이 형성된다'를 통해 인터넷에서의 놀이가 참여자들의 연대감을 형성해 줌을 알 수 있다.

⑤ 마지막 문단 2번째 줄의 '젊은 세대는 놀이의 주체가 되려는 욕구가 크다. 인터넷은 그런 욕구의 실현 가능성을 높여 준다'에서 디지털 혁명 이후의 놀이에는 사람들의 놀이 주체가 되고 싶은 욕구가 반영되고 있음을 알 수 있다.

실전연습문제

p.120

01	02	03	04	05	06
②	②	③	②	②	④
07	**08**	**09**	**10**	**11**	**12**
⑤	①	④	②	②	③
13	**14**	**15**	**16**	**17**	**18**
④	④	⑤	④	①	②
19	**20**	**21**	**22**	**23**	**24**
⑤	②	⑤	②	①	⑤
25	**26**	**27**	**28**	**29**	**30**
④	⑤	④	③	④	③

01 현대 시 - 작품의 이해와 감상
정답 ②

해설 자연물 '푸른 산'은 이상과 희망을 상징하는 '흰 구름'을 지닌 의지적인 존재로, 화자는 의지가 굳은 삶의 태도를 드러내기 위해 자신의 모습을 '푸른 산'에 비유하였다. 이는 인간의 삶의 과정을 자연물에 비유한 것이 아니므로 적절하지 않은 것은 ②이다.

[관련 부분] 푸른 산이 흰 구름을 지니고 살 듯 / 내 머리 위에는 항상 푸른 하늘이 있다

오답 분석
① '얼마나 숭고한 일이냐', '얼마나 기쁜 일이냐'에서 화자가 느끼는 숭고함과 기쁨이 직설적으로 드러나므로 적절하다.

③ 5연의 '저문 들길'은 어두운 이미지이며, 5연과 6연의 '푸른 별'은 밝은 이미지의 시어이다. 대립적 이미지의 두 시어를 통해 '현실의 어려움을 이겨내고자 하는 삶의 의지와 이상 추구'라는 주제를 부각하고 있으므로 ③의 설명은 적절하다.

④ 화자는 '저문 들길'과 같은 부정적 상황에서 이상과 희망을 잃지 않는 자세인 '푸른 별을 바라보는 것'을 지속하는 삶을 '거룩한 나의 일과'라고 표현하며 이상과 희망을 가진 삶의 가치를 긍정하고 있다. 따라서 부정적 현실을 이상과 희망을 통해 극복하려 한다는 설명은 적절하다.

⑤ 2연의 '산삼(山蔘)처럼', 4연의 '푸른 산처럼'에서 직유법을 사용하여 화자가 지향하는 이상과 희망, 강한 의지를 갖는 삶의 태도를 보여주고 있으므로 적절하다.

02 현대 시 - 표현상의 특징과 효과
정답 ②

해설 ㉠은 부정적인 의미의 '생활은 슬퍼도'를 '좋다'라고 긍정하였으므로 '역설법'이 사용되었다. ②에서도 부정적인 '결별'을 긍정적인 '축복'으로 표현하였으므로, ㉠과 유사한 표현 방법인 '역설법'이 쓰였음을 알 수 있다.

오답
분석

① '돌담에 속삭이는'에는 의인법이, '햇발같이'에는 직유법이 사용되었다.

③ 화자의 슬픔이라는 감정을 '울고 싶어라'라고 감탄의 형태로 강조해 표현했으므로 '꽃이 지는 아침은 울고 싶어라'에는 '영탄법'이 사용되었다.

④ '종소리'라는 청각적 심상을 '분수처럼 흩어지는 푸른'이라는 시각적 심상으로 전이시켰으므로 '분수처럼 흩어지는 푸른 종소리'에는 '공감각적 표현'이 사용되었다.

⑤ '사랑을 모를 수 없다'라는 의미를 강조하기 위해 '사랑을 모르겠는가'처럼 의문의 형식으로 표현했으므로 '가난하다고 해서 사랑을 모르겠는가'에는 '설의법'이 사용되었다.

03 현대 소설 - 인물의 심리 및 태도
정답 ③

해설 '형은 자기를 솔직하게 시인할 용기를 가지고 ~ 사실로서 오는 것에 보다 순종하여 관념을 파괴해 버릴 수 있는 힘이 있었다'를 통해 '형'은 경험한 사실과 다르게 '오관모'를 자신이 죽이는 내용으로 소설의 결말을 내었으나, 현실에서 살아 있는 오관모를 마주한 뒤 자신이 쓴 소설은 허상일 뿐 현실에는 아무런 영향을 미칠 수 없다는 점을 깨닫게 되었음을 알 수 있다. 또한 '형'의 소설은 자신이 저지른 일에 대한 위로와 성찰의 결과물이므로 '형'이 과거의 일을 잊기 위해 소설을 썼다는 설명은 적절하지 않다. 따라서 답은 ③이다. 참고로, 형은 6·25 참전으로 인한 심리적 상처가 있는 인물로, 소설 쓰기를 통해 자신의 상처와 모순을 직면하고 다시 일상을 살아가려 하는 인물이다.

오답
분석

① '혜인은 아픔이 오는 곳이 없으면 아픔도 없어야 할 것처럼 말했지만 그렇다면 지금 나는 엄살을 부리고 있다는 것인가'를 통해 '나'가 호소하는 심리적 갈등을 '혜인'은 충분히 이해하지 못했음을 알 수 있으므로 적절하다.

② '비로소 몸 전체가 까지는 듯한 아픔이 전해 왔다. 그것은 아마 형의 아픔이었을 것이다. 형은 그 아픔 속에서 이를 물고 살아왔다'를 통해 '나'는 '형'이 어떤 아픔을 지니고 살아왔는지를 느끼고 그것을 이해하게 되었음을 알 수 있으므로 적절하다.

④ '무엇보다도 형은 그 아픈 곳을 알고 있었으니까', '나의 아픔 가운데에는 형에게서처럼 명료한 얼굴이 없었다'를 통해 '형'의 아픔은 참전과 같은 구체적인 이유로 인한 것임을, '나'의 아픔은 관념적인 이유로 인한 것임을 알 수 있으므로 적절하다.

⑤ '형'이 '오관모'를 마주한 뒤 현실을 인식하여 원고를 불태우는 모습을 본 뒤 '나'는 '나의 아픔은 어디서 온 것인가 ~ 나의 아픔 가운데에는 형에게서처럼 명료한 얼굴이 없었다'와 같이 자신이 느끼는 아픔의 원인을 자문하며 자신의 문제에 대해 생각하고 있으므로 적절하다.

04 현대 소설 - 작품의 이해와 감상
정답 ②

해설 ⓒ 오늘 밤 나 그놈을 만났단 말야: '형'은 소설 속에서 '오관모'를 죽이지만, '혜인'의 결혼식에서 우연히 살아 있는 '오관모'를 만나게 된다. 그 이후 '형'은 '오관모'로 상징되는 현실의 부조리함을 소설로는 바꿀 수 없다는 것을 깨닫고 이를 부질없다 여기며 원고를 불태우게 된다. 이를 통해 '형'이 원고를 불태운 이유는 자신이 낸 소설의 결말과 달리 살아 있는 '오관모'를 목격하였기 때문임을 추론할 수 있으므로 답은 ②이다.

오답
분석

① ⊙ 선 채로 소설을 다 읽고 나서: '기껏해야 김 일병이나 죽인 주제에……. 임마, 넌 이걸 다 읽고 있었다……'를 통해 '형'은 '나'가 소설을 읽었을 뿐 아니라 '형'이 중단한 소설을 이어서 쓰기까지 했음을 알고 있었다는 것을 파악할 수 있다. 그러나 '형'은 그 이유로 소설을 불태운 것이 아니므로 적절하지 않다.

③ ⓒ 이거 미안하게 됐다구……: '놀라 돌아보니 아 그게 관모 놈이 아니냔 말야. 한데 놈이 그래 놓고는 또 영 시치밀 떼지 않아. 이거 미안하게 됐다구……'에서 '오관모'가 '형'에게 사과를 했음을 알 수 있으나, 시치미를 떼며 한 사과는 진심 어린 사과로 보기 어려우며 '형'이 소설을 불태운 이유와 '오관모'의 사과는 관련이 없으므로 적절하지 않다.

④ ⓔ 문을 나서서는 도망을 쳤다……: '형'은 '오관모'에게 두려움을 느끼고 있지 않으므로 적절하지 않다.

⑤ ⓜ 형은 곧 일을 시작하게 될 것이다: 1문단 끝에서 3 ~ 4번째 줄 '내일부터 병원 일을 시작하겠다던 말을 알 수 있을 것 같았다'에서 '형'이 다시 예전에 하던 일을 시작하려 함을 알 수 있으나, 다른 일을 시작하기 위해 원고를 불태운 것은 아니므로 적절하지 않다.

05 현대 소설 - 내용 추론
정답 ②

해설 '기껏해야 김 일병이나 죽인 주제에…… ~ 그 아가씨가 널 싫어한 건 당연하다', '임마, 넌 머저리 병신이다. 알았어?'를 통해 '형'이 '나'를 비난하는 이유는 소설 속 가해자인 '오관모'보다 피해자인 '김 일병'을 죽이는 결말을 내고, 다른 사람과 결혼한다는 소식을 알린 '혜인'을 허무하게 떠나보낸 '나'의 소심하고 소극적인 태도 때문임을 알 수 있으므로 형의 발화 의도로 가장 적절한 것은 ②이다. 참고로, '형'이 작중에서 '나'를 '머저리'라고 지칭하는 것은 '형'처럼 전쟁을 직접적으로 겪지 않았음에도 소극적이고 무기력한 태도를 보이기 때문이다.

오답
분석

① ③ '기껏해야 김 일병이나 죽인 주제에……'를 통해 '형'이 '김 일병'을 죽이는 결말을 낸 '나'를 비난하고 있음은 알 수 있으나, '나'를 원망하거나 책망하고 있지는 않으므로 적절하지 않다.

④ '형'이 실제로 '김 일병'을 죽였는지는 윗글에 나타나 있지 않으므로 적절하지 않다.

⑤ 전쟁으로 인해 상처와 고통을 겪고 있는 인물은 '형'이며, '나'는 전쟁으로 인한 간접적·관념적 아픔을 겪는 인물이므로 적절하지 않다.

06 인문 - 제목 추론
정답 ④

해설 윗글은 1문단에서 성공에 이르는 경로를 찾은 사람들의 특징을 설명한 뒤, 이를 바탕으로 2 ~ 3문단에서 목표 달성을 위해 필요한 동기와 태도를 다루고 있다. 따라서 제목으로 적절한 것은 '목표 달성을 위해 갖춰야 할 태도'이므로 답은 ④이다.

오답
분석

① 윗글에서 성공한 사람들의 비밀은 나타나 있지 않으므로 적절하지 않다.

② 3문단 끝에서 1 ~ 5번째 줄 '양면적 사고를 기르려면 ~ 마련한다'에서 양면적 사고를 기르는 방법을 세 단계로 나누어 설명하고 있으나, 윗글의 내용을 모두 포괄하지 못하므로 적절하지 않다.

③ ⑤ 윗글에는 구체적인 목표 설정의 중요성과 낙관적 태도의 위험성은 나타나 있지 않으므로 적절하지 않다.

07 인문 - 내용 전개 방식
정답 ⑤

해설 3문단에서 '양면적 사고'의 정의를 제시하여 내용을 전개하고 있으므로, 내용 전개 방식으로 적절한 것은 ⑤이다.

오답
분석

① 윗글은 문제점과 해결 방안을 제시하고 있지 않으므로 적절하지 않다.

② 윗글에는 유추를 통해 대상의 원리를 설명하는 부분이 없으므로 적절하지 않다.

③ 윗글은 대상의 구성 요소를 분석하여 글을 전개하고 있지 않으므로 적절하지 않다.

④ 윗글에는 저명한 학자의 말을 근거로 인용한 부분은 없으므로 적절하지 않다.

08 인문 - 반응 및 수용
정답 ①

해설 바람직한 롤 모델을 찾은 사람은 다른 사람보다 시발 동기를 강하게 느낀다는 내용은 윗글에서 찾을 수 없으므로 답은 ①이다.

오답 분석
② 2문단 끝에서 1 ~ 4번째 줄에서 시발 동기가 아무리 강해도 목표달성 루트가 없으면 목표를 달성할 수 없다고 했으므로 사서가 된 모습을 상상하는 것(시발 동기)보다 사서가 되기 위한 계획을 세우는 것(유지 동기)이 중요하다는 반응은 적절하다.
③ 3문단 끝에서 2 ~ 5번째 줄에서 양면적 사고를 기르려면 원하는 상태를 이루었을 때 얻을 수 있는 이득과 목표달성 과정에서 겪을 수 있는 난관이나 돌발 사태를 예상하라고 하였으므로 양면적 사고가 뛰어난 사람이 되기 위해서는 자신이 원하는 모습이 되었을 때 얻게 될 이득뿐 아니라 과정 중에 겪을 수 있는 난관도 예상해야겠다는 반응은 적절하다.
④ 3문단 6 ~ 8번째 줄에서 실력이 뛰어난 사람은 낙관적 사고와 비관적인 생각을 동시에 하는 경향이 있다고 하였으므로 실력이 뛰어난 사람은 취업 활동을 하며 '나는 취업할 수 없나 봐'하고 생각하다가도 '자기소개서를 보완하면 다음엔 붙을 거야'라고 생각하겠다는 반응은 적절하다.
⑤ 1문단 5 ~ 8번째 줄에서 성공에 이르는 경로를 찾아낼 수 있다고 믿는 사람들은 목표 수준을 더 높게 잡는다고 하였으므로 적절하다.

09 예술 - 서술상의 특징과 효과
정답 ③

해설 윗글에는 비유적 표현이 드러나 있지 않으며, 문제 상황을 설명하지도 않으므로 답은 ③이다.

오답 분석
① 3문단 1 ~ 2번째 줄에서는 '빈의 새로운 청중'을 '유럽의 다른 지역 청중'과 대조하고, 4문단 1 ~ 4번째 줄에서는 '당시 음악 비평가들'의 인식을 '이전 시대'와 대조함으로써 베토벤의 교향곡이 주목을 받을 수 있었던 시간적 · 공간적 상황의 특수성을 강조하고 있으므로 적절하다.
② 2문단 1 ~ 2번째 줄에서 '그렇다면 오로지 작품의 내적인 원리만이 베토벤의 교향곡을 19세기의 중심 레퍼토리로 자리매김하게 했을까?'라고 질문을 던지고 2문단 끝에서 1 ~ 3번째 줄에서 '빈(Wien)의 청중의 음악관, 음악에 대한 독일 비평가들의 새로운 관점, 그리고 당시 유행한 천재성 담론에 반영되었다'라고 답을 제시하고 있으므로 적절하다.
④ 4문단 4 ~ 6번째 줄의 '슐레겔은 모든 순수 기악이 철학적이라고 보았으며, 호프만은 베토벤의 교향곡이 '보편적 진리를 향한 문'이라고 주장하였다'를 통해 당시 음악 비평가들이 앎의 방식으로 음악을 이해하기 원했다는 주장을 뒷받침하며 신뢰도를 높이고 있음을 알 수 있다.
⑤ 3문단 2 ~ 4번째 줄의 '순수 기악이란 악기에서 나오는 소리 외에는 다른 어떤 것과도 연합되지 않는 음악을 뜻한다'에서 정의의 방식으로 '순수 기악'을 설명해 독자의 이해를 돕고 있음을 알 수 있다.

10 예술 - 전제 및 근거 추리
정답 ②

해설 ㉠이 속해 있는 5문단의 내용에 따르면 당시 독일의 천재상은 '타고난 재능으로 기존 관심에서 벗어나 새로운 전통을 창조하는 자'였다. 5문단 끝에서 3 ~ 5번째 줄의 '이전의 교향곡의 전통을 수용하면서도 자신만의 독창적인 색채를 더하여 교향곡의 새로운 지평을 열었다'를 통해 베토벤은 당시 천재상에 부합했음을 알 수 있다. 따라서 ㉠의 이유가 '전통을 잘 따르면서도 독창성을 더했기 때문'임을 유추할 수 있으므로 답은 ②이다.

11 과학 - 글의 구조 파악
정답 ②

해설 (나) 문단은 (가) 문단에서 다룬 '동종 이식'의 단점을 다루고 있으므로 (가) 문단의 하위 문단이 되어야 하며, (다) 문단은 '이종 이식'을 다루고 있으므로 (가) 문단과 병렬 구조로 제시되어야 한다. 또한 '이종 이식'의 단점인 '내인성 레트로바이러스'에 대해 다루고 있는 (라) 문단은 (다) 문단의 하위 문단이 되어야 하며, (마) 문단은 (라) 문단의 원인이므로 (라) 문단의 하위 문단으로 제시되어야 한다. 마지막으로 (바) 문단은 앞에서 다룬 내용을 토대로 제언을 하는 내용이므로 다른 문단들을 아우르는 구조로 제시되어야 한다. 따라서 글의 구조로 적절한 것은 ②이다.

문단	중심 내용
(가)	• 이식이 실시되는 상황과 '동종 이식'의 정의 • 이식 거부 반응인 면역 거부 반응
(나)	• '동종 이식'의 단점 • '동종 이식'을 대체할 수 있는 '전자 기기 인공 장기' 이식법의 정의 및 단점과 한계
(다)	'이종 이식'의 정의와 단점
(라)	'이종 이식'의 단점 중 하나인 '내인성 레트로바이러스'
(마)	'내인성 레트로바이러스'가 생기는 이유
(바)	이식 연구가 나아가야 할 방향에 대한 제언

12 과학 - 정보 확인
정답 ③

해설 (다) 문단 2 ~ 3번째 줄에서 이종 이식이 동종 이식보다 이식 부작용이 심함을 알 수 있으나, 가장 부작용이 적은 이식법이 무엇인지는 윗글을 통해 알 수 없으므로 적절하지 않은 것은 ③이다.
[관련 부분] 그런데 이종 이식은 동종 이식보다 거부 반응이 훨씬 심하게 일어난다.

오답 분석
① (가) 문단 4 ~ 5번째 줄, (다) 문단 1 ~ 2번째 줄에서 동종 이식과 이종 이식의 차이점은 이식편이 같은 종에서 유래하는지, 다른 종에서 유래하는지임을 알 수 있다.
[관련 부분]
• 자신이나 일란성 쌍둥이의 ~ 다른 사람의 이식편으로 '동종 이식'을 실시한다.
• 사람의 조직 및 장기와 유사한 다른 동물의 이식편을 인간에게 이식하는 '이종 이식'이 있다.
② (마) 문단 1 ~ 4번째 줄에서 레트로바이러스에 감염되고도 파괴되지 않은 생식 세포로 번식한 종에서 내인성 레트로바이러스가 관찰됨을 알 수 있다.
[관련 부분] 그런데 정자, 난자와 같은 생식 세포가 레트로바이러스에 감염되고도 살아남는 경우가 있었다. 이런 세포로부터 유래한 자손의 모든 세포가 갖게 된 것이 내인성 레트로바이러스이다.
④ (가) 문단 1 ~ 2번째 줄에서 알 수 있다.
[관련 부분] 신체의 세포, 조직, 장기가 손상되어 더 이상 제 기능을 하지 못할 때에 이를 대체하기 위해 이식을 실시한다.
⑤ (다) 문단 끝에서 1 ~ 4번째 줄에서 알 수 있다.
[관련 부분] 미니돼지는 장기의 크기가 사람의 것과 유사하고 번식력이 높아 단시간에 많은 개체를 생산할 수 있다는 장점이 있어, 이를 이용한 이종 이식편을 개발하기 위한 연구가 진행되고 있다.

13 사회 – 문단의 중심 내용 파악 정답 ④

해설 (라)는 (다)에 제시된 견해와 유사한 '텔레비전 토론 프로그램'에 대한 비판적 의견을 제시하고 있다. 즉 (다)는 '텔레비전 토론 프로그램이 여론을 왜곡할 수 있다'라는 의견을 제기하고 있으며, (라)는 '텔레비전 토론 프로그램이 공중을 수동적인 방관자로 전락시켜 합리적 판단과 비판적 의견을 스스로 형성할 수 없게 한다'라는 의견을 제시하고 있다. 따라서 (라)가 예상되는 반론을 제시하고 이를 비판함으로써 주장을 강조한다는 ④의 설명은 적절하지 않다.

오답 분석
① (가)의 1 ~ 3번째 줄에서 공론장(公論場)의 정의를 제시하며 앞으로 등장할 내용을 알려주고 있다.
[관련 부분] 공론장(公論場)이라는 용어는 공적 문제에 대한 개인의 의견이 공적 영역으로 확장되는 공개된 담론의 장(場)을 말한다

② (나)의 2 ~ 6번째 줄에서는 '텔레비전 토론 프로그램'이 공론장 역할을 할 것이라는 긍정적 반응과 진정한 공론장 역할을 할 수 있을지에 대한 회의적 견해를 설명하고 있다.
[관련 부분] 사람들은 최근 방송 편성이 늘고 있는 텔레비전 토론 프로그램이 공론장 역할을 할 것으로 기대하고 있다. 그러나 한편으로는 텔레비전 토론 프로그램이 진정한 모습의 공론장을 구현하고 있는지에 대한 회의적 견해도 제기되고 있다.

③ (다)의 5 ~ 8번째 줄에서는 '텔레비전 토론 프로그램'에 대해 비판적 입장을 견지하는 학자들의 주장을 제시하고 있다.
[관련 부분] 텔레비전 토론 프로그램이 사회적 의제에 대한 공중(公衆)의 관심을 오히려 멀어지게 하고, 특정 입장을 홍보하는 이른바 '유사 공론장'으로 변질되고 있다고 그들은 비판한다.

⑤ (마)의 끝에서 1 ~ 4번째 줄에서는 앞서 제시된 '텔레비전 토론 프로그램'에 대한 학자들의 비판적 입장을 종합해 글쓴이는 '텔레비전 토론 프로그램은 개선되어야 한다'라는 주장을 간접적으로 제시하고 있으므로 적절하다.
[관련 부분] 토론 프로그램이 진정한 공론장으로 발전하기 위해서는 그동안 제기된 비판에 대한 체계적인 분석과 연구가 뒷받침되어야 하며, 이에 대한 방송 관계자들의 숙고가 있어야 할 것이다.

14 사회 – 견해 파악 정답 ④

해설 (마)의 끝에서 1 ~ 3번째 줄 '그동안 제기된 비판에 대한 체계적인 분석과 연구가 뒷받침되어야 하며, 이에 대한 방송 관계자들의 숙고가 있어야 할 것이다'를 통해 글쓴이는 '텔레비전 토론 프로그램'에 대한 비판적 견해를 분석·연구하여 발전시키는 것뿐 아니라 더불어 방송 관계자들도 숙고해야 함을 주장하고 있다. 이러한 글쓴이의 관점을 고려할 때, 방송사가 미리 토론의 방향, 논쟁 결과를 설정하게 하는 것은 오히려 시청자들의 합리적 판단과 비판적 의견을 형성을 방해하는 문제를 초래하므로 적절하지 않은 것은 ④이다.

오답 분석
① (가)의 끝에서 1 ~ 4번째 줄 '이러한 공론장은 민주주의의 요체라 할 수 있는 집회 및 결사의 자유와 언론의 자유를 보장하고 건전한 여론을 형성하기 위해 반드시 필요하다 하겠다'를 통해 공론장은 여론 형성에 중요한 역할을 수행한다는 글쓴이의 견해에 부합함을 알 수 있다.

② (마)의 끝에서 1 ~ 2번째 줄 '이에 대한 방송 관계자들의 숙고가 있어야 할 것이다'를 통해 글쓴이는 텔레비전 토론 프로그램이 진정한 공론장이 되기 위해서는 방송사도 노력해야 한다고 생각함을 알 수 있다.

③ ⑤ (다)에는 '그리하여 텔레비전 토론 프로그램이 ~ 유사 공론장'으로 변질되고 있다고 그들은 비판한다'라는 학자의 비판적 견해가 제시되어 있으며, 이러한 비판에 대해 글쓴이는 (마)에서 '체계적인 분석과 연구가 뒷받침되어야' 한다고 하였다. 따라서 공론장이 특정 집단의 입장을 대변하는 등의 역할로 악용되지 않고, 제대로 된 역할을 수행할 수 있도록 많은 분석과 연구를 토대로 개선되어야 한다는 것은 글쓴이의 견해와 일치하므로 적절하다.

15 사회 – 반응 및 수용 정답 ⑤

해설 윗글은 그동안의 '텔레비전 토론 프로그램'에 제기되었던 비판을 분석, 연구하고 방송 관계자들은 이에 대해 숙고해야 함을 말하고 있다. 특히 텔레비전 토론 프로그램은 '공중을 수동적인 방관자로 전락시켜 합리적 판단과 비판적 의견을 스스로 형성할 수 없게 한다'라는 비판을 받고 있으므로, 방송사에서는 공중을 주체적으로 참여시킬 수 있는 방안을 마련한다면 진정한 공론장으로 발전할 수 있을 것이라는 ⑤의 반응은 적절하다.

16 안내문 – 구체적 상황에 적용 정답 ④

해설 미술관 관람을 위해 3시간 주차하는 경우에는 기본 2시간 요금인 2,000원과 추가 요금 1,500원을 합해 총 3,500원을 지불해야 한다. 다만, 국가유공자 또는 국가유공자의 유족은 정산 금액의 50%가 감면되므로 3,500원에서 50%가 감면된 금액인 1,750원을 내야 한다. 따라서 답은 ④이다.

오답 분석
① 관용차나 언론 홍보 등 참석 차량은 주차 요금이 면제된다고 되어 있으므로 적절하다.

② 안내문 하단에 '주차권 발급 시간부터 10분 이내 출차 시 무료'라고 되어 있으므로, 차종에 상관없이 10분간 주차하는 경우 주차 요금을 지불하지 않아도 된다.

③ 등산객과 같은 일반인이 3시간 주차하는 경우에는 기본 2시간 요금인 3,000원과 추가 요금 2,000원을 합해 총 5,000원을 지불해야 한다. 다만, 경차를 이용한 고객에 한해서는 50%가 감면되므로 5,000원에서 50%가 감면된 금액인 2,500원을 내야 한다.

⑤ 자연캠프장 숙박 이용객의 주차 요금은 1박(익일 12시까지)에 10,000원이므로, 익일 오전 11시에 퇴실하는 고객은 10,000원을 내야 한다.

※ 출처: 국립현대미술관, http://www.mmca.go.kr

17 교술 – 내용 전개 방식 정답 ①

해설 글쓴이는 자만심에 빠졌던 어린 시절에, 그 잘못을 스스로 깨닫게 해 주었던 과거의 아버지를 회상하며 중년이 된 자신의 삶을 성찰하고 있으므로 답은 ①이다.

오답 분석
② 윗글에는 공간의 변화가 드러나 있지 않으며, 이에 따라 달라지는 인물의 감정도 드러나 있지 않으므로 적절하지 않다.

③ 윗글은 자만심에 빠져 있던 어린 시절의 글쓴이에게 깨달음을 주었던 아버지와의 일화 하나만 소개하여 아버지의 지혜라는 주제를 드러내고 있으므로, 유사한 여러 일화를 병렬적으로 구성하여 주제를 드러내고 있다는 설명은 적절하지 않다.

④ 윗글은 자연 현상과 인간 사회를 비교하고 있지 않으며, 이를 통해 글쓴이의 깨달음을 강조하고 있지도 않으므로 적절하지 않다.

⑤ 윗글은 특정 사건에 대한 원인을 분석하고 있지 않으며, 결과를 논리적으로 제시하고 있지도 않으므로 적절하지 않다.

18 교술 – 정보 확인 정답 ②

해설 아버지는 글쓴이를 직접 훈계하지 않고, 밤에 글쓴이를 신작로 위에 혼자 남겨둔 후, 그 기분을 물어보아 스스로 깨달음을 얻도록 했으므로 답은 ②이다.

오답 분석
① 1문단 4 ~ 5번째 줄 '그 증상은 먼저 학교에 가기 싫어하는 것으로 나타난다'에서 글쓴이가 사춘기를 겪으며 학교에 가기 싫어했음을 알 수 있다.

③ 글쓴이의 '제 정신 수준은 보통 사람의 서른 살에 도달했다고 판단한 지 어언 두 달이 넘었습니다'라는 말을 통해 글쓴이는 자신의 정신 수준이 또래보다 월등히 높다고 생각했음을 알 수 있다.

④ 아버지가 글쓴이에게 '조금 더 생각을 해 보아라. 시간을 줄테니'라고 말하며 냇가로 내려가신 것을 통해 알 수 있다.

⑤ 1문단 5 ~ 6번째 줄 '나는 일단 그 증상에 관해 아버지와 대화를 나눠 보기로 했다'를 통해 글쓴이는 아버지께 사춘기적 증상에 대해 조언을 구하고자 했음을 알 수 있다.

19 안내문 – 정보 확인 정답 ⑤

해설 '2. 희망키움통장Ⅱ'의 1차, 2차, 3차 접수 기간과 '3. 내일키움통장'의 1차, 4차, 7차 접수 기간은 동일하다. 그러나 '2. 희망키움통장Ⅱ'의 4차 접수 기간은 '10.1(월) ~10.12(금)'이고, '3. 내일키움통장'의 9차 접수 기간은 '10.1(화) ~ 10.15(화)'이므로 서로 일치하지 않는다. 따라서 적절하지 않은 것은 ⑤이다.

오답분석
① '2. 희망키움통장Ⅱ'의 가입 대상에 차상위 가구가 있으므로 적절하다.

② '4. 청년희망키움통장'의 가입 대상과 지원 내용을 통해 '4. 청년희망키움통장'은 가입 대상인 '청년(15세 ~ 34세)'에게 '근로소득공제액 적립, 근로소득장려금 매칭'이라는 두 가지 형태의 지원을 제공함을 알 수 있으므로 적절하다.

③ '희망키움통장Ⅱ'은 11월 10일에 가입이 불가능하지만, '1. 희망키움통장Ⅰ', '3. 내일키움통장', '4. 청년희망키움통장'은 각각의 10차 접수 기간에 11월 10일이 포함되어 있으므로 적절하다.

④ '1. 희망키움통장Ⅰ' 8차 모집 접수 기간이 '9.2(월)~9.17(화)'이므로, 9월 4일 수요일이 8차 모집에 해당한다는 설명은 적절하다.

※ 출처: 춘천시청, http://www.chuncheon.go.kr

20 안내문 – 적용하기 정답 ②

해설 A는 50세이므로 '청년(15세 ~ 34세)'을 대상으로 하는 ㉣ '청년희망키움통장'에는 가입이 불가능하며, 7월에 모집하지 않는 ㉡ '희망키움통장Ⅱ'에도 가입할 수 없다. A는 희망 월 저축액이 10만원이며, 통장 가입 희망일인 2019년 7월 15일을 기준으로 1개월 이상 자활근로사업단에서 성실하게 활동하고 있으므로 ㉢ '내일키움통장'의 가입 조건을 충족한다. 또한 해당 통장의 월 저축액을 '5만원' 또는 '10만원'으로 선택할 수 있다는 점을 고려할 때 이 점도 A의 조건과 일치한다. 따라서 A가 가입할 수 있는 통장은 ㉢ '내일키움통장'이므로 답은 ②이다. 참고로, A의 근로소득은 <보기1>에 제시되지 않아, A가 ㉠ '희망키움통장Ⅰ'에 가입할 수 있는지 여부는 알 수 없다.

21 안내문 – 정보 확인 정답 ⑤

해설 '2022년 관광두레 PD 선발 공고문' 상단의 '문화체육관광부는 주민주도형 관광사업체 창업 및 육성 지원을 위해 '관광두레' 사업을 2013년부터 시행하고 있습니다'를 통해 윗글은 정부 기관인 '문화체육관광부'에서 작성하였음을 알 수 있다. 또한 '[1] 관광두레사업 안내'에서 관광두레 사업을 간략하게 설명하고 있으며, '[2] 관광두레 PD 선발 공고 개요'를 통해 관광두레 PD 선발과 관련된 선발 대상, 접수 기간, 접수 방법 등의 정보를 안내하고 있으므로 적절한 것은 ⑤이다.

오답분석
④ 공고문 상단의 'PD 활동에 관심 있는 분들과 지자체의 참여를 부탁드립니다'를 통해 예비 참여자의 지원을 독려하고 있고, '[3] 우대 사항 및 업무 조건'의 '업무 내용'에 관광두레 PD가 하는 일을 나열하고 있으며, 이와 관련된 소식을 널리 알리기 위한 목적으로 작성된 글이므로 홍보문으로도 볼 수 있으나, 작성 주체가 지자체가 아닌 정부 기관 '문화체육관광부'이므로 적절하지 않다.

※ 출처: 영양군청, https://www.yyg.go.kr

22 안내문 – 정보 확인 정답 ②

해설 '[3] 우대 사항 및 업무 조건'의 '업무 조건' 중 '활동 기간'을 통해 초기 1개월 활동 기간에 평가 점수가 낮은 대상자는 협약 해지가 가능함을 알 수 있으므로 안내문의 내용을 올바르게 이해한 것은 ②이다.

오답분석
① '[2] 관광두레 PD 선발 공고 개요'의 지원 불가 지역 표를 통해 전북에서 지원 불가한 지역은 '김제, 남원, 익산, 군산, 장수, 순창, 진안, 고창, 임실'로 총 9개임을 알 수 있으므로 적절하지 않다.

③ '[2] 관광두레 PD 선발 공고 개요'의 '접수 기간 및 접수 방법'을 통해 심사 결과에 대한 문의는 안내해 주지 않음을 알 수 있으므로 적절하지 않다.

④ '[3] 우대 사항 및 업무 조건'의 '업무 조건' 중 '업무 내용'을 통해 관광두레 PD가 담당 지역과 인접 지역 간 관광두레 네트워크 구축을 지원하는 업무를 진행한다는 점을 알 수 있으므로 적절하지 않다.

⑤ '[3] 우대 사항 및 업무 조건'의 '우대 사항'을 통해 지역협력사업 아카데미를 수강하는 사람과 창업지도사 자격증을 보유한 사람에게 각 3점의 가산점이 부여됨을 알 수 있으나, 우대 사항은 서류 평가 시 1개만 인정되고 가산점은 최대 3점까지 부여되므로 적절하지 않다.

23 평론 – 정보 확인 정답 ①

해설 3문단의 끝에서 6 ~ 8번째 줄에서 '역사 영화만이 역사를 재현하는 것은 아니다. 모든 영화는 명시적이거나 우회적인 방법으로 역사를 증언한다'라고 하였으므로, 역사 영화만이 완벽하게 역사를 재현할 수 있다는 ①의 설명은 적절하지 않다.

오답분석
② 1문단 끝에서 1 ~ 4번째 줄의 '평범한 사람들의 삶의 모습을 중점적인 주제로 다루었던 미시사 연구에서 재판 기록, 일기, 편지, 탄원서, 설화집 등의 이른바 '서사적' 자료에 주목한 것도 사료 발굴을 위한 노력의 결과이다'를 통해 편지나 일기 등의 자료는 새로운 사료를 발굴하기 위해 노력한 사례임을 알 수 있다.

③ 1문단 4 ~ 6번째 줄의 '사료의 불완전성은 역사 연구의 범위를 제한하지만, 그 불완전성 때문에 역사학이 학문이 될 수 있으며 역사는 끝없이 다시 서술된다'를 통해 사료의 불완전성으로 인해 역사는 다시 서술됨을 알 수 있다.

④ 2문단 3 ~ 5번째 줄의 '역사가들이 주로 사용하는 문헌 사료의 언어는 대개 지시 대상과 물리적 · 논리적 연관이 없는 추상된 상징적 기호이다'를 통해 문헌 사료의 언어는 추상화된 상징적 기호임을 알 수 있다. 또한 2문단 끝에서 6 ~ 7번째 줄의 '영화의 이미지는 닮은꼴로 사물을 지시하는 도상적 기호가 된다'를 통해 영화의 이미지는 도상적 기호임을 알 수 있다.

⑤ 5문단 끝에서 1 ~ 4번째 줄에서 '영화는 하층 계급, 피정복 민족처럼 역사 속에서 주변화된 집단의 묻혀 있던 목소리를 표현해 낸다. 이렇듯 영화는 공식 역사의 대척점에서 활동하면서 역사적 의식 형성에 참여한다는 점에서 역사 서술의 한 주체가 된다'라고 하였으므로 영화는 주변화된 집단의 이야기까지 표현하는 역사 서술의 한 주체임을 알 수 있다.

24 평론 - 내용 전개 방식   정답 ⑤

해설 5문단 2～3번째 줄에서 영화는 '새로운 사료의 원천이 될 뿐 아니라, 대안적 역사 서술의 가능성까지 지니고 있다'라고 하였으므로, 영화의 사료로서의 특징을 밝혀 영화가 지닌 역사 서술의 주체로서의 가능성을 제시하고 있다는 ⑤의 설명은 적절하다.

오답 분석
① 4문단 1～2번째 줄에서 '영화는 주로 허구를 다루기 때문에 역사 서술과는 거리가 있다'라는 영화의 허구적 특성을 근거로 영화가 역사 서술과는 거리가 멀다고 비판하는 시각을 제시하기는 했지만, 기존 역사학에 대한 비판적 시각이 드러난 부분은 없으므로 적절하지 않다.

② 3문단 1번째 줄의 '그렇다면 영화는 역사와 어떻게 관계를 맺고 있을까?'라는 질문에 대한 답이 3문단 3번째 줄부터 드러나 있지만, 이를 통해 영화의 변천 과정이 아닌 영화와 역사의 관계를 설명하고 있으므로 적절하지 않다.

③ 윗글에는 역사와 영화의 공통점과 차이점이 드러난 부분이 없으며, 이를 통해 역사와 영화의 관계를 설명하고 있지도 않으므로 적절하지 않다.

④ 5문단 5～6번째 줄의 '평범한 사람들의 회고나 증언, 구전 등의 비공식적 사료를 토대로 영화를 만드는 작업은 빈번하게 이루어지고 있다'를 통해 영화의 소재가 될 수 있는 것이 나열된 것은 맞지만, 이를 통해 역사 영화의 다양성을 드러낸 것은 아니므로 적절하지 않다.

25 평론 - 빈칸 추론   정답 ④

해설 빈칸의 앞뒷단의 내용을 토대로 ㉠과 ㉡에 들어갈 말을 유추할 수 있다. 4문단 끝에서 2～6번째 줄에서 '어떤 역사가들은 허구의 이야기에 반영된 사실을 확인하는 것에서 더 나아가 사료에 직접적으로 나타나지 않은 과거를 재현하기 위해 허구의 이야기를 활용하여 사료에 기반한 역사적 서술을 보완하기도 한다'라고 하였다. 이를 통해 영화는 허구적 이야기에 역사적 사실을 담아냄으로써 역사를 서술한다는 것을 알 수 있으므로 답은 ④이다.

26 보도 자료 - 정보 확인   정답 ⑤

해설 '작년 같은 기간(2018.5.20.～7.22.) 온열 질환자 신고 1,228명(사망 14명)'과 '올해는 현재까지(5.20.～7.22.) 총 347명의 온열 질환자가 신고되었다'를 통해 지난해 해당 기간에 발생한 온열 질환자 신고 건수가 올해보다 많으므로 답은 ⑤이다.

오답 분석
① <작업 중> 1번째 항목에서 '가능한 오후 시간대(12시～17시) 활동을 줄이며'를 통해 12시～17시 사이의 활동을 삼가 온열 질환을 예방할 수 있음을 알 수 있다.

② '온열 질환은 열로 인해 발생하는 급성 질환으로 뜨거운 환경에 장시간 노출 시 두통, 어지러움, 근육 경련, 피로감, 의식 저하 등의 증상을 보이고'를 통해 온열 질환자에게 나타나는 증상을 알 수 있다.

③ '올해 온열 질환자는 실외 작업장과 논·밭, 운동장·공원에서 주로 발생하고 있으며'를 통해 온열 질환은 주로 고온의 실외에서 발생하므로 이를 피해야 함을 알 수 있다.

④ '지자체에서는 노약자 등 특히 보호가 필요한 대상을 중심으로 방문 보건 사업과 무더위 쉼터를 적극 운영하여 줄 것과 각 상황에 따른 주의 사항 전파를 당부하였다'를 통해 알 수 있다.

※ 출처: 보건복지부, http://www.mohw.go.kr

27 보도 자료 - 반응 및 수용   정답 ④

해설 <관광·놀이·운동 중> 2번째 항목에서 '사전에 물을 충분히 준비하여 자주 마시고, 지나치게 땀을 흘리거나 무리하는 활동은 피하여 탈수가 생기지 않게 주의한다'라고 하였다. 따라서 여름철 땀을 많이 흘리는 운동은 탈수 등의 몸에 무리가 되는 문제를 일으킬 수 있어 피해야 함을 알 수 있으므로 답은 ④이다.

오답 분석
① <온열 질환자 발생 시 대처 요령> 2번째 항목에서 '환자에게 수분 보충은 도움 되나 의식이 없는 경우에는 질식 위험이 있으므로 음료수를 억지로 먹이지 않도록 하며 신속히 119에 신고하여 병원으로 이송해야 한다'라고 하였으므로 통해 의식이 없는 온열 질환자에게는 억지로 음료수를 먹이지 말아야 함을 알 수 있다.

② <온열 질환자 발생 시 대처 요령> 1번째 항목에서 '일사병·열사병 등 온열 질환이 발생하면 즉시 환자를 시원한 곳으로 옮기고, 옷을 풀고 시원한 물수건으로 닦거나 부채질을 하는 등 체온을 내리고 의료 기관을 방문한다'라고 하였으므로 열사병 등이 발생한 환자를 시원한 곳으로 옮기고 부채질 등을 함으로써 체온을 내려야 함을 알 수 있다.

③ <집 안에서> 1번째 항목에서 '선풍기, 에어컨 등 냉방 장치를 사용하고, 집의 냉방 상태가 좋지 않다면 각 지자체에서 운영하는 인근의 '무더위 쉼터'를 이용한다'라고 하였으므로 냉방 상태가 좋지 않은 환경의 집이라면 지자체가 운영하는 무더위 쉼터를 이용할 수 있음을 알 수 있다.

⑤ <어린이와 노약자가 있는 경우> 1번째 항목에서 '어린이와 어르신, 지병이 있는 경우 더위에 더 취약하므로 본인은 물론 보호자와 주변인의 각별한 관심이 필요하다'라고 하였으므로 지병을 갖고 있는 경우 더위와 같은 고온에 취약함을 알 수 있다. 또한 <작업 중> 2번째 항목에서 '작업 중에는 무리하지 않도록 그늘에서 규칙적으로 휴식을 취하며'라고 하였으므로 작업 중일 때 시원한 그늘에서 규칙적으로 휴식을 취하는 것이 좋음을 알 수 있다.

28 보도 자료 - 질문 추론   정답 ③

해설 보도 자료에는 '폭염 주의보 발령 기준'에 대해 언급되어 있지 않기 때문에 '폭염 주의보 발령 기준과 확인 방법'에 대한 질문을 제기하는 것은 적절하다. 따라서 답은 ③이다.

오답 분석
① <관광·놀이·운동 중> 1번째 항목에서 '실외 활동 중에는 가급적 그늘에서 활동하거나 양산, 모자 등으로 햇볕을 최대한 피하고 장시간 더위에 노출되지 않도록 주의한다'를 통해 야외 활동 시 온열 질환 예방 방법을 알 수 있다.

② <어린이와 노약자가 있는 경우> 2번째 항목의 '창문이 닫힌 실내에 어린이나 노약자를 홀로 남겨두지 않도록 한다', 3번째 항목의 '어린이와 노약자를 부득이 홀로 남겨두고 외출할 때에는 이웃이나 친인척에게 보호를 부탁하여야 한다'를 통해 어린이와 노약자만 집에 두게 될 경우 해야 할 조치를 알 수 있다.

④ <집 안에서> 2번째 항목에서 '한낮에는 가스레인지나 오븐 사용은 되도록 피한다'라고 한 것을 통해 폭염 시 집 안에서 지켜야 할 주의 사항을 알 수 있다.

⑤ <온열 질환자 발생 시 대처 요령> 1번째 항목에서 '즉시 환자를 시원한 곳으로 옮기고, 옷을 풀고 시원한 물수건으로 닦거나 부채질을 하는 등 체온을 내리고 의료 기관을 방문한다'라고 한 것을 통해 온열 질환자의 응급 처치 방법을 알 수 있다.

29 안내문 - 정보 확인

해설 안전 수칙 9번에 따르면, '계곡이나 강가, 바닷가에서는 잠금장치가 있는 샌들을 신는다'라고 하였으므로 물놀이를 갈 때 운동화를 신는다는 설명은 적절하지 않다. 따라서 답은 ④이다.

오답 분석
① 안전 수칙 10번에 따르면 '수영장 근처에서 뛰어다니지 않는다'라고 하였으므로 적절하다.

② 안전 수칙 1번과 3번에 따르면, 물놀이를 할 때 항상 어른과 같이 물에 들어가야 하며 충분한 준비운동을 해야 한다고 되어 있으므로 적절하다.

③ 안전 수칙 7번과 8번에 따르면, 파도가 높은 곳에서는 수영하지 않아야 하며, 정해진 장소에서만 물놀이를 한다고 되어 있으므로 적절하다.

⑤ 안전 수칙 11번에 따르면, 물에 빠진 사람을 발견했을 때는 직접 구하기 위해 물속에 들어가는 것보다 물에 뜨는 물건인 구명조끼 등을 던져주어야 한다고 하였으므로 적절하다.

※ 출처: 보건복지부, http://www.mohw.go.kr

30 안내문 - 구체적 상황에 적용

정답 ③

해설 먼저, 화요일에 ○○워터파크를 찾은 중학생인 수민, 수민이의 아빠, 열 살인 수민이의 동생은 각각 주중 청소년, 성인, 어린이 요금인 10,000원, 14,000원, 7,000원을 지불해야 하므로 이들의 합은 31,000원이다. 다음으로, 일요일에 ○○워터파크를 방문한 고등학생인 수민이의 형, 수민이의 엄마, 40개월인 수민이의 동생은 각각 주말 청소년, 성인, 유아 요금인 15,000원, 20,000원, 5,000원을 지불해야 하므로 이들의 합은 40,000원이다. 따라서 '수민'의 가족이 지불해야 할 총 요금은 71,000원이므로 답은 ③이다.

※ 출처: 대구광역시청, https://www.daegu.go.kr

KBS 한국어능력시험 실전모의고사 답안지

답 안 란 (ANSWER SHEET)

객 관 식 답 란

문번	1	2	3	4	5	문번	1	2	3	4	5	문번	1	2	3	4	5	문번	1	2	3	4	5	문번	1	2	3	4	5
1	①	②	③	④	⑤	21	①	②	③	④	⑤	41	①	②	③	④	⑤	61	①	②	③	④	⑤	81	①	②	③	④	⑤
2	①	②	③	④	⑤	22	①	②	③	④	⑤	42	①	②	③	④	⑤	62	①	②	③	④	⑤	82	①	②	③	④	⑤
3	①	②	③	④	⑤	23	①	②	③	④	⑤	43	①	②	③	④	⑤	63	①	②	③	④	⑤	83	①	②	③	④	⑤
4	①	②	③	④	⑤	24	①	②	③	④	⑤	44	①	②	③	④	⑤	64	①	②	③	④	⑤	84	①	②	③	④	⑤
5	①	②	③	④	⑤	25	①	②	③	④	⑤	45	①	②	③	④	⑤	65	①	②	③	④	⑤	85	①	②	③	④	⑤
6	①	②	③	④	⑤	26	①	②	③	④	⑤	46	①	②	③	④	⑤	66	①	②	③	④	⑤	86	①	②	③	④	⑤
7	①	②	③	④	⑤	27	①	②	③	④	⑤	47	①	②	③	④	⑤	67	①	②	③	④	⑤	87	①	②	③	④	⑤
8	①	②	③	④	⑤	28	①	②	③	④	⑤	48	①	②	③	④	⑤	68	①	②	③	④	⑤	88	①	②	③	④	⑤
9	①	②	③	④	⑤	29	①	②	③	④	⑤	49	①	②	③	④	⑤	69	①	②	③	④	⑤	89	①	②	③	④	⑤
10	①	②	③	④	⑤	30	①	②	③	④	⑤	50	①	②	③	④	⑤	70	①	②	③	④	⑤	90	①	②	③	④	⑤
11	①	②	③	④	⑤	31	①	②	③	④	⑤	51	①	②	③	④	⑤	71	①	②	③	④	⑤	91	①	②	③	④	⑤
12	①	②	③	④	⑤	32	①	②	③	④	⑤	52	①	②	③	④	⑤	72	①	②	③	④	⑤	92	①	②	③	④	⑤
13	①	②	③	④	⑤	33	①	②	③	④	⑤	53	①	②	③	④	⑤	73	①	②	③	④	⑤	93	①	②	③	④	⑤
14	①	②	③	④	⑤	34	①	②	③	④	⑤	54	①	②	③	④	⑤	74	①	②	③	④	⑤	94	①	②	③	④	⑤
15	①	②	③	④	⑤	35	①	②	③	④	⑤	55	①	②	③	④	⑤	75	①	②	③	④	⑤	95	①	②	③	④	⑤
16	①	②	③	④	⑤	36	①	②	③	④	⑤	56	①	②	③	④	⑤	76	①	②	③	④	⑤	96	①	②	③	④	⑤
17	①	②	③	④	⑤	37	①	②	③	④	⑤	57	①	②	③	④	⑤	77	①	②	③	④	⑤	97	①	②	③	④	⑤
18	①	②	③	④	⑤	38	①	②	③	④	⑤	58	①	②	③	④	⑤	78	①	②	③	④	⑤	98	①	②	③	④	⑤
19	①	②	③	④	⑤	39	①	②	③	④	⑤	59	①	②	③	④	⑤	79	①	②	③	④	⑤	99	①	②	③	④	⑤
20	①	②	③	④	⑤	40	①	②	③	④	⑤	60	①	②	③	④	⑤	80	①	②	③	④	⑤	100	①	②	③	④	⑤

기 록 란 (DATA SHEET)

성명

응시일자 : 20 년 월 일

수험번호

주민 등록 번호

| | ① | ② | ③ | ④ | ⑤ | ⑥ | ⑦ | ⑧ | ⑨ |

감독관확인

수험생이 지켜야 할 일

1. 답안지에는 반드시 연필을 사용하여 표기해야 합니다.
2. 표기란에는 '●'와 같이 바르게 표기해야 합니다.
3. 표기란 수정은 지우개만을 사용하여 완전히 완전(깨끗)하게 수 정해야 합니다.

해커스자격증

KBS 한국어능력시험 실전모의고사 답안지

기 록 란 (DATA SHEET)

성 명

응시일자 : 20 년 월 일

수험번호

주민등록번호

감독관확인

답 안 란 (ANSWER SHEET)

객관식 답란

문번	1	2	3	4	5
1	①	②	③	④	⑤
2	①	②	③	④	⑤
3	①	②	③	④	⑤
4	①	②	③	④	⑤
5	①	②	③	④	⑤
6	①	②	③	④	⑤
7	①	②	③	④	⑤
8	①	②	③	④	⑤
9	①	②	③	④	⑤
10	①	②	③	④	⑤
11	①	②	③	④	⑤
12	①	②	③	④	⑤
13	①	②	③	④	⑤
14	①	②	③	④	⑤
15	①	②	③	④	⑤
16	①	②	③	④	⑤
17	①	②	③	④	⑤
18	①	②	③	④	⑤
19	①	②	③	④	⑤
20	①	②	③	④	⑤

문번	1	2	3	4	5
21	①	②	③	④	⑤
22	①	②	③	④	⑤
23	①	②	③	④	⑤
24	①	②	③	④	⑤
25	①	②	③	④	⑤
26	①	②	③	④	⑤
27	①	②	③	④	⑤
28	①	②	③	④	⑤
29	①	②	③	④	⑤
30	①	②	③	④	⑤
31	①	②	③	④	⑤
32	①	②	③	④	⑤
33	①	②	③	④	⑤
34	①	②	③	④	⑤
35	①	②	③	④	⑤
36	①	②	③	④	⑤
37	①	②	③	④	⑤
38	①	②	③	④	⑤
39	①	②	③	④	⑤
40	①	②	③	④	⑤

문번	1	2	3	4	5
41	①	②	③	④	⑤
42	①	②	③	④	⑤
43	①	②	③	④	⑤
44	①	②	③	④	⑤
45	①	②	③	④	⑤
46	①	②	③	④	⑤
47	①	②	③	④	⑤
48	①	②	③	④	⑤
49	①	②	③	④	⑤
50	①	②	③	④	⑤
51	①	②	③	④	⑤
52	①	②	③	④	⑤
53	①	②	③	④	⑤
54	①	②	③	④	⑤
55	①	②	③	④	⑤
56	①	②	③	④	⑤
57	①	②	③	④	⑤
58	①	②	③	④	⑤
59	①	②	③	④	⑤
60	①	②	③	④	⑤

문번	1	2	3	4	5
61	①	②	③	④	⑤
62	①	②	③	④	⑤
63	①	②	③	④	⑤
64	①	②	③	④	⑤
65	①	②	③	④	⑤
66	①	②	③	④	⑤
67	①	②	③	④	⑤
68	①	②	③	④	⑤
69	①	②	③	④	⑤
70	①	②	③	④	⑤
71	①	②	③	④	⑤
72	①	②	③	④	⑤
73	①	②	③	④	⑤
74	①	②	③	④	⑤
75	①	②	③	④	⑤
76	①	②	③	④	⑤
77	①	②	③	④	⑤
78	①	②	③	④	⑤
79	①	②	③	④	⑤
80	①	②	③	④	⑤

문번	1	2	3	4	5
81	①	②	③	④	⑤
82	①	②	③	④	⑤
83	①	②	③	④	⑤
84	①	②	③	④	⑤
85	①	②	③	④	⑤
86	①	②	③	④	⑤
87	①	②	③	④	⑤
88	①	②	③	④	⑤
89	①	②	③	④	⑤
90	①	②	③	④	⑤
91	①	②	③	④	⑤
92	①	②	③	④	⑤
93	①	②	③	④	⑤
94	①	②	③	④	⑤
95	①	②	③	④	⑤
96	①	②	③	④	⑤
97	①	②	③	④	⑤
98	①	②	③	④	⑤
99	①	②	③	④	⑤
100	①	②	③	④	⑤

자르는 선

MEMO

MEMO

2주 만에 끝내는
해커스
KBS
한국어능력시험

개정 3판 6쇄 발행 2024년 7월 1일
개정 3판 1쇄 발행 2022년 1월 7일

지은이	해커스 한국어연구소
펴낸곳	㈜챔프스터디
펴낸이	챔프스터디 출판팀

주소	서울특별시 서초구 강남대로61길 23 ㈜챔프스터디
고객센터	02-537-5000
교재 관련 문의	publishing@hackers.com
동영상강의	pass.Hackers.com

ISBN	978-89-6965-257-7 (13710)
Serial Number	03-06-01

해커스 최수지 선생님의
KBS 한국어능력시험

2주
단기 완성 전략!

해커스자격증
최수지 선생님

[강의 만족도] 해커스자격증 수강후기 게시판별 게시물 기준(~2020.09.08)

1

예시와 예문을 통한
빠른 이해와 습득

2

담백한 문장 파악법!
앞·뒤 문장의 파악력 습득

3

유형별 접근법 파악!
문제 해결 스킬 학습!

❝ 시험에서 **유형별 공략방법** 그리고 접근법에 대한 설명이
아주 좋았습니다. 시험에서 **갖춰야 될 역량을 잘 알려주셔서**
시험에 어떻게 대비해야 하는지 알게 됐습니다. ❞

– 해커스 KBS한국어 수강생 오*윤 –

▲ 해커스 KBS한국어
2주 완성하기

자격증 교육 1위 해커스 pass.Hackers.com

2주 만에 끝내는

해커스
KBS
한국어능력시험

2권 전략편 | **전략만 알면 맞히는 파트** – 듣기·말하기, 쓰기, 창안, 읽기

국알못도 **2주 만에 끝!** KBS 한국어능력시험 대비법

첫째, **[1권 암기 파트]**로 시험에 또 나올 만한건 확실히 외운다!

둘째, **[2권 전략 파트]**로 문제 풀이 전략을 빠르게 익힌다!

셋째, **[핸드북]**으로 빈출 어휘·어법만 모아 집중 공략한다!

넷째, **[실전모의고사]**로 시험 직전 실력을 최대로 끌어올린다!

13710

ISBN 978-89-6965-257-7

2주 만에 끝내는

해커스 KBS

한국어능력시험

시험 직전 마무리!

어휘 · 어법 핵심 기출 암기 핸드북

해커스자격증

어휘 | 01 고유어

1 기출 고유어

ㄱ

□ 가납사니	쓸데없는 말을 지껄이기 좋아하는 수다스러운 사람
□ 가늠	① 목표나 기준에 맞고 안 맞음을 헤아려 봄. 또는 헤아려 보는 목표나 기준 예 빵 반죽을 알맞게 **가늠**을 해 보다. ② 사물을 어림잡아 헤아림 예 그 건물의 높이가 **가늠**이 안 된다.
□ 가탈	① 일이 순조롭게 나아가는 것을 방해하는 조건 예 내 동생이 하는 일은 **가탈**이 많이 생긴다. ② 이리저리 트집을 잡아 까다롭게 구는 일 예 수희는 모든 일에 **가탈**을 부린다.
□ 갈마들다	서로 번갈아들다. 예 낮과 밤이 **갈마들다**.
□ 갈무리	① 물건 등을 잘 정리하거나 간수함 ② 일을 처리하여 마무리함 예 옆 사람에게 일의 **갈무리**를 부탁했다.
□ 걸터들이다	이것저것 가리지 않고 휘몰아 들이다.
□ 겨를	어떤 일을 하다가 생각 등을 다른 데로 돌릴 수 있는 시간적인 여유 예 일거리가 쌓여 잠시도 쉴 **겨를**이 없다.
□ 고깝다	섭섭하고 야속하여 마음이 언짢다. 예 그는 나를 **고까운** 눈으로 보았다.
□ 고즈넉하다	고요하고 아늑하다. 예 **고즈넉한** 산사
□ 구질구질하다	① 상태나 하는 짓이 깨끗하지 못하고 구저분하다. 예 쓰레기가 쌓여 **구질구질한** 골목길 ② 날씨가 맑게 개지 못하고 비나 눈이 내려서 구저분하다. 예 **구질구질한** 날씨
□ 그득하다	분량이나 수효 등이 어떤 범위나 한도에 아주 꽉 찬 상태에 있다. 예 쌀독에 쌀이 **그득하다**.
□ 깜냥	스스로 일을 헤아림. 또는 헤아릴 수 있는 능력
□ 깨나다	① '잠이나 술기운 등으로 잃었던 의식을 되찾아 가다'의 준말 예 잠에서 **깨나다**. ② '어떤 생각에 깊이 빠졌다가 제정신을 차리다'의 준말 예 깊은 명상에서 **깨나다**. ③ '사회나 생활 등이 정신적·물질적으로 발달한 상태로 바뀌다'의 준말 예 무지에서 **깨나다**.
□ 깨다	① 술기운 등이 사라지고 온전한 정신 상태로 돌아오다. 예 마취에서 **깨다**. ② 생각이나 지혜 등이 사리를 가릴 수 있게 되다. 예 늘 의식이 **깬** 사람이 되어야 한다. ③ 잠, 꿈 등에서 벗어나다. 또는 벗어나게 하다. 예 그만 꿈 **깨**.
□ 깨단하다	오랫동안 생각해 내지 못하던 일 등을 어떠한 실마리로 말미암아 깨닫거나 분명히 알다. 예 드디어 **깨단한** 사실

□ 깨닫다	사물의 본질이나 이치 등을 생각하거나 궁리하여 알게 되다. **예** 잘못을 **깨닫다**.
□ 깨우치다	깨달아 알게 하다. **예** 동생의 잘못을 **깨우쳐** 주다.
□ 께름칙하다	마음에 걸려서 언짢고 싫은 느낌이 꽤 있다.

ㄴ

□ 내숭하다	겉으로는 순해 보이나 속으로는 엉큼하다.
□ 너나들이	서로 너니 나니 하고 부르며 허물없이 말을 건넴. 또는 그런 사이
□ 눌어붙다	① 뜨거운 바닥에 조금 타서 붙다. **예** 바닥에 고무가 **눌어붙었다**. ② 한곳에 오래 있으면서 떠나지 않다. **예** 카페에 **눌어붙은** 사람들
□ 늘비하다	질서 없이 여기저기 많이 늘어서 있거나 놓여 있다. **예** 산 위에서 바라보니 집들이 **늘비하다**.
□ 늙수그레하다	꽤 늙어 보이다. **예** 선배는 참 **늙수그레하다**.

ㄷ

□ 다닥다닥	① 자그마한 것들이 한곳에 많이 붙어 있는 모양 **예** 가지에 **다닥다닥** 붙은 열매를 땄다. ② 보기 흉할 정도로 지저분하게 여기저기 기운 모양 **예** 그녀는 옷을 **다닥다닥** 기워 입었다.
□ 단출하다	일이나 차림차림이 간편하다. **예** 옷차림이 **단출하다**.
□ 데면데면	사람을 대하는 태도가 친밀감이 없이 예사로운 모양 **예** 그는 누구를 만나도 **데면데면** 대한다.
□ 둔덕	가운데가 솟아서 불룩하게 언덕이 진 곳 **예** 강을 보기 위해 **둔덕**으로 올라갔다.
□ 득달같다	잠시도 늦추지 않다. **예** 어머니의 **득달같은** 불호령이 떨어졌다.

ㅁ

□ 막놓다	노름에서, 몇 판에 걸쳐서 잃은 돈의 액수를 합쳐서 한 번에 걸고 다시 내기를 하다.
□ 모지락스럽다	보기에 억세고 모질다.
□ 무지근하다	① 뒤가 잘 안 나와서 기분이 무겁다. **예** 아랫배가 **무지근하다**. ② 머리가 띵하고 무겁거나 가슴, 팔다리 등이 무엇에 눌리는 듯이 무겁다.
□ 묵새기다	① 별로 하는 일 없이 한곳에서 오래 묵으며 날을 보내다. 　**예** 그는 고향에서 **묵새기며** 요양하고 있다. ② 마음의 고충이나 흥분 등을 애써 참으며 넘겨 버리다. **예** 슬픔을 **묵새기다**.
□ 묵직하다	① 다소 큰 물건이 보기보다 제법 무겁다. **예** **묵직한** 바구니 ② 사람이 점잖고 무게가 있다. **예** **묵직한** 얼굴

어휘 01 고유어 **3**

□ 뭉뚱그리다	여러 사실을 하나로 포괄하다. 예 우리의 의견을 **뭉뚱그리지** 마.

ㅂ

□ 바득바득	① 악지를 부려 자꾸 우기거나 조르는 모양 예 그 애는 **바득바득** 우겼다. ② 악착스럽게 애쓰는 모양
□ 바락바락	성이 나서 잇따라 기를 쓰거나 소리를 지르는 모양 예 내 동생은 엄마께 **바락바락** 대들었다.

ㅅ

□ 사리다	어떤 일에 적극적으로 나서지 않고 살살 피하며 몸을 아끼다. 예 나는 피해를 입을까 하여 몸을 **사렸다.**
□ 사뭇	내내 끝까지 예 이번 겨울 방학은 **사뭇** 바빴다.
□ 삼삼하다	① 음식 맛이 조금 싱거운 듯하면서 맛이 있다. 예 국물이 **삼삼하다.** ② 사물이나 사람의 생김새나 됨됨이가 마음이 끌리게 그럴듯하다. 　예 얼굴이 **삼삼하게** 생기다.
□ 성기다	물건의 사이가 뜨다.
□ 스산하다	날씨가 흐리고 으스스하다. 예 바람이 **스산하게** 분다.
□ 슬기	사리를 바르게 판단하고 일을 잘 처리해 내는 재능 예 **슬기**를 발휘해 문제를 해결하다.
□ 싹수	어떤 일이나 사람이 앞으로 잘될 것 같은 낌새나 징조 예 그는 좋은 경찰이 될 **싹수**가 보인다.

ㅇ

□ 알싸하다	매운맛이나 독한 냄새 등으로 코 속이나 혀끝이 알알하다. 예 입 안이 **알싸하다.**
□ 어정쩡하다	① 분명하지 않고 모호하거나 어중간하다. 예 **어정쩡한** 태도 ② 얼떨떨하고 난처하다. 예 두 사람 사이에서 아주 **어정쩡하다.** ③ 내심 의심스러워 꺼림하다. 예 처음 보는 사람이 친한 척을 하니 **어정쩡하다.**
□ 어지럽히다	물건들을 제자리에 놓지 않고 여기저기 널어놓아 너저분하게 만들다. 예 아이들은 집 안을 온통 **어지럽혔다.**
□ 얼추	어떤 기준에 거의 가깝게 예 목적지에 **얼추** 다 왔다.
□ 엉기정기	질서 없이 여기저기 벌여 놓은 모양 예 거실에 인형이 **엉기정기** 놓여 있다.
□ 옹골지다	실속이 있게 속이 꽉 차 있다. 예 돈 버는 재미가 **옹골지다.**
□ 을러대다	위협적인 언동으로 을러서 남을 억누르다. 예 그 남자는 모임에서 **을러대었다.**
□ 이드거니	충분한 분량으로 만족스러운 모양 예 책장에 책이 **이드거니** 있다.

□ 입방아	어떤 사실을 화제로 삼아 이러쿵저러쿵 쓸데없이 입을 놀리는 일 圓 **입방아**에 오르내리다.

ㅈ

□ 자근자근	조금 성가실 정도로 자꾸 은근히 귀찮게 구는 모양 圓 나는 **자근자근** 그를 쫓아가며 캐물었다.
□ 조곤조곤	성질이나 태도가 조금 은근하고 끈덕진 모양 圓 선생님은 나에게 **조곤조곤** 말씀하셨다.
□ 종종걸음	발을 가까이 자주 떼며 급히 걷는 걸음
□ 주눅	기운을 제대로 펴지 못하고 움츠러드는 태도나 성질 圓 **주눅**이 들어 말을 잘 못한다.
□ 즐비하다	빗살처럼 줄지어 빽빽하게 늘어서 있다. 圓 길가에 차가 **즐비하다**.
□ 지레	어떤 일이 일어나기 전 또는 어떤 기회나 때가 무르익기 전에 미리 圓 그는 경찰차를 보고 **지레** 놀라 달아났다.
□ 지청구	까닭 없이 남을 탓하고 원망함 圓 **지청구**는 그의 회피책이다.
□ 짐짓	마음으로는 그렇지 않으나 일부러 그렇게 圓 그녀는 알면서도 **짐짓** 모르는 척했다.
□ 짓무르다	① 살갗이 헐어서 문드러지다. 圓 피부가 **짓무르다**. ② 채소나 과일 등이 너무 썩거나 무르거나 하여 푹 물크러지다. 　圓 **짓무른** 배추에서 악취가 난다. ③ 눈자위가 상하여서 핏발이 서고 눈물에 젖다. 圓 밤새 일을 하느라 **짓무른** 그의 눈
□ 찌릿찌릿	뼈마디나 몸의 일부가 매우 또는 자꾸 저린 느낌 圓 밤이 되니 허리가 **찌릿찌릿** 아팠다.

ㅊ

□ 차리다	자기의 이익을 따져 챙기다. 圓 제 욕심만 **차리다**.
□ 청승맞다	궁상스럽고 처량하여 보기에 몹시 언짢다. 圓 **청승맞은** 울음소리
□ 추레하다	겉모양이 깨끗하지 못하고 생기가 없다. 圓 의복 매무새가 **추레하다**.

ㅎ

□ 한들한들	가볍게 자꾸 이리저리 흔들리거나 흔들리게 하는 모양 圓 바람에 꽃들이 **한들한들** 움직였다.
□ 해찰	일에는 마음을 두지 않고 쓸데없이 다른 짓을 함
□ 허섭스레기	좋은 것이 빠지고 난 뒤에 남은 허름한 물건 圓 이삿짐을 싸고 남은 **허섭스레기**
□ 허투루	아무렇게나 되는대로 圓 손님을 **허투루** 대접하다.

어휘 | 02 한자어

1 기출 한자어

ㄱ

☐ 가관(可觀)	'꼴이 볼만하다'라는 뜻으로, 남의 언행이나 어떤 상태를 비웃는 뜻으로 이르는 말 예 그가 아부하는 꼴이 **가관**이다.
☐ 간과(看過)	큰 관심 없이 대강 보아 넘김
☐ 간구(懇求)	간절히 바람
☐ 간극(間隙)	두 가지 사건, 두 가지 현상 사이의 틈 예 이론과 현실 사이에는 엄청난 **간극**이 있다.
☐ 갈취(喝取)	남의 것을 강제로 빼앗음 예 **갈취**를 당하다.
☐ 감응(感應)	어떤 느낌을 받아 마음이 따라 움직임 예 별다른 **감응**이 없는 음악
☐ 강구(講究)	좋은 대책과 방법을 궁리하여 찾아내거나 좋은 대책을 세움 예 대책 **강구**
☐ 갱신(更新)	이미 있던 것을 고쳐 새롭게 함 예 노동법 **갱신** 문제로 협상할 예정이다.
☐ 갹출(醵出)	같은 목적을 위하여 여러 사람이 돈을 나누어 냄 예 행사 비용 **갹출**
☐ 거사(巨事)	매우 거창한 일 예 면접이라는 **거사**를 치르다.
☐ 검진(檢診)	건강 상태와 질병의 유무를 알아보기 위하여 증상이나 상태를 살피는 일 예 직업병 **검진**
☐ 게재(揭載)	글이나 그림 등을 신문이나 잡지 등에 실음
☐ 결부(結付)	일정한 사물이나 현상을 서로 연관시킴
☐ 결속(結束)	뜻이 같은 사람끼리 서로 단결함 예 **결속**을 강화하다.
☐ 결제(決濟)	일을 처리하여 끝을 냄
☐ 경계(警戒)	① 뜻밖의 사고가 생기지 않도록 조심하여 단속함 예 화재 예방 **경계**가 강화되었다. ② 옳지 않은 일이나 잘못된 일들을 하지 않도록 타일러서 주의하게 함 　　예 자만에 대한 **경계**를 당부하다.
☐ 경질(更迭 / 更佚)	어떤 직위에 있는 사람을 다른 사람으로 바꿈 예 회사는 이번 일로 임원 **경질**을 단행했다.
☐ 계발(啓發)	슬기나 재능, 사상 등을 일깨워 줌 예 아이의 창의력 **계발**을 위해 노력 중이다.
☐ 계제(階梯)	어떤 일을 할 수 있게 된 형편이나 기회 예 나는 이번 **계제**에 이사를 갈 생각이다.

□ 고착(固着)	① 물건 같은 것이 굳게 들러붙어 있음 ② 어떤 상황이나 현상이 굳어져 변하지 않음 예 문화 이질화 현상의 **고착**
□ 골몰(汨沒)	다른 생각을 할 여유도 없이 한 가지 일에만 파묻힘 예 **골몰** 끝에 정한 주제
□ 공감(共感)	남의 감정, 의견, 주장 등에 대하여 자기도 그렇다고 느낌. 또는 그렇게 느끼는 기분 예 영화를 보며 많은 **공감**을 했다.
□ 공포(公布)	일반 대중에게 널리 알림
□ 교착(膠着)	어떤 상태가 굳어 조금도 변동이나 진전이 없이 머묾 예 회담이 **교착** 상태에 빠지다.
□ 구속(拘束)	행동이나 의사의 자유를 제한하거나 속박함 예 **구속**에서 벗어나다.
□ 구축(構築)	체제, 체계 등의 기초를 닦아 세움 예 그녀는 고객들과의 관계 **구축**을 중시한다.
□ 기고(起稿)	원고를 쓰기 시작함

ㄴ

□ 난삽(難澁)	글이나 말이 매끄럽지 못하면서 어렵고 까다로움
□ 난파(難破)	배가 항해 중에 폭풍우 등을 만나 부서지거나 뒤집힘 예 **난파**를 당하다.

ㄷ

□ 동요(動搖)	어떤 체제나 상황 등이 혼란스럽고 술렁임 예 신라 시대 말에는 골품제의 **동요**가 있었다.
□ 동향(動向)	① 사람들의 사고, 사상, 활동이나 일의 형세 등이 움직여 가는 방향 예 부동산 가격 **동향** ② 어떤 특정한 사람이나 사물의 낱낱의 움직임 예 용의자의 **동향**을 파악해야 한다.
□ 두둔(斗頓)	편들어 감싸 주거나 역성을 들어 줌 예 **두둔**에 힘입다.

ㅁ

□ 망라(網羅)	물고기나 새를 잡는 그물이라는 뜻으로, 널리 받아들여 모두 포함함을 이르는 말
□ 묵인(默認)	모르는 체하고 하려는 대로 내버려둠으로써 슬며시 인정함 예 상급자의 **묵인** 아래 부정을 저지르다.
□ 문진(問診)	의사가 환자에게 환자 자신과 가족의 병력 및 발병 시기, 경과 등을 묻는 일 예 **문진**만으로는 정확한 병명을 알기 어렵다.
□ 미동(微動)	약간 움직임

□ 발군(拔群)	여럿 가운데에서 특별히 뛰어남 예 **발군**의 성적
□ 발굴(發掘)	① 땅속이나 큰 덩치의 흙, 돌 더미 등에 묻혀 있는 것을 찾아서 파냄 예 유적 **발굴** ② 세상에 널리 알려지지 않거나 뛰어난 것을 찾아 밝혀냄 예 잊힌 예술가 **발굴**
□ 발현(發現 / 發顯)	속에 있거나 숨은 것이 밖으로 나타나거나 그렇게 나타나게 함. 또는 그런 결과 예 자의식의 **발현**
□ 발효(發效)	조약, 법, 공문서 등의 효력이 나타남. 또는 그 효력을 나타냄
□ 방만(放漫)	맺고 끊는 데가 없이 제멋대로 풀어져 있음
□ 방목(放牧)	가축을 놓아기르는 일 예 **방목**으로 기른 말
□ 방역(防疫)	감염병이 발생하거나 유행하는 것을 미리 막는 일 예 **방역** 시설
□ 방자(放恣)	어려워하거나 조심스러워하는 태도가 없이 무례하고 건방짐
□ 방증(傍證)	사실을 직접 증명할 수 있는 증거가 되지는 않지만, 주변의 상황을 밝힘으로써 간접적으로 증명에 도움을 줌. 또는 그 증거 예 **방증** 자료
□ 배포(配布)	신문이나 책자 등을 널리 나누어 줌 예 광고 전단 **배포**를 마쳤다.
□ 백미(白眉)	흰 눈썹이라는 뜻으로, 여럿 가운데에서 가장 뛰어난 사람이나 훌륭한 물건을 비유적으로 이르는 말 예 현대 소설의 **백미**이다.
□ 병폐(病弊)	병통과 폐단을 아울러 이르는 말 예 **병폐**를 없애다.
□ 보도(報道)	대중 전달 매체를 통하여 일반 사람들에게 새로운 소식을 알림. 또는 그 소식 예 신문 **보도**를 읽다.
□ 복기(復棋 / 復碁)	바둑에서, 한 번 두고 난 바둑의 판국을 비평하기 위하여 두었던 대로 다시 처음부터 놓아 봄
□ 부연(敷衍 / 敷演)	이해하기 쉽도록 설명을 덧붙여 자세히 말함 예 **부연** 자료가 필요하다.
□ 부침(浮沈)	① 물 위에 떠올랐다 물속에 잠겼다 함 ② 세력 등이 성하고 쇠함을 비유적으로 이르는 말 예 당쟁으로 인한 세력의 **부침** ③ 편지가 받아 볼 사람에게 이르지 못하고 도중에서 없어짐
□ 분간(分揀)	사물이나 사람의 옳고 그름, 좋고 나쁨 등과 그 정체를 구별하거나 가려서 앎 예 사람의 선악 **분간**은 쉽지 않다.
□ 불명(不明)	분명하지 않음 예 소재지 **불명**
□ 비소(非笑)	남을 비방하거나 비난하여 웃음. 또는 그런 미소
□ 비호(庇護)	편들어서 감싸 주고 보호함 예 그녀는 경찰의 **비호**를 받았다.

ㅅ

□ 사사(師事)	스승으로 섬김. 또는 스승으로 삼고 가르침을 받음
□ 사족(蛇足)	'뱀을 다 그리고 나서 있지도 않은 발을 덧붙여 그려 넣는다'라는 뜻으로, 쓸데없는 군짓을 하여 도리어 잘못되게 함을 이르는 말
□ 산실(産室)	어떤 일을 꾸미거나 이루어 내는 곳. 또는 그런 바탕 예 우리 학교를 인재 양성의 **산실**로 만들겠다.
□ 상쇄(相殺)	상반되는 것이 서로 영향을 주어 효과가 없어지는 일
□ 상정(上程)	토의할 안건을 회의 석상에 내어놓음
□ 상주(常住)	늘 일정하게 살고 있음
□ 선풍(旋風)	돌발적으로 일어나 세상을 뒤흔드는 사건을 비유적으로 이르는 말 예 그의 결혼은 최대의 **선풍**이었다.
□ 송고(送稿)	원고를 편집 담당자에게 보냄 예 이달 30일이 **송고** 마감일이다.
□ 수려(秀麗)	빼어나게 아름다움
□ 수주(受注)	주문을 받음 예 **수주**가 줄다.
□ 수탁(受託)	다른 사람의 의뢰나 부탁을 받음. 또는 그런 일 예 부적절한 **수탁**은 거절해라.
□ 승복(承服)	납득하여 따름
□ 시의(時宜)	그 당시의 사정에 알맞음. 또는 그런 요구 예 **시의**를 참작하다.
□ 신수(身手)	용모와 풍채를 통틀어 이르는 말 예 신랑의 **신수**가 훤하다.

ㅇ

□ 양상(樣相)	사물이나 현상의 모양이나 상태 예 소설의 시대별 **양상**
□ 연군(戀君)	임금을 그리워함
□ 영애(令愛)	윗사람의 딸을 높여 이르는 말
□ 예진(豫診)	환자의 병을 자세하게 진찰하기 전에 미리 간단하게 진찰하는 일. 또는 그렇게 하는 진찰 예 **예진** 문서를 작성했다.
□ 왕진(往診)	의사가 병원 밖의 환자가 있는 곳으로 가서 진료함 예 **왕진**을 가다.
□ 요람(搖籃)	사물의 발생지나 근원지를 비유적으로 이르는 말 예 유럽 문명의 **요람**
□ 유치(誘致)	행사나 사업 등을 이끌어 들임 예 시민 단체는 후원금 **유치**를 위해 노력했다.
□ 임대(賃貸)	돈을 받고 자기의 물건을 남에게 빌려줌 예 그 아파트의 **임대** 가격이 저렴하다.

ㅈ

☐ 자처(自處)	자기를 어떤 사람으로 여겨 그렇게 처신함
☐ 재원(才媛)	재주가 뛰어난 젊은 여자 📖 그녀는 훌륭한 **재원**이다.
☐ 전복(顚覆)	차나 배 등이 뒤집힘 📖 열차 **전복** 사고
☐ 전유(專有)	혼자 독차지하여 가짐
☐ 정서(情緒)	사람의 마음에 일어나는 여러 가지 감정. 또는 감정을 불러일으키는 기분이나 분위기 📖 **정서**가 풍부하다.
☐ 정한(情恨)	정과 한을 아울러 이르는 말
☐ 제고(提高)	수준이나 정도 등을 끌어올림 📖 능률의 **제고**
☐ 제재(制裁)	일정한 규칙이나 관습의 위반에 대하여 제한하거나 금지함. 또는 그런 조치 📖 정부에 의해 **제재**를 받았다.
☐ 졸렬(拙劣)	옹졸하고 천하여 서투름
☐ 주재(主宰)	어떤 일을 중심이 되어 맡아 처리함 📖 반장을 **주재**로 학교 축제를 계획했다.
☐ 주지(周知)	여러 사람이 두루 앎 📖 **주지**의 사실
☐ 준동(準同)	어떤 표준과 같음
☐ 준동(蠢動)	'벌레 등이 꿈적거린다'라는 뜻으로, 불순한 세력이나 보잘것없는 무리가 법석을 부림을 이르는 말
☐ 준수(遵守)	전례나 규칙, 명령 등을 그대로 좇아서 지킴 📖 안전 수칙 **준수**
☐ 증편(增便)	정기적인 교통편의 횟수를 늘림 📖 설 당일에는 지하철을 **증편** 운행한다.
☐ 진수(眞髓)	사물이나 현상의 가장 중요하고 본질적인 부분 📖 그 작품은 사실주의 소설의 **진수**이다.
☐ 진척(進陟)	일이 목적한 방향대로 진행되어 감 📖 빠른 **진척**을 보이다.

ㅊ

☐ 착수(着手)	어떤 일에 손을 댐. 또는 어떤 일을 시작함 📖 작업 **착수**
☐ 창궐(猖獗)	못된 세력이나 전염병 등이 세차게 일어나 걷잡을 수 없이 퍼짐
☐ 창달(暢達)	거침없이 쑥쑥 뻗어 나감. 또는 그렇게 되게 함 📖 민족 문화의 **창달**
☐ 천착(穿鑿)	어떤 원인이나 내용 등을 따지고 파고들어 알려고 하거나 연구함 📖 세밀한 관찰과 **천착**을 거듭하다.
☐ 촉탁(囑託)	일을 부탁하여 맡김 📖 **촉탁**이 들어오다.

□ 총체(總體)	있는 것들을 모두 하나로 합친 전부 또는 전체 예 학교생활 **총체**를 평가하는 제도
□ 추대(推戴)	윗사람으로 떠받듦 예 임원들의 **추대**로 그는 회장이 되었다.
□ 추돌(追突)	자동차나 기차 등이 뒤에서 들이받음 예 출근길에 **추돌** 사고가 있었다.
□ 추서(追敍)	죽은 뒤에 관등을 올리거나 훈장 등을 줌 예 훈장 **추서**
□ 축출(逐出)	쫓아내거나 몰아냄 예 강제 **축출**
□ 출현(出現)	나타나거나 또는 나타나서 보임 예 새로운 계급의 **출현**
□ 치부(恥部)	남에게 드러내고 싶지 않은 부끄러운 부분 예 친구의 **치부**를 목격했다.
□ 칠갑(漆甲)	물건의 겉면에 다른 물질을 흠뻑 칠하여 바름 예 흙 **칠갑**
□ 칩거(蟄居)	나가서 활동하지 않고 집 안에만 틀어박혀 있음 예 **칩거** 생활을 하다.

ㅍ

□ 파격(破格)	일정한 격식을 깨뜨림. 또는 그 격식 예 **파격**을 구사하다
□ 표백(漂白)	종이나 피륙 등을 바래거나 화학 약품으로 탈색하여 희게 함
□ 품평(品評)	물건이나 작품의 좋고 나쁨을 평함 예 보석 전문가들의 **품평**

ㅎ

□ 행간(行間)	글에 직접적으로 나타나 있지 않으나 그 글을 통하여 나타내려고 하는 숨은 뜻을 비유적으로 이르는 말 예 **행간**의 뜻을 파악하다.
□ 향수(鄕愁)	고향을 그리워하는 마음이나 시름 예 어린 시절에 대한 **향수**
□ 화혼(華婚)	남의 결혼을 아름답게 이르는 말 예 **화혼**을 축하합니다.
□ 확진(確診)	확실하게 진단을 함. 또는 그 진단 예 **확진**을 위한 검사를 하다.
□ 회자(膾炙)	회와 구운 고기라는 뜻으로, 칭찬을 받으며 사람의 입에 자주 오르내림을 이르는 말

2 기출 한자어의 병기

1. 동음이의 한자어의 병기

구분	한자어(훈, 음)	의미
경기	景氣(경치 **경**, 기운 **기**)	매매나 거래에 나타나는 호황 · 불황 등의 경제 활동 상태 **예 경기** 부양 정책
	經紀(다스릴 **경**, 벼리 **기**)	일정한 포부를 가지고 어떤 일을 조직적으로 계획하여 처리함
	競技(다툴 **경**, 재주 **기**)	일정한 규칙 아래 기량과 기술을 겨룸. 또는 그런 일 **예 경기** 규칙을 잘 이해하는 것이 중요하다.
	驚起(놀랄 **경**, 일어날 **기**)	놀라서 일어남. 또는 놀라게 하여 일으킴
고수	固守(굳을 **고**, 지킬 **수**)	차지한 물건이나 형세 등을 굳게 지킴 **예** 우리 반은 전교 상위권 **고수**가 목표이다.
	高手(높을 **고**, 손 **수**)	① 바둑이나 장기 등에서 수가 높음. 또는 그런 사람 **예** 그는 최연소 **고수**였다. ② 어떤 분야나 집단에서 기술이나 능력이 매우 뛰어난 사람
	鼓手(북 **고**, 손 **수**)	북이나 장구 등을 치는 사람 **예** 누나는 소리꾼이었고, 동생은 **고수**였다.
공과	工科(장인 **공**, 품등 **과**)	대학에서, 공업 생산에 필요한 과학 기술을 전공하는 학과를 통틀어 이르는 말
	公課(공변될 **공**, 시험할 **과**)	국가나 공공 단체가 국민에게 부과하는 금전상의 부담이나 육체적인 일 **예** 그는 **공과**를 담당하는 부서의 공무원이다.
	功過(공 **공**, 지날 **과**)	공로와 과실을 아울러 이르는 말 **예 공과**를 논하다.
구제	救濟(구원할 **구**, 건널 **제**)	자연적인 재해나 사회적인 피해를 당하여 어려운 처지에 있는 사람을 도와줌 **예** 수해 이재민 **구제**
	舊製(옛 **구**, 지을 **제**)	옛적에 만듦. 또는 그런 물건
	驅除(몰 **구**, 덜 **제**)	해충 등을 몰아내어 없앰 **예** 기생충 **구제**
동기	同氣(같을 **동**, 기운 **기**)	형제와 자매, 남매를 통틀어 이르는 말 **예 동기**끼리 사이좋게 지내다.
	同期(같을 **동**, 기약할 **기**)	① 같은 시기. 또는 같은 기간 　**예** 6월 중 수출 실적은 전년 **동기** 대비 32.5%가 증가했다. ② 같은 시기에 같은 곳에서 교육이나 강습을 함께 받은 사람 　**예** 대학 **동기**인 그와 나는 노년에 접어든 지금까지도 절친한 사이이다.
	動機(움직일 **동**, 틀 **기**)	어떤 일이나 행동을 일으키게 하는 계기 **예** 이 시를 쓰게 된 **동기**는 특별하지 않다.
수리	水利(물 **수**, 이로울 **리**)	식용, 관개용, 공업용 등으로 물을 이용하는 일 **예** 논은 **수리** 시설 근처에 있어야 한다.
	修理(닦을 **수**, 다스릴 **리**)	고장 나거나 허름한 데를 손보아 고침
	數理(셈 **수**, 다스릴 **리**)	수학의 이론이나 이치 **예** 그 가설은 **수리**에 어긋난다.

수정	水晶(물 수, 밝을 정)	무색투명한 석영의 하나
	受精(받을 수, 찧을 정)	암수의 생식 세포가 하나로 합쳐져 접합자가 됨. 또는 그런 현상
	修正(닦을 수, 바를 정)	바로잡아 고침 예 향후 목표에 근본적인 **수정**을 가하다.
유지	有志(있을 유, 뜻 지)	마을이나 지역에서 명망 있고 영향력을 가진 사람 예 지역 **유지**
	維持(바 유, 가질 지)	어떤 상태나 상황을 그대로 보존하거나 변함없이 계속하여 지탱함 예 질서 **유지**
	遺志(남길 유, 뜻 지)	죽은 사람이 살아서 이루지 못하고 남긴 뜻 예 **유지**를 저버리다.
정체	停滯(머무를 정, 막힐 체)	사물이 발전하거나 나아가지 못하고 한자리에 머물러 그침 예 인권 의식 **정체**
	政體(정사 정, 몸 체)	국가의 통치 형태
	正體(바를 정, 몸 체)	참된 본디의 형체 예 **정체**를 감추다.

2. 그 외 한자어의 병기

□ 決濟 결제 (결정할 결, 건널 제)	증권 또는 대금을 주고받아 매매 당사자 사이의 거래 관계를 끝맺는 일 예 **결제** 자금은 얼마지?
□ 境地 경지 (지경 경, 땅 지)	학문, 예술, 인품 등에서 일정한 특성과 체계를 갖춘 독자적인 범주나 부분 예 세계적인 **경지**의 예술가
□ 動搖 동요 (움직일 동, 흔들릴 요)	어떤 체제나 상황 등이 혼란스럽고 술렁임 예 증권가의 **동요**
□ 發現 발현 (필 발, 나타날 현)	속에 있거나 숨은 것이 밖으로 나타나거나 그렇게 나타나게 함. 또는 그런 결과 예 창의성의 **발현**
□ 病弊 병폐 (병들 병, 폐단 폐)	병통과 폐단을 아울러 이르는 말 예 사회의 **병폐**를 타파하다.
□ 想念 상념 (생각 상, 생각할 념)	마음속에 품고 있는 여러 가지 생각 예 그녀는 **상념**에 빠진 얼굴이었다.
□ 修了 수료 (닦을 수, 마칠 료)	일정한 학과를 다 배워 끝냄 예 석사 과정 **수료**
□ 遺棄 유기 (남길 유, 버릴 기)	내다 버림
□ 將來 장래 (장차 장, 올 래)	다가올 앞날 예 **장래** 걱정에 잠이 안 온다.
□ 出市 출시 (날 출, 시장 시)	상품이 시중에 나옴. 또는 상품을 시중에 내보냄 예 우리 회사는 새 제품 **출시**를 앞두고 있다.

어휘 | 03 어휘의 의미 관계

1 유의 관계

개념	말소리는 다르지만 서로 비슷한 의미를 지니고 있는 단어들 간의 관계를 유의 관계라고 하며, 유의 관계에 있는 단어들을 유의어라고 한다.
특징	단어 간에 다음과 같은 관계가 나타나는 경우에도 의미가 서로 비슷하면 유의 관계에 해당한다. ① 고유어와 한자어, 외래어가 섞여 쓰인다. **예** 가락 - 선율 - 멜로디, 아내 - 처 - 와이프 ② 높임법이 발달하여 있다. **예** 너 - 자네 - 당신 - 댁, 제군, 이름 - 성명 - 존함 - 함자 ③ 감각어가 발달하여 있다. **예** 노랗다 - 노르스름하다 - 노릇하다 - 노리끼리하다 - 노르무레하다 ④ 금기 때문에 생기기도 하였다. **예** 변소 - 화장실, 죽다 - 돌아가다

기출 유의어	구분	유의어	구분	유의어
	1	말미 : 사이 : 짬	-	-

2 반의 관계

개념	의미가 서로 짝을 이루어 대립하는 단어들 간의 관계를 반의 관계라고 하며, 반의 관계에 있는 말들을 반의어라고 한다.
유형	① **상보 반의어**: 양분적 대립 관계에 있어 상호 배타적인 영역을 가지는 반의어이다. 상보 반의 관계에 있는 두 단어는 일정한 의미 영역을 온전히 나눠 가지며 동일한 의미 영역 안에는 다른 단어가 존재하지 않는다. **예** 남자 - 여자 → 중간 항이 존재하지 않는 상보 반의어이다. ② **정도 반의어(등급 반의어)**: 정도성을 가지는 척도에서 대립하는 두 단어를 말한다. 정도 반의어는 상보 반의어와 달리 두 단어를 동시에 부정할 수 있으며, 두 단어 사이에 중간 항이 존재한다. **예** 뜨겁다 : 차갑다 → 그 사이에 '따뜻하다, 미지근하다'와 같이 중간 항이 존재하는 정도 반의어이다. ③ **방향 반의어**: 두 단어가 상대적 관계를 형성하면서 의미상 대칭을 이루는 경우이다. **예** 가다 : 오다 → 서로 반대 방향으로의 이동을 나타내는 방향 반의어이다.

기출 반의어	구분	반의어	구분	반의어
	1	남편 : 아내	6	살다 : 죽다
	2	나쁘다 : 좋다	7	주다 : 받다
	3	덥다 : 춥다	8	기혼(旣婚) : 미혼(未婚)
	4	뜨겁다 : 차갑다	9	축소(縮小) : 확대(擴大)
	5	벗다 : 입다	-	-

3 상하 관계

개념	한 단어의 의미가 다른 단어의 의미를 포함하거나 다른 단어의 의미에 포함되는 관계를 상하 관계라고 한다.
상위어(상의어)와 하위어(하의어)	① **상위어(상의어)**: 일반적인 의미를 가지는 의미의 범위가 넓은 단어로, 다른 단어의 뜻을 포함하는 단어이다. 상위어는 일반적이고 포괄적인 의미를 지닌다. **예** 과일 ② **하위어(하의어)**: 특수한 의미를 가지는 의미의 범위가 좁은 단어로, 다른 단어의 의미에 포함되는 단어이다. 하위어는 개별적이고 한정적인 의미를 지닌다. **예** 귤, 딸기, 사과, 포도

구분	상위어 : 하위어	구분	상위어 : 하위어
1	무기 : 칼	3	칼 : 과도, 회칼
2	문구 : 칼	-	-

기출 상하 관계

4 다의어와 동음이의어

1. 다의어

개념	하나의 단어가 두 가지 이상의 관련된 의미를 지닌 경우를 다의 관계라 하고, 다의 관계에 있는 단어들을 다의어라고 한다.
특징	① 단어가 지닌 여러 의미 중에서 기본적이고 핵심적인 의미인 '중심적 의미'와 이로부터 확장된 하나 이상의 '주변적 의미'들을 가지고 있으며, 이 의미들은 서로 관련이 있다. ② 다의어는 사전에서 한 단어 아래 「1」, 「2」 등으로 뜻이 제시되며, 한 단어로 취급한다. **예** 날다 「1」【…에】【…으로】【…을】공중에 떠서 어떤 위치에서 다른 위치로 움직이다. 「2」어떤 물체가 매우 빨리 움직이다. 「3」【…에서】【…으로】'달아나다'를 속되게 이르는 말

2. 동음이의어

개념	두 가지 이상의 단어가 소리는 동일하나 의미가 서로 다른 경우를 동음이의 관계라 하고, 동음이의 관계에 있는 단어들을 동음이의어라고 한다.
특징	① 우연히 발음이 동일한 단어로, 의미들 사이에 서로 관련이 없다. ② 동음이의어는 사전에서 별개의 표제어로 수록된다. **예** • 배¹ **명** 사람이나 동물의 몸에서 위장, 창자, 콩팥 등의 내장이 들어 있는 곳으로 가슴과 엉덩이 사이의 부위 • 배² **명** 사람이나 짐 등을 싣고 물 위로 떠다니도록 나무나 쇠 등으로 만든 물건 • 배³ **명** 배나무의 열매

3. 다의어와 동음이의어의 구별

의미적 관련성	다의어는 중심적 의미에서 주변적 의미들이 확장되었으므로 의미들 간의 관련성이 있다. 하지만, 동음이의어는 우연히 소리가 동일할 뿐, 의미적 관련성이 전혀 없다. 따라서 두 단어 사이에 공통적인 의미가 있는지, 두 단어의 어원이 동일한지에 따라 다의어와 동음이의어를 구별할 수 있다.

4. 기출 다의어와 동음이의어

(1) 다의어

다의어	의미
보다	동 • 눈으로 대상의 존재나 형태적 특징을 알다. 예 잡지에서 난생처음 **보는** 단어를 발견하였다. • 음식상이나 잠자리 등을 채비하다. 예 할아버지의 이부자리를 **봐** 드렸다. • 어떤 일을 당하거나 겪거나 얻어 가지다. 예 이익을 **보다**. 보동 • 어떤 행동을 시험 삼아 함을 나타내는 말 예 말을 들어 **보다**. • 어떤 일을 경험함을 나타내는 말 예 그런 책은 읽어 **본** 적이 없다. • 앞말이 뜻하는 행동을 하고 난 후에 뒷말이 뜻하는 사실을 새로 깨닫게 되거나, 뒷말이 뜻하는 상태로 됨을 나타내는 말 예 한참 보채고 **보니** 주위가 조용해졌다. • 앞말이 뜻하는 행동을 하는 과정에서 뒷말이 뜻하는 사실을 새로 깨닫게 되거나, 뒷말이 뜻하는 상태로 됨을 나타내는 말 예 오래 살다 **보니** 이런 좋은 일도 있네. 보형 • 앞말이 뜻하는 행동이나 상태를 추측하거나 어렴풋이 인식하고 있음을 나타내는 말 예 열차가 도착했나 **보다**. • 앞말이 뜻하는 상태가 뒷말의 이유나 원인이 됨을 나타내는 말 예 중대한 사안이다 **보니** 혼자 결정할 수가 없다.
부수다	• 단단한 물체를 여러 조각이 나게 두드려 깨뜨리다. 예 돌을 잘게 **부수다**. • 만들어진 물건을 두드리거나 깨뜨려 못 쓰게 만들다. 예 자물쇠를 **부수다**.
빠지다	동 • 박힌 물건이 제자리에서 나오다. 예 책상 다리에서 못이 **빠지다**. • 속에 있는 액체나 기체 또는 냄새 등이 밖으로 새어 나가거나 흘러 나가다. 예 맥주에서 김이 **빠지다**. • 그릇이나 신발 등의 밑바닥이 떨어져 나가다. 예 운동화 밑창이 **빠졌는지** 비가 오면 물이 샌다. • 남이나 다른 것에 비해 뒤떨어지거나 모자라다. 예 그의 실력은 절대로 다른 경쟁자들에게 **빠지지** 않는다.
소화하다	• 섭취한 음식물을 분해하여 영양분을 흡수하기 쉬운 형태로 변화시키다. • 주어진 일을 해결하거나 처리하다. 예 어려운 주제를 무리 없이 **소화해** 낸다. • 어떤 대상을 일정한 장소에 수용하다. 예 오만 명 이상을 **소화할** 수 있는 종합 경기장 • 상품이나 채권 등의 매매에서 요구되는 물량을 만족시키다. 예 추석 택배 물량을 **소화할** 수 없다. • 배운 지식이나 기술 등을 충분히 익혀 자기 것으로 만들다. 예 새로운 발레 동작도 빠르게 **소화한다**.
울다	• 짐승, 벌레, 바람 등이 소리를 내다. 예 늑대 **우는** 소리 • 물체가 바람 등에 흔들리거나 움직여 소리가 나다. 예 전깃줄이 바람에 **운다**.
치다	동 • 바람이 세차게 불거나 비, 눈 등이 세차게 뿌리다. 예 폭풍우가 **치는** 바람에 배가 출항하지 못하고 있다. • 서리가 몹시 차갑게 내리다. 예 된서리가 **치는** 바람에 농작물이 다 얼어 버렸다.

하다	**보동** • 앞말이 뜻하는 행동을 하거나 앞말이 뜻하는 상태가 되는 것이 필요함을 나타내는 말 　　 **예** 주방은 늘 청결해야 **한다**. • 앞말이 뜻하는 행동이나 상태를 의도하거나 바람을 나타내는 말 　　 **예** 시험이 끝난 후에 영화를 보려고 **했지만** 피곤해서 보지 않았다. • 앞말이 뜻하는 행동을 일단 긍정하거나 강조함을 나타내는 말 　　 **예** 비행기가 참 빨리 가기도 **한다**. • 앞말의 사실이 뒷말의 이유나 근거가 됨을 나타내는 말　 **예** 눈도 오고 **해서** 일찍 귀가했다. • 앞말이 뜻하는 행동을 습관처럼 하거나 앞말이 뜻하는 상황이 반복되어 일어남을 나타내는 말 　　 **예** 이곳은 가끔 홍수가 나곤 **한다**. **보형** 앞말이 뜻하는 상태를 일단 긍정하거나 강조함을 나타내는 말　 **예** 생선이 참 싱싱하기도 **하다**.

(2) 동음이의어

구분	의미
부상	• 부상³(扶桑): 해가 뜨는 동쪽 바다 • 부상⁵(負傷): 몸에 상처를 입음　 **예 부상**을 당하다. • 부상⁶(浮上): 어떤 현상이 관심의 대상이 되거나 어떤 사람이 훨씬 좋은 위치로 올라섬 • 부상⁷(副賞): 본상에 딸린 상금이나 상품　 **예 부상**으로 시계를 받다. • 부상⁹(富商): 밑천이 넉넉한 부유한 상인
치다	• 치다⁵: 막이나 그물, 발 등을 펴서 벌이거나 늘어뜨리다.　 **예** 커튼을 **치니** 방이 어두워졌다. • 치다⁷: 가축이나 가금 등을 기르다.　 **예** 할아버지는 돼지를 **쳐서** 번 돈으로 살아 간다. • 치다¹⁰: 셈을 맞추다.　 **예** 적어도 한 개당 오백 원을 **쳐야** 손해를 안 본다.

(3) 다의어 및 동음이의어로 쓰이는 어휘

① 다의어와 동음이의어의 관계

동음 이의어	들다¹	**동** • 밖에서 속이나 안으로 향해 가거나 오거나 하다.　 **예** 사랑에 **들다**. • 빛, 볕, 물 등이 안으로 들어오다.　 **예** 꽃은 해가 잘 **드는** 데 심어야 한다. • 수면을 취하기 위한 장소에 가거나 오다.　 **예** 너무 졸려서 잠자리에 일찍 **들었다**. • 물감, 색깔, 물기, 소금기가 스미거나 배다.　 **예** 음식에 간이 제대로 **들다**. • 어떤 범위나 기준, 또는 일정한 기간 안에 속하거나 포함되다.　 **예** 반에서 5등 안에 **들다**. • 안에 담기거나 그 일부를 이루다.　 **예** 그 글에는 이런 내용이 **들어** 있다. • 어떤 물건이나 사람이 좋게 받아들여지다.　 **예** 눈에 **드는** 물건 • 과일, 음식의 맛 등이 익어서 알맞게 되다.　 **예** 여름이 되자 복숭아가 맛이 알맞게 **들었다**.　 \]다의어
	들다⁴	**동** • 아래에 있는 것을 위로 올리다.　 **예** 손을 **들다**. • 설명하거나 증명하기 위하여 사실을 가져다 대다.　 **예** 예를 **들다**.　 \]다의어

② 다의어 및 동음이의어로 쓰이는 기출 어휘

구분	어휘	구분	어휘
1	**명** 연발¹(延發) : **명** 연발²(連發)	2	**형** 쟁쟁(琤琤)하다² : **형** 쟁쟁(錚錚)하다⁴

5 혼동하기 쉬운 기출 어휘

1. 발음이 유사한 어휘

구분	의미
차비	'채비'의 원말
채비	어떤 일이 되기 위하여 필요한 물건, 자세 등이 미리 갖추어져 차려지거나 그렇게 되게 함. 또는 그 물건이나 자세 예 출근 **채비**

2. 표기상 틀리기 쉬운 어휘

구분	의미
가자미	넙칫과와 붕넙칫과의 넙치가자미, 동백가자미, 참가자미, 목탁가자미, 줄가자미 등을 통틀어 이르는 말
가재미	'가자미'의 잘못
먹이다	매 등을 맞히다. 예 머리에 알밤을 **먹이다**.
멕이다	'먹이다'의 잘못
아기	어린 젖먹이 아이 예 **아기**를 돌보다.
애기	'아기'의 잘못
아지랑이	주로 봄날 햇빛이 강하게 쬘 때 공기가 공중에서 아른아른 움직이는 현상 예 한낮의 **아지랑이**
아지랭이	'아지랑이'의 잘못

어휘 | 04 속담, 한자 성어

1 기출 속담

ㄱ

☐ 가는 말에 채찍질	① 열심히 하고 있는데도 더 빨리하라고 독촉함을 비유적으로 이르는 말 ② 형편이나 힘이 한창 좋을 때라도 더욱 마음을 써서 힘써야 함을 비유적으로 이르는 말
☐ 가는[가던] 날이 장날	일을 보러 가니 공교롭게 장이 서는 날이라는 뜻으로, 어떤 일을 하려고 하는데 뜻하지 않은 일을 공교롭게 당함을 비유적으로 이르는 말
☐ 가물에 콩(씨) 나듯	'가뭄에는 심은 콩이 제대로 싹이 트지 못하여 드문드문 난다'라는 뜻으로, 어떤 일이나 물건이 어쩌다 하나씩 드문드문 있는 경우를 비유적으로 이르는 말
☐ 꾸어다 놓은 보릿자루[빗자루]	여럿이 모여 이야기하는 자리에서 아무 말도 하지 않고 한옆에 가만히 있는 사람을 비유적으로 이르는 말

ㄴ

☐ 낫 놓고 기역 자도 모른다	'기역 자 모양으로 생긴 낫을 보면서도 기역 자를 모른다'라는 뜻으로, 아주 무식함을 비유적으로 이르는 말
☐ 내 손에 장을 지지겠다	손톱에 불을 달아 장을 지지게 되면 그 고통이라는 것은 이루 말할 수 없는 것인데 그런 모진 일을 담보로 하여 자기가 옳다는 것을 장담할 때 하는 말
☐ 눈 가리고 아웅	① '얕은수로 남을 속이려 한다'라는 말 ② 실제로 보람도 없을 일을 공연히 형식적으로 하는 체하며 부질없는 짓을 함을 비유적으로 이르는 말
☐ 눈 감고 따라간다	아무 생각 없이 맹목적으로 뒤따르는 것을 비유적으로 이르는 말
☐ 눈 뜨고 코 베어 갈 세상[인심]	눈을 멀쩡히 뜨고 있어도 코를 베어 갈 만큼 세상인심이 고약하다는 말
☐ 눈먼 놈이 앞장선다	못난이가 남보다 먼저 나댐을 비유적으로 이르는 말
☐ 눈에 콩깍지가 씌었다	앞이 가리어 사물을 정확하게 보지 못함을 비유적으로 이르는 말

ㄷ

□ 다 된 농사에 낫 들고 덤빈다	일이 다 끝난 뒤에 쓸데없이 참견하고 나섬을 비유적으로 이르는 말
□ 다 된 죽에 코 빠졌다	거의 다 된 일을 망쳐 버리는 주책없는 행동을 비유적으로 이르는 말
□ 달면 삼키고 쓰면 뱉는다	옳고 그름이나 신의를 돌보지 않고 자기의 이익만 꾀함을 비유적으로 이르는 말
□ 닭 잡아먹고 오리 발 내놓기	옳지 못한 일을 저질러 놓고 엉뚱한 수작으로 속여 넘기려 하는 일을 비유적으로 이르는 말
□ 동냥은 못 줘도 쪽박은 깨지 마라	남을 도와주지는 못할망정 방해는 하지 말라는 말

ㅁ

□ 믿는 도끼에 발등 찍힌다	잘되리라고 믿고 있던 일이 어긋나거나 믿고 있던 사람이 배반하여 오히려 해를 입음을 비유적으로 이르는 말

ㅂ

□ 바늘구멍으로 하늘 보기	'조그만 바늘구멍으로 넓디넓은 하늘을 본다'라는 뜻으로, 전체를 포괄적으로 보지 못하는 매우 좁은 소견이나 관찰을 비꼬는 말
□ 비 온 뒤에 땅이 굳어진다	'비에 젖어 질척거리던 흙도 마르면서 단단하게 굳어진다'라는 뜻으로, 어떤 시련을 겪은 뒤에 더 강해짐을 비유적으로 이르는 말
□ 빈대 잡으려고 초가삼간 태운다	손해를 크게 볼 것을 생각지 않고 자기에게 마땅치 않은 것을 없애려고 그저 덤비기만 하는 경우를 비유적으로 이르는 말

ㅅ

□ 선무당이 사람 잡는다[죽인다]	'의술에 서투른 사람이 치료해 준다고 하다가 사람을 죽이기까지 한다'라는 뜻으로, 능력이 없어서 제구실을 못하면서 함부로 하다가 큰일을 저지르게 됨을 비유적으로 이르는 말
□ 소 잃고 외양간 고친다	'소를 도둑맞은 다음에서야 빈 외양간의 허물어진 데를 고치느라 수선을 떤다'라는 뜻으로, 일이 이미 잘못된 뒤에는 손을 써도 소용이 없음을 비꼬는 말
□ 손 안 대고 코 풀기	'손조차 사용하지 않고 코를 푼다'라는 뜻으로, 일을 힘 안 들이고 아주 쉽게 해치움을 비유적으로 이르는 말
□ 썩어도 준치	본래 좋고 훌륭한 것은 비록 상해도 그 본질에는 변함이 없음을 비유적으로 이르는 말

ㅇ

□ 언 발에 오줌 누기	'언 발을 녹이려고 오줌을 누어 봤자 효력이 별로 없다'라는 뜻으로, 임시변통은 될지 모르나 그 효력이 오래가지 못할 뿐만 아니라 결국에는 사태가 더 나빠짐을 비유적으로 이르는 말
□ 언 손 불기	부질없는 짓을 비유적으로 이르는 말
□ 오뉴월에도 남의 일은 손이 시리다	① 남의 일은 힘들지 않은 일도 하기 싫고 고되다는 말 ② 남의 일을 하기 싫어서 건들건들하는 모양을 비난조로 이르는 말
□ 우물에 가 숭늉 찾는다	모든 일에는 질서와 차례가 있는 법인데 일의 순서도 모르고 성급하게 덤빔을 비유적으로 이르는 말

ㅈ

□ 자기 얼굴[낯]에 침 뱉기	'남을 해치려고 하다가 도리어 자기가 해를 입게 된다'라는 것을 비유적으로 이르는 말
□ 제 논에 물 대기	자기에게만 이롭도록 일을 하는 경우를 비유적으로 이르는 말

ㅊ

□ 초록은 동색	풀색과 녹색은 같은 색이라는 뜻으로, 처지가 같은 사람들끼리 한패가 되는 경우를 비유적으로 이르는 말

ㅎ

□ 한 손으로는 손뼉을 못 친다	상대가 없이 혼자서는 싸움이 되지 않는다는 말

2 기출 한자 성어

ㄱ

□ 감언이설(甘言利說)	귀가 솔깃하도록 남의 비위를 맞추거나 이로운 조건을 내세워 꾀는 말
□ 견강부회(牽強附會)	이치에 맞지 않는 말을 억지로 끌어 붙여 자기에게 유리하게 함
□ 견마지로(犬馬之勞)	개나 말 정도의 하찮은 힘이라는 뜻으로, 윗사람에게 충성을 다하는 자신의 노력을 낮추어 이르는 말
□ 결초보은(結草報恩)	죽은 뒤에라도 은혜를 잊지 않고 갚음을 이르는 말

□ 고식지계(姑息之計)	우선 당장 편한 것만을 택하는 꾀나 방법. 한때의 안정을 얻기 위하여 임시로 둘러맞추어 처리하거나 이리저리 주선하여 꾸며 내는 계책을 이른다.
□ 고장난명(孤掌難鳴)	① '외손뼉만으로는 소리가 울리지 않는다'라는 뜻으로, 혼자의 힘만으로 어떤 일을 이루기 어려움을 이르는 말 ② 맞서는 사람이 없으면 싸움이 일어나지 않음을 이르는 말
□ 곡학아세(曲學阿世)	바른길에서 벗어난 학문으로 세상 사람에게 아첨함
□ 관포지교(管鮑之交)	관중과 포숙의 사귐이란 뜻으로, 우정이 아주 돈독한 친구 관계를 이르는 말
□ 교각살우(矯角殺牛)	'소의 뿔을 바로잡으려다가 소를 죽인다'라는 뜻으로, 잘못된 점을 고치려다가 그 방법이나 정도가 지나쳐 오히려 일을 그르침을 이르는 말
□ 권토중래(捲土重來)	① '땅을 말아 일으킬 것 같은 기세로 다시 온다'라는 뜻으로, 한 번 실패하였으나 힘을 회복하여 다시 쳐들어옴을 이르는 말 ② 어떤 일에 실패한 뒤에 힘을 가다듬어 다시 그 일에 착수함을 비유하여 이르는 말

ㄴ

□ 난공불락(難攻不落)	공격하기가 어려워 쉽사리 함락되지 않음
□ 난형난제(難兄難弟)	'누구를 형이라 하고 누구를 아우라 하기 어렵다'라는 뜻으로, 두 사물이 비슷하여 낫고 못함을 정하기 어려움을 이르는 말
□ 낭중지추(囊中之錐)	주머니 속의 송곳이라는 뜻으로, 재능이 뛰어난 사람은 숨어 있어도 저절로 사람들에게 알려짐을 이르는 말

ㄷ

□ 다기망양(多岐亡羊)	① '갈림길이 많아 잃어버린 양을 찾지 못한다'라는 뜻으로, 두루 섭렵하기만 하고 전공하는 바가 없어 끝내 성취하지 못함을 이르는 말 ② 방침이 많아서 도리어 갈 바를 모름
□ 당랑거철(螳螂拒轍)	제 역량을 생각하지 않고, 강한 상대나 되지 않을 일에 덤벼드는 무모한 행동거지를 비유적으로 이르는 말

ㅁ

□ 망년지교(忘年之交)	나이에 거리끼지 않고 허물없이 사귄 벗
□ 망양보뢰(亡羊補牢)	'양을 잃고 우리를 고친다'라는 뜻으로, 이미 어떤 일을 실패한 뒤에 뉘우쳐도 아무 소용이 없음을 이르는 말
□ 목불식정(目不識丁)	'아주 간단한 글자인 '丁' 자를 보고도 그것이 '고무래'인 줄을 알지 못한다'라는 뜻으로, 아주 까막눈임을 이르는 말

□ 문경지교(刎頸之交)	서로를 위해서라면 목이 잘린다 해도 후회하지 않을 정도의 사이라는 뜻으로, 생사를 같이할 수 있는 아주 가까운 사이, 또는 그런 친구를 이르는 말

ㅂ

□ 반포지효(反哺之孝)	까마귀 새끼가 자라서 늙은 어미에게 먹이를 물어다 주는 효라는 뜻으로, 자식이 자란 후에 어버이의 은혜를 갚는 효성을 이르는 말
□ 방약무인(傍若無人)	곁에 사람이 없는 것처럼 아무 거리낌 없이 함부로 말하고 행동하는 태도가 있음
□ 백가쟁명(百家爭鳴)	많은 학자나 문화인 등이 자기의 학설이나 주장을 자유롭게 발표하여, 논쟁하고 토론하는 일
□ 부화뇌동(附和雷同)	줏대 없이 남의 의견에 따라 움직임
□ 불치하문(不恥下問)	손아랫사람이나 지위나 학식이 자기만 못한 사람에게 모르는 것을 묻는 일을 부끄러워하지 않음

ㅅ

□ 수불석권(手不釋卷)	손에서 책을 놓지 않고 늘 글을 읽음
□ 수어지교(水魚之交)	물이 없으면 살 수 없는 물고기와 물의 관계라는 뜻으로, 아주 친밀하여 떨어질 수 없는 사이를 비유적으로 이르는 말
□ 수주대토(守株待兔)	한 가지 일에만 얽매여 발전을 모르는 어리석은 사람을 비유적으로 이르는 말

ㅇ

□ 어로불변(魚魯不辨)	'어(魚) 자와 노(魯) 자를 구별하지 못한다'라는 뜻으로, 아주 무식함을 비유적으로 이르는 말
□ 오비삼척(吾鼻三尺)	내 코가 석 자라는 뜻으로, 자기 사정이 급하여 남을 돌볼 겨를이 없음을 이르는 말
□ 오비이락(烏飛梨落)	'까마귀 날자 배 떨어진다'라는 뜻으로, 아무 관계도 없이 한 일이 공교롭게도 때가 같아 억울하게 의심을 받거나 난처한 위치에 서게 됨을 이르는 말
□ 우공이산(愚公移山)	'우공이 산을 옮긴다'라는 뜻으로, 어떤 일이든 끊임없이 노력하면 반드시 이루어짐을 이르는 말
□ 위편삼절(韋編三絕)	'공자가 주역을 즐겨 읽어 책의 가죽끈이 세 번이나 끊어졌다'라는 뜻으로, 책을 열심히 읽음을 이르는 말
□ 이전투구(泥田鬪狗)	① 진흙탕에서 싸우는 개라는 뜻으로, 강인한 성격의 함경도 사람을 이르는 말 ② 자기의 이익을 위하여 비열하게 다툼을 비유적으로 이르는 말
□ 이합집산(離合集散)	헤어졌다가 만나고 모였다가 흩어짐

☐ 익자삼우(益者三友)	사귀어서 자기에게 도움이 되는 세 가지의 벗
☐ 일면지교(一面之交)	한 번 만나 본 정도의 친분
☐ 일취월장(日就月將)	나날이 다달이 자라거나 발전함

ㅈ

☐ 자가당착(自家撞着)	같은 사람의 말이나 행동이 앞뒤가 서로 맞지 않고 모순됨
☐ 작심삼일(作心三日)	'단단히 먹은 마음이 사흘을 가지 못한다'라는 뜻으로, 결심이 굳지 못함을 이르는 말
☐ 절차탁마(切磋琢磨)	'옥이나 돌 등을 갈고 닦아서 빛을 낸다'라는 뜻으로, 부지런히 학문과 덕행을 닦음을 이르는 말
☐ 좌정관천(坐井觀天)	'우물 속에 앉아서 하늘을 본다'라는 뜻으로, 사람의 견문이 매우 좁음을 이르는 말
☐ 주마가편(走馬加鞭)	'달리는 말에 채찍질한다'라는 뜻으로, 잘하는 사람을 더욱 장려함을 이르는 말
☐ 주마간산(走馬看山)	'말을 타고 달리며 산천을 구경한다'라는 뜻으로, 자세히 살피지 않고 대충대충 보고 지나감을 이르는 말

ㅊ

☐ 청출어람(青出於藍)	'쪽에서 뽑아낸 푸른 물감이 쪽보다 더 푸르다'라는 뜻으로, 제자나 후배가 스승이나 선배보다 나음을 비유적으로 이르는 말
☐ 촌철살인(寸鐵殺人)	'한 치의 쇠붙이로도 사람을 죽일 수 있다'라는 뜻으로, 간단한 말로도 남을 감동하게 하거나 남의 약점을 찌를 수 있음을 이르는 말

ㅍ

☐ 포복절도(抱腹絕倒)	배를 그러안고 넘어질 정도로 몹시 웃음
☐ 포의지교(布衣之交)	베옷을 입고 다닐 때의 사귐이라는 뜻으로, 벼슬을 하기 전 선비 시절에 사귐. 또는 그렇게 사귄 벗을 이르는 말
☐ 풍수지탄 (風樹之歎 / 風樹之嘆)	효도를 다하지 못한 채 어버이를 여읜 자식의 슬픔을 이르는 말

□ 하석상대(下石上臺)	'아랫돌 빼서 윗돌 괴고 윗돌 빼서 아랫돌 괸다'라는 뜻으로, 임시변통으로 이리저리 둘러맞춤을 이르는 말
□ 학수고대(鶴首苦待)	학의 목처럼 목을 길게 빼고 간절히 기다림
□ 형설지공(螢雪之功)	반딧불·눈과 함께 하는 노력이라는 뜻으로, 고생을 하면서 부지런하고 꾸준하게 공부하는 자세를 이르는 말
□ 호가호위(狐假虎威)	남의 권세를 빌려 위세를 부림
□ 혼정신성(昏定晨省)	'밤에는 부모의 잠자리를 보아 드리고 이른 아침에는 부모의 밤새 안부를 묻는다'라는 뜻으로, 부모를 잘 섬기고 효성을 다함을 이르는 말
□ 후래삼배(後來三杯)	술자리에 뒤늦게 온 사람에게 권하는 석 잔의 술

3 뜻이 유사한 기출 속담과 한자 성어

1	빈대 잡으려고 초가삼간 태운다	손해를 크게 볼 것을 생각지 않고 자기에게 마땅치 않은 것을 없애려고 그저 덤비기만 하는 경우를 비유적으로 이르는 말
	교각살우(矯角殺牛)	'소의 뿔을 바로잡으려다가 소를 죽인다'라는 뜻으로, 잘못된 점을 고치려다가 그 방법이나 정도가 지나쳐 오히려 일을 그르침을 이르는 말
2	소 잃고 외양간 고친다	'소를 도둑맞은 다음에서야 빈 외양간의 허물어진 데를 고치느라 수선을 떤다'라는 뜻으로, 일이 이미 잘못된 뒤에는 손을 써도 소용이 없음을 비꼬는 말
	망양보뢰(亡羊補牢)	'양을 잃고 우리를 고친다'라는 뜻으로, 이미 어떤 일을 실패한 뒤에 뉘우쳐도 아무 소용이 없음을 이르는 말
3	언 발에 오줌 누기	'언 발을 녹이려고 오줌을 누어 봤자 효력이 별로 없다'라는 뜻으로, 임시변통은 될지 모르나 그 효력이 오래가지 못할 뿐만 아니라 결국에는 사태가 더 나빠짐을 비유적으로 이르는 말
	고식지계(姑息之計)	우선 당장 편한 것만을 택하는 꾀나 방법. 한때의 안정을 얻기 위하여 임시로 둘러맞추어 처리하거나 이리저리 주선하여 꾸며 내는 계책을 이른다.
	하석상대(下石上臺)	'아랫돌 빼서 윗돌 괴고 윗돌 빼서 아랫돌 괸다'라는 뜻으로, 임시변통으로 이리저리 둘러맞춤을 이르는 말
4	제 논에 물 대기	자기에게만 이롭도록 일을 하는 경우를 비유적으로 이르는 말
	견강부회(牽強附會)	이치에 맞지 않는 말을 억지로 끌어 붙여 자기에게 유리하게 함

어휘 | 05 관용구, 순화어

1 기출 관용구

관용구	의미
☐ 가슴을 찢다	슬픔이나 분함 때문에 가슴이 째지는 듯한 고통을 주다.
☐ 간도 쓸개도 없다	용기나 줏대 없이 남에게 굽히다.
☐ 경종을 울리다	잘못이나 위험을 미리 경계하여 주의를 환기시키다.
☐ 귀가 가렵다[간지럽다]	남이 제 말을 한다고 느끼다.
☐ 귀에 못이 박히다	같은 말을 여러 번 듣다.
☐ 깨가 쏟아지다	몹시 아기자기하고 재미가 나다.
☐ 달(이) 차다	아이를 배어 낳을 달이 되다.
☐ 돌(을) 던지다	남의 잘못을 비난하다.
☐ 봉(을) 잡다	'상상 속에서만 존재하는 진귀한 봉황을 잡는다'라는 뜻으로, 매우 귀하고 훌륭한 사람이나 일을 얻음을 비유적으로 이르는 말
☐ 사람(을) 잡다	사람을 극심한 곤경에 몰아넣다.
☐ 상투(를) 잡다	가장 높은 시세에 주식을 매입하다.
☐ 상투(를) 틀다	총각이 장가들어 어른이 되다.
☐ 생사람(을) 잡다	아무 잘못이나 관계가 없는 사람을 헐뜯거나 죄인으로 몰다.
☐ 서릿발(을) 이다	머리카락이 하얗게 세다.
☐ 서릿발(이) 치다	기세가 매우 매섭고 준엄하다.
☐ 서릿발을 맞다	권력 등 외부의 힘에 의하여 피해나 손해를 입다.
☐ 서릿발이 서다	① 땅거죽에 가늘고 긴 얼음 줄기의 묶음이 생기다. ② 서릿발처럼 준엄하고 매서운 기운이 있다.
☐ 지휘봉을 잡다	어떤 무리나 조직의 우두머리가 되다.
☐ 침 발라 놓다	자기 소유임을 표시하다.
☐ 침이 마르다	다른 사람이나 물건에 대하여 거듭해서 말하다.

□ 토(를) 달다	어떤 말 끝에 그 말에 대하여 덧붙여 말하다.
□ 피(를) 토하다	격렬한 의분을 터뜨리다.
□ 피가 마르다	몹시 괴롭거나 애가 타다.

2 기출 순화어

1. 한자어 순화어

구분	순화 대상어	순화어	구분	순화 대상어	순화어
1	가료(加療)	치료, 고침, 병 고침	14	빈사(瀕死)	다 죽음, 반죽음
2	감안(勘案)	생각, 고려, 참작	15	사계(斯界)	그 방면, 이 방면, 그 분야, 이 분야, 해당 분야
3	고수부지(高水敷地)	둔치	16	수순(手順)	순서, 절차, 차례
4	관장(管掌)하다	관리하다, 담당하다, 맡다, 맡아 보다, 처리하다	17	수피(樹皮)	나무껍질
5	납득(納得)	이해	18	시말서(始末書)	경위서
6	노견(路肩)	갓길	19	잔반(殘飯)	남은 밥, 음식 찌꺼기
7	노변(路邊)	길가	20	전횡(專橫)	독선적 행위, 마음대로 함
8	대체(代替)하다	바꾸다	21	제척(除斥)	뺌, 제외
9	망년회(忘年會)	송년 모임, 송년회	22	착수(着手)	시작
10	매점(買占)	사재기	23	체차(遞次)로	차례로, 차례차례로
11	미연(未然)에	미리	24	최촉(催促)	재촉, 독촉
12	별첨(別添)	따로 붙임	25	호출(呼出)	부름
13	분기(分岐)하다	갈라지다, 나누어지다	26	흑태(黑太)	검정콩

2. 외래어 순화어

구분	순화 대상어	순화어	구분	순화 대상어	순화어
1	노가다	공사판 노동자, 노동자	17	벤치 클리어링 (bench clearing)	몸싸움, 집단 몸싸움, 선수단 몸싸움
2	뉘앙스(nuance)	어감, 말맛, 느낌	18	사시미	생선회
3	다대기	다짐, 다진 양념	19	스크린 도어 (screen door)	안전문
4	데드라인(deadline)	한계선, 최종 한계, 마감, 기한	20	스타일리스트(stylist)	맵시가꿈이
5	데뷔(début)	등단, 등장, 첫등장, 첫무대, 첫등단	21	신드롬(syndrome)	증후군
6	디스카운트(discount)	에누리, 할인	22	와일드하다(wild--)	거칠다
7	라운지(lounge)	휴게실	23	이북(e-book)	전자책
8	레시피(recipe)	조리법	24	지라시	선전지, 낱장 광고
9	론칭쇼(launching show)	신제품 발표회	25	케이스(case)	경우, 상자
10	리메이크(remake)	재구성, 원작 재구성	26	콤플렉스(complex)	열등감, 욕구 불만, 강박 관념
11	리플(reply)	댓글	27	쿠사리	핀잔
12	무데뽀	막무가내	28	크레인(crane)	기중기
13	바께쓰	양동이, 들통	29	타입(type)	모양, 유형
14	발레파킹(valet parking)	대리주차	30	팁(tip)	도움말, 봉사료
15	버킷 리스트(bucket list)	소망 목록	31	팝업 창(pop-up 窓)	알림창
16	베스트(best)	전력, 최선, 최고	32	플래카드(placard)	펼침막, 현수막

어법 | 01 한글 맞춤법

1 기출 한글 맞춤법 규정

1. 소리에 관한 것

(1) 두음 법칙

① 제11항

한자음 '랴, 려, 례, 료, 류, 리'가 단어의 첫머리에 올 적에는, 두음 법칙에 따라 '야, 여, 예, 요, 유, 이'로 적는다. (ㄱ을 취하고, ㄴ을 버림)

ㄱ	ㄴ	ㄱ	ㄴ	ㄱ	ㄴ
양심(良心)	량심	예의(禮儀)	례의	유행(流行)	류행
역사(歷史)	력사	용궁(龍宮)	룡궁	이발(理髮)	리발

다만, 다음과 같은 의존 명사는 본음대로 적는다.

리(里): 몇 리냐?	리(理): 그럴 리가 없다.

붙임1 단어의 첫머리 이외의 경우에는 본음대로 적는다.

개량(改良)	선량(善良)	수력(水力)	협력(協力)	사례(謝禮)	혼례(婚禮)
와룡(臥龍)	쌍룡(雙龍)	하류(下流)	급류(急流)	도리(道理)	진리(眞理)

다만, 모음이나 'ㄴ' 받침 뒤에 이어지는 '렬, 률'은 '열, 율'로 적는다. (ㄱ을 취하고 ㄴ을 버림)

ㄱ	ㄴ	ㄱ	ㄴ	ㄱ	ㄴ
나열(羅列)	나렬	비율(比率)	비률	진열(陳列)	진렬
치열(齒列)	치렬	실패율(失敗率)	실패률	선율(旋律)	선률
비열(卑劣)	비렬	분열(分裂)	분렬	전율(戰慄)	전률
규율(規律)	규률	선열(先烈)	선렬	백분율(百分率)	백분률

붙임2 외자로 된 이름을 성에 붙여 쓸 경우에도 본음대로 적을 수 있다.

신립(申砬)	최린(崔麟)	채륜(蔡倫)	하륜(河崙)

붙임3 준말에서 본음으로 소리 나는 것은 본음대로 적는다.

국련(국제 연합)	한시련(한국 시각 장애인 연합회)

접두사처럼 쓰이는 한자가 붙어서 된 말이나 합성어에서, 뒷말의 첫소리가 'ㄴ' 또는 'ㄹ' 소리로 나더라도 두음 법칙에 따라 적는다.

역이용(逆利用)	연이율(年利率)	열역학(熱力學)	해외여행(海外旅行)

둘 이상의 단어로 이루어진 고유 명사를 붙여 쓰는 경우나 십진법에 따라 쓰는 수(數)도 에 준하여 적는다.

서울여관	신흥이발관	육천육백육십육(六千六百六十六)

2. 형태에 관한 것

(1) 접미사가 붙어서 된 말

① 제20항

명사 뒤에 '-이'가 붙어서 된 말은 그 명사의 원형을 밝히어 적는다.

1. 부사로 된 것

곳곳이	낱낱이	몫몫이	샅샅이	앞앞이	집집이

2. 명사로 된 것

곰배팔이	바둑이	삼발이	애꾸눈이	육손이	절뚝발이 / 절름발이

'-이' 이외의 모음으로 시작된 접미사가 붙어서 된 말은 그 명사의 원형을 밝히어 적지 않는다.

꼬락서니	끄트머리	모가치	바가지	바깥	사타구니
싸라기	이파리	지붕	지푸라기	짜개	

② 제21항

명사나 혹은 용언의 어간 뒤에 자음으로 시작된 접미사가 붙어서 된 말은 그 명사나 어간의 원형을 밝히어 적는다.

1. 명사 뒤에 자음으로 시작된 접미사가 붙어서 된 것

값지다	홑지다	넋두리	빛깔	옆댕이	잎사귀

2. 어간 뒤에 자음으로 시작된 접미사가 붙어서 된 것

낚시	늙정이	덮개	뜯게질	갉작갉작하다	갉작거리다
뜯적거리다	뜯적뜯적하다	굵다랗다	굵직하다	깊숙하다	넓적하다
높다랗다	늙수그레하다	얽죽얽죽하다			

다만, 다음과 같은 말은 소리대로 적는다.

(1) 겹받침의 끝소리가 드러나지 않는 것

할짝거리다	널따랗다	널찍하다	말끔하다	말쑥하다	말짱하다
실쭉하다	실큼하다	얄따랗다	얄팍하다	짤따랗다	짤막하다
실컷					

(2) 어원이 분명하지 않거나 본뜻에서 멀어진 것

넙치	올무	골막하다	납작하다

③ 제23항

'-하다'나 '-거리다'가 붙는 어근에 '-이'가 붙어서 명사가 된 것은 그 원형을 밝히어 적는다.(ㄱ을 취하고, ㄴ을 버림)

ㄱ	ㄴ	ㄱ	ㄴ	ㄱ	ㄴ
깔쭉이	깔쭈기	배불뚝이	배불뚜기	오뚝이	오뚜기
꿀꿀이	꿀꾸리	삐죽이	삐주기	코납작이	코납자기
눈깜짝이	눈깜짜기	살살이	살사리	푸석이	푸서기
더펄이	더퍼리	쌕쌕이	쌕쌔기	홀쭉이	홀쭈기

붙임 '-하다'나 '-거리다'가 붙을 수 없는 어근에 '-이'나 또는 다른 모음으로 시작되는 접미사가 붙어서 명사가 된 것은 그 원형을 밝히어 적지 않는다.

개구리	귀뚜라미	기러기	깍두기	꽹과리	날라리
누더기	동그라미	두드러기	딱따구리	매미	부스러기
뻐꾸기	얼루기	칼싹두기			

④ 제25항

'-하다'가 붙는 어근에 '-히'나 '-이'가 붙어서 부사가 되거나, 부사에 '-이'가 붙어서 뜻을 더하는 경우에는 그 어근이나 부사의 원형을 밝히어 적는다.

1. '-하다'가 붙는 어근에 '-히'나 '-이'가 붙는 경우

급히	꾸준히	도저히	딱히	어렴풋이	깨끗이

붙임 '-하다'가 붙지 않는 경우에는 소리대로 적는다.

갑자기	반드시(꼭)	슬며시

2. 부사에 '-이'가 붙어서 역시 부사가 되는 경우

곰곰이	더욱이	생긋이	오뚝이	일찍이	해죽이

(2) 합성어 및 접두사가 붙은 말

① 제29항

끝소리가 'ㄹ'인 말과 딴 말이 어울릴 적에 'ㄹ' 소리가 'ㄷ' 소리로 나는 것은 'ㄷ'으로 적는다.

반짇고리(바느질~) 사흗날(사흘~)	삼짇날(삼질~)	섣달(설~)	숟가락(술~)	이튿날(이틀~)
잗주름(잘~) 푿소(풀~)	섣부르다(설~)	잗다듬다(잘~)	잗다랗다(잘~)	

② 제30항

사이시옷은 다음과 같은 경우에 받치어 적는다.

1. 순우리말로 된 합성어로서 앞말이 모음으로 끝난 경우

(1) 뒷말의 첫소리가 된소리로 나는 것

고랫재	귓밥	나룻배	나뭇가지	냇가	댓가지	뒷갈망	맷돌
머릿기름	모깃불	못자리	바닷가	뱃길	볏가리	부싯돌	선짓국
쇳조각	아랫집	우렁잇속	잇자국	잿더미	조갯살	찻집	쳇바퀴
킷값	핏대	햇볕	혓바늘				

(2) 뒷말의 첫소리 'ㄴ, ㅁ' 앞에서 'ㄴ' 소리가 덧나는 것

멧나물	아랫니	텃마당	아랫마을	뒷머리	잇몸	깻묵	냇물
빗물							

(3) 뒷말의 첫소리 모음 앞에서 'ㄴㄴ' 소리가 덧나는 것

도리깻열	뒷윷	두렛일	뒷일	뒷입맛	베갯잇	욧잇	깻잎
나뭇잎	댓잎						

2. 순우리말과 한자어로 된 합성어로서 앞말이 모음으로 끝난 경우

(1) 뒷말의 첫소리가 된소리로 나는 것

귓병	머릿방	뱃병	봇둑	사잣밥	샛강	아랫방	자릿세
전셋집	찻잔	찻종	촛국	콧병	탯줄	텃세	핏기
햇수	횟가루	횟배					

(2) 뒷말의 첫소리 'ㄴ, ㅁ' 앞에서 'ㄴ' 소리가 덧나는 것

곗날	제삿날	훗날	툇마루	양칫물

(3) 뒷말의 첫소리 모음 앞에서 'ㄴㄴ' 소리가 덧나는 것

가욋일	사삿일	예삿일	훗일

3. 두 음절로 된 다음 한자어

곳간(庫間)	셋방(貰房)	숫자(數字)	찻간(車間)	툇간(退間)	횟수(回數)

(3) 준말

① 제35항

모음 'ㅗ, ㅜ'로 끝난 어간에 '-아/-어, -았-/-었-'이 어울려 'ㅘ/ㅝ, ㅘㅆ/ㅝㅆ'으로 될 적에는 준 대로 적는다.

본말	준말	본말	준말	본말	준말	본말	준말
꼬아	꽈	꼬았다	꽜다	보아	봐	보았다	봤다
쏘아	쏴	쏘았다	쐈다	두어	둬	두었다	뒀다
쑤어	쒀	쑤었다	쒔다	주어	줘	주었다	줬다

붙임1 '놓아'가 '놔'로 줄 적에는 준 대로 적는다.

붙임2 'ㅚ' 뒤에 '-어, -었-'이 어울려 'ㅙ, ㅙㅆ'으로 될 적에도 준 대로 적는다.

본말	준말	본말	준말	본말	준말	본말	준말
괴어	괘	괴었다	괬다	되어	돼	되었다	됐다
뇌어	봬	뇌었다	뵀다	쇠어	쇄	쇠었다	쇘다
쐬어	쐐	쐬었다	쐤다	-	-	-	-

② 제39항

어미 '-지' 뒤에 '않-'이 어울려 '-잖-'이 될 적과 '-하지' 뒤에 '않-'이 어울려 '-찮-'이 될 적에는 준 대로 적는다.

본말	준말	본말	준말	본말	준말	본말	준말
그렇지 않은	그렇잖은	만만하지 않다	만만찮다	적지 않은	적잖은	변변하지 않다	변변찮다

③ 제40항

어간의 끝음절 '하'의 'ㅏ'가 줄고 'ㅎ'이 다음 음절의 첫소리와 어울려 거센소리로 될 적에는 거센소리로 적는다.

본말	준말	본말	준말	본말	준말	본말	준말
간편하게	간편케	다정하다	다정타	연구하도록	연구토록	정결하다	정결타
가하다	가타	흔하다	흔타	-	-	-	-

붙임1 'ㅎ'이 어간의 끝소리로 굳어진 것은 받침으로 적는다.

않다	않고	않지	않든지	그렇다	그렇고
그렇지	그렇든지	아무렇다	아무렇고	아무렇지	아무렇든지
어떻다	어떻고	어떻지	어떻든지	이렇다	이렇고
이렇지	이렇든지	저렇다	저렇고	저렇지	저렇든지

붙임2 어간의 끝음절 '하'가 아주 줄 적에는 준 대로 적는다.

본말	준말	본말	준말	본말	준말	본말	준말
거북하지	거북지	넉넉하지 않다	넉넉지 않다	생각하건대	생각건대	못하지 않다	못지않다
생각하다 못해	생각다 못해	섭섭하지 않다	섭섭지 않다	깨끗하지 않다	깨끗지 않다	익숙하지 않다	익숙지 않다

| 결단코 | 결코 | 기필코 | 무심코 | 아무튼 | 요컨대 |
| 정녕코 | 필연코 | 하마터면 | 하여튼 | 한사코 | |

3. 그 밖의 것

(1) 한자어의 본음 표기와 속음 표기의 구별

① 제52항

한자어에서 본음으로도 나고 속음으로도 나는 것은 각각 그 소리에 따라 적는다.

본음으로 나는 것	속음으로 나는 것	본음으로 나는 것	속음으로 나는 것
승낙(承諾)	수락(受諾), 쾌락(快諾), 허락(許諾)	오륙십(五六十)	오뉴월, 유월(六月)
만난(萬難)	곤란(困難), 논란(論難)	목재(木材)	모과(木瓜)
안녕(安寧)	의령(宜寧), 회령(會寧)	십일(十日)	시방정토(十方淨土), 시왕(十王), 시월(十月)
분노(忿怒)	대로(大怒), 희로애락(喜怒哀樂)	팔일(八日)	초파일(初八日)
토론(討論)	의논(議論)	-	

(2) '-더라, -던'과 '-든지'의 구별

① 제56항

'-더라, -던'과 '-든지'는 다음과 같이 적는다.

1. 지난 일을 나타내는 어미는 '-더라, -던'으로 적는다. (ㄱ을 취하고, ㄴ을 버림)

ㄱ	ㄴ	ㄱ	ㄴ
지난겨울은 몹시 춥더라.	지난겨울은 몹시 춥드라.	그 사람 말 잘하던데!	그 사람 말 잘하든데!
깊던 물이 얕아졌다.	깊든 물이 얕아졌다.	얼마나 놀랐던지 몰라.	얼마나 놀랐든지 몰라.
그렇게 좋던가?	그렇게 좋든가?	-	

2. 물건이나 일의 내용을 가리지 않는 뜻을 나타내는 조사와 어미는 '(-)든지'로 적는다. (ㄱ을 취하고, ㄴ을 버림)

ㄱ	ㄴ	ㄱ	ㄴ
배든지 사과든지 마음대로 먹어라.	배던지 사과던지 마음대로 먹어라.	가든지 오든지 마음대로 해라.	가던지 오던지 마음대로 해라.

2 기출 혼동하기 쉬운 표기

1. 의미에 따라 구별하여 표기하는 단어

구분		의미	예
1	갈다	이미 있는 사물을 다른 것으로 바꾸다.	창을 열고 실내 공기를 **갈았다**.
	가르다	승부나 등수 등을 서로 겨루어 정하다.	경기 시작 무렵에 터진 골이 이날의 승부를 **갈랐다**.
	가리다²	보이거나 통하지 못하도록 막다.	시야를 **가리다**.
	가리다³	잘잘못이나 좋은 것과 나쁜 것 등을 따져서 분간하다.	흑백을 **가리다**.
	갈리다	단단한 물건에 문질러져 잘게 부숴지거나 단단한 물건 사이에 넣어져 으깨지다.	고기가 너무 잘게 **갈렸다**.
2	느리다	어떤 일이 이루어지는 과정이나 기간이 길다.	그 환자는 회복이 **느린** 편이다.
	늘리다	시간이나 기간을 길게 하다.	공사 기간을 일주일 더 **늘렸다**.
	늘이다¹	본디보다 더 길어지게 하다.	엿가락을 **늘이다**.
	늘이다²	아래로 길게 처지게 하다.	주렴을 **늘이다**.
3	들이켜다	물이나 술 등의 액체를 단숨에 마구 마시다.	그는 목이 마르다며 물을 벌컥벌컥 **들이켰다**.
	들이키다	안쪽으로 가까이 옮기다.	사람이 다닐 수 있도록 발을 **들이켜라**.
4	삭이다	기침이나 가래 등을 잠잠하게 하거나 가라앉히다.	생강차는 기침을 **삭이는** 데 좋다.
	삭히다	김치나 젓갈 등의 음식물을 발효시켜 맛이 들게 하다.	밥을 **삭혀** 끓인 감주
5	조르다	다른 사람에게 차지고 끈덕지게 무엇을 자꾸 요구하다.	나는 친구에게 만나달라고 **졸랐다**.
	조리다	양념을 한 고기나 생선, 채소 등을 국물에 넣고 바짝 끓여서 양념이 배어들게 하다.	멸치와 고추를 간장에 **조렸다**.
	졸이다	① 찌개, 국, 한약 등의 물을 증발시켜 분량을 적어지게 하다. ② 속을 태우다시피 초조해하다.	① 찌개를 **졸이다**. ② 합격자 발표 전이라 애간장을 **졸였다**.

2. 표기상 주의해야 하는 단어

구분	바른 표기(○)	틀린 표기(×)	구분	바른 표기(○)	틀린 표기(×)
1	괜스레	괜시리	5	덤터기	덤테기, 덤태기
2	끄떡없다	끄덕없다	6	뒤치다꺼리	뒤치닥꺼리
3	닦달/닦달하다	닥달 / 닥달하다	7	메밀	모밀
4	단출하다	단촐하다	8	별의별	별에별

9	설렁탕	설농탕	16	육개장	육게장
10	야반도주(夜半逃走)	야밤도주	17	찌개	찌게
11	어물쩍	어물적, 어물쩡	18	창난/창난젓	창란/창란젓
12	어이없다	어의없다	19	파투(破鬪)	파토
13	어쭙잖다	어줍잖다	20	하마터면	하마트면
14	엔간한	왠간한, 엥간한	21	희한하다(稀罕하다)	희안하다
15	우유갑	우유곽	-	-	

3 기출 띄어쓰기

1. 띄어쓰기 규정

(1) 조사

① 제41항

조사는 그 앞말에 붙여 쓴다.

꽃이	꽃마저	꽃밖에	꽃에서부터	꽃으로만	꽃이나마
꽃이다	꽃입니다	꽃처럼	어디까지나	거기도	멀리는
웃고만					

(2) 의존 명사, 단위를 나타내는 명사 및 열거하는 말 등

① 제42항

의존 명사는 띄어 쓴다.

아는 것이 힘이다.	나도 할 수 있다.	먹을 만큼 먹어라.
아는 이를 만났다.	네가 뜻한 바를 알겠다.	그가 떠난 지가 오래다.

② 제43항

단위를 나타내는 명사는 띄어 쓴다.

한 개	차 한 대	금 서 돈	소 한 마리	옷 한 벌	열 살
조기 한 손	연필 한 자루	버선 한 죽	집 한 채	신 두 켤레	북어 한 쾌

다만, 순서를 나타내는 경우나 숫자와 어울리어 쓰이는 경우에는 붙여 쓸 수 있다.

두시 삼십분 오초	제일과	삼학년	육층	1446년 10월 9일
2대대	16동 502호	제1실습실	80원	10개	7미터

③ 제45항

두 말을 이어 주거나 열거할 적에 쓰이는 다음의 말들은 띄어 쓴다.

국장 겸 과장	열 내지 스물	청군 대 백군	책상, 걸상 등이 있다
이사장 및 이사들	사과, 배, 귤 등등	사과, 배 등속	부산, 광주 등지

④ 제46항

단음절로 된 단어가 연이어 나타날 적에는 붙여 쓸 수 있다.

좀더 큰것	이말 저말	한잎 두잎

(3) 보조 용언

① 제47항

보조 용언은 띄어 씀을 원칙으로 하되, 경우에 따라 붙여 씀도 허용한다. (ㄱ을 원칙으로 하고, ㄴ을 허용함)

ㄱ	ㄴ	ㄱ	ㄴ
불이 꺼져 간다.	불이 꺼져간다.	내 힘으로 막아 낸다.	내 힘으로 막아낸다.
어머니를 도와 드린다.*	어머니를 도와드린다.	그릇을 깨뜨려 버렸다.	그릇을 깨뜨려버렸다.
비가 올 듯하다.	비가 올듯하다.	그 일은 할 만하다.	그 일은 할만하다.
일이 될 법하다.	일이 될법하다.	비가 올 성싶다.	비가 올성싶다.
잘 아는 척한다.	잘 아는척한다.	-	-

* '도와 드리다'는 '표준국어대사전'에 따르면 '도와드리다'로 붙여 써야 한다. 이는 '도와주다'를 한 단어로 처리한 것에 맞추어 동일하게 처리하고자 함이다.

다만, 앞말에 조사가 붙거나 앞말이 합성 용언인 경우, 그리고 중간에 조사가 들어갈 적에는 그 뒤에 오는 보조 용언은 띄어 쓴다.

잘도 놀아만 나는구나!	책을 읽어도 보고……	네가 덤벼들어 보아라.
이런 기회는 다시없을 듯하다.	그가 올 듯도 하다.	잘난 체를 한다.

(4) 고유 명사 및 전문 용어

① 제48항

성과 이름, 성과 호 등은 붙여 쓰고, 이에 덧붙는 호칭어, 관직명 등은 띄어 쓴다.

김양수(金良洙)	서화담(徐花潭)	채영신 씨	최치원 선생	박동식 박사	충무공 이순신 장군

다만, 성과 이름, 성과 호를 분명히 구분할 필요가 있을 경우에는 띄어 쓸 수 있다.

남궁억 / 남궁 억	독고준 / 독고 준	황보지봉(皇甫芝峰) / 황보 지봉

4 기출 문장 부호

1. 문장 부호 규정

(1) 마침표(.)

1. 서술, 명령, 청유 등을 나타내는 문장의 끝에 쓴다.

| 젊은이는 나라의 기둥입니다. | 제 손을 꼭 잡으세요. |

붙임1 직접 인용한 문장의 끝에는 쓰는 것을 원칙으로 하되, 쓰지 않는 것을 허용한다.(ㄱ을 원칙으로 하고, ㄴ을 허용함)

ㄱ	ㄴ
그는 "지금 바로 떠나자."라고 말하며 서둘러 짐을 챙겼다.	그는 "지금 바로 떠나자"라고 말하며 서둘러 짐을 챙겼다.

붙임2 용언의 명사형이나 명사로 끝나는 문장에는 쓰는 것을 원칙으로 하되, 쓰지 않는 것을 허용한다.(ㄱ을 원칙으로 하고, ㄴ을 허용함)

ㄱ	ㄴ
목적을 이루기 위하여 몸과 마음을 다하여 애를 씀.	목적을 이루기 위하여 몸과 마음을 다하여 애를 씀

다만, 제목이나 표어에는 쓰지 않음을 원칙으로 한다.

| 압록강은 흐른다 | 꺼진 불도 다시 보자 | 건강한 몸 만들기 |

2. 아라비아 숫자만으로 연월일을 표시할 때 쓴다.

| 1919. 3. 1. | 10. 1. ~ 10. 12. |

3. 특정한 의미가 있는 날을 표시할 때 월과 일을 나타내는 아라비아 숫자 사이에 쓴다.

| 3.1 운동 | 8.15 광복 |

붙임 이때는 마침표 대신 가운뎃점을 쓸 수 있다.

| 3·1 운동 | 8·15 광복 |

4. 장, 절, 항 등을 표시하는 문자나 숫자 다음에 쓴다.

| 가. 인명 | ㄱ. 머리말 | I. 서론 | 1. 연구 목적 |

붙임 '마침표' 대신 '온점'이라는 용어를 쓸 수 있다.

(2) 물음표(?)

1. 의문문이나 의문을 나타내는 어구의 끝에 쓴다.

| 점심 먹었어? | 뭐라고? |

붙임1 한 문장 안에 몇 개의 선택적인 물음이 이어질 때는 맨 끝의 물음에만 쓰고, 각 물음이 독립적일 때는 각 물음의 뒤에 쓴다.

너는 중학생이냐, 고등학생이냐?	너는 여기에 언제 왔니? 어디서 왔니? 무엇하러* 왔니?

* '무엇하러'는 '표준국어대사전'에 따르면 '무엇 하러'로 띄어 써야 한다.

붙임2 의문의 정도가 약할 때는 물음표 대신 마침표를 쓸 수 있다.

도대체 이 일을 어쩐단 말이냐.	이것이 과연 내가 찾던 행복일까.

다만, 제목이나 표어에는 쓰지 않음을 원칙으로 한다.

역사란 무엇인가	아직도 담배를 피우십니까

2. 특정한 어구의 내용에 대하여 의심, 빈정거림 등을 표시할 때, 또는 적절한 말을 쓰기 어려울 때 소괄호 안에 쓴다.

우리와 의견을 같이할 사람은 최 선생(?) 정도인 것 같다.	30점이라, 거참 훌륭한(?) 성적이군.

3. 모르거나 불확실한 내용임을 나타낼 때 쓴다.

최치원(857~?)은 통일 신라 말기에 이름을 떨쳤던 학자이자 문장가이다.

(3) 느낌표(!)

1. 감탄문이나 감탄사의 끝에 쓴다.

이거 정말 큰일이 났구나!	어머!

붙임 감탄의 정도가 약할 때는 느낌표 대신 쉼표나 마침표를 쓸 수 있다.

어, 벌써 끝났네.	날씨가 참 좋군.

2. 특별히 강한 느낌을 나타내는 어구, 평서문, 명령문, 청유문에 쓴다.

청춘! 이는 듣기만 하여도 가슴이 설레는 말이다.	이야, 정말 재밌다!
지금 즉시 대답해!	앞만 보고 달리자!

3. 물음의 말로 놀람이나 항의의 뜻을 나타내는 경우에 쓴다.

이게 누구야!	내가 왜 나빠!

4. 감정을 넣어 대답하거나 다른 사람을 부를 때 쓴다.

네!	네, 선생님!	흥부야!	언니!

(4) 쉼표(,)

1. 같은 자격의 어구를 열거할 때 그 사이에 쓴다.

근면, 검소, 협동은 우리 겨레의 미덕이다.

다만, (가) 쉼표 없이도 열거되는 사항임이 쉽게 드러날 때는 쓰지 않을 수 있다.

아버지 어머니께서 함께 오셨어요.	네 돈 내 돈 다 합쳐 보아야 만 원도 안 되겠다.

(나) 열거할 어구들을 생략할 때 사용하는 줄임표 앞에는 쉼표를 쓰지 않는다.

광역시: 광주, 대구, 대전……

2. 짝을 지어 구별할 때 쓴다.

닭과 지네, 개와 고양이는 상극이다.

3. 이웃하는 수를 개략적으로 나타낼 때 쓴다.

5, 6세기	6, 7, 8개

4. 열거의 순서를 나타내는 어구 다음에 쓴다.

첫째, 몸이 튼튼해야 한다.	마지막으로, 무엇보다 마음이 편해야 한다.

5. 문장의 연결 관계를 분명히 하고자 할 때 절과 절 사이에 쓴다.

콩 심은 데 콩 나고, 팥 심은 데 팥 난다.

6. 같은 말이 되풀이되는 것을 피하기 위하여 일정한 부분을 줄여서 열거할 때 쓴다.

여름에는 바다에서, 겨울에는 산에서 휴가를 즐겼다.

7. 부르거나 대답하는 말 뒤에 쓴다.

지은아, 이리 좀 와 봐.	네, 지금 가겠습니다.

8. 한 문장 안에서 앞말을 '곧', '다시 말해' 등과 같은 어구로 다시 설명할 때 앞말 다음에 쓴다.

책의 서문, 곧 머리말에는 책을 지은 목적이 드러나 있다.

9. 문장 앞부분에서 조사 없이 쓰인 제시어나 주제어의 뒤에 쓴다.

돈, 돈이 인생의 전부이더냐?	그 사실, 넌 알고 있었지?

10. 한 문장에 같은 의미의 어구가 반복될 때 앞에 오는 어구 다음에 쓴다.

그의 애국심, 몸을 사리지 않고 국가를 위해 헌신한 정신을 우리는 본받아야 한다.

11. 도치문에서 도치된 어구들 사이에 쓴다.

이리 오세요, 어머님.	다시 보자, 한강수야.

12. 바로 다음 말과 직접적인 관계에 있지 않음을 나타낼 때 쓴다.

철원과, 대관령을 중심으로 한 강원도 산간 지대에 예년보다 일찍 첫눈이 내렸습니다.

13. 문장 중간에 끼어든 어구의 앞뒤에 쓴다.

> 나는, 솔직히 말하면, 그 말이 별로 탐탁지 않아.

붙임1 이때는 쉼표 대신 줄표를 쓸 수 있다.

> 나는 ─ 솔직히 말하면 ─ 그 말이 별로 탐탁지 않아.

붙임2 끼어든 어구 안에 다른 쉼표가 들어 있을 때는 쉼표 대신 줄표를 쓴다.

> 이건 내 것이니까 ─ 아니, 내가 처음 발견한 것이니까 ─ 절대로 양보할 수 없다.

14. 특별한 효과를 위해 끊어 읽는 곳을 나타낼 때 쓴다.

> 내가, 정말 그 일을 오늘 안에 해낼 수 있을까?　　　이 전투는 바로 우리가, 우리만이, 승리로 이끌 수 있다.

15. 짧게 더듬는 말을 표시할 때 쓴다.

> 선생님, 부, 부정행위라니요? 그런 건 새, 생각조차 하지 않았습니다.

붙임 '쉼표' 대신 '반점'이라는 용어를 쓸 수 있다.

(5) 쌍점(:)

1. 표제 다음에 해당 항목을 들거나 설명을 붙일 때 쓴다.

> 일시: 2014년 10월 9일 10시　　　올림표(#): 음의 높이를 반음 올릴 것을 지시한다.

2. 희곡 등에서 대화 내용을 제시할 때 말하는 이와 말한 내용 사이에 쓴다.

> 김 과장: 난 못 참겠다.　　　아들: 아버지, 제발 제 말씀 좀 들어 보세요.

3. 시와 분, 장과 절 등을 구별할 때 쓴다.

> 오전 10:20(오전 10시 20분)　　　두시언해 6:15(두시언해 제6권 제15장)

4. 의존 명사 '대'가 쓰일 자리에 쓴다.

> 65:60(65 대 60)　　　청군:백군(청군 대 백군)

(6) 줄표(─)

제목 다음에 표시하는 부제의 앞뒤에 쓴다.

> 이번 토론회의 제목은 '역사 바로잡기 ─ 근대의 설정 ─'이다.

다만, 뒤에 오는 줄표는 생략할 수 있다.

> 이번 토론회의 제목은 '역사 바로잡기 ─ 근대의 설정'이다.

어법 | 02 표준어 규정

1 기출 표준어 사정 원칙

1. 표준어 사정 원칙

(1) 발음 변화에 따른 표준어 규정(자음)

① 제7항

수컷을 이르는 접두사는 '수-'로 통일한다. (ㄱ을 표준어로 삼고, ㄴ을 버림)

ㄱ	ㄴ	ㄱ	ㄴ	ㄱ	ㄴ
수-꿩	수-꿩 / 숫-꿩	수-사돈	숫-사돈	수-나사	숫-나사
수-소	숫-소	수-놈	숫-놈	수-은행나무	숫-은행나무

다만 1. 다음 단어에서는 접두사 다음에서 나는 거센소리를 인정한다. 접두사 '암-'이 결합되는 경우에도 이에 준한다. (ㄱ을 표준 어로 삼고, ㄴ을 버림)

ㄱ	ㄴ	ㄱ	ㄴ	ㄱ	ㄴ
수-캉아지	숫-강아지	수-탕나귀	숫-당나귀	수-캐	숫-개
수-톨쩌귀	숫-돌쩌귀	수-컷	숫-것	수-퇘지	숫-돼지
수-키와	숫-기와	수-평아리	숫-병아리	수-탉	숫-닭

다만 2. 다음 단어의 접두사는 '숫-'으로 한다. (ㄱ을 표준어로 삼고, ㄴ을 버림)

ㄱ	ㄴ	ㄱ	ㄴ	ㄱ	ㄴ
숫-양	수-양	숫-쥐	수-쥐	숫-염소	수-염소

(2) 발음 변화에 따른 표준어 규정(모음)

① 제10항

다음 단어는 모음이 단순화한 형태를 표준어로 삼는다.(ㄱ을 표준어로 삼고, ㄴ을 버림)

ㄱ	ㄴ	ㄱ	ㄴ
괴팍-하다	괴퍅-하다 / 괴팍-하다	온-달	왼-달
-구먼	-구면	으레	으례
미루-나무	미류-나무	케케-묵다	케케-묵다
미륵	미력	허우대	허위대
여느	여늬	허우적-허우적	허위적-허위적

② 제12항

'웃-' 및 '윗-'은 명사 '위'에 맞추어 '윗-'으로 통일한다.(ㄱ을 표준어로 삼고, ㄴ을 버림)

ㄱ	ㄴ	ㄱ	ㄴ	ㄱ	ㄴ
윗-넓이	웃-넓이	윗-머리	웃-머리	윗-세장	웃-세장
윗-눈썹	웃-눈썹	윗-목	웃-목	윗-수염	웃-수염
윗-니	웃-니	윗-몸	웃-몸	윗-입술	웃-입술
윗-당줄	웃-당줄	윗-바람	웃-바람	윗-잇몸	웃-잇몸
윗-덧줄	웃-덧줄	윗-배	웃-배	윗-자리	웃-자리
윗-도리	웃-도리	윗-벌	웃-벌	윗-중방	웃-중방
윗-동아리	웃-동아리	윗-변	웃-변	-	
윗-막이	웃-막이	윗-사랑	웃-사랑	-	

다만 1. 된소리나 거센소리 앞에서는 '위-'로 한다.(ㄱ을 표준어로 삼고, ㄴ을 버림)

ㄱ	ㄴ	ㄱ	ㄴ	ㄱ	ㄴ
위-짝	웃-짝	위-층	웃-층	위-팔	웃-팔
위-쪽	웃-쪽	위-치마	웃-치마	-	
위-채	웃-채	위-턱	웃-턱	-	

다만 2. '아래, 위'의 대립이 없는 단어는 '웃-'으로 발음되는 형태를 표준어로 삼는다.(ㄱ을 표준어로 삼고, ㄴ을 버림)

ㄱ	ㄴ	ㄱ	ㄴ	ㄱ	ㄴ
웃-국	윗-국	웃-돈	윗-돈	웃-어른	윗-어른
웃-기	윗-기	웃-비	윗-비	웃-옷	윗-옷

2. 기출 표준어

(1) 단수 표준어

구분	표준어	비표준어	구분	표준어	비표준어
1	개다리소반	개다리밥상	7	베개	비개*
2	거의	거진*	8	부항단지	뜸단지
3	고봉밥	높은밥	9	애달프다	애닳다
4	단벌	홑벌*	10	우레	우뢰*
5	도긴개긴	도찐개찐	11	총각무	알타리무
6	동안	딴*	-	-	

* 표시한 단어는 의미에 따라 비표준어이거나 하나의 표준어로 인정될 수 있다(각각 대응하는 표준어와 같은 의미로 사용할 때에는 비표준어에 해당함).

(2) 복수 표준어

구분	표준어	구분	표준어
1	거슴츠레하다/게슴츠레하다	3	남사스럽다/남세스럽다
2	굽신거리다/굽실거리다	-	-

2 기출 표준 발음법

1. 표준 발음법

(1) 음의 길이

---

① 제6항

모음의 장단을 구별하여 발음하되, 단어의 첫음절에서만 긴소리가 나타나는 것을 원칙으로 한다.

(1) 눈보라[눈:보라]	말씨[말:씨]	밤나무[밤:나무]
많다[만:타]	멀리[멀:리]	벌리다[벌:리다]
(2) 첫눈[천눈]	참말[참말]	쌍동밤[쌍동밤]
수많이[수:마니]	눈멀다[눈멀다]	떠벌리다[떠벌리다]

다만, 합성어의 경우에는 둘째 음절 이하에서도 분명한 긴소리를 인정한다.

반신반의[반:신바:늬 / 반:신바:니]	재삼재사[재:삼재:사]

[붙임] 용언의 단음절 어간에 어미 '-아/-어'가 결합되어 한 음절로 축약되는 경우에도 긴소리로 발음한다.

보아 → 봐[봐:]	기어 → 겨[겨:]	되어 → 돼[돼:]	두어 → 둬[둬:]	하여 → 해[해:]

다만, '오아 → 와, 지어 → 져, 찌어 → 쪄, 치어 → 쳐' 등은 긴소리로 발음하지 않는다.

(2) 받침의 발음

---

① 제10항

겹받침 'ㄳ', 'ㄵ', 'ㄼ, ㄽ, ㄾ', 'ㅄ'은 어말 또는 자음 앞에서 각각 [ㄱ, ㄴ, ㄹ, ㅂ]으로 발음한다.

넋[넉]	넋과[넉꽈]	앉다[안따]	여덟[여덜]	넓다[널따]
외곬[외골]	핥다[할따]	값[갑]	없다[업:따]	

다만, '밟-'은 자음 앞에서 [밥]으로 발음하고, '넓-'은 다음과 같은 경우에 [넙]으로 발음한다.

(1) 밟다[밥:따]	밟소[밥:쏘]	밟지[밥:찌]
밟는[밥:는 → 밤:는]	밟게[밥:께]	밟고[밥:꼬]
(2) 넓 - 죽하다[넙쭈카다]	넓 - 둥글다[넙뚱글다]	

② 제14항

겹받침이 모음으로 시작된 조사나 어미, 접미사와 결합되는 경우에는, 뒤엣것만을 뒤 음절 첫소리로 옮겨 발음한다. (이 경우, 'ㅅ'은 된소리로 발음함)

넋이[넉씨]	앉아[안자]	닭을[달글]	젊어[절머]	곬이[골씨]	핥아[할타]
읊어[을퍼]	값을[갑쓸]	없어[업ː쎼]			

(3) 음의 동화

① 제20항

'ㄴ'은 'ㄹ'의 앞이나 뒤에서 [ㄹ]로 발음한다.

(1) 난로[날ː로]	신라[실라]	천리[철리]	광한루[광ː할루]	대관령[대ː괄령]
(2) 칼날[칼랄]	물난리[물랄리]	줄넘기[줄럼끼]	할는지[할른지]	

[붙임] 첫소리 'ㄴ'이 'ㅀ', 'ㄾ' 뒤에 연결되는 경우에도 이에 준한다.

닳는[달른]	뚫는[뚤른]	핥네[할레]

다만, 다음과 같은 단어들은 'ㄹ'을 [ㄴ]으로 발음한다.

의견란[의ː견난]	임진란[임ː진난]	생산량[생산냥]	결단력[결딴녁]
공권력[공꿘녁]	동원령[동ː원녕]	상견례[상견녜]	횡단로[횡단노]
이원론[이ː원논]	입원료[이붠뇨]	구근류[구근뉴]	

(4) 음의 첨가

① 제29항

합성어 및 파생어에서, 앞 단어나 접두사의 끝이 자음이고 뒤 단어나 접미사의 첫음절이 '이, 야, 여, 요, 유'인 경우에는, 'ㄴ' 음을 첨가하여 [니, 냐, 녀, 뇨, 뉴]로 발음한다.

솜-이불[솜ː니불]	홑-이불[혼니불]	막-일[망닐]	삯-일[상닐]	맨-입[맨닙]
꽃-잎[꼰닙]	내복-약[내ː봉냑]	한-여름[한녀름]	남존-여비[남존녀비]	신-여성[신녀성]
색-연필[생년필]	직행-열차[지캥녈차]	늑막-염[능망념]	콩-엿[콩녇]	담-요[담ː뇨]
눈-요기[눈뇨기]	영업-용[영엄뇽]	식용-유[시굥뉴]	백분-율[백뿐뉼]	밤-윷[밤ː뉻]

다만, 다음과 같은 말들은 'ㄴ' 음을 첨가하여 발음하되, 표기대로 발음할 수 있다.

이죽-이죽[이중니죽 / 이주기죽]	야금-야금[야금냐금 / 야그먀금]	검열[검ː녈 / 거ː멸]
욜랑-욜랑[욜랑뇰랑 / 욜랑욜랑]	금융[금늉 / 그뮹]	

[붙임] 'ㄹ' 받침 뒤에 첨가되는 'ㄴ' 음은 [ㄹ]로 발음한다.

들-일[들ː릴]	솔-잎[솔립]	설-익다[설릭따]	물-약[물략]	불-여우[불려우]
서울-역[서울력]	물-엿[물련]	휘발-유[휘발류]	유들-유들[유들류들]	

붙임 두 단어를 이어서 한 마디로 발음하는 경우에도 이에 준한다.*

| 한 일[한닐] | 옷 입다[온닙따] | 서른여섯[서른녀섣] | 3 연대[삼년대] | 먹은 엿[머근녇] |
| 할 일[할릴] | 잘 입다[잘립따] | 스물여섯[스물려섣] | 1 연대[일련대] | 먹을 엿[머글렫] |

* 예시어 중 '서른여섯[서른녀섣]', '스물여섯[스물려섣]'을 한 단어로 보느냐 두 단어로 보느냐에 대하여 논란의 여지가 있으나, 여기에서는 고시본에서 제시한 대로 두기로 한다.

다만, 다음과 같은 단어에서는 'ㄴ(ㄹ)' 음을 첨가하여 발음하지 않는다.

| 6·25[유기오] | 3·1절[사밀쩔] | 송별-연[송:벼련] | 등-용문[등용문] |

② 제30항

사이시옷이 붙은 단어는 다음과 같이 발음한다.

1. 'ㄱ, ㄷ, ㅂ, ㅅ, ㅈ'으로 시작하는 단어 앞에 사이시옷이 올 때는 이들 자음만을 된소리로 발음하는 것을 원칙으로 하되, 사이시옷을 [ㄷ]으로 발음하는 것도 허용한다.

냇가[내:까 / 낻:까]	샛길[새:낄 / 샏:낄]	빨랫돌[빨래똘 / 빨랟똘]
콧등[코뜽 / 콛뜽]	깃발[기빨 / 긷빨]	대팻밥[대:패빱 / 대:팯빱]
햇살[해쌀 / 핻쌀]	뱃속[배쏙 / 밷쏙]	뱃전[배쩐 / 밷쩐]
고갯짓[고개찓 / 고갣찓]		

2. 사이시옷 뒤에 'ㄴ, ㅁ'이 결합되는 경우에는 [ㄴ]으로 발음한다.

| 콧날[콛날 → 콘날] | 아랫니[아랟니 → 아랜니] | 툇마루[퇻:마루 → 퇸:마루] |
| 뱃머리[밷머리 → 밴머리] | | |

3. 사이시옷 뒤에 '이' 음이 결합되는 경우에는 [ㄴㄴ]으로 발음한다.

| 베갯잇[베갣닏 → 베갠닏] | 깻잎[깯닙 → 깬닙] | 나뭇잎[나묻닙 → 나문닙] |
| 도리깻열[도리깯녈 → 도리깬녈] | 뒷윷[뒫:늋 → 뒨:늋] | |

2. 그 외의 기출 표준 발음

(1) 기타 표준 발음

구분	어휘	구분	어휘
1	대구(對句)[대:꾸]	5	월요일[워료일]
2	명구(名句)[명꾸]	6	절구(絕句)[절꾸]
3	문구(文句)[문꾸]	7	절약[저략]
4	시구(詩句)[시꾸]	-	-

어법 | 03 외래어 표기법과 로마자 표기법

1 기출 외래어 표기법

1. 외래어 표기법 규정

(1) 표기의 기본 원칙

> **제1항** 외래어는 국어의 현용 24 자모만으로 적는다.
> **제2항** 외래어의 1 음운은 원칙적으로 1 기호로 적는다.
> **제3항** 받침에는 'ㄱ, ㄴ, ㄹ, ㅁ, ㅂ, ㅅ, ㅇ'만을 쓴다.
> **제4항** 파열음 표기에는 된소리를 쓰지 않는 것을 원칙으로 한다.
> **제5항** 이미 굳어진 외래어는 관용을 존중하되, 그 범위와 용례는 따로 정한다.

(2) 표기 세칙 - 영어의 표기

> ① **제9항 반모음([w], [j])**
>
> 1. [w]는 뒤따르는 모음에 따라 [wə], [wɔ], [wou]는 '워', [wɑ]는 '와', [wæ]는 '왜', [we]는 '웨', [wi]는 '위', [wu]는 '우'로 적는다.
>
> | | | |
> |---|---|---|
> | word[wəːd] 워드 | want[wɔnt] 원트 | woe[wou] 워 |
> | wander[wɑndə] 완더 | wag[wæg] 왜그 | west[west] 웨스트 |
> | witch[witʃ] 위치 | wool[wul] 울 | |
>
> 2. 자음 뒤에 [w]가 올 때에는 두 음절로 갈라 적되, [gw], [hw], [kw]는 한 음절로 붙여 적는다.
>
> | | | |
> |---|---|---|
> | swing[swiŋ] 스윙 | twist[twist] 트위스트 | penguin[peŋgwin] 펭귄 |
> | whistle[hwisl] 휘슬 | quarter[kwɔːtə] 쿼터 | |
>
> 3. 반모음 [j]는 뒤따르는 모음과 합쳐 '야', '얘', '여', '예', '요', '유', '이'로 적는다. 다만, [d], [l], [n] 다음에 [jə]가 올 때에는 각각 '디어', '리어', '니어'로 적는다.
>
> | | | |
> |---|---|---|
> | yard[jɑːd] 야드 | yank[jæŋk] 앵크 | yearn[jəːn] 연 |
> | yellow[jelou] 옐로 | yawn[jɔːn] 욘 | you[juː] 유 |
> | year[jiə] 이어 | Indian[indjən] 인디언 | battalion[bətæljən] 버탤리언 |
> | union[juːnjən] 유니언 | | |

2. 기출 외래어의 바른 표기

구분	바른 표기(O)	틀린 표기(x)	구분	바른 표기(O)	틀린 표기(x)
1	레모네이드	레먼레이드, 레몬에이드	10	크리스털	크리스탈
2	링거	닝겔, 링어, 링게르, 링겔	11	클라리넷	클레리넷, 클라리네트, 클레어리넷
3	말레이시아	말레이시야, 말레이지아	12	트럼펫	트럼페트, 트룸펫, 트럼핏
4	백파이프	빽파이프	13	트롬본	트롬보운, 트람본, 트람보네
5	베네수엘라	베네주엘라, 베너수엘라, 베네쥬엘라	14	포르투갈	포르추갈, 폴투갈
6	심포지엄	심포지움, 씸포지엄, 씸포지움	15	플루트	프루트, 플룻, 플룻트, 플루우트, 플루웃
7	싱가포르	싱가폴, 씽가포르, 씽가폴	16	피에로	삐에로
8	액셀러레이터	악셀러레이트	17	호찌민	호치민, 오치민, 호쉬민, 오쉬민
9	카페라테	까뻬라테, 까뻬라떼, 까페라테, 카페라떼	-	-	-

2 기출 로마자 표기법

1. 로마자 표기법 규정

(1) 표기상의 유의점

> **① 제1항**
>
> 음운 변화가 일어날 때에는 변화의 결과에 따라 다음 각호와 같이 적는다.
>
> **1. 자음 사이에서 동화 작용이 일어나는 경우**
>
> | 백마[뱅마] Baengma | 신문로[신문노] Sinmunno | 종로[종노] Jongno |
> | 왕십리[왕심니] Wangsimni | 별내[별래] Byeollae | 신라[실라] Silla |
>
> **2. 'ㄴ, ㄹ'이 덧나는 경우**
>
> | 학여울[항녀울] Hangnyeoul | 알약[알략] allyak |
>
> **3. 구개음화가 되는 경우**
>
> | 해돋이[해도지] haedoji | 같이[가치] gachi | 굳히다[구치다] guchida |

4. 'ㄱ, ㄷ, ㅂ, ㅈ'이 'ㅎ'과 합하여 거센소리로 소리 나는 경우

좋고[조코] joko	놓다[노타] nota	잡혀[자펴] japyeo	낳지[나치] nachi

다만, 체언에서 'ㄱ, ㄷ, ㅂ' 뒤에 'ㅎ'이 따를 때에는 'ㅎ'을 밝혀 적는다.

묵호(Mukho)	집현전(Jiphyeonjeon)

[붙임] 된소리되기는 표기에 반영하지 않는다.

압구정 Apgujeong	낙동강 Nakdonggang	죽변 Jukbyeon
낙성대 Nakseongdae	합정 Hapjeong	팔당 Paldang
샛별 saetbyeol	울산 Ulsan	

② 제5항

'도, 시, 군, 구, 읍, 면, 리, 동'의 행정 구역 단위와 '가'는 각각 'do, si, gun, gu, eup, myeon, ri, dong, ga'로 적고, 그 앞에는 붙임표(-)를 넣는다. 붙임표(-) 앞뒤에서 일어나는 음운 변화는 표기에 반영하지 않는다.

충청북도 Chungcheongbuk-do	제주도 Jeju-do	의정부시 Uijeongbu-si
양주군 Yangju-gun	도봉구 Dobong-gu	신창읍 Sinchang-eup
삼죽면 Samjuk-myeon	인왕리 Inwang-ri	당산동 Dangsan-dong
봉천 1동 Bongcheon 1(il)-dong	종로 2가 Jongno 2(i)-ga	퇴계로 3가 Toegyero 3(sam)-ga

[붙임] '시, 군, 읍'의 행정 구역 단위는 생략할 수 있다.

청주시 Cheongju	함평군 Hampyeong	순창읍 Sunchang

③ 제6항

자연 지물명, 문화재명, 인공 축조물명은 붙임표(-) 없이 붙여 쓴다.

남산 Namsan	속리산 Songnisan	금강 Geumgang
독도 Dokdo	경복궁 Gyeongbokgung	무량수전 Muryangsujeon
연화교 Yeonhwagyo	극락전 Geungnakjeon	안압지 Anapji
남한산성 Namhansanseong	화랑대 Hwarangdae	불국사 Bulguksa
현충사 Hyeonchungsa	독립문 Dongnimmun	오죽헌 Ojukheon
촉석루 Chokseongnu	종묘 Jongmyo	다보탑 Dabotap

2. 로마자의 바른 표기

1	강강술래	Ganggangsullae	12	속초	Sokcho
2	계룡산	Gyeryongsan	13	숙정문	Sukjeongmun
3	광안리	Gwangalli	14	숭례문	Sungnyemun
4	낙산	Naksan	15	신선로	sinseollo
5	널뛰기	neolttwigi	16	연날리기	Yeonnalligi
6	덕유산	Deogyusan	17	영일대	Yeongildae
7	돈의문	Donuimun	18	윷놀이	Yunnori
8	땅따먹기	Ttangttameokgi	19	축령산	Chungnyeongsan
9	무등산	Mudeungsan	20	협재	Hyeopjae
10	보신각	Bosingak	21	흥인지문	Heunginjimun
11	북한산	Bukhansan	-		-

어법 | 04 국어 문법의 이해

1 말소리

1. 음운의 변동

(1) 교체(대치): 원래의 음운이 다른 음운으로 바뀌는 현상

<table>
<tr><td rowspan="4">음절의 끝소리
규칙</td><td colspan="8">'ㄱ, ㄴ, ㄷ, ㄹ, ㅁ, ㅂ, ㅇ'의 7자음만이 음절의 끝소리(받침이 되는 소리)로 발음되는 현상이다.</td></tr>
<tr><td>받침
(끝소리)</td><td>발음</td><td>예</td><td>받침
(끝소리)</td><td>발음</td><td>예</td></tr>
<tr><td>ㄱ, ㄲ, ㅋ</td><td>[ㄱ]</td><td>박[박], 밖[박],
부엌[부억]</td><td>ㄹ</td><td>[ㄹ]</td><td>말[말]</td></tr>
<tr><td>ㄴ</td><td>[ㄴ]</td><td>간[간]</td><td>ㅁ</td><td>[ㅁ]</td><td>밤[밤]</td></tr>
<tr><td></td><td>ㄷ, ㅌ,
ㅅ, ㅆ,
ㅈ, ㅊ, ㅎ</td><td>[ㄷ]</td><td>낟[낟:], 낱[낟:],
낫[낟], 났[낟],
낮[낟], 낯[낟],
히읗[히읃]</td><td>ㅂ, ㅍ</td><td>[ㅂ]</td><td>법[법], 무릎[무릅]</td></tr>
<tr><td></td><td></td><td></td><td></td><td>ㅇ</td><td>[ㅇ]</td><td>방[방]</td></tr>
<tr><td>비음화</td><td colspan="7">비음이 아닌 자음 'ㄱ, ㄷ, ㅂ'이 비음 'ㄴ, ㅁ'을 만나 비음 'ㅇ, ㄴ, ㅁ'으로 발음되는 현상이다.
예 국물[궁물], 맏물[만물], 밥물[밤물]</td></tr>
<tr><td>유음화</td><td colspan="7">'ㄴ'이 'ㄹ'의 앞이나 뒤에서 'ㄹ'로 변하는 현상이다.
① 순행적 유음화: [ㄹ] + [ㄴ] → [ㄹ] + [ㄹ] 예 달나라[달라라], 실내[실래]
② 역행적 유음화: [ㄴ] + [ㄹ] → [ㄹ] + [ㄹ] 예 광한루[광:할루]</td></tr>
<tr><td>구개음화</td><td colspan="7">끝소리가 'ㄷ, ㅌ'인 형태소가 모음 'ㅣ'나 반모음 'ㅣ'로 시작되는 형식 형태소를 만나 구개음 [ㅈ],
[ㅊ]으로 바뀌는 현상이다. 예 미닫이[미:다지], 굳히다[구치다]</td></tr>
<tr><td>모음 조화</td><td colspan="7">앞 음절과 뒤 음절의 모음이 서로 같은 종류끼리 어울리려는 경향으로, 'ㅏ, ㅗ' 등의 양성 모음은 양성
모음끼리, 'ㅓ, ㅜ' 등의 음성 모음은 음성 모음끼리 어울리는 현상이다. 예 글썽글썽, 알록달록</td></tr>
<tr><td>된소리되기
(경음화)</td><td colspan="7">① 안울림소리와 안울림소리가 만날 때, 뒤의 예사소리(평음)가 된소리(경음)로 바뀐다.
　　예 덮개[덥깨], 역도[역또]
② 용언 어간의 끝소리가 'ㄴ, ㅁ'일 때, 뒤의 예사소리가 된소리로 바뀐다. 예 닮고[담:꼬], 신고[신:꼬]
③ 받침이 'ㄼ, ㄾ'인 용언 어간 또는 관형사형 어미 '-(으)ㄹ' 뒤에서 예사소리가 된소리로 바뀐다. 예 넓
　　게[널께], 할 것을[할꺼슬]
④ 한자어에서 'ㄹ' 받침 뒤에 연결되는 'ㄷ, ㅅ, ㅈ'은 된소리로 바뀐다.
　　예 갈등(葛藤)[갈뜽], 몰상식(沒常識)[몰쌍식], 일시(日時)[일씨]</td></tr>
<tr><td>'ㅣ'모음 역행
동화(움라우트)</td><td colspan="7">앞 음절의 [ㅏ, ㅓ, ㅗ, ㅜ](후설 모음)가 뒤 음절 'ㅣ'(전설 모음)에 이끌려서 전설 모음 [ㅐ, ㅔ, ㅚ, ㅟ]로
변하는 현상이다. 예 고기[괴기], 먹여라[멕여라], 아기[애기], 어미[에미]</td></tr>
</table>

(2) 축약: 두 개의 음운이나 음절이 하나의 음운이나 음절로 합쳐지는 현상

자음 축약 (거센소리되기)	'ㄱ, ㄷ, ㅂ, ㅈ'과 'ㅎ'이 만나 'ㅋ, ㅌ, ㅍ, ㅊ'이 되는 현상이다. 예 끊기다[끈키다], 좋고[조코], 넓히다[널피다], 잡히다[자피다], 젖히다[저치다]

(3) 탈락: 두 음운이 이어질 때 그중 한 음운이 완전히 사라져 소리 나지 않는 현상

	음절 끝에 겹받침이 올 때, 둘 중 한 자음이 탈락하는 현상이다. 이때 앞에 있는 자음이 탈락하는 경우도 있고, 뒤에 있는 자음이 탈락하는 경우도 있다.			
자음군 단순화	**받침**	**발음**		**예**
	ㄳ, ㄵ, ㄽ, ㄾ, ㄶ, ㅄ	첫째 자음이 발음됨		몫[목], 앉다[안따], 외곬[외골 / 웨골], 핥다[할따], 곯리다[골리다], 없다[업ː따]
	ㄻ, ㄿ	둘째 자음이 발음됨		젊다[점ː따], 읊다[읍따]
	ㄺ	원칙: 둘째 자음 [ㄱ]으로 발음됨		까닭[까닥], 늙다[늑따], 맑다[막따]
		예외: 용언의 어간 말음인 경우 'ㄱ' 앞에서 [ㄹ]로 발음함		늙게[늘께], 맑게[말께]
	ㄼ, ㄿ	원칙: 첫째 자음 [ㄹ]로 발음됨		여덟[여덜], 넓다[널따], 엷다[열ː따]
	ㄼ	예외 • '밟-'의 'ㄼ'은 자음 앞에서 [ㅂ]로 발음됨 • '넓-'의 'ㄼ'은 '넓죽하다, 넓동글다'와 같은 파생어나 합성어의 경우 [ㅂ]으로 발음됨		• 밟다[밥ː따], 밟소[밥ː쏘] • 넓죽하다[넙쭈카다], 넓동글다[넙뚱글다], 넓적다리[넙쩍따리]

(4) 첨가: 두 음이 만날 때 새로운 음운이 덧붙는 현상

	앞말이 자음으로 끝나고, 뒷말이 모음 'ㅣ'나 반모음 'ㅣ'로 시작하는 합성어나 파생어에서 뒷말의 첫소리에 'ㄴ' 음이 덧붙는 현상이다. ① **앞말**: 실질 형태소(어근)와 형식 형태소(접미사) 모두 가능하며 특별한 제약이 없다. ② **뒷말**: 실질 형태소(어근) 또는 한자어 계열의 접미사여야만 한다.	
'ㄴ' 첨가	**구분**	**예**
	실질 형태소 + 실질 형태소	콩엿[콩녇], 집일[짐닐]
	실질 형태소 + 한자어 계열의 접미사	영업용[영엄뇽], 식용유[시굥뉴]
	형식 형태소 + 실질 형태소	맨입[맨닙]

2 단어

1. 품사

(1) 관계언 - 조사

개념	체언 뒤에 붙어서 다른 말과의 문법적 관계를 나타내거나 특별한 뜻을 더해 주는 역할을 하는 단어이다.

	① 격 조사: 체언이나 체언 구실을 하는 말 뒤에 붙어, 그 말이 문장 안에서 일정한 자격을 갖추도록 하여 주는 조사이다.

구분	종류	예
주격 조사	이/가, 께서, 에서, 서	• 내**가** 간다. • 어머니**께서** 책을 보신다. • 정부**에서** 장학금을 주었다.
목적격 조사	을/를	책**을** 보다.
보격 조사	이/가(이때 '이/가'는 '되다', '아니다' 앞에 온다.)	나는 더 이상 소년**이** 아니다.
서술격 조사	이다	나는 학생**이다**.
관형격 조사	의	동생**의** 장난감
부사격 조사	에, 에게, 에서, (으)로, (으)로서, (으)로써, 와/과, 처럼, 만큼 등	가뭄**으로** 과일이 비싸다.
호격 조사	아, 야, 이여	길동**아**.

종류

② 접속 조사: 두 단어를 같은 자격으로 이어 주는 조사이다.

종류	예
와/과	나는 그 친구**와** 끝까지 함께 가기로 했다.
하고	동생**하고** 나하고 만든 꽃밭
(이)랑	너**랑** 나

③ 보조사: 앞의 말에 붙어서 특별한 의미를 더해 주는 조사로, '은/는, 만, 도, 까지, 마저' 등이 있다.

관계언의 특징	① 주로 체언과 결합하지만, 관형사와 감탄사 외의 모든 품사에 두루 붙기도 한다. ② 자립성은 없지만, 분리성이 강하므로 단어로 취급한다. ③ 서술격 조사 '이다'를 제외한 나머지 조사는 활용하지 않는다.

(2) 용언의 활용

	어간과 어미가 결합하는 과정에서 어간과 어미 모두 형태 변화가 없는 활용이거나, 보편적 음운 규칙으로 형태 변화가 설명되는 활용이다.

구분	개념과 특징	예
'—' 탈락 규칙	두 개의 모음이 이어질 때, 어간의 모음 '—' 가 탈락	담그 + 아 → 담가
'ㄹ' 탈락 규칙	자음 'ㄴ, ㅂ, ㅅ' 및 '-(으)오, -(으)ㄹ' 앞에서 어간의 'ㄹ' 받침이 탈락	• 울 + 니 → 우니 • 날 + 는 → 나는
모음 조화 규칙	양성 모음은 양성 모음끼리, 음성 모음은 음성 모음끼리 나타남	살아라, 꺾어라
매개 모음 '으' 첨가	두 개 이상의 자음이 이어지면, 매개 모음인 '으'를 사이에 첨가	적 + ㄴ → 적은

규칙 활용

용언이 활용할 때 어간과 어미의 기본 형태가 달라지는 경우로, 보편적 음운 규칙으로 설명할 수 없는 형태 변화를 하는 활용이다.

① 어간이 바뀌는 경우

구분	바뀜의 양상	불규칙 활용 예	규칙 활용 예
'ㅅ' 불규칙	어간의 끝소리 'ㅅ'이 모음 어미 앞에서 탈락	붓 + 어 → 부어	벗 + 어 → 벗어
'ㅂ' 불규칙	어간의 끝소리 'ㅂ'이 모음 어미 앞에서 '오/우'로 바뀜	곱 + 아 → 고와	잡 + 아 → 잡아
'ㄷ' 불규칙	어간의 끝소리 'ㄷ'이 모음 어미 앞에서 'ㄹ'로 바뀜	묻[問] + 어 → 물어	묻[埋] + 어 → 묻어
'ㄹ' 불규칙	어간의 끝소리 '르'가 모음 어미 앞에서 'ㄹㄹ'로 바뀜	흐르 + 어 → 흘러	따르 + 아 → 따라
'우' 불규칙	어간의 끝소리 '우'가 모음 어미 앞에서 탈락 ('우' 불규칙 활용을 하는 것은 '푸다' 하나뿐이다.)	푸 + 어 → 퍼	주 + 어 → 줘

② 어미가 바뀌는 경우

구분	바뀜의 양상	불규칙 활용 예	규칙 활용 예
'여' 불규칙	'하-' 뒤에 오는 어미 '-아/-어'가 '-여'로 바뀜	공부하 + 어 → 공부하여	가만있 + 어 → 가만있어
'러' 불규칙	어간이 '르'로 끝나는 일부 용언에서 어미 '-어'가 '-러'로 바뀜	이르[至] + 어 → 이르러	치르 + 어 → 치러
'오' 불규칙	'달-/다-'의 명령형 어미가 '오'로 바뀜	달다: 달 + 아 → 다오	주 + 어라 → 주어라

③ 어간과 어미가 모두 바뀌는 경우

구분	바뀜의 양상	불규칙 활용 예	규칙 활용 예
'ㅎ' 불규칙	'ㅎ'으로 끝나는 어간에 모음으로 시작하는 어미가 오면 'ㅎ'이 없어지고 어미도 바뀜	파랗 + 아 → 파래	좋 + 아 → 좋아

불규칙 활용

2. 단어의 형성

(1) 접사

개념	어근에 붙어 그 뜻을 제한하는 부분이다.
종류	**① 위치에 따른 분류**

① 위치에 따른 분류

구분	개념	예
접두사	어근 앞에 오는 접사	**덧** + 신, **헛** + 되다
접미사	어근 뒤에 오는 접사	날 + **개**, 높 + **이**, 비밀 + **리**, 얼 + **음**

② 기능에 따른 분류

구분	개념	예
한정적 접사	뜻만 첨가해 주는 접사	**맨** + 손, 달 + **맞이**
지배적 접사	품사를 바꾸어 주는 접사	많 + **이**, 크 + **기**

(2) 복합어: 둘 이상의 어근이 결합하거나 어근과 접사가 결합하여 이루어진 단어를 말한다.

실질 형태소인 어근과 형식 형태소인 접사가 결합하여 이루어진 단어이다.

① 접두 파생어: 접두사와 어근이 결합하여 파생어를 만드는 방법인 '접두 파생법'에 의해 만들어진 단어이다. 접두사가 결합해 만들어진 파생어의 품사는 어근의 품사와 대부분 일치한다.

접두사	의미	예
덧-	'거듭된', 또는 '겹쳐 신거나 입는'의 뜻을 더하는 접두사	덧신
헛-	'이유 없는', '보람 없는'의 뜻을 더하는 접두사	헛되다

② 접미 파생어: 어근과 접미사가 결합하여 파생어를 만드는 방법인 '접미 파생법'에 의해 만들어진 단어이다. 한정적 접미사가 결합하여 만들어진 파생어의 품사는 어근의 품사와 대부분 일치하지만, 지배적 접미사와 결합하여 만들어진 파생어의 품사는 대개 어근의 품사와 다르다.

• 어근 + 한정적 접미사

접미사	의미	예
-남	'남자'의 뜻을 더하는 접미사	이혼남
-보	'그것을 특성으로 지닌 사람'의 뜻을 더하는 접미사	꾀보

• 어근 + 지배적 접미사

접미사	의미	예
-롭다	'그러함' 또는 '그럴 만함'의 뜻을 더하고 형용사를 만드는 접미사	가소**롭다**, 경이**롭다**
-하다	동사를 만드는 접미사	공부**하다**, 근거**하다**, 기반**하다**

	실질 형태소인 어근이 둘 이상 결합하여 이루어진 단어이다.

① 의미 범주에 따른 분류

구분	개념	예
대등 합성어	어근이 대등하게 결합하여 본래의 뜻을 유지하는 합성어	논밭, 앞뒤
종속 합성어	한쪽의 어근이 다른 한쪽의 어근을 수식하는 합성어	구름떡, 쇠망치, 할미꽃
융합 합성어	어근들이 하나로 융합하여 새로운 의미를 나타내는 합성어	연세(年歲)

② 형성 방법에 따른 분류

구분	개념	예
통사적 합성어	우리말의 일반적인 단어 배열법과 일치하는 합성어	또다시, 첫사랑
비통사적 합성어	우리말의 일반적인 단어 배열법과 일치하지 않는 합성어	덮밥

(합성어는 첫 열 머리에 위치)

3 문장

1. 문장의 짜임

(1) 겹문장: '주어 - 서술어'의 관계가 두 번 이상 성립하는 문장이다.

| 안은문장과
안긴문장 | 다른 문장 속에 들어가 하나의 성분처럼 쓰이는 홑문장을 안긴문장이라 하며, 이 홑문장을 포함한 문장을 안은문장이라고 한다. 안긴문장은 크게 '명사절, 관형절, 부사절, 서술절, 인용절'로 나뉜다.
① **명사절을 안은 문장**: 명사절은 명사형 어미 '-(으)ㅁ, -기'가 붙어서 만들어진다.
　예 · **그녀가 마을 사람들을 속였음**이 밝혀졌다. (주어)
　　 · **언니가 게으른 사람임**을 모두가 안다. (목적어)
　　 · 지금은 **우리가 학교에 가기**에 아직 이르다. (부사어)
② **관형절을 안은 문장**: 관형절은 관형사형 어미 '-(으)ㄴ, -는, -(으)ㄹ, -던'이 붙어서 만들어진다.
　예 이 책은 내가 (**읽은/읽는/읽을/읽던**) 책이다.
　 · 관계 관형절: 관형절의 수식을 받는 체언이 관형절의 한 성분이 되는 경우로, 수식받는 체언과 관형절 내의 성분이 동일하여 관형절 내의 성분이 생략된다.
　　예 형이 **쓴** 시를 낭송했다. → '형이 (시를) 쓰다'라는 문장이 관형절로 안겨 있으며, 관형절 내의 성분 중 수식받는 체언과 동일한 요소인 '시를'은 생략된다.
　 · 동격 관형절: 관형절의 수식을 받는 체언이 관형절의 한 성분이 아니라 관형절 전체의 내용을 받아 주는 경우로, 관형절 자체가 수식을 받는 체언과 동일한 의미를 가졌기 때문에 관형절에 생략되는 성분이 없다.
　　예 나는 **그가 결혼했다는** 소식을 들었다. → 관형절 '그가 결혼했다는'과 관형절의 꾸밈을 받는 체언 '소식'이 동격 관계에 있다.
③ **부사절을 안은 문장**: 부사절은 '-이, -게, -도록, -ㄹ수록' 등에 의하여 절 전체가 부사어의 역할을 하며, 서술어를 수식하는 기능을 한다.
　예 친구는 **욕심이 많게** 생겼다.
④ **서술절을 안은 문장**: '주어 + (주어 + 서술어)'의 구성을 취한다. (특정한 절 표시가 따로 없음)
　예 할아버지께서는 **마음이 넓으시다.** |

	⑤ **인용절을 안은 문장**: 다른 사람의 말을 인용한 내용이 절의 형식으로 안기는 것으로, 주어진 문장을 그 대로 직접 인용할 때에는 직접 인용 조사 '라고'가 붙고, 말하는 사람의 표현으로 바꾸어서 간접 인용할 때에는 간접 인용 조사 '고'가 붙는다. 예 · 직접 인용절: 영주는 **"무슨 일이야?"라고** 말했다. · 간접 인용절: 그들은 **모두가 평등한 존재라고** 말했다.
이어진문장	둘 이상의 홑문장이 어떤 의미 관계로 이어지느냐에 따라 대등하게 이어진 문장과 종속적으로 이어진 문장으로 나뉜다. ① **대등하게 이어진 문장**: 앞 절과 뒤 절이 대등한 관계로 결합한 문장이다.

기능	연결 어미	예
나열	-고, -(으)며	싹이 나**고**, 꽃이 핀다.
대조	-(으)나, -지만	그는 죽었**으나**, 예술은 살아 있다.
선택	-거나, -든지	점심에 밥을 먹**든지** 빵을 먹어라.

② **종속적으로 이어진 문장**: 앞 절과 뒤 절의 의미가 대등하지 못하고 종속적인 문장이다.

기능	연결 어미	예
조건, 가정	-(으)면, -거든, -더라면	이 모자가 좋**으면**, 네가 가져라.
이유, 원인	-(아)서, -(으)므로, -(으)니까	현지는 돈이 생**겨서**, 무척 기뻤다.
의도	-(으)려고, -고자	너에게 주**려고**, 나는 선물을 샀다.

2. 문법 요소

(1) 높임 표현

주체 높임법	① **개념**: 서술의 주체(주어)를 높이는 방법으로, 말하는 이보다 서술의 주체가 나이나 사회적 지위 등이 상위자일 때 사용한다. ② **주체 높임의 실현 방법** · 선어말 어미 '-(으)시'를 통해 실현한다. 예 아버지께서 책을 보**신**다. · 일부 특수 어휘를 통해 실현한다. 예 계시다, 잡수시다, 주무시다, 돌아가시다 ③ **압존법**: 문장의 주체가 말하는 이보다는 높지만 듣는 이보다는 낮아, 그 주체를 높이지 못하는 어법이다. 압존법은 가족 간이나 사제간과 같이 사적인 관계에서 적용되고, 직장에서 쓰는 것은 어색하다. 예 할머니, 어머니는 방금 나갔어요. ④ **간접 높임** · 주체를 간접적으로 높이는 표현법으로, 높여야 할 대상의 신체 부분이나 성품, 심리, 개인적 소유물에 '-(으)시-'를 붙여 표현한다. 예 선생님의 말씀이 옳**으십**니다. · '있다'의 주체 높임 표현은 '-(으)시-'가 붙은 '있으시다'와 특수 어휘 '계시다' 두 가지가 있는데, 이 둘의 쓰임은 같지 않다. 예 형님께서는 고민거리가 **있으시다**. → '있으시다'는 간접 높임에만 쓰인다.
객체 높임법	① **개념**: 목적어나 부사어가 지시하는 대상, 즉 서술의 객체를 높이는 방법이다. ② **객체 높임의 실현 방법**: 서술의 대상(목적어나 부사어)을 높이는 어휘(드리다, 모시다, 여쭙다, 뵙다, 찾아뵙다 등)와 조사 '께' 등을 사용하여 실현한다. 예 나는 교수님께 궁금한 것을 **여쭤보았다**. / 과장님을 **모시고** 거래처에 간다.

(2) 피동 표현

능동과 피동	① **능동(能動)**: 주어가 동작을 제 힘으로 하는 것이다. 예 동생이 종이를 찢었다. ② **피동(被動)**: 주어가 다른 주체에 의해서 동작을 당하게 되는 것이다. 예 종이가 동생에게 찢겼다.

능동문이
피동문으로
바뀔 경우
	① 능동문의 주어가 피동문의 부사어가 된다.
	② 능동문의 목적어는 피동문의 주어가 된다.
	③ 피동문의 부사어에는 '에게 / 에' 외에 '~에 의해(서)'가 붙기도 한다.
	
	능동문: 친구가 꽃을 꺾다.
	               주어 목적어 서술어
	
	피동문: 꽃이 친구에게 꺾이다.
	               주어 부사어 서술어
	
	▶ 피동문 중에는 능동문으로 바꾸면 의미가 어색한 문장도 있다.
	    예 문에 자물쇠가 걸렸다. (피동) → 문이 자물쇠를 걸었다. (×)

종류	① **파생적 피동문**: 파생 접사에 의한 피동문으로, 능동사의 어간에 피동 접미사 '-이-, -히-, -리-, -기-'나 '-되다'를 붙여서 만든다. 예 임금이 깎**이**다. ② **통사적 피동문**: '-어지다, -게 되다'에 의해서 만들어진다. 예 새로운 말이 만들**어지다.**

어법 | 05 올바른 문장 표현

1 문장 성분 간의 호응 · 생략

1. 문장 성분 간의 호응

주어와 서술어의 호응	예 현재의 교육 정책은 앞으로 손질이 **불가피할 전망입니다.** (×) → 현재의 교육 정책은 앞으로 손질이 **불가피할 것으로 전망됩니다.** (○) → 현재의 교육 정책은 앞으로 손질이 **불가피할 것으로 전문가들은 전망합니다.** (○) ▶ 주어 '교육 정책은'과 서술어 '불가피할 전망입니다'의 호응이 어색하다. '전망이다'는 주어 '교육 정책은'과 호응하도록 피동사 '전망되다'로 고쳐 쓰거나, '전망' 행위의 주체인 '전문가들을'을 추가하고 이와 호응하는 능동사 '전망하다'를 사용하는 것이 자연스럽다.
목적어와 서술어의 호응	예 자기의 **강점과 약점을 보완하는** 사람만이 성공할 수 있다. (×) → 자기의 **강점을 살리고 약점을 보완하는** 사람만이 성공할 수 있다. (○) ▶ 목적어 '강점과'과 서술어 '보완하는'의 의미상 호응이 어색하다. 목적어에 호응하는 서술어를 추가하여 '강점을 살리고 약점은 보완하는'으로 고쳐 쓰는 것이 적절하다.
부사어와 서술어의 호응	① 당위의 서술어와 호응하는 말 예 학생은 **모름지기 진취성을 가질 따름이다.** (×) → 학생은 **모름지기 진취성을 가져야 한다.** (○) ▶ 부사어 '모름지기, 당연히, 마땅히, 반드시'는 당위의 서술어인 '~해야 한다'와 주로 호응한다. ② 가정의 형태와 호응하는 말 예 아내는 **비록 사소한 것이어서** 남편과 의논한다. (×) → 아내는 **비록 사소한 것일지라도** 남편과 의논한다. (○) ▶ 부사어 '비록'은 가정의 형태인 '~ㄹ지라도 / ~지만 / ~더라도 / ~어도'와 주로 호응한다. ③ 부정의 서술어와 호응하는 말 예 공원에 핀 꽃이 **여간 아름다웠다.** (×) → 공원에 핀 꽃이 **여간 아름답지 않았다.** (○) ▶ 부사어 '여간, 결코, 도무지, 비단, 전혀'는 부정의 서술어인 '~ 아니다'와 주로 호응한다. 예 나는 **절대 그의 주장에 동의한다.** (×) → 나는 **절대 그의 주장에 동의할 수 없다.** (○) ▶ 부사어 '절대'는 부정의 서술어인 '~해서는 안 된다 / ~ 없다 / 않다'와 주로 호응한다.

2. 문장 성분의 생략

주어의 생략	예 그 잡지는 독자층이 늘지 않고 **제자리 상태에 머무르고 있다.** (×) → 그 잡지는 독자층이 늘지 않고 **구독률이** 제자리 상태에 머무르고 있다. (○) ▶ 서술부 '제자리 상태에 머무르고 있다'에 호응하는 주어가 생략되어 문장의 의미가 명확하지 않다. '구 독률이'와 같은 주어를 넣어야 한다.
목적어의 생략	예 그녀는 세계적으로 유명한 작가이고, 닮고 싶어 하는 사람도 많다. (×) → 그녀는 세계적으로 유명한 작가이고, **그녀를** 닮고 싶어 하는 사람도 많다. (○) ▶ 서술부 '닮고 싶어 하는'에 호응하는 목적어가 생략되어 문장의 의미가 명확하지 않다. '그녀를'과 같은 목적어를 넣어야 한다.
서술어의 생략	예 아무리 생각해 봐도 우리가 다른 사람을 제치고 **결승전 티켓** 가능성은 희박하다. (×) → 아무리 생각해 봐도 우리가 다른 사람을 제치고 **결승전 티켓을 구할** 가능성은 희박하다. (○) ▶ 목적어인 '결승전 티켓을'에 호응하는 서술어가 생략되어 있으므로 '구할'과 같은 서술어를 넣어야 한다.

2 중의적 표현

1. 의미가 중복된 단어

1	가까이 접근(接近)	10	미리 예매(豫買)
2	가사(家事) 일	11	분명히 명시(明示)
3	거의 대부분(大部分)	12	빛나는 각광(脚光)
4	공기를 환기(換氣)	13	여러 가지 다양(多樣)한
5	과반수(過半數) 이상	14	오래된 숙원(宿願)
6	근(近) 오년 가까이	15	울며 통곡(痛哭 / 慟哭)
7	꾸며 낸 조작(造作)	16	이미 예고(豫告)
8	남은 여생(餘生)	17	푸른 창공(蒼空)
9	먼저 선수(先手)	-	-

2. 문장의 중의성

개념	한 문장이 두 가지 이상의 의미를 나타내는 특성을 중의성이라고 하며, 중의성을 띤 문장을 중의문이라고 한다.
종류	① 부정 표현에 따른 중의성 　　예 동호회 사람들이 약속 장소에 **다** 오지 않았다. (×) 　　→ 동호회 사람들이 약속 장소에 **다는** 오지 않았다. (일부는 오고 일부는 오지 않았다.) (○) 　　→ 동호회 사람들이 약속 장소에 **다 오지는** 않았다. (일부는 오고 일부는 오지 않았다.) (○) 　　→ 동호회 사람들이 약속 장소에 **아직 아무도** 오지 않았다. (한 사람도 오지 않았다.) (○) ▶ 동호회 사람들이 일부는 오고 일부는 오지 않은 것인지, 한 사람도 오지 않은 것인지 분명하지 않은 문장이다. ② 수식 범위에 따른 중의성 　　예 선생님은 웃으면서 들어오는 학생을 반겨 주었다. (×) 　　→ **웃으면서 들어오는 학생을** 선생님이 반겨 주었다. (학생이 웃다.) (○) 　　→ 선생님은, 웃으면서 들어오는 학생을 반겨 주었다. (학생이 웃다.) (○) 　　→ 선생님은 웃으면서, 들어오는 학생을 반겨 주었다. (선생님이 웃다.) (○) ▶ 학생이 웃은 것인지, 선생님이 웃은 것인지 분명하지 않은 문장이다. ③ 조사 '와/과'의 연결 관계에 따른 중의성 　　예 지혜는 공원에서 **예지와 효주를** 만났다. (×) 　　→ 지혜는 공원에서 **예지와 함께 효주를** 만났다. (○) 　　→ 지혜는 공원에서 **예지와 함께 있는 효주를** 만났다. (○) 　　→ 지혜는 공원에서 **예지를 만나고, 그 다음에 효주를** 만났다. (○) ▶ 지혜와 예지가 함께 효주를 만난 것인지, 예지와 효주가 함께 있는데 지혜가 가서 만난 것인지, 지혜가 예지와 효주 둘 모두를 각각 만난 것인지 분명하지 않다. ④ 비교 구문의 중의성 　　예 남편은 **나보다** 운동을 더 좋아한다. (×) 　　→ 남편은 **나를 좋아하기보다는** 운동을 더 좋아한다. (○) 　　→ 남편은 **내가 운동을 좋아하는 것보다** 더 운동을 좋아한다. (○) ▶ 나와 운동 자체를 비교하는 것인지, 남편이 운동을 좋아하는 정도와 내가 운동을 좋아하는 정도를 비교하는 것인지 분명하지 않은 문장이다. ⑤ '의'를 포함한 명사구의 중의성 　　예 이것은 **우리 어머니의 사진이** 아니다. (×) 　　→ 이것은 **우리 어머니를 찍은 사진이** 아니다. (○) 　　→ 이것은 **우리 어머니가 찍은 사진이** 아니다. (○) 　　→ 이것은 **우리 어머니가 소유한 사진이** 아니다. (○) ▶ 어머니를 찍은 사진이 아니라는 것인지, 어머니가 직접 찍은 사진이 아니라는 것인지, 어머니가 소유한 사진이 아니라는 것인지 분명하지 않은 문장이다.

⑥ 어휘의 중의성

> 예 배에 문제가 생겼다. (×)
> → **선박**에 문제가 생겼다. (○)
> → 과수원의 **배**에 문제가 생겼다. (○)
> → 과식을 하더니 기어코 **배**에 문제가 생겼다. (○)

▶ 선박 '배'인지, 과일 '배'인지, 신체 부위 '배'인지 의미가 분명하지 않은 문장으로, 동음이의어에 의한 중의성을 띤다.

⑦ 사동 표현에 따른 중의성

> 예 조카가 삼촌에게 과자를 **먹였다.** (×)
> → 조카가 삼촌에게 과자를 **먹게** 했다. (○)
> → 조카가 **직접** 삼촌에게 과자를 **먹였다.** (○)

▶ 조카가 삼촌으로 하여금 과자를 먹도록 한 것인지, 조카가 직접 삼촌의 입에 과자를 넣어 먹인 것인지 분명하지 않은 문장이다. 참고로, 이는 사동사에 의해 실현되는 단형 사동이 직접 사동의 의미와 간접 사동의 의미를 모두 지니기 때문에 발생하는 중의성이다.

⑧ 동작상에 따른 중의성

> 예 동생이 교복을 **입고 있다.** (×)
> → 동생이 교복을 **입는 중이다.** (○)
> → 동생이 교복을 **입은 상태이다.** (○)

▶ 동생이 교복을 입는 행위가 진행 중인지, 동생이 교복을 입은 행위가 완료되어 교복을 다 입은 상태가 지속되고 있는 것인지 분명하지 않은 문장이다.

3 번역 투 표현

영어
번역 투
표현

> 예 5월에는 행사 개최를 위한 **회의를 가질** 예정입니다. (×)
> → 5월에는 행사 개최를 위한 **회의를 할** 예정입니다. (○)

▶ '~(을)를 갖다'는 영어의 'have a ~'를 직역한 표현이다. 이는 우리말 '~(을)를 하다', '~(이)가 있다' 등으로 바꿔 써야 한다.

> 예 물리학은 **가장 어려운 학문 중의 하나이다.** (×)
> → 물리학은 **가장 어려운 학문이다.** (○)

▶ '가장 ~ 중의 하나'는 영어의 'one of the most ~'를 직역한 표현이다. 이는 우리말 '가장 ~이다'로 바꿔 써야 한다.

> 예 김 연구가는 이번 박람회를 **통해** 한국의 맛을 널리 알리고 싶다고 말했다. (×)
> → 김 연구가는 이번 박람회로 한국의 맛을 널리 알리고 싶다고 말했다. (○)
> → 김 연구가는 이번 박람회에서 한국의 맛을 널리 알리고 싶다고 말했다. (○)

▶ '~을(를) 통해'는 영어의 'through ~'를 직역한 표현이다. 이는 우리말 '~에', '~에서', '~(으)로' 등으로 바꿔 써야 한다.

	예 오늘 내가 할 일은 **열 개의 사다리를** 책장마다 놓는 것이다. (×) → 오늘 내가 할 일은 **사다리 열 개를** 책장마다 놓는 것이다. (○)

▶ '~의 ~'는 영어의 '~ of ~'를 직역한 표현이다. 이는 우리말 어법에 맞게 어순을 바꾸거나 직역한 표현을 생략하는 등 표현을 풀어서 서술하는 것이 적절하다.

일본어 번역 투 표현	예 그 회사는 IT 업계의 선두 주자에 **다름이 아니다.** (×) → 그 회사는 IT 업계의 선두 주자나 **다름없다.** (○) → 그 회사는 IT 업계의 선두 주자라 **할 만하다.** (○)

▶ '~에 다름 아니다'는 일본어를 그대로 직역한 표현이다. 이는 우리말 '~(이)나/과 다름없다'로 바꿔 써야 하고, '~라 할 만하다'로도 고쳐 쓸 수 있다.

	예 이번 행사에 **있어서** 가장 중요한 것은 고객 유치 방안입니다. (×) → 이번 행사에서 가장 중요한 것은 고객 유치 방안입니다. (○)

▶ '~에 있어서'는 일본어를 그대로 직역한 표현이다. 이는 우리말 '~에', '~에서'로 바꿔 써야 한다.

4 기타

피동 표현의 적절성 파악	피동 접사(-이-/-히-/-리-/-기-/-되다)와 통사적 피동문의 표현인 '-어지다', '-게 되다'를 중복해서 사용하거나, 통사적 피동 표현을 중복해 사용한 '-어지게 되다'를 사용하는 것은 적절하지 않다. 예 김 교수는 **잊혀진** 역사에 주목하고 있다. (×) → 김 교수는 **잊힌** 역사에 주목하고 있다. (○) ▶ '잊다'의 피동사 '잊히다'가 쓰인 문장에 통사적 피동 표현인 '-어지다'가 중복 사용되어 적절하지 않은 문장이다. 예 여러 번의 수리 끝에 에어컨이 **작동되게 되었다.** (×) → 여러 번의 수리 끝에 에어컨이 **작동되었다.** (○) ▶ 피동 접사 '-되다'와 통사적 피동 표현인 '-게 되다'가 중복 사용되어 적절하지 않은 문장이다.
사동 표현의 적절성 파악	주동 표현 '-하다'를 사용할 수 있는 문장에 사동 접사 '-시키다'를 사용해 불필요한 사동 표현을 쓰는 것은 적절하지 않다. 예 타협의 여지가 없는 사람을 **설득시키는** 건 참 힘든 일이다. (×) → 타협의 여지가 없는 사람을 **설득하는** 건 참 힘든 일이다. (○) ▶ '설득하다'는 '-시키다'를 사용하지 않고 '설득하다' 자체만으로 자연스러운 의미 전달이 가능하므로 적절하지 않은 문장이다.

관형화 구성의 남용 파악	관형화 구성이란 '의', '~에 대한', '~에 의한' 등을 사용하여 만든 어구를 의미한다. 이때 관형어를 여러 개 연결하면 문장이 어색해질 수 있으므로, 문장을 적절하게 끊어서 사용해야 한다. 또한 관형사형 어미는 뒤의 명사를 수식하여 의미를 한정하므로 의미의 수식 여부가 적절한지 확인해야 한다. 예 이 수술은 **후유증이 없는 안전한 고도의 정밀한** 수술이다. (×) → 이 수술은 **고도로 정밀하여 후유증이 없고 안전하다**. (○) ▶ '후유증이 없는', '안전한', '고도의', '정밀한'이란 관형어가 연속적으로 '수술'을 꾸미고 있어 문장이 어색한 경우이므로, '고도로 정밀하여 후유증이 없고 안전하다'와 같이 풀어쓰는 것이 더 자연스럽다.
명사화 구성의 남용 파악	명사화 구성이란 명사 기능을 하도록 만든 어구를 의미한다. 이때 과도하게 명사구를 나열하면 문장이 어색해지므로, 서술어로 풀어 쓰는 것이 자연스러울 때에는 명사의 의미를 서술어를 사용하여 표현해야 한다. 예 겨울이 되면 **수도관 동파 방지 대책 마련**에 철저를 기해야 한다. (×) → 겨울이 되면 **수도관 동파를 방지할 대책을 마련하는** 데 철저해야 한다. (○) → 겨울이 되면 **수도관 동파를 방지할 대책을 마련하는** 데 철저를 기해야 한다. (○) ▶ 연속적으로 명사화된 표현 '수도관 동파 방지 대책 마련'이 쓰여 문장이 어색한 경우이다. 이때 '동파 방지 대책 마련'은 서술어로 풀어쓰는 것이 더 자연스러우므로, '동파를 방지할 대책을 마련하는'이라는 문장으로 수정해야 한다.
접속 부사 사용의 적절성 파악	접속 부사란 앞의 체언이나 문장의 뜻을 뒤의 체언이나 문장에 이어 주면서 뒤의 말을 꾸며 주는 부사를 의미한다. 이때 접속 부사의 사용이 적절하지 않으면 문장이 자연스럽게 연결되지 않으므로, 글의 흐름에 맞는 접속 부사를 사용해야 한다. 예 태풍은 수자원을 공급해 여름철 물 부족 현상을 해소해 주며, 지구의 남쪽과 북쪽의 온도를 유지할 수 있게 해주고, 플랑크톤을 분해해 바다 생태계를 활성화시키는 등 많은 이점이 있다. **그리고** 우리가 태풍을 걱정하는 것은 태풍이 가져올 피해 때문이다. (×) → 태풍은 수자원을 공급해 여름철 물 부족 현상을 해소해 주며, 지구의 남쪽과 북쪽의 온도를 유지할 수 있게 해주고, 플랑크톤을 분해해 바다 생태계를 활성화시키는 등 많은 이점이 있다. **그러나** 우리가 태풍을 걱정하는 것은 태풍이 가져올 피해 때문이다. (○) ▶ 접속 부사 '그리고'의 사용이 어색한 경우이다. 이를 '그러나'와 같이 역접의 의미를 가진 접속 부사로 고쳐야 자연스러운 문장이 된다.

KBS 한국어능력시험
실전모의고사

시 　 분 ～ 시 　 분 (총 100문항/120분)

* 시작과 종료 시각을 정한 후, 실전처럼 모의고사를 풀어보세요.

□ 시험 유의사항

- 시험은 총 100문항으로 듣기 • 말하기, 어휘, 어법, 쓰기, 창안, 읽기, 국어 문화 문제가 차례대로 나오는 방식으로 구성되어 있으며, 120분 이내에 모든 영역의 문제를 풀어야 합니다.

- 본 교재 2권의 마지막 페이지에 있는 OMR 답안지를 이용하여 실전처럼 모의고사를 풀어보시기 바랍니다.

- 문제지와 답안지 모두 성명, 수험 번호를 정확히 기입하여 주시기 바랍니다.

모바일 자동 채점 + 성적 분석 서비스 바로가기

좌측의 QR코드를 스캔하면 모바일로 간편하게 채점하는 모바일 자동 채점 및 나의 실력과 취약 부분을 파악할 수 있는 성적 분석 서비스 이용이 가능합니다.

🎓 해커스자격증

한국어능력시험 문항 (100문항)

영역	문항 번호
듣기 · 말하기	1 ~ 15
어휘	16 ~ 30
어법	31 ~ 45
쓰기	46 ~ 50
창안	51 ~ 60
읽기	61 ~ 90
국어 문화	91 ~ 100

듣기 · 말하기 (1 ~ 15번)

*무료 MP3 바로 듣기

1. 그림에 대한 설명과 일치하는 것은?

① 이 작품을 보고 영감을 받아 창작된 문학 작품이 있다.

② 이 작품에서 쐐기풀은 일반적인 의미와 달리 초월을 상징한다.

③ 사람보다 식물을 자세히 묘사하여 그림에 생동감을 부여하였다.

④ 오필리아의 죽음을 상징하는 양귀비는 다른 꽃보다 강조되어 있다.

⑤ 애인에게 배신당한 오필리아의 모습은 버드나무의 나뭇가지로 표현된다.

2. 토론의 내용을 통해 알 수 있는 등장인물의 생각으로 볼 수 없는 것은?

① 남학생: 기부금 관리 단체를 철저하게 관리, 감독해야 한다.

② 여학생: 기업가와 같은 사람만 기부를 할 수 있다고 생각한다.

③ 선생님: 돈뿐만 아니라 재능을 활용한 기부도 가능하다고 본다.

④ 여학생: 세금 혜택을 통해 기업들의 기부를 더 많이 이끌어 낼 수 있다.

⑤ 남학생: 사회 지도층이 주도하여 기부함으로써 기부 문화가 정착할 수 있다.

3. 쇼그렌 증후군의 증상 중 외분비샘 외 증상들을 자주 나타나는 순서대로 바르게 나열한 것은?

① 관절염 – 안구 건조증 – 피부 건조증 – 위염

② 안구 건조증 – 입인두 증상 – 위염 – 피부 건조증

③ 기타 장기 침범 증상 – 관절염 – 악성 종양 – 피부 증상

④ 관절염 – 기타 장기 침범 증상 – 피부 증상 – 악성 종양

⑤ 피부 증상 – 악성 종양 – 기타 장기 침범 증상 – 관절염

4. 고전의 중심 내용으로 가장 적절한 것은?

① 과욕을 경계하는 태도를 지녀야 한다.

② 마음 수양의 제1원칙은 마음 비우기이다.

③ 사람을 대할 때는 편견 없이 공평하게 대해야 한다.

④ 자기중심적인 생각을 탈피하고 이타적인 삶을 살아야 한다.

⑤ 세상에 영원한 것은 없다는 마음으로 끊임없이 수련해야 한다.

5. 이 시의 제목으로 가장 적절한 것은?

① 강
② 돌
③ 비
④ 구름
⑤ 파도

6. 두 사람의 입장과 일치하지 않는 것은?

① 최영훈: 청소년들의 공격성 자체를 문제 삼아서는 안 된다.
② 최영훈: 청소년 범죄가 증가하는 것은 잘못된 인성 교육의 방향 때문일 수 있다.
③ 김재현: 청소년 범죄 현상의 원인은 학교에서 제대로 된 교육을 받지 못해서이다.
④ 최영훈: 청소년들의 행동과 감정을 무조건 안 된다며 억누르는 것은 심각한 문제이다.
⑤ 김재현: 청소년 범죄를 예방하기 위해서는 청소년 범죄자를 강력하게 처벌하는 것이 필요하다.

7. 두 사람의 상반된 입장을 중재하기 위해 제공하여야 할 자료로 가장 적절한 것은?

① 해외의 청소년 범죄에 대한 강력 처벌 사례
② 청소년 흉악 범죄 증가와 관련된 통계 자료
③ 청소년 복지에 필요한 사회적 비용에 대한 전문가 의견
④ 가정의 돌봄을 받지 못해 거리를 떠도는 청소년의 사진
⑤ 다양한 사회 프로그램을 받은 청소년 범죄자의 교화 정도를 나타낸 통계 자료

8. 기상 정보의 내용과 일치하지 않는 것은?

① 제주도 앞바다에는 풍랑주의보가 발효되어 있다.
② 내일 오후 서울에는 산발적으로 비가 내리는 곳도 있다.
③ 서울의 모레 아침 기온은 내일 아침 기온보다 낮을 것이다.
④ 꽃샘추위로 인해 모레까지 서늘한 날씨가 이어질 전망이다.
⑤ 주말 서울의 아침 기온은 13도까지 오르며 맑은 날씨가 이어질 것이다.

9. 기상 정보를 듣고, 보인 반응으로 적절하지 않은 것은?

① 대기가 매우 건조하다고 하니, 내일 산에 갈 때 산불 예방에 힘써야겠군.
② 체감 온도는 더 낮다고 하니 얇은 옷을 두 개 정도 껴입는 것이 도움이 되겠군.
③ 오늘은 미세 먼지 주의보가 발효되었다고 하니, 야외 활동 시 마스크를 써야겠군.
④ 내일 오후 대구에도 빗방울이 떨어질 수도 있다고 하니 작은 우산을 미리 준비해야겠군.
⑤ 내일 아침 기온이 4도로 떨어졌다고 하니 등교하는 학생들은 겉옷을 챙겨 입고 가야겠군.

10. 강연의 내용과 일치하지 않는 것은?

① 조각보에는 사용하는 사람들의 염원이 담기기도 했다.
② 밥상을 덮는 조각보에는 일반적으로 꼭지가 달려 있다.
③ 조선 시대에는 처음 바느질을 배울 때의 결과물이 조각보였다.
④ 조각보는 사회적 지위가 높거나 부유한 집안에서 특히나 많이 사용되었다.
⑤ 조각보는 옷감의 가격이 비싸 남은 천을 이어 붙이기 시작한 데서 유래되었다.

11. 이 강연의 특징에 대한 설명으로 가장 적절한 것은?

① 조각보를 만드는 다양한 방법을 소개하며 설명하고 있다.

② 조선 시대의 다른 천 제품과 조각보를 비교하며 설명하고 있다.

③ 조각보의 다양한 용도를 조각보라는 이름이 붙은 이유와 함께 설명하고 있다.

④ 의복 기술이 발전함에 따라 조각보가 발전한 과정을 시간순으로 설명하고 있다.

⑤ 현대 사회와 조선 사회에서 조각보의 쓰임새가 어떻게 달라졌는지 설명하고 있다.

12. '교통 정보'에서 제시한 정보와 일치하지 않는 것은?

① 판교에서 하남까지 극심한 정체로 차량들이 늘어져 있다.

② 행사로 인해 서울 보신각 주변 도로가 내일까지 통제된다.

③ 중부고속도로 부산 방향의 중부 2터널은 소통이 원활하다.

④ 영동고속도로 인천 방향은 부곡 주변 길에서 극심한 정체를 보이고 있다.

⑤ 경부고속도로를 통해 서울로 진입할 때, 양재에서 반포까지 약 30분 소요된다.

13. '교통 정보'를 바탕으로 할 때, 고속도로의 정체 구간이 가장 긴 곳은 어디인가?

구분		정체 구간
경부고속도로	서울 방향	① '용인 – 수원' 구간
		② '양재 – 반포' 구간
서울양양고속도로	서울 방향	③ '금남 터널' 구간
	양양 방향	④ '남춘천 – 강촌' 구간
영동고속도로	인천 방향	⑤ '군자 – 서안산' 구간

14. 이 발표에서 제시한 정보로 옳지 않은 것은?

① 자동차 등록 번호판은 1904년에 처음 도입되었다.

② 차량의 증가로 2019년 9월부터 여덟 자리 번호판이 도입되었다.

③ 차종을 표시할 때, 두 자리 숫자로 표기한 것은 1996년부터이다.

④ 자동차 등록 번호판은 차종, 용도, 고유번호 등으로 구성되어 있다.

⑤ 모든 차량의 번호판에 등록 지역이 사라진 이유는 지역감정의 해소 때문이다.

15. 이 발표 내용을 바탕으로 할 때, 아래의 자동차 등록 번호판을 통해 알 수 있는 정보는 무엇인가?

〈 보 기 〉

79 버 5485

	차종	용도
①	승용차	대여용
②	승용차	일반 자가용
③	승합차	영업용
④	승합차	일반 자가용
⑤	화물차	택배용

어휘 (16 ~ 30번)

16. "비나 진눈깨비가 자꾸 축축하게 내리는 모양"을 나타내는 고유어는?

① 부슬부슬　　　　② 소록소록　　　　③ 시름시름　　　　④ 추적추적　　　　⑤ 푸설푸설

17. 밑줄 친 한자어의 사전적 뜻풀이로 옳지 <u>않은</u> 것은?

① 1시간 지각하느니 결석하겠다는 친구를 선배는 열심히 <u>만류(挽留)</u>했다. → 붙들고 못 하게 말림

② 알파벳도 모르던 동생이 외국인과 대화를 하다니 <u>장족(長足)</u>의 발전이다. → 사물의 발전이나 진행이 매우 빠름

③ 친구가 강 교수의 이론을 <u>신봉(信奉)</u>하는 모습이 신앙을 믿는 것 같아 보였다. → 사상이나 학설, 교리 등을 옳다고 믿고 받듦

④ 경찰은 유력 사업가들이 불법적으로 영업하는 것을 <u>묵인(默認)</u>하는 대가로 거액의 뇌물을 받았다. → 너그러운 마음으로 참고 용서함

⑤ 형은 비행기 조종사가 되기 위해서라면 어떤 <u>난관(難關)</u>도 극복할 자신이 있다고 말했다. → 일을 하여 나가면서 부딪치는 어려운 고비

18. 밑줄 친 한자어의 쓰임이 적절하지 <u>않은</u> 것은?

① 우리 회사는 지방 공장에 제품 생산을 <u>수탁(受託)</u>하였다.

② 요즘은 가정에서도 손쉽게 가스 <u>검침(檢針)</u>을 할 수 있다.

③ 그들은 힘든 일을 겪은 후 더욱 강해지기로 <u>결의(決意)</u>하였다.

④ <u>체불(滯拂)</u>된 임금을 받지 못한 배우들은 그 극단을 고소했다.

⑤ 믿었던 수희가 정신 쇠약을 <u>빙자(憑藉)</u>해 사기를 쳤다니 충격이었다.

19. 밑줄 친 한자어의 쓰임이 적절하지 <u>않은</u> 것은?

① 음소는 <u>광의(廣義)</u>에서 음운과 동일시되기도 한다.

② 새로 선임된 장관들은 오늘 청와대에 <u>예방(禮訪)</u>했다.

③ 사회적인 물의를 일으킨 시장은 <u>사의(思義)</u>를 표명했다.

④ 나는 필요한 서류의 <u>송부(送付)</u>를 동료에게 부탁하였다.

⑤ 금메달이 확정됨과 동시에 경기장은 <u>환희(歡喜)</u>로 가득 찼다.

20. 밑줄 친 고유어의 의미를 바르게 풀이하지 <u>못한</u> 것은?

① 그 여자는 오늘 새롭게 만난 모임에서도 <u>을러댔다</u>. → 위협적인 언동으로 을러서 남을 억누르다.

② 유학을 간 뒤로 시간을 <u>허투루</u> 쓰지 않던 형은 결국 장학금까지 받았다. → 아무렇게나 되는대로

③ 태풍이 온다더니 벌써 사흘째 <u>스산한</u> 날씨가 걷히지 않는다. → 쓸쓸한 느낌이 들 정도로 아주 고요하다.

④ <u>후미진</u> 곳에 있는 비빔밥 전문 식당은 등산객들에게 아주 인기가 좋다. → 물가나 산길이 휘어서 굽어 들어간 곳이 매우 깊다.

⑤ 내 남자 친구는 두 살 <u>터울</u>의 누나가 있다는 사실을 알게 되었다. → 한 어머니로부터 먼저 태어난 아이와 그다음에 태어난 아이와의 나이 차이

21. ㉠ ~ ㉢에 들어갈 단어의 기본형을 바르게 짝 지은 것은?

> • 생활 습관 때문에 감기가 잘 (㉠) 않는다.
> • 그의 표정에는 장난기 어린 웃음이 (㉡) 있었다.
> • 형은 하는 말마다 얄미워서 어머니께 항상 매를 (㉢).

	㉠	㉡	㉢			㉠	㉡	㉢
①	낫다	베다	벌다		②	낫다	배다	벌다
③	낫다	배다	맞다		④	낳다	베다	맞다
⑤	낳다	배다	맞다					

22. '가로 3번'에 들어갈 단어와 반대의 의미를 지니는 말로 적절한 것은?

		1	
	2		
3			

〈가로 열쇠〉

1. 주로 초등학교·중학교·고등학교 등에서, 일정한 자격을 가지고 학생을 가르치는 사람. 국어 ○○.
2. 내장의 기관에 생긴 병을 외과적 수술에 의하지 않고, 물리 요법이나 약으로 치료하는 의학 분야. ○○ 의사.

〈세로 열쇠〉

1. 학교에서 교육의 목적에 맞게 가르쳐야 할 내용을 계통적으로 짜 놓은 일정한 분야
2. 한 나라 안에서 일어나는 싸움
3. 몸이나 마음의 괴로움과 아픔

① 낙전(樂戰)　　② 난전(難戰)　　③ 용전(勇戰)　　④ 정전(停戰)　　⑤ 혈전(血戰)

23. 〈보기〉에 제시된 두 단어의 의미 관계와 다른 것은?

─── 〈 보 기 〉 ───

목구멍 : 인후(咽喉)

① 턱 : 악(顎)　　　　　　　　② 가슴 : 흉부(胸部)
③ 다리 : 하지(下肢)　　　　　④ 손목 : 수조(手爪)
⑤ 허리뼈 : 요추(腰椎)

24. 단어 간의 의미 관계를 고려할 때, 〈보기〉의 ㉠과 ㉡에 들어갈 수 있는 말을 바르게 짝지은 것은?

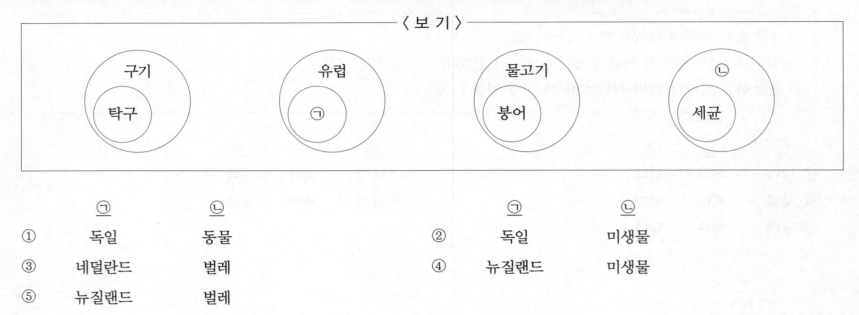

	㉠	㉡		㉠	㉡
①	독일	동물	②	독일	미생물
③	네덜란드	벌레	④	뉴질랜드	미생물
⑤	뉴질랜드	벌레			

25. 〈보기〉의 ㉠ ~ ㉣을 품사가 같은 것끼리 바르게 묶은 것은?

〈 보 기 〉

• 잠이 와서 공부를 하지 ㉠ 못했다.　　• 비가 많이 와 과일 맛이 좋지 ㉡ 못했다.

• 눈물이 계속 나서 화장을 하지 ㉢ 못했다.　　• 악몽을 꿔서 잠자리가 편안하지 ㉣ 못했다.

① ㉠, ㉡, ㉢ / ㉣　　　　② ㉠, ㉢, ㉣ / ㉡　　　　③ ㉡, ㉢, ㉣ / ㉠

④ ㉠, ㉡ / ㉢, ㉣　　　　⑤ ㉠, ㉢ / ㉡, ㉣

26. 〈보기〉의 ㉠ ~ ㉢에 해당하는 한자로 올바르게 묶인 것은?

〈 보 기 〉

• 지금은 투자하기 좋은 ㉠ 시기이다.

• 늘 우수했던 반장은 ㉡ 시기의 대상이었다.

• 온갖 꽃이 피어나는 ㉢ 시기를 봄이라고 부른다.

	㉠	㉡	㉢		㉠	㉡	㉢		㉠	㉡	㉢
①	時機	猜忌	時期	②	猜忌	時機	時期	③	猜忌	時期	時機
④	時機	時期	猜忌	⑤	時期	猜忌	時機				

27. 밑줄 친 말의 한자 병기가 잘못된 것은?

① 우리 회사는 어음을 결제(決濟)하지 못해 부도가 났다.

② 어머니께서는 새로 산 집을 내 앞으로 등기(等棄)해 주셨다.

③ 누나가 처음으로 발령(發令) 난 동사무소는 우리 집에서 2시간이 걸렸다.

④ 요즘 식당마다 사람이 없어서 밥을 먹을 때마다 전세(專貰)를 낸 것 같다.

⑤ 4차 산업 혁명 시대의 도래(到來)와 함께 사물 인터넷 기술이 발전하고 있다.

28. '도저히 불가능한 일을 굳이 하려 함'을 의미하는 사자성어로 가장 적절한 것은?

① 교학상장(教學相長)　　　　　② 만고절색(萬古絶色)　　　　　③ 연목구어(緣木求魚)

④ 정저지와(井底之蛙)　　　　　⑤ 학수고대(鶴首苦待)

29. 다음 관용구의 의미가 적절하지 않은 것은?

① '눈을 거치다' → 글 등을 검토하거나 분별하다.

② '상투를 잡다' → 총각이 장가들어 어른이 되다.

③ '막이 오르다' → 무대의 공연이나 어떤 행사가 시작되다.

④ '별이 보이다' → 충격을 받아서 갑자기 정신이 아득하고 어지럽다.

⑤ '발꿈치를 물리다' → 은혜를 베풀어 준 상대로부터 뜻밖에 해를 입다.

30. 밑줄 친 말의 순화어로 적절하지 않은 것은?

① 집 앞 고수부지(→ 둔치)가 공원으로 탈바꿈했다.

② 형은 이번 콩쿠르(→ 연주회)에서 바흐의 피아노 소나타를 연주했다.

③ 도서관 홈페이지에 접속할 때마다 팝업창(→ 알림창)이 너무 많이 뜬다.

④ 공공장소에서 큰소리로 떠들지 않는 것은 기본적인 에티켓(→ 예절)이다.

⑤ 좋은 작가가 되기 위해서는 다양한 장르(→ 분야)의 작품을 습작해 보는 것이 중요하다.

어법 (31 ~ 45번)

31. 밑줄 친 단어를 맞춤법에 맞게 수정하지 못한 것은?

① 사장은 직원들에게 일을 빨리 처리하라고 닦달했다(→ 닦달했다).

② 건강을 챙기기 위해서 한약을 여러 번 우려먹었다(→ 울궈먹었다).

③ 동생을 가리키는(→ 가르치는) 과외 선생님은 나의 고등학교 친구이다.

④ 그의 신작은 너무나 문안하여(→ 무난하여) 대중의 관심을 끌지 못했다.

⑤ 벌써 8시인데 그렇게 느즈막하게(→ 느지막하게) 밥을 먹으면 지각할 거다.

32. 밑줄 친 단어의 표기가 바른 것은?

① 소현이의 말은 당췌 알아들을 수가 없다.

② 다리미로 주름을 핀 셔츠는 아주 깔끔했다.

③ 친구와 함께 귀신의 집에 들어서자마자 몸이 으시시 떨렸다.

④ 웬만히 졸리지 않고서는 추운 날씨에 밖에서 잠들기 힘들다.

⑤ 형은 끔찍한 사고로 팔 한쪽을 잃었으나 끄덕없이 지내고 있다.

33. 〈보기〉의 규정을 참고할 때, 준말의 표기가 옳은 것은?

─────〈 보 기 〉─────

[한글 맞춤법 제40항] 어간의 끝음절 '하'의 'ㅏ'가 줄고 'ㅎ'이 다음 음절의 첫소리와 어울려 거센소리로 될 적에는 거센소리로 적는다.

[붙임2] 어간의 끝음절 '하'가 아주 줄 적에는 준 대로 적는다.

① 넉넉하지 → 넉넉치　　　　② 섭섭하지 → 섭섭치　　　　③ 익숙하지 → 익숙치

④ 생각하건대 → 생각컨대　　⑤ 연구하도록 → 연구토록

34. 밑줄 친 부분의 띄어쓰기가 잘못된 것은?

① 괴로움∨따위에 굴복할 그가 아니었다.

② 고등학교를 졸업한∨지 벌써 10년이 되었다.

③ 화자는 작가를 대신해 시 속에서 말하는∨이이다.

④ 희수는 입맛이 없는지 밥을 먹는둥 마는둥하고 있다.

⑤ 대표님께서는 내일 사업차 제주도로 가실 예정입니다.

35. 밑줄 친 말이 표준어가 아닌 것은?

① 교수님은 과제를 늘 열심히 해 오는 선배를 마뜩이 여겼다.

② 중학생이 된 동생은 용돈 3만 원으로 한 달을 근근히 버티고 있다.

③ 13,500원어치를 사고 2만 원을 내면 받아야 할 우수리는 6,500원이다.

④ 할머니께서는 부모를 잃은 손자를 주야장천 걱정하시느라 주무시지 못했다.

⑤ 오랜만에 열린 야구 경기를 관람하러 모인 사람들은 얼추 천여 명쯤 되었다.

36. 어법에 맞고 자연스러운 문장은?

─────〈 보 기 〉─────

　① 최근 반려 식물 기르기와 같은 새로운 취미 활동이 확산하고 있다. ② 산세베리아나 올리브 나무 같은 식물이 인기가 좋은 것은 날로 높아지는 미세 먼지 농도와 열매를 구경할 수 있다는 즐거움이다. ③ 또한 물만 제때 주면 될 것 같은 식물을 키울 때도 주의해야 할 사항이 있다. ④ 실내가 고온 건조하고 바람이 잘 통하지 않으면 깍지벌레와 같은 해충이 생기기 쉬우므로 식물을 키울 때는 실내의 온도와 습도를 적절히 조절하고 환기를 자주 해야 한다. ⑤ 대개 거름을 주기 위해 치우지 않은 시든 잎은 일반적인 생각과 달리 다른 식물에 벌레가 생기는 원인이 된다.

37. 중복 표현이 없는 올바른 문장은?

① 고등학교 동창들은 거의 대부분 중학교 동창이다.

② 금융 시장의 미래를 미리 예측하는 것은 불가능하다.

③ 이번 안건에 대해 저의 짧은 소견을 말씀드리겠습니다.

④ 오래 사귀던 사람과 헤어지고 누나는 매일 울며 통곡했다.

⑤ 실력이 비슷한 상대를 이기기 위해서는 먼저 선수를 쳐야 한다.

38. 문장 표현이 가장 자연스러운 것은?

① 좀처럼 남편은 신문에서 눈을 떼곤 했다.

② 설마 이 시간에 이야기를 하자고 나를 불렀구나.

③ 만약 공사가 진행 중이라고 그 길로 가면 안 된다.

④ 모름지기 손아랫사람은 손윗사람의 말을 잘 들어야 한다.

⑤ 계속 연필을 돌리는 수희는 전혀 수업에 집중한 모습이었다.

39. 〈보기〉를 참고할 때, 밑줄 친 말이 ㉠에 해당하지 않는 것은?

─〈 보 기 〉─

'붙잡다'의 어간 '붙잡-'은 어근 '붙-'과 어근 '잡-'으로 나뉘고, '잡히다'의 어간 '잡히-'는 어근 '잡-'과 접사 '-히-'로 나뉜다. 이렇듯 어떤 말을 둘로 나누었을 때 나누어진 두 요소 각각을 직접 구성 요소라 하는데, 어근과 어근으로 분석되는 말을 합성어라 하고 ㉠ 어근과 접사로 분석되는 말을 파생어라 한다.

그런데 어간이 3개 이상의 구성 요소로 이루어진 경우가 있다. 이때 직접 구성 요소가 먼저 어근과 어근으로 분석되면 합성어이고 어근과 접사로 분석되면 파생어이다. 예컨대 '밀어붙이다'는 직접 구성 요소가 먼저 어근과 어근으로 분석되므로 합성어이다.

① 벽을 장식하기 위해 엽서를 붙였다.

② 맨손으로 설거지를 하면 금방 습진이 생긴다.

③ 조카에게 줄 선물로 노래하는 곰 인형을 샀다.

④ 작년에는 올리브유와 같은 고급 식용유가 많이 팔렸다.

⑤ 수정란이 착상되면서 세포 분열이 빠르게 진행되고 있다.

40. 〈보기〉의 음운 현상이 일어나지 않는 것은?

─〈 보 기 〉─

'ㄹ'의 비음화는 '중력(重力)[중:녁]', '결단력(決斷力)[결딴녁]'처럼 'ㄹ'을 제외한 자음 뒤에서 'ㄹ'이 'ㄴ'으로 바뀌는 음운 현상이다. 이 현상은 자음으로 끝나는 말 뒤에 'ㄹ'로 시작하는 말이 결합할 때 일어나며 주로 한자에서 찾아볼 수 있다.

① 공론

② 낙뢰

③ 난로

④ 독립

⑤ 협력

41. 다음 중 '파생적 피동문'으로 바꿀 수 없는 것은?

① 아이가 연필을 깎았다.

② 돛단배가 풍랑을 만났다.

③ 누나가 남동생을 안았다.

④ 호랑이가 고라니를 물었다.

⑤ 노인은 헐값에 땅을 팔았다.

42. 문장 부호에 관한 규정이 잘못된 것은?

	규정	예시
①	기간이나 거리 또는 범위를 나타낼 때에는 (~)를 쓴다.	서울 ~ 수원 정도는 통학이 가능하다.
②	모르거나 불확실한 내용임을 나타낼 때에는 (?)를 쓴다.	개로왕(? ~ 475)은 백제의 제21대 왕이다.
③	희곡 등에서 대화 내용을 제시할 때 말하는 이와 말한 내용 사이에는 (:)을 쓴다.	김 과장: 난 못 참겠다.
④	같은 말이 되풀이되는 것을 피하기 위하여 일정한 부분을 줄여서 열거할 때에는 (,)를 쓴다.	나는 종이접기반에, 내 친구는 연극반에 들어갔다.
⑤	글자가 들어가야 할 자리를 나타낼 때에는 (×)를 쓴다.	훈민정음의 초성 중에서 아음(牙音)은 ×××의 석 자다.

43. 표준 발음에 대한 설명으로 적절하지 않은 것은?

① '유희'의 '희'는 [히]로 발음한다.

② '늴리리'는 원칙적으로 [닐]로 발음한다.

③ '의술'이나 '의장'의 '의'는 [의]로 발음한다.

④ '개인주의'에서 '의'는 [이]나 [에]로 발음한다.

⑤ '공리주의의'에서 소유격 조사 '의'는 [에]나 [의]로 발음한다.

44. '레몬즙에 물, 설탕, 탄산 등을 넣어 만든 음료'를 의미하는 말의 외래어 표기로 옳은 것은?

① 레머네이드　　　　　　② 레먼레이드　　　　　　③ 레모네이드

④ 레몬애이드　　　　　　⑤ 레몬에이드

45. 로마자 표기가 틀린 것은?

① 나물류 namullyu　　　　　　② 떡볶이 tteokbokki

③ 만둣국 mandutguk　　　　　　④ 빈대떡 bindaetteok

⑤ 깻잎전 kkaetnipjeon

쓰기 (46 ~ 50번)

[46 ~ 48] 교지에 실을 동아리 홍보 글을 작성하려고 한다. 제시된 물음에 답하시오.

46. 글을 작성하기 위하여 계획한 내용으로 적절하지 않은 것은?

─〈 글쓰기 계획 〉─

- 주제: 퍼네이션(funation) 활동을 하는 우리 동아리에 대한 홍보
- 목적: 우리 동아리에 대한 정보 전달 및 설득
- 예상 독자: 우리 학교 학생들
- 글의 내용
  - 퍼네이션(funation)의 개념과 사례를 제시한다. ·· ①
  - 우리 동아리가 추구하는 가치와 선발 기준을 연관시켜 제시한다. ···················· ②
  - 우리 동아리의 특색 있는 활동을 제시한다. ·· ③
  - 자신의 진로와 관련이 있는 동아리 선택의 중요성을 제시한다. ····················· ④
  - 나눔의 의의를 밝히고, 동아리 가입을 권유하면서 글을 마무리한다. ··············· ⑤

47. 〈글쓰기 자료〉에 제시된 자료의 활용 방안으로 적절하지 않은 것은?

─〈 글쓰기 자료 〉─

- ㉠ 게임 앱으로 퍼네이션에 참여하는 사람들이 많다.
- ㉡ 주 4회 이상 SNS를 이용하는 학생들이 80%를 넘는다.
- ㉢ 진로 의식의 성숙도는 자발적 봉사 활동과 연관이 있다.
- ㉣ 봉사 활동에 참여하는 빈도와 봉사 활동 만족도는 비례하는 양상을 보인다.
- ㉤ 기부 활동이 저조한 이유는 기부 방법을 모르거나 기부에 관심이 없는 사람이 많아서이다.

① ㉠과 ㉤을 근거로 새로운 형태의 기부가 이루어져야 할 필요가 있다는 내용을 제시한다.
② ㉠과 ㉣을 활용하여 게임으로 퍼네이션을 수행해도 봉사 만족도를 높일 수 있다는 내용의 글을 쓴다.
③ ㉡과 ㉤을 활용하여 기부 방법을 SNS에 홍보하는 것이 기부 참여율을 높이는 데 도움이 된다는 내용을 제시한다.
④ ㉢과 ㉣을 근거로 스스로 봉사 활동에 자주 참여할수록 진로 의식과 봉사 활동 만족도가 높음을 주장한다.
⑤ ㉢과 ㉤을 활용하여 기부 활동 방법을 알려 주면 진로 의식이 강화될 수 있다는 내용의 글을 쓴다.

48. 위의 계획과 자료를 바탕으로 〈개요〉를 작성하였다. 〈개요〉의 수정 방안으로 적절하지 <u>않은</u> 것은?

─────〈 개 요 〉─────

Ⅰ. 전국 기부 동아리에 대한 소개 ·· ㉠
    1. 다른 동아리와의 차이
    2. 우리 동아리에서 추가한 활동
Ⅱ. 퍼네이션(funation)의 개념과 사례
    1. 퍼네이션(funation)의 사례
    2. 퍼네이션(funation)의 개념 ·· ㉡
    3. 퍼네이션(funation) 참여자의 성별, 직업적 특성 분석 ········· ㉢
Ⅲ. 우리 동아리 소개
    1. 우리 동아리가 추구하는 가치와 선발 기준
    2. 최근 우리 동아리가 한 활동 ·· ㉣
    3. 동아리 가입 후 하게 될 활동
    4. 동아리 활동을 통한 진로 탐색
Ⅳ. 퍼네이션 실천 방안 마련을 통한 나눔의 실천 ···················· ㉤

① ㉠은 'Ⅰ-1~2'를 포함할 수 있도록 '우리 동아리의 특색 있는 활동 소개'로 수정한다.
② ㉡은 상위 항목을 고려하여 'Ⅱ-1'과 순서를 바꾸어 제시한다.
③ ㉢은 '우리 동아리에 대한 홍보'와 직접적으로 관련 있는 내용이 아니므로 삭제한다.
④ ㉣은 'Ⅲ-3'의 내용과 중복되므로 삭제한다.
⑤ ㉤은 글의 마지막에 올 내용으로 적절하지 않으므로 '우리 동아리 가입 권유'로 수정한다.

[49 ~ 50] 위의 내용을 토대로 작성한 글을 읽고 제시된 물음에 답하시오.

    우리 학교에는 여러 개의 봉사 동아리가 있습니다. 그 중에서 우리 동아리는 퍼네이션(funation)이라는 재미있고 특색 있는 봉사 활동을 통한 기부를 실천하고 있습니다.
    '퍼네이션(funation)'이란 재미를 뜻하는 펀(fun)과 기부를 뜻하는 도네이션(donation)의 합성어입니다. 이는 나눔을 힘든 일이라고 생각하는 것에서 벗어나, 일상에서 재미있게 나눔을 실천할 수 있도록 새로운 형태로 기부하는 봉사 활동입니다. 예를 들어, '모자 뜨기 캠페인'은 아시아 지역이나 아프리카 지역의 건강이 좋지 않은 신생아들에게 직접 모자를 떠서 보내주는 참여형 기부 활동입니다. 실제로 이렇게 직접 떠서 보낸 모자는 신생아의 체온을 약 2도 가량 높여 주어 아이의 건강을 지키는 데에 도움을 줄 수 있다고 합니다. 몇 시간의 정성으로 직접 아이들을 지킬 수 있는 이러한 활동이 대표적인 퍼네이션(funation) 활동입니다. 이러한 퍼네이션(funation) 활동의 확대 ㉠ 때문에 사람들이 느끼던 기부에 대한 부담감과 두려움이 줄어들면서 기부 문화는 ㉡ 증가되고 있는 추세입니다.
    ㉢ 또한 학생들은 자신들은 돈을 벌지 않으므로 기부는 자신과 거리가 멀다고 생각하곤 합니다. 그리고 우리 학교의 학생들이 기부를 하지 않는 제일의 이유는 기부 자체에 관심이 ㉣ 없습니다. 그러나 저는 다른 사람에게 도움을 주기 위해 기부를 할 때 가장 중요한 것은 나누고자 하는 마음이라고 확신합니다. 우리 동아리가 추구하는 최고의 가치는 나눔의 마음 자체이며, 우리 동아리에서 가장 우선 순위에 두는 선발 기준도 나눔의 마음입니다.

우리 동아리는 모든 학생들이 자기의 흥미와 관심에 맞는 퍼네이션(funation)에 자발적으로 참여할 수 있도록 언제나 노력하고 있습니다. 올해의 목표는 휴대폰 게임을 통해 기부하는 애플리케이션을 개발하는 것입니다. ⓜ 동아리 활동을 함께하다 보면 새로운 친구도 사귈 수 있을 뿐 아니라 친구들 간의 친밀감이 높아진다는 장점도 있습니다.

학생 여러분! 우리 동아리에 가입한다면 본인의 흥미와 관심에 따라 다양한 퍼네이션(funation)을 함께할 수 있습니다. 예를 들어, 메이크업에 관심이 있는 학생은 메이크업과 관련된 새로운 퍼네이션(funation) 개발을, 광고 홍보에 관심이 있는 학생은 우리 동아리의 퍼네이션(funation)을 홍보하며 나눔을 직접 실천해 볼 수 있을 것입니다. 더불어 아직 진로를 정하지 못했다면 동아리 활동이 여러분이 진로를 탐색하고 결정하는 데 도움을 줄 수 있으리라 확신합니다.

나눔은 어렵거나 번거로운 일이 아닙니다. 작은 실천으로 시작할 수 있는 나눔을 우리 동아리에서 경험해 보는 것은 어떨까요?

49. ㉠ ~ ㉤을 수정하려고 할 때, 그 방안으로 적절하지 <u>않은</u> 것은?

① ㉠: 문맥상 '탓에'로 수정한다.
② ㉡: 주어가 '기부 문화는'이므로 '확산되고'로 수정한다.
③ ㉢: 앞 문단과 상반된 내용이 이어짐을 고려하여 '그런데'로 바꾼다.
④ ㉣: 주어와 서술어의 호응을 고려하여 '없기 때문입니다'로 바꾼다.
⑤ ㉤: 4문단의 내용과 관련 없으므로 삭제한다.

50. 〈평가 내용〉을 토대로, 윗글의 중심 내용을 바르게 고쳐 쓴 것은?

─〈 평가 내용 〉─
- A: 글에서 다루는 제재를 핵심 어휘로 제시해야 해요.
- B: 비유법을 사용하면 글의 요지를 쉽게 이해시킬 수 있어요.
- C: 동아리에서 얻을 수 있는 이점이 포함되면 더욱 좋은 글이 될 수 있겠어요.
- D: 청유형 어미를 사용하면 필자가 독자에게 함께 행동할 것을 권유하는 글의 목적이 잘 드러나요.

① 우리 동아리와 함께라면 기부는 누워서 떡 먹기입니다.
② 놀이처럼 재미있게 기부하고 싶다면 퍼네이션, 함께 합시다.
③ 퍼네이션, 동아리에서 다 같이 마음을 나누고 보람을 배로 느낍시다.
④ 화수분처럼 끊이지 않는 퍼네이션을 제공하는 우리 동아리에 가입합시다.
⑤ 강제적인 봉사 활동에 지쳤다면 자발적인 봉사 활동을 하는 우리 동아리로 오세요.

창안 (51 ~ 60번)

51. 〈사진〉의 내용을 바탕으로 〈조건〉에 부합하는 문구를 작성하고자 할 때, 가장 적절한 것은?

───── 〈 사 진 〉 ─────

───── 〈 조 건 〉 ─────

• 비유적 표현을 사용할 것
• '반려동물에 대한 책임'을 주제로 할 것
• 긍정문으로 서술할 것

① 장난감처럼 다루지 말고, 형제처럼 지켜주세요.
② 어떤 사람들은 반려동물이라 부르고 페트병처럼 여깁니다.
③ 무지개처럼 함께 어울리기 위해서는 생명을 존중해야 합니다.
④ 반려동물이 돌아갈 곳은 길이 아닌 난로처럼 따뜻한 우리 집입니다.
⑤ 나에게는 작은 친구 같지만, 타인에게는 가장 두려운 존재일 수 있습니다.

52. '요리하는 방법'을 바탕으로 '독서'에 대해 연상한 내용으로 적절하지 <u>않은</u> 것은?

	[요리하는 방법]		[독서]
①	만들고 싶은 음식의 다양한 조리법을 찾아보아야 나에게 맞는 조리법을 찾을 수 있다.	⇒	책에 대한 여러 가지 정보를 미리 찾아보면 나의 수준에 맞는 책을 선택할 수 있다.
②	현재 상황과 능력으로 할 수 있는 음식을 고른 뒤 재료를 준비해야 요리 과정이 훨씬 수월하다.	⇒	책을 선정할 때 본인의 지식이나 어휘 수준 등을 고려해 책을 선정해야 독서에 대한 부담이 줄어든다.
③	재료별로 적절한 손질법을 찾아 다듬어야 요리 시간이 오래 걸리지 않는다.	⇒	선택한 책의 성격에 맞는 읽기 방법을 알고 있으면 더욱 쉽고 빠르게 책을 읽을 수 있다.
④	조리법에 따라 필요한 재료와 양념을 넣어 음식을 만들어야 실패하지 않을 수 있다.	⇒	이해가 되지 않는 내용, 중요한 내용을 메모해 두어야 책 한 권을 끝까지 읽을 수 있다.
⑤	조리법에 자신의 실수나 느낌 등을 적어 두면 자신만의 조리법을 만들 수 있다.	⇒	책의 줄거리뿐 아니라 자신의 소감을 담은 독서 감상문을 작성해두면 좋은 추억거리가 된다.

53. 〈보기〉의 내용을 분석한 것으로 가장 적절한 것은?

――――〈 보 기 〉――――

　세상 사람들은 어진 이나 어리석은 이나 할 것 없이 모두 많은 사람을 알고 여러 가지 일을 해 보고 싶어 한다. 그러면서도 책은 읽으려 들지 않는다. 이는 배부르기를 구하면서 먹거리 마련에는 게으르고, 따뜻하려 들면서 옷 해 입는 데는 나태한 것과 같다.

– 안지추(531 ~ 591)

① 일상 속에서 갖출 수 있는 독서의 조건을 강조하고 있다.
② 책 읽기를 통해 다양한 능력을 기를 수 있음을 강조하고 있다.
③ 이질적인 두 대상의 대조를 통해 독서 능력의 중요성을 강조하고 있다.
④ 삶을 지키기 위해서는 독서뿐 아니라 물질적 조건도 중요함을 강조하고 있다.
⑤ 사람을 사귀고 다양한 경험을 하기 위해 가장 좋은 방법은 독서임을 강조하고 있다.

54. 〈보기〉의 내용을 통해 '학교 교육'과 관련한 내용을 생성하였다. 적절하지 <u>않은</u> 것은?

――――〈 보 기 〉――――

　예전에는 집집마다 메주를 직접 만들어 장을 담갔다. 우선 콩을 삶아 절구에 으깬 것을 둥글거나 네모나게 빚어 단단하게 만든다. 일반 농가에서는 메주를 더운 방에다 짚을 깔고 드문드문 놓아 볏짚과 공기로부터 미생물들이 메주로 들어가게 한다. 이 과정은 메주를 발효시키고 숙성하는 데 매우 중요하다. 이때 온도와 습도도 적절하게 유지되어야 한다. 메주가 잘 뜨면 이것을 짚에 매달아 햇볕에 바짝 말린다. 이러한 과정을 거쳐 메주는 비로소 간장과 된장의 재료로 완성되는 것이다. 메주가 숙성되는 과정에서 야생의 여러 이로운 균들이 들어와 번식하게 된다. 그래서 메주마다 특유의 향과 맛을 내게 되는 것이다.

① 학교 교육은 일련의 과정을 따라 진행되어야 한다.
② 학생들에게 학교의 특색에 맞는 교육을 제공해야 한다.
③ 지식 습득뿐 아니라 여러 활동과 체험을 할 수 있도록 해야 한다.
④ 학교 교육에 필요한 다양한 환경이 일정 수준으로 유지되도록 해야 한다.
⑤ 학생들이 학교 사회에 적응할 수 있도록 보편적 특색을 길러주어야 한다.

55. 〈조건〉을 모두 반영한 〈보기〉의 제목으로 가장 적절한 것은?

〈 보 기 〉

　한국은 합계 출산율이 1명 이하인 저출산 국가이다. 합계 출산율은 여성 한 명이 가임 기간(15 ~ 49세)에 낳을 것으로 예상되는 평균 자녀 수를 뜻한다. 2018년 한국의 합계 출산율은 0.977명이며 이는 OECD 국가 중 가장 낮은 수준이다. 정부에서 난임부부 시술비를 지원하고, 다양한 다자녀 정책을 펼치며 출산율을 높이기 위해 노력하고 있는 것에 비해 한국의 출산 문제는 미래가 밝지 않다. 저출산 문제를 극복한 핀란드와 프랑스의 사례를 볼 때, 저출산 문제는 현재의 정책만으로 극복하기 어려운 부분이 있다. 한국과 함께 저출산이 심화되고 있는 일본, 싱가포르의 사례와 저출산을 극복한 대표적인 국가인 스웨덴, 프랑스 등의 사례를 살펴보며 저출산 문제를 인구 교육으로 극복할 수 있는 방안을 알아본다.

〈 조 건 〉

• 〈보기〉의 중심 내용을 드러낼 것
• 한자어를 사용한 조어(造語)를 포함할 것
• 의문형 종결 어미로 문장을 끝낼 것

① 나의 자녀 교육, 과연 옳을까요?
② 우리 사회의 새로운 근심, 저출산
③ 합계 출산율 0명, 먼 미래일까요?
④ 환영 받지 못한 저출산 정책, 문제는?
⑤ 사회 발전의 걸림돌, 가파른 인구 절벽

56. 다음 그림을 활용해 전달할 수 있는 내용으로 가장 적절한 것은?

① 자생력을 기르기 위해서는 남들보다 앞장서야 합니다.
② '우리'보다는 '나'를 강조하는 사회가 미래 경쟁력을 키웁니다.
③ 획일적인 사고의 강요는 창의력이 없는 사회가 되는 지름길입니다.
④ 노력하지 않고 편한 길을 선택하는 태도는 사회의 결속력을 떨어뜨립니다.
⑤ 삶의 방향을 찾은 뒤에는 미래 사회의 젊은이들에게 가르침을 주어야 합니다.

57. 〈조건〉에 따라 '공익 광고'의 문구를 수정한다고 할 때, 가장 적절한 것은?

〈 조 건 〉

• '게임 중독 근절'을 주제로 할 것
• 간결한 문장으로 표현할 것
• 대조적 표현을 사용할 것

	수정 전	수정 후
①	올바른 게임 습관 형성, 부모의 역할이 가장 중요합니다.	자녀의 바른 게임 습관의 시작, 부모의 교육
②	친구의 '따뜻한 손' 대신 캐릭터의 '차가운 손'을 잡지 마세요.	내가 먼저 친구의 '따뜻한 손'을 잡아 주세요.
③	"놀자!" 언뜻 듣기엔 좋은 그 말, 키보드가 말하지는 않나요?	"놀자!" 키보드로 말하지 말고 입으로 말하세요.
④	레벨업에 중독되어 있지는 않은가요? 캐릭터 레벨업이 아닌 스펙 레벨업에 도전하세요.	캐릭터가 아닌 당신이 레벨업 되어야 합니다. 아이디가 아닌 지식을 입력하세요.
⑤	스트레스를 풀겠다는 이유로 '나'보다 '캐릭터'를, '로그아웃'보다 '로그인'을 중요하게 여기지 않나요?	게임 '로그인' 말고 '로그아웃'으로 '나'를 소중히 하세요.

58. 〈보기〉의 ㄱ ~ ㄹ 중 유사 음운을 반복하여 만든 언어유희를 모두 고른 것은?

〈 보 기 〉

ㄱ. 박간지 망간지 됩니다.

ㄴ. 달걀, 눈알, 새알, 대감 통불알.

ㄷ. 방방곡곡(坊坊曲曲) 면면촌촌(面面村村)이, 바위 틈틈이, 모래 쩸쩸이, 참나무 결결이

ㄹ. 개잘량이라는 '양'자에 개다리소반이라는 '반'자 쓰는 양반이 나오신단 말이오.

① ㄱ, ㄴ

② ㄴ, ㄷ

③ ㄱ, ㄴ, ㄷ

④ ㄱ, ㄴ, ㄹ

⑤ ㄱ, ㄴ, ㄷ, ㄹ

59. 〈보기〉의 밑줄 친 ㉠을 통해 주장할 수 있는 내용으로 적절한 것은?

〈 보 기 〉

쇠못으로 결합하는 방법

짜 맞춤 기법

목재와 목재를 연결하는 기술에는 쇠못으로 결합하는 방법과 목재들을 서로 물리도록 깎아 결합하는 짜 맞춤 기법이 있다.

㉠ 쇠못으로 결합하는 방법은 쉽고 간단하지만 결합 부위가 오래 견디지 못하고 삐걱거리게 된다. 그에 비해 짜 맞춤 기법은 서로 모양을 맞추는 정교한 작업 때문에 많은 시간이 필요하다. 하지만 한번 결합된 목재들은 분해가 불가능할 정도로 아주 튼튼하게 맞물린다. 이러한 짜 맞춤 기법에는 목재의 재질이나 만들고자 하는 제품의 종류(집, 가구 등)에 따라 '삼장부 짜임', '연귀촉 짜임'과 같은 다양한 기법이 있다. 장인들의 아이디어와 땀이 배어 있는 짜 맞춤 기법을 통해 튼튼한 작품이 완성되는 것이다.

① 원활한 인간관계를 맺기 위해서는 적당한 거리를 유지해야 한다.

② 의사 결정 시 물건의 가격보다는 품질에 우선순위를 두어야 한다.

③ 자신의 의견을 관철하기보다 서로의 의견을 조율할 줄 알아야 한다.

④ 어떤 일이든 주변을 지탱해 줄 수 있는 중심 세우기를 가장 중시해야 한다.

⑤ 리더는 각 구성원의 능력을 파악하여 구성원을 적재적소에 배치할 수 있어야 한다.

60. 〈조건〉을 반영한 공익 광고 문구로 가장 적절한 것은?

〈 보 기 〉

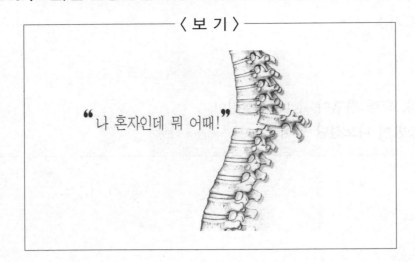

"나 혼자인데 뭐 어때!"

〈 조 건 〉

• 〈보기〉의 그림과 관련시켜 작성할 것
• 공동선(共同善)을 시사하는 주제가 드러날 것
• 직유법을 사용할 것

① 실낱같은 당신의 일탈, 우리에겐 위험이 될 수 있습니다.

② 서로 한 몸같이 아껴줄 때 진정한 우리가 될 수 있습니다.

③ 내가 내뱉은 칼날 같은 한마디, 한 사람을 추락하게 합니다.

④ 공중도덕은 우리가 모두 지킬 때 그에 따른 이익이 발현될 수 있습니다.

⑤ 무지개처럼 형형색색(形形色色)의 사람들이 모여 아름다운 세상을 만듭니다.

읽기 (61 ~ 90번)

[61 ~ 62] 다음 글을 읽고 물음에 답하시오.

㉠ 노주인(老主人)의 장벽(腸壁)에
무시(無時)로 인동(忍冬) 삼긴 물이 나린다.

㉡ 자작나무 덩그럭 불이
도로 피어 붉고,

㉢ 구석에 그늘 지어
무가 순 돋아 파릇하고,

㉣ 흙냄새 훈훈히 김도 사리다가
바깥 풍설(風雪) 소리에 잠착하다.

㉤ 산중(山中)에 책력(冊曆)도 없이
삼동(三冬)이 하이얗다.

— 정지용, 「인동차(忍冬茶)」

61. 윗글에 대한 설명으로 적절한 것은?

① 화자의 정서를 직접적으로 드러내고 있다.

② 유사한 시구를 반복하여 운율을 형성하고 있다.

③ 색채 대비를 통해 시각적 이미지를 강화하고 있다.

④ 시적 허용을 사용하여 대상에 대한 애착을 드러내고 있다.

⑤ 공감각적 심상을 활용하여 대상을 생생하게 표현하고 있다.

62. ⊙ ~ ⑩ 중 〈보기〉와 관련 있는 시구로 가장 적절한 것은?

〈 보 기 〉

러시아 형식주의의 주요한 문학적 수법인 '낯설게 하기'란 러시아의 시클롭스키(Shklovsky, V.)가 주장한 것으로 일상화되어 친숙하거나 반복되어 참신하지 않은 사물이나 관념을 특수화하고 낯설게 하여 새로운 느낌을 갖도록 표현하는 것을 이른다. 예를 들어, 시 문학에서는 일상어에 리듬, 비유, 역설 등의 일상적이지 않은 표현 방식을 적용하여 해당 단어가 일상생활에서 사용될 때와 다른 방식으로 사용되게 하거나, 해당 단어에 색다른 느낌을 부여하는 방식으로 '낯설게 하기'가 표현된다.

① ⊙   ② ㉡   ③ ㉢   ④ ㉣   ⑤ ⑩

[63 ~ 65] 다음 글을 읽고 물음에 답하시오.

나는 어디로 어디로 들입다 쏘다녔는지 하나도 모른다. 다만 몇 시간 후에 내가 미쓰코시 옥상에 있는 것을 깨달았을 때는 거의 대낮이었다.

나는 거기 아무 데나 주저앉아서 내 자라 온 스물여섯 해를 회고하여 보았다. 몽롱한 기억 속에서는 이렇다는 아무 제목도 불거져 나오지 않았다.

나는 또 내 자신에게 물어보았다. 너는 인생에 무슨 욕심이 있느냐고. 그러나 있다고도 없다고도, 그런 대답은 하기가 싫었다. 나는 거의 나 자신의 존재를 인식하기조차도 어려웠다.

허리를 굽혀서 나는 그저 금붕어나 들여다보고 있었다. 금붕어는 참 잘들 생겼다. 작은 놈은 작은 놈대로 큰 놈은 큰 놈대로 다 싱싱하니 보기 좋았다. 내리비치는 5월 햇살에 금붕어들은 그릇 바탕에 그림자를 내려뜨렸다. 지느러미는 하늘하늘 손수건을 흔드는 흉내를 낸다. 나는 이 지느러미 수효를 헤아려 보기도 하면서 굽힌 허리를 좀처럼 펴지 않았다. 등허리가 따뜻하다.

나는 또 회탁의 거리를 내려다보았다. 거기서는 피곤한 생활이 똑 금붕어 지느러미처럼 흐늑흐늑 허비적거렸다. 눈에 보이지 않는 끈적끈적한 줄에 엉켜서 헤어나지들을 못한다. 나는 피로와 공복 때문에 무너져 들어가는 몸뚱이를 끌고, 그 회탁의 거리 속으로 섞여 들어가지 않는 수도 없다 생각하였다.

나서서 나는 또 문득 생각하여 보았다. 이 발길이 지금 어디로 향하여 가는 것인가를……

그때 내 눈앞에는 아내의 모가지가 벼락처럼 내려 떨어졌다. 아스피린과 아달린.

우리들은 서로 오해하고 있느니라. 설마 아내가 아스피린 대신에 아달린의 정량을 나에게 먹여 왔을까? 나는 그것을 믿을 수는 없다. 아내가 대체 그럴 까닭이 없을 것이니. 그러면 나는 날밤을 새면서 도적질을, 계집질을 하였나? 정말이지 아니다.

우리 부부는 숙명적으로 발이 맞지 않는 절름발이인 것이다. 내가 아내나 제 거동에 로직을 붙일 필요는 없다. 변해할 필요도 없다. 사실은 사실대로 오해는 오해대로 그저 끝없이 발을 절뚝거리면서 세상을 걸어가면 되는 것이다. 그렇지 않을까?

그러나 나는 이 발길이 아내에게로 돌아가야 옳은가 이것만은 분간하기가 좀 어려웠다. 가야 하나? 그럼 어디로 가나?

이때 뚜 — 하고 정오 사이렌이 울렸다. 사람들은 모두 네 활개를 펴고 닭처럼 푸드덕거리는 것 같고 온갖 유리와 강철과 대리석과 지폐와 잉크가 부글부글 끓고 수선을 떨고 하는 것 같은 찰나, 그야말로 현란을 극한 정오다.

나는 불현 듯이 겨드랑이가 가렵다. 아하, 그것은 내 인공의 날개가 돋았던 자국이다. 오늘은 없는 이 날개, 머릿속에서는 희망과 야심의 말소된 페이지가 딕셔너리 넘어가듯 번뜩였다.

나는 걷던 걸음을 멈추고 그리고 어디 한번 이렇게 외쳐 보고 싶었다.

⊙ 날개야 다시 돋아라.

날자. 날자. 날자. 한 번만 더 날자꾸나.

한 번만 더 날아 보자꾸나.

– 이상, 「날개」 중에서

63. 윗글에서 알 수 있는 사실이 <u>아닌</u> 것은?

① '나'는 지금까지 주체적인 삶을 살아오지 못했다.

② '나'는 도시의 모습을 부정적으로 인식하고 있다.

③ '금붕어'의 모습은 '나'가 성찰하게 되는 계기이다.

④ '아내'는 '나'가 도둑질을 하거나 다른 여자를 만났다고 의심하고 있다.

⑤ '나'는 '아내'와 자신의 관계가 오해로 인해 계속될 수 없다고 생각한다.

64. 윗글의 서술상 특징으로 가장 적절하지 <u>않은</u> 것은?

① 독백적 어조로 '나' 자신의 삶을 돌아보고 있다.

② 정오의 도시의 모습을 역동적으로 묘사하여 제시하고 있다.

③ 특정 단어를 반복해 인물의 소망과 의지를 극대화하고 있다.

④ 외국어를 의도적으로 사용해 '나'의 지식인적 면모를 드러낸다.

⑤ 대등하지 않은 인물 간의 관계를 사람의 모습에 빗대어 표현하고 있다.

65. ㉠에 나타난 인물의 태도를 나타낼 수 있는 사자성어로 가장 적절한 것은?

① 맥수지탄(麥秀之歎)   ② 애이불비(哀而不悲)

③ 일장춘몽(一場春夢)   ④ 자생자결(自生自決)

⑤ 자포자기(自暴自棄)

[66 ~ 68] 다음 글을 읽고 물음에 답하시오.

독서 행위는 지적인 긴장을 수반한다. 일반적인 독서 행위에 있어 선조적으로 조직되어 있는 책을 읽어 가면서 독자는 글 속에 담긴 내용을 이해하고 재조직하고 비판하는 일련의 과정을 겪게 된다. 따라서 독서 행위는 일정한 시간과 지속적인 지적 노력을 요구한다.

다매체 환경에서의 독서는 이러한 일반적 독서 행위와는 다른 양상을 보이게 된다. 그것은 읽기보다는 보기의 형태를 띠게 되면서 빠른 속도로 주어진 정보를 감각적으로 이해하려 하게 되는 것이다. 더욱이 모니터 상에서 문자를 읽는 일은 만만한 일이 아니다. 모니터의 반짝임과 흔들림이 독서의 효율을 떨어뜨리고 눈을 매우 피곤하게 하고 또 책을 읽을 때보다는 집중이 되지 않기도 한다. 따라서 지적 긴장을 수반해야 하는 진정한 글 읽기는 책에 의존하게 되고, 다매체 환경에서는 정보를 확인하는 수준의 빠르고 가벼운 독서가 주로 이루어지게 되는 것이다.

컴퓨터 통신에 의해 대량의 정보가 유통되면서 나타난 정보에 대한 (㉠)의 변화가 이러한 독서 행위의 변화에 한 동인이 되고 있다. 말하기에서 글쓰기로 바뀌면서 글의 내용이 지닌 권위에 일정한 한계를 노정하게 되었듯이 컴퓨터 통신에 의해 대량의 정보가 유통되면서 책이 지녔던 권위 즉 인간의 지적 작업의 결과물이라는 존엄성이 빛을 바래고 있다. 인간의 지적 결과물은 모두 정보로 취급되고, 정보는 단순한 정보에 지나지 않는 것으로 취급된다. 인터넷 상에 떠다니는 정보에 대해서는 오래된 정보는 가치 없음이라는 등식이 성립되는 것으로 보인다. 이러한 의식이 팽배하게 되면 진정한 감동을 받는 꼼꼼히 읽기로서의 독서는 사라지고, 단지 정보를 얻기 위한 글 읽기만 남게 될 것이다. 단지 빠른 시간 안에 보다 많은 정보를 확인할 수 있는 글 읽기만이 필요해지는 것이다. 그리고 이러한 글 읽기 방식이 사회 전반적으로 급격한 변화를 수반하는 정보화 사회에서 (㉡) 독서 방식으로 이해될 수도 있을 것이다.

66. 윗글의 독서 행위에 대한 설명으로 가장 적절한 것은?

① 책이라는 매체를 통해서만 이루어질 수 있다.
② 지속적인 지적 노력과 신속한 읽기 능력이 동시에 요구된다.
③ 일반적으로 독자가 글을 통해 정보를 수용하는 행위를 의미한다.
④ 글의 내용이 가진 권위를 검증하고 받아들이는 과정을 가리킨다.
⑤ 읽는 방법에 따라 감동을 얻을 수도 있고 새로운 정보를 얻을 수도 있다.

67. 윗글의 중심 내용으로 가장 적절한 것은?

① 독서 행위에 필요한 조건
② 독서 과정에서의 독자의 역할
③ 정보화 사회에서의 책의 권위 하락
④ 다매체 환경에서 독서에 집중하는 방법
⑤ 다매체 환경에 따른 독서 방법의 변화와 그 이유

68. ㉠과 ㉡에 들어갈 말로 가장 적절한 것은?

	㉠	㉡		㉠	㉡		㉠	㉡
①	인식	필연적인	②	인식	우연적인	③	기술	독립적인
④	기술	필연적인	⑤	가치	우연적인			

[69 ~ 70] 다음 글을 읽고 물음에 답하시오.

　회화적 재현이 성립하려면, 즉 하나의 그림이 어떤 대상의 그림이 되기 위해서는 그림과 대상이 닮아야 할까? 입체주의의 도래를 알리는 〈아비뇽의 아가씨들〉을 그리기 한 해 전, 피카소는 시인인 스타인을 그린 적이 있었는데, 완성된 그림을 보고 사람들은 놀라움을 금치 못했다. 스타인의 초상화가 그녀를 닮지 않았던 것이다. 이에 대해 피카소는 "앞으로 닮게 될 것이다."라고 말했다고 한다. 이 에피소드는 미술사의 차원과 철학적 차원에서 회화적 재현에 대해 생각해 볼 계기를 제공한다.

　우선 어떻게 닮지 않은 그림이 대상의 재현일 수 있는지를 알아보기 위해서는 당시 피카소와 브라크가 중심이 되었던 입체주의의 예술적 실험과 그것을 가능케 한 미술사의 흐름을 고려해 보아야 한다. 르네상스 시대의 화가들은 원근법을 사용하여 '세상을 향한 창'과 같은 사실적인 그림을 그렸다. 현대 회화를 출발시켰다고 평가되는 인상주의자들이 의식적으로 추구한 것도 이러한 사실성이었다. 그들은 모든 대상을 빛이 반사되는 물체로 간주하고 망막에 맺힌 대로 그리는 것을 회화의 목표로 삼았다. 따라서 빛을 받는 대상이면 무엇이든 주제가 될 수 있었고, 대상의 고유한 색 같은 것은 부정되었다. 햇빛의 조건에 따라 다르게 그려진 모네의 낟가리 연작이 그 예이다.

　그러나 세잔의 생각은 달랐다. "모네는 눈뿐이다."라고 평했던 그는 그림의 사실성이란 우연적 인상으로서의 사물의 외관보다는 '그 사물임'을 드러낼 수 있는 본질이나 실재에 더 다가감으로써 얻게 되는 것이라고 생각하였다. 세잔이 그린 과일 그릇이나 사과를 보면 대부분의 형태는 실물보다 훨씬 단순하게 그려져 있고, 모네의 그림에서는 볼 수 없었던 부자연스러운 윤곽선이 둘러져 있으며, 원근법조차도 정확하지 않다. 이는 어느 한순간 망막에 비친 우연한 사과의 모습 대신 사과라는 존재를 더 잘 드러낼 수 있는 모습을 포착하려 했던 세잔의 문제의식을 보여주는 것이다.

　이를 계승하여 한 발 더 나아간 것이 바로 입체주의이다. 입체주의는 대상의 실재를 드러내기 위해 여러 시점에서 본 대상을 한 화면에 결합하는 방식을 택했다. 비록 스타인의 초상화는 본격적인 입체주의 그림은 아니지만, 세잔에서 입체주의로 이어지는 실재의 재현이라는 관심이 반영된 작품으로 볼 수 있는 것이다.

　하지만 여전히 의문인 것은 '닮게 될 것'이라는 말의 의미이다. 실제로 세월이 지난 후 피카소의 예언대로 사람들은 결국 스타인의 초상화가 그녀를 닮았다는 것을 발견하게 되었다고 한다. 어떻게 그럴 수 있었을까? 이를 설명하려면 회화적 재현에 대한 철학적 차원의 논의가 필요한데, 곰브리치와 굿맨의 이론이 주목할 만하다.

　이들은 대상을 '있는 그대로' 보는 '순수한 눈' 같은 것은 없으며, 따라서 객관적인 사실성이란 없고, 사실적인 그림이란 결국 한 문화나 개인에게 익숙한 재현 체계를 따른 그림일 뿐이라고 주장한다. 이 이론에 따르면 지각은 우리가 속한 관습과 문화, 믿음 체계, 배경 지식의 영향을 받아 구성된다고 한다. 예를 들어 우리가 작가와 작품에 대해 사전 지식을 가지고 있다면 이러한 믿음은 그 작품을 어떻게 지각하느냐에까지도 영향을 준다는 것이다. 이것이 사실이라면, 피카소의 경우에 대해서도, '이 그림이 피카소가 그린 스타인의 초상'이라는 우리의 지식이 종국에는 그림과 실물 사이의 닮음을 발견하는 방식으로 우리의 지각을 형성해 냈을 것이라는 설명이 가능하다. 사실성이라는 것이 과연 재현 체계에 따라 상대적인지는 논쟁의 여지가 많지만 피카소의 수수께끼 같은 답변과 자신감 속에는 회화적 재현의 본성에 대한 이러한 통찰이 깔려 있었다고도 볼 수 있다.

69. 윗글에 대한 설명으로 가장 적절한 것은?

① 대상의 발전 과정을 통시적으로 설명하고 있다.

② 대상이 가진 문제점을 제시한 후 해결 방안을 도출하고 있다.

③ 독자의 이해를 돕기 위해 구체적 수치를 사용해 설명하고 있다.

④ 대상에 대한 상반된 관점을 소개한 후 절충안을 제시하고 있다.

⑤ 다양한 견해를 들어 대상에 대한 인식의 변화를 설명하고 있다.

70. 윗글을 참고할 때, 〈보기〉와 관련하여 떠올릴 수 있는 질문으로 적절하지 않은 것은?

〈 보 기 〉

〈건초더미〉는 모네가 프랑스의 시골 지방인 지베르니에서 머물 때 그린 것으로, 햇빛과 대기에 따라 달라지는 색을 섬세하게 그려내었다는 평을 듣는다.

① '건초더미'의 실제 색은 무엇이었을까?

② 〈건초더미〉 속에서 사실적인 원근을 따르지 않은 것은 무엇일까?

③ 모네가 흐린 날 이 그림을 그렸다면 주된 색채는 무엇이 되었을까?

④ '건초더미'의 윤곽선 유무로 세잔과 모네의 그림을 구별할 수 있을까?

⑤ 모네는 '건초더미'를 포착할 때 고유성과 우연성 중 무엇을 중시했을까?

[71 ~ 73] 다음 글을 읽고 물음에 답하시오.

1894년, 화성에 고도로 진화한 지적 생명체가 존재한다는 주장이 언론의 주목을 받았다. 이러한 주장은 당시 화성의 지도들에 나타난, '운하'라고 불리던 복잡하게 얽힌 선들에 근거를 두고 있다. 화성의 '운하'는 1878년에 처음 보고된 뒤 거의 30년간 여러 화성 지도에 계속해서 나타났다. 존재하지도 않는 화성의 '운하'들이 어떻게 그렇게 오랫동안 천문학자들에게 받아들여질 수 있었을까?

19세기 후반에 망원경 관측을 바탕으로 한 화성의 지도가 많이 제작되었다. 특히 1877년 9월은 지구가 화성과 태양에 동시에 가까워지는 시기여서 화성의 표면이 그 어느 때보다 밝게 보였다. 영국의 아마추어 천문학자 그린은 대기가 청명한 포르투갈의 마데이라 섬으로 가서 13인치 반사 망원경을 사용해서 화성을 보이는 대로 직접 스케치했다. 그린은 화성 관측 경험이 많았으므로 이전부터 이루어진 자신의 관측 결과를 참고하고, 다른 천문학자들의 관측 결과까지 반영하여 당시로서는 가장 정교한 화성 지도를 제작하였다.

㉠ 그런데 이듬해 이탈리아의 천문학자인 스키아파렐리의 화성 지도가 나오면서 이 지도의 정확성이 도전받았다. 그린과 같은 시기에 수행한 관측을 토대로 제작한 스키아파렐리의 지도에는, 그린의 지도에서 흐릿하게 표현된 지역에 평행한 선들이 그물 모양으로 교차하는 지형이 나타나 있었기 때문이었다. 스키아파렐리는 이것을 '카날리(canali)'라고 불렀는데, 이것은 '해협'이나 '운하'로 번역될 수 있는 용어였다.

절차적 측면에서 보면 그린이 스키아파렐리보다 우위를 점하고 있었다. 우선 스키아파렐리는 전문 천문학자였지만 화성 관측은 이때가 처음이었다. 게다가 그는 마데이라 섬보다 대기의 청명도가 떨어지는 자신의 천문대에서 관측을 했고, 배율이 상대적으로 낮은 8인치 반사 망원경을 사용했다. 또한 그는 짧은 시간에 특징만을 스케치하고 나중에 기억에 의존해 그것을 정교화했으며, 자신만의 관측을 토대로 지도를 제작했던 것이다.

그런데도 승리는 스키아파렐리에게 돌아갔다. 그가 천문학계에서 널리 알려진 존경받는 천문학자였던 것이 결정적이었다. 대다수의 천문학자들은 그들이 존경하는 천문학자가 눈에 보이지도 않는 지형을 지도에 그려 넣었으리라고는 생각하기 어려웠다. 게다가 스키아파렐리의 지도는 지리학의 채색법을 그대로 사용하여 그린의 지도보다 호소력이 강했다. 그 후 스키아파렐리가 몇 번 더 '운하'의 관측을 보고하자 다른 천문학자들도 '운하'의 존재를 보고하기 시작했고, 이후 더 많은 '운하'들이 화성 지도에 나타나게 되었다.

　　일단 권위자가 무엇인가를 발견했다고 알려지면 그것이 존재하지 않는다는 것을 입증하기란 쉽지 않다. 더구나 관측의 신뢰도를 결정하는 척도로 망원경의 성능보다 다른 조건들이 더 중시되던 당시 분위기에서는 이러한 오류가 수정되기 어려웠다. 성능이 더 좋아진 대형 망원경으로는 종종 '운하'가 보이지 않았는데, 놀랍게도 '운하' 가설 옹호론자들은 이것에 대해 대형 망원경이 높은 배율 때문에 어떤 대기상태에서는 오히려 왜곡이 심해서 소형 망원경보다 해상도가 떨어질 수 있다고 '해명'하곤 했던 것이다.

71. 윗글의 제목으로 가장 적절한 것은?

① 화성의 생태계 연구 과정
② 화성 운하가 생겨난 이유
③ 천문학과 지리학의 상관관계
④ 지구 밖 생명체의 생존 가능성
⑤ 포르투갈과 이탈리아의 천문학 역사

72. ㉠의 뜻으로 가장 적절한 것은?

① 별을 관측하는 망원경의 배율이 단 하나뿐이었다.
② 천문학을 전공한 학자들이 천문학계에 많지 않았다.
③ 관측자가 얼마나 저명한지가 관측의 신뢰도를 결정했다.
④ 학계에서 '관측의 신뢰도'라는 개념이 확립되기 전이었다.
⑤ 관측자에 따라 결과가 달라져 관측 결과에 대한 신뢰도가 낮았다.

73. 윗글을 읽고 보일 수 있는 반응으로 적절하지 <u>않은</u> 것은?

① 13인치 반사 망원경이 8인치 반사 망원경보다 선명하군.
② 19세기 말에 제작된 화성 지도에는 '운하'가 그려진 것이 많겠군.
③ 정교한 기록을 위해서는 자신의 기억을 되짚는 일이 중요하겠군.
④ 권위자의 주장이라도 비판적으로 받아들이는 태도가 필요하겠군.
⑤ 화성 외의 행성에서 생명체가 있다고 보고된 적이 있는지 궁금하군.

[74 ~ 75] 다음 글을 읽고 물음에 답하시오.

　　기술이 급속하게 발달함에 따라 인간의 삶은 더욱 여유롭고 의미 있는 것으로 될 것인가, 아니면 더욱 바쁘고 의미 없는 것으로 전락할 것인가? '사색적 삶'과 '활동적 삶'을 대비하여 사회 변화를 이해하는 방식은 이런 물음의 답을 구하는 데 도움이 된다.

　　최초로 인간의 삶을 사색적 삶과 활동적 삶으로 구분한 사람은 아리스토텔레스이다. 그는 진리, 즐거움, 고귀함을 추구하는 사색적 삶의 영역이 생계를 위한 활동적 삶의 영역보다 상위에 있다고 보았다. 이러한 인식은 근대 이전의 오랜 역사 속에서 사회 질서의 기본 원리로 자리 잡아 왔다.

근대에 접어들어 과학 혁명과 청교도 윤리의 등장으로 활동적 삶과 사색적 삶에 대한 인식은 달라지기 시작했다. 16, 17세기 과학 혁명으로 실험 정신과 경험적 지식이 중시되면서 사색적 삶의 영역에 속한 과학적 탐구와 활동적 삶의 영역에 속한 기술 사이의 거리가 좁혀졌다. 또한 직업을 신의 소명으로 이해하고, 근면과 검약에 의한 개인의 성공을 구원의 징표로 본 청교도 윤리는 생산 활동과 부의 축적에 대한 부정적 인식을 불식하는 계기가 되었다. 이로써 활동적 삶과 사색적 삶이 대등한 위상을 갖게 된 것이다.

18, 19세기 산업 혁명을 계기로 활동적 삶은 사색적 삶보다 중요성이 더 커지게 되었다. 생산 기술에 과학적 지식이 응용되고 기계의 사용이 본격화되면서 기계의 속도에 기초하여 노동 규율이 확립되었고, 인간의 삶은 시간적 규칙성을 따르도록 재조직되었다. 나아가 시간이 관리의 대상으로 부각되면서 시간-동작 연구를 통해 가장 효율적인 작업 동선(動線)을 모색했던 테일러의 과학적 관리론은 20세기 초부터 생산 활동을 합리적으로 조직하는 중요한 원리로 자리 잡았다. 이로써 두뇌에 의한 노동과 근육에 의한 노동이 분리되어 인간의 육체노동이 기계화되는 결과가 초래되었다. 또한 과학을 기술 개발에 활용하기 위한 시스템이 요구되어 공학, 경영학 등의 실용 학문과 산업체 연구소들이 출현하였다. 이는 전통적으로 사색적 삶의 영역에 속했던 진리 탐구마저 활동적 삶의 영역에 속하는 생산 활동의 논리에 포섭되었음을 단적으로 보여 준다.

이처럼 산업 혁명 이후 기계 문명이 발달하고 그에 힘입어 자본주의 시장 메커니즘이 사회를 전면적으로 지배하게 됨에 따라 근면과 속도가 강조되었다. 활동적 삶이 지나치게 강조된 데 대한 반작용으로, '의미 없는 부지런함'이 만연해진 세태에 대한 비판의 목소리가 나타나 성찰에 의한 사색적 삶의 중요성을 역설하기도 하였다.

이제 20세기 말 정보화와 세계화를 계기로 시간적·공간적 거리가 압축되어 세계가 동시적 경험이 가능한 공간으로 인식되면서 인간의 삶은 이전과 크게 달라졌다. 기술의 비약적 발달로 의식주 등 생활의 기본 욕구는 충족되었지만, 현대인들은 더욱 다양해진 욕구와 성취 욕망을 충족하기 위해 스스로를 소진하고 있다. 경쟁이 세계로 확대됨에 따라 사람들이 타인과의 경쟁에서 이기는 동시에 자신의 능력을 극한으로 끌어올리기 위해 스스로를 끝없이 몰아세울 수밖에 없는 내면화된 강박증에 시달리고 있는 것이다. 결국 기술의 발달이 인간의 삶을 여유롭고 의미 있는 것으로 만들어 줄 것이라는 기대와 달리, 사색적 삶은 설 자리를 잃고 활동적인 삶이 폭주하게 된 것이다.

74. 윗글의 내용을 잘못 이해한 것은?

① 아리스토텔레스는 사색적 삶을 활동적 삶보다 중요하게 여겼다.
② 청교도 윤리는 활동적 삶에 대한 부정적 인식을 줄이는 계기가 되었다.
③ 실용 학문의 발달로 활동적 삶이 사색적 삶의 논리로 가능하게 되었다.
④ 현대 사회의 경쟁은 사색적 삶의 위상을 추락시키는 요인으로 작용한다.
⑤ 테일러의 이론은 인간의 노동을 두뇌와 근육에 의한 노동으로 분화시켰다.

75. 윗글의 서술상 특징에 대한 설명으로 가장 적절한 것은?

① 대상의 장단점을 비교하고 있다.
② 대상의 변화 과정을 통시적으로 설명하고 있다.
③ 문제점을 나열한 후 해결책을 각각 제시하고 있다.
④ 대상에 대한 글쓴이의 주장을 두괄식으로 드러내고 있다.
⑤ 난해한 용어에 대한 정의를 제시하여 독자의 이해를 돕고 있다.

[76 ~ 77] 다음 글을 읽고 물음에 답하시오.

내가 라면을 처음 먹어 본 것은 초등학교 5학년 무렵이다. 하굣길에 읍내 아버지 사무실에 갔다가 사환으로 있던 동네 형을 만났다. 아버지는 안 계셨고 형은 그때 마침 라면을 끓여 도시락과 함께 먹으려는 찰나였다. 꼬불꼬불한 국수 모양이 신기했고 납작한 양은 냄비, 거기서 풍겨 나오는 냄새는 읍내에서 십 리 길 가까운 시골에 사는 내게는 도시적이다 못해 이국적인 느낌마저 불러일으켰다. 〈중 략〉 그 맛은 기존의 질서에서 살짝 일탈한 위반의 맛이었다. 동시에 인스턴트했고 중독의 예감을 안겨 주는 맛이었다.

그로부터 대략 이 년 뒤, 서울 도심에 있는 고등학교로 진학했다. 그 학교는 내가 들어가던 해가 개교 90주년이라고 했다. 학교가 오래되었다는 게 중요한 게 아니고 학교 앞에 있는 분식집들의 전통이 만만치 않다는 것이 중요하다. 수업이 끝난 뒤 우리는 각자 밥을 꽉 눌러 채운 도시락을 하나씩 들고 분식집에 모였다. 그러면 주인은 미리 껍질을 벗겨 놓은 라면을, 역시 미리 수프를 풀어 끓여 놓은 냄비 속에 빠뜨렸다. 그러고는 시큼하고 커다란 단무지 세 쪽 아니면 네 쪽을 접시에 담아 냄비와 함께 가져다주었다. 식탁에 있는 고춧가루를 살짝 풀어 라면과 함께 밥을 말아 먹으면 도서관에서 한밤까지도 든든했다. 그때 그 라면이 얼마나 맛있었으면 도서관에 남아 공부를 하려고 라면을 먹는지, 라면을 먹으려고 도서관에 남아 있는지 잘 모를 지경이었다.

어떤 이들은 군대에서 진정한 라면의 맛을 보았다고 한다. 나 역시 예외는 아니다. 〈중 략〉 훈련병이던 나는 어느 날 훈련소 식당 주방장의 연애편지를 대필해 주고 나서 라면을 얻어먹게 되었다. 주방장은 빈 쇼트닝 깡통을 가져오더니 바닥이 가려질 정도만 물을 붓고 취사용으로 쓰는 대포 같은 초대형 가스버너에 깡통을 올려놓았다. 십 초도 되지 않아 물이 요란하게 끓기 시작했다. 주방장은 라면 봉지의 앞면, 곧 이음선이 없는 부분을 밀어 라면이 깡통 안으로 떨어지게 만들고 수프를 뿌렸다. 그러곤 곧 버너의 불을 껐고 내게 기다란 조리용 젓가락을 건네주며 먹으라고 말했다. 그 맛 역시 잊을 수 없었다. 수천 명이 이용하는 취사도구(버너, 주방장, 젓가락)를 계급도 없는 훈련병 혼자 독점한 기분이 주는 맛이 특별하지 않을 도리가 없다.

그런데 언제부터인가 라면의 맛을 잃어버렸다. 라면의 종류는 과거와 비교할 수 없이 많아졌고 재료 역시 좋아졌지만 내가 찾는 그 맛은 어디에도 없었다. 한동안 나는 초겨울 빈 들에 구하기도 힘든 찌그러진 양은 냄비를 들고 나가 짚으로 라면을 끓여 먹어 보기도 했다. 또 어렵사리 분유 깡통을 구해 젓가락을 넣다가 합선 사고를 내기도 했고 납작한 양은 냄비를 찾아 시장을 헤맨 적도 있다. 여러 사람의 자문을 얻어 이것저것 실험도 해 보았다. 라면을 끓이는 냄비는 성냥불만 닿아도 파르르 반응하도록 얇을수록 좋다. 수프는 미리 찬물에 풀고 그 물을 최대한 오래 끓인 뒤 면을 넣는데 뚜껑은 덮지 말고 면을 섞거나 뒤집지 않는다. 날씨는 추울수록 좋고 끓는 부분과 차가운 대기에 접촉하는 면이 공존해야 한다. 면을 넣은 뒤 최소한의 시간만 익히고 곧 먹어야 한다. 등등. 이런 식으로 한겨울에 마당에서 라면을 끓여 먹다가 아이들에게 놀림을 받은 적도 있다. 그렇지만 그때와 같은 맛은 결코 돌아오지 않았다.

얼마 전에 나는 나름의 결론을 내렸다. 나는 라면을 먹고 싶어 하는 것이 아니라 그때 그 시절을 먹고 싶어 하는 거라고, 무지개를 찾는 소년처럼 헛되이, 저 멀리에서 황홀하게 빛나는 그 시절을 되찾으려는 것이라고.

– 성석제, 「소년 시절의 맛」

76. 윗글에 대한 설명으로 가장 적절한 것은?

① 과거를 회상하며 현재의 삶을 반성하고 있다.

② 특정 소재와 관련된 글쓴이의 경험을 소개하고 있다.

③ 과거와 달리 정을 잃어버린 현대 사회를 비판하고 있다.

④ 공간의 이동에 따라 변화하는 인물의 심리를 드러내고 있다.

⑤ 역설적인 상황을 제시하여 깨달음과 교훈을 효과적으로 제시하고 있다.

77. 윗글에서 '라면'이 의미하는 것으로 가장 적절한 것은?

① 소박한 꿈

② 잃어버린 정

③ 경제적 부유

④ 추억과 그리움

⑤ 가난했던 어린 시절

[78 ~ 79] 다음 안내문을 읽고 물음에 답하시오.

자전거 이용 안내

□ **자전거의 정의(자전거 이용 활성화에 관한 법률 제1장 제2조)**

'자전거'란 사람의 힘으로 페달이나 손페달을 사용하여 움직이는 구동장치(驅動裝置)와 조향장치(操向裝置) 및 제동장치(制動裝置)가 있는 바퀴가 둘 이상인 차를 말한다.

□ **자전거도로나 차도로 통행하는 경우(도로교통법 제13조의2)**

1) 자전거의 운전자는 자전거도로가 따로 있는 곳에서는 그 자전거도로로 통행하여야 한다.

2) 자전거의 운전자는 자전거도로가 설치되지 않은 곳에서는 도로 우측 가장자리에 붙어서 통행하여야 한다.

3) 자전거의 운전자는 길 가장자리구역을 통행할 수 있다. 이 경우 자전거의 운전자는 보행자의 통행에 방해가 될 때에는 서행하거나 일시정지하여야 한다.

4) 자전거의 운전자는 다음 각 호의 어느 하나에 해당하는 경우에는 보도를 통행할 수 있다. 이 경우 자전거의 운전자는 보도 중앙으로부터 차도 쪽 또는 안전표지로 지정된 곳으로 서행하여야 하며, 보행자의 통행에 방해가 될 때에는 일시정지하여야 한다.

① 어린이, 노인, 그 밖에 행정안전부령으로 정하는 신체장애인이 자전거를 운전하는 경우

② 안전표지로 자전거 통행이 허용된 경우

③ 도로의 파손, 도로공사나 그 밖의 장애 등으로 도로를 통행할 수 없는 경우

5) 자전거의 운전자는 안전표지로 통행이 허용된 경우를 제외하고는 2대 이상이 나란히 차도를 통행하여서는 안 된다.

6) 자전거의 운전자가 횡단보도를 이용하여 도로를 횡단할 때에는 자전거에서 내려서 자전거를 끌고 보행하여야 한다.

□ **도로를 횡단하는 경우(도로교통법 제15조의2)**

1) 지방경찰청장은 도로를 횡단하는 자전거 운전자의 안전을 위하여 행정안전부령으로 정하는 기준에 따라 자전거횡단도를 설치할 수 있다.

2) 자전거 운전자가 자전거를 타고 자전거횡단도가 따로 있는 도로를 횡단할 때에는 자전거횡단도를 이용하여야 한다.

3) 차마의 운전자는 자전거가 자전거횡단도를 통행하고 있을 때에는 자전거의 횡단을 방해하거나 위험하게 하지 않도록 그 자전거횡단도 앞에서 일시정지하여야 한다.

※ 자전거 이용 관련 안전표지

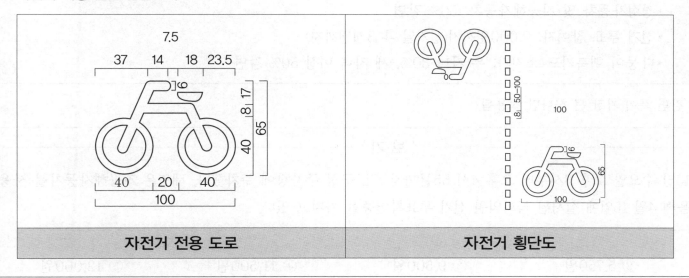

자전거 전용 도로	자전거 횡단도

78. 윗글을 읽고 보인 반응으로 적절하지 <u>않은</u> 것은?

① 도로 공사가 진행되고 있을 경우 보도 이용이 허용되는군.

② 자전거로 횡단보도를 건너기 전에는 자전거에서 내려야겠군.

③ 자전거 도로가 없는 곳에서는 도로 왼쪽에 붙어 통행해야겠군.

④ 보조 바퀴가 달려 바퀴가 4개인 자전거도 자전거로 인정되겠군.

⑤ 길 가장자리로 자전거를 끌 경우 보행자가 지나갈 때까지 기다려야겠군.

79. 윗글에서 알 수 있는 내용이 <u>아닌</u> 것은?

① 자전거의 정의   ② 자전거 주정차 방법

③ 자전거 통행이 가능한 도로   ④ 자전거 운전자의 도로 횡단 방법

⑤ 자전거로 보도 통행이 되는 경우

80. 다음 글을 근거로 할 때, 〈보기〉의 '세영'이 지불할 주차 요금을 바르게 계산한 것은?

□□구청 주차 요금 안내	
위치	○○시 □□구 △△로 43 (구청 내)
주차 요금	기본 10분 1,000원(추가 5분당 500원)
운영 시간	• 평일: 09:00 ~ 18:00 • 주말, 공휴일: 무료(상황에 따라 미개방)
요금감면	• 장애인, 국가유공자: 80% 감면 • 경형자동차 및 저공해자동차: 50% 감면 • 선거 투표 참여자: 2,000원까지(선거일 후 3개월까지) • 다둥이 행복카드 소지자: 두 자녀 30%, 세 자녀 이상 50% 감면

※ 요금 감면은 감면 폭이 가장 큰 하나만 적용됨

〈 보 기 〉

세영은 5월 13일 수요일 오후 3시부터 오후 4시 55분까지 □□구청 주차장에 주차했다. 세영은 저공해자동차를 사용하고 있으며, 올해 4월 15일에 실시된 국회의원 선거 투표확인증을 가지고 있다.

① 3,750원   ② 5,750원   ③ 9,500원   ④ 11,500원   ⑤ 12,000원

[81 ~ 83] 다음 글을 읽고 물음에 답하시오.

1950년대 프랑스의 영화 비평계에는 작가주의라는 비평 이론이 새롭게 등장했다. 작가주의란 감독을 단순한 연출자가 아닌 '작가'로 간주하고, 작품과 감독을 동일시하는 관점을 말한다. 이 이론이 대두될 당시, 프랑스에는 유명한 문학 작품을 별다른 손질 없이 영화화하거나 화려한 의상과 세트, 인기 연극배우에 의존하는 제작 관행이 팽배해 있었다. 작가주의는 이렇듯 프랑스 영화에 만연했던 문학적, 연극적 색채에 대한 반발로 주창되었다.

작가주의는 상투적인 영화가 아닌 감독 개인의 영화적 세계와 독창적인 스타일을 일관되게 투영하는 작품들을 옹호한다. 감독의 창의성과 개성은 작품 세계를 관통하는 감독의 세계관 혹은 주제 의식, 그것을 표출하는 나름의 이야기 방식, 고집스럽게 되풀이되는 특정한 상황이나 배경 혹은 표현 기법 같은 일관된 문체상의 특징으로 나타난다는 것이다.

한편, 작가주의적 비평은 영화 비평계에 중요한 영향을 끼쳤는데, 그중에서도 주목할 점은 할리우드 영화를 재발견한 것이다. 할리우드에서는 일찍이 미국의 대량 생산 기술을 상징하는 포드 시스템과 흡사하게 제작 인력들의 능률을 높일 수 있는 표준화·분업화한 방식으로 영화를 제작했다. 이에 따라 재정과 행정의 총괄자인 제작자가 감독의 작업 과정에도 관여하게 되었고, 감독은 제작자의 생각을 화면에 구현하는 역할에 머물렀다. 이는 계량화가 불가능한 창작자의 재능, 관객의 변덕스런 기호 등의 변수로 야기될 수 있는 흥행의 불안정성을 최소화하면서 일정한 품질의 영화를 생산하기 위함이었다.

그러나 작가주의적 비평가들은 _____㉠_____. 작가주의적 비평가들은 제한적인 제작 여건이 오히려 감독의 도전 의식과 창의성을 끌어낸 사례들에 주목한 것이다. 그에 따라 B급 영화*와 그 감독들마저 수혜자가 되기도 했다.

작가주의적 비평가들에 의해 복권된 대표적인 할리우드 감독이 바로 스릴러 장르의 거장인 히치콕이다. 히치콕은 제작 시스템과 장르의 제약 속에서도 일관된 주제 의식과 스타일을 관철한 감독으로 평가받았다. 히치콕은 관객을 오인에 빠뜨린 뒤 막바지에 진실을 규명하여 충격적인 반전을 이끌어 내는 그만의 이야기 도식을 활용하였다. 또한 그는 관객의 오인을 부추기는 '맥거핀' 기법을 자신만의 이야기 법칙을 만들어 가는 데 하나의 극적 장치로 종종 활용하였다. 즉 특정 소품을 맥거핀으로 활용하여 확실한 단서처럼 보이게 한 다음 일순간 허망한 것으로 만들어 관객을 당혹스럽게 한 것이다.

이처럼 할리우드 영화의 재평가에 큰 영향을 끼쳤던 작가주의의 영향력은 오늘날까지도 이어지고 있다. 예컨대 작가주의로 인해 '좋은' 영화 혹은 '위대한' 감독들이 선정되었고, 이들은 지금도 영화 교육 현장에서 활용되고 있다.

*B급 영화 : 적은 예산으로 단시일에 제작되어 완성도가 낮은 상업적인 영화.

81. 윗글에 대한 설명으로 가장 적절한 것은?

① 작가주의가 대두된 여러 요인을 소개하고 있다.
② 작가주의의 발전 과정을 시대별로 제시하고 있다.
③ 작가주의를 그 개념과 사례를 통해 설명하고 있다.
④ 작가주의의 한계를 지적한 후 그 원인을 분석하고 있다.
⑤ 작가주의가 문학 작품과 영화를 평가하는 방식을 소개하고 있다.

82. 윗글의 내용과 일치하는 것은?

① 작가주의는 제작자의 생각이 잘 구현된 영화를 선호한다.
② 맥거핀은 스릴러 영화에서 진실을 규명하는 핵심 단서이다.
③ 할리우드 영화가 재평가 된 것을 계기로 작가주의가 대두되었다.
④ 작가주의는 영화 작품과 감독이 별개의 지위를 갖는다고 생각한다.
⑤ 할리우드는 흥행의 안정성을 위해 감독의 개성적 표현을 제한했다.

83. 문맥에 비추어 볼 때, ㉮에 들어갈 말로 적절한 것은?

① 현대 영화계를 선도하는 시장이 영화감독들에게 긍정적인 영향을 주고 있다는 점을 인정했다.

② 영화 제작 방식이 일정한 품질의 영화를 생산해내는 데 어느 정도 기여하고 있다고 주장하였다.

③ 가장 산업화된 조건에서 생산된 상업적인 영화에서도 감독 고유의 표지를 찾아낼 수 있다고 보았다.

④ 효율성의 논리가 작용 곳에서는 감독들이 좋은 결과물을 위해 선의의 경쟁을 할 것이라고 기대했다.

⑤ 상징적인 시스템을 통해 감독들이 작품에서 창의성과 개성을 구현하는 데 전념하고 있다고 생각했다.

84. 〈보기〉의 안내문을 잘못 이해한 것은?

〈 보 기 〉

수족구병 관련 예방 수칙 안내

1. 예방 수칙

1) 흐르는 물에 비누나 세정제로 30초 이상 손을 씻는다.

2) 아이들의 장난감, 놀이기구, 집기 등은 소독해 사용한다.

3) 기침을 할 때는 옷소매 위쪽이나 휴지로 입과 코를 가리고 기침한다.

4) 수족구병이 의심되면(발열, 입안 또는 손 등의 물집 등) 바로 병·의원에서 진료를 받고, 등원 및 외출은 자제한다.

5) 특히 산모, 소아과나 신생아실 및 산후조리원, 유치원, 어린이집 종사자는 예방에 더욱 유의해야 한다.

2. 수족구병 발생 시 소독 방법

1) 소독 시에는 장갑, 마스크, 앞치마를 착용한 후 소독을 실시한다.

2) 소독을 할 때는 창문을 연 상태에서 실시하고 소독 후에도 충분히 환기를 실시한다.

3) 환자가 만진 물건 등은 소독액을 뿌린 후 10분 후에 물로 씻어낸다.

4) 소독액은 가연성 물질에 가까이 두지 말고 사용 후에는 소독 효과가 떨어지므로 보관하지 말고 버린다.

① 외출 후 돌아오면 흐르는 물에 30초 이상 손을 씻는다.

② 입안에 물집이 생기고 열이 나면 바로 병원으로 가 진료를 받는다.

③ 소독액으로 집 안의 물건을 소독한 후에는 충분히 창문을 열어둔다.

④ 사용하고 남은 소독액은 휘발되지 않도록 밀폐 용기에 넣어 보관한다.

⑤ 수족구병으로 집에 있는 아이의 장난감은 소독액으로 소독해 사용한다.

85. 〈○○도 택시 요금 체계〉를 바탕으로 할 때, 〈보기〉의 두 사람의 택시 요금 산출 방식으로 적절한 것은?

○○도 택시 요금 체계

구분	기본요금(2km 까지)	추가요금	
중형 택시	3,800원	거리	132m당 100원
		시간	31초당 100원
모범·대형택시	6,500원	거리	148m당 200원
		시간	36초당 200원

중형 택시를 타고 ◇◇서점부터 △△운동장까지 2.5km를 갔다면 택시 요금은 기본요금 3,800원에 추가요금 구간 500m에 대해 396m까지의 요금 (100 x 3), 나머지 104m의 요금 (132/100 x 104)가 더한 만큼이 된다. (단, 소수점 이하는 절사함)

3,800 + (100 x 3) + (132/100 x 104)=4,249

─── 〈 보 기 〉 ───

혜정과 하연은 각자 집에서 출발해 □□ 백화점 앞에서 만나기로 했다. 혜정은 중형 택시를 타고 집에서 3km를 이동해 □□ 백화점에 도착했고, 하연은 모범택시를 타고 집에서 2km를 지난 지점으로부터 6분을 더 이동해 □□ 백화점에 도착해 먼저 도착한 혜정을 만났다.

① [3,800 + {(100 x 7) + (132/100 x 76)}] + {6,500 + (100 x 10)}

② [3,800 + {(100 x 7) + (132/100 x 76)}] + {6,500 + (200 x 10)}

③ [6,500 + {(100 x 7) + (132/100 x 76)}] + {3,800 + (200 x 10)}

④ [3,800 + {(200 x 7) + (132/200 x 76)] + {6,500 + (100 x 10)}

⑤ [3,800 + {(200 x 7) + (132/200 x 76)] + {6,500 + (200 x 10)}

86. 다음 표에 대해 보인 반응으로 적절하지 <u>않은</u> 것은?

고등교육기관 전임 교원 현황

(단위: 명, %)

연도	일반 대학			교육 대학		
	합계	전임	비전임	합계	전임	비전임
2015	109,789	72,642 (66.2)	37,147 (33.8)	993	850 (85.6)	143 (14.4)
2016	114,075	72,806 (63.8)	41,269 (36.2)	1,017	845 (83.1)	172 (16.9)
2017	116,038	73,326 (63.2)	42,712 (36.8)	1,034	848 (82.0)	186 (18.0)
2018	117,970	73,081 (61.9)	44,889 (38.1)	1,025	842 (82.1)	183 (17.9)
2019	123,971	72,208 (58.2)	51,763 (41.8)	1,040	844 (81.2)	196 (18.8)

① 일반 대학의 교원 수는 교육 대학의 교원 수보다 10배 이상 많군.

② 일반 대학의 비전임 교원 비율은 교육 대학과 달리 점점 높아지는 추세이군.

③ 교육 대학의 전임 교원과 비전임 교원의 수가 가장 차이가 많이 난 해는 2015년이군.

④ 2017 ~ 2018년 사이에 교육 대학의 교원 수가 감소한 것과 달리 일반 대학은 증가했군.

⑤ 2015년과 2019년을 비교했을 때, 비전임 교원 비율의 변화 폭이 큰 것은 일반 대학이군.

87. 다음 그래프의 내용을 바르게 이해하지 <u>못한</u> 것은?

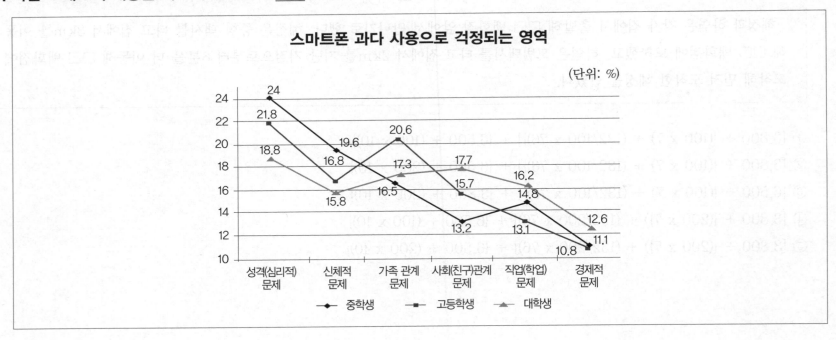

① 고등학생이 가장 걱정하는 문제는 성격적 측면이군.

② 학령이 낮아질수록 사회관계 문제를 걱정하는 비율은 감소하는군.

③ 대학생과 달리 중학생은 성격 문제를 가장 심각한 것으로 생각하는군.

④ 스마트폰 사용에 따른 경제적 문제를 걱정하는 비율이 가장 높은 학령군은 대학생이군.

⑤ 스마트폰 사용으로 인한 신체적 문제를 걱정하는 비율은 학령이 높아질수록 낮아지는군.

[88 ~ 90] 다음 글을 읽고 물음에 답하시오.

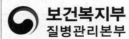 **보건복지부** 질병관리본부   **2017년 하반기 주의해야 할 10대 감염병 및 예방수칙 발표**

▢ 질병관리본부는 2017년 하반기에 특히 주의해야 할 10가지 감염병을 선정하고, 감염병 유행시기, 유행지역, 예방방법 등 구체적인 질병정보와 예방수칙을 함께 발표하였다.

[하반기 주의해야 할 국내 유행 감염병 5가지]

1️⃣ 중증열성혈소판감소증후군(Severe Fever Thrombocytopenia Syndrome, SFTS): 주로 4 ~ 11월(특히 9 ~ 10월)에 발생하며, 해마다 환자 발생이 증가하고 있고 매년 15명 이상이 사망하고 있다.
　－ 수풀 환경에서 작업 시 작업복을 착용하고, 돗자리를 사용하는 등 노출을 최소화해야 한다.

2️⃣ 쯔쯔가무시증: 털진드기 유충 번식기인 10 ~ 12월에 주로 발생한다. 털진드기 개체 수가 증가하여 환자 발생도 증가할 것으로 예상된다.
　－ 수풀 환경에서 작업 시 작업복을 착용하고, 돗자리를 사용하는 등 노출을 최소화해야 한다.

3️⃣ 레지오넬라증: 연중 발생하나, 최근 신고 건수가 증가하고 물 사용이 증가하는 하반기에 증가하는 추세를 보인다.
　－ 냉각탑수 및 냉·온수 급수 시스템을 정기적으로 청소·소독하고, 수온 및 소독제 잔류 농도 관리 등 환경 관리가 필요하다.

4️⃣ 인플루엔자: 매년 12 ~ 4월(특히 12 ~ 2월) 유행하며, 우리나라 인구의 5 ~ 10%가 감염된다.
　－ 보건소나 의료 기관에서 인플루엔자 예방접종＊을 받고, 30초 이상 손 씻기, 기침 예절 등으로 개인 위생 관리를 통해 예방할 수 있다.
　＊생후 6 ~ 59개월 어린이, 65세 이상 어르신은 전국 보건소와 지정 의료기관에서 무료 접종 가능

⑤ 노로바이러스감염증: 연중 발생하나, 11 ~ 4월까지 주로 발생한다. 장관감염증 집단 발생 원인병원체 중 노로바이러스의 비율이 가장 높으며, 해마다 노로바이러스에 의한 집단 발생 비율이 높아지고 있다.
 – 30초 이상 손 씻기, 안전한 물과 음식 먹기, 위생적으로 조리하기 등으로 노로바이러스에 예방할 수 있다.

[일상생활 감염병 예방수칙 5가지]

① 30초 이상 손 씻기
 – 흐르는 물에 30초 이상 비누 또는 세정제 등을 사용하여 손을 씻어야 한다.
 – 많은 감염병이 손을 통해 전파되는데, 30초 이상 비누 등을 이용한 손 씻기는 손에 있는 세균과 바이러스를 대부분 없애주기 때문에 감염병 예방에 가장 효과적인 방법이다.

② 옷소매 위쪽으로 기침하기
 – 기침이나 재채기를 할 때는 손이 아닌 옷소매 위쪽(팔꿈치 안쪽)으로 입과 코를 가리고 한다.
 – 기침을 할 때 손으로 입을 가리면 침에 있는 바이러스 등 병원체가 손에 묻어 전파될 우려가 있고, 입을 가리지 않으면 침이 주변으로 튀어 다른 사람에게 불쾌감을 주고 바이러스를 전파시킬 위험이 있다.

③ 안전한 물과 음식 먹기
 – 음식은 85도 이상의 충분한 온도에서 익혀 먹고 물은 끓여 마신다.
 – 대부분의 세균이나 바이러스는 열에 약하기 때문에 세균성 이질, 장출혈성대장균 감염증, A형 간염 등 수인성·식품매개 감염병을 예방하기 위해 할 수 있는 기본적인 방법이다.

④ 예방접종 받기
 – 접종 일정에 따라 권고되는 예방접종을 받아야 한다.
 – 예방접종은 개인과 공동체의 면역력을 높여 감염병을 예방하는 가장 과학적인 방법이며, 합병증으로 인한 입원, 사망률도 크게 낮출 수 있다.
 – 우리나라는 12세 이하 어린이 대상 17종 백신, 65세 이상 어르신 대상 2종 백신을 전국 보건소와 지정 의료기관을 통해 무료로 접종 받을 수 있으며, 일부 노출 고위험군 대상으로 권장되는 2종 백신은 보건소에서 무료 또는 유료로 접종이 가능하다.

⑤ 야외 활동 시 진드기 등 매개체 조심하기
 – 진드기와 모기에 의한 감염병은 매개체에 물리지 않는 것이 최선의 예방법이다. 따라서 야외 활동 시 수풀 주변은 되도록 가지 않고, 밝은 색의 긴 옷을 착용하며 야외 활동 후 샤워나 목욕을 권장한다.

88. 윗글의 내용과 일치하지 않는 것은?
① 노로바이러스감염증은 예방접종을 통해 예방할 수 있다.
② 레지오넬라증은 일 년 내내 감염 위험성이 있는 질병이다.
③ 중증열성혈소판감소증후군은 사망 우려가 있는 감염병이다.
④ 인플루엔자는 100명 중 5 ~ 10명 정도가 감염되는 경향을 보인다.
⑤ 중증열성혈소판감소증후군과 쯔쯔가무시증은 풀숲에 앉을 때 돗자리를 사용하여 예방할 수 있다.

89. 윗글을 읽고 보인 반응으로 적절하지 않은 것은?
① 인플루엔자 유행 시기에는 옷소매로 입을 가리고 기침해야겠군.
② 수풀이 많은 곳에서 일하는 경우 작업복으로 긴팔옷과 긴바지를 입어야겠군.
③ 물을 많이 사용하는 가게는 레지오넬라증을 예방하기 위해 급수 시스템을 자주 소독해야겠군.
④ 2월에는 밖에 나갔다가 돌아오면 다른 때보다 주의해서 손을 씻는 습관을 들이는 것이 중요하겠군.
⑤ 쯔쯔가무시증이 10 ~ 12월에 주로 발생하는 이유는 감염원인 털진드기의 독성이 강해지기 때문이군.

90. 윗글을 읽고 제기할 수 있는 질문으로 적절하지 않은 것은?

① 중증열성혈소판감소증후군의 감염원은 무엇인가?

② 해마다 노로바이러스감염증의 집단감염이 증가하는 이유는 무엇인가?

③ 생후 34개월 어린이에게 인플루엔자 무료 접종을 실시하는 곳은 어디인가?

④ 예방접종 일정에 따라 권고되는 예방접종 항목은 어디서 확인할 수 있는가?

⑤ 레지오넬라증 예방을 위한 급수 시스템 청소·소독은 어떤 방식으로 해야 하는가?

국어 문화 (91 ~ 100번)

91. 〈보기〉를 통해 알 수 있는 ㉠과 ㉡의 특성으로 가장 적절한 것은?

─────〈 보 기 〉─────

• 오늘 ㉠ 자가용이 와서 많이 떴다.

• 일단 TA 환자 중 ㉡ 스투퍼(Stupor) 환자부터 여기로 옮겨 주세요.

① 특정 집단 내에서 사용되는 말

② 친한 사람들과 자유롭게 사용하는 말

③ 외국에서 들어와 우리말에서 널리 쓰이는 말

④ 불순한 요소를 없애고 깨끗하고 바르게 다듬은 말

⑤ 시대의 변화에 따른 새로운 것을 표현하기 위해 만들어진 말

92. 〈보기〉를 참고할 때, 객체 높임 선어말 어미를 바르게 사용하지 못한 것은?

─────〈 보 기 〉─────

중세 국어에서는 객체를 높이기 위해 선어말 어미를 사용했는데, 이 선어말 어미는 음운 조건에 따라 다음과 같이 다양한 형태로 실현되었다.

어간 말음 조건	형태	용례
'ㄱ, ㅂ, ㅅ, ㅎ'일 때	-습-	돕습고
'ㄷ, ㅈ, ㅊ'일 때	-줍-	묻줍고
모음이나 'ㄴ, ㅁ, ㄹ'일 때	-숩-	보숩고

객체 높임 선어말 어미 뒤에 모음으로 시작되는 어미가 오면, 객체 높임 선어말 어미는 '-슣-, -줗-, -숳-'으로 실현되었다.

① 내숳바(내- + -숳- + -아)   ② 녀쑵고(녕- + -숩- + -고)

③ 엳줍고(엳- + -줍- + -고)   ④ 듣즇ᄫ면(듣- + -줗- + -ᄋ면)

⑤ 막숩거늘(막- + -숩- + -거늘)

93. 〈보기〉에서 설명하고 있는 것은?

――――― 〈 보 기 〉 ―――――

이는 시나리오에서 사용되는 용어로, 서로 다른 두 개의 화면이 하나의 필름에 겹치게 나타나게 하는 기법을 의미한다. 자막 등의 부연 설명을 동반하지 않고도 화면만으로 인물의 내면, 과거와 현재의 교차, 시간적 배경 등을 설명할 수 있기 때문에 어떤 인물이 자신의 과거를 떠올리는 장면이나 특정 인물의 심리 묘사가 필요한 장면에 자주 쓰인다.

① 컷백(CB)　　　　　　② 오버랩(OL)　　　　　　③ 디졸브(DIS)
④ 이중노출(DE)　　　　⑤ 플래시백(Flashback)

94. 방송 언어에 대한 지적으로 잘못된 것은?

① 오랜만에 학교로 등교한 아이들이 <u>복닥복닥</u> 붐비고 있습니다. → 방송 보도에서는 의성어, 의태어 표현의 사용을 자제하는 것이 적절하다.

② 코로나19 바이러스에 감염된 것으로 알려진 한국 교민은 급히 현지 대학 병원의 응급실로 <u>후송</u>되었습니다. → 급박한 상황이므로 의미상 '후송'보다 '이송'을 쓰는 것이 더 적절하다.

③ 자연계 수시 2차 논술 시험에 대해 응시생들은 특히 4번 문항의 <u>난도가</u> 높았다고 말했습니다. → 문제의 수준을 더 정확히 표현하기 위해 '난이도가 높았다'로 쓰는 것이 더 적절한 표현이다.

④ 오늘 새벽 3시 50분쯤 강원도 고성에서 <u>산불이 나 6시간 만에 꺼졌습니다. 이 불로 인근 주민 세 명이 중상을 입었습니다.</u> → 화재 발생 후 진화된다는 일의 순서를 고려할 때 '산불이 나 인근 주민 세 명이 중상을 입었습니다. 불은 6시간 만에 꺼졌습니다'로 바꾸는 것이 적절하다.

⑤ 양국 외교부 대변인은 향후 협상이 타결되기 위해서는 쉬운 것부터 합의해야 할 것이라고 <u>밝혔습니다.</u> → 주어와 서술어가 가까워야 정보 전달이 용이하므로 '향후 협상이 타결되기 위해서는 쉬운 것부터 합의해야 할 것이라고 양국 외교부 대변인은 밝혔습니다'가 더 적절한 표현이다.

95. 〈보기〉를 바탕으로 다음 음운 현상을 분석하려고 한다. ㉠ ~ ㉢에 들어갈 말을 올바르게 짝지은 것은?

――――― 〈 보 기 〉 ―――――

• 밥그릇[박끄른]　　　　　　• 젖먹이[점머기]

위 단어의 발음을 살펴보면, 일반적으로 우리가 표준 발음이라고 하는 것과는 다름을 알 수 있다. 위 단어들의 발음에 담긴 음운 현상의 특징은 무엇일까? '밥그릇'을 예로 들면, '밥그릇'에서 '그'의 초성 ____㉠____ 'ㄱ'의 영향을 받아 '밥'의 종성 'ㅂ'이 [ㄱ]으로 소리 나고 있다. 또한 '젖먹이'에서 '먹'의 초성 ____㉡____ 'ㅁ'의 영향으로 '젖'의 종성 'ㅈ[ㄷ]'이 [ㅁ]으로 소리 나고 있다. 즉, 뒤 음절 초성의 조음____㉢____와(과) 앞 음절 종성의 조음 ____㉢____이(가) 같아지는 것이다. 이러한 음운 현상은 필수적으로 일어나는 현상이 아니라 수의적으로 일어나는 현상이기 때문에 표준 발음으로 인정하지 않는다.

	㉠	㉡	㉢		㉠	㉡	㉢
①	연구개음	양순음	방법	②	연구개음	치조음	방법
③	치조음	연구개음	방법	④	연구개음	양순음	위치
⑤	양순음	연구개음	위치				

96. 〈보기〉의 ㉠ ~ ㉤에 대한 설명으로 적절하지 않은 것은?

─────〈 보 기 〉─────

• 무슨 고민이 있는지 그는 ㉠ 머리끄덩이를 쥐어뜯었다.
• 동생은 배가 고파서 라면 ㉡ 사리까지 추가해서 먹었다.
• 할머니께서 올해 수확한 사과를 ㉢ 푸대에 가득 담아 주셨다.
• 한밤중 고양이 울음소리에 ㉣ 식겁해서 집까지 단숨에 달려갔다.
• ㉤ 땡벌의 집은 눈에 잘 띄지 않으므로 가을철 산행 시 주의해야 한다.

① ㉠: '머리카락을 한데 뭉친 끝'이라는 의미로, '머리끝'의 방언이다.
② ㉡: '국수, 새끼, 실 등의 뭉치를 세는 단위'라는 의미의 표준어이다.
③ ㉢: '종이, 피륙, 가죽 등으로 만든 큰 자루'라는 의미로, '부대'의 방언이다.
④ ㉣: '뜻밖에 놀라 겁을 먹다'라는 의미의 표준어이다.
⑤ ㉤: '땅속에 집을 짓고 사는 벌'이라는 의미로, '땅벌'의 방언이다.

97. 다음은 표준국어대사전의 수정 내용이다. ㄱ ~ ㅁ에 해당하는 수정 범주를 바르게 제시하지 못한 것은?

구분	표제 항	수정 전	수정 후
ㄱ	일장	(일葬)	(日葬)
ㄴ	꿈같다	「1」 세월이 덧없이 빠르다. 「2」 【…이】 덧없고 허무하다.	「1」 세월이 덧없이 빠르다. 「2」 【…이】 덧없고 허무하다. 「3」 매우 좋아서 현실이 아닌 것 같다.
ㄷ	유도장애	유도^장애	유도^장해
ㄹ	있다01	[I] [3] ¶이제 나흘만 있으면 새해다.	[I] [3] ¶이제 나흘만 있으면 새해다. / 조금 있으니까 바람이 멎었다.
ㅁ	-네06	「2」 ((사람을 지칭하는 대다수 명사 뒤에 붙어))	「2」 ((사람을 지칭하는 명사, 대명사 또는 명사구 뒤에 붙어))

① ㄱ: 원어 수정
② ㄴ: 뜻풀이 추가
③ ㄷ: 표제어 수정
④ ㄹ: 용례 추가
⑤ ㅁ: 뜻풀이 수정

98. 남한어와 북한어를 비교한 설명으로 적절하지 않은 것은?

① '계시어요'는 북한어로 '계시여요'라고 표기한다.
② 북한어 '달려갔습니다'를 남한에서는 '달려∨갔습니다'로 띄어 적는다.
③ 북한어 '로인정'을 남한에서는 두음 법칙을 적용해 '노인정'으로 적는다.
④ 남한어는 '어느∨것'으로 의존 명사를 앞말과 띄어 쓰지만 북한어는 '어느것'으로 붙여 쓴다.
⑤ 남한은 소리 나는 대로 적은 '올바르다'가, 북한은 어원을 밝혀 적은 '옳바르다'가 규범에 맞는 표기다.

99. 〈보기〉는 근대 신문이다. 이에 대한 설명으로 적절하지 <u>않은</u> 것은?

〈 보 기 〉

외국 사람 아모셩 집에 가셔 이일의 의론
울 말노 젼 ᄒᆞ엿슨즉 데일 긴혼 즁인이요
리챵열 김락영의 죵범 됨이 의심이 업고
김소찬은 한션회의 젼지 판츌 ᄒᆞᄂᆞᆫ 일에
셔력 눈앗고 어지러운 ᄶᆡ에 셔로 의론훈
일은 만치 아니 ᄒᆞ나 한션회로 외국 사롬
아모 집에 이 이룰 위 ᄒᆞ야 곳쳐 갓스니
대알 긴혼 증참이요 십일월 이십 이일에
죠희연 집에 도망 ᄒᆞ야 외국 사롬 집에
갓다가 그후에 머리 싹는디 뜻시 업셔셔
시골 갓다가 경무쳥에 스스로 와셔 갓첫
손죽 그 죵범 됨이 또훈 져확 ᄒᆞ고 리용
호눈 김락영과 리챵열 노 자죠 리왕 ᄒᆞ야
어지러운 ᄶᆡ에 간예 ᄒᆞ얏슨죽 이소건에
긴혼 죄범이오 거줏 죠칙과 꽝고문을 지
엇스니 그 죵범 됨이 또훈 분명 ᄒᆞ고 리
근용은 리챵열과 근본 친 혼 바이라 본년

① '쯧시'에서 중철 표기를 사용했음을 알 수 있다.
② '갓첫슨즉'에서 7종성법이 적용되었음을 알 수 있다.
③ '말노'에서 모음 간에 'ㄹㄴ'을 사용했음을 알 수 있다.
④ '업고'에서 겹받침을 표기하지 않았음을 파악할 수 있다.
⑤ '갓스니'에서 과거형 어미 '-앗-'을 사용함을 알 수 있다.

100. 순화 대상어를 다듬은 말로 가장 적절하지 <u>않은</u> 것은?

① '선루프'는 '지붕창'으로 순화하는 것이 옳겠군.
② '정크 푸드'는 '부실음식'으로 다듬을 수 있겠군.
③ '피크 타임'은 '앞선 시간'으로 다듬을 수 있겠군.
④ '하이브리드 카'는 '복합동력차'로 순화할 수 있겠군.
⑤ '멀티탭'은 '모둠전원꽂이'로 순화하는 것이 적절하군.

확인 사항

● 문제지와 답안지에 필요한 내용을 정확히 적었는지 확인하십시오.

수고하셨습니다.

정답 한눈에 보기

1	2	3	4	5	6	7	8	9	10
④	⑤	④	②	③	③	⑤	①	④	⑤

11	12	13	14	15	16	17	18	19	20
③	②	④	⑤	④	④	④	①	③	③

21	22	23	24	25	26	27	28	29	30
②	①	④	②	⑤	①	②	③	②	②

31	32	33	34	35	36	37	38	39	40
②	④	⑤	④	②	④	③	④	⑤	③

41	42	43	44	45	46	47	48	49	50
②	⑤	④	③	⑤	④	⑤	④	①	④

51	52	53	54	55	56	57	58	59	60
②	④	⑤	⑤	③	③	⑤	③	③	①

61	62	63	64	65	66	67	68	69	70
③	①	⑤	④	④	⑤	⑤	①	⑤	②

71	72	73	74	75	76	77	78	79	80
②	③	③	③	②	②	④	②	③	②

81	82	83	84	85	86	87	88	89	90
③	⑤	③	④	②	②	③	①	⑤	③

91	92	93	94	95	96	97	98	99	100
①	④	④	③	④	①	⑤	②	③	③

※ KBS 한국어능력시험 실전모의고사의 해설은 해커스자격증 사이트(pass.Hackers.com)에서 확인하실 수 있습니다.

※ 뿐만 아니라 우측의 QR 코드를 통하여 해커스자격증 사이트에 바로 접속하여 해설을 확인하실 수 있습니다.